ヤングアダルトの本

ボランティア・国際協力への理解を深める2000冊

NPO研究情報センター 編

日外アソシエーツ

Guide to Books for Young Adults

2000 Works to deepen the Understanding of Voluntary Action and International Cooperation

Compiled by
Center for Nonprofit Research and Information

©2015 by Nichigai Associates, Inc.
Printed in Japan

●編集担当● 筒 志帆
装丁：赤田 麻衣子

刊行にあたって

　戦争、テロ、災害、貧困など、現代社会には、容易に解決できない問題がたくさんあります。東日本大震災の被災地では、5年近く経った今でも、多くの人々が普通の生活を取り戻せずにいます。過疎と少子高齢化で消滅の瀬戸際にある地域も全国で急速に増えています。世界をみると、貧困や飢餓の問題は、解決されるどころか、ますます深刻になっています。最近では、内戦やテロで居住地を追われた中東やアフリカの難民が危険を冒してヨーロッパに押し寄せています。こうした事実を知って、放っておけない、何とかしなくては、と誰しも思うでしょう。

　私たちは、誰も一人で生きていくことはできません。隣近所、都会と田舎、先進国と発展途上国など、様々な形で助けたり助けられたりの関係のなかで生きています。困っている人を助けるために、おカネを寄付したり、ボランティアをすることは、その第一歩でしょう。将来、国際機関やNGOで働き、世の中を変えるようなやりがいのある仕事を見つけることができるかもしれません。

　しかし、具体的にどのように考え、行動すればよいのでしょうか。この本では、現代の市民社会や国際社会がどのような問題を抱えているか、そうした世界を変えるためにはどうしたらよいか、といったことを深く考えるために役立つと思われる本、およそ2000冊を選定して、内容別に分類し、紹介しています。

　本書が、世のため人のために何かをしたいと考える若い世代のための道標として、大いに活用されることを期待しています。

2015年9月

大阪大学教授
山内　直人

凡　　例

1. 本書の内容

　　本書は、ヤングアダルト世代がボランティアや国際協力について知りたいときに役立つ図書を集め、主題別にまとめた図書目録である。

2. 収録の対象

　1）中学生・高校生・大学生を主としたヤングアダルト世代がボランティアやNPO・NGO、国際協力について知りたいときに役立つ図書2,005冊を収録した。
　2）原則1995年以降に日本国内で刊行された図書を対象とした。
　3）初版と改訂版、単行本と文庫版、年刊ものなどの場合は、最新版を収録した。

3. 見出し

　　各図書を「市民社会とは何だろうか」「寄付・ボランティアをしてみよう」「学術・文化・教育のための活動」「福祉・介護・医療のための活動」「まちづくり・災害・環境のための活動」「世界の人々と助け合おう」に大別し、さらにテーマごとに小見出しを設けて分類した。

4. 図書の排列

　　各見出しのもとに出版年月の新しい順に排列した。出版年月が同じ場合は書名の五十音順に排列した。

5. 図書の記述

　　書名／副書名／巻次／各巻書名／各巻副書名／各巻巻次／著者表示／版表示／出版地＊／出版者／出版年月／ページ数または冊数／大きさ／叢書名／叢書番号／副叢書名／副叢書番号／叢書責任者表示

／注記／定価（刊行時）／ISBN（Ⓘで表示）／NDC（Ⓝで表示）
　　／目次／内容
　　＊出版地が東京の場合は省略した。

6．事項名索引

　　本文の各見出しに関連する用語、テーマ、人名などを五十音順に排列し、その見出しと本文での掲載ページを示した。

7．書誌事項の出所

　　本目録に掲載した各図書の書誌事項等は主に次の資料に拠っている。
　　　NPO研究情報センター NPOライブラリー所蔵リスト
　　　データベース「bookplus」
　　　JAPAN/MARC

目　　次

市民社会とは何だろうか 1

様々な人と共に生きる 4
地域メディア 6
多文化・異文化コミュニケーション 8
NPO・NGOについて知ろう 14
　NPO・NGOで働く 17
　海外のNPO・NGO 18
人と人とのつながり 19
差別・排除 21
社会を変える運動 26
　環境・公害・住民運動 31
　労働運動 32
　平和運動 33
　　平和運動（原爆） 38
社会を変える仕事 39
　地域のために働く 48
市民の権利 50
　市民参加・住民参加 59

寄付・ボランティアをしてみよう 61

寄付 61
ボランティア 62
　学生・青少年ボランティア 80
　海外・国際ボランティア 86
　ボランティアコーディネーター 91
　図書館・美術館ボランティア 92

教育・スポーツボランティア 92
環境・観光ボランティア 94
プロボノ 96

学術・文化・教育のための活動 .. 98

教育機関 100
　社会教育 110
　　生涯学習 118
　　　図書館・公民館 118
　　　環境教育・開発教育・国際理解
　　　教育 118
　　美術館・博物館 128
フリースクール 129

福祉・介護・医療のための活動 .. 133

バリアフリー・ユニバーサルデザイン 136
人権 140
高齢者・介護 142
貧困 143
社会福祉・ソーシャルワーク 144
医療・ホスピス 146
社会福祉とNPO 147
　地域福祉 147
　赤十字 148
福祉ボランティア 149

(6)

保育とNPO……160
障がい者NPO……172
セルフヘルプ……175

まちづくり・災害・環境のための活動……176

まちづくり・地域づくり……182
　まちづくり(農業・環境)……184
　まちづくり(教育・福祉)……186
　まちづくり(文化・観光・景観・アート)……187
　まちづくり(都市部)……188
　まちづくり(地方)……189

環境……191
　環境NPO……192

地縁組織……194
　自治会・町内会……195

地域通貨……195

災害復興と市民活動……196
　地震・震災……198
　地震・震災(東日本大震災)……202

世界の人々と助け合おう……212

人権……230

貧困……231

平和……232

国連機関・国際機関……234

開発協力・開発経済・国際開発……235

国際協力(アジア・中東)……236

国際協力(アフリカ)……239

国際協力NGO……240
　国際協力NGO(アジア)……247
　国際協力NGO(アフリカ)……248

青年海外協力隊……248

フェアトレード……251

マイクロファイナンス……253

難民とNPO……254

国際交流……256

事項名索引……261

(7)

市民社会とは何だろうか

『公共経営学入門』 松永佳甫編 吹田 大阪大学出版会 2015.4 282p 21cm 〈索引あり〉 2400円 ①978-4-87259-505-5 Ⓝ317.1

目次 理論編（公共経営学とは，政府のしくみと役割，市民社会と地方自治体，日本の社会問題と経済，新しい公共経営，公共経営の戦略マネジメントモデル，新しい公共の担い手―NPOとソーシャルビジネス，CSR（企業の社会的責任）と持続可能性，公共経営とソーシャル・キャピタル―人と地域社会をつなぐ絆，グローバル化と新しい公共），事例編（文化による地域づくり，スポーツ振興と地域づくり，高齢社会と社会保障，環境問題と公共経営―持続可能な発展に向けた環境ガバナンス，被災地支援の取り組み―阪神・淡路大震災と東日本大震災から学ぶ）

『利他―人は人のために生きる』 瀬戸内寂聴,稲盛和夫著 小学館 2014.3 235p 15cm （小学館文庫 せ1-5） 〈2011年刊に解説を加える〉 495円 ①978-4-09-406031-7 Ⓝ159

内容 「誰かのため」なら，もっとよく生きられる―。悲しみや不安，悩みの多い人生を生き抜くヒントは「利他」＝人のために尽くす生き方にある。九十歳を過ぎてなお話題作を次々発表し「青空説法」で数千人の聴衆を魅了し続ける作家・瀬戸内寂聴。京セラ創業者にして日本航空の再建も果たし八千人を超える塾生を指導する経営者・稲盛和夫。自ら「利他」を実践し続ける二人が，仏教の教えやユーモアを織り交ぜながら震災後の苦難を生きる「知恵」と「覚悟」を語り合う。「気分が楽になった」「勇気が湧いてくる」読者絶賛の傑作対談，ついに文庫化。

『歴史をつくった市民たち―語り下ろし市民活動』 大阪ボランティア協会編 大阪 大阪ボランティア協会 2014.3 247p 21cm 1600円 ①978-4-87308-066-6

目次 1 障害者運動の「先駆者」として，2 琵琶湖に向き合う市民活動から持続可能な地域社会づくりへ，3 まちづくり，仲間づくりの力はタウン誌から―路地から路地を駆け巡って25年，4 患者と医療者がささえあう「パブリックな医療」の実現をめざして，5 シニアよ！ 仲間とともに大いなる自然に飛び出そう，6 違う文化と出会うと，違う可能性が見えてくる！，7 重いものを軽く，軽いものを深く，8 子ども文庫から語りの世界へ，9 嵯峨野から，平和を拓いて三十余年，10 「何とかしなきゃ！」激動のアフガニスタンに通い続けて

『協力がつくる社会―ペンギンとリヴァイアサン』 ヨハイ・ベンクラー著,山形浩生訳 NTT出版 2013.3 276p 20cm 〈索引あり〉 2400円 ①978-4-7571-4291-6 Ⓝ361.3

内容 自発的な「協力」に基づく社会は，いかにして実現できるのか？ ネットワーク・コモンズの第一人者ベンクラーが一般読者のために書き下ろした，これからの社会を考えるための必読書。

『国際移民と市民権ガバナンス―日英比較の国際社会学』 樽本英樹著 京都 ミネルヴァ書房 2012.3 295p 22cm （Minerva社会学叢書 37）〈索引あり 文献あり〉 6500円 ①978-4-623-06256-0 Ⓝ316.1

内容 グローバリゼーションが引き起こす人の国際移動は，伝統的なガバナンス原理を機能不全に追い込みつつある。はたして多文化化のなか社会は統合を達成・維持できるのか。本書は，グローバリゼーション時代におけるガバナンスのあり方を，国際移民をめぐる市民権という視角から理論的に考察すると同時に，英国と日本の事例によって実証的にも検討していく。

『「根っこ力」が社会を変える―志と共に市民の時代を生きる』 一新塾編 ぎょ

うせい　2011.5　175p　21cm　1524円
①978-4-324-09288-0　Ⓝ301
|目次|第1章 根っこ理論，第2章 あなたのタイプを自己診断，第3章 激動の時代だからこそ"市民"を生きる，第4章 中央集権から地域主権へ，会社人間から市民へ，第5章 「根っこ」と「幹」をつなげるフレームワーク「6つの箱」，第6章 社会変革に挑んだ市民の物語—「6つの箱」の事例紹介，第7章 一新塾の社会変革実験の歩み，第8章 さあ，あなたの「6つの箱」に取り組んでみよう！

『利他のすすめ—チョーク工場で学んだ幸せに生きる18の知恵』　大山泰弘著　WAVE出版　2011.4　175p　20cm　1400円　①978-4-87290-508-3　Ⓝ366.28
|内容|利他とは，人の役に立つこと。その積み重ねが，幸せな自分をつくる。—知的障害者に導かれて，「日本でいちばん大切にしたい会社」をつくった経営者の心温まるメッセージ。

『ぼくたちが考えるに，—マスコラボレーションの時代をどう生きるか？』　チャールズ・レッドビーター著，山形浩生，守岡桜訳　エクスナレッジ　2009.1　326p　20cm〈文献あり〉1800円
①978-4-7678-0814-7　Ⓝ007.3
|内容|オープン＋協働それがWE‐THINK。Google、YouTube、Amazonだけじゃない。経済、科学、文化、政治、福祉、あらゆる分野でこの動きはもう止まらない！数々の事例とともに，「WE‐THINK」的な流れの可能性を描く。

『欲望としての他者救済』　金泰明著　日本放送出版協会　2008.9　254p　19cm（NHKブックス 1121）970円　①978-4-14-091121-1　Ⓝ361.3
|内容|わたしたちは日々，さまざまな場面で他者へ手を差しのべようとする。お年寄りに席を譲り，災害救援のボランティアに出かけ，発展途上国へ井戸を掘りに行くこともある。このように自分の利益や資産、時間を消費してまで他者を救済することにどのような理由付けが可能なのだろうか。ホッブズ、ルソー、ヘーゲルらの哲学・思想を援用しつつ，自身も在日韓国人政治犯救援運動に関わった経験を踏まえ，人権論の立場から，ひとつの方向性を提示しようという試み。救済に逡巡するすべての人を力づける一書。

『市民にとっての公益とは？—市民チャリティ委員会報告書』　市民チャリティ委員会編　公益法人協会　2007.7　8,158p　30cm〈文献あり〉Ⓝ335.8
|目次|第1章 不特定かつ多数とは—「いろはちゃんを救う会」の事例，第2章 特定される受益者—「奨学金団体」の事例，第3章 多セクターの中での民間公益活動—「移送サービス」の事例，第4章 共益と公益との境界—「業界団体」の事例，第5章 対立する利害と公益性—「原子力発電所建設」を巡る事例，第6章 「英国チャリティ」の事例，第7章 「ホームレス支援団体」の事例，第8章 申請者と専門家の話を聴くということ，第9章 相互否定か共存か〜対立する意見の公益性，第10章 「異端」の公益性〜少数意見及び国家との関係，第11章 融解する「共益」カテゴリー〜見かけ上の「共益」型団体の公益性，資料編 市民チャリティ委員会の問題提起とその理論的考察—民間公益団体の存在意義と「不特定かつ多数の者の利益」（理論上の問題の所在，民間公益の特徴と存在意義，行政庁による民間公益認定の原理，行政庁による民間公益認定の基準と「不特定かつ多数の者の利益」の解釈）

『公平ってなんだろう』　日本弁護士連合会市民のための法教育委員会編　岩崎書店　2007.3　45p　29cm（はじめての法教育 みんなでくらすために必要なこと　4　日本弁護士連合会市民のための法教育委員会編）2800円　①978-4-265-04894-6　Ⓝ321.1
|内容|みんなは、「こんなの公平じゃない」とか「不公平だ」と感じたことはない？この本には2組のきょうだいが登場して、「不公平だ」とか「そんなことない」といいあっている。きっとみんなも家や学校で、おなじような経験をしたことがあるはずだ。これは、社会にでてからもおなじだよ。だれかが「不公平だ」と感じることから、さまざまなケンカやトラブルがおきることがある。そんなとき、解決方法を見つけるには、「公平」と「不公平」とはどういうことかを正しくしっておくことがたいせつだ。登場人物といっしょに考えてみよう。

『自由ってなんだろう』　日本弁護士連合会市民のための法教育委員会編　岩崎書店　2007.3　45p　29cm（はじめて

の法教育 みんなでくらすために必要なこと 1 日本弁護士連合会市民のための法教育委員会編）2800円 ⓘ978-4-265-04891-5 Ⓝ321.1

内容 みんなは、「自由」っていったいなんだと思う？ 主人公のみなこは、小学校の3年生。学校で、「自由」について勉強したばかりだ。先生がいうには、自由とは「自分の思ったとおりに行動すること」らしいけれど…。「でも、それって、わがままってことじゃない。それが自由なの？ わからないわ」みなこは混乱してつぶやいた。するととつぜん、ふしぎな少年があらわれた。「ぼくは、コモ。自由についておしえるのが仕事さ。自由をしるための宇宙旅行につれていってあげる！」こうしてふたりは、宇宙旅行に出発した。

『正義ってなんだろう』 日本弁護士連合会市民のための法教育委員会編 岩崎書店 2007.3 45p 29cm （はじめての法教育 みんなでくらすために必要なこと 5 日本弁護士連合会市民のための法教育委員会編）2800円 ⓘ978-4-265-04895-3 Ⓝ321.1

目次 第1話 さとしのデッドボール―いっしょに考えよう！, 第2話 宿題やったの？―いっしょに考えよう！, 第3話 ゆきこの出場停止―いっしょに考えよう！, 第4話 優勝賞品は、だれのもの？―いっしょに考えよう！

『責任ってなんだろう』 日本弁護士連合会市民のための法教育委員会編 岩崎書店 2007.3 45p 29cm （はじめての法教育 みんなでくらすために必要なこと 2 日本弁護士連合会市民のための法教育委員会編）2800円 ⓘ978-4-265-04892-2 Ⓝ321.1

内容 みんなは、「責任」ってなんだと思う？ たとえば、仕事や役割をまかされるときのことを思い出してみよう。「これはきみの責任なんだから、○○しなさい」といわれることがあるね。こう考えると、まわりからおしつけられるものという感じがする。「そんなものいらない」って思うかもしれない。でも、責任は、人と人がいっしょにくらすなかでうまれる、たいせつなもの。だれもがもっているものなんだ。この本の主人公のひろしも、さまざまな責任をもっている。お話のなかでひろしの身のまわりでおこるできごとを見ながら、責任とはなにかを考えていこう。

『ルールってなんだろう』 日本弁護士連合会市民のための法教育委員会編 岩崎書店 2007.3 45p 29cm （はじめての法教育 みんなでくらすために必要なこと 3 日本弁護士連合会市民のための法教育委員会編）2800円 ⓘ978-4-265-04893-9 Ⓝ321.1

内容 みんなは、「どうしてこんなルールがあるんだろう」と思ったことはない？「こんなルール、なくなればいいのに」とか、「ルールにしたがうのってめんどうだな」と感じたこともあるはずだ。この本の主人公のリエも、そんな気持ちをもった女の子。ルールのない町にいって、ふだんの生活では気づかなかった、ルールのたいせつさや、役割を学んでいく。ルールのない町でおこるさまざまな問題について考えながら、ルールについていっしょに学んでみよう。

『歩く学問ナマコの思想』 鶴見俊輔, 池澤夏樹ほか著, 埼玉大学共生社会研究センター編 コモンズ 2005.12 125p 21cm〈肖像あり 年譜あり 著作目録あり〉1400円 ⓘ4-86187-016-X Ⓝ302.2

内容 鶴見良行の思索を手がかりに閉塞した日本をどう変えるか自由闊達に論じ合う。

『市民の政治学―討議デモクラシーとは何か』 篠原一著 岩波書店 2004.1 210p 18cm （岩波新書）700円 ⓘ4-00-430872-0 Ⓝ311.7

内容 「第二の近代」に入りつつある二一世紀において、私たち市民はどんな課題に取り組まねばならないのか。欧米で議論されている最新の市民社会論やデモクラシー論を紹介しつつ、現在の政治社会の変容を歴史的文脈の中で分析する。そのうえで、デモクラシーを深化させる新しい社会の像、政治の形を展望していく、市民のための政治学講義。

『NHKスペシャル変革の世紀 2 インターネット時代を生きる』 水越伸, NHKスペシャル「変革の世紀」プロジェクト編 日本放送出版協会 2003.2 293p 21cm 1800円 ⓘ4-14-080731-8

内容 インターネットがもたらした自由な市民社会。NPOという新たな理念に基づいた組

織。21世紀を担うテクノロジー、市民パワーは、果たして成熟した市民社会の「核」となり得るのか？ その「陽光」ばかりではなく、「自由」の裏側にある仕掛けや代償、真の市民社会を実現するための課題をも検証した、「変革」の本質を探るシリーズ第2巻。

《様々な人と共に生きる》

『**人を結び、未来を拓く世代間交流**』 草野篤子, 溝邊和成, 内田勇人, 安永正史, 山之口俊子編著 大津 三学出版 2015.3 181p 21cm （世代間交流の理論と実践 1） 2100円 ⓘ978-4-903520-92-6 Ⓝ361.64

|目次| 世代間交流プログラムが児童の高齢者イメージに与える影響（安永正史著）, 児童養護施設入所児童と高齢者との世代間交流（内田勇人著）, 高齢者福祉施設における世代間交流を生み出すハードとソフトのデザイン（片山めぐみ著）, 非行少年の更正支援における民間ボランティアの役割（間野百子著）, 認知症ケアにおける世代間交流の貢献例（山之口俊子著）, 行政事業「祖父母講座」についてのプログラム評価（斎藤嘉孝著）, 作る・食べることの実践と子どもの食育（山本玲子著）, 大学生における高齢世代との交流意識とエイジズムとの関連（谷口幸一著）, 教員養成系大学における祖父母の語りにみる学生の学び（草野篤子, 井上恵士著）, 世代間交流活動として取り入れた自然共有型ゲーム指導に見る学生の工夫（溝邊和成著）, 高等学校家庭科における世代間交流（角ընル陽子, 中野悦子著）, 英国における世代間交流の実践（草野篤子, 伊藤わらび著）, オーストラリアにおける世代間交流プログラム（草野篤子, 角尾晋著）

『**かかわり方のまなび方―ワークショップとファシリテーションの現場から**』 西村佳哲著 筑摩書房 2014.10 372p 15cm （ちくま文庫 に8-3） 800円 ⓘ978-4-480-43203-2 Ⓝ361.45

|内容| 『自分の仕事をつくる』『自分をいかして生きる』に続くシリーズ第3弾。「いい仕事」の現場を訪ねると、そこには人と働くことや、まわりの人の力をいかしてゆくのが上手い人たちがいた。いったいなにが、それを可能にしているのか。働き方の研究と併行してワークショップやファシリテーションなど、対人関与の技法や姿勢に、その答えを求めて書かれた探求の書。

『**世代間交流実践の展開**』 中井孝章編, 福島カヤ子, 大西田鶴子筆 堺 大阪公立大学共同出版会 2013.11 69p 21cm （OMUPブックレット No.43―「共生ケア」シリーズ 4） 800円 ⓘ978-4-907209-09-4 Ⓝ369.26

|目次| 1 高齢者介護（ケア）の転回契機としての世代間交流（高齢者福祉改革の潮流, ケアは「良きもの」か―教育学的ケア論への批判 ほか）, 2 世代間交流とグランドマザリング仮説（人類の進化戦略としてのグランドマザリング仮説, 擬制としての核家族と高齢者の構造的排除）, 3 苅田南コミュニティにおける世代間交流の取り組み（今日の子育ての現状, 世代間交流の計画と実践の概要 ほか）, 4 深江コミュニティにおける世代間交流の実践活動（高齢社会の現状, 菅田を通しての交流 ほか）

『**地域を元気にする世代間交流**』 草野篤子, 藤原佳典, 村山陽著, 倉岡正高編著 日野 社会教育協会 2013.5 109p 21cm〈遊行社（発売）〉 900円 ⓘ978-4-902443-22-6 Ⓝ361.64

『**多様化社会をつむぐ世代間交流―次世代への『いのち』の連鎖をつなぐ**』 草野篤子, 内田勇人, 溝邊和成, 吉津晶子編著 大津 三学出版 2012.7 185p 21cm 2100円 ⓘ978-4-903520-69-8 Ⓝ361.64

|目次| スウェーデンの義務教育における世代間交流活動とソーシャル・キャピタル（アン・クリスティン・ボストロム著）, 態度の変化を超えて：世代間プログラムにおけるエンパワーメント理論の応用性を評価して（アビゲイル・ローレンス・ジャコブソン著）, 地域における世代間交流が発展するための参考理論および概念（糸井和佳著）, 後期成人期の自立について：複数の事例（エリザベス・ラーキン著）, 世代間アジェンダの拡張：シンガポールにおける世代間イニシアチブの新発展（リン・リン・タン著）, 世代間交流と高齢者のアクティブ・エイジング（マリアノ・サンチェス・マルティネス著）, 現代スペイン社会における世代間交流プログラム（石橋鉞子著）, フィンランドにおける世代間交流（石橋鉞子著）, 学校における世代間交流（角尾陽子著）, 現代日本における子育ての情報源の多様性と

同質性(斎藤嘉孝著),小学校「世代間交流活動」に向かう意思(溝邊和成著),シニアボランティアによる小学校教育支援活動(内田勇人著),沖縄県国頭村楚洲に見る幼老統合ケアの未来(吉津晶子著),生涯発達の視点から(主藤久枝著)

『世代間コミュニケーションの心理学―若者のつぶやきと、おじさん・おばさん世代の叫び』 コミュニケーション・マネジメント研究会著 文眞堂 2011.7 130p 19cm 1200円 ⓟ978-4-8309-4718-6 Ⓝ361.64

目次 第1章 世代間ギャップとは何か,第2章 おじさん・おばさん世代の叫び,第3章 若者のつぶやき―年上の人とどう付き合ったらいいか分からない,第4章 世代別コミュニケーションのコツ―相手に対する心がけと必要な配慮,第5章 歩み寄りの世代間コミュニケーション―世代間コミュニケーションと共感的理解

『世代間交流学の創造―無縁社会から多世代間交流型社会実現のために』 草野篤子,柿沼幸雄,金田利子,藤原佳典,間野百子編著 あけび書房 2010.12 242p 21cm 2400円 ⓟ978-4-87154-097-1 Ⓝ361.64

内容 すべての人が生きがいを持ち、学び合い・育ち合い・支え合う地域コミュニティを共につくること。豊富な実践例に理論的考察を加え、社会、行政の転換を提言する。

『子どもを伸ばす世代間交流―子どもをあらゆる世代とすごさせよう』 斎藤嘉孝著 勉誠出版 2010.10 173p 19cm 〈文献あり〉 1800円 ⓟ978-4-585-23502-6 Ⓝ376.1

『家庭教育と世代間交流』 栗山昭子編著 岡山 ふくろう出版 2009.3 48p 21cm (世代間交流フォーラム記録 1) 900円 ⓟ978-4-86186-437-7 Ⓝ369

『女性のNPO活動の現状と課題―キャリア支援から地域づくりへ』 嵐山町(埼玉県) 国立女性教育会館 2008.3 95p 30cm 〈平成18年度―平成19年度「女性のキャリア形成のためのプログラムに関する調査研究」報告書 文献あり〉 Ⓝ366.38

目次 第1章 女性のNPO活動の現状,第2章 NPO活動への参加経路と地域社会とのつながり,第3章 地域・都市規模別にみた女性のNPO活動参加動機と経済的収入,第4章 女性のNPO活動とキャリア形成―中高年女性のエンパワーメントの視点から,第5章 NPO活動支援を通じた女性のキャリア形成と地域づくり,第6章 女性のキャリア形成と社会活動支援のためのプログラム

『世代間交流―家庭教育の一環として』 栗山昭子著 岡山 ふくろう出版 2008.3 94p 21cm 〈文献あり〉 1500円 ⓟ978-4-86186-351-6 Ⓝ369.04

目次 第1章 The Position of the Mother in an Ie Society(Affinity in the Mother's Role in the Ie Society, "Super‐Blood Relations" in the Succession of the Ie), 第2章 日本の伝統的母親イメージに関する一考察(伝統としての母親,原始・古代の母 ほか), 第3章 アメリカにおける世代間交流に関する一考察(女性世帯の増加による保育危機,0‐3歳児を対象にする保育分野におけるマンパワーの状況 ほか),第4章 アメリカにおける世代間交流とボランティア活動(伝統的家族規範の衰退,世代間交流―世代間の緊張と対立を超える一つの手段として ほか), 第5章 健やかで、やすらぎに満ちた暮らしの美しさとは(うつくしさとは,「うつくしい暮らし」への生態学的アプローチ ほか)

『遊びが育てる世代間交流―子どもとお年寄りをつなぐ』 多田千尋著 名古屋 黎明書房 2002.8 180p 21cm 1700円 ⓟ4-654-01705-4 Ⓝ781.9

内容 子どもとお年寄りが、共に充実した人生を送るための、世代間交流の新しいあり方を探る。

『パレスチナ/イスラエルの女たちは語る―オリーブがつくる平和へのオルタナティブ』 『パレスチナ∥イスラエルの女たちは語る』刊行委員会編 柘植書房新社 2002.7 181p 21cm 1700円 ⓟ4-8068-0477-0

内容 支配の暴力に抵抗の暴力を向けるのではなく、平和と自立への「第三の道」を創り出そう。三里塚や立川・横田基地、釜ヶ崎を歩き「もう一つの日本」を目撃したパレスチナ/イスラエルの女性たちからの、連帯のた

めのメッセージ。

『「世代間交流」から「参加型教育社会」へ―学校教育に世代間交流を取り入れることの意味と可能性』 小笹將著 〔川崎〕 〔小笹將〕 2002.3 199p 30cm Ⓝ371.3

《地域メディア》

『アメリカ・メディア・ウォーズ―ジャーナリズムの現在地』 大治朋子著 講談社 2013.9 261p 18cm （講談社現代新書） 780円 Ⓘ978-4-06-288227-9
内容 ニュースを伝えるのは誰か。激変する米メディア界をボーン・上田賞受賞の記者が描き出す。

『コミュニティメディア』 進藤美希著 コロナ社 2013.5 189p 21cm （メディア学大系 7 相川清明，飯田仁監修）〈他言語標題：Community Media 文献あり 索引あり〉 2400円 Ⓘ978-4-339-02787-7 Ⓝ361.6
目次 第1部 都市のコミュニティ（都市の発展，市民，クリエイティブシティ，クリエイティブクラスによる都市文化の形成，産業クラスター，地域メディアを活用したコミュニケーション），第2部 関心に基づくコミュニティ（非営利団体による社会活動，医療とコミュニティ，プロフェッショナルコミュニティが世界に与える影響，企業における知識コミュニティ），第3部 インターネットコミュニティ（ソーシャルメディアの発展，インターネット上の市民ジャーナリズム，インターネットコミュニティで行われる創作活動，オープンイノベーション，グローバル市民社会とインターネット）

『世界の公共広告』 金子秀之著 新版 玄光社 2013.4 137p 26cm （コマーシャル・フォトシリーズ）〈他言語標題：The Power of Public Service Advertising 初版の出版者：研究社出版〉 2800円 Ⓘ978-4-7683-0432-7 Ⓝ361.46

『日本のケーブルテレビによる住民メディア活動の実態―これは「市民メディア」なのか』 松本憲始著 名古屋 ブイツーソリューション 2012.7 201p 21cm〈文献あり 索引あり 星雲社（発売）〉 2300円 Ⓘ978-4-434-16758-4 Ⓝ699.781
目次 第1章 ケーブルテレビに特化した調査研究の必要性，第2章 住民のメディア活動に関連する用語の整理，第3章 最小限のケーブルテレビの概要，第4章 局側への聞き取り調査から見えてきた実像，第5章 取り組みモデルとしての「KCC市民ボランティア」，第6章 1チャンネル"市民チャンネル"の「チャンネルDaichi」，第7章 ケーブルテレビの住民メディア活動の現況と将来像

『戦後日本のメディアと市民意識―「大きな物語」の変容』 大石裕編著 京都 ミネルヴァ書房 2012.3 240,3p 20cm （叢書・現代社会のフロンティア 19）〈索引あり〉 3500円 Ⓘ978-4-623-06239-3 Ⓝ361.453
内容 戦後の日本において、マス・メディアは大きな影響力を持ち続けてきたが、市民に満足・安心をもたらしたのか、もしくは不安を喚起したのだろうか。戦後、日本のメディアが発信してきたメッセージと、受け手の市民がそれをどのように受容し、解釈し、行動してきたかを検討する。

『パブリックコミュニケーションの世界』 粉川一郎，江上節子編著 北樹出版 2011.12 136p 21cm （叢書現代の社会学とメディア研究 第5巻 叢書・現代の社会学とメディア研究編集委員会編）〈索引あり〉 1800円 Ⓘ978-4-7793-0312-8 Ⓝ361.5
目次 第1章 パブリックコミュニケーションを知る，第2章 広報とは何か，第3章 市民メディアの誕生と発展，第4章 メディアとしての電子コミュニケーション，第5章 企業広報，行政広報の実際，第6章 地域メディアは地域を変えるか？，第7章 少子高齢化社会のパブリックコミュニケーション，第8章 民主主義とインターネット―新しい取り組み，第9章 ネットコミュニケーションが作り出す新しい社会関係資本

『メディアをつくる―「小さな声」を伝えるために』 白石草著 岩波書店 2011.11 63p 21cm （岩波ブックレット no.823） 500円 Ⓘ978-4-00-270823-2

Ⓝ699

[内容] マスコミ報道のあり方に疑問を感じ、テレビ局を辞めた著者はインターネット放送局OurPlanet-TVを立ち上げ、独自の取材・情報発信で注目を集める。自らの体験をもとに日本のメディアの抱える問題を検証し、ツイッターやユーストリームなどが普及する今、国内外に広がる一般市民による様々な情報発信の試みを紹介する。

『新大陸VS旧大陸—ソーシャルメディアが世界を動かす！』 今井照容著 イースト・プレス 2011.4 247p 18cm （知的発見！BOOKS） 952円 Ⓘ978-4-7816-0587-6

[内容] 新聞、テレビ、雑誌、そしてTwitter、FacebookなどのSNS…今すぐそこの未来。革命か、単なる熱狂か。既得権は永遠ではない。

『ローカル・メディアと都市文化—『地域雑誌谷中・根津・千駄木』から考える』 岡村圭子 京都 ミネルヴァ書房 2011.3 311,22p 20cm （叢書現代社会のフロンティア 16）〈文献あり〉 3500円 Ⓘ978-4-623-05921-8 Ⓝ361.453

[内容] 行政区画の枠内に収まらないエリアを対象とした紙のローカル・メディアは、なにを伝え、どのような文化をつくりだすのか。『地域雑誌 谷中・根津・千駄木』を中心に、『シティライフ』（大阪）、『渡良瀬通信』（群馬）とも比較しつつローカル・メディアの意義と役割を考察する。

『情熱革命—神戸を変える、市民が変える』 樫野孝人著 カナリア書房 2009.10 143p 19cm 1000円 Ⓘ978-4-7782-0117-3

[目次] プロローグ なぜ、神戸は変わらなければならないのか？，第1章 ぼくが会社と社会で学んだこと，第2章 情熱こそ変革の原動力，第3章 なぜ、神戸は輝きを失ってしまったのか？，第4章 神戸を変えるための「3つのチェンジ」と「7つのビジョン」，終章 次代を担う若者たちへ，かしのたかひと政策マニフェスト Manifesto 神戸は変かる。

『地域メディアが地域を変える』 河井孝仁，遊橋裕泰編著 日本経済評論社 2009.4 281p 19cm〈企画：モバイル社会研究所〉2200円 Ⓘ978-4-8188-

2048-7 Ⓝ361.7

[内容] 行き詰まりゆく社会に対して、地域メディアを活用することにより、地域での持続的かつ多様な生存の維持、生活の発展の糸口を見出すことを提案する。

『市民メディアの挑戦』 松本恭幸著 リベルタ出版 2009.2 222p 20cm 1900円 Ⓘ978-4-903724-14-0 Ⓝ361.453

[内容] 1995年の阪神淡路大震災後、各地に叢生したコミュニティFM、パブリックアクセスや「住民ディレクター」によるテレビ放送への市民参加、インターネット新聞やインターネット放送を通じた市民の情報発信etc.日本列島に広がる市民メディアの胎動を現地に追い、その可能性を探る。

『非営利放送とは何か—市民が創るメディア』 松浦さと子，小山帥人編著 京都 ミネルヴァ書房 2008.9 280p 22cm （龍谷大学社会科学研究所叢書 第81巻）〈文献あり〉2800円 Ⓘ978-4-623-05232-5 Ⓝ699

[内容] 市民の手による公共性の高いメディアとして期待が集まるコミュニティ放送。本書は、NPOなどの非営利組織が手がける「非営利放送」を、コミュニティ放送局の現場を中心とした研究調査、欧米、アジア諸国との比較を通じて考察し、「地域社会におけるコミュニケーション」のあり方を検討する。

『キミにもできるコミュニティFM—FM放送局を作るゾォ〜』 ヒルズ水島著 CQ出版 2007.9 143p 図版16p 21cm （電波の世界で遊んでみようseries） 1600円 Ⓘ978-4-7898-1327-3 Ⓝ699.21

[目次] 気分は放送局員 写真で飛び回るあこがれの放送現場，1 コミュニティFM開局奮闘記，2 番組制作に参加してみよう，3 番組の作り手からのメッセージ，4 聴き手のキモチを知ることも大事 ヒルズ水島のリスナー突撃対談，5 キミ向きのコミュニティFMの仕事はこれだ，6 FM電波についてちょこっとおベンキョしておこう，7 コミュニティFM局を作る手続きは，8 コミュニティFM豆知識，全国コミュニティFM局リスト

『コミュニティ・メディア—コミュニティFMが地域をつなぐ』 金山智子編著

慶應義塾大学出版会　2007.3　211p　21cm　〈文献あり〉　2000円　①978-4-7664-1347-2　Ⓝ699.21

|内容| 阪神淡路大震災で、その有用性と有効性が高く評価され、注目を集めるようになったコミュニティFMラジオは、地域住民が必要とする、きめ細かな地域情報の伝達手段として、知域を活性化するツールとして、また水害や地震などの自然災害に対応する防災・災害の情報伝達手段として、地域コミュニティにとっての重要なメディアとして活用されている。本書は、掘り下げた訪問調査に基づき、先行するコミュニティFM研究ではみられなかった、市民とコミュニティ・メディアとの関係について踏み込んだ知見を提示する。

『メディア文化の街とアイドル──酒田中町商店街「グリーン・ハウス」「SHIP」から中心市街地活性化へ』　仲川秀樹著　学陽書房　2005.7　294p　21cm　2900円　①4-313-81308-X

|内容| アイドルは商店街を救うのか!?地域商店街活性化のための一大プロジェクトがもたらした成果とは？現地に入り込み、"メディア文化"の視点から社会学的に解明する。

『地域メディアを学ぶ人のために』　田村紀雄編　京都　世界思想社　2003.11　285p　19cm　〈文献あり〉　1800円　①4-7907-1023-8　Ⓝ361.45

|内容| いま、マス・メディアとは異なる、「市民の参加する、市民のつくるメディア」のあり方に注目が集まっている。地域の小さな新聞、CATV、FM放送、広告…若者たちに新しい進路を提供している、地域メディアのあり方を追う。

『メルの環──メディア表現、学びとリテラシー』　東京大学大学院情報学環メルプロジェクト編　トランスアート　2003.7　142p　21cm　(Richiesta plus)　1800円　①4-88752-179-0　Ⓝ070.14

|目次| 東京大学大学院情報学環とメルプロジェクト(水越伸著)、メルプロジェクトがめざすもの(山内祐平著)、大井町プロジェクト(河西由美子著)、友だちの絵本(長谷川一著)、松本サリン事件から七年(安田恵子、林直哉著)、白熱した結論の末に見えたメディア・リテラシー活動の原点(菅谷明子著)、NPO/NGOのメディア利用と表現の多様性(小川明子著)、アジアの不思議(坂田邦子著)、新しい生き方マガジンを作ろう(伊藤昌亮著)、八ヶ岳プロジェクトとなりの国の晩ご飯(安美羅著)、コミュニティ紹介番組を作ろう(林直哉著)、「つくることで知るテレビ」ニュース番組をつくろう！(清水宣隆著)、メディア・リテラシーの現在(Voice取材チーム著)、メルの環の拡がり(水越伸著)

『メディア・リテラシー──世界の現場から』　菅谷明子著　岩波書店　2003.4　230,4p　18cm　(岩波新書)　〈第6刷〉　780円　①4-00-430680-9

|内容| 人生の大半をメディアとともに過ごすとされる現代生活。報道の客観性や公正さ、暴力表現の影響などが議論になっている今、メディアのあり方を具体的に解読していくことの意味とその可能性とは何か。各国で広がっている実践を丹念に取材し、教育現場での工夫や反応、メディアを監視する市民団体の活動などを報告、情報社会の今後を考える。

『市民社会とメディア』　原寿雄著　リベルタ出版　2000.2　229,7p　20cm　〈執筆：石川旺ほか〉　1900円　①4-947637-63-3　Ⓝ070.14

『表現する市民たち──地域からの映像発信』　児島和人、宮崎寿子編著　日本放送出版協会　1998.10　251p　19cm　(NHKブックス)　970円　①4-14-001841-0

|内容| 全国のCATV局では、ドラマなど地域の住民による番組作りが、飛び地的ではあるが生まれてきている。パブリック・アクセスと呼ばれるこの動きは、地域の新しい文化活動となり、表現活動の場として育っていくのか。実際にテレビドラマを制作した横浜市青葉区、長野県山形村などの事例研究と全国のCATV局を対象にした統計調査などから、住民─CATV─行政の三者のかかわりを考察する。さらに先進国オランダとの対比から日本のメディアの特質を明らかにし、将来に向けての市民の表現活動の可能性を展望する。

《多文化・異文化コミュニケーション》

『〈多文化共生〉8つの質問──子どもたちが豊かに生きる2050年の日本』　佐藤友則著　学文社　2014.3　172p　21cm　〈文

献あり 索引あり〉 2000円 ①978-4-7620-2430-6 ⓝ334.41

[目次] 第1章「こいこい松本」で―子どもたちが見て感じた多文化社会(どうして外国の人が日本に、松本に住んでいるんだろう?、外国の人はどんなことで困っているんだろう? ほか), 第2章 多文化共生社会の現状と課題の分析―友多の質問への回答(日本政府の戦略なき外国人の受入、日本語教育未整備、疎外意識、子どもへの支援不足、日本の生活ルールの指導不足など ほか), 第3章 松本市におけるNPOと行政との協働(人との出会い、行政からの提案・働きかけ、関係者との話し合い、信頼関係), 第4章 8つ目の質問―ともに考える2050年の日本(これから日本政府は、国は、何をするべきなんだろう?、外国由来の人に関する基本法を制定する)

『はじめて学ぶ異文化コミュニケーション―多文化共生と平和構築に向けて』 石井敏, 久米昭元, 長谷川典子, 桜木俊行, 石黒武人著 有斐閣 2013.11 296p 19cm (有斐閣選書 1678)〈他言語標題：Introduction to Intercultural Communication 文献あり 索引あり〉2000円 ①978-4-641-28133-2 ⓝ361.45

[内容] 多文化社会に生きる現代の学生・社会人にとって必要な、異文化コミュニケーションの知識と考え方をわかりやすく解説。定番の入門書『異文化コミュニケーション』のよさを引き継ぎつつ、書名・執筆陣も変更し、内容を刷新した。

『まんがクラスメイトは外国人 入門編 はじめて学ぶ多文化共生』「外国につながる子どもたちの物語」編集委員会編, みなみななみまんが 明石書店 2013.6 176p 21cm 1200円 ①978-4-7503-3825-5 ⓝ334.41

[内容] 期待と不安を胸に中学校に進学した翔と歩夢。ブラジルや中国、ベトナムやインドなど、様々な国にルーツを持つ友達と出会い、彼・彼女らと共に、時には泣き、笑い、悩み、考えながら、少しずつ成長していきます。さあ、あなたも二人と一緒に、新しい中学校生活を送ってみましょう。

『グローバル社会のコミュニティ防災―多文化共生のさきに』 吉富志津代著 吹田 大阪大学出版会 2013.3 189p 19cm (阪大リーブル 43)〈文献あり〉1700円 ①978-4-87259-425-6 ⓝ369.3

[内容] 双方向のコミュニケーションを。コミュニティラジオを中心とした多言語での情報発信の豊富な経験をもとに、移民をはじめ多様なマイノリティとともに暮らす地域社会のあり方を提言。

『異文化と出会おう―オンとオフで暗黙知ネットワークを広げる』 桑原裕子著 丸善プラネット 2012.3 314p 19cm〈索引あり 文献あり 丸善出版(発売)〉2000円 ①978-4-86345-111-7 ⓝ361.5

[目次] 第1章 21世紀に真価を発揮するグローバルな「ヒューマン・ネットワーク」, 第2章 異文化体験と「オン・オフ」のバランス, 第3章 オープン・イノベーション, 第4章 グローバルな「ヒューマン・ネットワーク」拡大につながった異文化体験, 第5章 信頼関係を強化した異文化体験, 第6章 音楽や絵画で思いを共有, 第7章 モンブラン―オフの挑戦, 第8章 グローバルな「ヒューマン・ネットワーク」こそイノベーション立国日本の鍵

『国際学への扉―異文化との共生に向けて』 鹿島正裕, 倉田徹編 改訂版 風行社 2012.2 206p 22cm〈文献あり〉2100円 ①978-4-86258-068-9 ⓝ319

『ひょうたん島レポート―留学生と小学生の多文化ワークショップと周辺事業報告&事業実施のヒント』 ひょうたん島実行委員会2011編 〔西東京〕ひょうたん島実行委員会2011 2012.2 104p 26cm ⓝ319.1

『異文化コミュニケーション学への招待』 鳥飼玖美子, 野田研一, 平賀正子, 小山亘編 みすず書房 2011.12 484p 22cm〈他言語標題：Introduction to Intercultural Communication Studies〉6000円 ①978-4-622-07659-9 ⓝ361.45

[内容]「外国語教育から異文化市民の教育へ」「ネイチャーライティングからESD学まで」「地域言語は国際語になりえるか」「ユーモアを訳す」など、通訳・翻訳の問題から環境学まで。言語文化をめぐる普遍的な問いから人文社会科学としての方法論へと向かう、異文化コミュニケーション学領域の最新成果を紹

『「10代とともに」語りあう──「異文化」交流を成長の糧に』 ラボ教育センター編 ラボ教育センター 2011.4 215p 18cm （ラボ教育センター新書 002──ラボ国際交流機関誌「ラボの世界」インタビュー記事叢書）〈年表あり〉 800円 ①978-4-89811-111-6 Ⓝ319.1

目次 この本を手にする人のために（佐藤学），若い世代におくるメッセージ（大河内一男），ことばのちから、ことばのいのち（大岡信），世界を結ぶ友情の架け橋（山下泰裕），いまも民話を語り継ぐインドの家族（タゴール暎子），音楽の意味を問い続けて（一柳慧），青い地球を宇宙から（若田光一），言語、物語、そして文化（池上嘉彦），ディズニーランドを通してみるアメリカ（能登路雅子），グローバル世界を自分らしく生きる（入江昭），芸の道も、人の道（桂歌丸），自分の器を広げる挑戦（佐々木毅），多面的な価値観で異文化と交流（東洋），ことばのむこうがわにある詩（アーサー・ビナード），興味が学習の原動力（福田誠治），探求的作文の冒険（菅啓次郎），ほんものは実体験から（大河原良雄），本書編集委員より（松山幸雄），「ひとりだちへの旅」としてのラボ国際交流（ラボ教育センター）

『もっと知ろう‼わたしたちの隣人──ニューカマー外国人と日本社会』 加藤剛編 京都 世界思想社 2010.3 272p 19cm 2300円 ①978-4-7907-1459-0 Ⓝ334.41

内容 「移民」のいない国、日本。だが、グローバル化と少子高齢化の中、日本の農業や産業は今や多くの新来外国人労働者に支えられている。中国、ブラジル、フィリピンなどから来た彼らはどのように働き、暮らしているのか？ 多様な外国人住民を包摂する21世紀の日本を考える。

『まんがクラスメイトは外国人──多文化共生20の物語』 「外国につながる子どもたちの物語」編集委員会編，みなみななみまんが 明石書店 2009.4 171p 21cm 1200円 ①978-4-7503-2966-6 Ⓝ334.41

内容 あなたの学校に、外国人の友だちはいませんか？ その子はどうして、日本にやってきたのでしょう。日本に来て、どんなことを思っているのでしょう。この本を読んで、世界への扉を開けてみてください。

『共生社会の異文化間コミュニケーション──新しい理解を求めて』 ベイツ・ホッファ，本名信行，竹下裕子編著 三修社 2009.3 382p 20cm 3200円 ①978-4-384-04228-3 Ⓝ361.45

目次 第1部 異文化間コミュニケーションの課題と展望（多文化世界の異文化間コミュニケーション学──21世紀のよりよき異文化間教育への提案，英語の多文化化と異文化間リテラシー──異変種間相互理解不全問題の克服を目指して，異文化間コミュニケーションの将来──IAICS研究生活20年の展望）、第2部 異文化間コミュニケーション理論の方向性（文化的アイデンティティを越えて，文化の発生：「現在」を理解し、「過去」を問い直す），第3部 バイカルチャーとマルチカルチャーの最前線（承諾獲得に関する比較調査：中国・日本・米国，コミュニケーションと文化の進歩，日本人とタイ人の異文化間コミュニケーション──バンコクでの調査から見えてくるもの，紛争解決のための面子と面子交渉に関する中国的概念──紛争交渉と紛争解決における中国人の間接的面子保持戦略VS.アメリカ人の直接的面子保持戦略，中国の合併企業における対立管理方式の評価），第4部 研究成果の応用（ヨーロッパの言語政策における四つの提言，外国語授業における隠れた文化──教える側と学ぶ側の考え方の違いを超えて）

『多文化・共生社会のコミュニケーション論──子どもの発達からマルチメディアまで』 フェリス女学院大学編 翰林書房 2008.6 297p 20cm （横浜社会人大学講座 5──フェリス・カルチャーシリーズ 4） 2800円 ①978-4-87737-264-4 Ⓝ361.45

目次 文化心理学とコミュニケーション（田崎勝也著），対人コミュニケーションの心理（渡辺浪二著），逢うや逢わずや誘拐事件（齋藤孝滋著），女性らしさ・男性らしさはつくられる（井上惠美子著），身体表現とコミュニケーション（大河内君子著），「争いの文化」と「和の文化」（梅本直人著），日本におけるこれからの多文化共生（高野文生著），アサーションとコミュニケーション（川合雅子著），

書くことは伝えること・考えること(竹信三恵子著)，マス・コミュニケーションの社会学(諸橋泰樹著)，「マルチメディア」の思想とコミュニケーション(高田明典著))

『シミュレーション教材「ひょうたん島問題」―多文化共生社会ニッポンの学習課題』 藤原孝章著 明石書店 2008.2 141p 21cm 〈文献あり 年表あり〉 1800円 ①978-4-7503-2721-1 Ⓝ334.4

内容 「ひょうたん島問題」は身近な「日本問題」。海を漂うひょうたん島に、カチコチ島、パラダイス島の人々が移住してきたことから、島ではコミュニケーション、文化・祝祭、言語・教育、集住と分離、資源・環境など、さまざまな社会問題が起こります―。架空の島を舞台に、多文化共生社会に生じる現実的課題をシンプルかつラディカルに浮き彫りにし、マジョリティとマイノリティそれぞれの立場からロールプレイすることで、問題解決の方策を参加者が共に考えることができるシミュレーション教材です。付録CD‐ROMには状況説明、役割・政策カードなど、ワークショップに活用できる紙芝居ツールを収録。

『多文化共生と生涯学習』 矢野泉編著 明石書店 2007.10 219p 20cm 〈文献あり〉 2200円 ①978-4-7503-2663-4 Ⓝ379.021

目次 第1章 マイノリティの居場所が創る生涯学習(生涯学習の定義，生涯学習におけるマイノリティの居場所の探究，多文化共生の居場所としてのフリースペースと学校，マイノリティの生涯学習に関する先行研究)，第2章 川崎市の多文化共生社会の創造(川崎市の外国人市民施策，「外国人教育基本方針」の策定，多文化共生の公民館・児童館統合施設「ふれあい館」，「外国人市民代表者会議」，「子どもの権利条例」，まとめ 生涯学習と多文化共生)，第3章 浜松市における外国人の教育問題と協働―カナリーニョ教室による不就学対策より(浜松市の外国人教育の現状，浜松市における教育支援，カナリーニョ教室に通う子どもたち，マルチエージェンシーによる協働的な支援へ向けて)，第4章 図書館における多文化サービス(図書館の多文化サービスとは，言語権について，生涯学習と図書館サービス，まとめ:「同じこと」と「違うこと」)

『日本で学ぶアジア系外国人―研修生・技能実習生・留学生・就学生の生活と文化変容』 浅野慎一編著 増補版 岡山大学教育出版 2007.10 531p 22cm 〈文献あり〉 6000円 ①978-4-88730-795-7 Ⓝ334.41

『「多文化パワー」社会―多文化共生を超えて』 毛受敏浩,鈴木江理子編著 明石書店 2007.9 224p 21cm (国際交流・協力活動入門講座 4) 〈文献あり〉 2300円 ①978-4-7503-2622-1 Ⓝ334.41

目次 1章 多文化化する日本の現在，2章 多文化社会の課題―「心の壁」を超えるために(地域社会の国際化に関する調査，「社会に活力を与える多文化社会構築プロジェクト」「日本人住民アンケート)，3章 多文化をパワーに変える草の根の取り組み(過疎の農村を甦らせた外国人花嫁，知り合い，認め合うことで地域をエンパワーメント―大泉国際教育技術普及センターの取り組み，外国にルーツを持つ子どもたち，人と文化と自然が共生できるまちづくり―国際理解教育の実践を通して，多文化が活かされる地域社会―神戸の事例から)，4章 変容する社会と外国人の存在，5章 多文化パワー社会への道のり

『多民族日本のみせかた―特別展「多みんぞくニホン」をめぐって』 庄司博史,金美善編 吹田 人間文化研究機構国立民族学博物館 2006.12 270p 26cm (国立民族学博物館調査報告 64) 〈会期・会場:2004年3月25日―6月15日 国立民族学博物館〉 ①4-901906-42-9 Ⓝ334.41

目次 総論:特別展「多みんぞくニホン」のめざしたものと達成したもの(庄司博史著)，みんぞく，外国人，「多文化共生」(庄司博史著)，多民族社会の境界設定とエスニック・ビジネス(樋口直人著)，エスニック・メディア展示の意義と課題(中野克彦著)，パンダのしっぽは白か黒か(城田愛著)，ポスト「多みんぞくニホン」展への課題(島村恭則著)，子どもコーナーから見えた多様なつながりの形(小谷幸子著)，各論エスニックコーナー:在日朝鮮人に関する展示の可能性(藤井幸之助著)，在日コリアン一世女性のホスト社会への適応過程(金美善著)，エスニック・コミュニティと個人の「力」(前田達朗著)，在日ブラジル人の語るものとは(リリアン・テルミ・ハタノ著)，「多みんぞくニホン」特別展における

在日華僑（張玉玲著），新来中国人の多様性と共生への道（陳於華著），新華僑・新華人に関する展示のねらいと残された課題（佟岩著），「中国帰国者」の表象をめぐって（南誠著），在日ベトナム人コミュニティのイメージ（北山夏季著），「多みんぞくニホン」の背景と応用：グローバル化とエスニシティ（田嶋淳子著），国立民族学博物館特別展「多みんぞくニホン」を教育現場に生かす（織田雪江著），「多みんぞくニホン―在日外国人のくらし」における多文化主義の課題（タイ・エイカ著）

『NPO/NGOのフロンティアたちの歩み―関西の国際交流・国際協力の軌跡』関西国際交流団体協議会編著　明石書店　2006.6　324p　21cm〈年表あり〉2700円　①4-7503-2340-3　Ⓝ319.1

目次　第1章　フロンティアたちの挑戦（岩村昇　道を拓き、人を育てた医師―その生き方に魅せられた人々，草地賢一　言われてもやらない、言われなくてもする―神戸から世界へ、草の根の人々と共に生きて ほか），第2章　関西の軌跡（関西における「市民、人権、教育、国際」諸活動の軌跡，国際交流―関西が育んだ交流の歴史と展望 ほか），第3章　次世代の進む道（国際社会と日本のNPO，NPOに期待する―組織に必要な志と能力 ほか），第4章　関西国際交流団体協議会の二〇年の軌跡（日本初のネットワーク組織の誕生，特徴的な活動にみる協議会の果たしてきた役割 ほか），第5章　資料編（NPO/NGO活動の歴史，関西の国際交流・協力団体の分析，推移 ほか）

『多文化への招待―ともに生きる地域づくりのために　2003年度連続公開講座報告書』森由紀編　〔津〕　三重県人権問題研究所　2004.6　112p　30cm〈共同刊行：三重大学留学生センター〉1000円　Ⓝ319.1

目次　ボランティア日本語教室と地域の多文化共生（藤本久司著），「ことばの学び」としての国語と地域の多文化共生（別府直苗著），外国籍の子どもたちと地域の多文化共生（森由紀著），まちづくりと地域の多文化共生（永田素彦著）

『異文化体験入門』毛受敏浩著　明石書店　2003.6　212p　19cm　1800円　①4-7503-1742-X　Ⓝ361.45

内容　国際交流や異文化交流というと一般の人々には手が届かない世界に思えるかもしれない。しかし、異文化を体験するチャンスは身のまわりにいくらでもある。海外に行かなくても、外国人と接し、また異文化を体験する機会は増えている。また海外赴任や留学などで、海外生活の体験を持つ市民も増えている。偏見や思い込みをぬぐい去って、一人の人間として外国人を見ると、今まで見えてこなかったものが見えてくる。異文化との接触は自己発見、日本発見の機会でもある。本書はそうした新たな発見に満ちた異文化世界へのガイドブックである。

『Welcome to日本語教室―外国からきた子どもたちに日本語を教えるボランティア』つくばインターナショナルグループ（TIG）学校部編　明石書店　2003.3　231p　21cm　1800円　①4-7503-1711-X　Ⓝ810.7

目次　第1章　日本語教室の子どもたち（ぼく、なにをすればいいの？（ロシア・小1），ティータイムがないのはつらい（ニュージーランド・小1），花マル大好き（韓国・小1）ほか），第2章　子どものための日本語指導（教える前に、日本語補習，教え方紹介 ほか），第3章　子どものための日本語ボランティア（子どものための日本語ボランティア，日本語ボランティアがしていること，外国人保護者からの感想 ほか）

『外国からきた人といっしょに』稲葉茂勝著，こどもくらぶ編　岩崎書店　2003.3　47p　29cm　（福祉ボランティア　体験しよう！発見しよう！　4）3000円　①4-265-05164-2　Ⓝ329.9

目次　1　きみ自身の経験から、かんがえよう（映画を字幕スーパー版で見るのはにがて？，日本のアニメの登場人物も外国では、その国のことばをはなすって知っている？，このダジャレわかる？ おもしろい？ ほか），2　いろいろな人たちの気持ちをきいて、もういちど自分たちの接しかたを見なおそう（話をききましょう，自分の目でたしかめましょう，外国人のためのくふうを見てみましょう），3　きみにもできるボランティア活動（きみのまちの外国人のようすを調べましょう，「外国人バリアフリー度」をチェックしましょう，まちでこまっている外国人とであったら ほか）

『多文化共生のコミュニケーション―日本

『語教育の現場から』 徳井厚子著 アルク 2002.8 189p 21cm 〈文献あり〉 2200円 ①4-7574-0645-2 ⓃN361.454

[内容] 本書では、日本語教育を異文化コミュニケーションの現場としてとらえ直すことによって、学生とのかかわり方や自分自身のコミュニケーションスタイルなどについての「自己」への気づきを促すことを目的としている。

『多文化共生にひらく対話─その心理学的プロセス』 倉八順子著 明石書店 2001.10 216p 20cm 2400円 ①4-7503-1482-X ⓃN361.45

[目次] 第1章 かかわりあいとしての文化,第2章 多文化にひらく,第3章 多文化との対話への心理学的メカニズム,第4章 多文化との対話を生きた人たち,第5章 多文化との対話の七つの物語

『共生の時代を拓く国際理解教育─地球的視野からの展開』 魚住忠久著 名古屋 黎明書房 2000.5 182p 19cm 1800円 ①4-654-01644-9 ⓃN375

[内容] 二十一世紀は「共生の時代」であり、多文化共存のために国際理解教育は、日常的営為として学ばれなければならない。本書はそのような日常的営為を通して「ともにある精神」(spirit of togetherness)が着実に育まれ、明日の共生をより確かなものにすることをめざす国際理解教育を、変化の兆しが見え始めているユネスコ「国際教育」の動向などをふまえて提示する。

『多民族共生社会ニッポンとボランティア活動』 田村太郎著 明石書店 2000.4 61p 21cm (明石ブックレット 9) 700円 ①4-7503-1271-1 ⓃN334.41

[内容] 「日本で暮らす外国人のことを教えたいが、読みやすいテキストがない」「多文化共生についてわかりやすく説明した本がほしい」という声に応え、わかりやすく広く、多文化共生の理念を伝える本。

『異文化コミュニケーション教育─他者とのコミュニケーションを考える教育』 青木順子著 広島 渓水社 1999.4 370p 21cm 2800円 ①4-87440-648-3 ⓃN361.45

『異文化トレーニング─ボーダレス社会を生きる』 八代京子ほか著 三修社 1998.2 318p 20cm 〈他言語標題:Cross-cultural training 文献あり〉 2900円 ①4-384-01080-X ⓃN361.45

[内容] 本書は、私たちが文化の異なる人々と友好的かつ建設的共生共栄を成しとげるためにコミュニケーションするにはどのような態度とスキルが必要なのかを解説し、実際にそのような態度を養成し、スキルを習得するためのトレーニング・エクササイズを多数収録した。

『共生の国際関係─国際学の試み』 松本仁助,香西茂,島岡宏編 京都 世界思想社 1997.11 256,6p 19cm (Sekaishiso seminar) 〈文献あり 索引あり〉 2200円 ①4-7907-0678-8 ⓃN319

[内容] 21世紀の地球人に送る国際学からのメッセージ。既存の諸科学を超えて、文化や人間、生活者の視点に立つグローバルな発想と学際的な比較研究の方法により、今日直面する人類的諸課題の解決に新たな視座を提供する。

『「ガイジン」生徒がやってきた─「異文化」としての外国人児童・生徒をどう迎えるか』 高橋正夫,シャロン・S.バイパエ著 大修館書店 1996.12 240p 19cm 〈参考文献:p233〜238〉 2060円 ①4-469-24395-7 ⓃN375

[内容] 日本の学校で学ぶ外国人児童・生徒は、文化摩擦の最前線に立たされている。彼らは日本の学校でどんな体験をし、日本の教育にどんな印象を抱いているのだろうか。「異文化」という厚い壁、受け入れ態勢の不十分さの前で、彼らの保護者、日本人教師もまた日々悪戦苦闘している。本書は、この三者のなまの声を集め、今や日本が避けて通れない「教育の国際化」を目指して、その方策を探ろうとするものである。

『異文化との接点で─草の根協力の最前線から』 時事通信社編 時事通信社 1996.3 269p 19cm 1500円 ①4-7887-9609-0 ⓃN333.8

[内容] ボランティアの喜び、他者との出会い、悩み…。派遣専門家、青年海外協力隊、NGOの60人が世界48カ国から報告する、一人ひとりにとっての国際協力。

《NPO・NGOについて知ろう》

『新市民伝―NPOを担う人々』辻陽明,新市民伝制作プロジェクト著　講談社エディトリアル　2015.6　206p　21cm　1200円　①978-4-907514-21-1
内容　日本経済の「失われた20年」は、NPOにとっては「成長の20年」だった。自分たちの力で自分たちの社会を良くしたい、そう思う若者や中高年が「静かなるNPO革命」を起こした。NPOセクターの成長を担ってきた65人のメッセージ。

『NPOの教科書―初歩的な疑問から答える「非営利」なのに給与はどうするの？』乙武洋匡,佐藤大吾著　日経BP社　2015.3　206p　19cm〈発売：日経BPマーケティング〉1400円　①978-4-8222-7763-5　Ⓝ335.89
目次　1章　そもそもNPOって、何？（非営利ってどういうこと？、お金儲けは悪いこと？ほか）、2章　NPOを取り巻く社会のしくみ（NPO法ってどんなもの？、ボランティアは有償？無償？ほか）、3章　NPOで働くということ（新卒でNPOに就職することはあるの？、NPOの給料ってどのくらいで、誰が決めるの？ほか）、4章　NPOをサポートしたい！（寄付先はどうやって選べばいい？、NPOの情報や寄付の費用対効果を調べたいほか）

『NPO白書　2013』山内直人,田中敬文,奥山尚子編　〔豊中〕大阪大学大学院国際公共政策研究科NPO研究情報センター　2013.4　191p　30cm〈他言語標題：The Japanese nonprofit almanac　文献あり〉2000円　①978-4-87974-674-0　Ⓝ335.89
目次　第1部　日本のNPOと市民社会（NPO法人、公益法人、非営利法人税制、非営利法人会計、寄付とボランティア、災害ボランティア、企業の社会的責任（CSR）、行政との協働）、第2部　分野別の動向（文化・芸術、教育・研究、医療・福祉、国際協力、環境NPO、スポーツとNPO）、第3部　日本のソーシャル・キャピタル（ソーシャル・キャピタルの役割、ソーシャル・キャピタルと健康医療、ソーシャル・キャピタルと幸福度、ソーシャル・キャピタルと金融、ソーシャル・キャピタルと政治、ソーシャル・キャピタルと防災、市民社会インデックス）、第4部　グローバル市民社会（世界の市民社会、世界の寄付、世界のボランティア、民間開発援助（PDA））

『NPO NGO事典―市民社会の最新情報とキーワード』山内直人,田中敬文,奥山尚子編　〔豊中〕大阪大学大学院国際公共政策研究科NPO研究情報センター　2012.4　309p　30cm〈他言語標題：The encyclopedia of contemporary civil society　文献あり〉3000円　①978-4-87974-664-1　Ⓝ335.8
目次　第Ⅰ部　NPO NGO事典（基礎概念・基礎理念、寄付とボランティア、制度・政策、NPOとの協働、NPOマネジメント、学術・文化・教育、福祉・介護・医療、まちづくり・災害・環境、国際協力）、第Ⅱ部　NPO NGOキーワード

『NPO活動体験報告書―Caresケアーズ・ろうきんNPO一日体験を通して』東北大学経済学部非営利組織論ゼミナール編著　〔仙台〕東北大学経済学部西出優子研究室　2010.3　37p　30cm　Ⓝ335.89

『NPOのチャレンジ』眞鍋貞樹著　一藝社　2009.4　257p　20cm〈文献あり〉2200円　①978-4-86359-004-5　Ⓝ335.89
内容　政府でもない、市場でもない新たなアクター、非営利組織の挑戦と可能性。

『NPO新時代―市民性創造のために』田中弥生著　明石書店　2008.12　269p　19cm〈文献あり〉2000円　①978-4-7503-2879-9　Ⓝ335.89
内容　NPO法制定から一〇年。多くのNPOは経済的な困難を抱えながらも、自立をもとめて模索を続けている。では、NPOはどうすれば真の社会変革の担い手となりうるのか？この一〇年を総括し、寄付、ボランティア、アドボカシーの三つの観点から提言する。

『NPO実践講座』山岡義典,雨宮孝子編著　新版　ぎょうせい　2008.3　231,14p　19cm〈文献あり〉2095円　①978-4-324-08313-0　Ⓝ335.89
内容　NPOの実践に向けて運営と制度の両面からアプローチ。第一部では、組織の立ち上げと運営に関する課題、それに行政や企業との協働について語り、第二部では、NPO法人

市民社会とは何だろうか　　　　　　　　　　　NPO・NGOについて知ろう

制度や新しい一般社団・財団法人、公益社団・財団法人制度の内容とともに、それらの税制について論じている。

『NPO⁉なんのためだれのため―「NPOとまちづくり」現場からの本音トーク』村岡兼幸,まちづくり市民財団編著　時事通信出版局　2007.4　253p　20cm〈時事通信社（発売）〉　1600円　①978-4-7887-0754-2　Ⓝ335.8

内容　中村陽一、加藤哲夫、早瀬昇、山岡義典、上田文雄ら、NPOの実践を語る上で欠かせない、5氏との対談集。

『おとな愉快団！ NPO入門』　インプレスジャパン　2006.7　95,17p　28cm（Impress mook）〈インプレスコミュニケーションズ（発売）〉　1300円　①4-8443-2266-4

『NPO基礎講座』　山岡義典編著　新版　ぎょうせい　2005.12　264,16p　19cm〈執筆：早瀬昇ほか　文献あり〉　2190円　①4-324-06704-X　Ⓝ335.8

目次　第1部 NPOの意味と課題（NPOの現代的意義,市民活動の全体像と分野横断性,NPOに求められる人と金のマネジメント）,第2部 社会の中のNPO（NPOとボランティア,NPOと企業の社会貢献,NPOと助成財団,「NPO・行政関係」原論）

『NPOと社会をつなぐ―NPOを変える評価とインターメディアリ』　田中弥生著　東京大学出版会　2005.6　276p　21cm〈文献あり〉　2800円　①4-13-050161-5　Ⓝ335.8

内容　NPOに人材・資源を適切に配分し、ニーズのある所につなぐ機能、「インターメディアリ」。実践的でイノベイティブな評価方法から考える。

『NPOという生き方』　島田恒著　PHP研究所　2005.3　214p　18cm（PHP新書）　720円　①4-569-64074-5　Ⓝ335.8

内容　福祉、環境、国際協力、学校など様々な分野に広がるNPO。その活動は、企業や行政の限界を克服し、新たな市民社会の原動力となっている。その一方、机上の理想論、脆弱な組織づくりで失敗するケースも多い。これからのNPOに何が求められているのか。独自のミッション（使命）をいかに構築するのか。

さらにマネジメントの視点から、卓越した事業展開、スタッフの人事管理、財務の基盤づくりなど、必要な条件とは―。著者の豊富な体験から、感動と活力ある世界を描く。「もう一つの生き方」を提唱する意欲作。

『NPOと新しい社会デザイン』　塚本一郎,古川俊一,雨宮孝子編著　同文舘出版　2004.12　287p　21cm〈文献あり〉　2800円　①4-495-37271-8　Ⓝ335.8

内容　NPOとは何か、現在の社会経済の中でどのような役割を果たしているか、制度的にはどのような仕組みになっていて、どのような問題があるか、NPOと行政、企業との関係はどうなっているか、外国のNPOはどのような状態か。NPOの運営、経営はどうあるべきか。本書は、初学者から実務家まで対象とし、またNPOに興味を持つ一般市民にも手掛かりとなるような本で、かつ大学での参考文献にも使える水準をめざしている。

『NPO入門』　山内直人著　第2版　日本経済新聞社　2004.5　192p　18cm（日経文庫）〈文献あり〉　830円　①4-532-11016-5　Ⓝ335.8

内容　NPOの活動実態から、マネジメント、関連制度に至るまで、幅広い分野を最新のデータとともに系統的に解説。

『NPOってなんですか　第3巻　NPOを作ろう！』　NPO活動を考える会編著,大橋真理子イラスト　汐文社　2004.3　47p　27cm　1800円　①4-8113-7852-0　Ⓝ335.8

内容　和夫君一家がNPOと関わりをもってから、家族の生活や意識がどう変わっていったか、なぜNPOを作ろうと思ったのかを取材していきます。

『NPOってなんですか　第2巻　いろんなNPO』　NPO活動を考える会編著,大橋真理子イラスト　汐文社　2004.3　47p　27cm　1800円　①4-8113-7851-2　Ⓝ335.8

目次　プロローグ NPOの時代がやってきた,1 様々な活動をするNPO,2 社会を元気にするNPO,3 新しい社会を作るNPO,4 NPOを応援する,エピローグ こんなNPOに勤めてみたい

『NPOってなんですか　第1巻　NPOを

『知ろう』 NPO活動を考える会編著，大橋真理子イラスト　汐文社　2004.3　47p　27cm　1800円　①4-8113-7850-4　Ⓝ335.8

目次　1 生きがいは働くこと？，2 社会と共にあるNPO，3 NPOってなんだろう，4 NPOはどんな活動をしているの？，5 NPOの将来

『NPO解体新書―生き方を編み直す』　上條茉莉子，椎野修平編著　公人社　2003.6　222p　21cm　1900円　4-906430-91-0　Ⓝ335.8

内容　わたしたちの生き方を編み直すしくみと原理であるNPO。「NPOとは何か」から運営の実際，そのつくり方までを明かす！　個と社会というレベルでさまざまなリソースを編み直していくために―。スローライフ仕様のオンリー・ワンスタイルへ。

『NPO実践講座　3』　山岡義典編著　ぎょうせい　2003.3　204p　19cm　〈執筆：大川美知子ほか〉　1905円　①4-324-06909-3　Ⓝ335.8

目次　第1章 総論―資金的基盤のとらえ方と強化戦略，第2章 重度重複障害者の地域生活を支える活動―会費・寄付金・補助金を主とした団体の事例から，第3章 患者の主体的医療参加を支援する活動―会費・自主事業を主とした団体の事例から，第4章 南インドでの植林を通じて自立支援をする活動―寄付を含めた多様な財源の団体の事例から，第5章 ドラマが生まれるまちを目指す活動―公共施設の管理委託を伴う団体の事例から，第6章 琵琶湖の環境保全を推進する活動―自主事業を主とした団体の事例から，第7章 特論―介護系NPOにおける資金的要素とその活用の課題

『あなたも参加できるNPO活動―あらたな『いきがい』をもとめて』　地方公務員等ライフプラン協会　〔2003〕　53p　26cm

『NPOの時代』　山内直人著　吹田　大阪大学出版会　2002.12　87p　21cm　（大阪大学新世紀セミナー　大阪大学創立70周年記念出版実行委員会編）〈シリーズ責任表示：大阪大学創立70周年記念出版実行委員会編　文献あり〉　1000円　①4-87259-126-7　Ⓝ335.8

内容　本書は，NPOについてまったく予備知識がない読者を対象にして書かれたコンパクトな入門書である。NPOの現状を幅広く紹介することにより，読者が日本のNPOについてできるだけ客観的にみることができるよう心がけた。

『NPO実践講座　2』　山岡義典編著　ぎょうせい　2002.1　201p　19cm　〈執筆：東良一ほか〉　1905円　①4-324-06649-3　Ⓝ335.8

目次　第1章 総論―ミッションを実現するための人と組織，第2章 ボランティアが中心に運営を行ってきた団体の事例―行徳野鳥観察舎友の会，第3章 会員の参加を重視した団体の事例―八王子こども劇場，第4章 有給スタッフが中心に運営を行っている団体の事例―リベラヒューマンサポート，第5章 退職後の専門技術者が活きる組織の事例―建築技術支援協会，第6章 有給スタッフとボランティアが協働で運営を行っている団体の事例―日本国際ボランティアセンター（JVC），第7章 特論―介護保険への参入による介護系NPOの変容と課題

『NPOと参画型社会の学び―21世紀の社会教育』　佐藤一子編著　エイデル研究所　2001.2　191p　21cm　2190円　①4-87168-313-3　Ⓝ379

内容　NPOの学びのネットワークは，新しい共同学習の可能性を拓く。各地の生き生きとした展開をとらえ，社会教育の新しい公共性について展望する。

『NPO実践講座―いかに組織を立ち上げるか』　山岡義典編著，井口百合香ほか共著　ぎょうせい　2000.11　211p　19cm　1905円　①4-324-06221-8　Ⓝ335.8

目次　第1章 総論―ミッションを組織化するとはどういうことか，第2章 公共空間のガーデニングを通したまちづくり活動を組織化する―つくばアーバンガーデニング実行委員会の事例から，第3章 市民・住民参加の環境改善活動を組織化する―グラウンドワーク三島の事例から，第4章 高齢者・障害者の在宅福祉活動を組織化する―ケア・センターやわらぎの事例から，第5章 子どもにかかわる民間教育活動を組織化する―東京シューレの事例から，第6章 障害者の芸術文化活動を組織化する―エイブル・アート・ジャパンの事例から，第7章 日米のNPO交流活動を組織化する

市民社会とは何だろうか　　　　　　　　　　NPO・NGOについて知ろう

―日米コミュニティ・エクスチェンジの事例から

『**NPOはやわかりQ&A**』　辻元清美, 早瀬昇, 松原明著　岩波書店　2000.6　63p　21cm　（岩波ブックレット　no.511）〈文献あり〉　440円　①4-00-009211-1　Ⓝ335.8

[日次] はじめに，Q1 NPOとは何ですか？，Q2 NPOとは、どんな活動をしているのですか？，Q3 なぜ今、NPOが話題になっているのですか？，Q4 日本でのNPO発展の歴史を教えてください。，Q5 国際社会でもNPOが注目されているというのは本当ですか？，Q6 自治体がNPOに注目しているのは、なぜですか？，Q7 企業もNPOを支援していると聞きましたが……，Q8 NPOは、どんな人たちによって運営されているのですか？，Q9 NPOは、どうやって資金を得ているのですか？，Q10 NPOに参加するのには、どうしたらよいのですか？，Q11 『NPO法』とは何を目的とする法律ですか？，Q12 『NPO法』は、どのようにしてつくられたのですか？，Q13 NPO法人になるには、どのような要件が必要なのですか？，Q14 NPO法人になるための手続きを教えてください。，Q15 法人申請に必要な書類はどのようなものですか？，Q16 NPO法人になると、どんなメリットがありますか？，Q17 『NPO法』ができて、社会が変わることはありますか？，Q18 海外のNPOは、どんな活動をしているのですか？，Q19 海外のNPOの制度は、どうなっているのですか？，Q20 これからNPOの制度は、どうなるのでしょうか？

◆NPO・NGOで働く

『**NPO法人で働く**』　小堂敏郎著　ぺりかん社　2012.8　138p　19cm　（なるにはBOOKS 補巻13）〈文献あり〉　1200円　①978-4-8315-1332-8

[内容] NPO法人の成り立ちや仕組みから、職場のようす、かかわる人びとの多様な仕事ぶりなどをくわしく紹介。

『**NPOで働く―「社会の課題」を解決する仕事**』　工藤啓著　東洋経済新報社　2011.7　207p　19cm〈文献あり〉　1400円　①978-4-492-22312-3　Ⓝ335.89

[内容] NPOとはどんな組織なのか、NPOで働くとはどういうことなのか、どこから収益を得ているのか、給与水準はどんなものなのか…。若き"NPO経営者"の挑戦から、新たなNPOの役割と新しいビジネスのあり方が見えてくる。

『**NPO・NGOキャリアガイド　2011**』　ユースビジョン編　ユースビジョン　2011.1　52p　30cm　500円

『**NPOでキャリアを描く―NPO就職ハンドブック**』　NPOサポートセンター　2011　48p　26cm

『**ゆっくりやさしく社会を変える―NPOで輝く女たち**』　秋山訓子著　講談社　2010.10　187p　19cm〈文献あり〉　1300円　①978-4-06-216477-1　Ⓝ335.89

[日次] ボランティアから「NPOの育ての親」へ阪神・淡路大震災が人生を変えた―中村順子さん・NPO法人「コミュニティ・サポートセンター神戸」理事長（震災後のボランティアがNPOの原動力に，結婚の条件は、「一生仕事を持ちます」 ほか），シングルマザーがつくった助け合いの輪「必要とされる喜び」で人を生かす―杉本彰子さん・NPO法人「活き生きネットワーク」理事長（どんな人とも「働く喜び」を分かち合う職場，夫が突然死、幼い娘を抱えたシングルマザーに ほか），高齢者も障害者も子どももみんな一緒の富山型「大家族」が全国のモデルに―惣万佳代子さん・NPO法人「デイサービスこのゆびとーまれ」理事長（施設ではなく、「大家族」が集まる家，怖さを知らず、大きいものにぶつかっていく ほか），「プロの介護」を支える仕組みづくりで福祉の世界にイノベーションを―石川治江さん・NPO法人「ケア・センターやわらぎ」代表理事，社会福祉法人「にんじんの会」理事長（「介護はプロに、家族は愛を」，自宅感覚でケアが受けられる二つの施設 ほか）

『**eco就職ブック―人と環境を大切にする仕事を探している人のために**』　エコ就職研究会編著　洋泉社　2010.9　223p　19cm　1200円　①978-4-86248-621-9

[内容] 社会と地球のためにガンバル企業400社掲載！環境を守る・自然のなかで働きたい・人の暮らしを守る、ともに生きる、あなたが知らない「社会と地球に貢献する企業」はたくさんあります。

『社会貢献でメシを食う。─だから、僕らはプロフェッショナルをめざす』 竹井善昭著、米倉誠一郎監修　ダイヤモンド社　2010.9　254p　19cm　〈文献あり〉　1600円　Ⓘ978-4-478-01409-7　Ⓝ366.29
[内容] 社会貢献を志す若者たちへ。仕事にするための4つの選択肢とは？ いままでなかった社会貢献的仕事ガイド。

『NPO・NGOで働く！ハンドブック』
ユースビジョン編　ユースビジョン　2010.2　46p　30cm　300円

『環境の仕事に就く！　2』 ソニー・マガジンズ　2007.11　189p　21cm　1600円　Ⓘ978-4-7897-3169-0
[内容] 『環境』の時代だからこそ「やりがい」と「生活」の両立を。『環境』に貢献する生き方と生活のために『仕事に就く』生き方は二者択一ではありません！『環境の仕事』に就きたい人へ、待望の第2弾。

『環境の仕事大研究─就職・資格・ビジネスのしくみのすべてがわかる！』 エコビジネスネットワーク編　改訂版　産学社　2006.5　253p　19cm　1500円　Ⓘ4-7825-3168-0
[内容] 環境ビジネスはじめ、環境部、NPO・NGO、行政に至るまで、環境に関わる仕事を幅広く紹介。環境関連資格、就職方法、注目企業＆団体の採用関連データなど内容充実。

『環境の仕事に就く！』 ソニー・マガジンズ　2006.5　205p　21cm　1600円　Ⓘ4-7897-2809-9
[内容] 『環境』に本気で取り組みたい！ でもそれで生活できるのかな？ こんな悩みを抱えている人も多いのではないでしょうか。この本ではNGOやNPO、または企業に属して、あるいはフリーでとさまざまな形で「やりがい」と「生活」を両立させている18人の声を紹介しています。また、今の仕事の「やりがい満足度」や「収入の満足度」などのアンケートも実施。文中に出てくる環境関連キーワードの注釈や、いま注目の環境サイトも充実させた『環境の仕事』に就きたい人必読の一冊です。

『キャリア形成にNPO活動をいかした女性たち』 国立女性教育会館編　朝陽会　2005.6　164p　21cm　〈ヌエック・ブックレット 4〉〈全国官報販売協同組合（発売）〉　477円　Ⓘ4-903059-04-9　Ⓝ367.21
[目次] 1 女性たちのNPO活動とキャリア形成（NPOで男女共同参画社会をめざす女性たち，NPOでまちづくり，文化・教育活動を行う女性たち，福祉NPOで活躍する女性たち，子育てNPOで活躍する女性たち ほか）, 2 情報のページ（文献紹介，役に立つホームページ情報，NPO法人の活動分野，女性／男女共同参画センター一覧 ほか）

『NPOインターン日記@CUAVサンフランシスコ─LGBTQ（レズビアン、ゲイ、バイセクシャル、トランスジェンダー、クイア・クェッショニング）コミュニティの中で』 成田容子著　青森　北の街社　2005.4　155p　21cm　1800円　Ⓘ4-87373-140-2　Ⓝ367.97

『環境を守る仕事 完全なり方ガイド』 学習研究社　2004.12　159p　21cm　〈好きな仕事実現シリーズ〉　1200円　Ⓘ4-05-402535-8
[内容] 自然と生きる36の職業。なり方＆資格を完全網羅。

◆海外のNPO・NGO

『アジアの市民社会とNGO』 秦辰也編著　京都　晃洋書房　2014.4　273,6p　21cm　〈索引あり〉　3000円　Ⓘ978-4-7710-2512-7　Ⓝ333.823
[目次] タイ都市貧困者の問題解決に向けて（プラティープ・ウンソンタム秦著），カンボジア教育改善におけるSVAの活動（山本英里著），フィリピンの農民の自立と日本のNGO（堀芳枝著），インドネシアにおける住民参加型コミュニティ排水処理（田中直著），東ティモールの保健医療状況（吉森悠著），ベトナムでストリートチルドレン問題に取り組むローカルNGO（吉井美知子著），過渡期にあるミャンマー（根本悦子著），バングラデシュの開発NGO、マイクロクレジット、そして私たち（大橋正明著），アジア諸国の市民社会とNGOの位置づけ（秦辰也著），タイ・カンボジアのNGOと市民社会の動向（秦辰也著），フィリピンの市民社会とNGO（堀芳枝著），インドネシア・東ティモールのNGOと市民社会（松野明久著），ベトナムのNGOと社会

化（吉井美知子著），ミャンマーの市民社会とNGO（伊野路子著），インドの社会開発の現状と市民社会組織の活動（斎藤千宏著），アジアNGOのアプローチと課題、今後の方向性（秦辰也著）

『世界の市民社会　2014』　山内直人, 田中敬文, 奥山尚子編　〔豊中〕　大阪大学国際公共政策研究科NPO研究情報センター　2014.3　259p　30cm　〈他言語標題：Global Civil Society 2014〉　Ⓝ335.89

『中国の市民社会—動き出す草の根NGO』　李妍焱著　岩波書店　2012.11　222p　18cm　（岩波新書　新赤版 1394）　800円　Ⓘ978-4-00-431394-6　Ⓝ335.8
内容　中国社会の問題に向き合う、草の根の非政府組織が力を伸ばしている。出稼ぎ農民工の支援、農村女性の教育と就労、環境調査と汚染追跡、住民参加のコミュニティ支援まで、知識人世代から若手起業家世代へと展開してきたその市民力に、国家も一目置かざるを得ない。地道な日中交流を積む社会学者が、そのビジョンと知性、実践力を紹介する。

『ヨーロッパ市民の誕生—開かれたシティズンシップへ』　宮島喬著　岩波書店　2004.12　206,3p　18cm　（岩波新書）　740円　Ⓘ4-00-430925-5　Ⓝ316.1
内容　地域統合と分権化が深まり、外国人労働者や難民の定住もすすむヨーロッパ。国民国家のありようが問い直される中で、国籍や社会的諸権利の考え方も大きく変わりつつある。この動きは日本社会にどんな意味があるのか。長らくヨーロッパ社会を観察してきた社会学者が、多層化するシティズンシップの行方を探り、新しい社会の姿を描く。

『プロとしてNPOで働く、関わる—米国NPOインターンシップの価値』　日米コミュニティ・エクスチェンジ著　新風舎　2004.7　110p　21cm　1600円　Ⓘ4-7974-4523-8　Ⓝ335.8
内容　これからの市民社会を先導するNPOの「プロ」とは？米国でのインターンシップがNPOのプロへの道を切り拓く。豊富な事例紹介を含む「プロとしてNPOで働く、関わる」ための道案内の書。NPOでのキャリアやNPOとの多様な関わり方を考えている人、社会を変えたい、良くしたい人に必読の書。

『素顔のアメリカNPO—貧困と向き合った8年間』　須田木綿子著　青木書店　2001.2　230p　19cm　1600円　Ⓘ4-250-20106-6　Ⓝ335.8
内容　市民活動のフロンティア。NPO活動の問題点を鋭く示唆。麻薬、酒、銃の氾濫、泥沼の貧困地域で…高齢者へのサービスプログラムを設立した、孤軍奮闘の日々を描く。

『サンフランシスコ発—社会変革NPO』　岡部一明著　御茶の水書房　2000.7　284p　21cm　2600円　Ⓘ4-275-01819-2　Ⓝ335.8
内容　日本のNPOインフラを強化するにはどうすればいいか。アメリカNPOのどこが参考になるか、それをどう評価するか。論点と問題提起の試み。

『NPO最前線—岐路に立つアメリカ市民社会』　レスター・M.サラモン著　山内直人訳・解説　岩波書店　1999.3　143,52p　20cm　1800円　Ⓘ4-00-022251-1　Ⓝ335.8
目次　序章、第1章 非営利セクターの現在、第2章 非営利セクターの危機、第3章 明るい兆し、第4章 次なるステップ—復活への模索、終章、解説1 NPOとは何か—日本の現状から、解説2 アメリカのNPOから何を学ぶか

《人と人とのつながり》

『互酬—惜しみなき贈与』　東條由紀彦, 志村光太郎著　明石書店　2015.6　110p　21cm　（シリーズあしたのために 2）　〈文献あり〉　1000円　Ⓘ978-4-7503-4199-6　Ⓝ362.06
目次　第1章 人間の経済（経済とは、贈与の人間性 ほか）、第2章 共同体（共同体とは、前近代大陸アジアの共同体 ほか）、第3章 近代市民社会（市民社会とは、領有法則の転回 ほか）、第4章 現代市民社会（現代欧米中枢世界の市民社会、産業民主主義体制 ほか）、第5章 離脱と抵抗（アウトローの経済活動、システム ほか）、第6章 新しい市民社会（個人的所有の再建、新しい市民社会の形成に向けて ほか）

『友だちは永遠じゃない—社会学でつながりを考える』　森真一著　筑摩書房

2014.11　167p　18cm　（ちくまプリマー新書）780円　①978-4-480-68924-5
内容　凝り固まって息苦しいように感じられる人間関係や社会も「一時的協力理論」というフィルターを通すとちょっと違った成立の姿が見えてくる。そんな社会の像やそこで考えられる可能性を想像してみよう。

『サッカーボールひとつで社会を変える─スポーツを通じた社会開発の現場から』
岡田千あき著　吹田　大阪大学出版会　2014.6　279p　19cm　（阪大リーブル49）〈文献あり〉2000円　①978-4-87259-431-7　Ⓝ361.98
目次　第1章　人びとを魅了するスポーツ「サッカー」の力，第2章　ゆるやかな人間関係をつくる，第3章　社会の変化に対応する，第4章　社会課題の解決に取り組む，第5章　国の未来をイメージする，第6章　スポーツを通じた開発の時代へ

『ソーシャル・キャピタル「きずな」の科学とは何か』　稲葉陽二，大守隆，金光淳，近藤克則，辻中豊，山内直人著　京都　ミネルヴァ書房　2014.6　242,4p　19cm　2800円　①978-4-623-07026-8
内容　様々な批判に応えることで、その本質と有効性を浮き彫りにした一冊。

『パーソナル・ネットワーク論』　森岡清志編著　放送大学教育振興会　2012.3　237p　21cm　（放送大学大学院教材─放送大学大学院文化科学研究科）〈文献あり　索引あり〉〔NHK出版〕（発売）　2400円　①978-4-595-13984-0　Ⓝ361.3
目次　パーソナル・ネットワーク論の視角，日本の「家」と親族関係，産業化と家族変動，現代日本における家族の変容，夫婦役割と社会的ネットワーク，都市空間の中の家族，都市とパーソナル・ネットワーク，ネットワークから見た子育て，就職(転職)手段としてのネットワーク，仕事の手段としてのネットワーク〔ほか〕

『ソーシャル・キャピタル入門─孤立から絆へ』　稲葉陽二著　中央公論新社　2011.11　198p　18cm　（中公新書2138）〈文献あり〉760円　①978-4-12-102138-0　Ⓝ361.3
内容　東日本大震災のさい、人々は互いに譲り合い、整然と行動した。自分を犠牲にしてでも弱い者を救った。これは、決して見返りを期待しての行動ではなく、絆や他者への信頼、思いやりの表れであった。このような絆や互酬性の規範をソーシャル・キャピタル（社会関係資本）という。ふだんは目に見えない、しかし、教育や健康等に大切な役割を果たしている社会関係資本をどう育み、活かすのか。第一人者が理論と実践を紹介する。

『これからの選択ソーシャル・キャピタル─地域に住むプライド』　小林好宏，梶井祥子編著　札幌　北海道開発協会　2011.10　249p　22cm　〈文献あり〉1524円　①978-4-938843-19-9　Ⓝ361.7
目次　第1章　総論，第2章　「つながり」に投資する地域社会，第3章　ネットワーク、つながりと社会，第4章　シニアネットとソーシャル・キャピタルとの関係性，第5章　再出発をめざす社会のソーシャル・キャピタル，第6章　身近にあるソーシャル・キャピタル的地域事例

『つながりのコミュニティ─人と地域が「生きる」かたち』　佐藤友美子，土井勉，平塚伸治著　岩波書店　2011.8　192p　19cm　〈文献あり〉1800円　①978-4-00-001404-5　Ⓝ361.7
内容　一人ひとりが持てる力を思う存分に発揮し、支えあい、楽しく、共に活き活きと生きる社会は果たして可能なのだろうか。さまざまな現場での活動を紹介しながら、人々が幸福に、心豊かに生きるための道を探る。

『パーソナルネットワーク─人のつながりがもたらすもの』　安田雪著　新曜社　2011.7　266,19p　19cm　（ワードマップ）〈文献あり　索引あり〉2400円　①978-4-7885-1246-7　Ⓝ361.3
内容　友人、恋愛関係、組織、コミュニティ、インターネット、孤独―人間のつながりのあり方とその影響力を研究するネットワーク分析の理論、方法と留意点、実証研究の現在を、キーワードで平易に解説。

『「つながり」を突き止めろ─入門！ネットワーク・サイエンス』　安田雪著　光文社　2010.10　254p　18cm　（光文社新書485）〈文献あり　索引あり〉760円　①978-4-334-03588-4　Ⓝ361.3
内容　「つながり」を制す者、組織を制す。ビ

『つながり―社会的ネットワークの驚くべき力』　ニコラス・A.クリスタキス, ジェイムズ・H.ファウラー著, 鬼澤忍訳　講談社　2010.7　404p　20cm　3000円　①978-4-06-214770-5　Ⓝ361.3
内容　肥満も性感染症も笑いもすべて伝染する!?ハーヴァード大学医学部・教養学部教授とカリフォルニア大学の政治学者が提示する、クラウド時代の社会的ネットワークの姿。

『コミュニティのちから―"遠慮がちな"ソーシャル・キャピタルの発見』　今村晴彦, 園田紫乃, 金子郁容著　慶應義塾大学出版会　2010.6　310p　20cm　2500円　①978-4-7664-1752-4　Ⓝ498.021
内容　急速に高齢化が進む日本。健康は誰しもの関心事。全国さまざまな事例をよく見ると、健康でかつ医療費が低い地域の背景に、また、複雑な医療問題が見事に解決された背後に「コミュニティのちから」が存在する。そのちからをどう発揮させて「いいコミュニティ」をどう作るか。豊富な事例に基づいてそのレシピを示す。

『つながる―信頼でつくる地域コミュニティ』　読売新聞生活情報部編　全国コミュニティライフサポートセンター　2008.9　222p　19cm　〈筒井書房（発売）〉　1600円　①978-4-901947-82-4　Ⓝ361.7
目次　第1部 人と地域社会, 第2部 米国・イタリアの現場からの報告, 第3部 つながりをつくるための実践法, 特別編 震災の現場から, 第4部 信頼のつくり方, 座談会 地域社会を変える、人間同士のつながりがもたらす新たな価値観

『孤独なボウリング―米国コミュニティの崩壊と再生』　ロバート・D.パットナム著, 柴内康文訳　柏書房　2006.4　689p　22cm　〈文献あり〉　6800円　①4-7601-2903-0　Ⓝ361.3
内容　つよいアメリカを支えた市民的つながりの減少は、いつ・どこで・なぜ起こったのか？　様々な人と人のつながり＝社会関係資本が、幸福な暮らしと健全な民主主義にとっていかに重要かを膨大な調査データから立証した全米ベストセラー。

『ソーシャル・キャピタル―人と組織の間にある「見えざる資産」を活用する』　ウェイン・ベーカー著, 中島豊訳　ダイヤモンド社　2001.8　313p　20cm　（University of Michigan Business School management series）　2400円　①4-478-37375-2　Ⓝ336.49
内容　自分自身の能力を高めるだけでは、ビジネスの成功は保証されない。人との創発的なネットワークを構築することがますます重要になる。他者と信頼関係を築き、相互に価値を生み出すネットワーク（ソーシャル・キャピタル）こそ、競争優位の資産となる。

《差別・排除》

『承認欲望の社会変革―ワークキャンプにみる若者の連帯技法』　西尾雄志, 日下渉, 山口健一著　京都　京都大学学術出版会　2015.3　248p　22cm　（変容する親密圏/公共圏 11）〈索引あり〉　3400円　①978-4-87698-545-6　Ⓝ367.68
内容　若者は不安定化する社会経済的状況にもかかわらず、なぜボランティア活動に身を投じるのか。孤独、不安、差別、貧困、災害を接点に異なる人びとが出会い、「苦しみ」を反転させ、世界を変える共同性を創出していく新時代のボランティア論。

『インクルーシブ教育って？―そこが知りたい！大解説 合理的配慮って？共生社会って？Q&Aで早わかり』　木舩憲幸著　明治図書出版　2014.5　150p　22cm　〈他言語標題：Inclusive Education〉　2000円　①978-4-18-126716-2　Ⓝ378
内容　合理的配慮って？共生社会って？Q&Aで早わかり。解説編は、主要なトピックとして、障害者の権利に関する条約、改正障害者基本法、中央教育審議会初等中等教育分科会「共生社会の形成に向けたインクルーシブ教育システム構築のための特別支援教育の推進（報告）」、障害を理由とする差別の解消の推進に関する法律、改正学校教育法施行令、教育支援資料について解説。

『子どもの生存・成長・学習を支える新しい社会的共同』　宮盛邦友編著　北樹出版　2014.5　181p　21cm　2100円

ⓘ978-4-7793-0429-3 Ⓝ371.3
[目次] 序 子どもを支える共同関係を結ぶ（原発と放射能のことを子どもたちにどう伝えるのか、学びながら、つながりたい。社会教育に希望を紡いで），1 田中康雄『支援から共生への道』をめぐる対話の試み（教育学と精神医学との架橋－子どもの権利の観点から，僕が語ろうとした事柄、気がつかなかった事柄－「語るあなた」へ「語り返す僕」），2 日置真世『日置真世のおいしい地域づくりのためのレシピ50』をめぐる対話の試み（地域の人間形成力と教育力－生涯にわたる発達と学習の権利の観点から，社会実践による変革の力とそれを支える人間の可能性への信頼－場づくり師からの返信という提言），3 陳省仁「現代日本の若者の養育性形成と学校教育」・「養育性と教育」をめぐる対話の試み（人間発達における養育性の意味－国民の教育権の観点から，日本の学校教育の在り方について－学校教育と若者の養育性形成の問題を例として），終 座談会 子どもを支える共同関係を結ぶことで、学校の任務を探る

『弱者はもう救われないのか』 香山リカ著 幻冬舎 2014.5 221p 18cm （幻冬舎新書 か-1-5）780円 ⓘ978-4-344-98345-8 Ⓝ361.3
[内容] 大企業優遇の経済政策、生活保護費など社会保障費の削減、社会全体に浸透する「人の価値は稼ぎで決まる」という価値観…国による「弱者切り捨て」が進み、人々もそれを受け入れつつある日本社会。この流れは、日本だけでなく、グローバリズムに席巻された世界全体の潮流でもある。私たちは人類が苦闘の末に獲得した「自由と公正を柱とする福祉国家」のモデルを、あっさり手放してしまうのか？ 古今の思想・宗教に弱者救済の根拠を探り、市場経済と多数決を乗り越える新しい倫理を模索する、渾身の論考。

『ソーシャルインクルージョンのための障害児保育』 堀智晴、橋本好市、直島正樹編著 京都 ミネルヴァ書房 2014.4 227p 21cm〈索引あり〉2500円 ⓘ978-4-623-07057-2 Ⓝ378
[内容] 障害者権利条約の理念に基づくインクルーシブ保育を分かりやすく解説。

『「つながり格差」が学力格差を生む』 志水宏吉著 亜紀書房 2014.4 241p 19cm 1600円 ⓘ978-4-7505-1405-5 Ⓝ371.3
[内容] なぜ秋田・福井が全国学力テストのトップクラスになったのか？ 子どもを取り巻く環境こそが学力に強く影響する－離婚が少ない。持ち家がある。不登校にならない。学力格差は貧富の格差ではなく、家庭、地域、学校での、子どもたちの「つながり」格差だった！

『ライフコースとジェンダーで読む家族』 岩上真珠著 第3版 有斐閣 2013.12 240p 19cm （有斐閣コンパクト） 1900円 ⓘ978-4-641-17396-5
[内容] 少子高齢化・個人化・グローバル化・「格差社会」のなかで、家族はどう変わったか。結婚、子育て、介護や働き方から現代社会がみえてくる。

『10万人のホームレスに住まいを！－アメリカ「社会企業」の創設者ロザンヌ・ハガティの挑戦』 青山佾著、ロザンヌ・ハガティ対談 藤原書店 2013.5 240p 21cm 2200円 ⓘ978-4-89434-914-8 Ⓝ335.8
[内容] 「社会企業（ソーシャル・エンタープライズ）」の成功には何が必要なのか？ ニューヨークを皮切りに、ホームレスの自立支援を米各地で成功させてきた社会企業「コモン・グラウンド」「コミュニティ・ソリューションズ」。その創設者への初めての詳細なインタビューを通じて、その20年に亘る活動を跡づけるとともに、日本の「貧困問題」「災害復興」などの現場で活躍してきた著者が、「社会企業」の理念から財政力、法的位置づけに至るまでを網羅的に解説し、今こそ求められる「社会企業」の役割と、あるべき未来像を実践的に論じる。

『子どもの貧困と教育』 早稲田大学教育総合研究所監修 学文社 2013.3 40p 21cm （早稲田教育ブックレット No.8） 800円 ⓘ978-4-7620-2373-6 Ⓝ369.4
[目次] 荒川区から見た子どもの貧困・社会排除問題，子どもの貧困や社会的排除にどう向き合うか，すべての子どもが、成長できる「教室」－持続可能な支援へ，Fighting the Good Fight : How Teach For America is Tackling Educational Inequality

『漂白される社会』 開沼博著 ダイヤモンド社 2013.3 462p 20cm〈文献あ

り　索引あり〉　1800円　①978-4-478-02174-3　Ⓝ368.021

内容　売春島，偽装結婚，ホームレスギャル，シェアハウスと貧困ビジネス…。「自由」で「平和」な現代日本の闇に隠された真実　先入観と偏見で見過ごされた矛盾と現実を描く。

『スペシャルオリンピックスがソーシャル・インクルージョンに果たす役割―学校連携プログラムにおける交流経験を中心に』　小森亜紀子著　風間書房　2013.2　260p　22cm　〈文献あり〉　6000円　①978-4-7599-1984-4　Ⓝ369.28

目次　序章　本研究の背景と目的・意義・構成・研究方法，第1章　知的障害者への偏見，第2章　知的障害者の偏見の修正に有効な手段としてのスペシャルオリンピックス，第3章　知的障害児・者に対する意識，交流経験についての先行研究，第4章　知的障害児への児童生徒の意識―スペシャルオリンピックス学校連携プログラム実施前，第5章　スペシャルオリンピックス学校連携プログラム実施後の状況，第6章　年間継続交流体験プログラム実施校の生徒の意識の変化，終章　スペシャルオリンピックスがソーシャル・インクルージョンに果たす役割

『ポストモラトリアム時代の若者たち―社会的排除を超えて』　村澤和多里，山尾貴則，村澤真保呂著　京都　世界思想社　2012.11　248p　19cm　〈他言語標題：La jeunesse du "post-moratoire" au delà de l'exclusion sociale　文献あり〉　2300円　①978-4-7907-1571-9　Ⓝ367.68

内容　失われたモラトリアムを求めて。ひきこもり，ニート，腐女子…現在を生きる若者たちに何が起こっているのか？　いまや忘れられたモラトリアムという概念に新たな光をあて，若者たちの心理と彼らを取り巻く社会の両面から迫ることで，ポスト近代の青年期のリアルなあり方を探る。

『教育における包摂と排除―もうひとつの若者論』　稲垣恭子編著　明石書店　2012.10　189p　20cm　（差別と排除の〈いま〉5）〈文献あり〉　2400円　①978-4-7503-3677-0　Ⓝ371.3

目次　序章　教育と若者の現在―包摂「の中の」排除をめぐって，第1章　「ひきこもり」の当事者は何から排除されているのか―リアリティ定義の排除という視点，第2章　男子問題の時代？―ジェンダー構造の変化と男子論争，第3章　学習塾への公的補助は正しいか？―社会的包摂と教育費，第4章　包摂/排除論からよみとく日本のマイノリティ教育―在日朝鮮人教育・障害児教育・同和教育をめぐって，第5章　「教育」「教養」の力学と被爆体験言説―永井隆と山田かんをめぐって，第6章　低学歴勤労青少年はいかにして生きるか？―「路傍の石」の排除論

『連携と協働の学童保育論―ソーシャル・インクルージョンに向けた「放課後」の可能性』　三好正彦著　大阪　解放出版社　2012.3　205p　21cm　〈文献あり〉　2000円　①978-4-7592-6751-8　Ⓝ369.42

目次　序章　はじめに，第1章　「学童保育実践」の事例と可能性，第2章　障害のある子どもたちの放課後生活の場としての「学童保育」の意義―「じゃがいも子どもの家」におけるフィールドワークを通して，第3章　第3の教育の場としての学童保育論―元学童保育指導員・及川房子の実践をもとに，第4章　「学童保育」の現在と独自性について，第5章　地域の教育力と子どもたちの放課後，第6章　「ソーシャル・インクルージョン」と「学童保育」，第7章　連携と協働の「学童保育」

『弱者の居場所がない社会―貧困・格差と社会的包摂』　阿部彩著　講談社　2011.12　216p　18cm　（講談社現代新書2135）〈文献あり〉　740円　①978-4-06-288135-7　Ⓝ368.2

内容　これらの「小さな社会」は，人が他者とつながり，お互いの存在価値を認め，そこにいるのが当然であると認められた場所である。これが「包摂されること」であり，社会に包摂されることは，衣食住やその他もろもろの生活水準の保障のためだけに大切なのではなく，包摂されること自体が人間にとって非常に重要となる。「つながり」「役割」「居場所」から考える貧困問題の新しい入門書。

『子どもの未来を守る―子どもの貧困・社会排除問題への荒川区の取り組み』　荒川区自治総合研究所編　三省堂　2011.11　263p　18cm　800円　①978-4-385-36575-6　Ⓝ369.4

目次　第1章　「子どもの貧困・社会排除問題」への荒川区の取り組み（荒川区の取り組み経

緯と取り組み姿勢，子ども家庭支援センターでの「子どもの貧困」との係わり，精神障がい者の親をもつ子どもの貧困・社会排除問題について，妊娠中から乳幼児期の子育て支援について―保健師の母子保健活動を通して，学童クラブから見える「子どもの貧困」―その様相，保育園の存在～気づき，寄り添い，見守りの心，スクールソーシャルワークから見える「子どもの貧困・社会排除問題」，子供たちに「生きる力」を，荒川区の児童生徒の学習状況と基本的な生活習慣について，DVから見る子どもの貧困・社会排除問題，子どもの貧困・社会排除問題と地域力，政策提言から事業の実現まで），第2章 専門的な視点から見た「子どもの貧困・社会排除問題」（「子どもの貧困・社会排除」の特性と荒川区の取り組み，「食べることは生きる基本」―次代を担う子どもたちへの教育，児童相談所から見た子どもの貧困と自治体の役割，生活保護受給者の増加と子どもへの支援，高校生を取りまく環境と授業料無償化・修学支援金の影響，そして目指す教育），第3章 特別対談 阿部彩×西川太一郎―将来の夢やチャンスを奪うことが「子どもの貧困」である

『居場所の社会学―生きづらさを超えて』　阿部真大著　日本経済新聞出版社　2011.8　231p　20cm〈文献あり〉 1700円　①978-4-532-16801-8　Ⓝ361.3

内容　居場所とは，ぶつかり合いながら，時にはひとりで，時にはみんなでつくっていくもの―。フリーター，就活生からリタイア男性，逸脱集団まで，著者自身の居場所探し体験と重ね合わせ，誰もが気持ち良く働き，暮らしていくヒントを示す。

『児童養護施設と社会的排除―家族依存社会の臨界』　西田芳正編著，妻木進吾，長瀬正子，内田龍史著，部落解放・人権研究所編　大阪　部落解放・人権研究所　2011.3　215p　21cm〈文献あり　大阪解放出版社（発売）〉2000円　①978-4-7592-6741-9　Ⓝ369.43

目次　児童養護施設経験者調査の経緯と本書の概要，第1部 生育家族と施設生活（頼れない家族／桎梏としての家族―生育家族の状況，児童養護施設での生活），第2部 学校から職業へ（施設の子どもと学校教育，高学歴達成を可能にした条件―大学等進学者の語りから，児童養護施設経験者の学校から職業への移行過程と職業生活），第3部 差別とアイデンティティ（児童養護施設生活者／経験者のアイデンティティ問題，児童養護施設生活者／経験者の当事者活動への期待と現実），家族依存社会，社会的排除と児童養護施設

『子どもの貧困と社会的排除』　テス・リッジ著，中村好孝，松田洋介訳，渡辺雅男監訳　桜井書店　2010.5　315,30p　20cm〈文献あり　索引あり〉3200円　①978-4-921190-65-1　Ⓝ369.4

内容　貧困家庭の子どもから見える，家族，学校，友人関係，そして自分の将来。「流行についていけない。」「放課後友だちと遊ぶお金がない。」…現代の消費社会のなかで，いじめや排除と隣り合わせに生きる子どもの貧困経験を，子どもに直接インタビューすることで得られた生の声をとおして浮き彫りにする。

『インクルーシブな社会をめざして―ノーマリゼーション・インクルージョン・障害者権利条約』　清水貞夫著　京都　クリエイツかもがわ　2010.3　222p　21cm〈京都　かもがわ出版（発売）〉2200円　①978-4-86342-040-3　Ⓝ369.27

内容　北欧と北米のノーマリゼーションを対比しながら，障害者福祉や障害児教育の理念として語られるインクルージョンの原理・思想を明らかにする。国連・障害者権利条約は，非差別と平等，インクルージョンをテーマにした最新の国際法である。条約の批准をいち早く実現し，新たな法・制度を考えるための論拠を提起。

『貧者の領域―誰が排除されているのか』　西澤晃彦著　河出書房新社　2010.2　220p　19cm（河出ブックス 013）1300円　①978-4-309-62413-6　Ⓝ368.2

内容　社会問題として論じられるようにはなったものの，貧困の現実はいまだ十分に可視化されてはいない。むしろ何も変わっていないのではないか…。貧者を取り囲む，「檻のない牢獄」とも言うべき世界は，われわれに鋭利な問いを突きつける―生かすのか殺すのか，と。その声を受け止めうる「社会」はいかにして可能なのか。貧者の存在をないものとしてやりすごさせる排除と隠蔽のメカニズムを暴き出し，他者と自己とが共有する「社会」という拡がりへの想像力を培う道を模索する。

『なぜ富と貧困は広がるのか―格差社会を変えるチカラをつけよう』　後藤道夫, 木下武男著　改訂版　旬報社　2009.6　167p　21cm　1400円　①978-4-8451-1126-8　Ⓝ361.8
内容　暴走する新自由主義がもたらした世界経済危機と雇用破壊！　働いても生きていけない社会のしくみを解き明かす。

『インクルーシブ教育入門―すべての子どもの学習参加を保障する学校・地域づくり』　荒川智編著　京都　クリエイツかもがわ　2008.6　229p　21cm　〈京都かもがわ出版（発売）〉　2200円　①978-4-902244-98-4　Ⓝ378
内容　インクルーシブ教育とは何か。基本的理念と課題、先駆的な教育実践の取り組みを紹介！　障害や学業不振、言語・文化的背景、貧困など、さまざまな困難を抱える子どもたち―インクルーシブ教育は、すべての子どもの差異と多様性、固有のニーズを尊重しつつ、学習活動への参加を平等に保障し、発達を最大にするための学校教育の改革である。

『ソーシャル・インクルージョンの社会福祉―新しい〈つながり〉を求めて』　園田恭一, 西村昌記編著　京都　ミネルヴァ書房　2008.3　267p　22cm　3500円　①978-4-623-05112-0　Ⓝ369.7
内容　「ソーシャル・インクルージョン（social inclusion）」とは、貧困やホームレス状態に陥った人びと、障害や困難を有する人びと、制度の谷間にあって社会サービスの行き届かない人びとを排除し孤立させるのではなく、地域社会への参加と参画を支援し、社会の構成員として包み込むことである。本書では、社会福祉におけるソーシャル・インクルージョンの取り組みを通して、新しい"つながり"と共に生きる社会を標榜する「これからの社会福祉」のあり方を提案する。

『マイノリティとは何か―概念と政策の比較社会学』　岩間暁子, ユヒョヂョン編著　京都　ミネルヴァ書房　2007.5　451p　21cm　（MINERVA人文・社会科学叢書）　5000円　①978-4-623-04872-4
内容　マイノリティということばは新聞などでも頻繁に用いられる。では、それが一体どういう人たちのことを指しいるのかとなると、混乱した用いられ方がなされているという実情がある。本書は「マイノリティ」を所与としてとらえずに国際比較を通して概念そのものを問い直し、同時に各国における歴史的社会的背景や政策との関連も検討したうえで、日本社会が今後どのようにマイノリティと向き合うかについて考察する。

『ソーシャル・インクルージョン―格差社会の処方箋』　日本ソーシャルインクルージョン推進会議編　中央法規出版　2007.1　224p　22cm　〈文献あり〉　3000円　①978-4-8058-4715-2　Ⓝ369
内容　格差社会においてますます顕著になっている弱者の社会的排除。本書は、縦割りの施策ではもはや対処し切れないさまざまな問題に対し、ソーシャル・インクルージョンを基軸に、理論と実践の両面から提言を行っていきます。

『日本における若年失業問題―「社会的排除」の視点からの考察』　伊藤裕一著　〔藤沢〕　慶應義塾大学大学院政策・メディア研究科　2007.1　28p　30cm　（総合政策学ワーキングペーパーシリーズ　no.112）

『インクルージョンをめざす教育―学校と社会の変革を見すえて』　鈴木文治著　明石書店　2006.7　296p　19cm　2600円　①4-7503-2362-4　Ⓝ378
目次　第1章　障害児教育から見る教育課題（「学校不適応」の意味、「社会不適応」が示すもの、「自立活動」から学ぶこと）、第2章　障害児教育の夜明け（「遠い夜明け」からの脱却、差別と偏見の背景にあるもの、障害児教育の復権）、第3章　インクルージョンをめざす教育（特殊教育から特別支援教育へ、特別支援教育から支援教育へ、障害児教育に学ぶこと）、第4章　インクルージョンをめざす学校（障害児教育の今日的課題、インクルージョンをめざす学校）、第5章　教育改革の切り札としての支援教育（社会改革の視点、学校を変える取組、包み込む社会の実現をめざして）

『世界のインクルーシブ教育―多様性を認め、排除しない教育を』　ハリー・ダニエルズ, フィリップ・ガーナー編著, 中村満紀男, 窪田眞二監訳　明石書店　2006.3　540p　19cm　（明石ライブラリー　92）　6600円　①4-7503-2297-0

目次 第1部 民主制における特殊教育の明確化（インクルーシブ教育─民主制社会における要件，教育に対する個人の権利と障害のある子ども─アメリカの政策からの教訓，インクルージョンとインクルージョンズ─インクルーシブ教育の理論と言説 ほか），第2部 インクルーシブ教育のジレンマ（変革期にある制度，変化しつつある制度，開発期の制度），第3部 インクルーシブ教育に関する対話（福祉国家と個人の自由，政策と実践） インクルーシブ教育と学校教育への影響，南アジア系青年と人種差別，エスニック・アイデンティティ，教育 ほか）

『インクルージョンの時代─北欧発「包括」教育理論の展望』 ペーデル・ハウグ，ヤン・テッセブロー編，二文字理明監訳 明石書店 2004.7 246p 20cm （明石ライブラリー 63）〈文献あり〉 2600円 ①4-7503-1946-5 Ⓝ378

目次 第1章 ノルウェーの特殊教育の歴史と現状，第2章 「特殊教育」を定義し直す─特殊教育から包括教育へ，第3章 比較特殊教育学，第4章 特別な教育的ニーズをもつ児童生徒の包括教育のための条件─公立学校の改革，第5章 特別なニーズ教育の理論と実践─現状と課題，第6章 教室内の特殊教育を理論化する─児童生徒の言説に関するフーコー派の分析，第7章 対立する教育言説，第8章 特殊教育改革プロジェクトの批判的・理論的分析，第9章 普通教育の発展の鍵としての「包括教育」

『ジェンダーと教育の歴史』 橋本紀子，逸見勝亮編 川島書店 2003.5 268p 21cm 3000円 ①4-7610-0775-3

内容 近年，教育史研究においても，男性中心の事件史，政権交代史ではなく，女性を含めた視点にたつ民衆史，生活史として，また社会史としてとらえ直そうとする試みがすすんでいる。本書は，それらの動向，とりわけフェミニズムの視点からの先行研究をふまえながらも，さらに越えて，両性の関係性を射程に入れたジェンダーの視点をとることによって，各時代がかかえていた教育史的課題を明らかにしようとした最新の研究成果である。女性と男性という性差をもつ人間が，歴史的にどのように形成され，どのような関係を築いてきたのかを，誕生から死にいたる人間発達のいとなみの側面から具体的に描き出そうとする意欲的な論考によって構成されており，これまで見えなかった歴史の諸相にあらたな光を投げかけている。

『インクルージョン教育への道』 ピーター・ミットラー著，山口薫訳 東京大学出版会 2002.3 263,6p 21cm〈文献あり〉 3600円 ①4-13-051304-4 Ⓝ378

内容 すべての子どもの教育的ニーズにこたえる学校・社会を構想する。障害児を含む，特別なニーズをもつすべての子どもを包含し支援する新しい公教育の思想とその実践のポイント。

『スーツホームレス』 小室明著 海拓舎 2000.3 239p 19cm 1600円 ①4-907727-07-0

内容 本書の第1章は新傾向のホワイトカラー，第2章以降は従来型のブルーカラー，日雇いの肉体労働者，自営業者，水商売など，よくいるタイプの野宿者に加え，社会生活を拒否した放浪人，逮捕歴のある過激派，夫とのトラブルで家を捨てた女性など，訳ありなホームレスの面々を紹介し，その多様性を描いている。綿密な取材，情報収集を重ね，ボランティア団体などの人脈をフル活用することによって「スーツホームレス」の実態に迫る，時代の最先端に密着したノンフィクション。

『ジェンダーを学ぶ』 堤かなめ，窪田由紀編 福岡 海鳥社 1998.5 259p 19cm 1800円 ①4-87415-216-3

内容 「女らしさ」「男らしさ」にとらわれていませんか？ ジェンダーの視点でみた，法律，言語，心理学，国際政治，マーケティング，高齢者問題，NGO，NPO。

《社会を変える運動》

『週刊マンガ世界の偉人─子どもの「夢」「情熱」「好奇心」を育てる 77 ロックフェラー─無慈悲な実業家と慈善事業家の顔を持つ石油王』 山口正監修，由浦カズヤマンガ 朝日新聞出版 2013.8 34p 30cm （朝日ジュニアシリーズ）〈年譜あり〉 467円 Ⓝ280

『子どもアドボカシー実践講座─福祉・教育・司法の場で子どもの声を支援するために』 堀正嗣，子ども情報研究センター

市民社会とは何だろうか　　　　　　　　　　　社会を変える運動

編著　大阪　解放出版社　2013.4　196p　26cm　〈他言語標題：Children's Advocacy〉　2000円　Ⓘ978-4-7592-6757-0　Ⓝ369.4

|目次| 集中講座1日目　講義（イギリスの子どもアドボカシーから学ぶ，子どもアドボカシーの理念と枠組み，子どもアドボカシーのジレンマと対処方法，子どもアドボカシーのプロセスと技術，日本で子どもアドボカシーを発展させる），集中講座2日目　演習（子どもアドボカシー技術の演習，独立アドボケイトによる事例検討―児童福祉，独立アドボケイトによる事例検討―保育・教育・医療，福祉職・弁護士によるアドボカシーの事例検討，保育士・教師・保健師によるアドボカシーの事例検討）

『反撃―民意は社会を変える』　鎌田慧,小森陽一著　京都　かもがわ出版　2013.3　194p　19cm　（希望シリーズ）　1600円　Ⓘ978-4-7803-0605-7　Ⓝ310.4

|内容| 脱原発，九条守れのリーダーが徹底討論。民意に逆らう安倍政権に抗し，戦後の大衆運動の歴史に学び，新しい市民運動の構築を図る。

『アメリカを占拠せよ！』　ノーム・チョムスキー著，松本剛史訳　筑摩書房　2012.10　201p　18cm　（ちくま新書 980）　820円　Ⓘ978-4-480-06685-5　Ⓝ309.0253

|内容| たった一％の富裕層が権益を独占し，政治にも隠然たる力を及ぼすアメリカ社会。迫りくる貧困に怯える残り九九％の国民がついに蜂起した。声なき人々が怒りの輪を広げ，ウォール街を占拠したことに端を発する「オキュパイ運動」。その歴史的意義とは何か。いま，アメリカはどこに向かおうとしているのか。そして，日本に与える影響は？　稀代の思想家チョムスキーが，超大国を根底から覆しつつある直接民主主義革命を熱く語る。

『社会を変えるには』　小熊英二著　講談社　2012.8　517p　18cm　（講談社現代新書 2168）　1300円　Ⓘ978-4-06-288168-5　Ⓝ309

|内容| いま日本でおきていることは，どういうことか。社会を変えるというのは，どういうことなのか。歴史的，社会構造的，思想的に考え，社会運動の新しい可能性を探る論考。

『週刊マンガ世界の偉人―子どもの「夢」「情熱」「好奇心」を育てる　21』　朝日新聞出版　2012.7　34p　30cm　（朝日ジュニアシリーズ）〈年譜あり〉　467円　Ⓝ280

|目次| キング牧師：黒人差別と闘った公民権運動の指導者（山口正監修, 市川智茂マンガ）

『デモいこ！―声をあげれば世界が変わる街を歩けば社会が見える』　TwitNoNukes編著　河出書房新社　2011.12　63p　21cm　700円　Ⓘ978-4-309-24572-0　Ⓝ309

|目次| 1 デモはたのしい，2 デモへいこう！，3 デモの方法論，4 デモをやろう！，5 デモ主催者体験談，6 人はどんなデモをやってきたか

『イギリスの子どもアドボカシー―その政策と実践』　堀正嗣編著, 栄留里美, 河原畑優子, ジェーン・ダリンプル著　明石書店　2011.10　249p　22cm　〈文献あり〉　3800円　Ⓘ978-4-7503-3465-3　Ⓝ369.4

|目次| イギリスの子どもアドボカシーを理解するために，イギリスの子ども政策における参加とアドボカシー，子どもコミッショナーによるアドボカシー実践―ウェールズと北アイルランドを中心に，子どもコミッショナーの意義と課題―スコットランド・イングランドを中心に，イギリスの子ども保護ソーシャルワークの特徴と子ども参加，ウィルトシャー州における独立アドボケイトの実際―ファミリー・グループ・カンファレンスを中心に，ファミリーグループ・カンファレンスにおける独立アドボケイトの意義と課題，ウェールズの苦情解決制度における子どもアドボカシー，障害児の参加とアドボカシー，子どもアドボケイトの養成と提供，社会的養護とピアアドボカシー　ボイス・フロム・ケアの取り組みから，障害児とシステムアドボカシー　障害児協議会の取り組みから，英国における子どもアドボカシーサービスの発展と今日的課題

『ティーパーティー運動―現代米国政治分析』　藤本一美, 末次俊之著　東信堂　2011.10　224p　19cm　（現代臨床政治学シリーズ 7）　2000円　Ⓘ978-4-7989-0083-4

|内容| "リベラル"と"保守"が両輪となって時代を築いてきたアメリカ合衆国が、いま、新たな政治運動「ティーパーティー」によってまた異なった局面を迎えている。この草の根運動の起源・組織・理念をわかりやすく解説した現代アメリカ政治入門書。

『活動家一丁あがり！―社会にモノ言うはじめの一歩』 湯浅誠, 一丁あがり実行委員会著　NHK出版　2011.3　229p　18cm　（NHK出版新書 343）　780円　①978-4-14-088343-3　Ⓝ309

|内容|「より生きやすい『場』をつくる人」。貧困問題の現場で活動する湯浅誠は、今、真に必要な「活動家」をそう定義する。生きづらい社会を少しでも変えたいと思うとき、人は誰もが「活動家」たらざるを得ないのだ。特別講座「活動家一丁あがり！」の記録を通して、市民一人ひとりが、自らの問題意識の中から声を発信し、社会を動かしていく方法と勇気を与える。マンガ「活動家一丁あがり！」も収載。

『反撃カルチャー――プレカリアートの豊かな世界』 雨宮処凛著　角川学芸出版　2010.6　282p　19cm〈角川グループパブリッシング（発売）〉　1600円　①978-4-04-621440-9　Ⓝ361.44

|内容| 自分たちの生存を肯定する言葉と、貧乏でも豊かに生きるための具体的な生存のノウハウを生みだし続けるプレカリアート運動―。その多様な「文化生産」の現場に迫る。

『一人の声が世界を変えた！』 伊藤千尋著　新日本出版社　2010.1　222p　19cm〈『人々の声が世界を変えた！』（大村書店2002年刊）の再構成、加筆〉　1500円　①978-4-406-05302-0　Ⓝ209.75

|内容| ピノチェトの独裁を退けたチリの人々、ドイモイで発展するベトナム、チェコのビロード革命―社会変革の歴史にはいつでも一人一人の「この世界を変えたい」という意志と行動があった。世界68ヵ国をめぐる記者がしるした熱き闘いのルポ。

『行動する市民が世界を変えた―クラスター爆弾禁止運動とグローバルNGOパワー』 目加田説子著　毎日新聞社　2009.10　252p　20cm　2000円　①978-4-620-31958-2　Ⓝ319.8

|内容|「地雷廃絶日本キャンペーン」の中心メンバーとして活動してきた著者が、クラスター爆弾禁止運動の貴重な達成を語りながら、政策提言型NGOの新しいヴィジョンを明らかにする。市民による社会変革への招待。

『子どもソーシャルワークとアドボカシー実践』 堀正嗣, 栄留里美著　明石書店　2009.8　224p　22cm　2500円　①978-4-7503-3033-4　Ⓝ369.4

|目次| 第1章 アドボカシーの本質としてのセルフアドボカシー, 第2章 ソーシャルワークにおけるアドボカシー実践の意味, 第3章 子どもアドボカシーの独自性, 第4章 イギリスにおける子ども虐待対応と子どもアドボケイト, 第5章 イギリスにおける子どもアドボケイトの実際, 第6章 日本の子ども虐待ソーシャルワークの現状と課題, 第7章 日本の子どもソーシャルワークにおける参加の位置づけとアドボカシーの可能性, 第8章 子どもアドボカシーサービス提供のための全国基準, 第9章 児童福祉における抵抗のための力としての専門的アドボカシー

『反貧困 いま、「反撃」のとき！』 東京ボランティア・市民活動センター　2009.3　52p　21cm　（『ネットワーク』ブックレット 1）　572円　①978-4-903256-26-9

|目次| 1 "生きづらさ系"から反貧困活動へ（フリーターメーデーに参加したワケ、いじめ、リストカット、そして右翼へ、一発逆転する表現者にあこがれて ほか）, 2 反貧困活動で社会を反転させる！（雨宮処凛の"解説"に湯浅誠が重ねていること、ロビンソン・クルーソーのようには生きられない、居場所と運動を結びつけ社会を反転させる！ ほか）, 3「反貧困」でつながろう！（貧困を数字で示してみると…？，反貧困ネットワークでパーフェクトに救えるかも!?，反貧困活動は「生存権運動」である ほか）

『素人の乱』 松本哉, 二木信編　河出書房新社　2008.8　251p　19cm　1600円　①978-4-309-24447-1　Ⓝ309.021361

|内容| 前史からとんでもない1号店オープン、俺のチャリを返せデモ、PSE法反対デモなどをへて、杉並区議選＝高円寺一揆とその後まで、総勢30人にものぼる関係者の証言と寄稿によってたどる噂の「素人の乱」の全軌跡。ECD、イルコモンズ、雨宮処凛、鶴見済なども寄稿。

『フランスジュネスの反乱―主張し行動す

る若者たち』　山本三春著　大月書店　2008.6　295p　19cm　2000円　Ⓘ978-4-272-33054-6　Ⓝ309.0235
[目次] 1 郊外炎上，2 熾火，3 招待状，4 街頭へ，5 逆転，6 鳥たちが飛び立つとき，7 勝利，資料 インタビュー

『NPOと政治—アドボカシーと社会変革の新たな担い手のために』　柏木宏著　明石書店　2008.3　205p　20cm　2300円　Ⓘ978-4-7503-2756-3　Ⓝ335.89
[目次] 第1部 NPOと政治の理論と制度（特定非営利活動促進法における政治の規定，アメリカにおけるNPOと政治の関係，政治的な活動に関わる理由ⅠNPOによる政治的な活動の手法），第2部 アメリカにおけるNPOと政治のケーススタディ（税制優遇措置をめぐる攻防，「選挙活動の権利」をめぐるNPOと政府の対立，医療と介護を統合した高齢者サービスの制度化），第3部 日本におけるNPOと政治のケーススタディ（粘り強い運動で改善される認定NPO法人制度，行政との平等，公平な関係を求めて，若者と政治をつなぐ活動を事業化したNPO）

『黒人差別とアメリカ公民権運動—名もなき人々の戦いの記録』　ジェームス・M.バーダマン著，水谷八也訳　集英社　2007.5　253p　18cm　（集英社新書）〈文献あり〉　700円　Ⓘ978-4-08-720392-9　Ⓝ316.853
[内容] アメリカ社会はいかにして，苛烈な黒人差別の慣習や諸制度を温存してきたのか。そして，建国以来の巨大な暗闇に光を灯そうと試みたのは，いったい何者だったのか？ 本書は，名もなき人々の勇気や犠牲に焦点を当てた，公民権運動の本当のヒーロー，ヒロインの物語である。

『ローザ』　ニッキ・ジョヴァンニ文，ブライアン・コリアー絵，さくまゆみこ訳　光村教育図書　2007.5　1冊　29×23cm　1700円　Ⓘ978-4-89572-664-1
[内容] 公民権運動の母として，アメリカの歴史の中でもっとも有名な人物のひとりであるローザ・パークス。彼女の静かな決断が，やがて全米を動かす大きな運動を引き起こした。時代を超えて，すべての人々に夢と希望を与えるノンフィクション絵本。2006年度コルデコット賞銀賞，2006年度コレッタ・スコット・キング賞受賞作。

『一身にして二生，一人にして両身—ある政治研究者の戦前と戦後』　石田雄著　岩波書店　2006.6　269,5p　19cm　2400円　Ⓘ4-00-022156-6
[内容] 軍国主義的臣民から民主主義的市民へ「一身二生」を経，また「市民」と「研究者」の間の緊張のなかに「一人両身」を生きてきた著者の自叙伝。内務官僚の父を持ち，軍隊生活を体験した戦前から，政治学者として禁欲的に研鑽を積み，市民運動にかかわるまでの激動の人生を，世の中の動きと重ねながら，若い世代に向けて熱っぽく語る。

『ひとつのno！ たくさんのyes！—反グローバリゼーション最前線』　ポール・キングスノース著，近藤真里子訳　河出書房新社　2005.2　283p　19cm　1800円　Ⓘ4-309-24330-4　Ⓝ309.02
[内容] ひとつのノーは，非民主的な市場による均質化しようとする権力に対するもので，たくさんのイエスは，人間性を分かち合う中にある様々な異なった世界，文化，経済的政治的モデルがあるところに存在する。この「ひとつのノーとたくさんのイエス」を掲げて運動をしている人々を求めて旅をして，それを描いていくのだ。メキシコのサパティスタ，ジェノバの反サミットデモ，ニューヨークの反消費運動，ブラジルの土地なき農民たち…世界の各地で燃え広がる反グロバリゼーション運動の現場を訪ねた類例のない迫真のレポート。

『絶望禁止！』　斎藤貴男著　日本評論社　2004.7　256p　20cm　1600円　Ⓘ4-535-58393-5　Ⓝ309.028
[内容] ともすれば絶望を余儀なくされそうな今，それでも人間の自由と尊厳，平和と平等の理想を希求しつつ日々を生きる人たちの記録。

『おとなはなぜ戦争するの』　子どもの声を聞く児童文学者の会編　新日本出版社　2004.3　47p　26cm　1600円　Ⓘ4-406-03070-0
[内容] イラク戦争にさいし，世界中でわきおこった戦争反対の声。日本の各地でも子どもたちが戦争反対を訴えた。イラクの子らに思いをはせ，平和をねがう日本の子どもたちの声と行動を紹介する。

『マーティン・ルーサー・キング』　マー

シャル・フレイディ著，福田敬子訳　岩波書店　2004.2　252p　19cm　（ペンギン評伝双書）2500円　①4-00-026770-1

内容　人種差別に非暴力で抵抗し、公民権運動のシンボルとして、また平和運動のリーダーとして歴史上に輝くキング。暴力が苛烈を極めた時代に非暴力をモラルとして確立し、アメリカ史を書き換える上で大きな貢献をしたキングの現代的な意味と、さまざまな葛藤に苦しむ人間的姿を描きだす。生前のキングを長期にわたって取材し実像を追い求めた、いまや伝記作家として高い評価を集めるベテラン・ジャーナリストの手になる要を得た一冊。巻末に、「髪の毛の色のことから」（小田実）を併載。

『政治家になりたくなかった政治家―NGOが政治を変える』　藤田幸久著　ジャパンタイムズ　2003.10　278p　19cm　1400円　①4-7890-1149-6　Ⓝ310.4

目次　第1章　そんなに簡単に死んでいいものだろうか，第2章　世界中の家族を覗いた青年時代，第3章　平和を実現する心と心の響きあい，第4章　地雷でなく花を，第5章　NGOと政治の橋渡し，第6章　世界がもし百人の村だったら，第7章　「泣く政治」から「笑う政治」に

『キング牧師―人種の平等と人間愛を求めて』　辻内鏡人，中条献著　岩波書店　2003.7　210,2p　18cm　（岩波ジュニア新書）〈第15刷〉　780円　①4-00-500221-8

内容　アメリカ公民権運動の指導者として、非暴力抵抗運動の先頭に立って闘い、志半ばで凶弾にたおれたキング牧師。「私には夢がある。それは、いつの日か、かつての奴隷の息子が、奴隷所有者の息子が、兄弟として同じテーブルにつくことだ。」人間愛に満ちた社会の実現をめざし、三九年の生涯を燃焼した、その足跡をたどる。

『豊郷小学校は今―校舎保存にかける住民の願い』　本田清春，古川博康著　彦根サンライズ出版　2003.2　216p　19cm　〈年表あり〉　1200円　①4-88325-100-4　Ⓝ520.91

内容　一躍、全国に知られた「豊郷小学校問題」。「事実と真実」を明らかにすることから始まった運動は、琵琶湖畔の小さな町から全国に大きな問題を提起する。

『でくの坊人生』　塗師岡喜八郎著　金沢　北國新聞社出版局　2002.7　152p　21cm　1500円　①4-8330-1248-0

内容　子どもたちから親しみを込めて呼ばれた菊川の「あんちゃん」。子ども会、BBS運動、保護司を通じて「心の教育」を教えてきた50年。

『民衆ジャーナリズムの歴史―自由民権から占領下沖縄まで』　門奈直樹著　講談社　2001.11　389p　15cm　（講談社学術文庫）1200円　①4-06-159520-2

内容　日本近代100年の歴史は、言論の一大パノラマでもあった。自由民権、日清日露、大正デモクラシー、太平洋戦争。権力との妥協を重ねた中央マスコミと袂を分かち、全国に割拠した言論の群雄たちは、いかに自らを鍛え、どのように戦い、何を叫んできたのか？体制の巨大な力に踏まれながらなお、鮮烈な光を放ち続けた地方の星たちの「もうひとつのジャーナリズム」を展開する。

『世の中を変えて生きる―学校・家庭・職場・ボランティアで、身近にできる社会変革の実践マニュアル』　V.クーバーほか著，三国千秋，陣内雄次，高橋明子訳　京都　嵯峨野書院　2000.9　289p　21cm　2800円　①4-7823-0311-4　Ⓝ309

内容　この本は、私たちの世の中が悪くなっていくことに強い懸念をいだいているか、それに憤りを感じている人々、また、世の中を変えるために自分たちには何かができると考えて、その手法を求めている人々のために書かれている。したがって、この本は、自分にも他の人にも、より良い生き方を求めて行動しようとしている人々にとっては、実際に役立つガイドブックとなる。

『見張り番10年―普段着の市民運動』　加藤邦彦著　大阪　東方出版　2000.4　230p　19cm　〈年表あり〉　1600円　①4-88591-657-7　Ⓝ318.563

内容　地べたをはうような市民グループの活動が役所と議会を少しずつ変えてきた。情報暗黒都市大阪を拓く。

◆環境・公害・住民運動

『原発を止める人々—3・11から官邸前まで』 小熊英二編著 文藝春秋 2013.9 313,38p 21cm 1950円 ⓘ978-4-16-376650-8 Ⓝ543.5
内容 2011年3月11日の震災と原発事故のあと、各地でさまざまな動きが起きた。都内では、4月10日の高円寺「原発やめろデモ」に1万5千人、「金曜官邸前抗議」に20万人。全国各地の街頭デモにも人々が集まり、浜岡原発の停止、首相官邸での原発停止申し入れなど、現実に一定の成果を挙げた。これらの動きに、世界でも類をみない「何かが生まれるとき」を感じた気鋭の社会学者が、日本でしか起こり得なかった抵抗の記録と分析に挑む。

『原発をつくらせない人びと——祝島から未来へ』 山秋真著 岩波書店 2012.12 219,6p 18cm 〈岩波新書 新赤版1399〉〈文献あり 年表あり〉 760円 ⓘ978-4-00-431399-1 Ⓝ543.5
内容 三〇年間、原発をつくらせない西瀬戸内海、祝島の人びと。海と山を慈しみ、伝統、文化、祭りを大切に生きる暮らしが、そこにある。交通の要衝としての歴史も綴りながら、一一五〇回を超える週一回の女中心のデモなど、政府の政策や電力会社にあらがいつづけた日々を、多様な肉声とともに描く渾身のルポ。

『脱原発とデモ—そして、民主主義』 瀬戸内寂聴、鎌田慧、柄谷行人、落合恵子、小出裕章、平井玄、坂本龍一、田中優子、武藤類子、高橋まこと、飯田哲也、宮台真司、いとうせいこう、小熊英二、毛利嘉孝、鶴見済、稲葉剛、松本哉、山本太郎、雨宮処凛、山下陽光、二木信、中村瑠南、原発いらない福島の女たち著 筑摩書房 2012.10 187p 19cm 〈文献あり 年表あり〉 1200円 ⓘ978-4-480-86419-2 Ⓝ543.5
内容 作家、学者を中心に、音楽家、俳優らの、原発のない世界への熱い思い。「さようなら原発集会」や「原発やめろデモ」等での言葉と「脱原発と民主主義」をテーマにした書き下ろしエッセイ。

『原発訴訟』 海渡雄一著 岩波書店 2011.11 254p 18cm 〈岩波新書 新赤版1337〉 820円 ⓘ978-4-00-431337-3 Ⓝ543.5
内容 原発の建設・運転を止めるため、国や電力会社を相手に闘ってきた原発訴訟。原告勝利のもんじゅ訴訟控訴審や、係争中の浜岡原発訴訟など、三〇年間にわたり訴訟を手がけてきた弁護士が、その全体像について解説する。原発労災の実態や、福島原発事故後のADR（裁判外紛争解決手続）などについても説明する。

『ボクが東電前に立ったわけ—3・11原発事故に怒る若者たち』 園良太著 三一書房 2011.9 143p 19cm 〈文献あり〉 1200円 ⓘ978-4-380-11001-6 Ⓝ543.5
内容 3.11大震災と原発事故、最悪の事態が続くなかに見出した希望—脱原発をめざし、動き出した若者たちのドキュメント。

『エコ活動ナビ—身近なことから始めよう！』 エコピープル支援協議会編，東京商工会議所監修 中央経済社 2010.4 96p 21cm 〈索引あり〉 1400円 ⓘ978-4-502-67520-1 Ⓝ519.81
内容 東京商工会議所・施工商工会議所が主催する「eco検定」合格者（＝エコピープル）を中心に、個人の活動、仲間との活動、職場の取り組みなど豊富な事例をビジュアルに紹介。さらに、実際に作った資料、環境活動に役立つ情報集なども掲載。

『「脱ダム」のゆくえ—川辺川ダムは問う』 熊本日日新聞社取材班著 角川学芸出版，角川グループパブリッシング〔発売〕 2010.2 272p 19cm 1500円 ⓘ978-4-04-621448-5
内容 民主党中心の新政権発足以来、群馬・八ツ場ダムとともに建設中止問題で全国的に注目が集まっている熊本・川辺川ダム。1966年の計画発表から現在までを様々な角度から検証し、一地方にとどまらない「オールジャパン」の問題として「脱ダム」の本質を問い直す！ 2009年度日本新聞協会賞＆JCJ賞受賞の話題作。

『ドイツ・エコロジー政党の誕生—「六八年運動」から緑の党へ』 西田慎著 京都 昭和堂 2009.12 229,24p 22cm 〈文献あり 索引あり〉 3800円 ⓘ978-4-8122-0960-8 Ⓝ315.34
内容 1968年。世界中で若者が改革を求めて決起した。あれから40年…彼らの闘争は何を

もたらしたのか? なぜ「全共闘世代の党」がうまれなかったのか—。

『環境保護運動はどこが間違っているのか?』 槌田敦著 宝島社 2007.6 237p 18cm (宝島社新書)〈1999年刊の改訂〉720円 ①978-4-7966-5893-5 Ⓝ519

内容 誰もが「地球にやさしい」と信じてきたリサイクル、そして地球温暖化問題などに、いかに多くのウソがあるかをエントロピーの世界的オーソリティが明らかにした、環境問題に関心をもつ人にとって必読の名著。

『住民運動必勝マニュアル—迷惑住民、マンション建設から巨悪まで』 岩田薫著 光文社 2005.6 286p 18cm (光文社新書) 780円 ①4-334-03309-1 Ⓝ318.8

内容 今、世の中はさまざまなトラブルに満ちている。突然マンションの建設計画が自宅の前の土地に持ち上がったり、他人の迷惑を顧みない住民が近隣に引っ越してきたり、また、近所に迷惑施設ができることで住環境が脅かされたり…。時間もなく、資金もあまりない、そんなごく普通の住民にとって、トラブルに正面から立ち向かうのは、実に大変だ。しかし、そんな"ないないづくしの状態"であっても、それなりの闘い方というものがある。本書は、著者自身の経験を踏まえ、素人集団がいかにして行政や大企業、あるいは迷惑施設、迷惑住民、そして強大な権力を持つ者に立ち向かっていくか、そのノウハウをくわしく分かりやすく記したものである。

『参加の「場」をデザインする—まちづくりの合意形成・壁への挑戦』 石塚雅明著 京都 学芸出版社 2004.11 199p 22cm 2100円 ①4-7615-2352-2 Ⓝ318.8

内容 ワークショップは本物の参加の「場」をつくっているか。

『市民運動の時代です—市民が主役の21世紀』 植村振作,山本健治著,高槻・市民自主講座編 第三書館 2001.3 244p 20cm 1500円 ①4-8074-0101-7 Ⓝ519

内容 私たちの生活を脅かす環境悪化。作って「水俣病」、使って「環境ホルモン」、捨てて「ダイオキシン」…。市民の力で環境のためにやったこと、できること。

◆労働運動

『学校で労働法・労働組合を学ぶ—ブラック企業に負けない!』 川村雅則,角谷信一,井沼淳一郎,笹山尚人,首藤広道,中嶌聡著 きょういくネット 2014.11 174p 26cm〈発売:桐書房〉2200円 ①978-4-87647-845-3 Ⓝ375.6

目次 1章 「ブラック企業に負けない力」を育てる授業(クイズに挑戦! 働くルールの授業、アルバイト体験アンケート ほか)、2章 アルバイトの雇用契約書をもらってみる授業(「四つのスキル」を鍛えるウォーミングアップの授業、アルバイトの雇用契約書をもらってみる ほか)、3章 労働安全衛生法規を学ぶ(労働安全衛生に関する知識がなぜ必要か、労働安全衛生に関する知識としての法規は、どのようなものであるか ほか)、4章 マサオのたたかい~はたらくことと労働組合(授業の全体 2年現代社会 "はたらく"を学ぶ」のまとめとして、全体の授業の流れ(2時間分))、5章 団結剣の学習—若者と労働組合が出会うとき(労働者からの聞き取り調査、現場訪問、学生自身による学生アルバイト調査活動 ほか)

『上を向いて歩こう』 小林雅之著 本の泉社 2008.7 238p 20cm 1200円 ①978-4-7807-0391-7 Ⓝ366.621

内容 格差・貧困社会のなかで、今もっとも注目を浴びる「首都圏ユニオン」。その育ての親が綴る非正規労働者や青年たちへのメッセージ。若者の夢とロマンが読む人の共感と感動を呼ぶ。

『いま君にできること—あたらしい自分との出会い』 二見伸吾著 学習の友社 2004.6 135p 21cm 1238円 ①4-7617-0622-8 Ⓝ366.6

目次 1 うたうこと(ひとつの歌から、人間の歌、8時間ソング ほか)、2 まなぶこと(寅さんからのメッセージ、ヒューマニズムを発展的に受けついで、法則にそって社会に働きかける ほか)、3 たたかうこと(増加するフリーター、バッファローかヌーか、パンとともにバラを ほか)

市民社会とは何だろうか　　　　　　　　　　　　社会を変える運動

◆平和運動

『14歳からの戦争のリアル』　雨宮処凛著　河出書房新社　2015.7　243p　19cm　（14歳の世渡り術）　1300円　①978-4-309-61695-7

[内容]　集団的自衛権ってなに？　戦争の民営化ってなに？「戦争ができる国」って、どういうこと？　イラク、アフガン、太平洋戦争─。"戦場"を経験した人たち、それぞれのリアル。おそらく、日本で一番わかりやすい「戦争」の本。

『世界を平和にするためのささやかな提案』　池澤春菜、伊勢﨑賢治、上坂すみれ、加古里子、香山リカ、木村草太、黒柳徹子、小島慶子、最果タヒ、サヘル・ローズ、島田裕巳、辛酸なめ子、竹内薫、田中優、徳永進、永江朗、中川翔子、春香クリスティーン、文月悠光、山極寿一、山本敏晴、ヨシタケシンスケ著　河出書房新社　2015.5　155p　19cm　（14歳の世渡り術）　1200円　①978-4-309-61694-0　Ⓝ319.8

[内容]　わたしたちが今日からできること。22人による多彩なアイデア集！　緊急出版！

『学生のためのピース・ノート　2』　堀芳枝編著　コモンズ　2015.4　203p　21cm　〈1までの出版者：御茶の水書房〉　2100円　①978-4-86187-124-5　Ⓝ319.8

[目次]　第1章　私たちがなにをどう食べるかの選択が平和をつくる─インドネシアにおけるエビ養殖の事例から，第2章　低価格の洋服と平和─バングラデシュの縫製工場で働く女性たち，第3章　モノから考えるグローバル経済と私たちがつくる平和─フィリピンのモノカルチャー経済からフェアトレードまで，第4章　日本と韓国の真の協力関係を考える，第5章　平和をつくるために考えてほしい三つのこと，第6章　アフリカにおける草の根国際協力とは─コトから考え、行動するために，第7章　バングラデシュにおけるNGOの活動変遷─援助から社会変革へ，第8章　アジア人、地球人として平和をつくる─ピースボートの活動から，第9章　産むか・産まないか─からだと健康をめぐる女性の運動，第10章　里山の遺産を活かしたコミュニティの可能性─持続可能な地域づくりの観点から

『この思いを聞いてほしい！─10代のメッセージ』　池田香代子著　岩波書店　2014.9　165p　18cm　（岩波ジュニア新書）　800円　①978-4-00-500785-1

[目次]　平和・核兵器の廃絶（二度と被爆者を生み出さないために）、沖縄・基地問題（オバマ大統領、ケネディ駐日大使への手紙）、東日本大震災（気仙沼市立階上中学校　第六十四回卒業式答辞、「フクシマ」を生きるということ、これから先の未来のために、震災で見つけた夢）、災害ボランティア（人と人という関係で関わり続けること）、国際社会（世界を変えるもう一人のマララ、兵役拒否の手紙─兵役拒否を表明するイスラエルの若者たち）、東アジアの歴史と未来（平和の先頭に三国の若者が、歴史を学ぶということ、韓国人として堂々と生きる）、同性愛（必ず、仲間がいる）、子どもの貧困（父を亡くして、児童養護施設で生活してきた）、生きづらさ（BONDプロジェクトに寄せられたメッセージ）、高校生活（北星学園余市高等学校　第四五期卒業式答辞、北星学園余市高等学校　第四七期卒業式答辞）

『戦争の教室』　松本彩子編　調布　月曜社　2014.7　494p　19cm　〈執筆：丸木位里ほか〉　1800円　①978-4-86503-016-7　Ⓝ319.8

[目次]　戦争と建築（奥村まこと著）、七十年前私は軍国少女だった（澤地久枝著）、戦争と平和は双子の兄弟姉妹（中村尚司著）、ひとりピンポン外交（浅葉克己著）、兄・幸太郎さんの残した一冊の本（坂崎重盛著）、「戦争未亡人」とその子どもたち（竹内洋著）、現代の光を過去にあて、過去の光で現代を見る（佐野眞一著）、三島由紀夫のパラドックス（山崎行太郎著）、パンパン考（岩永文夫著）、『難民』、祖国を喪うひとびと（植松憲一著）、ブルーコリドー（『青い回廊』）へ（鈴木雅子著）、靖国神社問題を基本に返って考える（廣橋隆著）、戦争が家族に遺した足痕（眞弓準著）、静かなる暁紅鼉（西城鉄男著）、明治維新と戦争（高取英著）、ハイチ「追憶」という名の村スヴェナンス（佐藤文則著）、むしろ太平の犬となるも乱離の人となるなかれ（新谷雅樹著）、公共放送の役割を果たせ！　NHK（永田浩三著）、戦争＝NO、農＝YES（大西督人著）、戦争と書物（高橋智著）、落語界が自らを封じ込めた「禁演落語」の愚の骨頂（秋山真志著）、亡命シミュレーション（松永美穂著）、アンジェイ・ワイダ監督が語る戦争と平和（会川晴之著）、

出塵（田中久生著），大阪空襲訴訟と戦争（矢野宏著），沖縄に暮らせば，死者たちの声が聴こえる。（渡瀬夏彦著），子を守る戦い（中野ジロー著），宇宙から考える人類（渡部潤一著），荷風日記の中の戦争（伊勢幸祐著），戦場報道のマッチョとうつ（藤原章生著），略奪される死（山口貴志著），憎しみの連鎖（山科武司著），ヨコハマ 異邦人の違和感（植田山月，渡辺久浩著），きれいな空（渡辺久浩著），沖縄の戦前・戦中・戦後（善乃原均著），初心者ヘアドレッサーの戦争（李台著），大陸からの写真（臺北士著），ダムと核（横田信行著），貰い水（樽谷哲也著），父と俳句と戦争（久田将義著），戦争を取材する（山本美香，佐藤和孝著），『平民新聞』で注目されたロシアの文豪トルストイと画家ヴェレシチャーギン（籾山具夫著），「悪の枢軸」イランで考えた平和（鵜塚健著），顔がみえるということ（磯田道史著），ジャケットとコートを脱ぎ捨てよ！（清水友顕著），老翁の愚痴（土屋ゆふ希著），厚生省創設と「健康ファシズム」（丘山源著），戦争と終戦（岡美里著），「平時」の日本一周＆お雑煮調査と「戦時」の東日本大震災ボランティア（水野誠人著），「平和」とは，だれにとっての春なのか？（赤木智弘著），未来（岩根愛著），インターネット（加藤由樹著），酒と平和（河田真矢著），おかあさん（柿本礼子著），ハーモニカ吹きの戦争（せきたさらい著），兵商二途から平商二途へ（小川裕夫著），名弁士達の震災体験。そして今（坂本頼光著），戦争と人間と（吉田邦吉著），永井荷風の抵抗「花火」をめぐって（岸川俊太郎著），平凡さの中の幸福（加藤美穂子著），私の知らない戦争祖母と父の間に（神足祐太郎著），結婚と平和について私が考えたこと「普通」をきちんと紡ぎたい（山崎曜子著），女子旅（根本綾香著），ある「90後」の〈戦争と平和〉（程思睿著）

『地球時代の「ソフトパワー」—内発力と平和のための知恵』 浅香幸枝編 大津 行路社 2012.3 362p 22cm （南山大学地域研究センター共同研究シリーズ 4）〈文献あり〉2800円 ⓘ978-4-87534-440-7 Ⓝ319.8

|目次| ニューパラダイムの形成．ソフトパワーとしての子どもの本（浅香幸枝著），ソフトパワーとしての和学（アッセマ佳代著），人間の安全保障と日本のODA（デビッド・ポッター著），地球社会の枠組み形成．アジア・太平洋自由貿易圏の構築とTPP（渡邊頼純著），日本の環境外交とソフトな安全保障（小田桐確著），ソフトパワーとしてのヨーロッパの安全保障政策（太田正登著），共通の文化圏の連帯．スペイン語圏と日本を文化で結ぶ（ビクトル・ウガルテ・ファレロンス著，田部井美雪訳），ポルトガル語諸国共同体（CPLP）の可能性と限界（西脇靖洋著），ソフトパワーとしてのパワーの諸相．台頭する新興国ブラジルとの新たな関係（堀坂浩太郎著），ペルーでの考古学調査（渡部森哉著），日本におけるアルゼンチン・タンゴの受容（西村秀人著），ソフトなパワーとしての日系人．二つの祖国を結ぶ日系という生き方（カルロス春日著），ソフトパワーとしてのCIATE（二宮正人著），ニューメディアとソフトパワー・コミュニケーション（アルベルト松本著），大使との交流．ソフトパワーと平和構築（ミゲール・ルイスカバーニャス・イスキエルド著，三好勝訳），ソフトパワー的要素による国際的プレゼンスの向上（ダニエル・アダン・シエベソ・ポルスキ著，アルベルト松本訳），ソフトパワーと平和構築（ファン・カルロス・カブニャイ著，アルベルト松本訳），ソフトパワーと平和構築（パトリシオ・トーレス著，アルベルト松本訳），内発力と平和のための知恵の結集へ（浅香幸枝著）

『高校生一万人署名活動 2 世界に広がるネットワーク2001-11』 高校生一万人署名活動実行委員会監修 長崎 長崎新聞社 2011.8 279p 18cm （長崎新聞新書 023）〈年表あり〉952円 ⓘ978-4-904561-33-1 Ⓝ319.8

『平和をつくった世界の20人』 ケン・ベラー，ヘザー・チェイス著，作間和子，淺川和也，岩政伸治，平塚博子訳 岩波書店 2009.11 259,16p 17cm （岩波ジュニア新書）840円 ⓘ978-4-00-500641-0

|内容| 「森の博士」のソロー，『沈黙の春』のカーソン，MOTTAINAIのマータイ，非暴力のガンディー，子どもと動物を守ったリンドグレーンをはじめ，キング牧師，ダライ・ラマ，マザーテレサなど，世界各地で独自な方法により平和を築いた20人を紹介．それぞれが残した言葉を通してその生き方をたどります．

『今伝えたい被爆者の心—高校生一万人署名活動・DVD制作奮闘記』 高校生1万人署名活動実行員会監修，高比良由紀文 長崎 長崎新聞社 2009.8 230p

19cm〈漫画:西川操〉 952円 ①978-4-904561-05-8 Ⓝ319.8

『ナガサキから平和学する!』 高橋眞司, 舟越耿一編 京都 法律文化社 2009.1 251,16p 21cm〈執筆:朝長万左男ほか 索引あり〉 2200円 ①978-4-589-03121-1 Ⓝ319.8

目次 第1部 長崎で戦争と平和について学ぶ(新しい学問・平和学―その定義と技法,被爆地長崎の問題性―被爆地長崎ともう一つの長崎,一六世紀までさかのぼって原爆を考える),第2部 長崎原爆と長崎の被爆者(長崎の原爆被害―その身体的・心理的被害,長崎の被爆者,償いなき国の被爆者対策―いまだ叶わぬ被爆者援護法,長崎の原爆文学―思想的深化への時間),第3部 世界と世界史の中の長崎(長崎原爆の世界史的意味を問う―「原爆神話」からの解放を求めて,日本の加害責任と戦後補償―外国人被爆者を通して考える),第4部 地域の中で平和を構築する(憲法九条と長崎,北東アジアにおける平和の追求―日本の二一世紀の平和戦略を地域から考える視点,長崎の被差別部落,平和と環境問題),第5部 被爆体験を継承し,平和のために行動する(長崎の平和教育,被爆体験の継承と若い世代の平和活動,原爆被爆国日本の加害・被害の二重構造の論理の追求過程),資料編 広島よ,おごるなかれ―原爆ドームの世界遺産化に思う

『ピースメーカー―世界で平和をつくる人びと』 馬場千奈津著 岩波書店 2008.8 156p 19cm〈他言語標題:Peacemakers 年表あり〉 1900円 ①978-4-00-001943-9 Ⓝ319.8

内容 世界中でいまも続く地域紛争。民族間の歴史的な対立,資源をめぐる争い,民族独立への希求,大国の思惑,独裁政治の横行…。ほどくにはあまりにからまってしまった糸ではあるが,しかし,すべての紛争は,人間のひきおこしたこと。ならば,人間に解決できないはずはない! どんなに小さな一歩でも,一歩は積み重なって千歩になり,万歩になる。その小さな一歩を踏み出した人びとの歩みを活写する。

『私たちにできること―高校生一万人署名活動・高校生平和大使』 高校生1万人署名活動実行委員会監修,高比良由紀文 長崎 長崎新聞社 2008.7 173p 19cm〈画:西川操〉 952円 ①978-4-931493-90-2 Ⓝ319.8

『高校生平和大使―ビリョクだけどムリョクじゃない!』 高校生1万人署名活動実行委員会監修,高比良由紀著 長崎 長崎新聞社 2007.6 199p 19cm〈漫画:西川操〉 952円 ①978-4-931493-82-7 Ⓝ319.8

『世界をつなぐ歌「ねがい」』 三輪純永著 新日本出版社 2006.10 157p 19cm 1429円 ①4-406-03320-3 Ⓝ319.8

内容 21世紀の広島で生まれた『イマジン』。

『入門平和をめざす無防備地域宣言―条例による国際人道法の非戦平和的活用』 澤野義一著 現代人文社 2006.8 134p 21cm〈文献あり 大学図書(発売)〉 1500円 ①4-87798-300-7 Ⓝ319.8

目次 第1部 入門編 Q&A 無防備地域宣言とは?(無防備地域宣言とは何ですか?,無防備地域宣言は,日本国憲法9条の平和主義とはどのような関係にあるのですか? ほか),第2部 争点整理編 無防備地域宣言をめざす条例づくり(無防備地域条例のしくみ,無防備地域条例制定をめぐる争点),第3部 理論編 平和憲法を生かす無防備地域宣言(無防備地域宣言の意義,日本の平和憲法の源泉と先進性 ほか),第4部 資料(ジュネーヴ条約第1追加議定書第59条(無防備地区),無防備地域条例案関係)

『平和で人間らしく生きるってどんなこと?―希望ある未来を求める人から聞いた《生き方つめあわせ》』 埼玉県歴史教育者協議会編 ふきのとう書房 2006.7 95p 21cm〈星雲社(発売)〉 900円 ①4-434-08202-7 Ⓝ319.8

目次 第1部 平和のうちに生きられる社会をめざして(アフガニスタンに響け!「みんなの夢の音楽隊」,「ナヌムの家」上映に取り組んだ若者たち,原爆症認定集団訴訟と被爆者の願い,灯し続ける平和の火 ほか),第2部 人間らしく生きられる社会をめざして(勝率99%,フリーターの組合,会社をよくしていくのは私たち,命まで奪われたくない! 人間らしく働きたい!,「さきたまライスボール」が生まれるまで ほか)

『わたしの息子はなぜイラクで死んだので

すか―シンディ・シーハン平和への闘い』　レオン・スミス編著，上田勢子訳　大月書店　2006.7　189p　19cm　1400円　Ⓘ4-272-21089-0　Ⓝ319.8

[内容]　ひとりの母親の訴えが全米を動かした。ブッシュ大統領に面会を求めつづけた，歴史に残る26日間の記録。

『平和人物大事典』　鶴見俊輔監修，「平和人物大事典」刊行会編著　日本図書センター　2006.6　686p　27cm　〈文献あり〉　18000円　Ⓘ4-284-10000-9　Ⓝ319.8

『オキナワを平和学する！』　石原昌家，仲地博，C.ダグラス・ラミス編　京都　法律文化社　2005.9　265p　21cm　〈他言語標題：Doing peace studies in Okinawa　執筆：比屋根照夫ほか　文献あり〉　2200円　Ⓘ4-589-02847-6　Ⓝ319.8

[目次]　沖縄国際大学構内米軍ヘリ墜落事件，第1部　脈々と流れる「無戦世界」の思想（無戦論の系譜，琉球・沖縄の平和思想―「非暴力」の視点から　ほか），第2部　基地オキナワの六〇年目が問うこと（9・11以後の米国の軍事戦略と沖縄，代理署名訴訟―平和を訴えた裁判　ほか），第3部　沖縄戦体験の真実が問うこと（沖縄戦体験のジレンマ―沖縄戦体験記録のダブルスタンダード，旧軍飛行場用地問題を通して考える国民保護法と補償　ほか），第4部　沖縄がめざす平和社会（自治体の平和施策，地域の戦争体験・戦争遺跡掘り起し運動　ほか），第5部　「オキナワを平和学する」世代間座談会

『ピース！　Peace！―Nagasakiから世界へ飛び出す若者たち』　高校生1万人署名活動実行委員会，長崎新聞社報道部著　長崎　長崎新聞社　2005.3　223p　21cm　1429円　Ⓘ4-931493-60-2　Ⓝ319.8

[内容]　本書は，高校生1万人署名活動の原点となった高校生平和大使の活動の軌跡をたどるとともに，高校生平和大使や1万人署名活動に参加して卒業していった彼らの現在の素直な思いが記されている。

『ルポ戦争協力拒否』　吉田敏浩著　岩波書店　2005.1　225p　18cm　（岩波新書）〈文献あり〉　740円　Ⓘ4-00-430927-1　Ⓝ319.8

[内容]　イラクへの自衛隊派遣，有事法制の成立―。戦争のできる国へと変容しつつある日本で，いま様々な形で「戦争協力」が進行している。戦地への出張を命じられる会社員，封じられる反戦への意志，派遣命令に苦悩する自衛官と家族など，その実態を浮き彫りにし，日本が再び戦争加害者とならないためにできることは何かを問う渾身のルポ。

『非暴力タンポポ作戦―ひきわけようあきらめないつながろう』　森田ゆり著　大阪　部落解放・人権研究所　2004.12　270p　19cm　〈大阪　解放出版社（発売）〉　2000円　Ⓘ4-7592-6088-9　Ⓝ319.8

[内容]　いのちを脅かすあらゆる暴力にNO！の声を上げるために，いのちの讃歌を届けるために非暴力のタンポポの種毛をふーっと四方に吹き散らす。これが，タンポポ作戦。大声でなくていい，激しくなくていい，言葉でなくてもいい。音楽や，踊りや，身振りや，語りや，映像。そして，スピーチや討論。多種多彩な方法で，自分に一番ぴったりした表現方法で，タンポポ作戦は綿毛のついた種に「暴力はNO！」と「ひきわけよう，あきらめない，つながろう」の思いを込めてふーっと吹きとばす。さあ，あなたもあなたのタンポポ作戦を始めませんか。

『ぼくがイラクへ行った理由』　今井紀明著　コモンズ　2004.7　173p　19cm　1300円　Ⓘ4-906640-80-X　Ⓝ319.8

[目次]　第1章　卒業テストより大切なことがある―ぼくの取り柄は行動力，第2章　こんなに危ない劣化ウラン弾―絵本をつくるためにイラクへ行こう，第3章　「人質」になった八日間―ぼくは恨む気にはなれない，第4章　マスコミのバッシングを受けて―フラッシュが恐い，第5章　めざすは自分のテーマを追うライター―ネットワークを広げたい，第6章　自分の頭で考えよう―可能性はたくさんある，第7章　対談　ジャーナリストのあり方（今井紀明/広河隆一）

『スガモプリズン―戦犯たちの平和運動』　内海愛子著　吉川弘文館　2004.5　191p　19cm　（歴史文化ライブラリー　176）　1700円　Ⓘ4-642-05576-2　Ⓝ329.67

[内容]　第二次大戦後，再軍備へ向かう政府に戦争反対の声をあげたBC級戦犯たち。名作

「私は貝になりたい」は，その魂の叫びをもとに生まれた。戦犯たちのスガモプリズンでの思索と行動から，真の戦争責任とは何かを考える。

『21世紀の平和学―人文・社会・自然科学・文学からのアプローチ』 吉田康彦編著，岡本三夫，鯵坂真，加藤朗，栗本英世，米田伸次ほか著　明石書店　2004.4　334p　21cm　2400円　①4-7503-1883-3

内容　本書では，新しい問題を真正面から取り上げ，考察している。これが本書の第一の特徴である。ポスト冷戦期の国際社会では，国家に代わるNGO（非政府組織）などの「地球市民社会組織」の影響力を無視できなくなったことで，対人地雷全廃条約締結，国際刑事裁判所の設置，地球温暖化防止条約発効などで果たしている彼らの役割は目ざましいものがある。本書の第二の特徴は，これら国際システムにおける新しいアクターに注目し，それぞれ関連の分野で詳しく紹介している点である。第三の特徴は，方法論としての学際性にある。完璧は期しがたかったが，国際政治，国際法，国際関係論，地域研究，憲法論などの従来の社会科学的アプローチのほかに，人文科学・自然科学・文学の専門研究者の協力を得て学際的アプローチを試み，独立した章として扱った。

『高校生一万人署名活動―高校生パワーが世界を変える』　高校生一万人署名活動実行委員会，長崎新聞社編集局報道部著　長崎　長崎新聞社　2003.11　367p　18cm　（長崎新聞新書）　952円　①4-931493-41-6　Ⓝ319.8

『千人祈―NO WAR！ ことばで綴る千羽鶴』 千人祈プロジェクト編　バーチャルクラスター，ブッキング〔発売〕　2003.6　157p　19cm　1400円　①4-8354-4055-2

内容　インターネットで綴られた反戦・非戦の言葉たち。

『No war！―ザ・反戦メッセージ』　瀬戸内寂聴，鶴見俊輔，いいだもも編著　社会批評社　2003.6　187p　19cm　1500円　①4-916117-56-3　Ⓝ319.8

目次　1 世界から発信された反戦メッセージ（アメリカの一三歳の少女・シャーロットさんのメッセージ―私たち子どもの声が聞こえますか？，爆撃で両腕を切断された少年・アリ君のことを知らせて！―イラク戦争 この汚い犯罪的戦争のシンボル ほか），2 芸能人・スポーツ選手の反戦メッセージ―GLAYも，宇多田ヒカルも，中田英寿も反戦！（ハリウッドスターも，宮崎駿監督も，「演劇は戦争に反対します！」ほか），3 高校生・自立する市民らのピース・アクション（プラカードを持って「ピース通勤」のすすめ―電車に，街に，サイバースペースに，「アナタヲサガシニイキマス！」，高校生のピースフル・メッセージ―いま，高校生たちが街頭に出はじめた！ ほか），4 反戦運動，その論理と倫理（憲法を支える自発的決断―国民的な平和思想の再構築，心信じるイラクの人々―春にバグダッドを思う ほか）

『No!! war』　野田努ほか編　河出書房新社　2003.5　125p　20cm〈本文は日本語〉　1000円　①4-309-24289-8　Ⓝ319.8

目次　デモをやろう！，MESSAGES―ハーバート，ジェフ・ミルズ，キップ・ハンラハン他，シアトル騒乱1999.11.30，やっぱり，人間はもうだめなんだよ，路上でとりかえせ，「他者」としての反戦デモ，デモの発展段階としてのダンス，戦争猛反対，アメリカの自由についての覚え書き，世界反戦デモ・リポート（デトロイト，ロンドン，ヨーロッパ，ソウル），サウンド・デモのやり方，FUCK THE POLICE！，セックス・ピストルズが出発点だった，レイヴ，ユース・カルチャー＆ポリティック，開放の瞬間を定着せよ！

『平和のバラを―太鼓とバラで平和を訴える若者たちの記録』 のむぎ「平和のバラコンサート」実行委員会編　平和文化　2003.4　159p　21cm　1500円　①4-89488-018-0　Ⓝ319.8

目次　第1章 とどろけ「平和のひびき」（「米軍ジェット機墜落事件」を風化させない，「平和のバラ『カズエ』」ほか），第2章「平和のバラコンサート」にむけて（「平和のバラコンサート」をやろう！，学習をすすめよう！ほか），第3章「平和のバラコンサート」開演（「平和のバラ『カズエ』」，阿波根昌鴻さんを追悼する「平和のひびき」ほか），第4章「平和のバラコンサート」を終えて，第5章 阿波根昌鴻さんとの出会い（「ピース・ボート・トリップ」の準備で沖縄へ，大田昌秀さんとの出会い ほか）

『地球をめぐる女たちの反戦の声―テロも戦争もない21世紀を』 松井やより編　明石書店　2001.12　134p　21cm　1000円　Ⓘ4-7503-1519-2　Ⓝ319.8
[内容]「テロは戦争によっては根絶できない。暴力は暴力を生む。罪なき人びとを犠牲にする戦争をやめてほしい」二〇カ国以上にわたる女性たちの声を選んで緊急出版。

『ベ平連と脱走米兵』 阿奈井文彦著　文藝春秋　2000.9　244p　18cm　（文春新書）　710円　Ⓘ4-16-660126-1
[内容]「ベトナムに平和を！市民連合」という集まりがあった。略して「ベ平連」。そこに一人の若者がいた。京都の大学を卒業直前に中退して東京のクズ屋に就職したが、開高健と知り合ったのがきっかけでベ平連の電話番もやることに。そして抱腹絶倒の訳のわからぬ日々を過ごしているうちに、お基地から逃げだしてきた米兵と逃避行をくりひろびたり、メコンデルタでベトナムの農民と暮らしたり、残留日本兵に出会ったり…振り返ってみれば、あのころは人も時代も元気で面白くて哀しかった。

『ひとりでもやる、ひとりでもやめる―「良心的軍事拒否国家」日本・市民の選択』 小田実著　筑摩書房　2000.3　461p　20cm　〈文献あり〉　2900円　Ⓘ4-480-86323-0　Ⓝ319.8
[内容]この国を「人間の国」にするために、どうしたらよいのか。「平和主義」か「戦争主義」か。力強く平明に説く、新しい「世直し」の道。

『高校生の平和ハンドブック　3』 高校生平和ゼミナール全国連絡センター編　平和文化　1996.7　126p　21cm　1339円　Ⓘ4-938585-64-2　Ⓝ319.8
[目次]第1部　戦後50年、高校生はなにを学び、調べ、訴えたか―高校生たちの報告（決してあきらめてはいけない―軍隊のない、悲劇のない、平和な島を！、沖縄で考えたこと、高校生の仲間に訴えたいこと、反核手形で核実験ストップ　ほか）、第2部　戦後50年、各地の高校生は一顧問教師の報告（全校生徒で「核NO」の人文字を、持続的な活動をめざして―ピースマップ作りと反核署名、この碑をつくったのは国ではない―広島県高暮ダム朝鮮人犠牲者追悼碑除幕　ほか）、第3部　平和のために―沖縄学習のポイント（平和な島を求めて―沖縄の戦後史から、沖縄が問いかけているもの―基地・安保、そして憲法、軍事同盟を結び「力」で国益・勢力圏を拡大―近・現代約120年のうち80年間も）

『高校生の平和ハンドブック　2』 高校生平和ゼミナール全国連絡センター編　平和文化　1995.8　126p　21cm　1339円　Ⓘ4-938585-59-6　Ⓝ319.8

『占領下の「原爆展」―平和を追い求めた青春』 小畑哲雄著　京都　かもがわ出版　1995.6　63p　21cm　（かもがわブックレット　82）　550円　Ⓘ4-87699-184-7　Ⓝ319.8
[目次]1　事前の大宣伝活動, 2　わだつみの声にこたえて, 3　忘れることのできない二人の先生, 4　熱気のこもる会場, 5　相つぐ妨害と弾圧, 6　原爆展、各地にひろがる

◆◆平和運動（原爆）

『核兵器を禁止する』 川崎哲著　岩波書店　2014.8　63p　21cm　（岩波ブックレット）　520円　Ⓘ978-4-00-270906-2
[内容]核兵器は、国際条約で禁じられていない唯一の大量破壊兵器である。新たな保有国が生まれるなど、核軍縮への足踏みが続くなかで、「核なき世界」への現実的な道筋として期待を集める核兵器禁止条約構想。非核国やNGO、自治体などが盛り上げる国際的キャンペーンで活躍中の著者による入門書。

『だから、言ったでしょっ！―核保有国で原爆イベントを続けて』 米谷ふみ子著　京都　かもがわ出版　2011.5　183p　19cm　1500円　Ⓘ978-4-7803-0439-8　Ⓝ319.8
[目次]第1章　被爆国・日本の若いみなさんの未来のために, 第2章　核所有国の住民は、核の恐さを知らない, 第3章　私が原爆イベントをアメリカでする深い動機, 第4章　私たちの町の草の根運動の始まり, 第5章　初めての原爆イベントと独立記念日パレード, 第6章　会場探し、そしてハロルドの死, 第7章　初めての大学でのイベント―コンプトン・カレッジにて, 第8章　涙する高校生、大学生も―パリセイズ高校とUCLAにて, 第9章　さすが、平和アカデミーの学生たち―カリフォルニア州立ロングビーチ校で, 第10章　信念を持った

女子学生との出会い―バークレーにて

『ヒロシマ希望の未来―核兵器のない世界のために』 澤野重男著 平和文化 2010.8 159p 21cm 〈文献あり〉 1600円 ①978-4-89488-046-7 Ⓝ319.8

[目次] 第1章 オバマ大統領の「核のない世界」―とびらを開くのは誰か?、第2章 被爆の証言―「世界の終末」を克服する生き方を学ぼう、第3章 被爆の実相―核兵器の残虐性・非人間性を知ろう、第4章 「核廃絶」への道―世界のヒバクシャよ、団結せよ!、第5章 高校生の自主的な平和学習活動―国境を越え、交流し、連帯する、第6章 希望の未来―核兵器のない世界のために

『核兵器のない世界へ―被爆60年と原水爆禁止運動1945～2005 写真記録ドキュメント』 原水爆禁止日本協議会編 原水爆禁止日本協議会 2005.9 171p 30cm 〈年表あり〉 2800円 Ⓝ319.8

『えつこ15歳のとき、8月6日・ヒロシマ』 佐古美智子キルト,武谷田鶴子文 広島 溪水社 2004.7 39p 21cm 〈他言語標題:When Etsuko was fifteen, August 6・Hiroshima 英語併記〉 952円 ①4-87440-827-3 Ⓝ319.8

『第五福竜丸とともに―被爆者から21世紀の君たちへ』 川崎昭一郎監修 蕨 新科学出版社 2001.3 124p 21cm 〈年表あり 文献あり〉 1300円 ①4-915143-13-9 Ⓝ319.8

[内容] この本は、第五福竜丸とその物語についてわかりやすく述べています。第1部では、第五福竜丸乗組員だった大石又七さんが、太平洋の海で、船の上で実際に遭遇し、体験したアメリカのビキニ水爆実験そのものについて証言しています。第2部では、この第五福竜丸の実物を丸ごと保存・展示している第五福竜丸展示館について紹介しています。展示館内のパネル順に、ビキニ事件、第五福竜丸の悲劇、被爆の広がり、原水爆禁止運動の誕生と世界への発展、展示館設立までの努力を説明し、ビキニ事件がもっている深い意味、人類全体にとっての意味を考えさせてくれます。船体のそばに並べられている展示品や、展示館の外にあるモニュメントについても、ていねいに説明しています。

『核時代を超える―平和の創造をめざして』 湯川秀樹ほか編著 岩波書店 1995.6 190,9p 18cm 〈岩波新書〉〈第7刷(第1刷:1968年) 巻末:年表〉 620円 ①4-00-411106-4 Ⓝ319.8

《社会を変える仕事》

『社会の未来はきっと明るい―地方創生と社会起業家の実例』 長井隆行著 平成出版,星雲社〔発売〕 2015.6 159p 19cm 1300円 ①978-4-434-20680-1

[目次] 第1部 産業観光のフロンティアとしての小坂町(芝居小屋「康楽館」の積極的活用,「明治百年通り」の整備,「都市鉱山」としての小坂町 ほか),第2部 未来に向けポテンシャルに優れる茨城県(立地とバランスに優れる茨城県,農業県としての茨城県,工業県としての茨城県/日立市 ほか),第3部 社会を明るくするキーパーソン社会起業家(夢の実現をサポートするドリームマップ普及協会/秋田稲美さん,若者の自立を支援する「日本一小さな学校」侍学園/長岡秀貴さん,訪問診療で高齢者を救う祐ホームクリニック/武藤真祐さん ほか)

『これからの社会的企業に求められるものは何か―カリスマからパートナーシップへ』 牧里毎治監修,川村暁雄,川本健太郎,柴田学,武田丈編著 京都 ミネルヴァ書房 2015.4 209p 21cm 〈索引あり〉 2400円 ①978-4-623-07237-8 Ⓝ335.8

[内容] 福祉と市場の間を埋める持続可能な組織のあり方を様々な事例を基に解説。

『企業との協働によるキャリア教育―私たちは先輩社会人の背中から何を学んだのか』 宮重徹也編著 慧文社 2015.3 249p 21cm 1800円 ①978-4-86330-069-9 Ⓝ377.15

[内容] 体感して自分に向き合う「キャリア教育」。私たちは何のために勉強するのか。私たちは何のために働くのか。卒業研究や企業訪問というゼミナール活動を通して、自分たちの将来像を模索していく。自分自身で主体的に考える力を育んできた著者のゼミナールならではの、真摯で熱心な教育活動の記録。「キャリア教育」に携わる研究者・教育機関のみならず、就職活動をひかえた大学生・高校

『社会のために働く―未来の仕事とリーダーが生まれる現場』藤沢烈著　講談社　2015.3　212p　19cm　1400円　①978-4-06-219352-8　Ⓝ369.31

内容　グーグル、キリン、ヤフー、UBS…なぜ彼らは多くの社員を東北に送るのか？　マッキンゼーに入社も社会起業家支援への思いを断ち切れず起業。いまや31被災市町村の支援で企業・自治体・NPOをコーディネートする「地方創生」トップランナー話題の本！

『旗手たちのアリア　社会起業家編』日経ビジネス編　日経BP社　2014.12　259p　19cm　〈発売：日経BPマーケティング〉　1500円　①978-4-8222-7904-2　Ⓝ335.13

内容　貧困、飢餓、紛争、イジメ…。世界に横たわる社会問題を解決すべく、新たな時代のリーダーたちが動き出した。弱きに寄り添い、ともに歩み、理想の世界へ突き進む。「与える」ことから始まる活動は、組織や国家の壁を越え今、社会を大きく変えようとしている。「未来の経営」の姿がここにある。「日経ビジネス」が見いだした20人の社会起業家のビジネスノンフィクション。

『社会的企業論―もうひとつの経済』山本隆編著　京都　法律文化社　2014.10　255p　21cm　〈索引あり〉　3000円　①978-4-589-03628-5　Ⓝ335.8

目次　第1部　理論編（福祉国家、福祉多元主義、NPM、社会的経済、サードセクター、非営利セクター、欧米の社会的企業、日本の社会的企業、社会的企業の事業戦略、社会的企業とソーシャル・キャピタル）、第2部　国際比較編（アメリカの社会的企業、イギリスの社会的企業、イタリアの社会的企業、スウェーデンの社会的企業、韓国の社会的企業）、第3部　事例編（ソーシャル・ビジネス、神奈川におけるワーカーズ・コレクティブの実践―日本における新たな協同組合運動の一素描）、第4部　実務編（ソーシャル・マーケティング、ソーシャル・ファイナンス、社会的企業の評価）

『中学生・高校生の仕事ガイド　2015-2016年版』進路情報研究会編　桐書房　2014.10　365p　21cm　2200円　①978-4-87647-844-6

内容　進路選択に役立つデータブック。仕事の内容、資格、関連職種、専門学校・大学の選び方、検索しやすい巻末INDEX。

『地域に生きる子どもたち』小堀哲郎編著　創成社　2014.5　227p　21cm　2300円　①978-4-7944-8067-5

内容　『社会のなかの子どもと保育者』の姉妹編。「地域に生きる子どもたち」をテーマに、前著よりもさらに具体的に子どもの姿を描き出し、社会学・文化人類学・教育学などの多分野にまたがる研究者それぞれの学問分野あるいは執筆者一人ひとりの得意とする研究手法を用いて執筆されている。

『ソーシャル・ウーマン―社会に貢献できるひとになる』坂東眞理子著　ブックエンド　2014.4　127p　26cm　1400円　①978-4-907083-13-7

内容　ワークライフ・バランス、M字型カーブ、GEM、マンセッション…社会を読み解く50のキーワードの解説付き！

『「世界をよくする仕事」で稼ぐ―三菱商事とドリームインキュベータで学び、サイバーエージェントに1億円で事業を売却した僕の働き方』大澤亮著　プレジデント社　2014.2　205p　19cm　1500円　①978-4-8334-5062-1　Ⓝ289.1

内容　社会貢献だからといって、気負う必要はない。"P2P（Piece to Peace）"が扱っているのは、アメリカや日本のセレブリティも支援する5つのファッションブランドだ。楽しみながら、しかも華やかで陽気に、この世界をいい方向に変えていく。

『地域と社会を変えた起業家たち』石田英夫編著，星野裕志，竹内伸一，国保祥子，八木陽一郎執筆　慶應義塾大学出版会　2014.2　312p　21cm　（ケース・ブック　5）　3400円　①978-4-7664-2113-2　Ⓝ335.8

内容　事業の創出を通して地域を活性化し、社会問題を解決していく起業家（アントレプレナー）たち。彼らはいかなる問題に直面し、どのような決断をし、そして行動を起こしたのか？　50名にのぼる起業家インタビューと企業・地域調査をもとに、選りすぐりの事例を長短20編のケースで紹介。グループ学習の教材としても最適！

『小さな起業で楽しく生きる―仲間と始める地域協働ビジネス』　ワーカーズ・コレクティブネットワークジャパン著　ほんの木　2014.2　250p　19cm　〈年譜あり〉　1400円　①978-4-7752-0085-8　Ⓝ335.6

『社会起業家になるには』　籏智優子著　ぺりかん社　2013.9　153p　19cm　（なるにはBOOKS 138）〈文献あり〉　1200円　①978-4-8315-1364-9

目次　1章　ドキュメント社会問題の解決に向けて（子育てと仕事を両立できる社会をめざして―駒崎弘樹さん・フローレンス，農地がよみがえる仕組みをつくりたい―西辻一真さん・マイファーム，障がい者が自立できる社会をつくる―夏目浩次さん・豊生ら・ばるか，「教育格差」という社会問題に立ち向かう―森山誉恵さん・3keys），2章　社会起業家の世界（社会起業家とは？―社会にある矛盾や問題。これらの解決をめざす，社会的企業とは？―社会的な課題に取り組む事業体のこと，社会的企業の歴史―イギリスで誕生し，日本では阪神・淡路大震災から活発化，世界の社会企業家たち―いち早く社会問題に取り組んだ，社会企業家の先駆け，社会企業家が活躍する分野―幅広い分野にまたがっている社会問題に取り組む，医療分野で社会起業―安心して療養できる社会をつくるために　岩本ゆりさん・楽患ナース，児童福祉分野で社会起業―児童養護施設の若者たちのキャリアを支える　永岡鉄平さん・フェアスタート，環境と食料分野で社会起業―ミドリムシを活用して環境と食料の問題解決をめざす　出雲充さん・ユーグレナ，地域活性で社会起業―"お母ちゃんパワー"で地域を結びつける　北池智一郎さん・タウンキッチン，生活と収入―多忙を極める生活だが，"社会が変わる"実感がやりがいに，将来性―"課題先進国"である日本。社会起業家が活躍できる分野は豊富），3章　なるにはコース（適性と心構え―"世の中をよりよく変える！"それをモチベーションにできること，社会起業家の養成施設―自分に合った団体やスクール，大学などを見極めよう，"高校生まちチャレンジ"に密着―実際に高校生が地域の問題解決を体験！，起業するには―まずは，自分が解決したい社会問題を探ろう）

『社会を変える仕事をしよう―ビッグイシュー10年続けてわかった大事なこと』　佐野章二著　日本実業出版社　2013.7　182p　19cm　1429円　①978-4-534-05091-5　Ⓝ335.8

目次　第1章　「誰かが困っている問題」を仕事で解決する方法―10年間でホームレスに8億円の収入を提供した『ビッグイシュー』の仕組み，第2章　普通の人にこそ，社会的企業は起こせる，第3章　思い立ったら，すぐに組織はつくれる，第4章　笑うマネジメント―組織をいかに動かし，自発性を育んでいくか，第5章　問題を解決するには，仕組みづくりから，エピローグ　1人ひとりに「出番」と「居場所」のある社会をつくる

『慶應SFCの起業家たち』　宮地恵美，飯盛義徳編著　慶應義塾大学出版会　2013.6　178p　21cm　1500円　①978-4-7664-2037-1

目次　第1部　市場を拓く（Sansan株式会社／寺田親弘，フリービット株式会社／石田宏樹，面白法人カヤック／柳澤大輔，株式会社ネットプライスドットコム／佐藤輝英），第2部　社会を変える（株式会社みやじ豚／宮治勇輔，認定NPO法人フローレンス／駒崎弘樹，ケアプロ株式会社／川添高志，特定非営利活動法人NPOカタリバ／今村久美），第3部　未来の「未来からの留学生たち」へ（SFCは，おもしろい，ただそれだけでいい。クルマは必ず空を飛ぶ？）

『希望をつくる仕事ソーシャルデザイン―アイデアは地球を救う。』　ソーシャルデザイン会議実行委員会編著，電通ソーシャル・デザイン・エンジン監修　宣伝会議　2013.3　159p　21cm　〈文献あり　年表あり〉　1500円　①978-4-88335-274-6　Ⓝ360

内容　あなたの中に，ソーシャルクリエイターの芽が眠っていませんか？　社会の課題を解決するのは，一部のすごい人？　社会をよくするなんて，国やNPOの仕事？　クリエイターなんて，特別な才能や技術を持った限られた人たちのこと？　いいえ。アイデアと行動力さえあれば，社会をよくするソーシャルクリエイターには，誰でもなることができるのです。きっと誰だって，等身大の自分から，社会を変えていくことができるはず。

『静かなるイノベーション―私が世界の社会起業家たちに学んだこと』　ビバ

出版　2013.3　315p　21cm　1800円　①978-4-86276-147-7　Ⓝ335.8

[内容] 驚くべきアイデアで社会を変えるチェンジメーカーたちがいる。「暗闇の対話」が障害者と社会をつなぐ。アートの力で暴力を止める。「最底辺の仕事」を誇り高いプロの職業に変える。80カ国2,800人、世界最大の社会起業家ネットワーク「アショカ」そのフェローたちの「世界を変える秘訣」が明らかに。

『マイクロソフトでは出会えなかった天職―僕はこうして社会起業家になった』　ジョン・ウッド著, 矢羽野薫訳　ダイヤモンド社　2013.3　289p　20cm　〈ランダムハウス講談社2007年刊に「日本のみなさんへ」を加筆し再刊〉　1600円　①978-4-478-02454-6　Ⓝ372

[内容] 人生で満足させなければならない相手は自分自身だけ。自分が正しいと思うことをして、その気持ちに正直になればいい―。もっと大きく考えろ―世界を変えたいと思うなら。

『クリエイティブで世界を変える』　福島治著, 佐藤良仁編　六耀社　2012.11　165p　26cm　〈文献あり〉　2200円　①978-4-89737-723-0　Ⓝ335.8

[内容] 社会を変えた18人のクリエイターアイデア事例集。

『市民ベンチャーNPOの底力―まちを変えた「ぽんぽこ」の挑戦』　富永一夫, 中庭光彦共著　増補新版　水曜社　2012.10　214p　21cm　（文化とまちづくり叢書）　1800円　①978-4-88065-294-8　Ⓝ361.98

[内容] 地域催事の中心、住宅管理事業のほか、指定管理者にも選ばれ、公園の保守・整備まで自ら行うNPO「フュージョン長池」。東京・多摩ニュータウンを中心とした活動は指定管理者制度を使いこなし着実に成果を上げる事例として注目されている。そこには住民と住民の協働、指定管理者と行政の協働が不可欠であった。フュージョン長池の歩みと成功の理由、そして今後の課題を掲げ、21世紀型の住民参画のまちづくりを紹介する。

『社会をよくしてお金も稼げるしくみのつくりかた―マッキンゼーでは気づけなかった世界を動かすビジネスモデル「Winの累乗」』　小暮真久著　ダイヤモンド社　2012.10　251p　19cm　〈文献あり〉　1500円　①978-4-478-02097-5　Ⓝ335.13

[内容] CSRじゃなくて、本業で。週末ボランティアじゃなくて、自分の仕事で。「社会にいいこと」と「ビジネス」は両立できる。いま注目を集める元戦略コンサルタントの社会起業家が見つけた、成功する企業とNPOの共通点とは？―。

『世界を変える偉大なNPOの条件―圧倒的な影響力を発揮している組織が実践する6つの原則』　レスリー・R.クラッチフィールド, ヘザー・マクラウド・グラント著, 服部優子訳　ダイヤモンド社　2012.7　422p　20cm　2400円　①978-4-478-00728-0　Ⓝ335.89

[内容] 偉大なNPOを偉大たらしめているものは何か？　並外れたインパクトをもち、世界のしくみを変えつつある12の組織の研究からわかった、驚くべき行動原理。社会セクター版『ビジョナリーカンパニー』。

『社会起業入門―社会を変えるという仕事』　神野直彦, 牧里毎治編著　京都　ミネルヴァ書房　2012.4　294,4p　20cm　〈文献あり　索引あり〉　3200円　①978-4-623-06254-6　Ⓝ335.8

[目次] 序章　社会起業と社会事業, 第1章　現代日本と社会起業の展開, 第2章　社会的企業の台頭, 第3章　市民社会の担い手, 第4章　ビジネスの手法を社会のために―市民社会・企業・行政に求められるもの, 第5章　社会問題を解決するためのイノベーション, 終章　社会起業のゆくえ

『あなたも社会起業家に！―走る・生きる十五のストーリー』　油井文江編著, ソーシャルビジネス研究会取材　冨山房インターナショナル　2012.3　197p　19cm　〈文献あり〉　1500円　①978-4-905194-33-0　Ⓝ335.8

[内容] その女性たちはあなたのすぐそばにいる。働き方・生き方の新しい選択。

『社会起業家になりたいと思ったら読む本―未来に何ができるのか、いまなぜ必要なのか』　デービッド・ボーンステイン, スーザン・デイヴィス著, 有賀裕子訳,

井上英之監修　ダイヤモンド社　2012.3　263p　19cm　〈索引あり　文献あり〉　1600円　Ⓘ978-4-478-01555-1　Ⓝ335.8
内容　世界を変える「方法」がわかってきた。企業、政府、教育、メディア、一個人…時代は社会起業3.0へ。社会起業を体系的に学べる一冊。

『未来をつくる企業内イノベーターたち―企業の中から社会を変えるソーシャル・イントラプレナーの仕事術』　服部篤子編著　近代セールス社　2012.2　335p　19cm　（Kindai E&S book）1600円　Ⓘ978-4-7650-1128-0　Ⓝ335.8
内容　企業という組織の中にあって、自らの信念に基づき、社会のための仕事、社会を変えていく仕事に果敢にチャレンジしていった男たち。彼らにはなぜそれができたのか!?ビジネスで社会をよくする「企業の中の社会起業家」10人の挑戦。

『すぐに役立つ初めての人のための社会起業のしくみとNPO運営ガイド』　大門則亮監修　三修社　2011.12　255p　21cm　1800円　Ⓘ978-4-384-04447-8　Ⓝ335.89
内容　立ち上げから組織作り、運営方法、手続きまで。「社会起業」と「NPO」のキモがわかる。認証制度の見直しや仮認定制度など、平成24年4月施行のNPO法改正にも対応した本気で起業を考える人のための実践的解説書。ソーシャルビジネスを志す人必携。

『「社会を変える」を仕事にする―社会起業家という生き方』　駒崎弘樹著　筑摩書房　2011.11　283p　15cm　（ちくま文庫　こ41-1）〈文献あり〉　740円　Ⓘ978-4-480-42888-2　Ⓝ369.42
内容　ITベンチャー経営者。それが著者の学生時代の肩書きだった。新興ITベンチャーが次々に株式公開をし、青年社長が数十億円の富を手に入れていた時代。しかし、著者の疑問はどんどん大きくなっていく。「自分は本当は何をしたかったんだろう」。そして、たどりついた結論は「日本の役に立ちたい！」だった。NPOを立ち上げ「病児保育サービス」を始動。挫折を経験しながらも、事業を全国に拡大していった汗と涙と笑いの軌跡。

『辺境から世界を変える―ソーシャルビジネスが生み出す「村の起業家」』　加藤徹生著, 井上英之監修　ダイヤモンド社　2011.7　275p　19cm　1600円　Ⓘ978-4-478-01376-2　Ⓝ335.89
内容　何もないから、たたかえる。アジアの「社会起業家」最新7事例を追い、彼らが実現した驚異のビジネスモデルに迫る「ビジネス・ルポ」。

『20代からはじめる社会貢献―400社が支援した「社会起業」とは』　小暮真久著　PHP研究所　2011.6　173p　18cm　（PHP新書　739）〈並列シリーズ名：PHP SHINSHO〉720円　Ⓘ978-4-569-79432-7　Ⓝ335.8
内容　若者の関心がビジネスで成功することから、国際問題、社会問題の解決にシフトしてきている。ボランティアや社会貢献に熱心に取り組む若者の姿をメディアで見かける機会も増えた。東日本大震災後、さらにその傾向が強まってきているという。本書は、二十円で世界をつなぐ仕事に関わる著者が、「社会起業家」について解説、紹介する。ビジネスとして社会貢献に取り組むプロフェッショナルを育成、輩出することを目的にしている。新しい時代の流れを感じるはずだ。

『起業家教育に関する実践的研究　2010年度』　藤川大祐編　〔千葉〕　千葉大学大学院人文社会科学研究科　2011.2　42p　30cm　（人文社会科学研究科研究プロジェクト報告書　第237集）Ⓝ375.6
目次　論文：起業家教育の実践をどう開発するか（藤川大祐著）、地域連携による「社会起業家教育」の構造と意義（阿部学著）、書評論文：ミメーシス概念がしめすキャリア教育の教育方法への示唆（阿部学著）、研究ノート：アグリビジネスを題材とした授業づくり（深川愛子著）

『サードジョブ―公務員でも会社員でもない第3の就職ガイド』　上田信一郎著　講談社　2011.2　255p　19cm　（講談社BIZ）1600円　Ⓘ978-4-06-282072-1
内容　「収入より、やり甲斐」「利益追求より、社会的企業」をめざす人へ、公益的団体＆それに準じる一般企業の求人データブック。

『社会起業家の教科書―世界でいちばん役に立つ仕事を目指す』　大島七々三著　中経出版　2010.12　223p　19cm　〈他言語標題：TEXTBOOK FOR SOCIAL

ENTREPRENEURS　文献あり〉1400円　Ⓘ978-4-8061-3911-9　Ⓝ335.8
内容　社会との繋がり、仲間との絆、喜びの分かちあいが実感できる働き方。途上国支援（かものはしプロジェクト）、教育（カタリバ）、地域活性化（G‐net）、医療（ケアプロ）、国際支援（HASUNA）…各分野の第一線で働く社会起業家の"今"を収録。

『ゼロからはじめる社会起業』　炭谷俊樹著　日本能率協会マネジメントセンター　2010.12　193p　21cm　〈文献あり〉1600円　Ⓘ978-4-8207-4686-7　Ⓝ335.8
内容　コンサルタントから教育業界に転身した日本の社会起業家の先駆けが教える。魂のこもったプランのつくりかた。テーマ決定から、検証、起業、活動範囲の広げ方まで。

『ソーシャル・ビジネス革命―世界の課題を解決する新たな経済システム』　ムハマド・ユヌス著，千葉敏生訳，岡田昌治監修　早川書房　2010.12　290p　20cm　1900円　Ⓘ978-4-15-209182-6　Ⓝ335.8
内容　ダノン、インテル、ファーストリテイリングなど、世界の最先端企業が熱いまなざしを注ぐ新しいビジネスのかたちとは？ ノーベル賞受賞者が、具体的な実践と無限の可能性を語る。

『みんな、どんなふうに働いて生きてゆくの？―自分の仕事を考える3日間　2』　西村佳哲,奈良県立図書情報館著　弘文堂　2010.12　254p　19cm　1800円　Ⓘ978-4-335-55142-0
内容　全国から数百名の人々が奈良の図書館に集まって、"自分の仕事"について考え合った、3日間のフォーラムから生まれた本。そして、第1回のフォーラムに参加した後、各地の限界集落をヒッチハイクで訪ねて人々の仕事と暮らしに触れながら日本を一周した、友廣裕一さんという若者の約半年間の旅の話も収録。「みんな、どんなふうに働いて生きてゆくの？」。フォーラムの企画とインタビューは、働き方研究家の西村佳哲。

『社会イノベータへの招待―「変化をつくる」人になる』　金子郁容,國領二郎,厳網林編　慶應義塾大学出版会　2010.11　282p　21cm　〈索引あり〉3000円　Ⓘ978-4-7664-1768-5　Ⓝ335.8
内容　自分の利益（個益）を守りつつ、社会的な利益（公益）を生み出すことは、決して一握りの天才にしかできないことではない。本書では社会において「変化をつくる」ための手法、技術、実践例を豊富に紹介。社会起業家を志望する人はもちろん、「変化をつくりたい」すべての人におすすめの入門書。

『ミスキャンパスpresents世界を変える仕事44―NPO・NGO・社会起業家ガイドブック』　Sweet Smile,2025 Project編　ディスカヴァー・トゥエンティワン　2010.11　206p　19cm　1500円　Ⓘ978-4-88759-858-4　Ⓝ335.8
内容　やりたいことを、仕事にする。ミスキャンパスが、働いてみたいと思って選んだ44団体に突撃取材。

『社会起業家スタートブック―自分と社会を活かす仕事』　百世瑛衣乎著　亜紀書房　2010.8　209p　19cm　〈文献あり〉1500円　Ⓘ978-4-7505-1010-1　Ⓝ335.8
内容　「いいコトしたい」を仕事に変える。就職氷河期、ハケン、リストラ、ブラック企業…いま、シゴトには夢がない。ならば自分で仕事をつくろう。社会の問題を解決して、持続可能なビジネスにする。お金のこと、事業デザイン、組織づくりなど、新しい「働き方」のための実践ガイド。

『ビッグイシューの挑戦』　佐野章二著　講談社　2010.6　273p　19cm　1429円　Ⓘ978-4-06-215938-8
内容　ホームレスが売る「奇跡の雑誌」。「百パーセント失敗する」と言われた「ビッグイシュー」を日本に根付かせた、その軌跡を描く。

『世界を変えるオシゴト―社会起業家になったふたりの女の子の感動物語』　マリー・ソー,キャロル・チャウ著,林路美代,林民子監訳　講談社　2010.5　189p　19cm　（講談社biz）1500円　Ⓘ978-4-06-282136-0　Ⓝ586.8
内容　ふたりが立ち上げたビジネスは、深刻な貧困問題を抱えるチベット族が飼っている「ヤク」（牛科の動物）の毛を使った高品質のニットの製造販売。それは、貧困の村の人たちに、安定した雇用と継続的な現金収入をもたらしました。この本を読めばあなたも、「世界を変えることができそう！」と思うはず。一人、そしてまた一人が動き出せば、きっと

市民社会とは何だろうか　　　　　　　　　　　　　　　　　　　　社会を変える仕事

世界は変わります。

『ソーシャル・イノベーション―営利と非営利を超えて』　服部篤子,武藤清,渋澤健編　日本経済評論社　2010.5　217p　21cm　〈索引あり〉　2400円　Ⓘ978-4-8188-2102-6　Ⓝ335.8
内容　行き詰まる社会を克服し、社会のあり方を根本から変革する「ソーシャル・イノベーション」という発想のもと、その担い手としての社会起業家や社会事業の役割を考える。

『人を助けて仕事を創る―社会起業家の教科書』　山本繁著　TOブックス　2010.5　197p　19cm　1600円　Ⓘ978-4-904376-24-9　Ⓝ335.8
内容　人助け+ビジネス=社会起業家。「立ち上げから成功へ」のAtoZを完全解説。豊富な図版+10の実践プロセスで組織が回り出す。

『「社会に役立つ」を仕事にする人々―社会起業家という生き方』　小堂敏郎著　洋泉社　2010.3　206p　19cm　（洋泉社biz）〈並列シリーズ名：Yousensha biz　文献あり〉　1400円　Ⓘ978-4-86248-527-4　Ⓝ335.8
内容　地域再生、環境保護、途上国支援…社会問題にビジネスチャンスを見出し、その解決を図りながら利益を生む「社会起業家」たち。ボランティアとも営利企業とも違う、社会的な貢献をしながら働く人々の挑戦。

『世界を変える！　みんなの力me to we』　クレイグ・キールバーガー,マーク・キールバーガー著,佐光紀子訳　柏書房　2009.12　287,14p　19cm　〈文献あり　年表あり〉　1900円　Ⓘ978-4-7601-3684-1　Ⓝ335.8
内容　「子ども達を救え！」一途な心は世界を駆け巡り、社会起業家として立ち上がった！感動のリアル・ストーリー。

『社会起業家の条件―ソーシャルビジネス・リーダーシップ』　マーク・アルビオン著,斎藤槙,赤羽誠訳　日経BP社　2009.10　284p　19cm　〈日経BP出版センター（発売）〉　1600円　Ⓘ978-4-8222-4773-7　Ⓝ335.8
内容　どうすれば、「想い」を「仕事」に変えられるのか？　元ハーバード・ビジネススクール教授の人気思想家が導き出した魅力あふれるリーダーたちの「共通項」と「本音」。注目起業家75人インタビュー。

『社会イノベータ』　飯盛義徳著　慶應義塾大学出版会　2009.8　160p　21cm　（ケース・ブック　4）〈並列シリーズ名：Case book〉　2000円　Ⓘ978-4-7664-1659-6　Ⓝ335.8
内容　まちをつくる！　ひとをつくる！　ケースで学ぶ地域活性化。ケース・メソッドを活用して地域の起業家を育成する佐賀・鳳雛塾、誰でも講師になれ自由に学べる富山・インターネット市民塾、日本中から公募したTシャツデザインを砂浜に展示し多くの観光客を集める高知・砂浜美術館など、卓抜したアイデアと行動力ある人々によって、「まち」の未来を力強く切り拓いている事例6編を収録。日本初の本格的「まちづくり」ケース教材集。

『ソーシャルビジネス入門―「社会起業で稼ぐ」新しい働き方のルール』　ベン・コーエン,マル・ワーウィック著,斎藤槙,赤羽誠訳　日経BP社　2009.7　260p　19cm　〈日経BP出版センター（発売）〉　1600円　Ⓘ978-4-8222-4753-9　Ⓝ335.8
内容　働きがい+お金儲け+社会貢献=ソーシャルビジネス。三兎を追えば、仕事はもっと楽しくなる！　元祖・社会起業家に学ぶ、小さなことから、世界を変える方法。

『やりたいことがないヤツは社会起業家になれ』　山本繁著　メディアファクトリー　2009.4　173p　19cm　〈文献あり〉　1200円　Ⓘ978-4-8401-2771-4　Ⓝ335.8
内容　若者の声をビジネスに変えてきた30歳の社会起業家、山本繁の挑戦記。

『社会起業家になる方法』　大島七々三著　アスペクト　2009.3　248p　19cm　〈他言語標題：How to become a social entrepreneur　文献あり〉　1600円　Ⓘ978-4-7572-1621-1　Ⓝ335.8
内容　社会的な貢献をしながら、利益を生む組織、ボランティアとも営利企業とも違う社会起業家がいま、増えている。最前線で闘う彼ら、社会起業家たちの"ビジネスモデル"を追った。

『「20円」で世界をつなぐ仕事―"想い"と"頭脳"で稼ぐ社会起業・実戦ガイド』

小暮真久著　日本能率協会マネジメントセンター　2009.3　219p　19cm　1400円　⓵978-4-8207-1741-6　Ⓝ611.38

内容　「20円」でできること。アフリカの子どもに温かい給食を一食。日本で食べるヘルシーなランチ代が、彼らの食事になる。こんなビジネスがあったのか！マッキンゼーの戦略コンサルタントから社会起業家へ。日本人がつくった「すごいしくみ」に惚れ込んだから。

『クレイジーパワー―社会起業家―新たな市場を切り拓く人々』　ジョン・エルキントン, パメラ・ハーティガン著, 関根智美訳　英治出版　2008.10　325p　20cm　1800円　⓵978-4-86276-041-8　Ⓝ335.8

内容　紛争、テロ攻撃、貧困、飢餓、伝染病、気候変動…。今、世界は多くの歴史的な問題に直面している。しかし、これらの問題にも適切なアプローチで臨めば、計り知れない市場機会が創造されると実証されはじめている。こうした市場を生み出す人々、それが「社会起業家」だ。彼らは既存の枠組みを超えたビジネスモデルを生み出し、新たな市場を創り、社会を変革していく。本書では、この新種の起業家たちへの数百時間に及ぶ、インタビューや対話から得られた生の声を紹介しながら、彼らが創り出したビジネスモデル、資金調達、マーケット、リーダーシップの手法を分析・考察する。

『世界を変えるビジネス―戦略的な社会貢献活動を実践する20人の偉大な経営者たち』　マーク・ベニオフ, カーリー・アドラー著, 齊藤英孝訳　ダイヤモンド社　2008.9　360p　20cm　1800円　⓵978-4-478-00594-1　Ⓝ335.13

内容　本書では、20人の非凡なリーダーたちが、企業の社会貢献活動を通して、いかに真の変革をもたらしているのか、そして、どうすれば他社も同じことができるのか、その秘密を初めて打ち明けている。本書に収録されている証言は、社会還元の必要性や社会貢献活動導入時の課題、活動を成功させるために必要となるCEOの資質を、浮き彫りにしている。そして、最も重要なことは、社会も企業も、社会貢献活動から途方もない恩恵を受けているという事実である。

『誰が世界を変えるのか―ソーシャルイノベーションはここから始まる』　フランシス・ウェストリー, ブレンダ・ツィンマーマン, マイケル・クイン・パットン著, 東出顕子訳　英治出版　2008.8　285p　20cm　1900円　⓵978-4-86276-036-4　Ⓝ309

内容　ソーシャルイノベーション―劇的な社会変革は、ものごとを個別に見ることをやめ、社会のシステムを構成するさまざまな要素間の関係をつかむことから始まる。この「システムと関係」のレンズを通して、本書は人と人、個人と集団、人と社会の間にひそむ関係性のルールを明らかにする。犯罪を激減させた"ボストンの奇跡"、HIV/AIDSとの草の根の闘い、いじめを防ぐ共感教育プログラム、失業・貧困対策、野生動物保護、障害者支援…それぞれの夢の軌跡から、コミュニティを、ビジネスを、世界を変える新たな方法が見えてくる。インスピレーションと希望に満ちた一冊。

『社会起業家に学べ！』　今一生著　アスキー・メディアワークス　2008.6　263p　18cm　（アスキー新書）〈文献あり　角川グループパブリッシング（発売）〉　781円　⓵978-4-04-867187-3　Ⓝ335.8

内容　社会起業家とは、利益のためではなく社会問題を解決するために、独自のビジネスモデルで事業を興す人たち。創意工夫、アイデア、行動力、持続性、そして世の中をよくしようとする情熱に溢れた彼らの挑戦は、世界を変え、私たちの意識を変革していく。いま日本で活躍中の21団体の軌跡を一挙紹介する、注目の書。

『社会起業家という仕事』　渡邊奈々著　日経BP社　2007.11　283p　21cm　（チェンジメーカー　2）〈日経BP出版センター（発売）〉　1600円　⓵978-4-8222-4618-1　Ⓝ335.8

内容　あなたに起こる小さな革命、待望の続編。社会企業家という新らしい生き方を選んだ20人を紹介。

『ビッグイシュー突破する人びと―社会的企業としての挑戦』　稗田和博著　大月書店　2007.6　237p　19cm　1500円　⓵978-4-272-33049-2　Ⓝ368.2

内容　『ビッグイシュー』をホームレスから買

う。それはチャリティーではありません、ビジネスです。販売員は希望を手にし、あなたは新しい働き方と生き方を知るのです。数人の市民によってつくられた、日本初のストリート雑誌『ビッグイシュー日本版』。創業者、若者、ホームレス、そして読者の、働き方と生き方をめぐる物語。

『ソーシャル・アントレプレナーシップ─想いが社会を変える』 谷本寛治,唐木宏一,SIJ編著 NTT出版 2007.4 191p 19cm 1600円 ①978-4-7571-2190-4 Ⓝ335.13

内容 様々な「社会的課題」の解決にビジネスとして取り組む「社会的企業」とは？ 社会的使命を掲げる新しいビジネスが生み出すソーシャル・イノベーション。感動するビジネスが日本を変える。

『世界を変える人たち─社会起業家たちの勇気とアイデアの力』 デービッド・ボーンステイン著,井上英之監訳,有賀裕子訳 ダイヤモンド社 2007.2 253p 20cm 1800円 ①978-4-478-20092-6 Ⓝ332.8

内容 この本に登場するのは、貧しい人に自分の財産を寄付した慈善家ではない。「困っている人を生み出している世の中」を変えてやろうと挑み、成功した人たちである。小さな波から大きなうねりを巻き起こす社会起業家の、「世界の作り変え方」がここに。

『未来を変える80人─僕らが出会った社会起業家』 シルヴァン・ダルニル,マチュー・ルルー著,永田千奈訳 日経BP社 2006.9 302p 19cm〈他言語標題：80 hommes pour changer le monde 日経BP出版センター（発売）〉1600円 ①4-8222-4531-4 Ⓝ332.8

内容 ただのオカネ儲けより、ずっと楽しい仕事がここにある！ 社会貢献しながら、しっかり稼ぐ現代のヒーロー、ヒロインたちに出会う素晴らしき世界一周の旅。

『みんなが主役のコミュニティ・ビジネス』 細内信孝編著 ぎょうせい 2006.2 183p 21cm 1905円 ①4-324-07819-X Ⓝ335.8

内容 「自治体はどのように支援すべきか」「高齢者の社会参加や商店街の活性化等の問題を

どう解決するか」といった新しいテーマを網羅。

『チェンジメーカー─社会起業家が世の中を変える』 渡邊奈々著 日経BP社 2005.8 220p 21cm〈他言語標題：Changemakers 日経BP出版センター（発売）〉1600円 ①4-8222-4464-4 Ⓝ335.8

内容 誰かのために働くってカッコいい。21世紀型ビジネス＝ソーシャル・ベンチャー。NPO/NGOを動かす18人の熱いメッセージ。

『市民起業家─新しい経済コミュニティの構築』 D.ヘントン,J.メルビル,K.ウォレシュ著,加藤敏春訳・解題 日本経済評論社 2005.4 421p 19cm〈1997年刊を原本としたオンデマンド版〉3500円 ①4-8188-1644-2 Ⓝ335.04

内容 本書は、コミュニティに対して優れた洞察力を与えるとともに、アメリカのみならず諸外国においてダイナミックに変化をとげる多くのコミュニティを広範囲に分析している。

『社会起業家─社会責任ビジネスの新しい潮流』 斎藤槙著 岩波書店 2004.7 246p 18cm （岩波新書）780円 ①4-00-430900-X Ⓝ335.8

内容 単に収入を得る手段としてだけでなく、自己実現のために、そして環境・人権などの課題に使命感をもつ──このような価値観をもって働く社会起業家がいま注目されている。社会責任投資の高まり、企業とNPOのパートナーシップといった新しい動向を明らかにしながら、アメリカ・日本の社会起業家の生き方を紹介し、その意義を考える。

『火の鳥の女性たち─市民がつむぐ新しい公への挑戦』 中村順子,森綾子,清原桂子共著 神戸 兵庫ジャーナル社 2004.1 117p 19cm （ひょうご双書6）〈阪神・淡路大震災10年記念出版〉600円 ①4-938970-23-6 Ⓝ335.8

内容 この本は、一九九五（平成七）年一月十七日の阪神・淡路大震災のあの日から、十年目に入る今日に至るまで、立場はそれぞれちがうけれど、また肩書も時を追ってお互いに違っていったけれど、復興への熱い思いを共有してきた三人の被災地の女性たちの共著です。

『これから働き方はどう変わるのか─すべ

『ての人々が「社会起業家」となる時代』田坂広志著　ダイヤモンド社　2003.10　221p　20cm〈著作目録あり〉1500円　①4-478-73266-3　Ⓝ159.4
内容　立志、成長、共感、革新、創発、信念、伝承。社会起業家としての働き方「7つのスタイル」を紹介。

『起業時代のNPO』　坂本信雄著　八千代出版　2003.9　245,5p　20cm〈文献あり〉2500円　①4-8429-1297-9　Ⓝ335.8
内容　本書は、NPOをボランティアとの観点から起業の観点まで含めて、NPOとしての可能性をよりいっそう総合的に捉えたものである。

『社会起業家—「よい社会」をつくる人たち』　町田洋次著　PHP研究所　2000.12　204p　18cm　（PHP新書）660円　①4-569-61360-8　Ⓝ369.14
内容　社会起業家とは「医療、福祉、教育、環境、文化などの社会サービスを事業として行う人たち」である。マクロ公共政策と手厚い社会保障を柱とする従来型福祉国家に代わって、自立型福祉システムを構築し、社会を活性化する存在として、まずイギリスで注目された。今、日本でも、単なるボランティアとも、経済的利益だけを追求する起業家とも違う「社会起業家たち」が現れはじめた。本書では「よい社会」の創造を目指す彼らのユニークな活動を通して、次代を担う新しい生き方・働き方を提案する。

◆地域のために働く

『好きなまちで仕事をつくる　2013　地域仕事づくりコーディネーター編』　チャレンジ・コミュニティ・プロジェクト事務局NPO法人ETIC.　〔2014〕　63p　30cm　1500円　①978-4-86202-068-0　Ⓝ335.8

『「最高の授業」を、世界の果てまで届けよう』　税所篤快著　飛鳥新社　2013.6　257p　19cm　1300円　①978-4-86410-249-0　Ⓝ372
内容　教師不足になやむ途上国に、ネットやDVDを駆使して「最高の授業」を届けつづける24才の早大生、税所篤快。偏差値28の落ちこぼれだった彼は、なぜ、世界各地の教育危機を次々と救うことができたのか—？　感動の社会起業戦記！

『「欲の力」で社会を変える仕事術—厳しくも痛快なソーシャルビジネス論』　渡邉美樹著　PHP研究所　2013.2　218p　18cm　（PHPビジネス新書　258）　840円　①978-4-569-80951-9　Ⓝ335.8
内容　最初はほんの小さな欲でいい。それがやがて、社会を変えるほどの大きな仕事につながっていく！　話題のソーシャルビジネスについて、ワタミ創業者が「その本当の意義」と、それを成功させるための秘訣を説く。本気で社会貢献をしたい人はもちろん、「今の仕事にやりがいが見出せない」という人にもぜひ読んでほしい、熱く痛快な一冊。

『仕事おこしワークショップ』　傘木宏夫著　自治体研究社　2012.10　225p　21cm　2100円　①978-4-88037-596-0　Ⓝ361.7
目次　第1部　市民からの仕事おこし（なぜ今「市民からの仕事おこし」なのか，仕事おこしワークショップ—NPO地域づくり工房の実践1，市民からの仕事おこし—NPO地域づくり工房の実践2），第2部　仕事おこしワークショップの手引き（ワークショップ，ファシリテーター，仕事おこしワークショップのプログラム）

『地域ブランドを引き出す力—トータルマネジメントが田舎を変える！』　金丸弘美著　合同出版　2011.7　207p　19cm〈文献あり〉1400円　①978-4-7726-0448-2　Ⓝ601
内容　食総合プロデューサーとして全国を駆け回り、地域に根付いた食文化を再発見し、各地の元気をつないで発信する著者が、金丸流人・モノ・地域を元気にする方法を伝授します。

『行列ができる奇跡の商店街』　吉崎誠二著　青春出版社　2011.3　170p　18cm　（青春新書INTELLIGENCE）　819円　①978-4-413-04309-0
内容　全国的に衰退していった商店街の中で、最近、いくつかの商店街が再びにぎわいを見せ始めている。その原動力となったのは、商店街の店主たちが「なんとしても再興させよう！」と立ち上がり、自らの店を経営するかたわら、商店街全体のために知恵を絞り、汗

をかき、力を尽くしたことにある。本書は、実際にあった3つの商店街の復活ストーリーを通じて、感動と元気と仕事改革のヒントを提供する。

『市民のためのコミュニティ・ビジネス入門—新たな生きがいプラットフォーム作り』 徳田賢二, 神原理編　専修大学出版局　2011.3　265p　19cm　1600円　Ⓘ978-4-88125-261-1　Ⓝ335.8

目次 第1部 入門編—コミュニティ・ビジネスは生きがい発見の場, 第2部 基礎編—コミュニティの課題発見・解決力を養おう, 第3部 応用・実践編—あなたもコミュニティ・ビジネスのプロになれる, 第4部 現場編—市民が活躍するコミュニティ・ビジネス最前線, まとめ 「コミュニティ」とは何か—「閉鎖的な世界」から、「開放的な社会空間」への変容, おわりに コミュニティ・ビジネスの展望

『まちづくり市民事業—新しい公共による地域再生』 佐藤滋編著　京都　学芸出版社　2011.3　291p　21cm　〈執筆：白木里恵子ほか　文献あり　索引あり〉　3400円　Ⓘ978-4-7615-3191-1　Ⓝ601.1

内容 多様な主体による協働と連携により実行される市民の手による事業と、それらが織りなす地域マネジメントのあり方を、各地の事例を通して、推進・支援の仕組、専門家の役割、資金調達等、多様な視点から説く。

『コミュニティ・ビジネス』 細内信孝著　新版　京都　学芸出版社　2010.12　206p　19cm　〈他言語標題：Community Business　初版：中央大学出版部1999年刊　文献あり〉　1800円　Ⓘ978-4-7615-1277-4　Ⓝ335.8

『地域ビジネス起業の教科書—地域で働きたい人がはじめに読む本』 アミタ持続可能経済研究所著　幻冬舎メディアコンサルティング　2010.3　206p　19cm　〈幻冬舎（発売）〉　1200円　Ⓘ978-4-344-99726-4　Ⓝ601.1

内容 地方×都会の方程式でつくる新しい地域ビジネスの可能性。あなたのスキルとアイデアが、地方で活かせる！地方で何かしたい、故郷を活性化したい、都会にはない働き方を探す人へ。

『NPO便利屋マニュアル—ふれあい、支えあいコミュニティビジネスのすすめ』 NPO便利屋推進委員会　2010　100p　30cm

『コミュニティビジネス入門—地域市民の社会的事業』 風見正三, 山口浩平編著, 木下斉, 松本典子, 志波早苗, 藤木千草著　京都　学芸出版社　2009.10　206p　21cm　〈文献あり　索引あり〉　2300円　Ⓘ978-4-7615-2473-9　Ⓝ335.8

目次 第1講 持続可能な社会を築くコミュニティビジネスの可能性, 第2講 コミュニティビジネスの機能と基盤整備—協働型社会形成のパートナーとして, 第3講 コミュニティビジネスセクターの特徴と社会起業家の役割, 第4講 コミュニティビジネスのガバナンス, 第5講 コミュニティビジネスにおける協同組合の可能性, 第6講 コミュニティビジネスに対する支援機能の必要性と課題, 第7講 コミュニティビジネスとまちづくりの新たなる展開

『がんばる地域のコミュニティ・ビジネス—起業ワークショップのすすめ』 細内信孝編著　学陽書房　2008.7　200p　21cm　2000円　Ⓘ978-4-313-55006-3　Ⓝ335.8

目次 第1章 ハッピー・コミュニティ・ビジネス, 第2章 コミュニティ・ビジネス・ワークショップの進め方, 第3章 コミュニティ・ビジネス成功のポイント, 第4章 コミュニティ・ビジネス支援, 第5章 コミュニティ・ビジネスの事例, 第6章 地域社会の理想型をめざして

『コミュニティ・カフェをつくろう！』 WAC編　学陽書房　2007.12　199p　21cm　1800円　Ⓘ978-4-313-55005-6　Ⓝ335.8

内容 子連れママ向け、シニア向けなどなど、続々と生まれている事例と、人の集まるカフェのつくり方を紹介。ビジネスとして成り立っているものから、ボランティアベースでつくられているものまで広く取り上げた。

『コミュニティ・カフェと市民育ち—あなたにもできる地域の縁側づくり』 陣内雄次, 荻野夏子, 田村大作著　萌文社　2007.9　196p　21cm　1905円　Ⓘ978-4-89491-132-1　Ⓝ361.7

内容 考えすぎずに「やるしかない」の心意気で始まったコミュニティ・カフェ。地域の

起点として広げた注目のまちづくり実践。

『「概論」ソーシャル・ベンチャー』 神座保彦著 ファーストプレス 2006.12 298p 20cm 2800円 Ⓘ4-903241-38-6 Ⓝ335.8
|目次| 第1章 ソーシャル・ベンチャー, 第2章 社会起業家, 第3章 ミッションと戦略, 第4章 ソーシャル・イノベーション, 第5章 マネジメント, 第6章 資金調達とソーシャル・ファイナンス, 第7章 業績評価, 第8章 今後の方向性

『コミュニティ・ベーカリー風のすみかにようこそ—ニートから仕事の世界へ』 佐藤洋作, 浅野由佳, NPO文化学習協同ネットワーク編著 ふきのとう書房 2005.12 98p 20cm〈星雲社（発売）年表あり〉 1100円 Ⓘ4-434-07301-X Ⓝ366.29
|内容| 天然酵母でゆっくり発酵、おいしくて安心なパンを焼く。NPOのパン屋で働いてみない？ 社会に出ることに不安をもつ青年を支える、青年の自立支援の新しいかたち。ニート・ひきこもりからの脱出。

『好きなまちで仕事を創る—address the smile』 ETIC.編 TOブックス 2005.11 115p 30cm〈ビレッジプレス（発売）〉 1200円 Ⓘ4-9901748-6-0 Ⓝ335.8
|内容| きっと誰かに伝えたくなる32の笑顔の物語。

『コミュニティ起業家の仕事—Address the smile』 ETIC.編 経済産業省〔2005〕 101p 30cm Ⓝ335.8

『現場からのコミュニティビジネス入門』 園利宗編著 連合出版 2004.7 206p 21cm〈執筆：加藤敏文ほか〉 1800円 Ⓘ4-89772-193-8 Ⓝ335.8
|内容| 自分たちでこんなことがしたいという「シーズ」を、世の中が求めている「ニーズ」とマッチさせるためには？ 現場の専門家集団「コミュニティビジネス研究会」によるNPOを主体にしたまちづくりの実例、モデル、提案。

『13の実例で学ぶ「コミュニティビジネス」成功事例集』 安田龍平, 関本征四郎編著 経林書房 2004.7 263p 21cm 2300円 Ⓘ4-7673-1094-6 Ⓝ335.8
|内容| コミュニティビジネスそのものの解説、13の先進成功事例、そして、成功に導くための課題をまとめた。

『実践コミュニティビジネス』 細野助博監修 八王子 中央大学出版部 2003.12 298p 20cm〈執筆：細野助博ほか〉 2400円 Ⓘ4-8057-6149-0 Ⓝ601.1
|内容| 環境、スタイル、十人十色。「仕掛け人」たちが本音で語った徒手空拳のまちづくり。

『コミュニティビジネスの時代—NPOが変える産業、社会、そして個人』 本間正明ほか著 岩波書店 2003.9 255p 20cm 2200円 Ⓘ4-00-022834-X Ⓝ335.8
|内容| 新しい社会や経済のインフラとして急速に台頭してきているのが、NPOを軸としたコミュニティビジネスだ。介護サポート、子育てサポート、地域産業支援、まちづくりなど新産業と雇用を生み出している。豊富な事例とデータをもとに、その可能性を探ってゆく。

《市民の権利》

『「シェア」の思想／または愛と制度と空間の関係』 LIXIL出版 2015.7 359p 19cm 2600円 Ⓘ978-4-86480-017-4
|内容| 21世紀のマーケット・トレンド「シェア」。「シェア」の思想によって近代的「愛」「制度」「空間」が変容するとき建築・都市はどのような姿で立ち現われるだろう。キーワードは、自由恋愛／近代家族／同性パートナーシップ／ノームコア／Gゼロ／データ駆動型政治／新型スラム／貧困の共有／住民投票／ワークショップ／小さな経済／ポスト・ポスト構造主義／換喩としての建築／ジャンクスペース／都市のプライバティゼーション／Starchitectから多中心的ネットワークへ／空間からエレメントへ…

『10分で読める命と平和につくした人の伝記—戦争・人種差別、病気…人の命をすくった20人』 塩谷京子監修 学研教育出版, 学研マーケティング〔発売〕2015.7 175p 21cm 800円 Ⓘ978-4-05-204123-5
|内容| かけがえのない命をすくおうと、力をつくし、平和と自由のために、たたかった人たちがいます。ほんとうに大切なものとは何

『高校生と考える日本の問題点―桐光学園大学訪問授業』　桐光学園中学校・高等学校　左右社　2015.4　334p　21cm　1500円　ⓘ978-4-86528-115-6
内容　常識を知って常識をこわす白熱1800分！

『しんがりの思想―反リーダーシップ論』　鷲田清一著　KADOKAWA　2015.4　222p　18cm　〈角川新書〉　820円　ⓘ978-4-04-082007-1
内容　縮小社会・日本に必要なのは強いリーダーではない。求められているのは、つねに人びとを後ろから支えていける人であり、いつでもその役割を担えるよう誰もが準備しておくことである。新しい市民のかたちを考える。

『ヒューマン・ライツ教育―人権問題を「可視化」する大学の授業』　ヒューマン・ライツ教育研究会編　有信堂高文社　2015.3　258p　21cm　（青山学院大学総合研究所叢書）〈他言語標題：Human Rights Education　索引あり〉　2800円　ⓘ978-4-8420-0541-6　Ⓝ379
内容　青山学院大学法学部の、あたらしい教育実践。

『池上彰の現代史授業　21世紀を生きる若い人たちへ　平成編　2　20世紀の終わり　EU誕生・日本の新時代』　池上彰監修・著　京都　ミネルヴァ書房　2015.2　47p　27×22cm　1600円　ⓘ978-4-623-07168-5
内容　EUが誕生し、国際社会は協調の時代へ。日本では阪神・淡路大震災の起こった年が、「ボランティア元年」となり、政治も新時代へ入ります。

『大分県少年の船運航記録集―昭和55年度―平成26年度　「大分県少年の船」運航事業35周年記念』　大分県少年の船実行委員会編　大分　大分県少年の船実行委員会　2015.2　155p　30cm　Ⓝ379.3

『高校生のコミュニティとの関わり合いに関する調査―2013-14年調査報告』　岡本智周,坂口真康編　つくば　筑波大学共生教育社会学研究室　2015.2　183p　26cm　Ⓝ376.41

『チャレンジ！　キッズスピーチ　1　できるよ！　はじめてのスピーチ』　フリー・ザ・チルドレン・ジャパン編、中島早苗,天野Faith冬樹著　大月書店　2015.2　44p　27×19cm　1800円　ⓘ978-4-272-40506-0
目次　1　子どもが声をあげるってだいじ！、2　12歳がつくったNGO―フリー・ザ・チルドレン物語、3　クレイグのスピーチを読んでみよう、4　スピーチってなんだろう？、5　スピーチで何を話す？、6　スピーチ原稿をつくってみよう！、7　実際にスピーチをやってみよう！、8　子どものスピーチの例を読んでみよう！

『子ども・文化・ネットワーキング』　渕上継雄著　福岡　弦書房　2015.1　127p　21cm　〈文献あり〉　1300円　ⓘ978-4-86329-110-2　Ⓝ379.3

『キャリア教育で「人間力」が伸びる―「タイに子ども用車椅子を届けよう！」プロジェクトが示す新たな教育スタイル』　小泉京美著　東方通信社　2014.11　208p　19cm　〈表紙のタイトル：A STUDY FROM CHILDREN WHEELCHAIRS PROJECT　文献あり　発売：ティ・エー・シー企画〉　1500円　ⓘ978-4-924508-17-0　Ⓝ377.15
目次　第1章　キャリア教育のあり方、第2章　インターンシップとゼミ活動、第3章　求められるグローバル人材、第4章　「タイに子ども用車椅子を届けよう」プロジェクト、第5章　大学教育における社会人として成果をあげる育成方法、第6章　プロジェクト型授業の実践と効果

『グローバルな子どもの育て方―「わたし式、グローバル」の実例つき！　親子で考える学び・進学・キャリアの新しい組み合わせ！』　エデュケーショナルネットワークグローバル教育推進室編　実業之日本社　2014.11　240p　19cm　〈文献あり〉　1500円　ⓘ978-4-408-33120-1　Ⓝ375
内容　親子で考える学び・進学・キャリアの新しい組み合わせ！いつでも・どこでも仕事ができる、いつでも・どこでも必要とされる。

幼児からスーパー高校生、社会人のグローバル化の実例満載！

『**10代の憲法な毎日**』 伊藤真著　岩波書店　2014.11　220p　18cm　〈岩波ジュニア新書〉　840円　①978-4-00-500788-2

内容 校則と個人の自由、10代の結婚、生徒会や部活動でのトラブル等。高校生活で起こる出来事を憲法にてらして高校生達が大考察。"憲法の伝道師"伊藤先生の指南のもと見えてきたのは、一人一人の自由や権利を守るために憲法があり、その精神を持ってあらゆるルールを運用する必要性。憲法を生活にいかす方法を具体的に学べる一冊。

『**地域の教育力を育てる―子どもとおとなが学びあう生涯学習社会に向けて**』 柴田彩千子著　学文社　2014.10　136p　21cm　〈索引あり〉　1700円　①978-4-7620-2486-3　Ⓝ371.31

目次 第1部「地域の教育力」をめぐる理論（生涯学習社会における子ども支援―子どもの育つ「地域」論をめぐって、地域の教育力に支えられる学校教育経営）、第2部 地域と社会をつなぐ取組の実際（地域運営学校―コミュニティ・スクールの実際、地域型コミュニティ・スクールの実際―「いわて型コミュニティ・スクール」の取組、企業による社会貢献としての教育事業―「教育CSR」の実際 ほか）、第3部 地域の教育力を支える実践事例（"バリアフリー"をモットーとしたオーケストラ活動―NPO法人町田楽友協会（東京都町田市）、"芸術の力"による震災復興の取組―NPO法人アートサポートセンター（岩手県盛岡市）、"地域の子どもを地域で育てる"学校支援地域本部のNPO版―NPO法人夢友支援ネットワーク（東京都三鷹市）ほか）

『**社会を変えるリーダーになる―「超・利己主義」的社会参加のすすめ**』 田中尚輝著　明石書店　2014.8　281p　19cm　1800円　①978-4-7503-4057-9　Ⓝ309

内容「共感」と「支えあい」の社会実現のために私たちは何ができるだろうか―。NPO法・介護保険法成立に寄与した者の政治・市民活動50年の実践から語る、利己主義を極めて利他主義につなげるという生き方。「自分のため」にはじめる社会変革。

『**10歳からのデジタル・シチズンシップ―ネットの海でもぼくらはおぼれない**』 清水讓治作、井上千裕絵　町田 玉川大学出版部　2014.7　143p　21cm　1400円　①978-4-472-40490-0

内容 見知らぬ外国の島の市長から、俺たち3人にナゾの電子メールが届いた！なぜだぁ??1通のメールをきっかけに、子どもたち自らがデジタル世界と現実世界の仕組みや付き合い方を9つのテーマに沿って体験していく物語。

『**新世代努力論―「恵まれた世代」は判ってない。これがぼくらの価値観だ。**』 イケダハヤト著　朝日新聞出版　2014.7　159p　19cm　1100円　①978-4-02-331276-0

目次 第1章 現実（「努力すれば報われる」は昔話だ、ぼくたちは死ぬまで働く ほか）、第2章 若者（「節度ある」お金の使い方、稼ぎ方、新しい選択肢 ほか）、第3章 やさしい（努力はスキルだ、「平等主義」が育んできた悪徳 ほか）、第4章 成功（成功のための必要条件、競争に勝つこと、競争から降りること ほか）、第5章 恵み（恵みを独占する鈍感な強者たち、NPOに就職する若者の増加 ほか）

『**もう、あなたも『哲学』したら？**』 哲学集団Σ編著　文園社　2014.7　222p　19cm　1500円　①978-4-89336-271-1

内容 13の哲学的対話が、あなたの"考える力"にはたらきかける。わかりやすくポップな語り口で問われる、現代の哲学的諸問題。哲学集団Σと名のる哲学の専門家たちによる、（世界）（社会）（他者）（自分）についての問いかけに、中高校生のあなた、会社員のあなた、家庭人のあなたはどうこたえるだろうか。

『**シティズンシップの授業―市民性を育むための協同学習**』 橋本渉編著　東洋館出版社　2014.6　272p　21cm　2250円　①978-4-491-03027-2

目次 シティズンシップ教育の授業とは、DEVELOPMENT IN EDUCATION 市民性を育てる学びのフレームと構造、MODEL LESSON シティズンシップ教育の原理と授業の特徴―靖国神社と首相・閣僚などの参拝問題をテーマに、ACTUAL LESSON 1 課題の解決から、概念を理解する―「子どもの権利」をテーマに、LESSON STUDY トランス・インキュベーション法を用いた超理性的学習法―中絶に関するモラルジレンマ、ACTUAL LESSON 2 論争的な課題を

扱う際の視点の育成—マレーシアにおけるブミプトラ政策をテーマに，MAKING THE LESSON 授業づくりのデスクワーク—TPP参加問題の授業，CASE STUDY 対話の生成と探究的コミュニティづくり，ACTUAL LESSON 3 史料から，多様な視点を導く歴史教育—「秩父事件」をテーマに，LECTURE 政治的リテラシーとその教育—イギリスのシティズンシップ教育を題材にして，FINAL シティズンシップ教育のスタンス—生徒のレポートを読んで

『地域を変える高校生たち—市民とのフォーラムからボランティア、まちづくりへ』 宮下与兵衛編，宮下与兵衛，栗又衛，波岡知朗著 京都 かもがわ出版 2014.5 182p 21cm 1700円 ①978-4-7803-0695-8 Ⓝ371.31
内容 コミュニティーカフェ、かしてつ応援団、丘のまち美瑛の美化活動…高校生が地域に入り、市民の中で成長してきたドラマがここにある。

『ぼくらの未来のつくりかた』 家入一真著 双葉社 2014.5 165p 19cm （YOUR BOOKS 01）1000円 ①978-4-575-30668-2 Ⓝ361.98
内容 かつてひきこもりだった経験から、「みんなの居場所をつくりたい」という思いで数々のビジネス、サービスを立ち上げてきた著者。その思いを実現するべく出馬（そして落選）した東京都知事選を経て、この社会や政治の理想の未来像、そして「ぼくらの未来のつくりかた」が見えてきた。そのヒントと、これからの自身のヴィジョンを語りつくした1冊。「最新型の家入一真」の頭の中が、この中にぜんぶ詰まっています。

『ありのままのわたし大切なあなた—子どもと保護者のエンパワメント』 人権教育教材作成等業務共同企業体編 大阪 大阪府府民文化部人権局 2014.3 87p 30cm （人権学習シリーズ vol.10） 〈文献あり〉 Ⓝ376.15

『青少年指導者ハンドブック』 福井県安全環境部県民安全課編 〔福井〕 福井県安全環境部県民安全課 2014.3 119p 21cm Ⓝ379.3

『未来を切り拓く市民性教育』 若槻健著 吹田 関西大学出版部 2014.3 166p 21cm 1500円 ①978-4-87354-577-6
目次 第1章 市民性教育とは何か，第2章 市民性教育が求められる背景と諸言説，第3章 市民性教育の諸実践，第4章 市民性教育とサービス・ラーニング，第5章 人権教育に基盤を置いた市民性教育—萱野小学校の実践，第6章 市民性教育の類型化と人権教育，第7章 市民性教育の学習論1，第8章 市民性教育の学習論2—対話的な学習論へ

『メディア情報教育学—異文化対話のリテラシー』 坂本旬著 法政大学出版局 2014.3 227p 21cm （キャリアデザイン選書）2500円 ①978-4-588-68008-3 Ⓝ371.37
内容 今日のメディア社会では、情報の波が国境を超えて移動し、さまざまな希望やひずみをともなって新しい公共圏が形成されつつある。言語や民族の壁を超えたグローバル・シチズンシップの育成に必要な「メディア情報リテラシー教育」の理念と方法を、著者自身の教育現場での異文化探究学習の体験を交えながら解説し、技術主義に陥ることなき批判的教育の可能性を提示する画期的論考。

『グローバル教育の授業設計とアセスメント』 石森広美著 学事出版 2013.12 327p 22cm 〈他言語標題：Design and Assessment of Global Education as a School-based Subject 文献あり 索引あり〉 4714円 ①978-4-7619-2030-2 Ⓝ375
内容 本書は、高等学校のグローバル教育のあり方について、グローバルシティズンシップ育成のための授業開発を中心軸とし、授業設計とアセスメントに焦点を当てて論じている。知識・理解のみならず、技能（スキル）や姿勢などを包含するグローバル教育の授業設計およびアセスメントの検討から、課題に正面から向き合った。

『市民がメディアになるとき』 小山帥人著 京都 書肆クラルテ 2013.6 226p 19cm 〈大阪 朱鷺書房（発売）〉 1900円 ①978-4-88602-647-7 Ⓝ361.453
内容 世界のオルタナティブ・メディアの"いま"がわかる。

『シティズンシップ教育のすすめ—市民を育てる社会科・公民科授業論』 杉浦真理著 京都 法律文化社 2013.4

195p 21cm〈他言語標題：RECOMMENDATION OF CITIZENSHIP EDUCATION 文献あり〉2500円　①978-4-589-03498-4　Ⓝ371.6

目次 第1章 なぜ、今シティズンシップ教育なのか（シティズンシップ教育に至る道、海外のシティズンシップ、生徒参加とシティズンシップ教育）、第2章 階層性を伴ったシティズンシップ授業コンテンツ（ローカル・シティズンシップ、ナショナル（現代社会編）、ナショナル（憲法・政治編）、グローバル）、第3章 若者をエンパワーメントする授業（若者をとりまく現状、政治的シティズンシップのために（18歳選挙権））、補論 グローバリゼーションを生徒と見つめるために必要な高校経済教育の視点とは

『若者と政治―ポスト3.11の政治参加と社会運動』　豊田　中京大学現代社会学部松谷満研究室　2013.3　212p　30cm　（中京大学現代社会学部松谷満研究室社会調査実習報告書 2012年度）〈文献あり〉Ⓝ367.68

『市民権とは何か』　デレック・ヒーター著, 田中俊郎, 関根政美訳　岩波書店　2012.10　314,15p　19cm　（岩波人文書セレクション）〈2002年刊の再刊　文献あり　索引あり〉2800円　①978-4-00-028560-5　Ⓝ316.1

内容 社会・経済・政治のシステムがグローバル化した現在、近代国民国家の枠組みで考えられてきた「市民権」概念が揺らいでいる。本書では、欧州に生まれた「市民権」概念を、「自由主義」と「市民共和主義」という二つの伝統から説明し、現代の多文化社会に対応した新しい「並列的な多重市民権」や「世界市民権」という考え方を紹介する。移民・難民・定住外国人について議論を進める際にも大きな示唆を与える書である。

『社会を変える教育―英国のシティズンシップ教育とクリック・レポートから』　長沼豊, 大久保正弘編著, バーナード・クリックほか著, 鈴木崇弘, 由井一成訳　町田　キーステージ21　2012.10　212p　21cm　（キーステージ21ソーシャルブックス）〈他言語標題：Citizenship education　文献あり〉2000円　①978-4-904933-01-5　Ⓝ371.6

内容 2002年に英国で導入されたシティズンシップ教育が各国で話題を呼んでいる。地域社会の支え合いやボランティア活動などの社会参加、民主主義社会の有権者としての政治参加の知識と技能を育む教育カリキュラムである。バーナード・クリックを座長とした英国諮問委員会報告書「シティズンシップのための教育と学校で民主主義を学ぶために」を翻訳し、収録。本報告書を読み解き、英国のシティズンシップの教育と日本の公民教育を比較分析し、日本での導入の可能性について論考。公教育のありかたを問う一冊。

『いま、「政治の質」を変える』　辻元清美著　岩波書店　2012.5　241p　19cm　1700円　①978-4-00-022192-4

内容 歴史的な政権交代から三年。国民の期待を背負いながら、なぜ鳩山・菅政権は瓦解していったのか。政権交代の高揚感の中での国交副大臣就任、社民党の連立離脱、離党、そして東日本大震災の災害ボランティア担当首相補佐官として、政策転換に格闘した体験から見えてきたものとは―。政権交代・連立政権時代の「統治」とは何か、そしていま、真の政治の変革を起こす鍵としての「市民参加」を考える。

『シティズンシップ教育と教師のポジショナリティ―家庭科・生活指導実践に着目して』　望月一枝著　勁草書房　2012.5　273p　22cm〈文献あり　索引あり〉5000円　①978-4-326-25077-6　Ⓝ371.6

内容 シティズンシップ教育における教師の役割と実践構図を明らかにする。教育実践を通して、どのように生徒にシティズンシップを育んでいくのか。その過程を追いつつ、市民としての教師の役割を描くとともに、学校カリキュラム改革への道筋を分析する。

『中学校教師のグローバル・シティズンシップ教育観に関する研究―日本とスウェーデンの比較分析』　武寛子著　学文社　2012.1　240p　22cm〈索引あり　文献あり〉3800円　①978-4-7620-2230-2　Ⓝ371.6

目次 第1章 シティズンシップに関する概念枠組み、第2章 日本におけるシティズンシップ教育の展開、第3章 スウェーデンにおけるシティズンシップ教育の展開、第4章 定性調

査の方法と枠組み，第5章 定性調査の結果，第6章 教師のグローバル・シティズンシップ教育観

『シティズンシップ教育論―政治哲学と市民』 バーナード・クリック著，関口正司監訳，大河原伸夫，岡崎晴輝，施光恒，竹島博之，大賀哲訳　法政大学出版局　2011.9　317p　20cm　（サピエンティア　20）〈並列シリーズ名：sapientia　文献あり　索引あり〉3200円　①978-4-588-60320-4　Ⓝ371.6

内容 民主主義の劣化を防ぐために、2002年以降イギリスの学校では、政治に参加し政府を監視する市民の育成をめざし、「シティズンシップ教育」が必修となった。この政策に多大な影響を与えた政治哲学者の実践的思索をたどる。

『親子で学ぶ偉人物語　2』 河合敦監修，モラロジー研究所編　〔柏〕　モラロジー研究所　2011.1　21p　26cm〈年譜あり　〔柏〕廣池学園事業部（発売）〉Ⓝ281

目次 光明皇后：仏の心で人々を救った慈善の人

『シティズンシップ教育―平成23年度協会フォーラム講演録』 明るい選挙推進協会編　明るい選挙推進協会　〔2011〕165p　19cm　Ⓝ314.8

目次 未来への有権者教育（硤合宗述），よい主権者になる学び（川中大輔述），シティズンシップと政治的リテラシー（小玉重夫述），参加するとはどういうことか？（哲学カフェ）（能瀬博之，鮫島志保述）

『シティズンシップへの教育』 中山あおい，石川聡子，森実，森田英嗣，鈴木真由子，園田雅春著　新曜社　2010.10　206p　21cm〈文献あり　索引あり〉1900円　①978-4-7885-1211-5　Ⓝ371.6

目次 序章 民主主義の危機とシティズンシップ教育，第1章 今、なぜシティズンシップ教育か，第2章 シティズンシップと環境教育，第3章 人権教育を核とするシティズンシップ教育，第4章 民主主義を支えるしくみとしての "メディア"とその理解，第5章 消費者教育をとおして育てるシティズンシップ，第6章 シティズンシップと学校教育，終章 日本で「シティズンシップ教育」を立ち上げるということ

『小学校における「公共性」を育む「シティズンシップ教育」の内容・方法の研究開発―友だちと自分の違いを排除せずに、理解し考える力を発揮する』 お茶の水女子大学附属小学校　2010.3　50p　30cm　（研究開発実施報告書　平成21年度（第2年次））Ⓝ375.312

『シティズンシップと教育―変容する世界と市民性』 オードリー・オスラー，ヒュー・スターキー著，清田夏代，関芽訳　勁草書房　2009.10　312p　22cm〈文献あり　索引あり〉3600円　①978-4-326-25059-2　Ⓝ371.6

内容 協働と協力のためのスキルを育成する教育は、いかにして実現できるのか。共生をめざすコスモポリタン・シティズンシップのための学びを探求する。

『世界一周元気な市民力』 伊藤千尋著　大月書店　2009.10　91p　19cm　（クレスコファイル　no.3）1000円　①978-4-272-40803-0　Ⓝ302

内容 日本の常識は世界の非常識。生きづらい社会に我慢する必要はない。

『Win-winの社会をめざして―社会貢献の多面的考察』 前林清和著　京都　晃洋書房　2009.5　204p　21cm　2200円　①978-4-7710-2072-6　Ⓝ369.14

目次 人間論，ボランティア論，心理論，ライフデザイン論，市民論，教育論，企業論，日本人論，国際論，地球環境論

『18歳の政治学』 松下啓一，瀬島誠編著　京都　晃洋書房　2009.5　218p　21cm　2400円　①978-4-7710-2060-3

目次 第1部 比較政治（日本人はなぜイチローを応援するのか？―ナショナリズム，アジアと仲良くできますか？―日本ナショナリズムと「アジア主義」，バブルは復活するか？―日本とアジアの経済発展の政治学，選挙のない国と選挙のある国―独裁政権とその民主化，なぜ日本には大統領がいないのか？―大統領制と議院内閣制），第2部 国際政治（国際政治とは何か？―アナーキー、安全保障のジレンマ、国家の戦略，なぜ自爆テロが起こるのか？―合理性と国際政治学の説明，北京の蝶と国

際政治―小さな出来事が大きな変化を生み出すことがある，予想はなぜ外れるのか？―システムと意図せざる結果，グローバルな環境問題の解決はなぜ難しいのか？―公共財とフリーライダー），第3部 日本の政治（有権者はなぜ選挙にいくのか？―投票行動の理論，参議院は今のままでいいのか？―参議院改革，理想的な選挙制度は何か？―二大政党制への道，なぜ政治腐敗は起きるのか？―政・官・財の癒着構造の打破，誰が政治家になるのか？―政治家への登竜門），第4部 地方自治（"おおきに"から"もっけだのぉ"まで―地方自治の起源，金太郎飴といわれる理由を考える―地方自治の制度，人はどれだけの荷物を背負うことができるだろうか？―地方自治と市民参加，銀行はなぜ3時に閉まるのだろうか？―地方自治と地方議員），第5部 政治思想（政治と人間―極限状況と人間観，自由とは何か？―自由意志と他者の自由，政治と社会，あるいは公と私―がきデカとボランティア）

『小学校における「公共性」を育む「シティズンシップ教育」の内容・方法の研究開発』 お茶の水女子大学附属小学校 2009.3 51p 30cm（研究開発実施報告書 平成20年度（第1次）） Ⓝ375.312

『小学校における「公共性」を育む「シティズンシップ教育」の内容・方法の研究開発』 お茶の水女子大学附属小学校 2009.3 76p 30cm（研究開発実施報告書 資料 平成20年度（第1次）） Ⓝ375.312

『市民たちの青春―小田実と歩いた世界』 小中陽太郎著 講談社 2008.11 245p 19cm 1500円 ①978-4-06-214977-8
内容 日本最初の市民運動・べ平連とは何だったのか。

『東アジアにおけるシティズンシップ教育―新しい社会科像を求めて』 日本社会科教育学会国際交流委員会編 明治図書出版 2008.11 141p 22cm〈他言語標題：Citizenship education in the East Asia〉 1760円 ①978-4-18-445616-7 Ⓝ372.2
内容 東アジアの視点から社会科の可能性を問い直す。シティズンシップは，東アジアでどう教えられているか？ 東アジア的シティズンシップの育成は可能か？ 日本・中国・韓国・台湾の研究者による熱い討論の記録。

『主権者を育てる模擬投票―新しいシティズンシップ教育をめざして 子どもたちにこれだけは教えたい』 杉浦真理著 きょういくネット 2008.1 115p 21cm〈桐書房（発売）〉 1500円 ①978-4-87647-724-1 Ⓝ375.31
目次 第1部 模擬投票をはじめよう（模擬投票のすすめ，模擬投票の事前指導で行いたいこと），第2部 主権者を育てる教育をめざして（若者は投票になぜ行かないか，主権者を育てる社会科の授業とは，選挙・政治を教育で扱おう!!）

『実践的なシティズンシップ教育の創造』 日本家庭科教育学会編 ドメス出版 2007.6 102p 21cm （シリーズ生活をつくる家庭科 第3巻 日本家庭科教育学会編）〈文献あり〉 1000円 ①978-4-8107-0684-0 Ⓝ375.5
内容 このブックレットシリーズでは，家庭科がこれまで積み重ねてきた実践知が教科を超えた教育課題にどのように迫っていたのか，そして現代の教育課題にどのように応えていけるのかを示していこうという趣旨のもとで企画しました。いうまでもなく，それは，21世紀の家庭科の発展の方向性を指し示すことにもなります。

『世界のシティズンシップ教育―グローバル時代の国民/市民形成』 嶺井明子編著 東信堂 2007.6 246p 22cm〈文献あり〉 2800円 ①978-4-88713-764-6 Ⓝ371.6
目次 第1部 今なぜシティズンシップ教育か（世界的な関心の高まり，「国民」「市民」「シティズンシップ」，シティズンシップの主要論点 ほか），第2部 各国のシティズンシップ教育（アジア編，北米・オセアニア編，旧ソ連諸国編 ほか），第3部 トランス・ナショナルな動き（ユネスコのシティズンシップ教育，欧州評議会のシティズンシップ教育，アメリカの市民社会構築への教育開発援助 ほか）

『日本に「民主主義」を起業する―自伝的シンクタンク論』 鈴木崇弘著 第一書林 2007.5 314p 20cm〈年表あり 文献あり〉 1600円 ①978-4-88646-194-0 Ⓝ061

市民社会とは何だろうか　　　市民の権利

『ワークショップ―住民主体のまちづくりへの方法論』　木下勇著　京都　学芸出版社　2007.1　239p　21cm　〈他言語標題：Workshop　年表あり〉　2400円　①978-4-7615-2399-2　⑬318

[日次]　第1章 シンクタンクに思い至るまで，第2章 仕事としてのシンクタンクとの関わり，第3章 世界のシンクタンク，第4章 シンクタンクとは何か？，第5章 日本のシンクタンク，第6章 政党系シンクタンクの現状と可能性，第7章 シンクタンク再考，第8章 日本に「民主主義」を起業する―シンクタンクの観点から

[内容]　ワークショップって？ 本当の意味は？ 正しい使い方は？ その考え方と方法を示した待望の書。

『シティズンシップ教育の展望―ラッグの思想とコア・カリキュラム』　臼井嘉一編著　ルック　2006.9　261p　21cm　〈年表あり〉　2500円　①4-86121-062-3　⑬371.6

[内容]　本書は、編者・臼井の呼びかけで不定期に開かれた研究会・懇談会の成果である。

『シティズンシップの教育学』　シティズンシップ研究会編　京都　晃洋書房　2006.4　200p　22cm　〈文献あり〉　2500円　①4-7710-1723-9　⑬371.6

[内容]　政治、法、人権、平和、歴史、愛国心、多文化、情報、環境、フェミニズム、性、新しい市民を育成する試みが、今かここから始まる。

『欧州統合とシティズンシップ教育―新しい政治学習の試み』　クリスティーヌ・ロラン-レヴィ，アリステア・ロス編著，中里亜夫，竹島博之監訳　明石書店　2006.3　286p　20cm　（明石ライブラリー 91）〈文献あり〉　2900円　①4-7503-2296-2　⑬372.3

[日次]　第1章 イントロダクション―今日のヨーロッパにおける政治的成長，第2章 子どもたちの政治学習―「概念に基礎をおくアプローチ」対「論点に基礎をおくアプローチ」，第3章 市民としての思考と行動，第4章 歴史教育における自民族中心主義の叙述と「ヨーロッパの次元」，第5章 各国における「政治的になる」ということ，第6章 欧州連合シティズンシップに対する意識，第7章 第三世界からの難民や亡命者の子どもたちが必要とする社会・政治学習―アイルランドにおける小学校就学後の教育，第8章 今日のヨーロッパにおける若者、シティズンシップ、政治，第9章 領域帰属の新感覚を創造する手段としてのユーロ導入，第10章 ヨーロッパの価値と政治教育

『シチズン・リテラシー―社会をよりよくするために私たちにできること』　鈴木崇弘ほか編著　教育出版　2005.4　214p　21cm　〈他言語標題：Citizen literacy〉　1900円　①4-316-80106-6　⑬311.7

[内容]　私たちが社会に参加し、社会をよりよくしていくための考え方や方法をわかりやすく示した、市民のための実践的な教科書。

『グローバル時代のシティズンシップ―新しい社会理論の地平』　ジェラード・デランティ著，佐藤康行訳　日本経済評論社　2004.10　344p　20cm　〈文献あり〉　3000円　①4-8188-1592-6　⑬316.1

[内容]　グローバリゼーション、コスモポリタニズム、リベラリズム、コミュニタリアニズム、討議民主主義、ラディカル・デモクラシー、フェミニズム、多文化主義など現代を代表する社会理論全体を現代の新しい自己論・アイデンティティ論を踏まえて検討する、格好の現代社会理論研究の入門書。

『シティズンシップの教育思想』　小玉重夫著　白澤社　2003.11　181p　19cm　〈現代書館（発売）〉　1800円　①4-7684-7906-5　⑬371.2

[内容]　"市民"のあり方を思考する「シティズンシップ」をキー概念として、ソクラテスから現代までの教育思想史を読み直し、混迷する教育改革論議に哲学のメスを入れる。教育学の最前線で行なわれている議論をわかりやすく紹介、国民教育から新しい公教育の思想へ、"市民"への教育を構想する画期的な教育学入門。

『21世紀をひらく市民自治』　杉原泰雄，柴田徳衛，池上洋通著，日野・市民自治研究所編　自治体研究社　2003.6　173p　21cm　（日野・市民自治研究所叢書 1）　1429円　①4-88037-385-0　⑬318

[内容]　深刻な経済不況の下で、さらに広がる生活不安。「戦争のできる国」への歩みを速める政府。日本国憲法に基づく21世紀社会をつくるために、いま市民自治の確立が求めら

市民の権利　　　　　　　市民社会とは何だろうか

れている。地方自治の原則と市民の力による新しい社会への展望をわかりやすく語る。

『21世紀の地方自治を考える―法と政策の視点から』　中川義朗編　京都　法律文化社　2003.3　293,7p　19cm　（法律文化ベーシック・ブックス）　2800円
①4-589-02636-8
内容　本書は、現代の地方自治をめぐる諸問題を、憲法・地方自治法・公務員法を中心とする法的視点だけでなく、市町村合併・住民投票制（法・条例）・地域計画などをめぐる政策的課題についても、それぞれ講を設けて、最もふさわしい研究者に執筆をお願いし、地方自治をめぐる諸課題を網羅的にとりあげ、政策の視点からも現代的・基本的課題にアプローチした点に、その特色がある。

『ハンドブック　市民の道具箱』　目加田説子編　岩波書店　2002.11　232p　21cm　1600円　①4-00-023372-6
内容　患者図書室、弁護士相談窓口、情報公開制度、住民投票、検索エンジン…これは、おかしい。困った。なぜだろう？　医療、法律、行政など、日常生活で抱く問題を解決するための社会的な「道具」たち。

『パブリック・アクセスを学ぶ人のために』　津田正夫, 平塚千尋編　京都　世界思想社　2002.9　352p　19cm　2300円
①4-7907-0954-X
内容　日々マス・メディアから流れる情報を受け、読み解くだけが市民の役割ではない。市民の側から発信する。日本でも着実に根を広げつつある「パブリック・アクセス」を研究・実践したい人がはじめに読む本。

『市民立法入門―市民・議員のための立法講座』　市民立法機構編　ぎょうせい　2001.12　320p　19cm　2476円　①4-324-06552-7　Ⓝ314.1

『はばたけ若き地球市民―国際学園の教育実践から』　藤沢皖著　京都　アカデミア出版会　2000.3　330p　19cm　（ホミネース叢書）　2700円
内容　生徒の個性を尊重し、ひとりひとりの才能を育むことを教育目的にして、その実践を教育目標にしてきた著者が、東に「国際基督教大学高等学校」を、西に「大阪国際文化中学校・高等学校（千里国際学園中等部・高等部と改称）」と「大阪インターナショナルスクール」をと、帰国生徒教育に携わってから20余年、真に国際的な学校の創設にも関わり、21世紀の「地球市民社会」における「地球市民」の育成を提唱し、「地球市民教育」の実施を提言する。

『響きあう市民たち―NPOとボランティア入門』　吉永宏著　新曜社　1999.8　208p　20cm　〈文献あり〉　1600円　①4-7885-0688-2　Ⓝ335.8
内容　市民の世紀、ボランティアの世紀が始まろうとしています。新しい社会の創造は今やボランティアやNPOの活動を抜きに語ることはできません。なぜそう言えるのか。市民活動の社会的意義はどこにあるのか。活動はどのように進められ、どんな成果を生み出しているか。マネジメントはなぜ必要か。本書は多年市民活動に携わり、多くのボランティア団体との交流を重ねて市民共同体の理念を深めつつ現実的なノウハウを蓄積してきた著者が、思索と体験のすべてを語った支援と励ましの書であり、血のかよったアクションへの手引きです。

『ゼノ死ぬひまない―「アリの町の神父」人生遍歴』　松居桃楼著　新版　春秋社　1998.9　250p　19cm　1800円　①4-393-49516-0
内容　こんなにもやさしい人がいた！超人的な奉仕活動と伝道にうちこんだポーランド修道士の肖像。

『心の復活―ふれあい社会とボランティア』　堀田力著　日本放送出版協会　1997.2　250p　18cm　1300円　①4-14-080304-5　Ⓝ369.14
内容　豊富なボランティア活動を通じて得られた多くの知識・知恵から「心の豊かさづくり」の基礎理念を熱く語る。超高齢化社会に備え、誰もが気負いなく"心の底"から参加できるボランティア活動実践のすすめ。

『立ち上がる地球市民―NGOと政治をつなぐ』　堂本暁子著　河出書房新社　1995.4　212p　20cm　1500円　①4-309-24163-8　Ⓝ302.1
内容　子どもの立場、女性の状況、環境・人口問題…。ジャーナリズムの世界で、現代の最も切実なテーマを追求し続けた著者が、いま参議院議員として、新しい根源的な政治活動

の現場から、あなたにおくる熱いメッセージ。

◆市民参加・住民参加

『市民参加のまちづくり　グローカル編』伊佐淳,西川芳昭,松尾匡編著　創成社　2013.3　253p　21cm〈グローカル編のタイトル関連情報：コミュニティへの自由　文献あり〉2400円　Ⓘ978-4-7944-2409-9　Ⓝ518.8

『子どもの社会参加と社会科教育―日本型サービス・ラーニングの構想』唐木清志著　東洋館出版社　2008.11　168p　21cm　1900円　Ⓘ978-4-491-02394-6　Ⓝ375.3

目次 1 教育改革のキーワードとしての「社会参加」(現代社会における社会参加力の育成,昨今の教育改革と子どもの社会参加,知識・技能の「活用」と社会参加),2 社会科の本質としての社会参加(社会参加を通して公民的資質を育成するということ,新学習指導要領と解説に見る社会参加の視点,社会化で考えられる社会参加活動),3 日本型サービス・ラーニングの構想(サービス・ラーニングとは何か,日本型サービス・ラーニングの必要条件,サービス・ラーニングに基づく単元開発の実際―筑波大学教育学類「社会認識教育論」を事例として),4 子どもの社会参加をうながす社会科授業の実践事例(四つの実践事例の概要,社会科学習の実践事例,実践分析のすすめ),5 社会科教育の課題と可能性(社会科教育の課題―日本型サービス・ラーニングを導入する前に,社会科教育の可能性―日本型サービス・ラーニングを導入した後で)

『住民参加の再生―空虚な市民論を超えて』牧田義輝著　勁草書房　2007.6　213p　19cm　2200円　Ⓘ978-4-326-35138-1　Ⓝ318

内容 あるべき姿の「市民」像は空虚である。現実的な「住民」の生活を向上させるには,どのような地方自治の営みが必要なのか。わかりやすく体系的に論じる。

『市民参加のまちづくり　コミュニティ・ビジネス編』伊佐淳,松尾匡,西川芳昭編著　創成社　2007.1　247p　21cm〈コミュニティ・ビジネス編のサブタイトル：地域の自立と持続可能性　文献あり〉2200円　Ⓘ4-7944-2243-1　Ⓝ518.8

目次 第1部 コミュニティ・ビジネスを知る(九州の社会経済状況,コミュニティ・ビジネスの事例―NPO法人子育てネットながさき,宮崎におけるコミュニティ・ビジネス―「文化」と「ネットワーキング」を核とした地域再生への取り組み,開発途上国支援における収入創造プロジェクトとコミュニティ・ビジネス),第2部 コミュニティ・ビジネスを支える(オランダ市民社会におけるフェアトレード―多角的な市民参加,CSR・SRIと地域への展開,地域の発展とユニークな資金供給システム,キャパシティビルディングと中間支援NPO),第3部 コミュニティ・ビジネスを育む(市民事業の経済倫理としての商人道,地産地消とコミュニティ・ビジネス,総合型地域スポーツクラブと「コミュニティ・ビジネス」,「参加」概念をとりまく思想と言説の検討)

『市民参加のまちづくり　英国編』浅見良露,西川芳昭編著　創成社　2006.5　137p　21cm〈英国編のサブタイトル：イギリスに学ぶ地域再生とパートナーシップ　文献あり〉1800円　Ⓘ4-7944-2238-5　Ⓝ518.8

目次 市民参加による地域づくり―英国から何を学ぶか,第1部 ショップモビリティの現状と方向性(英国におけるショッピングセンター―ロンドン、ウルヴァーハンプトン、マンチェスターの事例,ウルヴァーハンプトン市ショップモビリティ事業の取り組み,英国から久留米市が学んだこと,タウンモビリティの経済的意義),第2部 地域再生における市民参加(離島の振興からみる地方自治と地域資源管理の課題,市民と政府・地域と都市を結ぶナショナルトラストのマネジメント,社会的企業に対する中間支援組織―グラスゴー・ワークスとCBC,英国・アイルランドにおける地域資源管理への市民参加)

『市民のための地方自治入門―行政主導型から住民参加型へ』佐藤竺監修,今川晃,馬場健編　改訂版　実務教育出版　2005.4　277p　21cm　2000円　Ⓘ4-7889-1415-8　Ⓝ318

目次 私たちが「まちづくり」の主人公,地方自治制度の歩みをたどる,地方自治機能の歩みをたどる,地方自治を支える(住民),地方自治を支える(組織),地方自治を支える(財

政）、住民と自治体をつなぐ、行政活動の分析―政策と住民のかかわり、行政活動を評価する、自治体の再編成を考える、住民の役割を展望する、自治体運営のあり方を展望する、環境の変化に対応した自治体職員の役割を展望する、自治体環境の変化に影響を及ぼした国々を訪ねる―イギリス・アメリカ

『**市民参加のまちづくり　事例編**』　西川芳昭,伊佐淳,松尾匡編著　創成社　2005.2　225p　21cm　〈事例編のサブタイトル：「NPO・市民・自治体の取り組みから」〉　2000円　①4-7944-2191-5　Ⓝ518.8

[内容]　NPO・自治体・市民が、実際に取り組んでいる「まちづくり」の代表的な14の事例を紹介。第一線で奮闘する現場からのメッセージ。

『**市民参加のまちづくり　戦略編**』　松尾匡,西川芳昭,伊佐淳編著　創成社　2005.1　228p　21cm　〈戦略編のサブタイトル：参加とリーダーシップ・自立とパートナーシップ〉　2000円　①4-7944-2190-7　Ⓝ518.8

[内容]　いま、現場で何が起き、何が必要とされているのか？　市民参加型「まちづくり」が抱える問題点を整理し、今後の取り組みを展望する。

『**市民参加条例をつくろう**』　高橋秀行著　公人社　2004.6　106p　21cm　1500円　①4-86162-000-7　Ⓝ318.1

[内容]　市民が参加して、メニュー型の市民参加条例がつくられているものの、必ずしも実効性の点で十分でない条例ができあがっている現状は、もったいないというしかない。本書は、実効性のあるメニュー型市民参加条例をつくるために留意すべきポイントを8つに絞り、その視点を軸に制定済み・制定中のメニュー型条例を比較検討することを最大の目的としている。

『**市民参加のまちづくり―NPO・市民・自治体の取り組みから**』　西川芳昭,松尾匡,伊佐淳編著　創成社　2001.10　230p　21cm　1900円　①4-7944-2125-7　Ⓝ518.8

[内容]　住民自らの手で問題を解決するために何を行うべきなのか？　代表的な事例により、市民参加型のまちづくりを探る。「まちづくり」に関心のあるすべての方々、NPOスタッフ、行政関係者、学生をはじめ多くの人々におくる。

『**市民参加のまちづくり―マスタープランづくりの現場から**』　渡辺俊一編著　京都　学芸出版社　1999.2　191p　22cm　2000円　①4-7615-2202-X　Ⓝ518.8

[内容]　ワークショップ等による意欲的な取組み。専門家による実践のポイント。市民の手作りによる独自プランの作成。みんなでつくろう「まち」の計画。

寄付・ボランティアをしてみよう

『社会に貢献する—Youth Philanthropy in Global Community』 日本ファンドレイジング協会編 日本ファンドレイジング協会 2015.3 42p 26cm 500円 ①978-4-907431-03-7 Ⓝ369.14
[目次] 第1章 身近な社会課題を考える(「災害」—豪雨の翌日,「不登校」—自信を失ってしまった,「子どもの貧困」—事故を境に,「難病」—ある日,突然,わたしたちの社会が抱える課題,ワークショップ),第2章 社会課題の解決に参加する(支援の形(自助・公助・共助),共助の形1—ボランティア,共助の形2—企業の社会貢献,プロボノ,共助の形3—寄付,そもそも,NPOって何ですか?,日本と海外での寄付割合の違い),第3章 身近な社会課題の解決に取り組むNPO(「災害」に取り組むNPO—難民を助ける会/遠野まごころネット,「不登校・ニート」に取り組むNPO—トイボックス育て上げネット,「子どもの貧困」に取り組むNPO—あしなが育英会/チャンス・フォー・チルドレン,「難病」に取り組むNPO—日本IDDMネットワーク/チャイルド・ケモ・ハウス,今すぐ参加できる社会貢献活動,世界は変えられる,メッセージ)

『ソーシャルトラベル—旅ときどき社会貢献。:価値観をシフトする新しい旅のかたち』 本間勇輝,本間美和著 ユーキャン学び出版 2012.12 223p 19cm 〈奥付の発売者(誤植):発行元 自由国民社 自由国民社(発売)〉 1400円 ①978-4-426-60387-8 Ⓝ290.9
[内容] こんなおもしろい旅があったのか!旅人が社会課題に向き合う!?まったく新しい旅のスタイルを提案するノンフィクションストーリー。

『社会を動かす,世界を変える—社会貢献したい人のためのツイッターの上手な活用法』 クレア・ディアス=オーティス著 永井二菜訳 阪急コミュニケーションズ 2012.8 230p 19cm 1500円 ①978-4-484-12117-8 Ⓝ547.483
[目次] 1 善意をかたちにするために,2 T(設定):アカウントの「ターゲット」を決める,3 W(投稿):人気ラッパーのつぶやきに学ぶ,4 E(交流):つながるためのツール,5 E(開拓):活路を開く,ネットワークを広げる,6 T(検証):アカウントの成果を評価する,7 T.W.E.E.T.モデルの実践

『社会貢献学入門—社会貢献活動支援士を目指して』 TKK3大学連携プロジェクト共同テキスト開発委員会編著 仙台社会貢献学会 2012.4 339p 26cm 〈文献あり〉 2000円 ①978-4-903796-92-5 Ⓝ369

『青少年の寄付・募金・ボランティア活動事例集』 日本フィランソロピー協会著 日本フィランソロピー協会 2011.3 128p 30cm

《寄付》

『世の中を良くして自分も幸福になれる「寄付」のすすめ』 近藤由美著 東洋経済新報社 2014.5 285p 19cm 1500円 ①978-4-492-73312-7
[内容] 「与える人」こそが与えられる。自分のお金,物品,時間,スキルなどを他人のために使って「本当の幸福」を手に入れる—寄付の魅力を紹介。さまざまな寄付のやり方,寄付先の選び方,新寄付税制の活用法なども徹底解説した初の「寄付」指南書。

『寄付白書 2013』 日本ファンドレイジング協会編 日本経団連協会出版 2013.12 271p 21cm 2800円 ①978-4-907431-00-6
[内容] 日本の寄付マーケットの推移/消費者意識の変化と新寄付手法/寄付する理由/遺産寄付/寄付とボランティアの関係。日本の寄付1兆円市場の全体像。

ボランティア　　　　　　　　　　　　　寄付・ボランティアをしてみよう

『ぼくらの街にキリンがやってくる―チャイルズエンジェル450日の軌跡』 志茂田景樹著　ポプラ社　2013.10　159p　19cm　（ポプラ社ノンフィクション）　1200円　①978-4-591-13572-3
内容　「釧路市動物園にはゾウもキリンもいないのよ」「二大看板スターがいないってことでしょう。子どもたちが行っても夢を描けないわね」「ねえ、それだったら、寄付しちゃわない」「ところで、ゾウとか、キリンは、一体いくらで買えるのかしら？」「さあ、ふつうのペットより高いでしょう」「それじゃ、善は急げというから、あしたにでも動物園へ行って、寄付の申し出をしましょう」「園長を知っているので、わたしが連絡をつけておきます」…さてさて、これからいったい、どうなるのでしょう。

『ファーストキフ―はじめての寄附。これからはじめる寄附。』 ボランタリーネイバーズ編　名古屋　名古屋市市民経済局地域振興部市民活動推進センター　2012.10　7p　21cm

『僕たちは世界を変えることができない。―But, we wanna build a school in Cambodia.』 葉田甲太著　小学館　2011.7　186p　15cm　（小学館文庫）　476円　①978-4-09-408626-3
内容　医大生の甲太は受験勉強をして大学に入ったものの平凡な日常に疑問を抱いていた。そんなある日「百五十万円寄付してもらえればカンボジアに小学校が建つ」というパンフレットを偶然見かける。これだ！と感じた甲太は、勢いで仲間を募り、クラブイベントを企画して、寄付金の捻出をはかろうと奔走する。同時に、カンボジアにも出向き、地雷除去、ゴミ山で暮らす家族、売春宿で働く少女やエイズ問題などの過酷な現実に触れ、自分のダメさ加減と正対することになり…。決してきれい事だけではない、一歩踏み出す勇気を与えてくれるノンフィクション。

『「社会を変える」お金の使い方―投票としての寄付投資としての寄付』 駒崎弘樹著　英治出版　2010.12　293p　19cm　〈文献あり〉　1600円　①978-4-86276-082-1　Ⓝ369.14
内容　画期的な「病児保育」サービスで社会起業家として脚光を浴びた著者。その行く手に新たな課題が立ちはだかる。一日本社会を蝕む「貧困」。必要な人に支援が届かず、子どもの7人に1人が貧困状態におかれている今、自分には何ができるだろう？　試行錯誤の中で見えてきたものとは…。あなたにも、きっとできることがある。注目の社会起業家が贈る、「社会の変え方」実践ガイド。

『たにんどんぶり』 あかねるつ作、梶山直美絵　講談社　1995.2　237p　21cm　（わくわくライブラリー）　1400円　①4-06-195676-0
内容　ママに置き去りにされた康平は、ひとりで生きていかなければならなくなった。自活するために募金箱をかかえて、街角に立つことにした。「恵まれない子どもが『恵まれない子どもたちに、愛の手を』といって、なにが悪いんや。」せつなくも、心があったまるハートフル・ストーリー。

《ボランティア》

『社会参加とボランティア』 海野和之著　八千代出版　2014.12　171p　21cm　〈文献あり〉　2300円　①978-4-8429-1638-5　Ⓝ369.14
目次　第1章　ボランタリズムとボランティア（ボランタリズムの系譜と学問的位置づけ、ボランタリズムの分析視角、ボランタリズム的営みの社会的位置づけ）、第2章　日本社会とボランティア（日本におけるボランティア活動の概観、日本型ボランティアの可能性、ボランティアをめぐる社会心理）、第3章　ボランティア活動の広がり（市民事業の躍進、企業への波紋、教育への波紋）、第4章　ボランタリズムの発展と展開（ボランタリズムの歴史的展開と現代的帰結、アメリカにおけるボランタリズムの展開、日本におけるボランタリズムの展開）、補章　座談会：ボランティアを語り合う（ボランティアへの思い、ボランティアスピリットとビジネスマインド、NPO法人のボランティア実践、行政とボランティアとの関わり、ボランティア活動と資金、ニーズの山積とこれからのボランティア）

『新ボランティア学のすすめ―支援する／されるフィールドで何を学ぶか』 内海成治、中村安秀編　京都　昭和堂　2014.12　284,8p　21cm　〈索引あり〉　2400円　①978-4-8122-1418-3　Ⓝ369.14

寄付・ボランティアをしてみよう　　　　　　　　　　　　　　　ボランティア

内容 阪神・淡路大震災がもたらしたボランティア元年。そのとき生まれたボランティア学は東日本大震災を経てどう変わるのか。いつでもボランティアする側/される側になりうるこの世界で私たちはどう生きるのか？

『ボランティア白書　2014　東日本大震災復興支援におけるボランティア・市民活動』　「広がれボランティアの輪」連絡会議編　筒井書房　2014.7　263p　26cm　3800円　①978-4-86479-047-5

目次 第1章 特集（災害ボランティアの諸相，災害ボランティアのコーディネーション，トピック：福島県における災害支援とボランティア），第2章 動向（社協のとりくみ—社協ボランティア・市民活動センターの動向，ボランティアの動向—統計データから見た日本のボランティア活動の動向，市民活動の動向—市民セクターの動向），第3章 事例（今日的な社協活動事例—生活困窮・社会的孤立防止の取り組み，今日的なボランティア・市民活動の事例（1）—都市と農村をつなぐ，今日的なボランティア・市民活動の事例（2）—地域と学生の関係を育むユースボランティア，今日的なボランティア・市民活動の事例（3）—「尾道の空き家、再生します。」，今日的なボランティア・市民活動の事例（4）—2013年は「子どもの貧困対策元年」）

『私が変われば、世界は変わる—フェリスのボランティア』　大倉一郎，廣石望，小笠原公子著　横浜　フェリス女学院大学　2014.2　205p　18cm　（Ferris books 20）〈文献あり〉　700円　①978-4-901713-19-1　Ⓝ369.14

『日本にボランティア文化を—高齢社会の現実と対応—市民の立場から』　吉永馨著　〔仙台〕　仙台敬老奉仕会　2013.11　71p　19cm　〈発行所：CIMネット〉　463円　①978-4-905355-03-8　Ⓝ369.26

内容 「アメリカの病院ボランティアの原型」を知る。「日系アメリカ人のボランティア文化」に学ぶ。

『ボランティア活動をデザインする』　田中雅文，廣瀬隆人編著　学文社　2013.11　176p　21cm　〈年表あり　索引あり〉　2000円　①978-4-7620-2405-4　Ⓝ369.14

目次 ボランティアとは何か，ボランティア活動の実際，ボランティア活動の理念と歴史，市民社会とボランティア，ボランティア活動の推進にかかる政策，まちづくりにおけるボランティアの意味，学校支援ボランティア，社会教育施設ボランティア，学校教育におけるボランティア学習，若者の「自立」とボランティア活動，企業の社会貢献活動と社員のボランティア活動，ボランティアのコーディネーション，学びからみたボランティア活動，ボランティア活動のデザインに向けて—課題と展望，特講 災害復興におけるボランティア

『ボランティアの今を考える—主体的なかかわりとつながりを目指して』　守本友美，吉田忠彦編著　京都　ミネルヴァ書房　2013.5　182p　21cm　〈索引あり〉　2500円　①978-4-623-06650-6　Ⓝ369.14

内容 本書では、ボランティアの定義をこれまでの3つの性格（自発性、社会性、無償性）に限定するのではなく、自発的・主体的に行われる民間の非営利活動と幅広く捉える。また、ボランティアが活動する領域をミクロレベルからメゾ、マクロレベルに分類し構成する。

『助け合うこと』　学研教育出版著　学研教育出版，学研マーケティング〔発売〕　2013.2　239p　19cm　（東日本大震災 伝えなければならない100の物語　4）　1600円　①978-4-05-500993-5

目次 祈る以上に、自分ができることをしたい。—元エリート銀行マンのボランティア活動、続ける。この町が復興するその日まで。—七ヶ浜ボランティア奮戦記，チーム神戸、東北へ。—あの日の感謝を忘れない。わたしたちは伝えなければならない。—石巻日日新聞「6枚の壁新聞」，街をつなげる。善意を運ぶ。必ず。全力で。—岩手県交通バスの奮闘，希望の声を届け続けて。—災害ラジオ「FMみなさん」の300日，何かをしたいという思いを一つに集める。—日本最大級の物資支援プロジェクト，全力で、あなたたちを助けます。—アメリカ海兵隊オペレーション「トモダチ」，いっしょに働き、悩み、そして笑うために。—京都弁のロバート三陸へ，時を越え、海を越えた友情と愛情。—女川町とカナダ・ネルソン市の交流

『広がりゆく支援の輪』　学研教育出版著　学研教育出版，学研マーケティング〔発売〕　2013.2　239p　19cm　（東日本大震災 伝えなければならない100の物語　8）　1600円　①978-4-05-500997-3

|目次| 俺たちの故郷は、絶対に、復興する。―お笑い芸人サンドウィッチマンの「東北魂」。同じ中高生の人にこそ、伝えたいことがある。―走り続ける、一人の女子高生の物語。美しい東北を再び取り戻すために。―ロックバンドモンキーマジック、困っている人がいれば助ける。―琵琶湖と宮古の海を結んだ、ヨット部の友情。サッカーで、少年たちに笑顔と希望を。―鹿島アントラーズ小笠原満男、思い出を、再生させる。―写真洗浄ボランティア、桂島で見つけた、オリンピックよりも大切なもの。―プロスキーヤー畑中みゆき、未来ある子どもたちに、明るい未来を。―76歳のチャリティコンサート、確かにそこに、見えない力があった。―なでしこ、ヴォルフスブルクの奇跡、目の前にある、この風景を残すために。―海を渡った、女子大生が作った記録映画

『エリート×アウトロー世直し対談』 堀田力, 玄秀盛著 集英社 2012.11 157p 18cm （集英社新書 0668） 680円 ①978-4-08-720668-5 Ⓝ369.14

|内容| 東京地検特捜部検事、法務大臣官房長を歴任した元霞ヶ関エリートの堀田力と新宿歌舞伎町であらゆる悩み相談に応じる「日本駆け込み寺」の代表、玄秀盛。救済の仕組みを作る側と自殺寸前の人を水際で救う側、いわば天と地ほども立場の異なるふたりが「ドン詰まり日本」の閉塞状況を打開する方策をホンネで語り合う。人と人とがつながり、支え合う社会の構築が急がれる日本だが、互いが触れ合うぬくもりや声をかけあっての助け合いなど、ゆるいボランティアがその鍵をにぎっている。

『君と一緒に生きよう』 森絵都著 文藝春秋 2012.9 224p 15cm （文春文庫） 590円 ①978-4-16-774105-1

|内容| 捨て犬。野良犬。迷い犬。この世は不幸な犬で一杯！ どこかの一頭が飼い主にめぐり会えたかと思えば、どこかでまた五十頭が捨てられ、救われる犬は、ほんのひと握り。毎日こんなにたくさんの犬が殺されている社会って、何なのだろう？ はかない命を救うために奔走する人々を通じて、命の意味を考えるノンフィクション。

『にじいろクレヨンが描いた軌跡』 柴田滋紀著 名古屋 ブイツーソリューション, 星雲社〔発売〕 2012.7 205p 19cm 1429円 ①978-4-434-16836-9

|内容| 数多くの命を奪い、今もなお深い爪痕を残す東日本大震災。石巻市在住の画家・柴田滋紀も自宅を津波に流され、命からがら避難所へ身を寄せるが、そこで見たのは心にキズを負ったこどもたちだった。失意に打ちひしがれる間もなく、こどもたちの心をケアする団体を立ち上げ、行動に移していく―。震災当日から現在に至るまでの、活動の全記録。

『ボランティアまるごとガイド―参加のしかた・活動のすべて』 安藤雄太監修 改訂版 京都 ミネルヴァ書房 2012.7 149p 21cm （まるごとガイドシリーズ 10） 1500円 ①978-4-623-06458-8 Ⓝ369.14

|目次| 第1章 「ボランティア」はひと味違う豊かさを生む活動です（「やってみたい！」という気持ちが活動を実り豊かなものに、同じ思いの仲間とともに楽しみながら住みよい社会を作る ほか）、第2章 あらゆるところに活躍のチャンスがあります（身近な隣人の暮らしを支える、未来を担う子どもたちの健やかな成長を願って ほか）、第3章 暮らしの中にどう位置づけるかは、個人の事情と考え方次第（ボランティアは人々の暮らしに定着してきた、仕事を持つ人は余暇を使って、または無償で技術提供 ほか）、第4章 広がるといいな、こんなボランティア（無理なく職業生活もボランティアも、もっとフレキシブルに助け合い ほか）、第5章 あなたに合った取り組み方を見つけましょう（社会人は、始める前に目的やライフスタイルを整理して、フットワークの軽い学生はいろいろチャレンジしてみて ほか）

『できることから始めてみよう！―ボランティア入門コミック』 東京ボランティア・市民活動センター 2012 41p 21cm ①978-4-903256-51-1

『友愛の絆に生きて―ルーファス・ジョーンズの生涯』 エリザベス・グレイ・ヴァイニング著, 山田由香里訳 教文館 2011.11 407,10p 21cm 2500円 ①978-4-7642-7334-4

|内容| 二つの世界大戦下に、良心的兵役拒否者による奉仕活動を展開したアメリカ・フレンズ奉仕団（AFSC、のちにノーベル平和賞受賞）。その創設者であり、敗戦国への食料

支援、ユダヤ人救出を巡るゲシュタポとの直接交渉、戦後パレスチナに「神の休戦」をもたらすべく奔走するなど、その一生を隣人愛と平和主義、そして教育に捧げたクエーカーの知られざる生涯。

『ボランティア教育の現象学—他者支援を教えるとは何か』 植田嘉好子著 文芸社 2011.10 205p 19cm〈文献あり〉 1400円 ①978-4-286-10985-5 Ⓝ375
[内容] ボランティア活動は、自分ではなく他者が遭遇した困難や苦しみ、深い悲しみ、絶望に寄り添おうとする行為である。これが、人間が生きる上でどのような意味を持つのか。成人が自由意思で行うボランティア活動とは異なる、中高生の教育場面で取り組むボランティア活動ならではの課題を豊富な知識で読み解く、人と人との出会いの不思議に科学的にアプローチした一冊。

『最も大切なボランティアは、自分自身が一生懸命に生きること』 池間哲郎著 現代書林 2011.10 217p 19cm〈付属資料(DVD-Video1枚 12cm)：ゴミ捨て場に生きる人々〉 1600円 ①978-4-7745-1327-0 Ⓝ333.82
[内容] あなたの中で何かが動き出します！ 20年を超える国際支援の現場で学んだ「本当の強さ」と「本当のやさしさ」。

『兄のランドセル—いのちの政治家山本孝史物語』 山本ゆき著 朝日新聞出版 2010.12 345p 19cm 1500円 ①978-4-02-100191-8
[内容] 自宅前で、兄亘彦がトラックにひかれた。その夜、兄は帰らぬ人となり、大人たちに抱えられて病院から自宅に戻った。5歳の孝史の脳裏に焼き付いたセピア色の光景。残された8歳の兄のランドセル。交通遺児たちの作文に出会い、亘彦の無念さが甦った大学3年の夏、孝史は理不尽な世の中に憤りを覚えた。「命を大切にする世の中」にしたい—孝史は起ち上がった。悲しみと向き合い続けて3年、妻が辿った山本孝史の58年。

『シニアから君たち(小学校高学年・中学生)へ「読み聞かせ」に託すこころのリレー—シニアボランティアが子どもたちに届けた読み聞かせ絵本続101選 絵本の読み聞かせガイド part 2』 世代間交流プロジェクト「りぷりんと・ネットワーク」編著, 藤原佳典監修 ライフ出版社 2010.10 277p 19cm〈背のタイトル：シニアから君たちへ「読み聞かせ」に託すこころのリレー 索引あり〉 2000円 ①978-4-9903996-3-4 Ⓝ019.53
[目次] 第1章 現代を生きる若者たちに、シニアが絵本を読み聞かせる意義, 第2章 シニアもすなる読み聞かせといふもの, 第3章 伝授します！ 小学校高学年・中学生向けの読み聞かせのポイント, 第4章 小学校高学年・中学生にとっての「本を読むこと」, 第5章 知っておきたい！ 今どきの小学校高学年・中学生のこと, 第6章 カッコ良く、「表現力」がある読み聞かせを行うために, 第7章 小学校高学年・中学生向けおすすめ絵本101選, 第8章 「生涯発達」の視点から見た読み聞かせのエビデンス

『自分のためのボランティア—居場所ありますか、必要とされて生きていますか』 三浦清一郎著 学文社 2010.10 167p 19cm 1600円 ①978-4-7620-2110-7 Ⓝ369.14
[目次] 1 過渡期の日本人, 2 「さびしい日本人」の大量発生, 3 日本文化とボランティア, 4 日本型ボランティアの誕生, 5 労働と並行したボランティアの組織化—NPOの登場, 6 未来のボランティアを育てる, 7 「日本型ボランティア」の効用

『奉仕体験活動のアイデア＆指導案—ボランティアを楽しむ』 柳久美子編著, 原田正樹監修 学事出版 2010.10 111p 26cm 1800円 ①978-4-7619-1772-2 Ⓝ375
[内容] 東京都立高校で必修化された「奉仕」。従来のボランティア活動との決定的な違いは、教育の目的やねらいを明確にもつ"教育活動"であること。生徒自身が「楽しかった！」「成長できた！」と感じ、地域の一員として今後も活動を続けたくなるような活動プログラムを大公開！ 準備を始めるタイミングや、活動に必要な物品リストもすべて掲載。

『幸せを届けるボランティア不幸を招くボランティア』 田中優著 河出書房新社 2010.7 182p 19cm〈14歳の世渡り術〉〈並列シリーズ名：WORLDLY WISDOM FOR 14 YEARS OLD〉 1200円 ①978-4-309-61662-9 Ⓝ369.14

[内容] 現実のボランティア活動って実際のところどうなんだろう？ ぼくらの善意とおカネはきちんと相手に届いているのか。その仕組みを考えよう。中学生以上、大人まで。

『ボランティアの原点―助け合い・支え合い・分かち合う心』 阿木幸男編著 はる書房 2010.4 211p 19cm〈執筆：野本三吉ほか〉1500円 ①978-4-89984-112-8 Ⓝ369.14

[内容] 沖縄で目にした、ボランティア精神が息づいた人びとのいる風景。…就職を前に、ハンセン病との出会いに自分を見つめ直した若者。…白血病の子どもを救いたい―医療支援の道を開いたその取り組み。…共育・共働・共生に込めた、差別なき社会実現のメッセージ。…世界各地で行ってきた、ライフワークとしてのボランティア。…それぞれの体験の反省面から考える反省的ボランティア論。

『寝ても覚めても市民活動論―ミーティングや講座の帰り道に読む35の視点』 早瀬昇著 大阪 大阪ボランティア協会出版部 2010.3 159p 21cm（ボランティア・テキストシリーズ 23）1300円 ①978-4-87308-061-1 Ⓝ369.14

『ポスト・ボランティア論―日常のはざまの人間関係』 原田隆司著 京都 ミネルヴァ書房 2010.1 239p 20cm〈文献あり〉2500円 ①978-4-623-05635-4 Ⓝ369.14

[内容] 人と人が出会い、つながりが続き、いずれ別れる。阪神・淡路大震災の現場にいた社会学者が、人間関係の一つとしてボランティアを冷静に見つめ直す。

『怖れを手放す―アティテューディナル・ヒーリング入門ワークショップ 続 ボランティア・トレーニング編』 水島広子著 星和書店 2009.12 237p 19cm 1800円 ①978-4-7911-0728-5 Ⓝ146.8

[目次] 1 ボランティア・トレーニングを始めるにあたって、2 アティテューディナル・ヒーリングの原則―仕事への応用版、3 相手の現在にとどまるということ―致命的な病を持つ子どもとのやりとり、4 実用的スピリチュアリティのための十のステップ、5 アティテューディナル・ヒーリングにおける人間関係の持ち方、6 二つの聴き方の「実験」、7 ボランティア・トレーニングの終わりに、付録 ジェリー・ジャンポルスキー、アティテューディナル・ヒーリングを語る

『ボランティア教育の新地平―サービスラーニングの原理と実践』 桜井政成, 津止正敏編著 京都 ミネルヴァ書房 2009.10 286p 21cm〈文献あり〉2800円 ①978-4-623-05460-2 Ⓝ377.15

[目次] 序章 学校教育とボランティア活動を巡って―本書の論点整理, 第1章 ボランティア活動から学生は何を学ぶのか―2007年度立命館大学学生調査を事例として, 第2章 こんにちの高等教育におけるサービスラーニング, 第3章 大学におけるボランティア活動支援の意義と機能―立命館大学ボランティアセンターを事例に, 第4章 コミュニティ・サービスラーニングを通じて学習者は何を学ぶのか？―地域活性化ボランティアにおける「学び」の様相, 第5章 地域活性化における学生参加の意義と可能性―地域と大学の連携課題, 第6章 社会福祉施設からみるボランティア関連科目に伴う実習の受け入れ―学習体系・マネジメントの側面にみられる課題と今後, 第7章 日本の高等教育におけるボランティア活動支援・サービスラーニングの現状, 第8章 立命館大学における「地域活性化ボランティア教育の深化と発展」, 第9章 学生支援からみるサービスラーニングの課題, 第10章 工学部教育におけるサービスラーニング, 第11章 国際的なサービスラーニング, 第12章 アメリカにおけるサービスラーニングの発展, 第13章 専門職養成課程におけるサービスラーニング―アメリカ・ロチェスター工科大学手話通訳者養成課程の取り組み, 第14章 カナダにおけるボランティア活動支援とサービスラーニングの推進―日本への示唆

『マジでガチなボランティア』 石松宏章著 講談社 2009.10 253p 15cm（講談社文庫 い121-1）581円 ①978-4-06-276484-1 Ⓝ369.14

[内容] 合コンとナンパに明け暮れていた医大生の著者が、ひょんなきっかけから、カンボジアに小学校を建設することを決意。狂ったようにチャリティイベントを開催し、わずか8ヵ月で完成へ。しかし、次の無医村に病院を建てるプロジェクトでは140万円の借金を背負うはめに。彼の想いは実現するのか。

『イイこと生活12カ月―フツーに楽しむ社会貢献イロイロ』 藤原千尋著 WAVE

出版　2009.9　146p　16cm　1200円
①978-4-87290-427-7　Ⓝ369.14
内容　買ったり、貯めたり、出かけたり。地球に、困っている人たちに、生きものにあなたのチカラとパワーを。春夏秋冬「イイこと」生活リスト。

『いまあなたにできる、50のこと―社会貢献、はじめの一歩』　Wave出版編　新版　WAVE出版　2009.8　143p　16cm　〈文献あり〉　1200円　①978-4-87290-424-6　Ⓝ369.14
内容　困っている人を助けたい。社会の役に立ちたい。この本には、そんな思いを形にするための50の小さな「できること」がつまっています。社会貢献やボランティアもはじめは小さな一歩から。その一歩を踏み出すのは、あなたです。

『ボランティア論―共生の理念と実践』　田村正勝編著　京都　ミネルヴァ書房　2009.3　313,7p　20cm　〈索引あり〉　2800円　①978-4-623-05333-9　Ⓝ369.14
内容　いま、なぜボランティアか！人と社会の本質を社会哲学から捉え、新たな「連帯」を模索する渾身の一冊。

『新しいボランティア学習の創造』　長沼豊著　京都　ミネルヴァ書房　2008.12　417p　22cm　〈文献あり〉　6500円　①978-4-623-05257-8　Ⓝ375
目次　第1章　ボランティア学習とは（どのように語られてきたか、カリキュラムをどう考えるか）、第2章　ボランティア学習の現状（多様化するボランティア概念、ボランティア活動の4つの特性とボランティア学習　ほか）、第3章　ボランティア学習における「学び」とは（構成要素と学習過程、目的と学習内容　ほか）、第4章　ボランティア学習のカリキュラム体系（ボランティア学のテキストの内容構成、小・中学校、高校におけるボランティア学習のカリキュラム　ほか）、第5章　理想的なボランティア学習実践に向けて（市民性を生かしたボランティア学習へ（理想的なカリキュラムを追い求めて）、教育実践への提言（さらなる充実を求めて））

『恋するようにボランティアを―優しき挑戦者たち』　大熊由紀子著　ぶどう社　2008.4　159p　21cm　1600円　①978-4-89240-194-7　Ⓝ369.14
目次　1章　ボランティアするのは楽しい、されるのは気が重い（アルビノ一二万人に一人の若者たちが出会った、和製ヨン様が起こした、三つの奇跡　ほか）、2章　真のボランティアは、自分がボランティアと気づいていない（「過激な長老」日野原重明さん、目からウロコの歯の革命　ほか）、3章　ボランティアは、法律を超える、制度を超える（ノーマライゼーションの生みの父、バンクミケルセンさん、ノーマライゼーションの育ての父、ベンクト・ニイリエさん　ほか）、4章　ボランティアは、伝染する（夢をはこぶ「ふわり」の風、父母と医師たちの、ご近所プロジェクト　ほか）、5章　ボランティアがつながると、社会が変わる（挑戦―男の子育て、怪傑そして課長補佐、子育てを男女で楽しむノルウェーで　ほか）

『実践的ボランティア論―ボランティア実践とNPO法人の実際』　西島衛治編著、潮谷愛一、為貞貞人、山岸秀雄、中村修、宮田喜代志著　筒井書房　2008.4　214p　26cm　〈文献あり〉　2500円　①978-4-88720-551-2　Ⓝ369.14

『子どもとシニアが元気になる絵本の読み聞かせガイド―現役シニアボランティアが選んだ「何度でも読んであげたい絵本」101選』　世代間交流プロジェクト「りぷりんと・ネットワーク」編著、藤原佳典監修　ライフ出版社　2008.2　279p　19cm　〈文献あり〉　2000円　①978-4-9903996-0-3　Ⓝ019.53
目次　第1章　なぜ今、絵本の読み聞かせなのか？、第2章　さあ、シニアの出番です！、第3章　シニアの読み聞かせに適した絵本の選び方、第4章　読み聞かせを始める前に、第5章　読み聞かせシニアボランティアの社会的意義、第6章　現役シニアボランティアが選んだ「何度でも読んであげたい絵本」101選、第7章　読み聞かせシニアボランティアのエビデンス、第8章　子どもとその保護者への効果

『ノットワーキング―結び合う人間活動の創造へ』　山住勝広、ユーリア・エンゲストローム著　新曜社　2008.2　315,17p　19cm　3300円　①978-4-7885-1084-5
内容　教室を超えて、子どもが自ら学ぶことへの支援、医療機関をまたぐ患者・医師・介護・福祉の連携、災害におけるボランティアの臨機応変の救援、地域再生のための住民・専門

家の協働…。分野を超えて野火のように拡がりつつある新しい活動パラダイムへの招待。

『一目でわかる傾聴ボランティア』 鈴木絹英編，工藤ケン文・画　日本放送出版協会　2007.11　159p　19cm　1200円　①978-4-14-011237-3　Ⓝ369.26
[内容] 傾聴力つけてボランティア！「聞く」から「聴く」へ、あなたの善意を活かす "癒しのスキル" を図解して大公開。

『ボランティア社会の誕生—欺瞞を感じるからくり』 中山淳雄著　津　三重大学出版会　2007.9　265p　21cm〈第4回日本修士論文賞受賞作　文献あり〉1900円　①978-4-944068-93-7　Ⓝ369.14
[目次] 序章 置き去りにされた記号, 第1章 分析のための道具, 第2章 何を分析するのか, 第3章「ボランティア」という記号, 第4章 千変万化のカテゴリー, 第5章 侵食された「ボランティア」理念, 第6章「ボランティア」対象分野の拡大, 第7章 終章

『家族ってなんだろう』 アグネス・チャン，立松和平，三宮麻由子，星野哲郎，古東哲明著　佼成出版社　2007.8　205p　19cm　（子どもだって哲学 3）　1200円　①978-4-333-02290-8
[内容] 12歳から読める。生活のなかで探求する哲学書。

『現代ボランティア論』 池田幸也著　京都　久美　2006.9　139p　26cm〈年表あり　文献あり〉2000円　①4-86189-034-9　Ⓝ369.14
[目次] 第1章 現代社会とボランティア活動（人間と現代社会, 近代国家観の変容とボランティア活動の意義, ボランティアということば—テロリストはボランティアか？　ほか）, 第2章 ボランティア活動の諸相とその意義（家族とボランティア活動, 障がい者とボランティア活動, 障がい者観を問い直すボランティア活動　ほか）, 第3章 現代社会におけるボランティア活動の課題（ボランティア活動三つの神話, 参加と共生の原理としてのボランタリズム, ボランティア推進政策の動向と課題　ほか）, 終章 ボランティアの担い手と未来

『ボランティア活動の基礎と実際』 米山岳廣編著　文化書房博文社　2006.9　136p　21cm〈年表あり〉1900円　①4-8301-1081-3　Ⓝ369.14
[内容] 本書は大学や短期大学・専門学校で「ボランティア論」を学ぶ学生や「ボランティア講座」で学習している人たちのテキストとして企画したものである。

『いたいのいたいの飛んでいけ—国立国際医療センター小児病棟遊びのボランティア15年の歩み　「ガラガラドン」15周年記念誌』 病気の子ども支援ネット遊びのボランティア事務局　2006.7　104p　26cm〈年表あり〉Ⓝ369.92

『互助社会論—ユイ、モヤイ、テツダイの民俗社会学』 恩田守雄著　京都　世界思想社　2006.5　503p　21cm　3800円　①4-7907-1198-6
[内容] かつて日本の村落社会で多く見られたユイ、モヤイ、テツダイといった互助行為と、それに基づく互助社会について、膨大な歴史・民俗的資料や緻密なフィールドワークによって捉え直し、そこから現代のボランティア社会の望ましいあり方を模索する。

『いきいき読書ボランティア・ガイドブック』 親子読書地域文庫全国連絡会編　横浜　親子読書地域文庫全国連絡会　2006.3　55p　21cm　（親地連ブックレット）　571円　Ⓝ019.2

『ボランティア論』 川村匡由編著　京都　ミネルヴァ書房　2006.2　233p　21cm　（シリーズ・21世紀の社会福祉 11）〈文献あり〉2500円　①4-623-04501-3　Ⓝ369.14
[内容] 阪神大震災をきっかけに、一気に認知度があがったボランティア。それは、身近なところで社会を支える重要なネットワークをつくっている。その意義から多岐にわたる活動の内容までをわかりやすく解説する。

『ローカルヒーロー大図鑑—地元を守る正義の味方、77組大集結！』 ブルー・オレンジ・スタジアム編著　水曜社　2006.2　111p　20cm〈年表あり〉1500円　①4-88065-170-2　Ⓝ369.14
[内容] ゴレンジャーじゃない！ 仮面ライダーでもない！ 愛する地元のため、弱きを助け強きをくじく、地域限定のオリジナル・ヒーローたち。商工会の会員からお役所の職員まで、"中の人" は多種多様。多くは戦隊モノを

寄付・ボランティアをしてみよう　　　　　　　　　　　　　　　　　　　ボランティア

お手本にしているが、ライダー風や、見たことのないオリジナルヒーローも。今、全国各地で次々と産声を上げている。47都道府県の"ご当地戦隊"が今、ここに。

『「ちょボラしてみませんか！」（ボランティア活動推進事業）の取組―平成17年度釧路教育局地域教育推進事業報告書』　釧路　北海道教育庁釧路教育局　2006.1　50p　30cm　Ⓝ369.14

『生きがいを持てる人生メニュー―ボランティア活動とネットワーク作り』　野口桂子著　パピルスあい　2005.11　186p　19cm〈社会評論社（発売）〉　1500円　Ⓘ4-7845-9107-9　Ⓝ369.14

内容　12人の「人生メニュー」それぞれに生きがいインフォメーション、読者参加型＝ボランティアです。

『「力のある資料」で道徳・ボランティア授業を創る』　甲本卓司著　明治図書出版　2005.8　179p　21cm　（甲本卓司提言集 5　甲本卓司著）　2060円　Ⓘ4-18-226519-X　Ⓝ375

目次　教師の語りで授業の厚みを増す―語りは技能である，授業の最後に力のある資料を読み聞かせる―読み聞かせるだけの力を付けよ，授業ですぐに使える盲導犬クイズ，「お年寄りを大切に」の授業―効果的な作文を読む，伝え忘れたこと―誰かが，伝えなければならない，一〇〇〇人参加―TOSSサマーセミナーでの模擬授業，授業は荒削りでも問題提起のあるものを―授業はすべて応用である，電話お願い手帳―一時間の授業でも，子どもたちに新しい視点を与えることができる，ワンポイントセミナーで，介助の原理を指導する，心に響く資料を探す―楽しいだけの授業からの脱却〔ほか〕

『ちょこボラ！―今すぐはじめられる、お手軽ボランティア』　藤原千尋著　アメーバブックス　2005.8　245p　19cm〈幻冬舎（発売）〉　1100円　Ⓘ4-344-99002-1　Ⓝ369.14

内容　これなら私もできる！インターネットで大反響！ボランティア初心者の著者がつづる「ちょこボラ」体験エッセイ集。

『お互い様のボランティア』　マリ・クリスティーヌ著　三鷹　ユック舎　2005.7　223p　20cm　1600円　Ⓘ4-8431-0087-0　Ⓝ369.14

内容　アスベスト問題に取り組んできたマリ・クリスティーヌが、子どもの人権を守る活動の重要性を訴える。

『夢があるから、がんばれる―無名の「よき市民」たちの生きざま』　福本武久著　PHP研究所　2005.6　258p　20cm　1500円　Ⓘ4-569-64297-7　Ⓝ369.14

内容　シチズン時計が市民社会に貢献した人たちを毎年3組、顕彰するのが「シチズン・オブ・ザ・イヤー」。過去5年間に受賞した15組の素晴らしきヒューマン・ドキュメント。

『ボランティアのすすめ―基礎から実践まで　実践のすすめ』　岡本栄一監修，守本友美，河内昌彦，立石宏昭編著　京都　ミネルヴァ書房　2005.4　244p　21cm〈文献あり〉　2400円　Ⓘ4-623-04299-5　Ⓝ369.14

内容　本書は、社会貢献や相互扶助を基盤とする環境をつくる役割をはたすボランティア実践者に対し、できるだけわかりやすく、役に立つ各領域の入門書として企画・編集された。基礎編・実践編・ワークブック編によって構成され、特に実践的視点を重視したボランティア実践のための基礎的手引き。

『Newボランティア用語事典―体験学習に役立つ！』　日比野正己監修・指導，長崎純心大学ボランティア研究会編著　学習研究社　2005.3　127p　29cm　4800円　Ⓘ4-05-202077-4　Ⓝ369.14

内容　初の子ども向けボランティア用語事典。ボランティアの全体像が「見てわかる」。ボランティア活動の具体例がいっぱい。豊富な写真やイラストで楽しく学べる。ユニークな発想と視点を学べるコラム。団体紹介や参考文献など貴重な情報源。

『参加して学ぶボランティア』　立田慶裕編　町田　玉川大学出版部　2004.9　181p　21cm〈文献あり〉　2500円　Ⓘ4-472-40312-9　Ⓝ369.14

内容　学校、公民館、博物館、インターネット…ボランティア活動から見えてくる新しい世界。ボランティアについて知るには、参加してみることが一番である。学校や公民館、博物館での実践や、インターネットを活用し

『気前の良い人類―「良い人」だけが生きのびることをめぐる科学』 トール・ノーレットランダーシュ著，山下丈訳 アーティストハウスパブリッシャーズ 2004.7 270p 19cm〈角川書店（発売）〉 1600円 Ⓘ4-04-898179-X Ⓝ361.3
内容 なぜ，雄のクジャクは長い尾を持っているのか？ 他者への寛大なる行為が，結果的には自己利益につながることをダーウィン進化論，遺伝子学，ゲーム理論を元に解き明かす画期的な人類論。

『ボランティア活動への誘い―だれでもできる、生きがいボランティア活動』 山田幸一著 新生出版 2004.5 185p 19cm〈ディーディーエヌ（発売）〉 1200円 Ⓘ4-86128-020-6 Ⓝ369.14
内容 人の喜びを自分の喜びに変える！ ボランティア活動の基本は考え方とその実践論で人生が楽しくなる。実践、実践、実践、の連続で自分を磨き、生きがいを見い出す。

『"ちょボラ"アイディア集―ちょっとしたボランティア だれでも、いつでも、どこでもできる！』 日比野正己監修・指導 学習研究社 2004.4 52p 27cm（"ちょボラ"で福祉のまちづくり 体験と実践を通してはぐくむ「勇気と優しさ」 4） 2800円 Ⓘ4-05-202003-0 Ⓝ369.14
目次 1 集める"ちょボラ"，2 買う"ちょボラ"，3 ふれあう"ちょボラ"，4 手伝う"ちょボラ"，5 作る"ちょボラ"，6 守る"ちょボラ"，7 整える"ちょボラ"，8 伝える"ちょボラ"，9 広める"ちょボラ"，10 教える"ちょボラ"

『"ちょボラ"を世界に広げよう―ちょっとしたボランティア 21世紀の"福祉の地球づくり"』 日比野正己監修・指導 学習研究社 2004.4 52p 27cm（"ちょボラ"で福祉のまちづくり 体験と実践を通してはぐくむ「勇気と優しさ」 5） 2800円 Ⓘ4-05-202004-9 Ⓝ369.14
目次 1 超高齢社会の課題，2 地球環境の課題，3 国際社会の課題

『"ちょボラ"から始めよう―ちょっとしたボランティア 好きなこと・身近なこと』 日比野正己監修・指導 学習研究社 2004.4 52p 27cm（"ちょボラ"で福祉のまちづくり 体験と実践を通してはぐくむ「勇気と優しさ」 1） 2800円 Ⓘ4-05-202000-6 Ⓝ369.14
目次 1 家庭から始まる"ちょボラ"，2 近所でできる"ちょボラ"，3 学校でできる"ちょボラ"

『"ちょボラ"から"ほんボラ"へ―ちょっとしたボランティア 福祉・医療施設で実戦！』 日比野正己監修・指導 学習研究社 2004.4 52p 27cm（"ちょボラ"で福祉のまちづくり 体験と実践を通してはぐくむ「勇気と優しさ」 3） 2800円 Ⓘ4-05-202002-2 Ⓝ369.14
目次 1 こんにちは、お元気ですか？―老人福祉施設を訪ねました，2 これからもよろしくね！―障害者施設を訪ねました，3 早く元気になってくださいね―医療施設でのボランティア活動，4 すばらしい仲間と共に支え合いながら"だれにも優しいまちづくり"を！

『「ファミリーボランティア促進フォーラム」報告書』 日本青年奉仕協会 2004.3 79p 30cm〈平成15年度福祉医療機構（子育て支援基金）助成事業〉 Ⓝ369.14

『ボランティア活動と集団―生涯学習・社会教育論的探求』 鈴木眞理著 学文社 2004.2 303p 21cm 2500円 Ⓘ4-7620-1282-3 Ⓝ369.14
内容 本書は、生涯学習・社会教育の領域においてボランティア活動・集団に関する議論がなぜなされるのか、その際の論点はどういうものであるか、ボランティア活動・集団活動の支援はどのようになされているか、その課題はどのようなものであるか等を、原理的なレベルから具体的なレベルに至るまで、総合的に検討しようとしたものである。共有化されていない資料は煩雑にならない程度になるべく収録するように努め、また、論点を整理して提示することにも努めた。

『ねがいごとをしてごらん―だったらいいな、なれたらいいな、できたらいいな…』 やなぎだくにお訳 評論社

寄付・ボランティアをしてみよう　　　　　　　　　　　　　　　　　　　ボランティア

2004.1　61p　25×25cm　（児童図書館・絵本の部屋）　2200円　Ⓘ4-566-00777-4

内容　本書の原題である英語の「メイク・ア・ウィッシュ」には「ねがいごとをする」という意味がある。ボランティア団体「メイク・ア・ウィッシュ」は、3歳から18歳未満の難病と闘っている子どもたちの夢をかなえ、生きる力や病気と闘う勇気を持ってもらいたいと願って設立された。本書は「メイク・ア・ウィッシュ」の活動を世界中に広めるために、海外の優れた絵本作家たちによってかかれたものである。

『大人へのなりかた―青年心理学の視点から』　白井利明著　新日本出版社　2003.11　251p　19cm　1700円　Ⓘ4-406-03037-9

内容　本書は、青年心理学の視点から、現代青年の心理を理解しようとした試みである。プロローグでは、青年期の発達課題、青年期が歴史的に誕生したこと、現代日本の青年期の問題点と可能性について示した。第1部では、現代青年の人間関係の問題を取りあげ、そこからかいま見える自己のありかたを検討した。とくに、「みんなと一緒でないといけない」など「こうしないといけない」といった強迫感のありかたや、それに対する現代青年の対処について論じた。第2部では、現代青年の自立への模索を取りあげた。エピローグでは、若者の大人への移行の支援において社会に求められることについて提言した。

『世界のお母さんマザー・テレサ―レンズの中に愛がみえた』　小林正典著　ポプラ社　2003.10　207p　18cm　（私の生き方文庫）　650円　Ⓘ4-591-07906-6

内容　テロと戦争で始まった21世紀。多くの人が望んでいるのは戦争ではなく、平和のはずなのに、きっかけがつかめない。どんな貧しい人の中にも尊厳を見出す一方、豊かな国の心の貧しさを指摘したマザー・テレサの言葉、ひたむきな生き方から平和な世界へのヒントがきっと見えてくる。

『希望への力―地球市民社会の「ボランティア学」』　興梠寛著　光生館　2003.9　306p　22cm　〈文献あり　年表あり〉　2800円　Ⓘ4-332-60058-4　Ⓝ369.14

目次　第1章　ボランティア新時代に向かって、第2章　人はなぜボランティアをするのか、第3章　社会統計にみるボランティアの姿、第4章　ボランティア・コーディネーションの展開、第5章　パートナーシップ社会の可能性をひらく、第6章　静かな教育改革とボランティア学習、第7章　学生によるキャンパス革命

『親子ではじめるボランティア―社会性を育てるきっかけづくり』　長沼豊編著　金子書房　2003.7　139p　21cm　1200円　Ⓘ4-7608-2134-1　Ⓝ379.9

内容　子育てをより充実したものに変える20の活動例を紹介。

『ボランティア―もうひとつの情報社会』　金子郁容著　岩波書店　2003.7　247p　18cm　（岩波新書）〈第32刷〉　780円　Ⓘ4-00-430235-8

内容　情報洪水のなかで、多くの人が無力感や焦燥感に包まれている現代社会。ボランティアは、それを変えるための「手掛かり」になるのではないか。献身や慈善といった旧来のイメージを超え、誰もが気負うことなく参加できるボランティアとは？　企業の社会貢献はなぜ必要か。ネットワーク論の旗手が新しいうねりを紹介し、その意義を考える。

『少年警察ボランティアのあり方を考える―21世紀を担う少年のために　少年問題シンポジウム』　全国少年補導員協会,社会安全研究財団編　全国少年補導員協会　2003.3　142p　21cm　（全少協少年研究叢書　14）〈会期・会場：平成14年11月14日　abc会館ホール　協力：全国防犯協会連合会ほか〉Ⓝ368.71

目次　基調講演：これからの日本におけるボランティアの役割（小松隆二述）、パネルディスカッション「21世紀を担う少年のために」少年警察ボランティアのあり方を考える：時代に即した柔軟な変化が求められる少年警察ボランティア（荒木二郎述）、少年非行を減らすために重要な補導活動の知名度アップを（岸山キヨ述）、家庭、学校、地域を結び付ける橋渡しに（井内清満述）、おとなが変わらない限り、子どもは変わらない（藤岡弘述）、学生や親の意義ある少年警察ボランティア活動への参加（野口京子述）

『青年・社会人向けのボランティア活動及び社会奉仕体験活動にかかる長期参加プログラムに関する調査研究報告書』

日本青年奉仕協会　2003.3　111p　30cm　〈平成14年度文部科学省委託事業〉　Ⓝ379.4

『あいさつだってボランティア―考えよう！ボランティアの第一歩』　田中ひろし著　光村教育図書　2002.12　31p　27cm　（「こころ」を伝えるボランティアの本 2）　1500円　Ⓘ4-89572-708-4　Ⓝ369.14

[目次]絵本「あいさつだってボランティア」，1 きみはどのボランティアに興味があるかな？，2 ボランティアの第一歩はこんなことをしてみては？

『ぼくたちのボランティア記念日―考えよう！ボランティアのこころ』　田中ひろし著　光村教育図書　2002.12　31p　27cm　（「こころ」を伝えるボランティアの本 5）　1500円　Ⓘ4-89572-711-4　Ⓝ369.14

[内容]植林ボランティアに参加したひろしくんとたかしくん。はりきってほかの参加者の世話までやいていたふたりが出会ったのは，"伝説の木を植える人"とよばれるおじいさんでした。みんなは，何をきっかけに，どんな気持ちでボランティアをしているの？さあ，みんなで考えよう！「ボランティアのこころ」。

『ボランティアはきらい!?―考えよう！家族みんなのボランティア』　田中ひろし著　光村教育図書　2002.12　31p　27cm　（「こころ」を伝えるボランティアの本 3）　1500円　Ⓘ4-89572-709-2　Ⓝ369.14

[目次]絵本「ボランティアはきらい!?」，1 家族でできるボランティア「なんといってもエコロジー！」，2 ベルマーク集めもボランティア？，3 身体障害者補助犬について調べよう！

『まちがいだらけのボランティア―考えよう！だれのためのボランティア』　田中ひろし著　光村教育図書　2002.11　31p　27cm　（「こころ」を伝えるボランティアの本 4）　1500円　Ⓘ4-89572-710-6　Ⓝ369.14

『必ず成功するボランティア・奉仕活動オール実践ガイド―やれば意識は変わる！』　宮崎猛編著　明治図書出版　2002.7　130p　21cm　1760円　Ⓘ4-18-100412-0　Ⓝ375

[内容]2001年学校教育法・社会教育法改正。ボランティアなどの奉仕体験が求められる。プランづくりをサポート。どうとらえ，展開するか。問題点を踏まえ，教育効果を最大限発揮する方法を提示。アメリカ（サービス・ラーニング）の経験から，取入れ可能を重点紹介。

『ボランティアみんな知ってる？―ボランティア活動の基礎知識 ジュニア版』　全国社会福祉協議会・全国ボランティア活動振興センター編　全国社会福祉協議会　2002.7　71p　21cm　500円　Ⓘ4-7935-0686-0

『市民参加でイベントづくり』　大阪ボランティア協会出版部編，竹村安子他執筆　大阪　大阪ボランティア協会出版部　2002.3　120p　21cm　（ボランティア・テキストシリーズ 18）　1100円　Ⓘ4-87308-043-6　Ⓝ369.14

『ボランティア活動資料編』　学習研究社　2002.3　47p　27cm　（学校ボランティア活動・奉仕活動の本 6）　2700円　Ⓘ4-05-201542-8

[目次]ボランティア活動と奉仕活動，ボランティア活動の歴史，ボランティア活動の精神をつらぬいた人，ボランティア活動の三原則，ボランティア活動ウソ・ホント，ボランティア活動への意識，今，広がるボランティア活動，NPOとNGOについて，ボランティア活動をする上での問題点，ボランティア活動に参加して〔ほか〕

『ボランティア活動で子どもが変わる』　戸井和彦著　明治図書出版　2002.1　154p　21cm　（総合的学習の開拓 31）　1900円　Ⓘ4-18-101900-4　Ⓝ375

[内容]福祉・ボランティアの授業はまだまだ，実践例が少ない。本書で，紹介している授業実践例は特別珍しいものではない。少なくとも，ショー的なものではない。しかし，地域の実態を変えるとそのまま使えるものをまとめた。福祉・ボランティアの授業をする際に参考書に。

『KT式新説ボランティア概論―ボランティア・その定義と調整』　小倉常明，松藤和生著　エイデル研究所　2001.11　71p　21cm　933円　Ⓘ4-87168-329-X

寄付・ボランティアをしてみよう　　　　　　　　　　　　　　　　　　　ボランティア

Ⓝ369.14

内容　本書では、まず、ボランティアの定義や歴史、関連の法制度や関係機関を取り上げて、「ボランティアとは何か」を学ぶ。そして、阪神淡路大震災以降、ボランティア分野において最も注目を浴びることとなった「ボランティア・コーディネート」について触れ、その意義や方法、展開についてみていく。

『ボランティア―21世紀の社会人』　ワークショップ・ミュー編著　亜紀書房（発売）　2001.11　96p　21cm　762円　Ⓘ4-7505-0114-X　Ⓝ369.14

内容　ボランティアって、自分ならこうしてもらうと嬉しいだろうなと思うことをさせていただくこと。ボランティアのスタートは好きなこと。自分の好きなことだから、完全燃焼できる。燃えかすやススのでない、クリーンなエネルギーだ。クリーンなエネルギーは地球にも社会にも優しい。だかｒ、あボランティアは社会と人にも優しい。

『なぜボランティアか？―「思い」を生かすNPOの人づくり戦略』　スーザン・エリス著，筒井のり子，妻鹿ふみ子，守本友美訳　海象社　2001.9　296p　21cm　1700円　Ⓘ4-907717-02-4　Ⓝ369.14

内容　本書は全てのボランティア活動関係者のための、そしてこれから活動を始めよう、と考えている人にも役立つ、優れた手引書である。なぜ私の組織は、ボランティアを受け入れようとするのか？　受け入れるには、どうすればいいのか？　なぜ私の活動は、面白くないのか？　その答えを見つけるためのヒントが示されている。受け入れる側がボランティアとどう協働していけばよいか、その基本的な考え方、そして実践に移すためのアイデアも満載である。

『日本人のボランティア意識…ホント？』　石橋勝著　大阪　JDC　2001.9　225p　20cm〈肖像あり〉　1429円　Ⓘ4-89008-292-1　Ⓝ369.14

内容　本書は、簡単に著者のボランティアについての考えと、それをよりわかりやすく理解してもらえるよう、理論的にならないようにQ&Aを中心に紹介したものである。

『自分スタイルのボランティアを見つける本―気負わず、楽しみながら始めたい！よくわかる！』　大勝文仁，山田由佳著

山と溪谷社　2001.8　222p　21cm　1600円　Ⓘ4-635-17156-6　Ⓝ369.14

内容　はじめてボランティア活動するうえでの心がまえ、ボランティアを始めるときにはどこへ行ったらいいのか、情報の集め方、などをわかりやすく紹介。実際にボランティアを体験している人のインタビューに加え、自然、環境、動物、海外、旅行、スポーツ、工芸、文化、教育、街づくり、災害時など、さまざまな分野のボランティア団体を一三〇件掲載。

『女性のためのボランティアガイド』　田中ひろし監修，こどもくらぶ編・著　同友館　2001.8　167p　21cm　1800円　Ⓘ4-496-03216-3　Ⓝ369.14

目次　ボランティアインタビュー（女優活動と並行してボランティア活動を続ける東ちづるさん，スポーツNPO団体を設立したマラソンランナー有森裕子さん，NPO手話検定協会を設立したNHK手話講師谷千春さん，2児の母であり読み聞かせの会の代表を務める中井貴恵さん），ガイドページ（福祉ボランティア，環境ボランティア，文化・教育ボランティア，地域ボランティア　ほか）

『草の根ボランティア見聞録―長野冬季オリンピック・パラリンピックを支えた人々』　ワールド・ゆう川中島町有線放送編　長野　ほおずき書籍　2001.7　166p　21cm〈星雲社（発売）〉　1905円　Ⓘ4-434-01218-5　Ⓝ780.69

内容　地域のボランティアの人たちのさまざまな体験や活動状況、小・中学生の「一校一国運動」による外国選手との交流の思い出など約180人の生の声を満載。1998年、あの熱き冬の日の感動がよみがえる。

『これがボランティアだ！―NPO新時代を生きるために―10代から80代まで54人が語る大型インタビュー集』　森口秀志編　晶文社　2001.7　377p　21cm　2400円　Ⓘ4-7949-6494-3　Ⓝ369.14

内容　人はなぜボランティアをするのか？　介護、子育て、環境、まちづくり…もう行政や企業にまかせておけない。仲間との出会い。生きがい。感動。ゆたかな生き方を見つけた54人の物語。

『ボランティア手をつないで』　日本作文の会, 子ども委員会編，須賀りす絵　大

月書店　2001.7　63p　22cm　(ココロの絵本 3)　1500円　Ⓘ4-272-40403-2
[目次] 第1章 小さなわたし、ぼくだけど(うみ、こんな私 ほか)、第2章 ボランティア―ぼくにできる応援(ふくしセンターにいったよ、SOS！百円ダイヤル ほか)、第3章 障害をもつ人とともに(何をやっていたんだ、おばあさんってすごい ほか)、第4章 心のつながり―自分との出会い(こうせい君となかなおり、保育園の先生 ほか)

『ボランティア学のすすめ』　内海成治編著　京都　昭和堂　2001.6　271,4p　21cm　〈文献あり〉　2400円　Ⓘ4-8122-0107-1　Ⓝ369.14
[内容] みずからが参加し、ともに行動しながら考える―私たち一人ひとりの実践が生み出した新しい学問。

『やってみよう！ 社会勉強―ボランティア体験から修学旅行まで』　有田和正監修　ほるぷ出版　2001.4　95p　27cm　(まんが総合学習ガイドブック すぐに役立つ！ 実践活動 6年生 2)　2500円　Ⓘ4-593-57318-1
[内容] 卒業をひかえて、総合学習の課題も社会生活を意識した内容が増えています。この巻では、旅行に福祉活動、そして健康管理にパソコンと、いずれもこれからの社会生活に欠かせないテーマが取りあげられ、おもいっきり個性的に活動するすがたが描かれています。そのようすからは、総合学習に欠かせない体験学習の楽しさが伝わってきます…。

『ボランティアへの招待』　岩波書店編集部編　岩波書店　2001.3　431,88p　21cm　2000円　Ⓘ4-00-009886-1　Ⓝ369.14
[内容] 奉仕・献身から自己実現・生きがいへ。いま、気楽にボランティア！ 豊富な体験記、多彩な情報。

『ボランティアの森』　木谷宜弘著　筒井書房　2000.10　269p　22cm　(ボランティア物語 1)　2200円　Ⓘ4-88720-294-6　Ⓝ369.14

『ボランティア学習ハンドブック―総合的な学習の時間にボランティアをどう教えるか』　矢野正広ほか著、とちぎボランティアネットワーク編　宇都宮　とちぎボランティアネットワーク　2000.9　64p　21cm　(とちぎVネット・ブックレットシリーズ 1)〈筒井書房(発売)〉　762円　Ⓘ4-88720-291-1　Ⓝ375

『ボランティアの風』　木谷宜弘著　筒井書房　2000.9　266p　22cm　(ボランティア物語 2)　2200円　Ⓘ4-88720-295-4　Ⓝ369.14

『ボランティア未来論―私が気づけば社会が変わる』　中田豊一著　川西　参加型開発研究所　2000.8　283p　20cm　〈コモンズ(発売) 文献あり〉　2000円　Ⓘ4-906640-92-3　Ⓝ369.14
[内容] なぜあなたたちは、遠いところから来て縁もゆかりもない私たちを助けてくれるのか。そんなことをしてあなたたちにどんな利益があるのか。なぜ援助するのか、という問いが問いかけているのは、実は私自身に対してだった。

『語りへの誘い』　禅定正世著　大阪　大阪ボランティア協会　2000.7　122p　21cm　(ボランティア・テキストシリーズ 17)〈付属資料：CD1枚(8cm)〉　1500円　Ⓘ4-87308-036-3　Ⓝ015.8

『みんなのボランティア大百科』　フレーベル館　2000.6　167p　25cm　〈索引あり〉　1500円　Ⓘ4-577-02113-7
[内容] 本書では、実際にボランティア活動をはじめている子どもたちの姿を中心に取材をしました。活動のなかには、小さなお子さんが参加できないものもあります。この本を読んで、子どもたち自身がボランティアについて考え、たとえ小さなことでも、自分のできることからはじめてもらえればと願います。

『気がついたらボランティア―車イスmapつくり隊』　航薫平著　学事出版　2000.5　230p　19cm　〈折り込み1枚〉　1600円　Ⓘ4-7619-0688-X　Ⓝ375
[内容] 市内の店舗を障害を持った人の立場で調査し、生活便利MAPをつくろう―「その場のノリ」「軽い思いつき」と笑う高校生たちのアイデアは、あれあれよという間に学校を飛び出した。高校生の呼びかけに応え、「門真市車イスMAPつくり隊」に集まった隊員は、総勢200人超。半数をしめる中学生のほか、教員や車イス利用の方、ガイドヘルパーの方な

ど、さまざまな隊員が市内各店舗をまわり、障害者用駐車場やトイレの有無、通路の幅、入口の段差などを調べたほか、「車イス利用の方が来られたらどうされますか？」など、店員の対応も尋ねていった。掲載数201軒。1998年8月、念願の『門真市車イスMAP'99』は完成する。ある下町に住む若者たちの、足かけ三年のドラマ。

『人間ドキュメント「ボランティア」を生きる―15の「心優しき人たちの物語」』
福本武久著　実業之日本社　2000.5　285p　20cm　1600円　Ⓘ4-408-10389-6　Ⓝ369.14
内容　シチズン時計が市民社会に貢献した人たちを毎年、顕彰する「シチズン・オブ・ザ・イヤー」。5年間に選ばれた15組の心あたたまる善意の物語。

『和也クンの雪だるま』　清水久美子著，斎藤正光さしえ　騒人社　2000.4　1冊　27cm　（かんどうボランティアブックス）　2000円　Ⓘ4-88290-034-3

『しょうちゃんの夢のバス』　清水久美子著，斎藤正光さしえ　騒人社　2000.4　1冊　27cm　（かんどうボランティアブックス）　2000円　Ⓘ4-88290-032-7

『「無償」の仕事』　永六輔著　講談社　2000.4　221p　18cm　（講談社＋α新書）　680円　Ⓘ4-06-272009-4　Ⓝ369.14
内容　「二本ある手のどちらかは誰かの為に使えるように」六輔流ボランティアのある生き方。

『やってみようよ！　社会につながるボランティア』　加藤優監修　旺文社　2000.4　63p　27cm　（ドキドキワクワクやってみようよボランティア　4）〈索引あり〉　2500円　Ⓘ4-01-070999-5
内容　「身のまわりの社会」に対するボランティアを紹介。わたしたちは今、家族をはじめ多くの人たちに支えられながら、楽しく幸せにくらしています。でも世界中の人たちみんなが幸せなくらしをしているわけではありません。地域や国境をこえ、たくさんの人たちと手をとりあい、みんなが幸せにくらしていくためには、どんなことができるか考えてみましょう。小学生の実際の活動を紹介していきます。全学年対象。

『やってみようよ！　人とふれあうボランティア』　加藤優監修　旺文社　2000.4　63p　27cm　（ドキドキワクワクやってみようよボランティア　2）〈索引あり〉　2500円　Ⓘ4-01-070997-9
内容　「人とふれあうボランティア」を紹介。わたしたちのまわりには、からだが不自由でこまっている人や、だれかの助けが必要な人がたくさんいます。そんな人たちの力になりたいと思っても、その方法がわからなければかえって迷惑になることだってあります。でも自分がだれかの力になれたとき、きっとあなたのこころはホクホクしてくるはず。小学生の実際の活動を紹介していきます。全学年対象。

『やってみるまえにボランティアってなに？』　加藤優監修　旺文社　2000.4　63p　27cm　（ドキドキワクワクやってみようよボランティア　1）〈索引あり〉　2500円　Ⓘ4-01-070996-0
内容　ボランティアがどんなことなのか一問一答形式で詳しく説明しています。小学校全学年が対象です。

『家族でできるボランティア』　こどもくらぶ編著　偕成社　2000.3　39p　29cm　（総合学習に役立つボランティア　4）〈索引あり〉　2500円　Ⓘ4-03-543440-X
内容　家族でなければできない、また、家族だからこそできるボランティアがたくさんあります。ボランティアを実践しているいろいろな家族を紹介します。また、暮らしの再点検を提案、省エネリサイクルの方法をわかりやすく解説します。そのほか、家族でできるボランティアのヒントがいっぱい。

『ひとりでできるボランティア』　こどもくらぶ編著　偕成社　2000.3　39p　29cm　（総合学習に役立つボランティア　2）〈索引あり〉　2500円　Ⓘ4-03-543420-5
内容　ボランティア活動に参加してみたい…と思ったら、どうすればいいか。「知る・調べる・理解する」を基本テーマに、ひとりではじめられるボランティアを実例にそってわかりやすく説明。また、ひとりでできる学習として点字をとりあげ、点字についての基礎知識、学び方、点字を使った遊びなどを紹介します。

『日々の暮らしとボランティア活動―日常生活とのかかわり』 巡静一著 第2版 大阪 大阪ボランティア協会出版部 2000.3 4,98p 21cm （ボランティア・テキストシリーズ 4）〈年表あり〉 Ⓘ4-87308-035-5 Ⓝ369.14

『ボランティア情報館』 こどもくらぶ編著 偕成社 2000.3 39p 29cm （総合学習に役立つボランティア 7）〈索引あり〉 2500円 Ⓘ4-03-543470-1
内容 環境、福祉、国際交流など各分野のボランティア団体、ボランティアについての相談窓口や問い合わせ先、ボランティア団体のホームページなど、ボランティア活動に役立つ情報をわかりやすく整理。また、シリーズの総さくいんを掲載、知りたいこと、調べたいことがすぐさがせます。

『ボランティア体験学習ハンドブック』 東京ボランティア・市民活動センター編 東京ボランティア・市民活動センター 2000.3 200p 21cm

『ボランティア入門―好きなことを・できる時間に・楽しみながら』 こどもくらぶ編著 偕成社 2000.3 39p 29cm （総合学習に役立つボランティア 1）〈索引あり〉 2500円 Ⓘ4-03-543410-8
内容 ボランティアって、なんだろう ボランティアサークル「エーデルワイスの会」の活動をとおして、ボランティアの基本的な考え方を説明。さらに、いろいろなボランテイアの実践例を紹介しながらボランティアの多様性、意義などをわかりやすく解説します。

『よみがえれ池塘よ草原よ―巻機山ボランティアからのメッセージ』 松本清著 山と溪谷社 2000.3 285p 19cm 1600円 Ⓘ4-635-17151-5 Ⓝ519.8141
内容 山を愛する者たちが行動を起こし荒廃した雪田草原や池塘などの植生を復元させた現場からの貴重な報告である。

『ボランティア学習の遊人たち―学校から始めるボランティア』 東京都ボランティア学習連絡協議会編 筒井書房 2000.2 220p 21cm 1800円 Ⓘ4-88720-259-8 Ⓝ375
内容 「ボランティア学習」とは、ボランティア活動の機会を生徒に提供して、生徒が「自ら学ぶ」「ともに学ぶ」学習を推進していくもの。子どもたちの「一人ひとりを大切にする」、子どもたち自身の「学び」である。これは従来の教育の構造を根本的に再検討することを要求する。本書の10人の執筆者は個性派ばかり。一人ひとりの執筆者の「ボランティア学習」のコンセプトを、そしてこれを実現していく具体的なプログラムを読みとってもらいたい。

『ボランティア教育のすすめ―実践のためのQ&A』 角田禮三編著 明治図書出版 2000.2 171p 21cm （教育の課題にチャレンジ 1）〈文献あり〉 2060円 Ⓘ4-18-033416-X Ⓝ375
内容 本書では、「ボランティア教育とは、人や自然環境をも含めた、生きとし生けるものとの『共生』をめざして、自立した市民として社会参加するために（公共性）、活動意欲を高め（自発性）、見返りを求めず（無償性）、創意工夫して取り組む（先駆性）ことを支援する営みである」と捉える。「学校教育の中に、ボランティア体験学習を果敢に取り入れていこう！」という思いが込められている。ボランティア教育をすすめるにあたって「いかにしてボランティア教育を行うか」という方法上の問題に終始することなく、「ボランティア教育がめざすものは何か」というボランティア教育の本質を理解したうえで取り組むことの重要性を訴える。

『ボランティアの研究授業をつくる』 作州教育サークル,小林幸雄編著 明治図書出版 2000.2 130p 21cm （楽しいクラスづくりフレッシュ文庫 82） 2160円 Ⓘ4-18-111204-7 Ⓝ375
内容 ボランティア学習に取り組むポイントについていくつかの観点から提起。すぐに使える授業例をたくさん載せ、さらに新型の教材（クイズ＆ゲーム）も満載。

『小学校のボランティア活動への道―ふれあい体験・教育のための計画・実践例』 菊地英編著 明治図書出版 1999.6 161p 22cm 1960円 Ⓘ4-18-020915-2 Ⓝ375
内容 新学習指導要領の総則でもボランティア活動を重視しているように、ボランティア活動は共生を軸に心の教育や学校・家庭・地域社会の活性化などにきわめて意義のある活

動である。この本は、ボランティア活動の一助になることを、目的としている。

『ボランティアの考え方』　秦辰也著　岩波書店　1999.6　191p　18cm　（岩波ジュニア新書）　700円　④4-00-500324-9

内容 ボランティアは単なる慈善的なタダ働きや学校の単位取得の手段ではない。個人と社会との生き生きとした接点をつくる実践である。東南アジアでの一五年の経験とそこで出会った人々の活動をもとに、ボランティアの歴史と思想、その組織や制度のためのルールづくりの方法を探り、二一世紀の市民参加はどうあるべきかを考える。

『ボランティアにやくだつ工作』　こどもくらぶ編　ポプラ社　1999.4　47p　31cm　（やくにたつアイデア工作　1）　2600円　④4-591-05939-1

内容 コピーしてかんたんにできる手話カルタ・指文字カルタなど、ボランティアにやくだつアイデアがいっぱい。お年寄りの機能回復にやくだつ工作などで、ボランティアのこころをやしないます。小学校中学年以上向。

『さまざまなボランティア―実践編2』　新谷弘子監修　文研出版　1999.3　55p　27cm　（わたしたちにもできるこれからのボランティア　3）〈索引あり〉　3200円　④4-580-81226-3

目次 1章 地域の自然環境を守るためのボランティア，2章 地域の文化や伝統・歴史遺産を守るボランティア，3章 支え合う心とボランティア

『ボランティアをはじめよう―実践編1』　新谷弘子監修　文研出版　1999.3　55p　27cm　（わたしたちにもできるこれからのボランティア　2）〈索引あり〉　3200円　④4-580-81225-5

目次 1章 ボランティアの第一歩，2章 身近にできるボランティア，3章 お年寄りとボランティア，4章 障害のある人とボランティア

『ボランティアってなんだろう―基礎編』　新谷弘子監修　文研出版　1999.3　55p　27cm　（わたしたちにもできるこれからのボランティア　1）〈索引あり〉　3200円　④4-580-81224-7

目次 1章 ボランティアってなんだろう，2章 知らないうちにボランティア，3章 身近なと

ころにボランティア，4章 阪神・淡路大震災とボランティア，5章 ボランティア新時代，6章 世界のボランティア，7章 ボランティアの心

『ボランティアに生きる―「地の塩の箱」をつくった江口榛一』　大石勝男作，岩淵慶造絵　金の星社　1999.3　93p　22cm　（みんなで話しあおう！　にんげん発見シリーズ　5）〈肖像あり〉　1000円　④4-323-05135-2

内容 1956（昭和三十一）年の秋、榛一は「地の塩の箱」という、木箱をつくりました。それは、お金にこまった人が、自由に持っていってよいという、夢の募金箱だったのです。―この箱を全国に広めれば、たくさんの人たちがすくわれる。ボランティア精神をつらぬきとおした、ある詩人の物語。心ゆさぶるノンフィクション。4・5・6年生に。

『ボランティアはきらい！―マンガ式ボランティア基礎のキソ』　田中ひろし監修，中田ゆみ作，こどもくらぶ編　国立　今人舎　1999.3　63p　14×19cm　1000円　④4-901088-04-1

内容 このマンガを読み終えたときあなたは…ボランティアがしたくなる？　このマンガをひとに読ませたくなる。

『これからのボランティア―行政との新たな連携』　巡静一著　大阪　大阪ボランティア協会出版部　1999.2　70p　21cm　（ボランティア・テキストシリーズ　15）　④4-87308-030-4　Ⓝ369.14

目次 1 ボランティア活動の動向―拡大化・多様化，2 阪神・淡路大震災の取り組みからの考察，3 相談援助活動の取り組みからの考察，4 まとめにかえて

『ボランティアこれだけ工作―自由研究ハード編』　こどもくらぶ編　同友館　1998.7　64p　21cm　（はじめてのボランティア　14）　1200円　④4-496-02706-2

内容 本書は、ボランティアの精神から、これだけは工作してほしいなというものを提案。

『うちでもできるかな子犬の飼育ボランティア』　こどもくらぶ編　同友館　1998.6　63p　21cm　（はじめてのボランティア　12）　1200円　④4-496-02680-5

内容 盲導犬の子犬を1年間愛情こめて養育す

る飼育ボランティアをとりあげた。マンガでの導入の後には、飼育ボランティアをしたいと思ったら、どうしたらいいか？などの基礎知識から、飼育ボランティアってどんなことをするの？などの疑問に答える体験談まで、具体的でわかりやすい内容になっている。

『ささえあい助けあうなかま―わたしたちにできるボランティア』 伊藤隆二監修 学習研究社 1998.2 52p 27cm （からだが不自由って、どんなこと？ 6） 3000円 Ⓘ4-05-500331-5

『ボランティア学習の概念と学習過程』 長沼豊著 日本図書刊行会 1998.1 220p 20cm〈近代文芸社（発売）〉 1400円 Ⓘ4-89039-810-4 Ⓝ375
内容 共生・共存のための教育とは。本書は真の学び場としての「ボランティア学習」を、その学習内容と学習過程の融合性に焦点を当て、教育とボランティアの接点を浮き彫りにしたものである。

『あがぺ・ボランティア論』 永六輔, 助世夫健著 光文社 1997.12 206p 18cm 1000円 Ⓘ4-334-97160-1 Ⓝ369.14
目次 第1章 六輔流ボランティア（義を見てせざるは勇なきなり, ボランティアを受ける側への心遣い ほか）, 第2章 六輔の旅とボランティア語録（神戸 日本海で ホスピスへ）, 第3章 対論―永六輔vs.助世夫健（ボランティアに叱られた, ボランティアって何なんですか ほか）, 第4章 助世夫流ボランティア（僕の原点を探す心の旅, 「あがぺ」活動の始まり ほか）

『小学生にボランティア・スピリットを育てる』 上杉賢士, 田中雅文編著 明治図書出版 1997.7 146p 22cm 1900円 Ⓘ4-18-928309-6 Ⓝ375.182
目次 第1部 ボランティア活動の教育的意義（ボランティア活動の現代的意義, 市民性を培うためのボランティア教育, 体験学習とボランティア活動, 実り多き実践展開のために）, 第2部 ボランティア教育・活動の実際（環境保護をめざしたボランティア活動の実践, 福祉をめざしたボランティア活動の実践, 国際交流・貢献をめざしたボランティア活動の実践, コミュニティ形成をめざしたボランティア活動の実践）

『一本のえんぴつありがとう―世界の友だちをたすける』 ゆうきえみ文, 山野辺進絵 学習研究社 1997.2 30p 27cm （ボランティアふれあいのえほん 5） 1648円 Ⓘ4-05-500273-4

『おじいさんは島のおいしゃさん―みんなのいのちをまもる』 早野美智代文, 石井勉絵 学習研究社 1997.2 31p 27cm （ボランティアふれあいのえほん 3） 1648円 Ⓘ4-05-500271-8

『ことしもさいた山の花―尾瀬のしぜんをまもる』 松美里枝子文, 峰村りょうじ絵 学習研究社 1997.2 31p 27cm （ボランティアふれあいのえほん 8） 1648円 Ⓘ4-05-500276-9

『たいこたたいてダダンコダンチキ―ししおどりをつたえる』 ゆうきえみ文, 福原ゆきお絵 学習研究社 1997.2 30p 27cm （ボランティアふれあいのえほん 12）〈標題紙・表紙の著者表示（誤植）：ゆうきみえ〉1648円 Ⓘ4-05-500280-7

『土よう日はおみまいの日―病院をほうもんする』 今関信子文, 狩野ふきこ絵 学習研究社 1997.2 31p 27cm （ボランティアふれあいのえほん 4） 1648円 Ⓘ4-05-500272-6

『ボランティアを高く評価する社会』 松岡紀雄編著 本の時遊社 1997.2 254p 22cm〈発売：星雲社 ボランティア関連文献：p237〜245〉2266円 Ⓘ4-7952-1391-7 Ⓝ369.14
内容 小中高校、大学、企業、民間団体、政府・地方公共団体におけるボランティアの評価・表彰とは。

『小学校・ボランティア活動の実践プラン』 児島邦宏編著 明治図書出版 1996.12 79p 26cm 1760円 Ⓘ4-18-592207-8 Ⓝ375.182
内容 中央教育審議会答申は、社会的協調性、他人を思いやる心を育てる実践内容として、繰り返し、「ボランティア精神」の涵養を強調している。それは、ボランティア精神の育成とは、「よき市民としての自己向上」という「市民性」の育成に他ならないからである。もちろん、本書も、こうした観点に立って、心の教育の中心テーマ、実践の眼を「ボラン

『大事なことは、ボランティアで教わった』 牟田悌三著 リヨン社 1996.10 237p 20cm〈発売：二見書房〉1500円 ①4-576-96126-8 Ⓝ369.14
内容 「人間」を学ぶとっておきの生涯学習。地元・世田谷で地域活動を始めて20年。人呼んで「ボランティア仕掛人」の著者が気負わず照れず楽しんで活動するためのヒントを提言。

『小学校ボランティア活動事例集』 宮川八岐ほか編 教育出版 1996.6 189p 21cm〈執筆：児島邦宏ほか〉2400円 ①4-316-32020-3 Ⓝ375.182
目次 1章 なぜ、今ボランティアか、2章 学校におけるボランティア活動の進め方、3章 ボランティア活動の実践例、4章 ボランティア活動Q&A

『いっしょにたのしもう―お年よりとともに』 坂倉みなみ文 ポプラ社 1996.4 47p 27cm（ボランティアわたしたちにできること 1）〈監修：池田明彦 付（1枚）〉2500円 ①4-591-05066-1
目次 おじいさんチームはつよいぞ、お年よりは、わたしたちの先輩、おじいさんは、やさしかった、「孫ができました」って、老人ホームの納涼祭は、たのしいな、ゲートボールのお手伝い、昔の遊びをならったよ、絵手紙を交かんしたよ、おばあさんたちと配食ボランティア、もっと気軽に声をかけよう、ふれあおう、マナーやルールを守って、おつきあい、長生きをよろこびあえる社会にしよう、お年よりのことを知ろう、いっしょに話そう、遊ぼう、たのしもう

『住みよい地域をつくろう―地域社会を考える』 嶋田泰子文 ポプラ社 1996.4 47p 27cm（ボランティアわたしたちにできること 6）〈監修：池田明彦〉2500円 ①4-591-05071-8
目次 MOONへようこそ、地域は出発点、じぶんの住んでいる地域を知る、障害も国籍のちがいもけっとばせ、奉納太鼓を打つ、小さい子っておもしろい、びわ湖、大すき、いざというときにそなえて、みんなにやさしい街を考える、地図をつくってみよう、一人でもできることからはじめよう、たずねてみよう、足もとからはじめよう

『ボランティアガイドブック』 嶋田泰子文 ポプラ社 1996.4 47p 27cm（ボランティアわたしたちにできること 8）〈監修：池田明彦〉2500円 ①4-591-05073-4
目次 手をつなごう、集める、まなび、生かす、遊ぶ、つくる、育てる、自然を守る―会員になる、リサイクル、国際協力―手をつなぎあう、里親になる、ボランティア活動の相談

『ボランティアという生き方』 ロバート・コールズ著、池田比佐子訳 朝日新聞社 1996.4 429p 19cm（朝日選書 550）〈ロバート・コールズ著作リスト：p427～429〉1900円 ①4-02-259650-3 Ⓝ369.0253
内容 あなたが救うものは、あなた自身かもしれない。エリート大学生と貧しい移民の老婦人が、共にホームレスの人々の世話をする―人種や階級の亀裂を越えてアメリカ社会の絆となってきたボランティア。人に与えるのではなく、人から与えられるのだと語る彼らの内に、精神科医が見た成熟と幸福。

『わたしたちにできるボランティア』 樋口恵子著 岩崎書店 1996.4 62p 27cm（お年よりを理解する本 4）〈監修：樋口恵子,岡本祐三〉3000円 ①4-265-05444-7
目次 1 子どもとお年よりの交流、2 子どもたちのボランティア、3 ボランティアってなに？、4 よりよい社会をつくる

『再びの生きがい―特捜検事からボランティアへ』 堀田力著 講談社 1995.5 274p 15cm（講談社文庫）520円 ①4-06-263021-4 Ⓝ369
内容 日本中の注目を集めたロッキード事件を担当し、カミソリと恐れられたエリート検事が、法務大臣官房長の地位をなげうってまで福祉の世界に転じた理由とは。検事時代の思い出から、再びの生きがいを求めて、百八十度異なる世界に身を投じるまでの心境、福祉に懸ける情熱をあますところなく綴った話題の書。

『空とべたいやきくん―ボランティア・ネットワーキングのこころみ』 NHK学園CSネットワークコミュニティ・ボランティア研究会編 第一書林 1995.4

196p　21cm　2000円　①4-88646-105-0　Ⓝ369

[目次]　第1部　私さがしとボランティア（いきいきボランティア・カタログ，ボランティアの展望），第2報　思いをカタチにする力（ゆたかな地域社会のデザインのために，学びから活動へそして学びへ，やさしさのネットワーカーたち）

『堀田力のふれあいボランティア・ガイド―学生も，企業人も，シニアも』　堀田力，さわやか福祉財団編　三省堂　1995.4　215p　21cm　1500円　①4-385-35655-6　Ⓝ369

[内容]　検事から福祉に転じ話題の堀田力による1200万人ボランティア活動へのすすめ。約40の学生・企業・地域・シニアの生々としたボランティア活動を紹介。また約300の在宅福祉グループ・リストを収録。身近な活動を選べる。

『入門・ボランティア活動―管理社会への挑戦』　岡本栄一著，大阪ボランティア協会出版部編　第2版　大阪　大阪ボランティア協会　1981.5（第14刷：2006.9）　73p　21cm　（ボランティア・テキストシリーズ 2）　600円　①4-87308-001-0　Ⓝ369.14

◆学生・青少年ボランティア

『大学と社会貢献―学生ボランティア活動の教育的意義』　木村佐枝子著　大阪　創元社　2014.12　238p　22cm　（アカデミア叢書）〈文献あり〉3600円　①978-4-422-30050-4　Ⓝ377.15

[内容]　大学の三つの使命―「教育」「研究」そして「社会貢献」。大学の社会貢献を真正面から捉えた理論と実践の書。

『ええことするのは，ええもんや！』　くすのきしげのり作，福田岩緒絵　えほんの杜　2014.7　1冊　26×22cm　1200円　①978-4-904188-30-9

[内容]　ボランティアって誰のためにするものなんやろう？　いまオススメの1冊。

『NPO・ボランティア参加を通した学生の学びと成長』　西出優子，佐藤翔編，東北大学大学院経済学研究科・経済学部非営利組織論ゼミナール著　〔仙台〕　東北大学大学院経済学研究科西出優子研究室　2013.3　45p　30cm　（東北大学大学院経済学研究科・経済学部非営利組織論ゼミナール報告書 2012年度）　Ⓝ377.9

『学生スタッフのための大学ボランティアセンター活動ハンドブック』　ユースビジョン編　京都　ユースビジョン　2013.3　43p　30cm　800円　①978-4-9904673-1-9

『未来につながるボランティア―高校生のためのボランティアハンドブック』　藤田久美編著　岡山　ふくろう出版　2013.3　96p　26cm　1800円　①978-4-86186-556-5　Ⓝ369.14

[目次]　第1章　ボランティアってなんだろう（ボランティアってなんだろう，ようこそ山口県立大学へ―ボランティアについて一緒に学ぼう　ほか），第2章　様々な専門分野のボランティア活動から学ぼう（子育て支援分野のボランティア活動，児童福祉分野のボランティア活動　ほか），第3章　大学とボランティア活動―授業を通して学ぶ大学生の姿から（大学とボランティア，山口県立大学の授業風景から　ほか），第4章　大学生から高校生へのメッセージ―私たちはこんなボランティア活動をしているよ（学生ぷちボランティアセンター（通称：ぷちぼら）の紹介，大学の福祉系ボランティアサークルの活動紹介　ほか），第5章　これから活動する高校生のために（高校を対象としたアンケート調査より，大学で企画した高校生を対象としたボランティア講座の実践から　ほか）

『キャリア・パスとしての社会貢献？―若手地域研究者の現状と社会連携の可能性：地域研究コンソーシアム・ワークショップ報告書』　西芳実編著，堀場明子，堀拔功二，岩坂将充，木下博子，日下部尚徳著　〔京都〕　地域研究コンソーシアム　2011.8　47p　30cm　（JCAS collaboration series 2）〈共同刊行：京都大学地域研究統合情報センターほか〉Ⓝ201.16

『高校教育におけるボランティア活動―データと事例に基づく実証的検証』　林幸克著　学文社　2011.8　192p　22cm　〈索引あり〉2800円　①978-4-7620-

寄付・ボランティアをしてみよう　　　　　　　　　　　　　　　　ボランティア

2202-9　Ⓝ375
[目次] 第1章 ボランティア活動等体験活動に関する施策・支援（政策動向のレヴュー，校内支援体制の現状），第2章 教育課程におけるボランティア活動（データでみる現状，学校行事における実践—大阪府私立聖母女学院高等学校の事例，部活動における実践—佐賀県立高志館高等学校の事例），第3章 ボランティア活動の単位認定（データでみる現状，実践の検証1—岡山県私立倉敷翠松高等学校の事例，実践の検証2—神奈川県立横浜清陵総合高等学校の事例），第4章 地域性を活かした取り組み（データでみる現状，中山間地域における実践—和歌山県立大成高等学校の事例，伝統・文化を活かした実践—徳島県立板野高等学校の事例，社会教育における実践—山形県「KYボランティア」の事例）

『ワークキャンプに出会ってから—ある高校生活動の記録』　大沢英二，山梨YMCA・ハイY卒業生の会編　第2版　甲府　山梨ふるさと文庫　2010.12　284p　19cm　1500円　①978-4-903680-30-9　Ⓝ197.6
[内容] 山梨県下から集まって，孤児の施設を建設するキャンプはもう，三〇年近くも続いている…。七泊八日，のべ三週間，夏休みの大事な時間をついやして行われた高校生たちの奇跡のような活動。それを続けさせた原動力は何か。戦後のある高校生活動を語る数々の言葉。

『世界をちょっとでもよくしたい—早大生たちのボランティア物語』　兵藤智佳，岩井雪乃，西尾雄志著，みかなぎりか編　早稲田大学出版部　2010.3　206p　19cm〈イラスト：川崎麻り子〉953円　①978-4-657-10213-3　Ⓝ369.14
[内容] この本は，早稲田大学平山郁夫記念ボランティアセンター（WAVOC）において「世界をちょっとでもよくしたい」とボランティア活動に取り組んでいる早大生たちの物語である。

『大学生におけるボランティアに関する調査』　札幌　北星学園大学社会福祉学部社会調査実習室　2010.2　116p　30cm（「社会福祉調査実習」報告書　2009年度）　Ⓝ377.9

『学校ボランティアコーディネーション—ボランティアコーディネーター必携』　長沼豊編著　筒井書房　2009.6　222p　21cm〈文献あり〉1800円　①978-4-88720-587-1　Ⓝ375

『1年間のボランティア—そんな人生の寄り道もある　V365若者たちの物語』　三原聡著　はる書房　2009.4　366p　19cm　1700円　①978-4-89984-101-2　Ⓝ369.14
[目次] 1部 ほんとうに？ 自分がやりたいこと（目標はバス運転手だったから，ボランティアの先にあった看護師 ほか），2部 "想い"をかたちに（得意のスペイン語をいかした仕事，偶然を必然に…政治への志をいだいて ほか），3部 あらたな出会いを求めて（おもちゃが持つ可能性，いのちの温もりを知ってから ほか），4部 今，だから伝えられること（何もないところでユースホステルを，住職候補までの執行猶予 ほか）

『教育系大学・学部においてボランティア活動が持つ3つの可能性』〔小金井〕日本教育大学協会教育活動とボランティアに関する検討プロジェクト　2009.3　107p　30cm〈文献あり〉Ⓝ373.7

『地域貢献活動による学生の学びと成長を促すために—大学ボランティアセンターに必要な3つの機能』　京都　ユースビジョン大学ボランティアセンターリソースセンター　2009.3　67p　30cm（「大学とボランティア」シリーズ　1）1429円　①978-4-9904673-0-2　Ⓝ377.9

『大学生のためのボランティア活動ハンドブック』　藤田久美編著　岡山　ふくろう出版　2008.4　106p　26cm　1429円　①978-4-86186-334-9　Ⓝ369.14
[目次] 第1章 ボランティアの基礎的知識（ボランティアとは，ボランティア活動の今昔 ほか），第2章 ボランティア活動の分野と実際（高齢者福祉分野のボランティア活動，障害者福祉分野のボランティア活動 ほか），第3章 ボランティアコーディネート論を学ぶ（ボランティアコーディートとは，ボランティアコーディネーターの業務 ほか），第4章 大学生の目から見たボランティア活動（大学生とボランティア活動，学生による学生のためのボランティア活動支援 ほか），第5章 ボラン

ティア活動と学び(ボランティア活動を通して学ぶ,社会福祉学とボランティア ほか)

『若者がまちを創る』 聖徳大学生涯学習研究所編 悠雲舎 2008.3 161p 26cm 〈文献あり 金融ブックス(発売)〉 1800円 ①978-4-904192-05-4 Ⓝ369.14

目次 第1部(若者とボランティアへの期待,若者の体験を問う,学校教育と体験的な活動,若者と創るまちづくり),第2部 シンポジウム「高校生のボランティア活動を考える」(提言「青少年の『まちづくりボランティア』の方法と課題」,事例発表「まちづくりに関与した高校ボランティア」,シンポジウム「高校生のボランティア活動を考える」)

『高校生のボランティア学習―学校と地域社会における支援のあり方』 林幸克著 学事出版 2007.8 239p 21cm 2500円 ①978-4-7619-1361-8 Ⓝ375

目次 序論 今,なぜ「高校生」の「ボランティア学習」か,第1部 総論(高校生の現状,ボランティア学習に関わる政策動向,海外の動向,ボランティア学習に関わる先行研究のレビュー),第2部 高校生のボランティア学習に関する意識・実態(一般校における経年変化に着目したボランティア学習の実情,ボランティア先進校の現状及び一般校との比較,地域NPOを基盤に活動する高校生の質的分析),結論 総括

『若者の力が社会を変える―2006全国ワークキャンプセミナー報告書』 2006全国ワークキャンプセミナー実行委員会編 御殿場 国立青少年教育振興機構国立中央青少年交流の家 2007.4 19p 30cm

『早稲田大学発ボランティア講義録』 西尾雄志著 早稲田大学平山郁夫記念ボランティアセンター 2007.3 67p 21cm Ⓝ369.14

『学生のためのボランティア論』 岡本榮一,菅井直也,妻鹿ふみ子編 大阪 大阪ボランティア協会出版部 2006.12 171p 26cm 〈文献あり〉 1800円 ①4-87308-053-3 Ⓝ369.14

目次 基礎編(ボランティア=自ら選択するもう一つの生き方,その時そこにボランティアがいた,ヒトはなぜボランティアをするのか,「公共」は,誰が担うのか,ボランティア活動が生み出す新しい価値―情報ネットワーク社会の「ボランタリーな行為」が生み出す価値),展開編(地域の課題を発見してみる,市民の視点から解決を探る,ボランティアは「教育」にどうかかわるか,新たな自治の創造,足元から地球へ―地球のためにできること,ボランティアマネジメント,インタミディアリとしてのボランティアセンター)

『ボランティア教育と地域活性化―大学と地域の協働プログラムの可能性』 立命館大学ボランティアセンター編 立命館大学ボランティアセンター 2006.3 56p 30cm

目次 第1部 基調報告,第2部 パネルディスカッション,Q&A,2005年度ボランティアプログラム活動報告アワード資料,おわりに

『コーディネーターハンドブック―青少年の体験活動ボランティア活動支援センター』 国立教育政策研究所社会教育実践研究センター編 国立教育政策研究所社会教育実践研究センター 2005.3 107p 21cm Ⓝ379.3

『いちばんはじめのボランティア』 小倉常明,松藤和生編著 樹村房 2004.12 125p 26cm 〈執筆:内慶瑞ほか 文献あり〉 1810円 ①4-88367-109-7 Ⓝ369.14

目次 第1部 ボランティア活動の基本を学ぶ(ボランティア活動の理念,ボランティア活動の歴史,ボランティア活動の法と制度 ほか),第2部 地域でのボランティア活動を学ぶ(地域社会とボランティア活動,社会福祉施設とボランティア活動,福祉教育とボランティア活動 ほか),第3部 これからのボランティア活動(ボランティア活動の新しい形,国際社会とボランティア,ボランティアコーディネーター・ボランティアコーディネート ほか)

『若者たちの"政治革命"―組織からネットワークへ』 丸楠恭一,坂田顕一,山下利恵子著 中央公論新社 2004.5 240p 18cm (中公新書ラクレ) 780円 ①4-12-150134-9

内容 ネット政治元年の前後に、普通の若者の中から、NPOやボランティアと親和的なネットワーク族が現れた。無党派知事や小泉

現象を産んだ、静かな"政治革命"の来歴と構造、今後の展望。

『青少年の体験活動ボランティア活動のコーディネーター養成研修プログラムの開発報告書―平成15年度社会教育指導者の育成・資質向上のための調査研究事業』 国立教育政策研究所社会教育実践研究センター編 国立教育政策研究所社会教育実践研究センター 2004.3 155p 30cm 〈奥付のタイトル：青少年の体験活動ボランティア活動のコーディネーター養成研修プログラムの開発調査研究報告書〉 Ⓝ379.3

『大学生とボランティアに関する実証的研究』 佐々木正道編著 京都 ミネルヴァ書房 2003.6 595p 23cm （Minerva社会学叢書 20） 6190円 ①4-623-03633-2 Ⓝ369.14

内容 1995年に起きた阪神・淡路大震災や続いて日本海沖でのナホトカ号からの重油流出事故においても、多くの学生ボランティアが全国から駆けつけた。これを契機に近年は大学でのボランティア教育が重視されるようになってきたが、ボランティア活動に関する研究が進んでいる欧米に比べると、日本の遅れは際立っている。このような現状のなか、本書は大学生のボランティア活動についての実証的研究に基づき、学際的そして多角的視野に立ち、災害時のみならず今後ますます必要となる環境保護や社会福祉を含む広範囲までをも大学生のボランティア活動の範疇に収めて論じる。さらに、大学生のボランティア活動の研究の積み重ねのための基礎的参考資料を提示する。

『青少年のボランティア活動が広がっていく―Let's make a difference！』 日本青年奉仕協会 2003.3 65p 30cm 〈子どもゆめ基金（国立オリンピック記念青少年総合センター）助成事業〉 Ⓝ369.14

『大学ボランティアセンタースタディ―立命館大学におけるボランティア教育の推進と環境整備に向けて』 津止正敏、秋葉武、足立陽子編集責任 京都 立命館大学人間科学研究所 2003.3 183p 21cm （学術フロンティア推進事業プロジェクト研究シリーズ 対人援助のための「人間環境デザイン」に関する総合研究プロジェクト 第5号 立命館大学人間科学研究所編） Ⓝ369.14

『青少年の体験活動ボランティア活動―「事前学習」プログラムのすすめ：平成14年度学習プログラムの開発とその効果的な実施に関する調査研究』 国立教育政策研究所社会教育実践研究センター 〔2003〕 83p 30cm Ⓝ379.3

『学生のためのボランティアガイド』 田中ひろし監修, こどもくらぶ編・著 同友館 2002.5 159p 21cm 1800円 ①4-496-03318-6 Ⓝ369.14

内容 本書では、はじめは迷いや不安を感じながらも、実際にボランティア活動への一歩を踏み出した、現役生や卒業生の方の体験談を、多く紹介している。

『シニアボランティアさんからひろがるボランティア』 苅宿俊文監修 光村教育図書 2002.3 47p 31cm （みんなで実践インタビューからひろがる総合学習 5） 2800円 ①4-89572-706-8 Ⓝ366.29

目次 1 シニアボランティア, 2 情報ボランティア, 3 リサイクル, 4 バリアフリー, 5 録音図書, 6 医療活動, 7 日本語教室, 8 森づくり, 9 村おこし

『「小・中学生ボランティア養成セミナー」事例集―楽しいんだよ、ボランティアって。みんないっしょに輪を広げよう！平成13年度』 日本BBS連盟編 日本BBS連盟 2002.3 24p 30cm

『青少年の社会参加活動ハンドブック』 内閣府政策統括官（総合企画調整担当） 〔2002〕 408p 30cm Ⓝ379.3

『中学生・高校生のためのボランティアガイド』 田中ひろし監修, こどもくらぶ編・著 同友館 2001.8 159p 21cm 〈索引あり〉 1800円 ①4-496-03218-X

目次 巻頭レポート・インタビュー 各地の中学生・高校生たちはいろいろやっています（文化祭収益金でフォスター・ペアレントを続ける女子校生たち、人権保護組織を作った12歳のカナダ人少年 ほか）、1 提案します！ きみたちにもこんなことができます（NGOに参加しよう、「こどもエコクラブ」に参加しよ

う ほか), 2 考えてみよう！ボランティアって何？(マンガで考えよう「ボランティアって何？」, ボランティアについての7つの質問 ほか), 3 ガイドページ(国際ボランティア, 環境ボランティア ほか), 4 資料ページ(集めてボランティア, 募金でボランティア ほか)

『ボーイスカウト・フィールドブック』 ボーイスカウト日本連盟著 改訂版 朝日ソノラマ 2001.5 452p 19cm 〈文献あり 索引あり〉 1900円 ①4-257-03634-6

[内容] ハイキングからサバイバルまで, 野外活動の知恵と技術がぎっしり詰まった, 待望のオフィシャル・テキストブック, 改訂版。

『高校生ボランティアリーダー養成講座実施報告書 平成12年度』 佐々木久長監修 大館 高校生ボランティアリーダー養成講座実行委員会 2001.3 131p 30cm Ⓝ379.3

『大学とボランティア―スタッフのためのガイドブック』 内外学生センター著 内外学生センター 2001.2 257p 21cm Ⓝ377.9

[目次] 特別寄稿 行動する学生たち, 1 ボランティアの基礎知識(学生ボランティアへの期待, 学生のボランティア史, 学生ボランティア最新事情), 2 ボランティアのすすめ方(教職員による運営システムづくり, ボランティア授業の展開, 学生の自主的活動への支援, ボランティアコーディネーションの展開, 大学と地域を結ぶネットワーク, ボランティア活動を安全におこなうための準備と対応), 3 資料・ア・ラ・カルト

『ボランティアのてびき―中学生のみなさんへ』 長崎県教育庁生涯学習課編 長崎 長崎県教育庁生涯学習課 〔2001〕 16p 30cm

『学校でできるボランティア』 こどもくらぶ編著 偕成社 2000.3 39p 29cm (総合学習に役立つボランティア 6) 〈索引あり〉 2500円 ①4-03-543460-4

[内容] 「交流」をテーマに学校単位でできるボランティアを考えます。地域との交流, お年寄りとの交流, 外国人との交流, 障害者との交流など, クラブ活動としてできることから, 学校全体の行事として取りくめるものまで, はばひろく紹介します。

『クラスでできるボランティア』 こどもくらぶ編著 偕成社 2000.3 39p 29cm (総合学習に役立つボランティア 5) 〈索引あり〉 2500円 ①4-03-543450-7

[内容] クラスごと「こどもエコクラブ」に参加してボランティア活動をはじめた4年生を紹介, クラスでできるボランティアの可能性を考えます。つぎにインターネット体験学習を紹介します。ボランティアのことを調べたり, ネットワークを作ったり, ボランティア学習の方法を具体的に説明。そのほか, 車いす体験, アイマスク体験などクラス単位でできる活動のいろいろを紹介。

『大学生ボランティアたちのこころの軌跡』 立命館大学教育科学研究所編 京都 立命館大学教育科学研究所 2000.3 182p 26cm (立命館教育科学プロジェクト研究シリーズ 13) Ⓝ377.9

『友だちとできるボランティア』 こどもくらぶ編著 偕成社 2000.3 39p 29cm (総合学習に役立つボランティア 3) 〈索引あり〉 2500円 ①4-03-543430-2

[内容] 友だちといっしょだとボランティア活動のはんいが, ぐんとひろくなります。熱帯林を守る運動をしているグループ「にっぽんこどものじゃんぐる」を紹介して, 友だちとできるボランティアを考えます。また, 住んでいる地域, 町などのボランティアマップづくりを提案。さらに, 友だちといっしょだと楽しく覚えられる手話を, 基本から遊びやゲームまで, わかりやすく解説します。

『ひろがりゆく青少年ボランティア―プルデンシャル・ボランティア・アワード活動記録』 プルデンシャル・ボランティア・アワード編集委員会編 筒井書房 2000.2 141p 26cm 1600円 ①4-88720-264-4 Ⓝ379.3

[内容] 本書は, プルデンシャル生命保険という企業が社会貢献活動の一環として開始し, 現在ではアメリカ・日本・韓国において国際的に展開されている青少年のボランティア活動支援プログラム「プルデンシャル・ボランティア・アワード」の日本での第2回(1998年

寄付・ボランティアをしてみよう　　　　　　　　　　　　　ボランティア

度)の結果をまとめたものである。ブロック賞受賞者36名を選出，その中から10名の全国賞受賞者を選出し，表彰。また，そこに集まる情報の交換，情報の発信などの概要を伝えている。

『中学校のボランティア活動への道』　長沼豊編著　明治図書出版　1999.10　107p　21cm　1560円　①4-18-028919-9　Ⓝ375

内容　本書の第1章では，ボランティア学習の基礎的な考え方，特に意義と内容，方法について分かりやすく解説しています。第2章では，全国の事例を挙げました。特異な事例，特色ある事例でなく，ありふれた内容であっても，そこに至るまでに，教師が何に苦労し，何を感じ，どのように壁を乗り越えたか，等について教師による「一人称の語り」を通して，読者にメッセージを送ることを主眼にしています。

『ジュニアボランティア学習=小事典』　向山洋一編　明治図書出版　1999.5　148p　22cm　(法則化小事典シリーズ)　2000円　①4-18-023414-9　Ⓝ375

内容　ジュニアボランティア学習の授業実践をまとめたもの。

『ひろがるボランティアの世界—情報・国際編』　新谷弘子監修　文研出版　1999.3　55p　27cm　(わたしたちにもできるこれからのボランティア　4)〈索引あり〉　3200円　①4-580-81227-1

目次　1章　ネットワーク社会の新しいボランティア，2章　日本に住む外国人を支えるボランティア，3章　海外で活躍するボランティア，4章　NGOの活動

『中学校・高等学校ボランティア活動実践事例集』　小川剛監修，小野満禎子編著　学事出版　1998.11　126p　21cm〈編集：月刊ホームルーム〉1500円　①4-7619-0599-9　Ⓝ375.18

『夢への旅路ボランティア—高校生がネパールに学校を建てた！』　清沢洋著　白順社　1998.10　262p　20cm　2200円　①4-8344-0060-3　Ⓝ375

内容　欧米のボランティア先進国にくらべ，日本はまだまだボランティア途上国である。著者の勤務する日本学園高校でも，日本全体の足並みにならって，いま，まさに始まったという感じであった。生徒数は千人もいるのに，環境委員会のアルミ缶回収活動に参加する生徒は十人足らずであり，一般生徒のボランティア参加は数えるほどである。人数を増やすのはこれからの課題だが，それぞれに目的意識をもって参加していたメンバーたちは，週三回のアルミ缶回収の成果として，その収益金で，西ネパールの奥地に大きなハイスクールの校舎をプレゼントするという快挙を成し遂げた。1994年12月，念願の校舎が建ったとき，委員会を一生懸命に支えてきた熱心なメンバーたちでさえ，信じられないという雰囲気であった。いまの歪んだ偏差値教育にたいして，ただ批判するだけでなく，現場の一人の教師として，私たちには具体的に何ができるのか。ささやかな一つの試みではあるが，このようなボランティア活動を通して高校生が生きる夢をもって力づよく巣だっていくドラマを，この本のなかで語りたいと思う。

『この子もなれるかなボランティア犬』　こどもくらぶ編　同友館　1998.3　63p　21cm　(はじめてのボランティア　9)　1200円　①4-496-02612-0

目次　1　目で見るボランティア犬，2　ボランティア犬になるには，3　基本的なしつけ，4　この子もなれるかなボランティア犬

『中学生にボランティア・スピリットを育てる』　上杉賢士，田中雅文編著　明治図書出版　1997.7　148p　22cm　1900円　①4-18-928403-3　Ⓝ375.183

目次　第1部　ボランティア活動の教育的意義(ボランティア活動の現代的意義，市民性を培うためのボランティア教育，体験学習とボランティア活動，実り多き実践展開のために)，第2部　ボランティア教育・活動の実際(環境保護をめざしたボランティア活動の実践，福祉をめざしたボランティア活動の実践，国際交流・貢献をめざしたボランティア活動の実践，コミュニティ形成をめざしたボランティア活動の実践)

『小さな学校の大きなおもいやり—プルタブをあつめて車いすプレゼント』　宮川ひろ文，沢田あきこ絵　学習研究社　1997.2　29p　27cm　(ボランティアふれあいのえほん　9)　1648円　①4-05-500277-7

『中学校・ボランティア活動の実践プラ

『ン』児島邦宏編著　明治図書出版　1996.12　83p　26cm　1760円　①4-18-592301-5　Ⓝ375.183

[内容]中央教育審議会答申は、社会的協調性、他人を思いやる心を育てる実践内容として、繰り返し、「ボランティア精神」の涵養を強調している。それは、ボランティア精神の育成とは、「よき市民としての自己向上」という「市民性」の育成に他ならないからである。もちろん、本書も、こうした観点に立って、心の教育の中心テーマ、実践の眼を「ボランティア」に求め、具体的事例に即しつつ、その方向を提案した。

『中学校ボランティア活動事例集』　渡部邦雄,山田忠行編　教育出版　1996.6　174p　21cm　〈執筆：児島邦宏ほか〉　2400円　①4-316-32030-0　Ⓝ375.183

[目次]1章　なぜ、今ボランティアか，2章　学校におけるボランティア活動の進め方，3章　ボランティア活動の実践例，4章　ボランティア活動Q&A，ボランティアに関する答申など

『中学・高校生のボランティア意識調査報告書』　日本青少年研究所　1995.6　47p　26cm　〈平成6年度調査事業　奥付のタイトル：中学・高校生のボランティア意識調査〉　Ⓝ371.47

◆海外・国際ボランティア

『じゃあまあいーか―JICAボランティアジャマイカを行く』　塚崎雄一著　神戸大盛堂書房　2015.8　191p　18cm　787円　①978-4-88463-118-5

[目次]ジャマイカ式洗礼二題，ジャマイカ人は何故脚が速いか，ジャマイカ・リラックス，ドクター・キャンベルのハグ（抱擁），エイトドクター・バード，ああジャマイカ時間，スペシャル・ランチ，ジャマイカの警察官，女と男，カリキュレーション・タイム（計算時間）CT，ガーナ―ジャマイカ往復書簡，ジャマイカの小学校，ジャマイカの評価法，ガラパゴス旅行―時を越えて，ジャマイカで生き残る術を学ぶ

『グアッパ！　ドミニカでボランティア―日本語教師奮闘記』　楠見洋子著　文芸社　2015.6　153p　19cm　1000円　①978-4-286-16123-5　Ⓝ302.594

『渋谷ギャル店員ひとりではじめたアフリカボランティア』　栗山さやか著　金の星社　2015.4　213p　図版8枚　20cm　1300円　①978-4-323-07320-0　Ⓝ302.4

[内容]バックパッカーとして、約六十か国を旅してたどりついたアフリカ・モザンビーク。毎日のように、たくさんの人たちが貧しさや病気で苦しみ、死んでいく現実を目の当たりにした彼女は、女性や子どもを支援する協会「アシャンテママ」をたったひとりで設立した。目の前で苦しむ友達を助けたいという一心で、ひたむきにとりくむ彼女の姿は、現地の人たちの心を動かしていく―。

『公的国際ボランティアのすすめ―「内向き」を打破するために』　後藤晃著　名古屋　ブイツーソリューション　2014.7　101p　18cm　463円　①978-4-86476-225-0　Ⓝ329.39

『国際ボランティアの世紀』　山田恒夫編著　放送大学教育振興会　2014.3　282p　21cm　（放送大学教材）〈索引あり　〔NHK出版〕（発売）〉　2700円　①978-4-595-31486-5　Ⓝ329.39

[目次]国際ボランティア学とは，保健医療協力と国際ボランティア，教育協力と国際ボランティア，村落支援と国際ボランティア，フェアトレードと国際ボランティア，子どもを守る国際ボランティア，緊急支援と国際ボランティア，国内の外国人に対する国際ボランティア，キャリアとしての国際ボランティア：成長過程とコンピテンシー，NGOと国際ボランティア，企業CSRと国際ボランティア，青年海外協力隊（JOCV）とシニア海外ボランティア（SV），世界の国際ボランティア，学校と国際ボランティア活動，国際ボランティア活動の新展開：まとめにかえて

『アヘンさよなら、学校こんにちは―世界で最も多量にクラスター爆弾が残る国・ラオス』　沢田誠二著　京都　晃洋書房　2013.7　116p　19cm　1400円　①978-4-7710-2456-4

[内容]「爆弾ではなく学校を、地雷ではなく教科書を」を合言葉に、図書館、学校校舎のボランティアに携わってきた一教育者の実践記録！

『成功する海外ボランティア21のケース―自分と世界がハッピーになる！』

寄付・ボランティアをしてみよう　　　　　　　　　　　　　　　　　　　　ボランティア

『「地球の歩き方」編集室（海外ボランティアデスク）著作編集　ダイヤモンド・ビッグ社　2013.7　159p　21cm（地球の歩き方BOOKS）〈文献あり　ダイヤモンド社（発売）〉1400円　Ⓣ978-4-478-04438-4　Ⓝ333.8
|内容|　本書は海外ボランティアの基礎知識から種類、活動内容、参加方法などを徹底ガイド。国際貢献できる仕事の種類や就職する方法など将来のヒントになる内容も満載です。2万人以上が参加してきた『地球の歩き方　海外ボランティア』に集まったたくさんの先輩たちの声やノウハウもきっとあなたの背中を押してくれるはず。さあ、本書を開いて、海外ボランティアの旅に出かけませんか？　自分と世界がハッピーになれるヒントが、ここにあります。

『アジア・子どもの本紀行』　山花郁子著　めこん　2013.3　203p　19cm　1500円　Ⓣ978-4-8396-0266-6
|目次|　第1章　ベトナム・カンボジア紀行（一八歳と二人で、さあ出発！　二〇一二年三月一八日（日）、夕暮れの市内観光　ほか）、第2章　図書館員の血がさわぐ（三月二四日帰国後のはなし、高校生ボランティアサークルが制作したベトナムの民話絵本、ボランティア体験について　ほか）、第3章　アジアの子どもの心をつなぐ読書活動（アジア児童文学大会から、アジアの子どもの心をつなぐ「歌と語りのブックトーク」、続いてほしい、子どもの交流―再び訪れた朝鮮の地　ほか）

『アマゾンの空飛ぶ日本語教師』　中瀬洋子著　秋田　無明舎出版　2012.1　152p　21cm　1600円　Ⓣ978-4-89544-554-2
|内容|　ヘビも爬虫類も大嫌いなフツーの主婦が、シニアボランティアの日本語教師として飛び回った2年間のアマゾン暮らし。はじめての国、はじめての言語、はじめての海外生活、はじめての一人暮らし…ワクワク、ドキドキ、ハラハラ、オロオロの女一人、珍道中。

『なんにもないけどやってみた―プラ子のアフリカボランティア日記』　栗山さやか著　岩波書店　2011.10　215p　18cm（岩波ジュニア新書　696）〈並列シリーズ名：IWANAMI JUNIOR PAPERBACKS〉　780円　Ⓣ978-4-00-500696-0　Ⓝ302.4
|内容|　109の元ショップ店員、渋谷系ギャルが世界放浪の旅へ。訪れたアフリカの医療施設で出会ったのは、HIVや末期がん、貧困に苦しむ女性たちだった。病気の苦しみから救うことはできなくても孤独からは救ってあげたいと、彼女たちに献身的に寄り添い、多くの患者たちの最期を看取ったプラ子さんが綴る感動の日記。

『にほんごボランティア手帖―外国人と対話しよう！　すぐに使える活動ネタ集』　米勢治子編著，吉田聖子著　凡人社　2011.4　137p　21cm　1400円　Ⓣ978-4-89358-779-4　Ⓝ810.7
|目次|　第1章　「対話中心の活動」のしかた（対話活動を担う人，対話活動のためのトピック，対話活動の形態，活動の4ステップ，対話活動のためのツール，活動計画の大切さ），第2章　トピック25プラス（定番トピック，特選トピック，わいわいトピック，活動型トピック），第3章　活動の素材集（ワークシート，疑問詞カード，絵カード，主要教科の対訳表，五十音表（ひらがな/カタカナ），ひらがなの書き順，カタカナの書き順，数）

『シューズとアフリカと500日―スマイルアフリカ』　高橋尚子，スマイルアフリカプロジェクト著　木楽舎　2010.10　144p　21cm　1200円　Ⓣ978-4-86324-031-5　Ⓝ369.14
|目次|　スマイルロード，『スマイルアフリカプロジェクト』，アフリカ、ケニアへ，アフリカ大陸を走る，シューズ回収と市民マラソン，母校からケニアへ，故郷で『スマイルアフリカプロジェクト』，生きることの原点，365日，ケニア，2010，再びケニア，社会貢献と環境のマラソン，自然に学ぶ，ムパタ，500日目

『マザー・テレサ　愛の贈り物―世界の母が遺してくれた大切な教えと言葉』　五十嵐薫著　PHPエディターズ・グループ，PHP研究所〔発売〕　2010.6　205p　19cm　1400円　Ⓣ978-4-569-77941-6
|目次|　第1章　マザー・テレサ　愛の贈り物（あなたが私にしてくれた，この世でもっとも不幸なことは，自分なんてこの世に生まれてくる必要なかった，自分なんて誰からも愛されていないと思うことです　ほか），第2章　マザー・テレサ　愛の情景（ただ手を握って，

ヤングアダルトの本　ボランティア・国際協力への理解を深める2000冊　　87

祈ってあげなさい。それだけでいいのよ，あなたは目が見えなくなって幸せですね。それは神様からのプレゼントです。目が見えなくても，心の目が開くのです。心が一番大切なのですよ ほか），第3章 マザー・テレサ 愛の教え（愛はわかち合うものです，これからプレム・ダンに行ってボランティアをしなさい ほか），第4章 マザー・テレサ 愛の祈り（ただ祈りなさい，その痛みを捧げて祈ってください ほか），第5章 マザー・テレサ 愛の遺言（『I THIRST.』このイエスの叫びを忘れてはいけません，私の名前を使ってお金を集めないでください ほか）

『にほんごボランティア手帖―外国人と対話しよう！』 御舘久里恵, 仙田武司, 中河和子, 吉田聖子, 米勢治子著 凡人社 2010.2 99p 21cm〈文献あり〉 1200円 ①978-4-89358-738-1 Ⓝ810.7
内容 「多文化共生」を目指す日本語ボランティアは何をすればいいのか。ボランティア日本語教室の現場を知り尽くした執筆陣が辿りついた答えは「相互理解のための対話活動」だった。

『キケンな野良猫王国―マック動物病院ボランティア日誌』 ローリー・ハルツ・アンダーソン作, 中井はるの訳, 藤丘ようこ画 金の星社 2009.9 237p 19cm 1400円 ①978-4-323-05702-6
内容 わたしは、スニータ。マック先生の動物病院で、ボランティアとして働いている。大好きな猫とふれ合えて、すっごく幸せ！ある日、動物病院の看板猫、ソクラテスを追いかけて古い工場跡までくると、そこはたくさんの野良猫が暮らす、"野良猫王国"だった。その猫たちは、近所の住民からの苦情で、明日、捕獲され、処分されてしまうらしい。そんなの、ぜったいダメ！野良猫だって、愛情をかけてあげれば、かわいいペットになれるはずだわ！5人の子ども動物病院ボランティアたちが、命とふれ合い成長していく奮闘記。

『リュックをしょったナース―アジアでボランティア！』 當山紀子著 総合医学社 2009.8 197p 16cm〈「リュックをしょったナース海を渡る！」新風舎2004年刊の改訂〉 700円 ①978-4-88378-394-6 Ⓝ292.09
内容 海外の恵まれない子どものために自分はなにができるだろう―。そんな疑問から始まった25歳ナースの旅。難民キャンプ、売春宿、孤児院、HIV感染者のためのホスピス、NGO等を訪れ、道中、赤痢に感染してのたうち回って入院することも、大きな疑問の中で戸惑い、悲しみに打ちのめされながらも、彼女は幾多の出会いに助けられ、困難を乗り越えていく。

『ライフストーリーでつづる国際ボランティアの歩き方―11人のライフストーリー』 久保田賢一, 浅野英一編著 京都 晃洋書房 2009.1 158p 21cm〈執筆：久保田賢一ほか〉 1500円 ①978-4-7710-2043-6 Ⓝ333.8
内容 参加する前に読むか？参加してから読むか？国際ボランティアは、ライフワークになる。"世界のために何かしたい"と考えている人に向けて大学教員が語る、キャリアデザインのススメ。

『国際協力ガイド 2010 エコ×仕事×ボランティア×まなび』 国際開発ジャーナル社, 丸善〔発売〕 2008.10 255p 26cm 1200円 ①978-4-87539-075-6
目次 interview ゆずが奏でるワンダフルワールド, エコ・ビューション―未来に残したい宝もの, 国際協力のお仕事大研究, 国際協力関連機関, 開発コンサルティング企業, 大学・大学院・留学, 巻末リスト全744件

『1週間からできる海外ボランティアの旅―はじめてでもできる！本当の自分が見つかる感動体験』 『地球の歩き方』編集室編著 ダイヤモンド・ビッグ社 2008.6 128p 21cm （地球の歩き方books）〈ダイヤモンド社（発売）〉 1200円 ①978-4-478-07612-5 Ⓝ333.8
内容 クチコミで学生の参加者増えてます。初心者でも安心！ボランティアの旅のすべて。

『マザー・テレサ』 神渡良平監修, PHP研究所編 PHP研究所 2008.6 223p 19cm （雑学3分間ビジュアル図解シリーズ） 1200円 ①978-4-569-69793-2
内容 世界で一番影響を与えた女性マザー・テレサの生涯を辿りながら、ボランティアの原点、愛のチカラ、マザー・テレサの言葉の真意を探る。

『世界をよくする簡単な100の方法―社会

寄付・ボランティアをしてみよう　　　　　　　　　　　　　　　　　　　　　　ボランティア

貢献ガイドブック』　斎藤槇著　講談社　2008.4　285p　19cm　1429円　①978-4-06-214101-7　Ⓝ365.6
内容　自分の手で、変えていく。日米で活躍する社会責任。コンサルタントからの最新提案！　今すぐに、「世界をよくしたい」をかなえるために。

『ドイツ・人が主役のまちづくり―ボランティア大国を支える市民活動』　松田雅央著　京都　学芸出版社　2007.4　199p　21cm〈他言語標題：Bürger und Stadtentwicklung〉2200円　①978-4-7615-2404-3　Ⓝ369.14
内容　なぜ、ドイツの都市は元気なのか？　なぜ、ドイツ人はボランティアに熱中するのか？　市民のボランティア団体「市民協会」、地方自治を牽引する「行政」、公共サービスを提供する「企業」が、巧みに協働しながら築かれる成熟した地域社会の実像に迫る。

『ライフストーリーでつづる国際ボランティアの歩き方―11人のライフストーリー』　久保田賢一,浅野英一編著　国際協力出版会　2007.3　157p　21cm　（国際協力選書）〈執筆：久保田賢一ほか〉1500円　①978-4-906352-60-9　Ⓝ333.8
目次　1　将来に向けての道標、2　私たちのライフストーリー（身近な「コミュニケーション」を学問に，障害学と国際協力を軸として，自分発見という旅は壮大な人生のプロセス，未来社会に向けてともに汗をかこう，獣医がアフリカで学んだ国際協力，「国費途上国留学」を糧にして　ほか），3　国際ボランティアの歩き方

『ナペンダサーナアフリカ！　アフリカ大好き！　そしてボランティア体験』　青野千代子著　大阪　パレード　2006.10　240p　19cm　（Parade books）〈他言語標題：Napenda sana Africa　星雲社（発売）〉1143円　①4-434-08479-8　Ⓝ294.509
内容　首長美人のいるツルカナ族、誇り高きマサイの人々、草原に放置されたままの戦車、子どもたちの笑顔―著者のボランティア活動を綴ったアフリカ見聞録。リアルなアフリカの顔が見えてくる。

『世界平和への近道―石橋勝のボランティア論』　石橋勝著　大阪　浪速社　2006.7　283p　20cm〈肖像あり〉1429円　①4-88854-429-8　Ⓝ369.14
内容　TV番組「石橋勝のボランティア21」のキャスターも務める著者は、真のボランティアの実践＆伝承者として幅広く活躍。世界各地の戦渦や災害現場へも足を運ぶ行動派が、豊富な経験と専門知識を駆使し、世界平和の実現へ向け画期的なボランティア構想を展開する。

『ライフワークとしての国際ボランティア』　久保田賢一著　明石書店　2005.7　220p　19cm　1800円　①4-7503-2142-7　Ⓝ333.8
内容　著者はこれまでいろいろな立場から国際協力にかかわってきた。協力隊の活動をはじめ、ODAやNGOの活動を調査したり、かかわりをもったりしてきた。本書では、協力隊活動を総合的にとらえなおし、自身の考えを述べていきたい。

『英語楽ボランティア養成講座』　生涯学習知の市庭編　杉並区教育委員会社会教育センター　2004.7　25p　30cm　（すぎなみコミュニティカレッジ講座記録 ver.15-2)

『戦争なんて、もうやめて―戦禍の子どもたちと自画像で握手』　佐藤真紀,日本国際ボランティアセンター編　大月書店　2004.4　39p　22cm　（ぼくら地球市民 1)　1400円　①4-272-40501-2　Ⓝ319.8
内容　イラク、パレスチナ、イスラエル、北朝鮮の子どもたちの絵とメッセージが日本へ届いた。子どもたちの交流から浮かびあがる平和へのメッセージ。

『まあるい地球のボランティア・キーワード145―ボランティア学習事典』　日本ボランティア社会研究所ボランティア学習事典編集委員会編　横浜　春風社　2003.11　239p　19cm　2381円　①4-921146-88-8　Ⓝ369.14
内容　ボランティアへの関心が高まりを見せ、活動が盛んになるにつれ、ボランティアに関する用語の解釈も多様化の一途をたどっている。このため、用語の基本的解説や、ボランティア活動に関する情報、理論的支援を求める声が強くなった。そこで、青少年の人間形

成の担い手であるボランティア学習の成果を高めるとともに、心豊かな互助社会を招来するボランティア活動の発展に寄与することを願い、日本ボランティア社会研究所の総力を結集する事業として本事典を作成した。

『なぜ医師たちは行くのか？―国際医療ボランティアガイド』 吉田敬三編 羊土社 2003.10 253p 19cm 2200円 ⓘ4-89706-840-1 Ⓝ498
内容 世界各地で医療支援に尽力する医療従事者たちの体験談を中心に、NGOをはじめとする国際保健・医療協力団体の詳細情報もまとめた国際医療ボランティアの現場がわかる実践的ガイド！ 国際医療ボランティアを志す人はもちろん世界の保健・医療協力の現状を知りたい方に絶対おすすめの1冊。

『「国際ボランティア」ってなに？―学んで、調べて、始めてみよう』 国際ボランティア貯金普及協会 〔2003〕 21p 30cm〈付属資料：1枚〉50円

『日本語でボランティア―外国語として日本語を教えるって？』 グループにほんごでボランティア著 スリーエーネットワーク 2002.5 123p 21cm 950円 ⓘ4-88319-228-8 Ⓝ810.7
内容 日本語で異文化交流はじめてみませんか？ 日本語を教えるっておもしろそう、でも、養成講座を受けたことはないし、英語もあまり得意じゃない…そもそも日本語ってどう教えるんだろう？ 国語とはどう違う？ 授業の仕方は？…こんな疑問や不安にわかりやすくお答えします。

『ボランティアで国際交流』 米田伸次監修，稲葉茂勝，風巻浩著 岩崎書店 2002.4 47p 29cm （地域でできるこれからの国際交流 6）3000円 ⓘ4-265-04456-5
内容 ボランティアをする人がふえているよ。このボランティアが国際交流になることを、きみは知っているかな？ ボランティアでは、外国の人たちといっしょに活動をすることがよくあるんだ。外国人どうし、いっしょに行動していれば、しぜんと国際交流が生まれるね。どんな国際交流があるか、この本でいっしょに調べていこう。

『マザー・テレサへの旅路―祈りと愛に触れた日々』 神渡良平著 サンマーク出版，サンマーク〔発売〕 2001.6 293p 15cm （サンマーク文庫）667円 ⓘ4-7631-8132-7
内容 ボランティアとしてマザー・テレサのもとを訪れた著者が、限りない尊敬の念と共感をもって書き上げた「現代の聖女」の肖像。

『黄色いハンカチはSOSの合図―だれでもできるボランティア』 宇野弘信監修，サトウワカバ文 ポプラ社 2000.12 47p 20cm 1200円 ⓘ4-591-06519-7
内容 「黄色いハンカチ」って知ってた？ 外出先で動けなくなったときや、ケガをして助けてほしいとき。だれでも、「黄色いハンカチ」をふれば、それが、「助けてください」「手を貸してください」の合図になるんだよ。「黄色いハンカチ」は、「手を貸してほしいひと」と「手を貸したいひと」とを結ぶ魔法のハンカチなんだ。そんな「黄色いハンカチ」のことを、シンボル犬のフクが、みんなに教えてあげるね。

『亜生ちゃんとガラパゴス』 清水久美子著，細沢亜生さしえ 騒人社 2000.4 1冊 27cm （かんどうボランティアブックス）2500円 ⓘ4-88290-033-5

『国際ボランティア星野昌子』 杉山由美子著 理論社 1999.6 206p 19cm （こんな生き方がしたい）1500円 ⓘ4-652-04936-6 Ⓝ289.1
内容 ボランティア活動は自分をゆたかにする。タイに流れこんだインドシナ難民を助けるボランティア組織をつくり、抜群のリーダーシップで世界規模の活動をささえる星野昌子の歩み。

『メコンに輝け桜小学校―草の根ボランティア奮闘記』 小山内美江子著 佼成出版社 1999.1 252p 18cm 1300円 ⓘ4-333-01873-0 Ⓝ914.6
内容 草の根だから失敗は多い。草の根だから思い切り汗を流す。草の根だから言い逃れはしない。草の根だから何でも新鮮に学べる。そんな活動の中で、私は若い仲間に対し仕事の量ではなく自分に納得出来るテーマをモノにしてほしいと願っている。納得出来る人生、それを果たすのは大変だけれど、それは人としての生き方にかかわってくるのだ。

『海を越えたボランティア活動―ラオスに

寄付・ボランティアをしてみよう　　　　　　　　　　　　　　　　　　　　　　ボランティア

『学校を贈った生徒会』　岡崎伸二著　学事出版　1998.10　219p　19cm　1600円　①4-7619-0593-X　Ⓝ375.184

『世界のボランティア』　鈴木真理子著　草の根出版会　1998.8　135p　23cm　（母と子でみる A3）　2200円　①4-87648-130-X
[目次]　ボランティアとはなにか，日本人とボランティア，赤十字・赤新月社，赤十字国際委員会，国境なき医師団，アジア・ボランティア・ネットワーク，アムネスティ・インターナショナル，地雷禁止国際キャンペーン，ボランティアの心

『国際ボランティア』　福田雅章ほか著　岩崎書店　1998.4　71p　27cm　（日本を見る目・世界を見る目　国際理解の本　6　渡部淳，多田孝志監修）　3000円　①4-265-02466-1
[目次]　国際ボランティアのこころ，フィジーでのボランティア，わたしが見たケニア，ヤパネ村が教えてくれたこと，バングラデシュを日本で伝える

『マザー・テレサへの旅―ボランティアってだれのため？』　寮美千子文・写真　学習研究社　1997.12　134p　22cm　（学研のノンフィクション）　1200円　①4-05-200956-8
[内容]　なべの中でぐつぐつと煮えたぎっているような街，インドのカルカッタ。飢え，貧困，死，そしてマザー・テレサの愛。筆者は，そのまっただなかで，ボランティアの意味を問いつづける。小学校中学年から。

『英語を使ってボランティアしたい―あなたのスキルが心をつなぐ』　ランデル（春田）洋子著　ダイヤモンド社　1997.10　200p　19cm　1400円　①4-478-94147-5　Ⓝ369.14
[内容]　誰かに喜ばれ，自分も輝く生き方をしてみませんか？　著者(通訳)が歩いて探した情報満載。

『ボランティアの鍵貸します―私たちを変えたアメリカでの体験』　榎田勝利編著　名古屋　KTC中央出版　1997.6　237p　19cm　1400円　①4-924814-99-7　Ⓝ369.14
[内容]　どうしてボランティアするの？　ボランティア―先進国アメリカの最新情報！　愛知淑徳大学生たちの、ボランティア体験記。

『みんな地球家族―国際ボランティア貯金へのメッセージ集』　国際ボランティア貯金普及協会　1997.3　71p　30cm　600円

『あきかん大さくせん―ジャングルのみどりをまもる』　井上こみち文，高羽賢一絵　学習研究社　1997.2　31p　27cm　（ボランティアふれあいのえほん　6）　1648円　①4-05-500274-2

『南の島はせいえんでいっぱい―みんなでせんしゅをはげます』　寮美千子文，相沢るつ子絵　学習研究社　1997.2　31p　27cm　（ボランティアふれあいのえほん　14）　1648円　①4-05-500282-3

『ボランティア英語のすすめ―高校生からお年寄りまで』　篠田顕子，新崎隆子著　はまの出版　1995.8　261p　19cm　1500円　①4-89361-193-3　Ⓝ830.7
[内容]　本書は、日本でトップクラスのふたりの同時通訳者が、自らの体験をふまえ、英語力を身につける、あるいはさらに磨きをかけるための基本的な勉強法を紹介するもの。

◆ボランティアコーディネーター

『市民社会の創造とボランティアコーディネーション―ボランティアコーディネーション力検定公式テキスト』　日本ボランティアコーディネーター協会編，早瀬昇，筒井のり子著　筒井書房　2009.7　155p　26cm　2000円　①978-4-88720-594-9

『ボランティアコーディネーターお仕事読本―あなたも明日から楽しくお仕事』　大庭美紀著　新風舎　2005.11　39p　15cm　（Toppu）　700円　①4-7974-7540-4　Ⓝ369.14
[内容]　楽しくボランティアコーディネーターを続ける秘訣が満載！　HAPPYになれるお仕事読本。

『あなたがつくるボランティアアドバイザーハンドブック』　全国ボランティア活動振興センター編　増補版　全国社会福祉協議会　2003.6　29p　30cm

400円　Ⓘ4-7935-0724-7

『ボランティアコーディネーター』　日本ボランティアコーディネーター協会編　筒井書房　2002.10　172p　21cm〈他言語標題：Volunteer Coordinator〉　1300円　Ⓘ4-88720-389-6　Ⓝ369.14

『施設ボランティアコーディネーター――施設とボランティアの豊かな関係づくりにむけて』　筒井のり子監修・執筆　大阪　大阪ボランティア協会　1998.9　163p　21cm　（ボランティア・テキストシリーズ 14）〈他言語標題：Volunteer coordinator's manual　執筆：東牧陽子,新崎国広,笹部紀子〉　1200円　Ⓘ4-87308-012-6　Ⓝ369.14
目次　第1章 施設におけるボランティアコーディネートとは, 第2章 施設ボランティアコーディネーターの仕事, 第3章 短期のボランティア体験プログラムの事例から学ぶ, 第4章 利用者とボランティアをつなぐということ, 第5章 施設ボランティアコーディネート事例

◆図書館・美術館ボランティア

『トーキング・トーキンビ――東京国立近代美術館解説ボランティア：MOMATガイドスタッフ活動の記録2002-2011』　東京国立近代美術館　2012.3　28p　26cm

『アートボランティア横浜スタイル――横浜トリエンナーレ2008サポーターとボランティアの活動記録』　美術出版社　2009.5　159p　26cm　952円　Ⓘ978-4-568-50395-1　Ⓝ706.9
内容　横浜トリエンナーレ2008サポーターとボランティアの活動記録。本展だけではなく, 周辺で行われた関連イベントや応援企画, さらに, 横浜市内のアートNPOの活動などを含め, 全体としての「横浜トリエンナーレ」と捉えるため, 多くの現場の声を集めた。

『物語が聞こえる――世田谷美術館ボランティア・鑑賞リーダー10周年記念誌　1997年―2008年』　猪飼尚司,髙橋美礼,東谷千恵子編　世田谷美術館　2009.2　19p　26cm〈平成20年度芸術拠点形成事業（ミュージアムタウン構想の推進）〉

『読書ボランティア 活動ガイド――どうする？ スキルアップどうなる？ これからのボランティア』　広瀬恒子著　一声社　2008.12　173p　21cm　1500円　Ⓘ978-4-87077-206-9　Ⓝ019.2
内容　小学校で読みきかせ・おはなし・ブックトーク, 図書館の運営支援, 小児病棟でボランティア…「子ども」と「本」を結ぶ多様なボランティア=読書ボランティア。これからの活動を一歩前へ進めるために。役に立つスキルアップのポイント, いま考えたいボランティア活動のあり方――明日の活動に自信がつく本。

『《読みきかせ》ボランティア入門』　波木井やよい編著　国土社　2006.7　147p　19cm　1300円　Ⓘ4-337-45037-8　Ⓝ019.5
内容　もともと読みきかせには,「こうやらねばならない」というきまりはありません。"読みきかせボランティア"も決まった型などありません。その方その方のものが, 大事なのです。しかし, 子どもたちの本との出会いを, より良くサポートする実践のためには, いろいろと話し合える仲間を持つことも大切ですし, 研究をしなくてはなりません。そこで, 編者たちの長い体験の中での実践例をまとめました。

『新・朗読ボランティア考――日本語を声に出して奉仕する』　髙橋成男著　新風舎　2005.10　151p　19cm　1300円　Ⓘ4-7974-6424-0　Ⓝ378.18
内容　1959年から朗読ボランティアを続けている筆者が, 自らの体験を通して懇切丁寧に語る日本語朗読ボランティアの意義と実践法。

『全国水族館ボランティア交流会「集まれ！ 水族館ボランティア」実施報告書』　SAPV,神戸市立須磨海浜水族園編　神戸　SAPV　2005.5　23p　30cm

◆教育・スポーツボランティア

『Q&Aでわかる！ はじめてのスポーツボランティア 4 オリンピック・パラリンピックに参加！』　日本スポーツボランティアネットワーク監修, こどもくらぶ編　ベースボール・マガジン社　2014.12　31p　29cm〈文献あり　索引あり〉　2800円　Ⓘ978-4-583-10722-6

寄付・ボランティアをしてみよう　　　　　ボランティア

Ⓝ780.13
内容 このシリーズでは、Q&A式で、スポーツボランティアについてわかりやすく紹介していきます。みなさんも、ぜひこのシリーズで「スポーツボランティア」というスポーツのもうひとつのたのしみ方を知り、スポーツ全体をもりあげていってください。

『**Q&Aでわかる！　はじめてのスポーツボランティア　3　どうしたら参加できる？**』　日本スポーツボランティアネットワーク監修，こどもくらぶ編　ベースボール・マガジン社　2014.11　31p　29cm〈文献あり　索引あり〉2800円　Ⓘ978-4-583-10721-9　Ⓝ780.13
内容 Q&A式で、スポーツボランティアについてわかりやすく紹介していきます。

『**Q&Aでわかる！　はじめてのスポーツボランティア　2　どんなことをするの？**』　日本スポーツボランティアネットワーク監修，こどもくらぶ編　ベースボール・マガジン社　2014.10　31p　29cm〈文献あり　索引あり〉2800円　Ⓘ978-4-583-10720-2　Ⓝ780.13
目次 1 スポーツボランティアには、どんなものがある？，2 クラブ・団体のスポーツボランティアって？，3 スポーツイベントのボランティアって？，4 スポーツボランティア・リーダーって、どんな人？，5 プロスポーツをささえるボランティアって？，6 アスリートのスポーツボランティアって？，7 障がい者スポーツのスポーツボランティアって？，8 スペシャルオリンピックスのボランティアって？，9 伝えることがボランティアって、どういうこと？，10 応援ボランティアって、どういうこと？

『**Q&Aでわかる！　はじめてのスポーツボランティア　1　「スポボラ」ってなに？**』　日本スポーツボランティアネットワーク監修，こどもくらぶ編　ベースボール・マガジン社　2014.9　31p　29cm〈文献あり　索引あり〉2800円　Ⓘ978-4-583-10719-6　Ⓝ780.13
目次 1 そもそも、ボランティアってなに？，2 スポーツボランティアとは？，3 日本のスポーツボランティアの歴史は？，4 どれくらいの人がスポーツボランティアをしている？，5 知らないうちにスポーツボランティアな んてことがある？，6 スポーツボランティアの特徴は？，7 スポーツボランティアの魅力とは？，8 どうしてスポーツボランティアが必要なの？，9 子どもとスポーツボランティアの関係は？，10 スポーツボランティアは、子どもでもできる？

『**子どもと学ぶボランティア─「こっちょ」のボランティア授業論**』　鳥居一頼著　大阪　大阪ボランティア協会　2008.5　183p　21cm　（ボランティア・テキストシリーズ 22）1200円　Ⓘ978-4-87308-058-1　Ⓝ375
目次 第1章「こっちょ」のボランティア授業論．第2章 ボランティア授業の7つの扉．第3章 地域で 社会で ボランティアの学びをコーディネートする．第4章 風はいつでもどこでも吹き抜ける

『**体験的な学習とサービス・ラーニング─知る・考える・行動する**』　和栗百恵編　WAVOC　2008.3　56p　26cm　Ⓝ377.15

『**スペシャルオリンピックス**』　遠藤雅子著　集英社　2004.2　221p　18cm　（集英社新書）740円　Ⓘ4-08-720230-5
内容 スペシャルオリンピックスとは、知的発達障害者による世界規模のスポーツの祭典。発祥の地アメリカではパラリンピックをしのぐ九五％の認知度がある。世界大会には各国や地域から数千人規模のアスリートとボランティアたちや、著名人らが集い、共に生きる喜びを謳歌する。二〇〇五年二月、この第八回冬季世界大会が、長野で開催される。ケネディ家の秘密に端を発し、様々な人間ドラマを生んできたスペシャルオリンピックスの真実の姿とその意義、それを支える人々たちの奮闘振りを紹介する。

『**子どもの奉仕活動・ボランティア活動をどう進めるか─学校内外を通じた奉仕活動・体験活動の推進方策**』　長沼豊編　教育開発研究所　2002.12　233p　21cm　（教職研修総合特集─読本シリーズ no.155）2200円　Ⓘ4-87380-836-7　Ⓝ375

『**ボランティア体験学習が児童・生徒の主体性を育む─「総合的な学習の時間」をすすめるために**』　東京ボランティア・市民活動センター　2000.12　137p

21cm （ボランティア・市民活動センター研究年報 1999）1200円　Ⓝ375

『子どもが育つ地域づくりとボランティア―学んだ、燃えた、そして挑戦した「アカチバラチィ・キャンプ」』　アカチバラチィの会著　筒井書房　1999.10　206p　21cm〈年表あり〉1800円　Ⓘ4-88720-252-0　Ⓝ369.4

◆環境・観光ボランティア

『地域と文化財―ボランティア活動と文化財保護』　渡邊明義編　勉誠出版　2013.2　348p　20cm　3400円　Ⓘ978-4-585-22503-4　Ⓝ709.1
内容　文化財を守り、伝えていくために―。人々の社会的営みのなかで保存継承されたモノや技術、生活の歴史の痕跡が残された環境や土地…我々の周辺には幾多の文化財が存在している。それらはただ成り行きで現在に伝わってきたわけではない。その保存には地域と伝統文化の在り方が深く関わっている。それでは我々はそれら文化財に対し、どのようにアプローチしていくことができるのか。文京区民による文化財への取り組み"文の京地域文化インタープリター"を学び、地域住民や行政による文化財保護・活用のこれからを考える。

『地球に自然を返すために―自然を復活させるボランティア』　八木雄二著　知泉書館　2012.8　127p　20cm　1000円　Ⓘ978-4-86285-137-6　Ⓝ519.8
内容　著者は三十年以上、東京都の野鳥公園で自然環境保全のためのボランティア活動をしてきた。本書はその経験を踏まえ、ボランティア活動をするにあたってあらかじめ知っておいたほうがつまらない失敗をせずに済むこと、またなぜボランティアするのかが分からないために踏み出せない人びとへ、この種のボランティアには大きな意義があることを示すのが目的である。

『太陽と緑の中で―新宿御苑ボランティア活動30年の歩み：グリーンアカデミークラブ創立30周年記念誌』　西東京　グリーンアカデミークラブ　2011.10　31p　30cm

『いま里山が必要な理由』　田中淳夫著　洋泉社　2011.1　236p　19cm〈『里山再生』改訂・増補・改題書〉1400円　Ⓘ978-4-86248-674-5
内容　里山とは何か？ 里山はどこにあるのか？ なぜ、里山は魅力的なのか？ 世界が注目するSATOYAMAの入門書。

『観光ボランティアのおもてなし』　山根晃二著　大阪　風詠社　2010.11　61p　19cm〈星雲社（発売）〉952円　Ⓘ978-4-434-15188-0　Ⓝ689.6
内容　生まれ育った神戸で10年にわたりボランティア・ガイドとして活動し、40万人以上の旅行者を案内してきた著者の「もてなしの心」集大成。

『花も花なれ、人も人なれ―ボランティアの私』　細川佳代子著　角川書店　2009.3　285p　20cm〈角川グループパブリッシング（発売）〉1600円　Ⓘ978-4-04-885018-6　Ⓝ369.14
内容　波乗り少女の時代、細川護熙との結婚、アフリカへ毛布8000枚、知的障害者の「スペシャルオリンピックス日本」の設立、13年間、ミャンマーの子どもにワクチンを届ける一人を支えて、人を生きるボランティアの、不屈の実戦記。認定NPO法人スペシャルオリンピックス日本、認定NPO法人世界の子どもにワクチンを日本委員会、勇気の翼インクルージョン2015、ableの会、日本フロアホッケー連盟を立ち上げたボランティア人生ドキュメント。

『地球、そこが私の仕事場―愛知万博・地球市民村の40人、大いに語る』　大前純一編　海象社　2006.7　251p　21cm〈他言語標題：Earth as my workplace〉1500円　Ⓘ4-907717-05-9　Ⓝ369.14
内容　「勝ち負けを超えた生き方」をしたいあなたのまっとうな自分探し、まっとうな仕事選びの本。

『東京における援農ボランティアの現状―取組事例を中心に』　関東農政局東京統計・情報センター編　関東農政局東京統計・情報センター　2005.3　23p　30cm

『逆転のボランティア―ごみ拾いが暴走族を変えた！』　工藤良著　学習研究社　2004.10　215p　20cm　1200円　Ⓘ4-

寄付・ボランティアをしてみよう　　　　　　　　　　　　　　　　　ボランティア

05-402551-X　Ⓝ289.1

内容　2002年4月、福岡県田川警察署で暴走族「極連会」の解散式が行われた。同時にその元暴走族のメンバーが、ボランティア団体「GOKURENKAI」を立ち上げた。彼らがごみ拾いをする姿は、田川市民に温かい目で受け入れられ、活動を通して彼ら自身も大きく変わっていく。この暴走族からボランティア団体への転身という前代未聞のプロジェクトを実行した中心人物が「工藤良」である。本書は、彼の幼少時代の思い出から、暴走族時代、シンナーと覚せい剤の暗黒時代をへて、一転立ち直ったきっかけは何だったのか、どうやって暴走族のメンバーをボランティアに導くことができたのかなどを、彼自身のことばで語った、「逆転の物語」である。

『森林ボランティア論』　山本信次編著　日本林業調査会　2003.12　345p　21cm　2190円　Ⓣ4-88965-145-4　Ⓝ519.8

内容　本書は、森林ボランティア活動の意義や可能性を整理し、世に問うと同時に、森林ボランティア活動を実践する人々やそれにかかわる林業関係者や農山村住民・行政関係者等に対して、今後の活動のさらなる発展に寄与する一助となればと念じて編まれたものである。

『リサイクルもボランティア—考えよう！ボランティアってなんだろう』　田中ひろし著　光村教育図書　2002.11　31p　27cm　（「こころ」を伝えるボランティアの本 1）　1500円　Ⓣ4-89572-707-6　Ⓝ369.14

目次　絵本「リサイクルもボランティア」，1「ボランティアの新3原則」って、なんだろう？，2 なぜ、リサイクルがボランティアになるんだろう？

『森へ行こう、山村へ行こう—NPO地球緑化センターの森林ボランティア活動』　新田均著　春秋社　2002.9　244p　20cm　1800円　Ⓣ4-393-74127-7　Ⓝ519.81

内容　中国での砂漠緑化活動、日本各地での週末森林ボランティア、若者を過疎の山村に一年間派遣、先進的な活動を展開するNPOの10年間の歩み。

『守ろうみんなの文化財』　学習研究社　2002.3　47p　27cm　（学校ボランティア活動・奉仕活動の本 4）　2700円　Ⓣ4-05-201540-1

目次　実践編（うけつがれる高千穂の夜神楽，卒業証書は伝統の杉原紙，世界遺産のブナの森を守る少年団，気分そうかい屋久島の岳参り ほか），資料編（日本の文化財，世界の文化遺産・自然遺産）

『野性の夏—長期キャンプにおける子どもの変容とボランティアスタッフの関わり方について　平成13年度全国少年自然の家連絡協議会指定研究　2001』〔徳地町（山口県）〕　国立山口徳地少年自然の家　〔2002〕　26p　30cm

『栽培活動・ボランティア活動のベストアイデア』　宮川八岐編　明治図書出版　2001.6　107p　26cm　（学校行事演出カタログ 第5巻）　2160円　Ⓣ4-18-160518-3　Ⓝ375.182

目次　1章 栽培活動・ボランティア活動演出の基礎・基本と工夫のポイント（学校行事演出の基礎・基本とは何か，栽培活動・ボランティア活動演出でもとめられる工夫），2章 栽培活動・ボランティア活動演出のアイデア・カタログ（育てる喜びを味わう栽培活動演出のアイデア・カタログ，自らを高めるボランティア活動演出のアイデア・カタログ）

『ムササビの里親ひきうけます—野生動物・傷病鳥獣の保護ボランティア』　藤丸京子著　地人書館　2000.11　159p　19cm　1200円　Ⓣ4-8052-0670-5　Ⓝ480.9

内容　「傷ついた野鳥育てて—里親ボランティア募集—」、そんな新聞記事がきっかけで、動物好きの主婦が、「傷病鳥獣」の保護ボランティアを始める。「傷病鳥獣」とは、巣から落ちた野鳥のヒナ、病気やケガや迷子などで保護された野生動物たちのこと。自然保護センターで研修を受け、獣医の先生や先輩ボランティアの力を借りながら、ムクドリやムササビの里親として大活躍。保護ボランティアとして日々学んでいく著者が、「野生動物とのつきあい方」について考えていく様子を含めて、楽しく綴る。

『やってみようよ！　地球をはげますボランティア』　加藤優監修　旺文社　2000.4　63p　27cm　（ドキドキワクワクやってみようよボランティア 3）〈索引

ヤングアダルトの本 ボランティア・国際協力への理解を深める2000冊　　95

あり〉 2500円　Ⓘ4-01-070998-7

内容 「地球」を対象にしたボランティアを紹介。現在、地球はたくさんの問題をかかえています。そして、その問題を解決するには、地球にすんでいるわたしたちひとりひとりの力が必要と言われています。青い空と海、山や川、そして動物や植物など、地球や自然に対して何ができるか、それをみんなで考え、「？」から「！」に変えていきましょう。小学生の実際の活動を紹介していきます。全学年対象。

『木からのおくりもの』　佐草一優作，アグネス・チャン絵　学習研究社　1999.4　1冊　24×19cm　1300円　Ⓘ4-05-201061-2

内容 むかし、日本は海のむこうの南の島じままで戦争をしました。そして、その戦争で多くの人や自然をきずつけてしまいました。戦争が終わったあとも、日本は自分たちが豊かになるために、南の島じまの自然をきずつけつづけてきました。とてもかなしいことです。でも、そのあやまちに気づいて、南の島じまのきずついた大地に、木を植えたり緑をふやそうと努力しはじめた人たちがいました。このお話は、現地で木を植えるボランティア活動をつづけている、そんな人たちをモデルにしたものです。

『ワークショップを使って―ボランティア活動をはじめるきっかけは、こんなワークショップに出会ったから』　JYVA（日本青年奉仕協会）出版部　1997.7　66p　21cm　（JYVAブックレット no.10）　800円　Ⓝ369.14

『赤ちゃん海ガメ大きくなあれ―生きものを大切にする』　松美里枝子文，山口みねやす絵　学習研究社　1997.2　31p　27cm　（ボランティアふれあいのえほん 7）　1648円　Ⓘ4-05-500275-0

『ペンギンがあぶない―あぶらまみれの生きものをたすける』　井上こみち文，山内和則絵　学習研究社　1997.2　31p　27cm　（ボランティアふれあいのえほん 16）　1648円　Ⓘ4-05-500284-X

『使う、すてるを考える―リサイクルの輪でつなぐ』　鳥飼新市文　ポプラ社　1996.4　46p　27cm　（ボランティアわたしたちにできること 5）〈監修：横山隆一〉2500円　Ⓘ4-591-05070-X

目次 リサイクルは，まずじぶんから，ごみがどんどんふえている，ごみってほんとうに多いんだ，牛乳パックを再利用しよう，廃油をせっけんに！，だしがらできれいな花を，リサイクルをたのしもう，リサイクルは世界の課題，"自然のしくみにそった生活"をしよう，リサイクルについて知ろう，地球環境を守るために

『ゆたかな自然を守ろう―環境を考える』　嶋田泰子文　ポプラ社　1996.4　47p　27cm　（ボランティアわたしたちにできること 4）〈監修：横山隆一〉2500円　Ⓘ4-591-05069-6

目次 ゆたかな森をとりもどそう，森は働きもの，森は大きな教室だ，自然はたいせつな友だち，ニホンカワウソ探検隊がいく，ホタルのすみかを知る，りっぱに育ったよ，メダカを救え，自然に親しもう，くらしのなかでできること，人も地球の生き物

『地球人になろう―ボランティア・コミックス』　日本青年奉仕協会　1995.3　178p　21cm　Ⓝ369

《プロボノ》

『地域力再生とプロボノ―行政におけるプロボノ活用の最前線』　杉岡秀紀編著，青山公三，鈴木康久，山本伶奈著　公人の友社　2015.3　78p　21cm　（京都政策研究センターブックレット No.3）〈文献あり〉1000円　Ⓘ978-4-87555-659-6　Ⓝ318.6

目次 第1章 プロボノとは何か（プロボノの定義，プロボノの起源 ほか），第2章 わが国におけるプロボノ（プロボノ団体の事例，都道府県の事例 ほか），第3章 米国におけるプロボノ（アメリカにおけるプロボノの歴史，タップルート財団（Taproot Foundation）設立と「A Billion＋Change」キャンペーン ほか），第4章 京都府における「地域力再生プロジェクト」とプロボノ（地域力再生プロジェクト，知識・知恵の支援を行うアドバイザー ほか）

『プロボノ―新しい社会貢献新しい働き方』　嵯峨生馬著　勁草書房　2011.4

寄付・ボランティアをしてみよう　　　　　　　　　　　　　　プロボノ

188p　20cm〈他言語標題：pro bono〉
1900円　①978-4-326-65362-1　Ⓝ369.14
内容　そこにあるのは、今までの寄付でもボランティアでもない"進化した"社会貢献。あなたが今すぐできること―それは、ビジネスなどで培った自分のスキルを生かしてNPOをサポートしていく、創造的で刺激的な活動"プロボノ"です。

学術・文化・教育のための活動

『学校現場で役立つ「問題解決型ケース会議」活用ハンドブック―チームで子どもの問題に取り組むために』 馬場幸子編著 明石書店 2013.12 209p 21cm 〈文献あり〉 2200円 ①978-4-7503-3936-8 Ⓝ375.2

目次 1章 問題解決型ケース会議への招待(問題解決型ケース会議 実施前アンケート,問題解決型ケース会議の基本), 2章 問題解決型ケース会議におけるステップごとのポイント(準備, ステップ1 問題の明確化 ほか), 3章 事例で考える問題解決型ケース会議(保護者が参加するケース会議, 子ども本人が参加するケース会議 ほか), 4章 問題解決型ケース会議導入から展開への経緯(オハイオ州でのスクールソーシャルワーク実習, 東京学芸大学でのIBA研修 ほか), 5章 問題解決型ケース会議の学術的解説(問題解決型ケース会議とResponse to Intervention (RtI), IBAについて)

『生きるためにつながる』 石鍋仁美著 日本経済新聞出版社 2013.10 238p 19cm 1500円 ①978-4-532-16892-6 Ⓝ361.3

内容 若者たちはなぜ、「ソーシャル」を志向するのか? コワーキングスペース、ファブラボ、シェアハウス、フューチャーセンター―20代・30代による壮大な実験が始まった。

『スポーツと礼儀で子どもは変わる―マナーキッズプロジェクト10万人の軌跡 礼儀正しさのDNAは残っている』 田中日出男著 芸術新聞社 2013.10 143p 19cm 1500円 ①978-4-87586-381-6 Ⓝ379.3

内容 「太平洋のゴミ拾い」から「琵琶湖のゴミ拾い」を目指す!「いじめ」「学級崩壊」「小1プロブレム」克服につながる! スポーツ・文化活動と小笠原流礼法とのコラボレーション!

『芸術は社会を変えるか?―文化生産の社会学からの接近』 吉澤弥生著 青弓社 2011.10 242p 19cm (青弓社ライブラリー) 1600円 ①978-4-7872-3331-8

内容 美術館やギャラリーに収まっていた芸術は、閉ざされた領域を飛び出して都市空間や地域社会へと広がっている。地域住民とアーティストの共同制作、美術教育、医療や福祉の領域での芸術活動―近年では芸術の社会化がますます推し進められ、私たちの日常にある創造性や表現の可能性を再考する契機になっている。また、NPOとの協働など、文化政策が多様なかたちでおこなわれ、芸術文化の公共的な位置づけが見直されてきている。2000年以降の大阪の文化政策を契機に生み出された"芸術運動"の調査をもとに、文化政策の現状、創造の現場が直面した困難と可能性、制度とオルタナティヴの相互作用、労働やアクティヴィズムとの関連性などを論じて、社会を変えていく契機となる芸術活動のあり方を描き出す。

『学校ソーシャルワーク実践―国際動向とわが国での展開』 門田光司著 京都ミネルヴァ書房 2010.4 204p 22cm 3500円 ①978-4-623-05700-9 Ⓝ375.2

内容 わが国での実践の発展と今後の展望。アメリカでのスクールソーシャルワークの発展経緯や世界のスケールソーシャルワーカーの活動動向から読み解く。

『子どもの豊かな育ちへのまなざし―スクールソーシャルワーク実践ガイド』 宮嶋淳, 今井七重, 徳広圭子, 樋下田邦子, 中島朱美編著 京都 久美 2010.3 245p 26cm 〈索引あり〉 2400円 ①978-4-86189-134-2 Ⓝ371.43

目次 第1章 スクールソーシャルワークとは何か, 第2章 子どもたちの問題1―発達と心, 第3章 子どもたちの問題2―健康, 第4章 子どもを取り巻く環境, 第5章 子どもの育つ権利の擁護, 第6章 子どもと学校, 第7章 スクールソーシャルワークの実際, 第8章 記録と評価

『学級崩壊とスクールソーシャルワーク─親と教師への調査に基づく実践モデル』
大塚美和子著　相川書房　2008.2　185p　22cm　〈文献あり〉　2500円
①978-4-7501-0346-4　Ⓝ371.43

[目次]　第1部　学級崩壊とスクールソーシャルワーク（学級崩壊が私たちに問いかけるもの，スクールソーシャルワークの役割と理論），第2部　学級崩壊を経験した親を対象とした研究─仲介理論の開発（親対象のスクールソーシャルワーク仲介理論開発の方法，仮説仲介理論の構築を目的とした調査，仮説仲介理論の構成概念とその構築，親対象のスクールソーシャルワーク仲介理論の確立，親対象のスクールソーシャルワーク仲介理論開発の意義），第3部　学級崩壊を経験した教師を対象とした研究，第4部　学級崩壊に対する親と学校間の仲介モデルの提示（学級崩壊に対する親と学校間の仲介モデル（実践モデル）の作成と事例への適用）

『子どもが本好きになる瞬間─学校図書館で見つけた元気の出る話』　五十嵐絹子著　国土社　2008.2　239p　19cm　1700円　①978-4-337-45039-4

[内容]　図書館関係者に贈る熱いエールと子どもが本好きになるとっておきの話。卒業生，父母など多くの方からの「寄稿文」「おたより」をまじえながら読者が人を救い，人を変えた，実際にあった話を綴りました。

『スポーツで地域をつくる』　堀繁，木田悟，薄井充裕編　東京大学出版会　2007.7　275p　21cm　〈文献あり〉　2800円
①978-4-13-053015-6　Ⓝ780.13

[目次]　第1部　地域を変え，社会を変えるスポーツ（スポーツのもつ可能性とまちづくり，理念実現への創造プロセス：Jリーグの挑戦，地域のもつ力を活かすスポーツ），第2部　スポーツイベント効果（スポーツイベントのもつ意味，経済波及効果の可能性と限界，世代を超える社会的効果の意味），第3部　スポーツを活かす多様な試み（スポーツにおけるボランティアの役割，地域のアイデンティティをつくる：フランスから学ぶ，ワールドカップが導いた未来：新たに開けた地域活性化への道筋，持てる力をいかに活かすか：十日町市の試み，小さな県の大きな挑戦：大分県の試み，スポーツを利用した都市再生戦略：ソウル市の事例，「伝統文化都市」の復活へ：地方都市・全州市の事例）

『ヤングアメリカンズと日本の子どもたち─笑顔・涙・感動　出会いと輝きの物語』
大野益弘著　メディアパル　2007.6　175p　21cm　1500円　①978-4-89610-080-8

[内容]　1962年に設立されたアメリカのNPO団体。米国では数多くの音楽番組に出演し，彼らを描いたドキュメンタリーフィルムはアカデミー賞を獲得している。彼らが1992年から始めた「アウトリーチ」は，歌と踊りで子どもたちを元気な笑顔にするという教育活動。全米各州はもとよりヨーロッパでも圧倒的に支持されている。そのアウトリーチが2006年，日本で初めて行われた。本書は，ヤングアメリカンズのアウトリーチに参加した日本の子どもたちが，新しい自分を発見し笑顔に変わっていく感動のドラマを描いたノンフィクションである。

『子どもの発達臨床と学校ソーシャルワーク』　古橋啓介，門田光司，岩橋宗哉編　京都　ミネルヴァ書房　2004.12　238p　21cm　2500円　①4-623-04144-1　Ⓝ371.45

[内容]　いじめ・虐待・不登校・非行…子どもに表れるさまざまな「問題」，それは子どもたちのSOSのサインです。そうした「問題」に悩んでいる人々に，小学校から中学校期への発達をたどり，それぞれの時期に特徴的な事例を取り上げながら対応のポイントをしめします。子ども一人ひとりに最善の支援をするためには，学校と家庭や援助機関が連携し，さらに協働しつづけるほかありません。子どもたちの発達の視点をふまえて，さらに心理臨床の視点・学校ソーシャルワークの視点と結びついたよりよい援助のありかたを探ります。

『「ボス」と慕われた教師─学校づくりは石狩で，カンボジアで』　小山内美江子著　岩波書店　2003.2　250p　19cm　1900円　①4-00-002106-0

[内容]　人気テレビ・ドラマ「3年B組金八先生」（TBS系，1979年～）の脚本家である著者率いる，カンボジアに学校をつくるボランティア活動。そこへ，校長を定年退職した一人の男が北海道から飛び込んできた。炎熱の異国に彼を駆り立てたものは何か。若者たちとの活動の中で輝いた定年後の「青春」とは？そして現職時代に小・中学校の教師として誰か

教育機関　　　　　　　　　　　　学術・文化・教育のための活動

らも「ボス」と慕われたその魅力とは何だったのか。その早すぎた死への哀惜を込めて描く感動的なヒューマン・ドキュメント。

『学校ソーシャルワーク入門』　門田光司著　中央法規出版　2002.10　216p　21cm　2000円　①4-8058-2261-9　Ⓝ375.23
[内容]　本書は、教師、養護教諭、スクールカウンセラー、ソーシャルワーカー、保護者、その他多くの方々に、具体的な実践を通じて学校ソーシャルワークを紹介し、解説する入門書である。

『心の扉をひらく本との出会い―子どもの豊かな読書環境をめざして』　笹倉剛著　京都　北大路書房　2002.10　235p　19cm　1900円　①4-7628-2276-0
[内容]　厳選された参考図書と豊富な事例を挙げながら子どもにとっての読書の意義をわかりやすく伝える。

『学校におけるソーシャルワークサービス』　ポーラ・アレン・ミアーズ, ロバート・O.ワシントン, ベティ・L.ウェルシュ編著, 山下英三郎監訳, 日本スクールソーシャルワーク協会編　学苑社　2001.7　553p　22cm　6800円　①4-7614-0105-2　Ⓝ375.23
[内容]　現在わが国では、子どもたちをめぐる問題に関する論議は活発であり、様々な対策が打ち出され実施されている。そうした既存の施策とスクールソーシャルワークの相違がどこにあり、米国でなぜ広く取り入れられたかを知ることは、わが国における対策を考える上で多くの示唆を与えてくれるはずである。本書はスクールソーシャルワークだけでなく、教育問題や障害児に対する施策および法律などに関する記述も詳細になされている。また、わが国の子どもたちにも当てはまる多くの共通性が見られ、子どもの教育・福祉に携わる人たちにとっても必読の書である。

《教育機関》

『心をはぐくむ小学校劇3年』　北島春信監修　小峰書店　2015.4　285p　26cm　3600円　①978-4-338-29203-0
[目次]　守れ！夢パワー―夢に向かって頑張る力, 夢パワーが危ない！, カマクラ・ニャンコ・ストーリー―花火―鎌倉を舞台にした, ネコたちのなわばり争い, へそまがり―カミナリはへそ曲がりのへそが大好き！, こやぎのおるすばん―こやぎとおおかみの知恵くらべ！, みんな地球のおともだち―コール隊を使って国際理解を意識させる劇, おはやしだーい―お囃子の練習を通じて芽生えた大切な気持ち, 三びきのこぶた―おなじみの昔話を楽しくアレンジした劇, "人形劇"タウリーとかえる―ずる賢いへびのタウリーから仲間を救え！, ふるやのもり―どろぼうよりもこわい「ふるやのもり」とは？, 四つの色の歌―舞台いっぱい美しい色でおりなすミュージカル, あちあちぽんぽんふうふう―小僧たちの知恵が楽しい, テンポのよい物語, わらしべ長者―貧乏な若者があれよあれよと長者になるお話, ならなしとり―病気の母のために山に梨を取りにいく兄弟の話, 小さいアリババと四十人のとうぞく―「ひらけ！ごま」洞穴にかくされたお宝は…, 王さまはチョコレートが大すきーわがままな王様の運命は？ ごっこ遊びから楽しい劇へ, 雨つぶたち―雨つぶたちの思いやりが夕立をよぶ夏空の劇, 山の神が出た！―ずるいサルと動物たちのにぎやかな知恵くらべ, りゅう神ぬまのカッパたち―雨ごいの動物と沼のかっぱを結ぶ心のかけ橋, 山びこたち―山びこをめぐるダイナミックなミュージカル

『こうすればうまくいく！　地域運営学校成功への道しるべ―世田谷区立松沢小の"まちぐるみのコミュニティ・スクールづくり"全記録』　北野秋男, 林香代子, 世田谷区立松沢小学校学校運営委員会編著　ぎょうせい　2015.2　172p　26cm　2300円　①978-4-324-09919-3　Ⓝ376.21361
[目次]　第1章「3000校が目標！」全国の学校運営協議会の動向, 第2章　誕生！松沢小学校「学校運営委員会」, 第3章　松沢小学校の「むかし」と「いま」, 第4章　活動プランあれこれ－成功に導く活動内容, 第5章　子どもたちが主役－子どもたちの声, 第6章「なせばなる！」メンバーのチャレンジ物語, 第7章「私たちが応援します！」－商店街・保護者・大学の支援のあり方, 第8章「聞きます応えます」地域と親の学校への要望, 第9章　アメリカに学ぶ－シカゴ市「地域学校委員会」の組織と権限, 終章　こうすれば, うまくいく!!運営原則10か条

学術・文化・教育のための活動　　　　　　　　　　　　　　　　　　　　　教育機関

『てらこや教育が日本を変える―鎌倉・早稲田大学発日本教育再生プロジェクト「鎌倉てらこや」』　森下一,池田雅之編著　改訂普及版　成文堂　2013.11　249p　19cm　1500円　Ⓘ978-4-7923-6106-8　Ⓝ371.3

内容　親が育ち子が育つ、そんな地域をつくろう！出会いと感動の場「鎌倉てらこや」の10年間の軌跡！

『地域連携と学生の学び―北海道教育大学旭川校の取り組み』　北海道教育大学旭川校地域連携フォーラム実行委員会編　協同出版　2013.3　317p　21cm　2000円　Ⓘ978-4-319-00239-9　Ⓝ377.21

内容　ステイクホルダー同士のより良い協働を実現するために、互酬的関係あるいは'win win'の関係が必要だということは語られているが、どのようにそれを実現するかについては、あり方は多様である。本書は、地方の教員養成系大学における協働のあり方を追求する。

『地域と教育―地域における教育の魅力』　井田仁康編著　学文社　2012.11　263p　22cm　〈索引あり〉　3500円　Ⓘ978-4-7620-2321-7　Ⓝ375.3

目次　第1章　東京の地域と教育（地域学習を通じた社会科教育と「総合的な学習の時間」の連携,伊豆諸島大島・御蔵島における「流人の歴史」に関する意識　ほか）,第2章　愛媛の地域と教育（愛媛県松山市立野忽那小学校における社会科地域学習の意義,愛媛県忽那諸島の小学校における集合学習の成果と課題　ほか）,第3章　宮崎・広島の地域と教育（高千穂と世界をつなげる社会科の授業構想,高千穂鉄道の教材化の取り組み　ほか）,第4章　沖縄の地域と教育（「地域づくり」に子どもはどのように関われるのか,離島観光地座間味島におけるゴミ問題学習の実践　ほか）,第5章　韓国・ミクロネシア連邦の地域と教育（韓国・公州市における国際結婚家庭の支援と学校教育の課題,景観秩序を解釈する文化地理の学習　ほか）

『世界を変える教室―ティーチ・フォー・アメリカの革命』　ウェンディ・コップ著,松本裕訳　英治出版　2012.4　277p　20cm　2200円　Ⓘ978-4-86276-110-1　Ⓝ372.53

内容　貧しい家の子どもは良い教育を受けられず、人生の選択肢も限られてしまう―深刻な「機会格差」を解決するために生まれ、めざましい成果をあげてきた「ティーチ・フォー・アメリカ（TFA）」。数万人の若者が情熱とエネルギーを注ぎ、世界23カ国に広がる変革ムーブメントは、なぜ成功し、これから何をもたらすのか？若者たちのリーダーシップが、この世界に「希望」を再生する。

『地域に学ぶ、学生が変わる―大学と市民でつくる持続可能な社会』　地域と連携する大学教育研究会編　東京学芸大学出版会　2012.4　262p　21cm　〈文献あり〉　1800円　Ⓘ978-4-901665-25-4　Ⓝ377.21

『教育関係NPO事例集　vol 5　つなぐ』　NPOサポートセンター監修　第一書林　2012.3　127p　30cm　〈平成22年度文部科学省委託調査「教育関係NPO法人に関する調査研究」　索引あり〉　2000円　Ⓘ978-4-88646-212-1　Ⓝ370.4

目次　1　中間支援（北海道NPOサポートセンター,NPO推進青森会議　ほか）,2　ネットワーク形成（東北みち会議,NPO支援センターちば　ほか）,3　地域支援人材の育成（杜の伝言板ゆるる,ヒーローズファーム　ほか）,4　助成（日本ファンドレイジング協会,神奈川子ども未来ファンド）

『教育関係NPO事例集　vol 4　はぐくむ』　NPOサポートセンター監修　第一書林　2012.3　189p　30cm　〈平成22年度文部科学省委託調査「教育関係NPO法人に関する調査研究」　索引あり〉　2000円　Ⓘ978-4-88646-211-4　Ⓝ370.4

目次　1　まちづくり（まちづくり学校,古材文化の会　ほか）,2　環境教育（ねおす,登別自然活動支援組織モモンガくらぶ　ほか）,3　国際協力、外国人支援（大泉国際教育技術普及センター,NICE（日本国際ワークキャンプセンター）　ほか）,4　文化・スポーツ振興（語りと方言の会,芸術資源開発機構（ARDA）　ほか）

『教育関係NPO事例集　vol 3　いきる』　NPOサポートセンター監修　第一書林　2012.3　163p　30cm　〈平成22年度文部科学省委託調査「教育関係NPO法人に関する調査研究」　索引あり〉　2000円　Ⓘ978-4-88646-210-7　Ⓝ370.4

|目次| 1 家庭教育支援, 男女共同参画活動（おやじ日本, 日本グッド・トイ委員会 ほか）, 2 消費者教育（ささえあい医療人権センターCOML（コムル）, C・キッズ・ネットワーク ほか）, 3 高齢者支援（栃木県シニアセンター, ふらっとステーション・ドリーム ほか）, 4 障がい者支援（バイリンガル・バイカルチュラルろう教育センター, 浜松NPOネットワークセンター ほか）

『教育関係NPO事例集 vol 2 はばたく』 NPOサポートセンター監修 第一書林 2012.3 175p 30cm〈平成22年度文部科学省委託調査「教育関係NPO法人に関する調査研究」 索引あり〉 2000円 ①978-4-88646-209-1 Ⓝ370.4

|目次| 1 生涯学習関連施設との連携（子ども大学かわごえ, 東京学芸大こども未来研究所 ほか）, 2 青少年の学校外活動支援（じぶん未来クラブ, 放課後NPOアフタースクール ほか）, 3 不登校, ニート・ひきこもりに対する支援（With優, 東京シューレ ほか）, 4 子ども・大人の居場所づくり（チャイルドライン支援センター, フリースペースたまりば ほか）

『教育関係NPO事例集 vol 1 まなぶ』 NPOサポートセンター監修 第一書林 2012.3 183p 30cm〈平成22年度文部科学省委託調査「教育関係NPO法人に関する調査研究」 索引あり〉 2000円 ①978-4-88646-208-4 Ⓝ370.4

|目次| 1 学校への支援活動（企業教育研究会, 開発教育協会（DEAR） ほか）, 2 地域における学習支援（からだとこころの発見塾, キッズドア ほか）, 3 キャリア教育・職業教育支援（教育プラットフォーム北海道, 北海道職人義塾大學校 ほか）, 4 科学技術・ICT教育（科学芸術学際研究所ISTA, TRYWARP ほか）

『ニューカマーの子どものいる教室―教師の認知と思考』 金井香里著 勁草書房 2012.2 263p 22cm〈索引あり 文献あり〉 4000円 ①978-4-326-25074-5 Ⓝ372.107

|目次| ニューカマーの子どものいる教室―教師の経験世界を問う視座, 第1部 差異に対する教師の認知―陥穽（ボーダーの形成と調整―分析の枠組み, 差異が隠蔽されるメカニズム―ボーダーの置き換えと解消, 複数の表象の様式の間における競合―「○○人」「日本生まれ日本育ち」という表象のもつ作用）, 第2部 実践における教師の思考―葛藤（実践における教師の思考―葛藤を分析するための枠組み, 子どもへの対処をめぐる教師の葛藤と困難）, 第3部 実践における教師の思考―対処方略の構築と採用における葛藤（実践における教師の思考―対処方略の構築, 対処方略の構築と採用をめぐる教師の葛藤と困難）, 教師の経験世界―葛藤と困難

『学校と地域をつなぐ実践の手引き―これからのコミュニティづくりと新しい公共』 u-School推進コンソーシアム編著 ノトコード 2011.12 127p 26cm 1800円 ①978-4-904711-00-2 Ⓝ371.31

『春日市発！ コミュニティ・スクールの魅力―子どもが育つ地域基盤形成につなぐ開かれた学校』 春日市教育委員会編著 ぎょうせい 2011.8 152p 26cm 1714円 ①978-4-324-09295-8 Ⓝ372.191

|目次| 第1部 春日市のコミュニティ・スクールの特色（コミュニティ・スクールが目指す全体像, 協働・責任分担方式による学校運営協議会, 実働組織を位置づけた学校運営協議会, 共育の醸成を目指すコミュニティ・スクール経営）, 第2部 事例と座談会で読み解くコミュニティ・スクールの魅力（学校・家庭・地域三者連携による「響育」（日の出小学校）, 「役割分担の明確化」と「協働実践」の重視（春日西小学校）, 「地域ぐるみの健康つくり・ふれあいプロジェクト」, 学校大好き・地域貢献の生徒の育成）, 第3部 各校で展開する特色ある連携の活動（学校・家庭・地域連携の取組, 学校・地域連携の取組, 学校・家庭連携の取組, 地域・家庭連携の取組）, 第4部 大学人から見たコミュニティ・スクール（コミュニティ・スクールはどこからやってきたのか, 春日市におけるコミュニティ・スクールはどこが素晴らしいのか, 春日西小学校の先駆的取組と意義, よりよい子どもの成長・発達という視点から見たコミュニティ・スクールの在り方）, 第5部 我が国の「開かれた学校づくり」の変遷と展望（開かれた学校は「どこに」「何を」開くのか, 開かれた学校づくり変遷の中でのコミュニティ・スクール, 臨時教育審議会答申後の開かれた学校づくり（第一段階）, 学校評議員制度法制化後の

学術・文化・教育のための活動 教育機関

開かれた学校づくり(第二段階),学校運営協議会制度法制化後の開かれた学校づくり(第三段階),春日市のコミュニティ・スクールの歩み)

『学校ボランティアハンドブック―支援の必要な子ども、教師、学校とのかかわり方Q&A』 霜田浩信,会沢信彦,星野常夫著 ほんの森出版 2011.6 95p 21cm 1000円 ①978-4-938874-78-0 Ⓝ374.6

目次 1 学校ボランティアとして学校に入る(学校ボランティアとは,子どもや先生とどうかかわるか,学校ボランティアが出合うとまどい,学習支援・授業の中での支援),2 特別なニーズのある子どもへの支援(「特別」なニーズとは,どうほめる?叱る,励ます?指示,説明する?,子どもの気持ちへの支援,人へのかかわり・行動への支援)

『社会に飛びだす学生たち―地域・産学連携の文系モデル』 明治大学商学部編 同文舘出版 2011.4 234p 21cm 〈これが商学部シリーズ vol.2〉〈並列シリーズ名:THE SCHOOL OF COMMERCE〉 1700円 ①978-4-495-64401-7 Ⓝ377.21

内容 大学と社会(地域・国際・産業)のコラボレーション実践ノウハウ。大学の教育力で社会貢献、社会の教育力で学生を育てる。地域・国際・産学連携の文系モデルは、これだ。

『大学教育と地域―地域力再生学生宣言』 真山達志,今川晃監修 公人社 2011.4 74p 21cm 1200円 ①978-4-86162-076-8 Ⓝ377.21

目次 第1部 地域力再生学生宣言(解説,地域力再生学生宣言),第2部 大学教育と地域(解説,国際政治教育と地域,政策形成教育と地域,ソーシャル・イノベーション教育と地域,文化教育と地域,情報メディア教育と地域,地方自治教育と地域),まとめにかえて―地域とこれからの教育(京都府庁の挑戦と学生,教育GPの成果と継承)

『学習支援員のいる教室―通常の学級でナチュラルサポートを』 藤堂栄子編著 ぶどう社 2010.10 175p 21cm 1800円 ①978-4-89240-206-7

内容 NPO法人エッジが日本で初めて、東京都港区の教育委員会と協働で創り出した「学習支援員制度」。育てたい学習支援員への思い、養成プログラムの開発、小中学校での実践事例、行政との連携のあり方など、必要なことが全て書き込まれた、行政関係者、教員、専門家、NPO関係者、保護者などにとってのバイブル。

『「カタリバ」という授業―社会起業家と学生が生み出す"つながりづくり"の場としくみ』 上阪徹著 英治出版 2010.10 237p 19cm〈話し手:今村久美,竹野優花,カタリバ〉1500円 ①978-4-86276-087-6 Ⓝ375.25

内容 「何とかしなきゃ!」立ち上がった2人の女性と共感して集まった人々。教育現場に一石を投じた、ゼロ年代起業家の熱き10年ヒストリー。

『「教育支援人材」育成ハンドブック』 日本教育大学協会編 京都 書肆クラルテ 2010.10 304p 19cm〈大阪 朱鷺書房(発売)〉2600円 ①978-4-88602-641-5 Ⓝ374.6

内容 社会総がかりで公教育の跳躍を。教育系大学・学部を発火点とする「教育を支援する地域人材」の育成と活用について、理論と実践をまとめたハンドブック誕生。

『プロジェクト・ベース学習の実践ガイド―「総合的な学習」を支援する教師のスキル』 上杉賢士著 明治図書出版 2010.10 134p 22cm 1760円 ①978-4-18-019123-9 Ⓝ375.1

目次 第1章 出会いと確信(アメリカで目撃した教育改革のうねり、ミネソタ・ニューカントリースクールの生徒たち ほか)、第2章 理論的基盤の整理と紹介(プロジェクトからエドビジョン型PBLへ、評価規準の事前提示がもたらすもの ほか)、第3章 効果を発揮する技法と実例(グループを編成する、トピックを選択する ほか)、第4章 どのように導入するか(なぜPBLの導入が必要か、子どもが問いを発する学びの実現 ほか)

『滝山コミューン一九七四(いちきゅうななよん)』 原武史著 講談社 2010.6 343p 15cm (講談社文庫 は91-1)〈タイトル:滝山コミューン一九七四 2007年刊の加筆修正〉600円 ①978-4-06-276654-8 Ⓝ361.785

内容 郊外のマンモス団地の小学校を舞台に、

自由で民主的な教育を目指す試みがあった。しかし、ひとりの少年が抱いた違和感の正体は何なのか。「班競争」「代表児童委員会」「林間学校」、逃げ場のない息苦しさが少年を追いつめる。30年の時を経て矛盾と欺瞞の真実を問う渾身のドキュメンタリー。講談社ノンフィクション賞受賞作。

『小・中一貫コミュニティ・スクールのつくりかた―あなたの学校でもできる! 三鷹市教育長の挑戦』 貝ノ瀬滋著 ポプラ社 2010.4 125p 26cm 2000円 ①978-4-591-11748-4 Ⓝ376.21365

[目次] 第1章 三鷹メソッドとそのつくりかた―小・中一貫コミュニティ・スクール「にしみたか学園」ができるまで, 第2章 今なぜ, 小・中一貫コミュニティ・スクールなのか, 第3章 コミュニティ・スクール三鷹市立第四小学校の誕生秘話, 第4章 小・中一貫コミュニティ・スクールの実践, 第5章 小・中一貫コミュニティ・スクールの成果, 第6章 巻末資料

『地域教育の構想』 三上和夫, 湯田拓史編著 同時代社 2010.3 304p 22cm 4200円 ①978-4-88683-669-4 Ⓝ371.31

[内容] 教育理論および政策研究を地域と社会の視点から、歴史的、多角的に捉え直す集団的研究の試み。

『アメリカ公民教育におけるサービス・ラーニング』 唐木清志著 東信堂 2010.2 360p 22cm 〈他言語標題: Service learning in U.S.civic education 文献あり 索引あり〉 4600円 ①978-4-88713-967-1 Ⓝ372.53

[内容] アメリカの根幹を支えてきた、社会に貢献する市民を育む「公民教育」の危機が叫ばれるなか、俄然注目を集めるサービス・ラーニングとは―。社会貢献活動を単なる体験にとどめず、その後の自己評価・省察を通して、学習経験をより豊かなものとし、市民としての成長を促す教育方法「サービス・ラーニング」を詳細に紹介・考察し、わが国への本格的導入法を追求した労作。

『屋根のない学校―対話共生型住まい・まち学習のすすめ』 住宅総合研究財団住教育委員会編 萌文社 2009.12 293p 21cm 2000円 ①978-4-89491-186-4 Ⓝ371.31

[目次] 第1部 住まい・まち学習が学力論をひっくり返す(お父さんたちの子育て・まち育て―総合的な学習の可能性を拓く, まち学習におけるアートの快楽―体験と表現の結合, 子どもの生命力・地域の生命力を育む―住まうこと・生きること・食べること), 第2部 対話と表現を求める住まい・まち学習の多様性(全国一汚い川=近木川の汚名返上―その活動から子どもが考えるまちづくり, 「えき・まち活性化」で育った高校生の公益活動―町民駅の活性化から始まったまちづくりの取り組み, まちの"財産"を受け継ぎ明日につなげるイベントの意義と課題―神楽坂・路上イベント「坂にお絵描き」の実践報告 ほか), 第3部 これからの学力と「住まい・まち学習」の展望(教育系の視点から―本物の生活を「する」ことにより自己の生き方を深める学び, 建築系の視点から―生活のあるべき方向をデザインする感覚を育む「住まい・まち学習」)

『いつか、すべての子供たちに―「ティーチ・フォー・アメリカ」とそこで私が学んだこと』 ウェンディ・コップ著, 東方雅美訳 英治出版 2009.4 285p 19cm 〈解説: 渡邊奈々〉 1600円 ①978-4-86276-050-0 Ⓝ372.53

[内容] 大学卒業後の若者たちが2年間、全国各地の学校で「教師」になったら、世の中はどう変わるだろう?―こんなアイディアを思いついた当時21歳のウェンディが立ち上げた「ティーチ・フォー・アメリカ」は、国じゅうの大学生を巻き込んで、たちまち全国に広がった。世間では「ミー・ジェネレーション(自分のことしか考えない世代)」と言われていた若者たちが、同じ夢を抱いて立ち上がったのだ。それは、「いつか、すべての子供たちに、優れた教育を受ける機会が与えられること」。―貧しい地域の学校にドラマチックな成果をもたらし、大勢の子供たちの人生を変え、今や米国大学生の「理想の就職先」第10位に選ばれるまでになったティーチ・フォー・アメリカの軌跡を創業者がいきいきと描く。

『養護教諭の応援団保健ボランティア』 三浦佐智子著 少年写真新聞社 2009.4 47p 21cm (保健室ブックレット 2) 〈文献あり〉 600円 ①978-4-87981-291-9 Ⓝ374.9

[目次] 第1章 保健ボランティアができるまで(はじめに, 保健ボランティア・組織作りの

学術・文化・教育のための活動　　　　　　　　　　　　　　　教育機関

手順 ほか），第2章 保健ボランティアの活動（活動の概要，地域への広がり ほか），第3章 養護教諭の応援団（開かれた保健室がもたらしたもの，これからの保健ボランティア），第4章 保健ボランティア作品集

『協働を生かした学習環境づくり―子どもの豊かな人間性や社会性を育む体験活動の充実』　吉村信彦著　福井　福井大学大学院教育学研究科教職開発専攻　2009.2　71p　26cm　〈学校改革実践研究報告 no.54〉〈文部科学省・平成20年度「専門職大学院等における高度専門職業人養成教育推進プログラム」「実践力・改革力を培う長期協働実習の組織化」〉　Ⓝ375

『教育と生活の論理―子どもの生活力とおとなの教育力』　南里悦史編著　光生館　2008.11　202p　21cm　2200円　Ⓘ978-4-332-50022-3　Ⓝ371.3

目次　第1章 子どもの教育を育む地域の生活と共同性の再構築，第2章 子どもの教育の階層化と自律的共同，第3章 少子・格差社会における生活の自立化と教育力，第4章 地域で「生きる」力を育む青年の学習，第5章 ボランティア・体験活動の組織化と学びの場の再編成，第6章 教育のガバナンスと発達「自由」空間の再生，第7章 環境学習と共生教育の創造，補足資料 教育関連法

『日本で「一番いい」学校―地域連携のイノベーション』　金子郁容著　岩波書店　2008.10　279p　20cm　1900円　Ⓘ978-4-00-024250-9　Ⓝ371.31

内容　いま公立学校に対して親や社会全体に不信感と不満が広がっている。一番いい学校にするために，「コミュニティスクールや学力テストの結果をどう活用するか」「いい取り組みをどう継続させ，普及させるか」「地域連携イノベーションをどう起こすか」…豊富な事例をもとに検証・提案してゆく。

『高校を生きるニューカマー―大阪府立高校にみる教育支援』　志水宏吉編著　明石書店　2008.7　324p　21cm　2500円　Ⓘ978-4-7503-2809-6　Ⓝ376.4163

目次　第1部 イントロダクション（ニューカマーと日本の学校，高校進学と入試），第2部 大阪の教育（同和教育を土壌とする学校文化とニューカマー教育，連続するオールドカマー／ニューカマー教育 ほか），第3部 生徒たちの素顔（「ちがい」からみえてくるもの，小・中学校から高校へ ほか），第4部 高校紹介（門真なみはや高校―普通科総合選択制におけるアイデンティティ保障の取り組み，長吉高校―ちがいとちがいをつなぐ教育実践 ほか）

『地域連携で学校を問題ゼロにする―実践型コミュニティ・スクールの秘訣』　佐藤晴雄監修，中野区立沼袋小学校編　学事出版　2008.3　191p　21cm　2100円　Ⓘ978-4-7619-1399-1　Ⓝ376.21361

『子ども・学校・地域をつなぐコミュニティスクール―こんな学校に通わせたい！　「人間力」を育む三鷹四小の学校づくり』　奥村俊子，貝ノ瀬滋著　第2版　学事出版　2008.1　189p　21cm　2000円　Ⓘ978-4-7619-1392-2　Ⓝ376.21365

目次　第1章 みんなで夢を実現する，第2章 教育ボランティアとつくる授業―レッツトライ四小の子，第3章 教育ボランティアが輝く―わくわく，ニコニコ，ぐんぐん学ぶ子，第4章 人とITのネットワークが学校を変える，第5章 学校統治（スクールガバメント）から学校協治（スクールガバナンス）へ，第6章 鼎談

『大学における社会貢献・連携ハンドブック―新しい学びの広がりと心理学的支援活動の実際』　福田憲明，黒岩誠編　文憲堂　2008.1　241p　30cm　〈文献あり〉　2800円　Ⓘ978-4-938355-19-7　Ⓝ377.21

目次　第1部 大学の地域貢献と，学部学生・大学院生の支援活動への参画の実際―実践研究報告（ヒューマン・サービス分野での連携のあり方と基盤整備―2つの自治体での地域貢献，学生派遣による学校教育への支援活動―特別支援教育への支援の方法論，心理相談センターの自治体教育相談事業への支援―学生の支援とスクーリング・サポート・ネットワーク事業，大学研究室の教育相談行政への支援―スクーリング・サポート・ネットワーク事業整備を通して，大学心理相談センターと大学教育の新しい枠組み，学生の相談支援活動と新しい学びの形態―サービスラーニングの実際，適応指導教室を支援した学生からの報告），第2部 大学と地域社会との関わり―地域からの評価（地域連携・地域貢献プロジェクトの評価，アンケート調査の概要，アンケート調査の結果，評価のまとめ―調査か

『アメリカの教育支援ネットワーク―ベトナム系ニューカマーと学校・NPO・ボランティア』 野津隆志著　東信堂　2007.10　201p　20cm〈他言語標題：Education support network in America〉2400円　①978-4-88713-782-0　Ⓝ371.31

内容 多文化共生の時代に不可欠なニューカマーに対する想像力と支援。日本はこの問題にやっと目を見開きはじめたばかりだ。多民族国家アメリカの豊富な経験に裏打ちされた、移民・難民に対する支援、特に学校・NPO・ボランティアの連携による教育支援ネットワークの在り方を、最近のベトナム系コミュニティの事例を中心に、フィールド調査等を通じ具体的に学ぶ。

『滝山コミューン1974』 原武史著　講談社　2007.5　284p　20cm　1700円　①978-4-06-213939-7　Ⓝ361.785

内容 東京都下の団地の日常の中で、一人の少年が苦悩しつづけた、自由と民主主義のテーマ。受験勉強と「みんな平等」のディレンマの中で、学校の現場で失われていったものとは何か？ そして、戦後社会の虚像が生んだ理想と現実、社会そのものの意味とは何か？ マンモス団地の小学校を舞台に静かに深く進行した戦後日本の大転換点。たった一人の少年だけが気づいた矛盾と欺瞞の事実が、30年を経て今、明かされる。著者渾身のドキュメンタリー。

『大学地域論のフロンティア―大学まちづくりの展開』 伊藤眞知子,大歳恒彦,小松隆二編著　論創社　2007.3　286p　20cm〈文献あり〉2000円　①978-4-8460-0675-4　Ⓝ377

内容 「大学まちづくり」に先駆的に取り組んできた東北公益文科大学(山形県庄内地域)の教職員による、大学地域論の「理論化作業」と、地域を活性化させてきた数々の「実践記録」の報告。

『ニューカマーの子どもたち―学校と家族の間の日常世界』 清水睦美著　勁草書房　2006.9　367p　22cm　4500円　①4-326-25055-0　Ⓝ372.107

内容 エスノグラフィーによる臨床的アプローチの地平を拓く意欲的実践。フィールドワークにおける研究者の立ち位置を模索しつつ「はざま」に生きる子どもたちの日常を読み解く。

『大学地域論―大学まちづくりの理論と実践』 伊藤眞知子,小松隆二編著　論創社　2006.5　347p　20cm　2000円　①4-8460-0672-7　Ⓝ377

内容 日本最初の「大学まちづくり」論。東北公益文科大学(山形県庄内地域)の教職員・学生が五年間にわたり、地域と一丸となって取り組んできた大学と地域再生のための貴重な実践記録を含む試み。

『ニューカマーの子どもと学校文化―日系ブラジル人生徒の教育エスノグラフィー』 児島明著　勁草書房　2006.3　247p　22cm　4200円　①4-326-25052-6　Ⓝ371.5

内容 構造的弱者の戦略や戦術、語りの重層性に注目し、かれらを、現実世界に意味を与え「場」を構成していく行為者と捉えなおすことにより、学校文化存続のメカニズムと、その変革の契機を明らかにする。

『プロジェクト・ベース学習で育つ子どもたち―日米18人の学びの履歴』 上杉賢士,市川洋子著　学事出版　2005.7　184p　21cm　2000円　①4-7619-1108-5　Ⓝ375.1

内容 『学びの情熱を呼び覚ます』に続く第2弾、日本における実践報告！「すきなことを、とことん学んでいいんだ」"学習者中心の学び"がもたらす育ちの記録。

『教育コミュニティの創造―新たな教育文化と学校づくりのために』 高田一宏著　明治図書出版　2005.4　106p　21cm〈文献あり〉1560円　①4-18-058217-1　Ⓝ371.31

目次 1 教育コミュニティの創造(ともに取り組むべき課題,教育コミュニティづくりの展開), 2 教育コミュニティづくりの現場(子育てを通して地域を変える―大阪府・岬町地域教育協議会, 地域文化の創造と人権のまちづくり―大阪府・北条中学校区ふれ愛教育協議会, 重層的なネットワークの力―大阪府・松原市, 地域ぐるみの子育て―大阪府・鳴滝地域教育推進会議, 地域に学ぶ「トライやる・ウィーク」―兵庫県・姫路市立朝日中学校)

学術・文化・教育のための活動　　　　　　　　　　　　　　　　　　　　　　　　　教育機関

『サービス・ラーニング入門』　三鷹　国際基督教大学サービス・ラーニング・センター　2005.4　79p　30cm　〈サービス・ラーニング研究シリーズ 1〉〈他言語標題：Introduction to service-learning　英語併載〉　Ⓝ371.31
[目次]『サービス・ラーニング』とは何か（山本和著），Educating the heart（Florence McCarthy著），グローバリゼーションの捉え方とサービス・ラーニングの意義（山本和著），コミュニティ・サービス・ラーニング（西尾隆著），日本語教育とサービス・ラーニング（佐藤豊著），The Thai work camp（Paul Johnson著），Volunteerismと市民社会（村上むつ子著），Elements of a successful service learning experience（Florence McCarthy著）

『地域と共に学び合う学校づくり—ボトムアップ型の地域運営学校を目指して』　野田敦敬監修，愛知県岡崎市立六ツ美西部小学校著　明治図書出版　2005.4　150p　22cm　1860円　①4-18-205418-0　Ⓝ371.31
[目次] 1 誕生！ 六ツ美西部小学校（地域と共に学校づくり，地域と共に取り組んだ8年間の活動），2 地域とかかわり，学び合うなのはな学習（なのはな学習で，学び，育つ！—子どもと共に歩んだ6年間の足跡，地域の「ひと・もの・こと」とのかかわりを通して），3 地域の人による学校支援ボランティアの取組（学校支援ボランティア（Sスクール・Sサポート・Vボランティア）とは，子どもたちの能力を引き出す授業（学習支援ボランティア）ほか），4 これからの地域との学び合い（地域とのかかわりから学んだこと，これからの学校と地域とのかかわり）

『学校支援ボランティア—特色づくりの秘けつと課題』　佐藤晴雄編　教育出版　2005.2　176p　21cm　2200円　①4-316-80100-7　Ⓝ374.6
[内容] 教師，ボランティア必読！ 学校支援ボランティアの活躍で，子どもが，学校が，地域が，生き生きと動き出す！ 学校支援ボランティアの意義と課題をわかりやすく解説。全国各地から36の取り組み事例を掲載。取り組みのヒントをワンポイント・アドバイス。活動マニュアルを収録。

『学びの情熱を呼び覚ますプロジェクト・ベース学習』　ロナルド・J.ニューエル著，上杉賢士，市川洋子監訳　学事出版　2004.8　158p　21cm　2000円　①4-7619-1064-X　Ⓝ375.1
[目次] 第1章 プロジェクト・ベース学習とは何か，第2章 学びとは何か，第3章 何をどう評価するか，第4章 教師の役割とは何か，第5章 学校はどうあるべきか，第6章 プロジェクトのプロセスはどう機能するか，第7章 プロジェクトが学習者にどう影響するか，第8章 どのようにして障害を克服するか

『新しいタイプの公立学校—コミュニティ・スクール立案過程と選択による学校改革』　黒崎勲著　日日教育文庫　2004.2　219p　22cm　〈発行所：同時代社　文献あり〉　2800円　①4-88683-515-5　Ⓝ373.1
[内容] コミュニティ・スクール（地域運営学校）・日本型チャータースクールとはなにか？ 品川区学校選択制度はどのようにすすむのか？ 政策立案当事者へのインタビューによって，公立学校改革の実態に鋭く迫る。

『「地域暮らし」宣言—学校はコミュニティ・アート！ 元気コミュニティ！ 秋津』　岸裕司著　太郎次郎社エディタス　2003.12　238p　21cm　〈太郎次郎社（発売）〉　1900円　①4-8118-0712-X　Ⓝ371.31
[内容] 1980年，東京湾の埋立地に誕生した新興のまち・秋津（千葉県習志野市）。地縁・血縁的つながりのうすかったまちで，小学校を舞台にした住民たちのさまざまな活動がくり広げられている。乾いた土ぼこりが舞っていた校庭には，畑，田んぼ，小川，果樹園，ビオトープ，手掘りの井戸がぞくぞくと出現。校舎内には地域のだれでもが使えるコミュニティルームがあり，オジサン・オバサン・お年よりらが年がら年中，学校に出入りして，自分の楽しみやサークル活動にいそしむ。学校の授業や行事にもすすんで交ざり，それらを教師や子どもと協働で創りあげる。活動の中心を担ってきたのはお父さんたち。住むところが「寝に帰る場所」から「暮らす地域」になった。

『希望としてのチャータースクール—学校を公設民営』　大沼安史著　本の泉社

ヤングアダルトの本 ボランティア・国際協力への理解を深める2000冊　　107

2003.9 159p 21cm 1600円 ⓘ4-88023-822-8 Ⓝ372.53

|目次| 第1章 発生, 第2章 発展, 第3章 現場, 第4章 現状, 第5章 展開, 第6章 閉校, 第7章 財政, 第8章 摩擦, 第9章 課題

『広がれ地域活動―子どもたちの社会参加』 全国知的障害養護学校長会編 ジアース教育新社 2003.8 169p 26cm 1333円 ⓘ4-921124-19-1 Ⓝ378.6

|目次| 第1章 地域活動を広げるために(地域活動の充実と特別支援教育, 学齢期の社会参加 ほか), 第2章 広げよう地域活動(さまざまな条件の中から生まれるさまざまな地域活動, 広げよう障害児の地域活動), 第3章 Q&A(障害児の地域活動Q&A, ボランティア養成講座Q&A), 第4章 アンケート調査(『学校週5日制に伴う、休日・放課後の地域活動について』の調査結果の概要), 第5章 資料編(今後の特別支援教育の在り方について(最終報告)のポイント, 障害者基本計画(教育・育成関連のみ) ほか)

『子どもの夢を育むコミュニティースクール―教育ボランティア連携の手引き』 貝ノ瀬滋編著 教育出版 2003.2 163p 26cm 2200円 ⓘ4-316-38940-8 Ⓝ376.21365

『私たちの学校、私たちのまちづくり―貝塚市立北小学校校区を舞台に』 「ふれあいルーム」運営委員会編 大阪 部落解放・人権研究所 2003.2 121p 19cm〈大阪 解放出版社(発売)〉 1300円 ⓘ4-7592-2130-1 Ⓝ376.2163

|目次| 1 四五〇〇人が出入りする学校, 2 学校の中にできた「ふれあいルーム」3 お寺の境内にできた学校, 4 公民館からふいてきた「風」―「地元のつどい」開催のお誘い, 5 「風」をしっかり受けとめた地域, 6 手作りの「北校区・ふれあいまつり」, 7 涙の解散式から一転、発足式へ, 8 手探りの楽しい一年目――九九九年, 9 みんなで育てる「ふれあいルーム」, 10 学校発の「まちづくり」, 11 学校五日制を「ふれあい」のいい機会に

『学校と地域とを結ぶ総合的な学習―カリキュラムマネジメントのストラテジー』 中留武昭著 教育開発研究所 2002.11 246p 26cm 2800円 ⓘ4-87380-335-7 Ⓝ375

|内容| 学校の「教室」と、地域という「教室」とを結びつける総合的な学習のカリキュラムをどうマネジメントしていったら「生きる力」をつけることができるのか―カリキュラムの内容・方法上の「連関性」とこれを運営していく学校組織のウチの間と、ウチとソトとの「協働性」をうまく結び合わせてマネジメントしていくストラテジー(戦略)を明らかにする。

『子どもが育つ地域社会―学校五日制と大人・子どもの共同』 佐藤一子著 東京大学出版会 2002.10 215,5p 19cm 2500円 ⓘ4-13-053058-5 Ⓝ371.31

|内容| いま、大人たちは子どもとどう向き合うか。子育て困難から共同の子育てへ、学校と地域社会の協働へ大人と子どもが共同し参画する新しい地域社会を構想する。

『学校支援ボランティア"する側"の心得帳』 明石要一ほか編著 明治図書出版 2002.2 118p 22cm (「それいけ！ 学校応援団」シリーズ 第1巻) 1700円 ⓘ4-18-104716-4 Ⓝ374.6

|目次| 第1章 新世紀の学校支援ボランティアへの期待, 第2章 私の学校支援ボランティア体験談, 第3章 学校支援ボランティアが私たちにもたらしたもの, 第4章 学校支援ボランティアする側Q&A, 第5章 地域・保護者発：学校支援に向けた新たな取り組み, 第6章 学校支援ボランティア事務局便り

『教育コミュニティ・ハンドブック―地域と学校の「つながり」と「協働」を求めて』 池田寛編著 大阪 解放出版社 2001.10 95p 21cm 1000円 ⓘ4-7592-2125-5

|内容| ここ数年、日本でも学校支援ボランティアが学校の活動に参加したり、ゲストティーチャーを招いて子どもたちに話をしてもらったり、いろいろなことを指導してもらうということがさかんにおこなわれるようになってきている。本書では、学校と地域の交流がさかんになり、学校と地域のさまざまな協働の活動が展開されることによって、学校の活動が活性化し地域の人びととの間にも新たなつながりが生まれていることを、紹介している。

『チャータースクールの胎動―新しい公教育をめざして』 チェスター・E.フィン・Jr.,ブルーノ・V.マンノ,グレッグ・

学術・文化・教育のための活動　　　　　　　　　教育機関

バネリック著，高野良一監訳　青木書店　2001.8　425p　22cm　3800円　Ⓘ4-250-20132-5　Ⓝ372.53
[内容] 学校の危機を救う「第三の道」とは？ 設立・運営・選択の自由、そして結果の責任—。綿密な調査・インタヴューをもとに、全米で急増する新しい公立学校の実態を描く。現段階で最も総合的かつ信頼のおける報告書。

『子供が「個立」できる学校—日米チャータースクールの挑戦・最新事情』　天野一哉著　角川書店　2001.7　204p　18cm　（角川oneテーマ21）　571円　Ⓘ4-04-704042-8　Ⓝ373.1
[内容] 子供一人ひとりが自ら才能を発見し、独立心を身につける「学び」の場があった…。特別認可学校（チャータースクール）とは何か？ 湘南などで始まった『日本版チャータースクール』の最新事情を紹介。

『チャーター・スクール—アメリカ公教育における独立運動』　鵜浦裕著　勁草書房　2001.7　328p　20cm　3300円　Ⓘ4-326-29870-7　Ⓝ372.53
[内容] 子どもを通わせたいと思える学校がない。それなら自分たちの理想の学校を起こせばよい。サンフランシスコ統合学区を実際に歩きながら、市場原理や学校選択制といった理屈だけでは語り尽くすことのできない、「学校を起こす権利」の意味を考える。

『市民が創る公立学校—「センセイ、つぎ何やるの？」から「わたし、これをやりたい！」へ』　佐々木洋平著　コモンズ　2001.4　261p　19cm　1700円　Ⓘ4-906640-40-0
[目次] 第1部　もうひとつの公立学校を創る（子どもが主体の学びの場、もうひとつの公立学校を創ろう、「超」学校とチャータースクール、みんなで創る公立学校）、第2部　わたしたちの学びのスタイル（「センセイ、つぎ何やるの？」から「わたし、これをやりたい」へ、自由と基礎学力と評価、湘南小学校の生活と組織）、第3部　21世紀は学校を選ぶ時代（湘南発全国へ、全国に新しい公立学校を創る会を創ろう）

『地域社会と教育—子どもの発達と地域社会』　住田正樹著　福岡　九州大学出版会　2001.4　394p　22cm　5700円　Ⓘ4-87378-667-3　Ⓝ371.31
[目次] 子どもの発達への社会学的アプローチ，第1部　子どもの集団生活と地域社会（子どもの社会化と地域社会，現代社会の変容と子どもの仲間集団　ほか），第2部　子どもの家族生活と地域社会（母親の就業と幼児の近隣生活—地方都市の事例調査から，幼児の近所遊びと母親の生活　ほか），第3部　地域社会と教育的住民組織（近郊地域における子供会育成会，PTAの組織と活動—会長調査の結果から　ほか）

『コミュニティ・エンパワーメント—学びから参加へ』　森良著　エコ・コミュニケーションセンター　2001.3　91p　30cm　〈他言語標題：Community empowerment for sustainable development　萌文社（発売）〉　1500円　Ⓘ4-89491-023-3　Ⓝ371.31
[内容] 本書では、なぜいま「学ぶ」ということが大切なのか、「まちづくり」や「地域づくり」が大切なのか、「学ぶ」ということが「まちづくり」にどうつながっていくのか、「世界とかかわる」ということにどうつながっていくのか、について書いている。

『コミュニティ・スクール構想—学校を変革するために』　金子郁容，鈴木寛，渋谷恭子著　岩波書店　2000.12　237p　19cm　1600円　Ⓘ4-00-022811-0　Ⓝ373.1
[内容] いまもっとも注目される「新しい学校」の提案！ 教育改革国民会議やネット上のフォーラム、教育現場、行政…さまざまな場所で、教育問題を調査・検討してきた著者たちが、閉塞感を打破するきっかけとして新しいタイプの学校「コミュニティ・スクール」を緊急提案する。

『地域の教育改革—学校と協働する教育コミュニティ』　池田寛著　大阪　部落解放・人権研究所　2000.9　211p　21cm　〈大阪　解放出版社（発売）〉　2000円　Ⓘ4-7592-2023-2　Ⓝ371.31
[内容] 私たちの社会は、いま老化という現象に直面している。これまでの制度が疲弊し、新たな制度が求められている。本書は、教育の新たな制度はどうあるべきかを模索した軌跡である。「地域という単位で教育を考える」ことを一貫したテーマとした。

『地域の人材・環境を生かす』　宮原修編

著　ぎょうせい　2000.5　229p　21cm　（学校・授業づくり実践シリーズ　新学習指導要領 5）2571円　①4-324-06084-3　Ⓝ371.31

『21世紀型コミュニティ・スクールの創造—これからの学校づくりへの提唱』　嶋野道弘，寺尾慎一，大野城市立月の浦小学校著　明治図書出版　2000.4　146p　22cm　1860円　①4-18-033218-3　Ⓝ375.1

目次　第1章　これからの教育と学校，第2章　これからの教育課程経営—教科と総合の共存，第3章　心豊かな子どもを育てるコミュニティ・スクール月の浦，第4章　地域とつくる総合的な学習の時間，第5章　地域とつくる行事・活動，第6章　地域とつくる学習環境，第7章　「コミュニティ・スクール月の浦」のこれから

『学社融合—子どもたちを地域ぐるみで育てる』　伊藤俊夫編　全日本社会教育連合会　2000.3　142p　21cm　1500円　①4-7937-0115-9　Ⓝ371.31

『それいけ！　学校支援ボランティア』　明石要一，金子馨編　明治図書出版　1999.11　108p　19cm　（オピニオン叢書 57）1400円　①4-18-168705-8　Ⓝ374.6

内容　「開かれた学校」の必要性，重要性は，学校教育関係者を始め，多くの父母・地域住民にもよく分かっていたが，さて，その具体的な方策が，なかなか見つからなかったのではないか。木更津市教育委員会が平成十年度から始めた「学校支援ボランティア活動推進事業」は，「開かれた学校」実現のための一方策として教育委員会が制度的に位置付けて，財政面の措置を講じながら市内の全ての学校でこれを推進しようとする試みである。

『もうひとつの公教育—アメリカ教育改革の波チャータースクール　チャータースクールに関する全米調査2年度報告書（全訳）および現地調査報告』　アメリカ合衆国教育省編纂，子ども劇場全国センター訳　八王子　子ども劇場全国センター　1999.3　135p　30cm　Ⓝ372.53

『児童館・学童保育と自立ネット—地域力・パートナーシップ・NPO』　萌文社　1999.2　310p　21cm　（21世紀の児童館学童保育 5　児童館・学童保育21世紀委員会編）2800円　①4-938631-87-3　Ⓝ369.42

内容　編者は，児童館・学童保育の理論と各々の地域でのあり様を追求してきました。その中で，さらに現代的課題に応え，魅力ある児童館・学童保育をつくり上げていくためには，その利用者である子どもと親，地域の人びと，専門的職員（児童指導員）のトライアングルによる共同作業，共生的な自立ネットづくりが重要であることが分かってきました。そこで，本書では，過去にとりくんだ研究の成果をふまえつつ，児童館・学童保育の社会的"共生"，いいかえれば，個の自立・自律と共生・ネットワーク化のあり様を求めて，編み上げました。

『「地域の先生」と創るにぎやか小学校』　我孫子市立我孫子第二小学校編　農山漁村文化協会　1998.4　257p　19cm　（人間選書 217）1800円　①4-540-97053-4　Ⓝ371.31

目次　プロローグ　それは鳥小屋づくりから始まった—地域の人とともにつくってきた学校環境，1「きりのき農園」は今日もにぎやか—地域の農家がぼくらの先生，2　先生ばかりが先生じゃない—わたしたちの教室はまちのなか，3　いつも歌する「ゆめひろば」—学校環境を生かした遊びと学習，4　先生，黙ってみてて—自力と冒険，林間学校・修学旅行，エピローグ　巣立ちゆく子どもたち

『チャータースクール—あなたも公立学校が創れる　アメリカの教育改革』　ジョー・ネイサン著，大沼安史訳　一光社　1997.2　190p　20cm　（「超」学校 2）1400円　①4-7528-5051-6　Ⓝ372.53

内容　教育の結果に責任を持つ公立学校。公立学校の設立権を父母や教師等に開放（チャーター＝特認の許可状を与えて）し，財政は公的資金で保障するという画期的な「教育改革」がアメリカで始まった。公立学校を規制している官僚的なルールや制限に縛られず，教育の結果（子供の学力向上等）に責任を持てばよい。現実に，どんなことが起こっているのか。

◆社会教育

『グループ体験楽習—楽しいワークショップで、私と私の周りをちょっとハッピー

学術・文化・教育のための活動　　　　　　　　　　　　　　　　　教育機関

に』　鯖戸善弘著　遊戯社　2014.3　219p　21cm　2000円　Ⓘ978-4-89659-013-5　Ⓝ379.6
|目次| 理論編（体験学習が求められる時代，グループ体験学習の基本を理解する，体験学習の進め方），ワーク編（アイスブレーキング，自分と向かい合うワーク，他者を理解するワーク，共感を高めるワーク，一方向・双方向のコミュニケーション体験のワーク，肯定的な聴き方を学ぶワーク，ホスピタリティ・マインドを育むワーク，自分の伝えたいことを上手に伝えるワーク，リーダーシップを理解するワーク，チーム力を高めるワーク，クロージング）

『走れ！　移動図書館―本でよりそう復興支援』　鎌倉幸子著　筑摩書房　2014.1　223p　18cm　（ちくまプリマー新書208）　840円　Ⓘ978-4-480-68910-8　Ⓝ015.5
|内容| 被災者の心の回復のために「本」を届ける移動図書館プロジェクトが東日本大震災直後に立ち上げられた。本のチカラを信じて行われたボランティア活動の誕生から現在までを綴る。

『つながる―杉並の社会教育・市民活動』　すぎなみ社会教育の会編　エイデル研究所　2013.11　251p　21cm　〈年譜あり　索引あり〉　2500円　Ⓘ978-4-87168-530-6　Ⓝ379.021361
|目次| 1　手をつなぐ人々（人権を守る，子どもと歩む，生活・環境を豊かにする，まちを創る），2　未来へ向けて（未来につなぐ「秘められた宝」，座談会　個人の思いから始まる社会教育があしたを創る，社会教育センターとともに20年，杉並の社会教育・市民活動を展望する）

『先生のための消費者市民教育ガイド―公正で持続可能な社会をめざして』　消費者教育支援センター　2013.6　15p　30cm

『ワークショップデザイン論―創ることで学ぶ』　山内祐平，森玲奈，安斎勇樹著　慶應義塾大学出版会　2013.6　253p　19cm　〈他言語標題：WORKSHOP DESIGN　索引あり〉　1800円　Ⓘ978-4-7664-2038-8　Ⓝ379.6

|内容| 近年さまざまな場面で注目されている「ワークショップ」。このワークショップを，どのようにデザインすればいいのか。その活動を持続可能なものにするにはどうすればいいのか。本書ではワークショップのデザイン過程を「企画‐運営‐評価」という視点で捉え，それぞれの段階で留意すべきことについて，理論をもとにわかりやすく解説。

『コミュニティワークの教育的実践―教育と福祉とを結ぶ』　高橋満著　東信堂　2013.4　202p　21cm　〈文献あり　索引あり〉　2000円　Ⓘ978-4-7989-0161-9　Ⓝ369.7
|内容| 差別，環境，貧困等，様々な社会的不平等に苦しむ人びとへの共感―それは社会教育の重要な第一歩だ。だが教育はこれまでこうした住民の共感を，問題解決を目指した実践へと導く点で，極めて不十分だった。従来の方法の限界を顧み，学習と実践を統合した住民主体の地域づくりのあり方を，具体的・多角的に考察した本書は，いま制度の枠の中に縮減しつつある社会福祉に向け新たな活性化を促す，教育からの強力な架け橋となるだろう。

『SATOYAMAだっちゅ村開拓記』　三宅基之著　大阪　パレード　2013.3　188p　21cm　（Parade Books）　〈星雲社（発売）〉　1800円　Ⓘ978-4-434-17735-4　Ⓝ379.3
|内容| SATOYAMAだっちゅ村という新たなコミュニティをみんなでつくって，みんなで楽しむ，活動の記録集。

『ワークショップと学び　3　まなびほぐしのデザイン』　苅宿俊文，佐伯胖，高木光太郎編　東京大学出版会　2012.9　309p　19cm　〈他言語標題：Workshops and Learning〉　2800円　Ⓘ978-4-13-053083-5　Ⓝ379.6
|内容| ワークショップの実践へ誘う。ワークショップを組み立て，動かすための方法と最新の評価・検証ツールの提案。シリーズ完結。

『ワークショップと学び　2　場づくりとしてのまなび』　苅宿俊文，佐伯胖，高木光太郎編　東京大学出版会　2012.5　219p　19cm　〈他言語標題：Workshops and Learning〉　2800円　Ⓘ978-4-13-053082-8　Ⓝ379.6

教育機関　　　　　　　　　　　　　　学術・文化・教育のための活動

|目次| 第1部 地域社会の教育とワークショップ（地縁型ネットワークと居場所づくり―地域コーディネーターによるコミュニティの再生, アートが学校や地域を変える―「芸術家と子どもたち」のASIASの活動などを中心に, 地域に根づくということとワークショップ）, 第2部 企業の活動とワークショップ（企業とワークショップ, ワークショップと社会貢献活動）, 第3部 学校をひらくワークショップ（図工の時間というワークショップ―お茶の水女子大学附属小の実践, 学校を訪れるアーティスト, 特別支援教育とワークショップ―障がいを乗り越える〈造形〉表現ワークショップと身体・メディアの可能性, 大学教育とワークショップ）

『若者の居場所と参加―ユースワークが築く新たな社会』田中治彦, 萩原建次郎編著　東洋館出版社　2012.4　280p　21cm〈年表あり　索引あり〉2500円　①978-4-491-02811-8　Ⓝ379.3

|目次| 第1部 なぜ居場所なのか？（近代問題としての居場所, 「居場所」の批判的検討, 子ども・若者支援の政策と課題, 若者の「居場所」へのまなざし―史的考察）, 第2部 居場所が生まれる場（地域の青少年育成活動と居場所づくり, 青少年センターでの居場所づくり, 高校の部活動と居場所づくり, 居場所と参加を生みだす方法論, 若者支援とユースワーカー）, 第3部 居場所を生み出す社会（市民と行政の協働による居場所づくり, 子ども・若者を支援する行政との連携・協働の課題, 居場所を生み出す「社会」の構築）

『ワークショップと学び 1 まなびを学ぶ』苅宿俊文, 佐伯胖, 高木光太郎編　東京大学出版会　2012.4　272p　19cm〈他言語標題：Workshops and Learning　著作目録あり〉2800円　①978-4-13-053081-1　Ⓝ379.6

|内容| ワークショップの根源をたどる。「あたりまえ」を解きほぐし, まなびなおしの場を作り出す, ワークショップの可能性。

『青少年育成・援助と教育―ドイツ社会教育の歴史、活動、専門性に学ぶ』生田周二, 大串隆吉, 吉岡真佐樹著　有信堂高文社　2011.4　201p　21cm〈文献あり　索引あり〉2800円　①978-4-8420-8527-2　Ⓝ379.3

|目次| はじめに―基礎知識として, 第1部 青少年援助の構造と実態―青少年活動（ユースワーク）を中心に（児童・青年援助の構造と法制度, 児童・青年援助法に至る歴史とユースワークのあゆみ, ドイツの青少年施設, 青少年社会福祉援助活動（ユース・ソーシャルワーク）―青年職業活動支援）, 第2部 青少年援助職の養成と活動（青少年援助職の種類と活動領域, 青少年援助職の沿革, 社会教育学の発展と今日の社会教育職の養成）, 第3部 ドイツ社会教育概念の検討（子ども・若者育成支援からドイツ社会教育へ, ドイツ社会教育の概念）, 最後に―日本における社会教育および青少年援助研究の今後の発展のために

『若者のためのキャリアプランニング―すばらしい未来を拓くために』宮崎冴子著　改訂2版　雇用問題研究会　2011.4　63p　30cm　500円　①978-4-87563-256-6

|目次| 自分らしく生きること, 子どもから大人への発達と自立, 世界や日本をとりまく課題, 世界の教育・科学・文化を牽引するユネスコ, 現代の日本は「生涯学習社会」, ボランティアの愉しさ, 米国における職業指導―キャリア教育, EU主要国におけるキャリア教育の取り組み, 日本の職業指導―進路指導―キャリア教育, 若者の就業に関わる課題とキャリア教育〔ほか〕

『命の絆をつなぐ教育』金子由美子著　一葉社　2010.11　190p　20cm　2000円　①978-4-87196-046-5　Ⓝ379.04

|内容| 悲しみと戸惑いから出発しながらも創設者の深い哲理と思いを継承する民間の教育ボランティアグループ新理事長の初めての本。

『協同と表現のワークショップ―学びのための環境のデザイン』茂木一司編集代表, 上田信行, 苅宿俊文, 佐藤優香, 宮田義郎編　東信堂　2010.11　258p　21cm〈文献あり〉2400円　①978-4-7989-0025-4　Ⓝ379.6

|内容| よりつどって, 自分の居場所を見つけ, 予定や期待を超えて, 学ぶことは楽しい。学びのための参加体験型協同学習ワークショップの必読書。

『子どもの参画―参画型地域活動支援の方法』萩原元昭編著　学文社　2010.9　145p　21cm〈索引あり〉1900円

①978-4-7620-2104-6　Ⓝ379.3
目次　第1章 子どもの参画とは何か（子どもの参画とは何か，子ども・若者の参画の必要性 ほか），第2章 子どもの参画のさまざまな実践（幼児の生活環境参画の可能性，プレーパークにおける子どもの参画実践 ほか），第3章 子どもの参画型地域活動支援の方法（参画支援の方法的原理としてのアコモデーションの考え方，参画意欲の母胎としての居場所 ほか），第4章 子どもの参画型地域活動支援の課題と展望（子どもの参画をめぐる子どもと大人の関係—関係性の組み換え，参画がもたらす学びと多元的世界 ほか），資料（児童の権利に関する条約（抄），青少年育成施策大綱（抄））

『市民教育への改革』　江口勇治，井田仁康，伊藤純郎，唐木清志編著，谷川彰英監修　東京書籍　2010.5　238p　21cm　〈著作目録あり〉2200円　①978-4-487-80477-1　Ⓝ375.3
目次　第1章 市民に求められる学力（市民に求められる学力，役割体験学習論による社会的実践力の育成 ほか），第2章 地理教育でどんな市民教育ができるか（地理教育でどんな市民教育ができるか，ドイツにおけるモビリティ教育 ほか），第3章 歴史教育でどんな市民教育ができるか（歴史教育でどんな市民教育ができるか，明治期における小学校の教育内容に見る国民像とその育成 ほか），第4章 公民教育でどんな市民教育ができるか（公民教育でどんな市民教育ができるか，法教育における法的参加に関する学習の重要性 ほか）

『こどもがまちをつくる—「遊びの都市—ミニ・ミュンヘン」からのひろがり』　木下勇，卯月盛夫，みえけんぞう編著　萌文社　2010.4　280p　21cm　2000円　①978-4-89491-192-5　Ⓝ379.3
内容　「まち」はゆかいを楽しむ子どもたちの笑顔で輝いている—。ついに「こどものまち」の活動が1冊の本となった。29全国各地の事例を紹介。

『フィールドワーク心得帖　下』　滋賀県立大学環境フィールドワーク研究会編　彦根　サンライズ出版　2009.11　61p　21cm　（滋賀県立大学環境ブックレット　3）800円　①978-4-88325-404-0　Ⓝ519.07

内容　フィールドワーク授業への招待—。森や川，身近な場所をさまざまな視点で見て，その成果を発信。プレゼンテーションのコツを伝授する。

『フィールドワーク心得帖　上』　滋賀県立大学環境フィールドワーク研究会編　彦根　サンライズ出版　2009.11　59p　21cm　（滋賀県立大学環境ブックレット　2）800円　①978-4-88325-403-3　Ⓝ519.07
内容　実地調査で必要なことは？ものの見方から服装，荒天時の対処法，資料収集やインタビュー，レポートのコツまで，しかと心得るべき点をやさしく解説。

『青少年・若者の自立支援—ユースワークによる学校・地域の再生』　柴野昌山編　京都　世界思想社　2009.9　229p　19cm　〈文献あり　索引あり〉2000円　①978-4-7907-1434-7　Ⓝ379.3
内容　境界性喪失時代の自立を考察。ボランタリーなグループ参加が人間を育てる—この視点に立って，現代日本の青少年・若者が抱える自立への課題とユースワークによる成長支援の方向をさぐる。

『ヒア・バイ・ライト（子どもの意見を聴く）の理念と手法—若者の自立支援と社会参画を進めるイギリスの取り組み』　英国若者協会原著，子ども＆まちネット企画編集，奥田陸子編著・監修，吉岡美夏，小島紫訳　萌文社　2009.3　163p　24cm　〈文献あり〉2600円　①978-4-89491-172-7　Ⓝ379.3
内容　日本では，「聴く」という言葉に出会うと「傾聴する」（カウンセリングマインド）の意味にとられるかと思いますが，ヒア・バイ・ライトで言っている「聴く」は，単に傾聴することではなく，子どもの意見に耳を傾け，純真・公正で広大な夢を見ることのできる子どもの意見を社会に取り入れ，大人と子ども・若者で社会の仕組みをよりよいものに変えていこうというものです。ヒア・バイ・ライトは，子ども・若者の社会参画でこの社会を変えようという考え方であり，それを具体的にする手法です。

『共育自然学園—ハマノ・ネイチャースクールの30年』　浜野安宏著　現代書林　2008.10　139p　21cm　1800円　①978-

教育機関　学術・文化・教育のための活動

4-7745-1157-3　Ⓝ379.3
目次 共育連系進化（感覚の解放，認識の拡大，知識と知恵 ほか），ネイチャー・ヴィジョン・コンセプト（自然だけが先生だ），太平洋フリースクール（パラオの空港を埋め尽くす，花色の服を着た人たち，鳥山で空が黒くなる ほか），ハマノ・ネイチャースクールモンタナ＆ワイオミング（私は親の代わりではない，学校も，先生も，せっかちだ ほか），日本に帰る（二〇年間，夏を過ごしたロッキー山系，太平洋とロッキーからもらった知恵を日本に ほか）

『サービス・ラーニング研究―高校生の自己形成に資する教育プログラムの導入と基盤整備』　山田明著　学術出版会　2008.8　339p　22cm　〈学術叢書〉〈日本図書センター（発売）〉5400円
①978-4-284-10127-1　Ⓝ375

『社会教育入門』　大串隆吉著　有信堂高文社　2008.2　159p　21cm　〈他言語標題：Einfuehrung in die Sozialpaedagogik　文献あり〉1800円
①978-4-8420-8526-5　Ⓝ379
内容 学校の外側にある現実社会の中で，人々が共に学びあい，諸課題を克服する力を共に生み出し，生きやすい社会を共に創造していく，そのための「教育」の重要性をもっと考える必要があるのではないか。個人の教養を超え，行政の垣根を越え，国境をも越えた新しい「社会教育」の理念を力強く説く。

『やってみよう！ 市民学習―生徒のためのガイドブック』　東京ボランティア・市民活動センター　2008　30p　21cm

『福祉教育・ボランティア学習の評価』　日本福祉教育・ボランティア学習学会機関誌編集委員会編　万葉舎　2007.11　254p　21cm　（日本福祉教育・ボランティア学習学会年報　v.12（2007））2850円　①978-4-86050-036-8　Ⓝ369.07
内容 今号は「福祉教育・ボランティア学習の評価」の特集である。これまでの福祉教育・ボランティア学習があげてきた成果と評価のありかたを改めて見直している。

『シブヤ大学の教科書』　シブヤ大学編　講談社　2007.9　237p　19cm　1429円
①978-4-06-214277-9　Ⓝ379.021
内容 2006年9月に開校したシブヤ大学には，校舎がありません。渋谷区全体がキャンパスです。表参道ヒルズ，タワーレコード，青山ブックセンター，映画館，カフェ，病院，小学校…さまざまな施設を教室にして授業を行っています。毎月第3土曜日はシブヤ大学の日。いつまでも卒業しないのがシブヤ大学の優等生です。

『こどものためのワークショップ―その知財はだれのもの？』　ワークショップ知財研究会編，CSKホールディングス，井上理穂子，大月ヒロ子，下村一，杉田定大，堤康彦，寺島洋子，橋本知子，福井健策，藤浩志共著　アム・プロモーション　2007.3　193p　21cm　1810円　①978-4-944163-36-6　Ⓝ379.3
内容 こどもたちがイキイキとするワークショップ。でも，それをつくった人たちの権利ってどうなってるの？ アーティスト，学芸員，プランナー，法律家，知財専門家らがワークショップを知財として探求する。

『未来へのまなざし―アジア太平洋持続可能な開発のための教育（ESD）の10年 ESD実践事例集』　ユネスコ・アジア文化センター　2007.3　159p　23cm　1000円　①978-4-946438-68-4　Ⓝ519.07
目次 基調講演：持続可能な開発を通じて地球を救う（有馬朗人述），持続可能な生活のためのリーダーシップをとれる若者を育成する（ソンバット・ソンポン述），アジア太平洋地域草の根からESDへ：自ら立ち上がる女性たち（マリアム・ビビ，ホセ・ロベルト・ゲバラ述），統合的高地在来耕作の普及と識字教育（マリア・エレナ・ジュリアンダ・ビカルド，千葉杲弘述），サイクロンに立ち向かう（モハメド・ナシル・ウラー，中山修一述），伝統的な町並みのなかで生きていくこと（永江寿夫，阿部治述），持続可能性のための教育を実現する全国ネットワーク（リネット・ブラウン，永田佳之述），ESDへの革新的アプローチ：アサザプロジェクト

『社会教育の基礎』　鈴木眞理，松岡廣路編著　学文社　2006.8　265p　22cm　〈執筆：鈴木眞理ほか　文献あり　年表あり〉2300円　①4-7620-1583-0　Ⓝ379
目次 社会教育とは何か，社会教育と学校教育，社会教育と家庭教育，行政セクターによ

る社会教育，民間セクターによる社会教育，学習内容・学習課題の諸相，学習支援方法の諸相，学習者の多様性と特性，学習行動の多様性と特性，社会教育の歴史的展開，社会教育の国際的展開，教育概念の再構築と社会教育，社会教育研究へのいざない，学習機会の諸相，社会教育と学習の支援者，社会教育と施設，社会教育と集団

『ワークショップ入門—実践とプロセスアプローチ』 山本克彦著 京都 久美 2006.3 86p 21cm 〈文献あり〉 750円 ①4-86189-020-9 Ⓝ379.6

内容 ただ単に素材を放り込むだけではおいしいスープはできません。下ごしらえや途中の火加減，フタを閉めたり開けたりと，いろいろな手順があるはずです。いろいろなワークショップを体験し，ワークショップの企画や進行をする仲間と出会い，著者なりに考えてみた"ワークショップ"のあり方について，1つの例を解説していきます。

『子どもの放課後改革がなぜ必要か—「放課後の過ごし方」で子どもの人格は変わる？』 明石要一，川上敬二郎編著 明治図書出版 2005.9 164p 22cm （学級教育の改革シリーズ no.6） 2060円 ①4-18-131411-1 Ⓝ379.3

内容 子どもの放課後が失われた。放課後の世界は危機的状況である。手を拱いている場合ではない。具体的な施策を提案しなければならない。本書はこうした問題意識に基づき編集したものである。

『親子のためのソーシャルスキル』 渡辺弥生著 サイエンス社 2005.6 244p 19cm （ライブラリソーシャルスキルを身につける 4） 1450円 ①4-7819-1096-3 Ⓝ379.9

内容 本書は主に発達心理学の立場から，子どもの成長段階にあわせて，必要となる基本的なソーシャルスキルをわかりやすく紹介しました。

『地域を創る福祉教育・ボランティア学習』 日本福祉教育・ボランティア学習学会機関誌編集委員会編 万葉舎 2004.12 279p 21cm （日本福祉教育・ボランティア学習学会年報 v.9 (2004) 日本福祉教育・ボランティア学習学会機関誌編集委員会編）〈シリーズ責任表示：日本福祉教育・ボランティア学習学会機関誌編集委員会編〉 2850円 ①4-86050-021-0 Ⓝ375

内容 21世紀の地域を拓く福祉教育・ボランティア学習の新たな展開。

『青少年教育施設の現在と未来』 全国青年の家協議会編 御殿場 全国青年の家協議会 2004.6 111p 30cm （青年の家の現状と課題 第32集（2003）） Ⓝ379.3

目次 創場参画・居場所論：都市から山村へ流れを変える若者たち（北川優佳子著），新しい時代を創り出した，森づくり事業の19年（北見靖直著），青年とのパートナーシップ構築による新たな青年の家の展開（中田和彦著），若ものたちの心のオアシス（大村千恵著），ピアカウンセラーの活躍（佐々木愛子著），論考：青少年施設職員の研修制度について（大場孝弘著），青年の家の現在と未来：事業の改革に向けて（阿部豊著），障害者を対象とした事業の変遷について（高橋栄喜著），千葉県の「青少年教育施設の見直し」について（東陽一著），文化の創造を目指して（石見涼二著），温かい人の心が見える青年の家を目指して（照川三郎著），ITを活用した事業の展開（桜庭望著），青少年教育施設の現在と未来（碓井晃一著），ふれあい教育の現状と課題（中里伸吾著），新規事業「夏合宿inとなみ」を終えて（竹田新著），施設ボランティアの養成と活用について（梶谷悟著），やまびこの杜（セカンドスクールin英彦山）（是石博幸著），通学合宿「わんぱく寺子屋寮」の取り組みについて（坂本剛著）

『居場所づくりと社会つながり』 子どもの参画情報センター編著 萌文社 2004.5 211p 21cm （子ども・若者の参画シリーズ 1） 2200円 ①4-89491-070-5 Ⓝ379.3

内容 子どもの参画は「義務」や「強制」では実現しない。子ども自らの「必要」が社会つながりをもったとき，それは本物となる。大人はその道すじを葛藤や矛盾や無駄を包み込む"確かなまなざし"で支えなくてはいけない。「居場所づくり・参画」実践における現場の声を凝縮リポート・徹底分析!!当事者の子ども・若者の声も収録。

『参加型ワークショップ入門』 ロバート・チェンバース著，野田直人監訳 明

教育機関　　　　　　　　　　　　　　　　学術・文化・教育のための活動

石書店　2004.5　368p　21cm　〈文献あり〉2800円　①4-7503-1911-2　Ⓝ379.6
[目次]第1部 基本，第2部 開始，実施，そして終了，第3部 台なしにすること，第4部 グループ，座席，人数，第5部 分析と学び，第6部 ふるまいと意識

『市民教育とは何か—ボランティア学習がひらく』　長沼豊著　ひつじ書房　2003.3　229p　18cm　（ひつじ市民新書）〈文献あり〉695円　①4-89476-185-8　Ⓝ375
[内容]ゆとり教育か基礎教育か，ではなく，ゆとり教育も基礎教育も両方とも教育の目的が，人として生きていくことを可能にするためであるとしたら，どんな教育が必要なのだろう？　われわれは，どのようにして「市民」になるのだろうか？　「右へならえ的発想」と「私の勝手でしょの自己チュー」の両方をこえて，市民にとって必要な教育を考えるために，ボランティア学習に焦点をあて，21世紀の市民教育を提案する1冊。

『とび出せ学校！　いきいきスクール—平成14年度学社融合事業報告書』　賀陽町（岡山県）国立少年自然の家国立吉備少年自然の家　〔2003〕　98p　30cm　Ⓝ379.3

『子ども・若者の参画—R.ハートの問題提起に応えて』　朝倉景樹ほか著，子どもの参画情報センター編　萌文社　2002.11　198p　21cm　〈文献あり〉2000円　①4-89491-047-0　Ⓝ379.3
[内容]なぜ今子どもの参画なのか。名著ハート本『子どもの参画』を受けとめ，異なる専門領域の執筆者が日本の現状に立脚して参画の意義と課題を論述する。

『子ども・若者と社会教育—自己形成の場と関係性の変容』　日本社会教育学会編　東洋館出版社　2002.9　272p　21cm　（日本の社会教育　第46集）2900円　①4-491-01833-2
[目次]第1部 子ども・若者の自己形成と社会教育への視座（「子ども・若者と社会教育」の課題，青少年教育の歴史と現状—敦賀市における若者・青年組織の変容と現状　ほか），第2部 子ども・若者の自己形成空間の変容（メディア環境の人間形成力に関する理論的考察—若者のコミュニケーション習慣に働きかける社会教育のあり方を探るために，子ども・若者を取り巻くメディアとサブカルチャー—サブカルチャーマップを手がかりとして　ほか），第3部 子どもと大人の関係性（子育て支援政策と親の学び‐親の学習権‐について，社会教育と学校教育の「協働」の意義—学校にある公民館のサークル活動の事例から　ほか），第4部 子ども・若者にかかわる事業の展望と課題（公民館における子ども参画による講座形成の試み—三館での聴き取り調査を手がかりに，綜合的青少年発達支援事業の緊急性と可能性—個族をつなぐ行政・民間協働と福岡県アンビシャス運動を事例として　ほか）

『地球としごとをする人たち—アメリカ環境教育ルポとエコ・インタビュー』　幸田シャーミン著　Tokyo FM出版　2002.8　346p　20cm　1762円　①4-88745-070-2　Ⓝ519.04
[内容]こんなふうに地球を愛そう。幼児への「環境教育」現場と地球の環境問題にとりくむリーダーたちの30の話。

『福祉を知る体験学習』　佐々木定治監修，佐瀬順一著，こどもくらぶ編　ポプラ社　2002.4　45p　26cm　（体験学習アイデアブック　4—小学生のためのフィールドワーク入門）2800円　①4-591-07105-7
[内容]お年寄りや障害のある人と交流をするために，気をつけることは？　わたしたちにできることは？　ボランティア活動のABCを紹介する。小学校中～高学年向き。

『21世紀を拓く青年の家—青少年教育施設と行政の取組み』　全国青年の家協議会編　御殿場　全国青年の家協議会　2002.3　64,18,201p　30cm　（青年の家の現状と課題　第30集（平成13年度版））〈文部科学省補助事業〉　Ⓝ379.3

『子どもの心を育てる—子ども育成の活動と方法　子どもが主役のまちづくり』　福留強編著　日常出版　2002.1　190p　21cm　1600円　①4-88869-992-5　Ⓝ379.3
[目次]第1部 子どもを主役にするために（キレやすい青少年の生育環境，未来を託す子どもたちを育てるための方策　ほか），第2部 子どもの活動をまちづくりに（子どもをまちづ

くりに参画させる意義，子どものまちづくりにはどんな活動があるか ほか），第3部 子どものまちづくりへの参加方法—全国取り組み事例に学ぶ（生産の体験，地域の資源を発見する ほか），第4部 子どもを主役にする地域のシステム（子どもを主役にする地域の役割，子どもを育てる地域の環境づくり ほか）

『ワークショップ—新しい学びと創造の場』 中野民夫著 岩波書店 2001.1 223p 18cm （岩波新書） 740円 Ⓘ4-00-430710-4 Ⓝ379.6

内容 学校教育，企業研修，環境教育，芸術活動，まちづくりなどさまざまな現場で，ワークショップという手法が注目を集めている。参加体験型，双方向性を特徴とするこの新しい学びと創造のスタイルにどのような可能性があるのか？ 多くのワークショップの企画・運営に携わってきた著者が豊富な事例をもとにその意義を語る。

『「生きる力」と福祉教育・ボランティア学習』 万葉舎 2000.12 239p 21cm （日本福祉教育・ボランティア学習学会年報 v.5(2000) 日本福祉教育・ボランティア学習学会機関誌編集委員会編）〈文献あり〉 2850円 Ⓘ4-924706-91-4 Ⓝ369.07

内容 福祉・教育改革の視点を検証し新世紀の潮流を創る。

『子どもと若者の居場所』 久田邦明編著 萌文社 2000.7 230p 21cm 2000円 Ⓘ4-89491-011-X Ⓝ379.3

内容 「居場所づくり」をキーワードに取り組んだ実践事例から提示する，子どもと若者への支援。

『青少年赤十字と総合的学習—地域・父母・奉仕団の連携を求めて』 三田村昭吾著 札幌 旭図書刊行センター 1999.11 120p 26cm Ⓘ4-900878-43-X Ⓝ375

『子どものためのワークショップ—仙台ビーアイ物語』 関口怜子著 ブロンズ新社 1999.8 221p 22cm 2000円 Ⓘ4-89309-180-8 Ⓝ379.3

内容 見る，聞く，話す，描く，調理する…ワークショップとは，子どもが自分自身で体験し，学んでいく場のこと。仙台の「ビーアイ」は，子どもたちがワークショップを通して「自分になる」ためのスペース。仙台で子どものためのワークショップを開く著者が，そのノウハウと教育についてはじめて綴る。これまでの学校教育とはまったく異なるその方法は，今後の子どもの教育のあり方を考える一つの提案となるだろう。

『インターネットハイスクール「風」—不登校も問題にしない新しい教育のかたち』 柳下換著 ダイヤモンド社 1998.3 221p 19cm 1400円 Ⓘ4-478-97030-0 Ⓝ379.7

内容 わが国で初めてのインターネットによる高校課程の教育プログラム，インターネットハイスクール「風」が，一九九七年四月にスタートした。本書ではこの一年の「風」の生活，また，「風」を誕生させるまでの一四年間の教育活動を紹介。

『地球市民教育のすすめかた—ワールド・スタディーズ・ワークブック』 デイヴィッド・ヒックス，ミリアム・スタイナー編，岩崎裕保監訳 明石書店 1997.6 341p 22cm 〈文献あり 索引あり〉 2500円 Ⓘ4-7503-0922-2 Ⓝ375

目次 第1部 ワールド・スタディーズを理解する（世界を理解する，政治教育から学ぶこと，教えることと学ぶこと），第2部 認識から実践へ（森林環境，アボリジニーの視点，性別にまつわる問題，無駄にされる富，食べ物第一），第3部 つながりを作る（ワールド・スタディーズと機会均等—全学的取り組み，評価の諸問題）

『手ぶくろ人形パクパクパク—おもちゃ図書館であそぶ』 七尾純文，箕田美子絵 学習研究社 1997.2 30p 27cm （ボランティアふれあいのえほん 11） 1648円 Ⓘ4-05-500279-3

『学習ボランティアのすすめ—生涯学習社会をめざして』 岡本包治，結城光夫共編 ぎょうせい 1995.6 204p 21cm 〈参考文献：p201〉 2000円 Ⓘ4-324-04647-6 Ⓝ379

目次 1 生涯学習の推進とボランティア，2 生涯学習ボランティアの現状と推進策，3 まちづくりと生涯学習ボランティア活動，4 生涯学習ボランティアの養成と支援

教育機関　　　　　　　　　　　　　　　学術・文化・教育のための活動

『子どもたちにもっと自然を』　宮本一著
近代文芸社　1995.5　297p　22cm
2800円　Ⓘ4-7733-3124-0　Ⓝ379.3
目次　青少年教育施設職員の目を通して考えてきたこと，子どもたちにもっと自然を，環境問題にふれて，社会教育施設ボランティア養成の先導的試行，青少年教育施設から学校・家庭・地域を眺めて

『たすけあいのなかで学ぶ―教師のためのボランティア学習ガイドブック』
JYVA（日本青年奉仕協会）出版部　1995.3　74p　21cm　（JYVAブックレット no.5）　800円　Ⓝ375

◆◆生涯学習

『地域をひらく生涯学習―社会参加から創造へ』　瀬沼克彰著　日本地域社会研究所　2014.2　303p　19cm　（コミュニティ・ブックス）〈文献あり〉　2300円　Ⓘ978-4-89022-139-4　Ⓝ379.4
内容　生涯学習機会の充実と終わりなき創造。みんなで学び高めあって，事業を起こし，地域を明るく元気にしよう。退職者・シニアも生きがいをもってより幸せに暮らすための方法を紹介！

『生涯学習「次」の実践―社会参加×人材育成×地域貢献活動の展開　EVER CULTURE COMMUNITY』　瀬沼克彰著　日本地域社会研究所　2013.5　296p　19cm　（コミュニティ・ブックス）　2200円　Ⓘ978-4-89022-126-4　Ⓝ379.021
内容　全国各地の行政や大学，市民団体などで，文化やスポーツ，福祉，趣味，人・まちづくりなど生涯学習活動が盛んになっている。その先進的事例を紹介しながら，さらにその先の"次なる活動"の展望を開く。

『生涯学習と地域社会教育』　末本誠，松田武雄編著　新版　横浜　春風社　2010.8　311p　21cm　〈文献あり　年表あり〉　2476円　Ⓘ978-4-86110-234-9　Ⓝ379.021
目次　社会教育としての生涯学習，子どもの学校外教育，学校教育と社会教育の連携・協同，成人女性の学習と男女共同参画社会，福祉のまちづくりと社会教育，参画型社会とNPO・NGO・多文化共生の学習活動，社会的排除の問題と社会教育，学ぶ側に視点を置いた理論，社会教育・生涯学習の法制度，社会教育の施設と学習の支援者，社会教育行政とNPO・ボランティア，社会教育・生涯学習計画の創造

◆◆◆図書館・公民館

『子どもと本をつなぐ橋』　田島多恵子著
東京図書出版　2014.11　165,8P　19cm
〈索引あり　発売：リフレ出版〉　1200円
Ⓘ978-4-86223-794-1　Ⓝ019.2
目次　第1章　心に喜びの種をまく，第2章　子どもと本の出会いを願って，第3章　読んであげたい子どもの本，第4章　本と出会い成長する，第5章　子どもと図書館，第6章　子どものための良い伝記を求めて

『読む力が未来をひらく―小学生への読書支援』　脇明子著　岩波書店　2014.7
204,4p　19cm　1600円　Ⓘ978-4-00-025466-3
内容　絵本から読み物への移行がむずかしいとよく言われます。小学生になって文字が読めるようになっても，自分で本を読めるようになるとは限らないのです。たくさん速く読むことよりも，大切なのは，しっかりとした物語をじっくり味わう体験。読書は子どもたちの「生きる力」を育ててくれます。どんな本を，どうやって届ければよいのか，理論と実践の両面から力強く語ります。『読む力は生きる力』以来の一連の著作の集大成。

『学校図書館ボランティアの手引き』
「学校図書館ボランティアの手引き」編集委員会編　〔高松〕　図書館ボランティアネットワークかがわ　2010.11　46p　21cm　〈平成22年度高松市協働企画提案事業　文献あり〉　Ⓝ017

『学校図書館ボランティア』　対崎奈美子著　全国学校図書館協議会　2004.7　47p　21cm　（学校図書館入門シリーズ9）　680円　Ⓘ4-7933-2262-X　Ⓝ017

◆◆◆環境教育・開発教育・国際理解教育

『自然体験学習に役立つアウトドアガイド3　つくろう！おいしいアウトドアごはん』　下城民夫監修　教育画劇　2015.4

学術・文化・教育のための活動　　　　　　　　　　　　　　教育機関

39p　29cm　3300円　Ⓘ978-4-7746-2008-4　Ⓝ786
[目次] 第1章 アウトドアごはんの準備（アウトドア料理の基本を学ぼう！, アウトドア料理に役立つ調理道具をそろえよう）, 第2章 アウトドアごはんにチャレンジ（おいしいごはんをたいてみよう, オリジナルカレーをつくろう ほか）, 第3章 つくって楽しいアイデアデザート（デザートをつくって楽しもう（焼きマシュマロ, 竹でバウムクーヘン ほか））, アウトドアで役立つ知識（アウトドアごはんの片づけマナー）

『自然体験学習に役立つアウトドアガイド 1 外へとびだせ！ アウトドアたんけんガイド』　下城民夫監修　教育画劇　2015.4　39p　29cm　3300円　Ⓘ978-4-7746-2006-0　Ⓝ786
[目次] 第1章 野山をたんけんしよう（野山を楽しもう！, 昆虫をさがそう！, 鳥をさがそう！, 野山は動物のすみかだ！, 木や草花を見てみよう！）, 第2章 海や川をたんけんしよう（海や川には不思議がいっぱい, 砂浜をたんけんしよう！, 干潟をたんけんしよう！, 磯をたんけんしよう！, 川をたんけんしよう！, 川のまわりも見てみよう！, つりを体験しよう！）, アウトドアで役立つ知識（たんけんの準備, 危険な生きものや植物）

『科学えほん たねのふしぎものがたり 3 食べものと, たねの未来』　山田実編著, 森雅之絵　岩崎書店　2015.3　50p　29×22cm　3000円　Ⓘ978-4-265-08397-8
[目次] 1 たねは, 食べもの（文明のはじまりとしてのたね, 世界の古代文明で育てられてきた作物）, 2 植物が作物になるということ（植物の栽培化（作物化）とはどういうことか, 作物化で変わったこと, ひと株にできるたねの数 ほか）, 3 作物のふるさとと世界への広がり（たねは世界をめぐる, たねの発見と策略 ほか）, 4 人類とたねの未来へむけて（ふえた人口をやしなうための「緑の革命」, たねの設計図をかえる遺伝子組み換え技術 ほか）

『原発事故を子どもたちにどう伝えるか—ESDを通じた学び』　阿部治編　合同出版　2015.3　183p　21cm　2000円　Ⓘ978-4-7726-1236-4　Ⓝ375
[内容] 原発事故後の放射線・エネルギー問題を私たちが互いに伝え・学び合うための多様な教育実践。

『持続可能な社会のつくり方—若者のためのESD実践資料集』　「NPOによるESD実践と若者人材育成イニシアティブ」研究委員会編　〔大阪〕　関西国際交流団体協議会　2015.3　138p　30cm　Ⓝ519.07

『ジュニアネイチャークラブリポート—この育みあいを明日へ』　南足柄　神奈川県立足柄ふれあいの村　2015.3　60p　30cm　Ⓝ379.3

『循環型教育—学校・家庭・地域社会にイノベーションを』　宮崎冴子著　文化書房博文社　2015.3　220p　22cm〈他言語標題：Circulative Education〉2300円　Ⓘ978-4-8301-1276-8　Ⓝ371.3
[目次] 第1章 生涯キャリア教育（我が国のキャリア教育の先行研究, 生涯キャリア教育の背景と課題, 「学校・家庭・地域社会の教育力」に関わる問題, 「若者の就業」に関する問題）, 第2章 若年無業者の課題と生涯キャリア支援（若年無業者の課題に関する背景, 若年無業者に関する先行調査, 若年無業者に関わる課題と生涯キャリア支援, ニートにならないために）, 第3章 小中学校における「循環型教育」の実践（「循環型教育」, 「循環型教育」としての学校支援地域本部事業）, 第4章 高等教育機関における「循環型教育」の実践（地域と共生する大学づくりのための全国縦断熱議, 大学教育改革地域フォーラム2012in三重大学, 若者雇用・人材育成フォーラム2014in三重大学「いまキャリア・チャレンジやる気スイッチはどこにあるのか？」）, 第5章 まとめと展望（各章のまとめ, 課題と今後の展望）

『身近な生き物とわたしたちのくらし—伊丹市立小学校生物多様性副読本』　伊丹市生物多様性副読本作成委員会編　伊丹　伊丹市市民自治部環境政策室みどり自然課　2015.3　36p　26cm　Ⓝ375.422

『みんなの環境—かん太さんときょう子さんの環境学習 環境教育副読本 平成27年度版』　福岡県環境教育副読本編集委員会編　〔福岡〕　福岡県　2015.3　45p　26cm　Ⓝ375

『環境教育学と地理学の接点』　今井良一

ヤングアダルトの本 ボランティア・国際協力への理解を深める2000冊　　119

著　増補改訂版　名古屋　ブイツーソリューション　2015.2　132p　21cm　〈文献あり〉　1250円　①978-4-86476-268-7　Ⓝ519.07

『自然体験学習に役立つアウトドアガイド2　やってみよう！　アウトドアあそび』　下城民夫監修　教育画劇　2015.2　39p　29cm　3300円　①978-4-7746-2007-7　Ⓝ786

[目次] 第1章　森のアウトドアあそび（秘密基地をつくろう！，自然のもので工作してみよう！），第2章　川のアウトドアあそび（砂浜であそぼう！，干潟であそぼう！，磯であそぼう！，川原であそぼう！，カヌー、カヤックに乗ってみよう！），第3章　夜のアウトドアあそび（キャンプファイヤーをしよう！，キャンドルファイヤーをしよう！，ナイトハイクを楽しもう！，虫をさがしに行こう！），アウトドアで役立つ知識（テント泊の基本，ケガをしたときの応急手当）

『人と自然をつなぐ教育―自然体験教育学入門』　能條歩著　夕張　北海道自然体験活動サポートセンター　2015.1　127p　26cm　700円　①978-4-9905943-0-5　Ⓝ379.3

『風をつかまえた少年―14歳だったぼくはたったひとりで風力発電をつくった』　ウィリアム・カムクワンバ，ブライアン・ミーラー著，田口俊樹訳　文藝春秋　2014.12　477p　15cm　（文春文庫）　950円　①978-4-16-790265-0

[内容] アフリカの最貧国マラウイを襲った旱魃により、ウィリアム少年は学費を払えず、中学を退学になる。勉強をしたい。本が読みたい。ある時NPOが作った図書室で、「エネルギーの利用」という本と出会い、独学で風力発電を造りあげることを思いつく―学ぶことの本当の意味を教えてくれる、感動のノンフィクション

『持続可能な社会づくりと環境教育―ESDにもとづく環境教育の理論と実践事例』　全国小中学校環境教育研究会編著　日本教育新聞社　2014.11　121p　30cm　1800円　①978-4-89055-312-9　Ⓝ375

『ユネスコスクール―地球市民教育の理念と実践』　小林亮著　明石書店　2014.11　263p　21cm　〈他言語標題：UNESCO Associated Schools Project Network　文献あり　索引あり〉　2400円　①978-4-7503-4098-2　Ⓝ375

[目次] 序章　ユネスコスクールとは，第1章　ユネスコスクールの歴史，第2章　ユネスコスクールと国際理解教育，第3章　ユネスコスクールとESD，第4章　ユネスコスクールと地球市民教育，第5章　日本におけるユネスコスクールの教育実践例，第6章　世界におけるユネスコスクールの教育実践例，第7章　フラッグシップ・プロジェクト―ユネスコスクールにおける広域連携，第8章　ユネスコスクールとユネスコ協会の連携，第9章　ユネスコスクールへの支援体制と今後の展望

『よくわかるエネルギー・環境問題の実験教室―作ってみよう！　環境モデル装置　測ってみよう！　大気汚染』　馬昌珍，山本麻理子著　福岡　梓書院　2014.11　115p　21cm　1500円　①978-4-87035-541-5　Ⓝ375

[内容] 初めてエネルギー・環境教育に取り組む学校や先生でも、エネルギー・環境教育のねらいに合致した高い水準の実験と授業が組み立てられます。本質がよくわかるエネルギー・環境教育参考書の決定版！

『Place-Based Education地域に根ざした教育―持続可能な社会づくりへの試み』　高野孝子編著　海象社　2014.10　223p　21cm　〈奥付・背のタイトル：PBE地域に根ざした教育　文献あり〉　1800円　①978-4-907717-41-4　Ⓝ375

[内容] 「非場所化」と隣り合わせのグローバル人材育成。PISAの点数を競い合う学校教育。その「地元を捨てさせる教育」から地域に根ざした「スローな教育」へ、第一線の内外専門家が現代社会を俯瞰する。「学べば学ぶほどに地域が好きになる教育」から「自然保護活動とPBE」、さらにアラスカでの「文化に責任を持つ学校（Culturally Responsive Schools）」、ノルウェーの「フリルフスリフ（野外に親しむ暮らし）」など、内外の事例と分析が満載。

『環境教育学原論―科学文明を問い直す』　鈴木善次著　東京大学出版会　2014.9　234p　22cm　〈索引あり〉　3800円　①978-4-13-060225-9　Ⓝ519.07

学術・文化・教育のための活動　　教育機関

|目次| 序章 環境教育学構築への一つの試み，第1章 人間環境と科学文明，第2章 科学文明と環境教育，第3章 環境教育の体系化，第4章 環境教育の実践，第5章 環境教育の「統合的プログラム」，終章 展望─望ましい文明と環境教育・環境教育学構築を目指して

『**環境教育とESD**』　日本環境教育学会年報編集委員会編　東洋館出版社　2014.9　185p　21cm　（日本の環境教育　第2集）　2500円　①978-4-491-03058-6　⑩519.07

|目次| 序 日本における国連持続可能な開発のため教育の10年の到達点とこれからのESD/環境教育，第1部 問い直されるESD（ESDにおける「地域知」の位相，東日本大震災後のESD─「抵抗の原理」の視点から，ESDとしての「食の教育」の方向性─ロハスとスローフードの思想と教育 ほか），第2部 学校におけるESD（みんなでつくるこども園─認定こども園めごたまの取り組み，わたしたちのまち 生き物のすみやすいまち，命のつながりを学び育てる環境教育 ほか），第3部 ESD：地域の視点，世界の視点（公害地域におけるESD─大阪・西淀川での実践，富山市ファミリーパークにおけるESDプログラム開発と実証調査，地域づくりとESD ほか）

『**持続可能な社会をめざして─「未来」をつくるESD**』　飯吉厚夫，稲崎一郎，福井弘道編　平凡社　2014.9　198p　21cm　〈索引あり〉　1800円　①978-4-582-45004-0　⑩519.07

|内容| 環境破壊、地球温暖化、異常気象、大災害、資源の枯渇、生物多様性、パンデミック…グローバルリスクに、どう立ち向かうのか。

『**多文化共生社会におけるESD・市民教育**』　田中治彦，杉村美紀共編　Sophia University Press上智大学出版　2014.9　263p　21cm　〈他言語標題：Education for Sustainable Development and Citizenship Education in the Multi-cultural Societies　発売：ぎょうせい〉　2000円　①978-4-324-09855-4　⑩519.07

|目次| 多文化主義とは何か（加藤守通著），人の国際移動と多文化社会の教育変容（杉村美紀著），欧州におけるムスリム移民の教育問題（丸山英樹著），開発途上国と紛争後社会の教育と多文化共生（小松太郎著），持続可能な開発のための教育〈ESD〉の歴史と課題（田中治彦著）、人口問題から見た持続可能な社会の実現（鬼頭宏著），批判的教育学から見た今後の日本におけるESDの意義と課題（澤田稔著），ESDに基づく総合的な「安全教育」（北村友人著），ポスト「国連ESDの10年」の課題（永田佳之著），グローバル化時代のシティズンシップと教育（髙祖敏明著），民主主義の持続可能性と市民性教育（近藤孝弘著），総合的な学習の時間とESD・市民教育（奈須正裕著），倉橋惣三の保育理論にみる国民教育と市民教育の課題（湯川嘉津美著），グローバル時代の市民教育の創造（田中治彦著）

『**環境教育と開発教育─実践的統一への展望：ポスト2015のESDへ**』　鈴木敏正，佐藤真久，田中治彦編著，阿部治，朝岡幸彦監修　筑波書房　2014.7　239p　21cm　（持続可能な社会のための環境教育シリーズ　5）　2800円　①978-4-8119-0442-9　⑩519.07

|目次| 環境教育と開発教育の実践的統一にむけて，第1部 環境教育と開発教育の接点（ESDにおける環境教育と開発教育の融合─環境教育における貧困・社会的排除問題，開発教育論の位置づけ，開発教育から見た環境教育の課題─DESD後の協働の可能性と必要性，地域での持続可能な文化づくりと学び─開発教育と環境教育の実践的統一に向けて），第2部 持続可能で包容的な地域づくりへの実践（公害と環境再生─大阪・西淀川の地域づくりと公害教育，自然保護から自然再生学習を経て地域づくり教育へ─教職教育の立場から，途上国における持続可能な地域づくりと環境教育・開発教育─ドミニカ共和国におけるJICAプロジェクト「TURISOPP」をもとに，学社協働の担い手づくり─ドイツの事例に基づいて，3.11と向きあう開発教育─開発教育協会（DEAR）の試行的実験，循環型地域社会づくり─農・食・農村共同体の価値と開発教育），第3部 グローカル・パートナーシップに向けて（私たちのグローカル公共空間をつくる─開発教育の再政治化に向けて，持続可能な社会構築における教育の役割─"市民の形成"に向けた社会運動体としてのグローバル・ネットワークへ，ポスト2015開発アジェンダにおける教育の機能と役割─国連教育イニシアティブ（GEFI）と教育に関する包括的協議に基づいて），グローカルな実践論理としての環境教育と開発教育─環境教育と開発教育の実践的統一にむけた展望

教育機関　　　　　　　　　　　　　学術・文化・教育のための活動

『現場から考える環境教育―まず一人ではじめよう』　滝口素行著　創風社　2014.7　286p　21cm　1800円　①978-4-88352-215-6　Ⓝ375
　[目次]　第1部　学校での取り組み（初任校で取り組んだ環境教育研究，教材化への取り組み，最も生産的なとき，意欲の問題に取り組む），第2部　大学院での取り組み（東京学芸大学大学院へ，多忙化問題，学習への動機づけ問題，高校現場を訪ねる，全国の高校現場を訪ねる，再び海外に目を向ける，その他大学院で学んだこと），第3部　早期退職してから（環境教育史，再び，環境教育の土台を考える，今後の課題）

『世界を照らす僕たちの手作り太陽電池パネル―高校生が挑んだ国際協力の記録』　山形県立東根工業高等学校ものづくり委員会編　国際開発ジャーナル社　2014.5　268p　19cm〈年譜あり　発売：丸善出版〉1800円　①978-4-87539-086-2　Ⓝ543.8

『野外教育入門シリーズ　第5巻　冒険教育の理論と実践』　星野敏男，金子和正監修，自然体験活動研究会編　杏林書院　2014.5　166p　21cm〈他言語標題：A Guide Series of Outdoor Education　索引あり〉2000円　①978-4-7644-1585-0　Ⓝ379.3

『生き物調査っておもしろい！―花室川と高校生と環境教育』　田上公恵編著　つくば　STEP　2014.4　314,139p　21cm〈文献あり〉2500円　①978-4-915834-71-4　Ⓝ375

『学校での環境教育における「参加型学習」の研究』　小玉敏也著　風間書房　2014.3　178p　22cm　5500円　①978-4-7599-2028-4　Ⓝ375
　[目次]　第1章　序論，第2章　本研究における分析の枠組，第3章　ESDに向けた環境教育における「参加型学習」概念の検討，第4章　学校での環境教育における「参加型学習」の実践評価―茨城県牛久市「学校ビオトープから始まるまちづくり」事業を事例として，第5章　「持続可能な地域づくり」過程における参加型学習の位置，第6章　結論

『元気いっぱいESD―グッドプラクティス事例集』　関西国際交流団体協議会編　大阪　関西国際交流団体協議会　2014.3　127p　30cm〈年表あり〉Ⓝ519.07

『瀬戸内海の自然景観を読む―持続可能な社会の発展の観点に立った環境教育と防災教育の推進のために　ESD読本』　河原富夫著　広島　河原富夫　2014.3　104p　21cm　Ⓝ375

『ちばキッズエコエコ大作戦―みんなの一歩が地球を救う　千葉市環境教育教材（小学生版）2014-2016』　千葉市環境教育教材等作成会議編　〔千葉〕　千葉市　2014.3　38p　30cm　Ⓝ375

『中学生のための環境学習ハンドブック―かけがえのない地球と千葉市の環境を守るために行動しよう。　2014-2016』　千葉市環境教育教材等作成会議編　千葉　千葉市　2014.3　38p　30cm　Ⓝ375

『ESD〈持続可能な開発のための教育〉と自然体験学習―サステイナブル社会の教職教育に向けて』　降旗信一著　風間書房　2014.2　314p　22cm〈索引あり〉8500円　①978-4-7599-2026-0　Ⓝ375
　[内容]　本書では，「持続可能な開発のための教育（Education for Sustainable Development=ESD）」運動におけるその一形態としての自然体験学習とこの学習を支える環境教育（理論と実践）のあり方を示した。開放系（とりわけ農学・環境系）の大学・大学院における教職教育のあり方を発展させるための実践と理論構築に向けた基礎的な考察。

『ESDと大学』　成玖美，寺田元一監修　名古屋　風媒社　2013.9　112p　21cm（人間文化研究叢書別冊ESDブックレット　1　名古屋市立大学人文社会学部編）〈文献あり　索引あり〉800円　①978-4-8331-4109-3　Ⓝ377.15
　[目次]　大学にとってのESD（別所良美著），名古屋市立大学人文社会学部ESDへの歩み（成玖美述），人文社会学部がなぜESDなのか？（別所良美述），大学におけるESDの推進（阿部治述），中部ESD拠点の取組み（竹内恒夫述），質疑応答（阿部治ほか述）

『環境教育辞典』　日本環境教育学会編　教育出版　2013.7　341p　22cm　4000

学術・文化・教育のための活動　　　　　　　　　　　　教育機関

円　①978-4-316-80130-8　Ⓝ519.07
内容　環境問題と環境教育、社会の持続可能性に関連する用語830語を収載。学校教育関係者、研究者、教育・環境行政関係者、企業や社会教育等で環境や環境教育に関わる人必携の辞典が、ついに刊行！

『持続可能な発展の教育学―ともに世界をつくる学び』　鈴木敏正著　東洋館出版社　2013.7　238p　21cm　〈索引あり〉　2900円　①978-4-491-02951-1　Ⓝ519.07
目次　第1編　実践現場からの課題提起（自然再生と環境教育の課題、持続可能な地域づくりへの協働取組）、第2編　生物多様性と持続可能性の間（生物多様性と文化的・社会的多様性、多様性への地域教育実践）、第3編　持続可能な発展のための教育（ESD）の展望（人間的開発から内発的地域づくり教育へ：国際開発の反省、ESDの教育学、「持続可能で包容的な地域づくり教育（ESIC）」へ）

『よくわかる環境教育』　水山光春編著　京都　ミネルヴァ書房　2013.7　170p　26cm　（やわらかアカデミズム・〈わかる〉シリーズ）〈索引あり〉　2800円　①978-4-623-06380-2　Ⓝ519.07
目次　第1部　環境教育の理論（環境教育の歴史、環境教育の目的、環境教育の要素、環境教育の方法）、第2部　環境教育の対象（家庭と環境、生活と環境、地域と環境、国土と環境、地球の環境、自然と環境、文化と環境、企業と環境）、第3部　環境教育の周辺領域（学校教育とのかかわり、ESDと関連する環境教育、外国の環境教育、関連する諸科学、市民として行動する）、第4部　環境教育の実践事例（学校での実践事例、社会での実践事例）

『持続可能な社会に向けた環境人材育成―慶應義塾大学湘南藤沢キャンパス〈SFC〉の挑戦』　太田志津子著　化学工業日報社　2013.6　160p　19cm　〈文献あり〉　1800円　①978-4-87326-628-2　Ⓝ519.07
内容　実務家と大学院との出会いで結実した新しい教育とは何か？　問題発見・解決のプロセスを通じて、低炭素社会づくりを担う能力を養成する。アントルプルナー（起業家）を輩出する慶應SFCの大学院環境カリキュラムを大公開。

『3・11を契機に子どもの教育を問う―理科教育・公害教育・環境教育・ESDから』　大森享執筆者代表　創風社　2013.4　181p　21cm　1500円　①978-4-88352-192-0　Ⓝ375
目次　第1章　現場教師発　福島の教育の一断面、第2章　人間は自然とどうかかわるのか、第3章　3・11以後の理科教育、第4章　公害教育の現代性―苦しみと向き合う、第5章　ひとりひとりの学びからESDを問う、第6章　地域伝統文化教育をつくる―岩手県・大槌町立吉里吉里中学校の「郷土芸能伝承活動」、第7章　持続可能性に向けた教育―知恵と力とわざを育てる学校環境教育実践

『ESDの国際的な潮流』　国立教育政策研究所　2013.3　150p　30cm　（教育改革国際シンポジウム　平成24年度）〈他言語標題：International trends on education for sustainable development（ESD）　会期・会場：平成24年12月18日　文部科学省東館3階講堂　英語併載〉　Ⓝ375

『地球のいろいろオモシロ循環ナビ―小学校高学年向け環境教育プログラム集』　〔札幌〕　北海道環境生活部環境局環境推進課　〔2013〕　33p　30cm　〈共同刊行：北海道教育庁学校教育局義務教育課〉　Ⓝ375

『持続可能な開発のための教育〈ESD〉の理論と実践』　西井麻美、藤倉まなみ、大江ひろ子、西井寿里編著　京都　ミネルヴァ書房　2012.11　291p　21cm　（MINERVA TEXT LIBRARY 63）　2800円　①978-4-623-06485-4　Ⓝ375
内容　「つながり」「多様性」「知」。ESDのキー概念と実践を、教育、環境、ネットワーク、マネジメントの4つの視点からわかりやすく解説。

『ESDコンピテンシー―学校の質的向上と形成能力の育成のための指導指針』　トランスファー21編著、由井義通、卜部匡司監訳、高雄綾子、岩村拓哉、川田力、小西美紀訳　明石書店　2012.9　169p　19cm　1800円　①978-4-7503-3662-6　Ⓝ375
目次　第1章　持続可能な開発のための教育―背景・正統性・（新たな）コンピテンシー（背

景：持続可能性をめぐる議論，国内外におけるESD ほか），第2章 学校におけるESD：KMKおよびDUKによる勧告—2007年6月15日（学校におけるESDの目標設定，ESDを実践するためのヒント ほか），第3章 ESDのコンピテンシー—正当性・能力基準・学習の提案（前期中等教育修了までのESDの目標設定と学習の提案，「持続可能な開発」の行動領域の普通教育に対する貢献 ほか），第4章 「ESD学校」における学校の質的向上—質の領域・原理・規準（「ESD学校」における質の領域，コンピテンシー ほか），第5章 ESDを取り入れた学校教育計画—基礎・構成要素・事例（学校教育計画とESD，学校教育計画の開発手順 ほか）

『持続可能な開発のための教育ESD入門』 佐藤真久，阿部治編著，阿部治，朝岡幸彦監修 筑波書房 2012.8 255p 21cm （持続可能な社会のための環境教育シリーズ 4） 2800円 ①978-4-8119-0411-5 Ⓝ372
目次 持続可能な開発のための教育（ESD）とは何か，第1部「持続可能な開発のための教育の10年（DESD）」の国際的展開（DESDの始まりとDESD国際実施計画の策定，DESDの国際的な評価に関する取組，DESDの中間関連会合とDESD中間レヴュー報告書），第2部 各国におけるESDの取組と展開（ドイツにおけるESDの取組，スウェーデンにおけるESDの取組と展開，中国におけるESDの取組と展開，インドにおけるESDの取組と展開，ニュージーランドにおけるESDの取組と展開），第3部 ESDの新たな展開に向けて（開発と教育の歴史的変遷とESD，内発的外向型発展論とESDの内発性・外発性，ESDの国際的取組的の展望），3.11以降の持続可能な開発のための教育（ESD）の課題

『未来をひらくESD（持続可能な開発のための教育）の授業づくり—小学生のためのカリキュラムをつくる』 藤井浩樹，川田力監修，広島県福山市立駅家西小学校編 京都 ミネルヴァ書房 2012.4 159p 26cm 〈背のタイトル：未来をひらくESDの授業づくり〉 2400円 ①978-4-623-06270-6 Ⓝ375
内容 ESD大賞受賞校のカリキュラムづくり・授業づくりの取り組みをわかりやすく紹介。

『アジア・太平洋地域のESD—〈持続可能な開発のための教育〉の新展開』 立教大学ESD研究センター監修，阿部治，田中治彦編著 明石書店 2012.3 401p 20cm 〈文献あり 年表あり〉 4200円 ①978-4-7503-3575-9 Ⓝ519.07
目次 第1部 アジア・太平洋のESDネットワーク（座談会）（日本と世界におけるESDの経緯，日本の開発教育とタイのESD，日本の環境教育とESD，国連大学とESDの関わり，東アジアのESDの現状と課題，東南アジア，南アジアのESDの現状と課題，2014年以後のESD），第2部 アジア・太平洋の各国のESD（東アジア，東南アジア，南アジア，南太平洋）

『ちばキッズエコエコ大作戦—みんなの一歩が地球を救う 千葉市環境教育教材（小学生版）2012-2014』 千葉市環境教育教材等作成会議編 〔千葉〕 千葉市 2012.3 38p 30cm Ⓝ375

『中学生のための環境学習ハンドブック—かけがえのない地球と千葉市の環境を守るために行動しよう。 2012-2014』 千葉市環境教育教材等作成会議編 千葉 千葉市 2012.3 39p 30cm Ⓝ375

『ひろがりつながるESD実践事例101—学校＆みんなのESDプロジェクト』 ユネスコ・アジア文化センター 2012.3 262p 21cm 〈平成23年度文部科学省「日本ユネスコパートナーシップ事業」ユネスコスクール地域交流会in金沢・気仙沼活動報告書〉 Ⓝ375

『ESD拠点としての自然学校—持続可能な社会づくりに果たす自然学校の役割』 阿部治，川嶋直編著，立教大学ESD研究センター監修 みくに出版 2012.2 311p 21cm 1905円 ①978-4-8403-0466-5 Ⓝ379.3
内容 自然学校の定義，類型化の試み，自然学校における教育・学びの特徴，役割の変遷などを，立教大学ESD研究センターが開催した2回のシンポジウムにおける全国各地の自然学校からの報告，パネルディスカッションと自然学校草創期より全国で活動してきた先駆者による書き下ろしで解き明かす。自然学校全国調査2010調査報告書抜粋収録。

『持続可能な包摂型社会への生涯学習—政

策と実践の日英韓比較研究』 鈴木敏正,姉崎洋一編 大月書店 2011.11 292p 22cm 4500円 ①978-4-272-33068-3 Ⓝ379
内容 排除型社会から持続可能な包摂型社会の政策と実践の一環としての生涯学習。その性格と発展課題を日英韓比較研究により解明する。

『高等教育とESD―持続可能な社会のための高等教育』 荻原彰編著,阿部治監修 岡山 大学教育出版 2011.9 164p 21cm 1800円 ①978-4-86429-067-8 Ⓝ377.15
目次 世界的動向(鈴木克徳著),高等教育におけるESD実践 現代GPについて(荻原彰著),学際的・総合的な学士課程教育としてのESD(松岡広路,朴木佳緒留,髙尾千秋著),大学を地域に開く(芦川智著),共通教育でESD指導者を育てる(小林修著),大学丸ごとESD(玉真之介著),教員養成大学での持続発展教育(ESD)(小金澤孝昭著),高等教育におけるESD(荻原彰著)

『サステイナブル社会と教育―ESDの新しい軸』 小田勝己著 アカデメイア・プレス 2011.4 159p 21cm 〈文献あり〉 1905円 ①978-4-905215-01-1 Ⓝ375
内容 日本中の小学校から高校で学習指導要領で明記されている「持続発展教育(ESD)」。現在の日本の現実をふまえ,「地元の雇用創出」と「防災」の2本軸で,ESDを進める根拠を示す。

『フィンランドの高等教育ESDへの挑戦―持続可能な社会のために』 フィンランド教育省,タイナ・カイヴォラ,リーサ・ローヴェーデル編著,齋藤博次,開龍美監訳,岩手大学ESDプロジェクトチーム訳 明石書店 2011.4 201p 21cm 〈文献あり〉 2500円 ①978-4-7503-3377-9 Ⓝ377.23892
目次 第1部 高等教育における持続可能な開発の取り組み(持続可能な開発のための高等教育―国際・国内指針,持続可能な開発,それは持続可能か?,どのような種類の持続可能な開発を論じるのか,持続可能な開発の価値基準について),第2部 持続可能な開発のための科学教育(科学と持続可能性,ESDの理論的土台,希望の持てる提言により高等教育をエンパワーする,高等教育における持続可能な開発の筋道を求めて),第3部 持続可能な開発のための教育の実践(教員養成教育における持続可能な開発,ビジネススクールにおけるESD,自然資源学と環境学における持続可能な開発,国内協力から国際協力へ),第4部 未来を見つめて(持続可能であるためには,世界は教育を必要とする,持続可能な開発と教育 過去と未来についての考察)

『環境教育ボランティア活動ハンドブック―生活系環境問題の改善に向けて』 国際協力機構青年海外協力隊事務局編 国際協力機構青年海外協力隊事務局 2011.3 160p 21cm Ⓝ519.07

『ひろがりつながるESD実践事例48』 ユネスコ・アジア文化センター 2011.3 207p 21cm 〈平成22年度文部科学省「日本ユネスコパートナーシップ事業」ユネスコスクールにおけるESD普及促進活動学校&みんなのESDプロジェクト活動報告書〉 ①978-4-946438-90-5 Ⓝ375

『開発教育で実践するESDカリキュラム―地域を掘り下げ,世界とつながる学びのデザイン』 開発教育協会内ESD開発教育カリキュラム研究会編 学文社 2010.8 207p 21cm 〈文献あり 索引あり〉 2400円 ①978-4-7620-2102-2 Ⓝ375
目次 第1部 理論編―開発教育のカリキュラム・デザインとは(開発教育と持続可能な開発のための教育(ESD),開発教育のカリキュラムとESD,「地域を掘り下げ,世界とつながる」カリキュラムと学びのデザイン),第2部 実践編―開発教育カリキュラムづくりの実際(地域学習を深める方法,「教材」の探究から始まるESDカリキュラムの編成,地域を掘り下げる学びのデザイン),第3部 事例編―さまざまな実践に学ぶ(霞ヶ浦流域地域における学校を拠点としたESD実践の展開,「とうもろこし」からつながる世界へのとびら,まちづくり「武蔵野市改造計画―ズバリ市長に提言―」,地域から世界へ―大型店から考える,難民問題から平和・共生を考える,「反貧困」を軸にした人権総合学習,世界とつながる開発教育教材)

『ESDをつくる―地域でひらく未来への教育 持続可能な開発のための教育』 生方秀紀, 神田房行, 大森享編著　京都　ミネルヴァ書房　2010.4　233p　22cm　2800円　Ⓘ978-4-623-05766-5　Ⓝ375

『未来をつくる教育ESD―持続可能な多文化社会をめざして』　五島敦子, 関口知子編著　明石書店　2010.2　224p　21cm　〈索引あり〉2000円　Ⓘ978-4-7503-3147-8　Ⓝ519.07

[目次]　第1部 教育への問い（日本における近代公教育制度の成立, 教育改革の国際比較, オルタナティブ教育の可能性, 地球市民としての生涯学習）, 第2部 持続可能な未来をめざして（持続可能な未来への学び―ESDとは何か, 環境教育の視座―自然と人間の関係性を問う, 多文化社会の異文化間コミュニケーション, 越境時代の多文化教育―21世紀の教育と市民性を問う）, 資料編（教育関連法規, 各国の学校系統図, 学力観・学習指導要領の変遷）

『万人のため教育（EFA）と持続発展教育（ESD）の対話のはじまり』　Ros Wade, Jenneth Parker著, 国立教育政策研究所国際研究・協力部訳　国立教育政策研究所　2009.11　69p　30cm　〈文献あり〉Ⓝ372

『未来を拓く子どもの社会教育』　立柳聡, 姥貝荘一編著, 上杉孝實, 小木美代子監修　学文社　2009.4　347p　21cm　3000円　Ⓘ978-4-7620-1955-5　Ⓝ379.3

[目次]　プロローグ 子どもの発達支援と権利保障, 第1部 子どもが育つ地域と社会教育（子どもの社会教育の展開, 少子化の原因としての子ども観―「勉学的子ども観」への移行, 子どもの人権を守る活動―川西市子どもの人権オンブズパーソンの活動から ほか）, 第2部 子どもの豊かな育ちと文化・家族・社会教育（子どもの時系列的発達保障と家族, 文化, 社会教育―「自立した人間」を育てるから, 「自立した個人」を育てる時代へ, 現代家族と子育ち支援, 家族カウンセリングによる子育ち・子育て支援―家族カウンセリング研究所"陽だまり" ほか）, エピローグ 子どもが豊かに育つまちづくりをめざして―子どもの権利施策の創造

『ESD教材活用ガイド―持続可能な未来への希望』　ユネスコ・アジア文化センター　2009.3　144p　21cm　〈平成20年度文部科学省委託「日本ユネスコパートナーシップ事業」　文献あり　年表あり〉Ⓘ978-4-946438-84-4　Ⓝ375

『持続可能な社会をつくる福祉教育・ボランティア学習―いのち・くらしとESD』　日本福祉教育・ボランティア学習学会編　日本福祉教育・ボランティア学習学会　2009　35p　25cm

『未来をつくる教育ESDのすすめ―持続可能な未来を構築するために』　多田孝志, 手島利夫, 石田好広著　日本標準　2008.12　70p　21cm　（日本標準ブックレット no.9）　600円　Ⓘ978-4-8208-0383-6　Ⓝ375

[目次]　第1章 ESDとは, 第2章 東雲, 夢の学校, 第3章 ESDを実践するためのポイント

『チョコレートから世界が見える―人権を基盤にしたESD教材集』　「チョコレートから世界が見える」編集委員会企画・編集, ヒューライツ大阪編　大阪　アジア・太平洋人権情報センター　2008.11　202p　30cm　〈大阪 解放出版社（発売）〉1905円　Ⓝ375

『持続可能な発展のための教育（ESD）―第1回～第3回 中部高等学術研究所共同研究会』　野口忠編集責任　春日井　中部大学中部高等学術研究所　2008.9　80p　30cm　（Chubu Institute for Advanced Studies studies forum series 59）〈会期・会場：2007年5月30日 中部大学リサーチセンター2階大会議室ほか〉Ⓝ519.07

『開発教育―持続可能な世界のために』　田中治彦編著　学文社　2008.8　254p　21cm　〈執筆：田中治彦ほか　文献あり　年表あり〉2400円　Ⓘ978-4-7620-1751-3　Ⓝ379

[目次]　第1部 開発教育の理念と歴史（開発問題と開発教育の歴史と現状, 開発教育の内容・方法・カリキュラム, ヨーロッパとアジアにおける開発教育）, 第2部 地球的課題と開発教育（ミレニアム開発目標, 貧困, 環境 ほか）, 第3部 これからの開発教育の展開（学校での

開発教育，地域からの開発教育，国際協力と開発教育）

『開発教育序論―世界はそして日本はなぜ開発援助を行うか』　志賀美英編著　福岡　九州大学出版会　2008.5　184p　21cm〈文献あり〉3200円　Ⓘ978-4-87378-969-9　Ⓝ333.8

 目次 　第1章 なぜ，世界には「開発途上国」が存在するのか―歴史的背景，第2章 第2章 独立後10年余のパプアニューギニア―依然として続く植民地的経済支配，第3章 世界はそして日本はなぜ開発援助を行うか―DAC新開発戦略と日本の政府開発援助（ODA）大綱を基に，第4章 あなた一人にできる国際貢献・開発協力―まず知ることが第一歩，第5章 無償の限界―中国でのJICAプロジェクトに参加して，第6章 NGOとは―国際協力に必要とされる人材，第7章 ラオスにおける学校保健普及活動―"じゃっど"14年間の歩み，第8章 在日朝鮮人の人権と教育問題

『持続可能な教育と文化―深化する環太平洋のESD』　永田佳之，吉田敦彦編　大阪　せせらぎ出版　2008.3　229p　21cm　（ホリスティック教育ライブラリー 8）〈文献あり〉1905円　Ⓘ978-4-88416-172-9　Ⓝ371.5

 内容 　ESDの3本柱「社会」「環境」「経済」，それを支え深める「文化」に迫る。「ホリスティックESD宣言」完全収録。

『子どもたちへの開発教育―世界のリアルをどう教えるか』　西岡尚也著　京都　ナカニシヤ出版　2007.4　155p　19cm　（叢書・地球発見 9）〈文献あり〉1700円　Ⓘ978-4-7795-0009-1　Ⓝ375

 内容 　英単語より世界地図を！ 日本人の世界認識をたどり，社会科教科書の問題点を洗い出す。国際理解教育を実践する人のための基本テキスト。

『開発と教育協力の社会学』　山内乾史編著　京都　ミネルヴァ書房　2007.3　213p　21cm　（Minerva text library 47）〈年表あり〉2400円　Ⓘ978-4-623-04780-2　Ⓝ370

 内容 　近年，途上国を中心とした地域に焦点を当てた教育研究の分野として，国際教育開発論，国際教育協力論という領域が注目されている。先進国の教育研究を中心に扱った比較教育学にくらべて，開発援助政策論や国際経済論といった政治学や経済学からの関心も高い。本書は，日本の教育協力の理論と実際をわかりやすく解説した入門書である。

『わたしたちの環境学習―あなたのココロ，カラダ，アタマを若返らせる植福の環境学習』　熊田禎宣編著　創成社　2006.6　230p　21cm　2200円　Ⓘ4-7944-2244-X　Ⓝ519.07

 目次 　序章 環境立国を支える次世代環境市民づくり，第1章 主婦と子どもがつくる都市環境―チャンス，チェンジ，チャレンジの新しいまちづくり，第2章 「真の豊かさ」にあふれるまちを創り，未来の世代に引き継ぐ―世界の環境首都を目指して，第3章 世界文化遺産が見守る姫路のまちづくり，第4章 琵琶湖とその集水域の環境保全に取り組む市民の輪，第5章 環境経営の認証を得て次世代環境市民づくりに貢献，第6章 藤前から見えた危機，第7章 市民連携による環境都市づくり―ぬまづエコネットの試み，第8章 地域環境活動の中での小・中・高・大の連携，結章 環境市民をどのように育成するのか

『持続可能な未来のための学習―ユネスコ』　阿部治，野田研一，鳥飼玖美子監訳　立教大学出版会　2005.3　372p　24cm〈有斐閣（発売）〉7600円　Ⓘ4-901988-06-9　Ⓝ519.07

 内容 　ユネスコの提唱する「持続可能な未来」が本書を貫くキーワードである。資源浪費の現在の生活スタイルはどこから改めるべきか。21世紀の環境問題を正面から見据え，地球的に考える指針を平易に説いた，環境教育のグローバル・スタンダード。

『環境教育の母―エレン・スワロウ・リチャーズ物語』　エスリー・アン・ヴェア著，ジェニファー・ヘイジャーマン挿絵，住田和子，住田良仁訳　東京書籍　2004.2　86p　22cm〈1997年刊の改訂新版　年譜あり〉1300円　Ⓘ4-487-75740-1　Ⓝ289.3

 内容 　十九世紀のアメリカで，自らの意志を貫いて大学に進学して科学を学び，それを人々の日常生活の向上に役立てた女性科学者，エレン・スワロー・リチャーズ。あのキュリー夫人も敬意を表したそのひたむきな生涯をたどるやさしい伝記の登場です。小学校高学年

から大学生、大人まで。

『世界と地球の困った現実―まんがで学ぶ開発教育 飢餓・貧困・環境破壊』 日本国際飢餓対策機構編, みなみななみまんが 明石書店 2003.10 112p 21cm 〈文献あり〉 1200円 ⓘ4-7503-1798-5 Ⓝ611.38

内容 世界には、ぼくたちのまだ知らないことがいっぱいあるね。今、地球のどこかで、ぼくたちと同じくらいの子どもたちが、ぼくたちとは全然ちがった生活をしているんだ。食べるものが十分にないために死んでいく子どもや、家が貧しいために学校に行けない子どもが、今も世界にはたくさんいるんだって。日本のぼくたちには想像するのがむずかしいよね。また、この地球の空気や水が汚くなってきていること、そのためにいろいろな問題が起こってくるということ、こういうことはぼくたちとは全然関係ないところで起こっているみたいだけれど、本当はぼくたちにもそのいくつかにつながりや、責任があったりするんだって。本書ではこんな、今世界で起こっていることを紹介していきます。

『よみがえれ！ 大和川―人権総合学習 地域を創る環境教育』 黒田伊彦編著 柘植書房新社 2000.10 239p 21cm 2000円 ⓘ4-8068-0443-6 Ⓝ375

内容 新たな総合学習の取り組み―子どもが変われば、親が変わり、地域が変わる人権教育と環境教育の結合による貴重な実践例。子どもたちの取り組み、授業実践、授業書を収録する。

『ユニセフによる地球学習の手引き―新しい視点に立った国際理解教育 中学校』 金沢孝, 渡辺弘編 教育出版 1997.3 129p 26cm 〈参考文献：p128～129〉 2266円 ⓘ4-316-35210-5 Ⓝ375

『ユニセフによる地球学習の手引き―新しい視点に立った国際理解教育 小学校』 多田孝志, 桜橋賢次編 教育出版 1997.3 129p 26cm 〈執筆：多田孝志ほか 参考文献：p128～129〉 2266円 ⓘ4-316-35200-8 Ⓝ375

◆◆◆美術館・博物館

『博物館の未来をさぐる』 神奈川県博物館協会編 東京堂出版 2015.6 179p 21cm 1800円 ⓘ978-4-490-20908-2 Ⓝ069.02137

目次 第1部（理念と実践（平塚市博物館がめざす地域博物館像、指定管理者制度の導入と人文系博物館、新江ノ島水族館の現状と課題、県立生命の星・地球博物館の将来を考える、観光地の美術館における"遊び"と"学び"）、手法と機能（ボランティアと歩く博物館―資料収集から展示・教育まで、かわさき・人と星と緑の交流、金沢文庫における文化財の修復と保存、世界に開かれた美術館を目指して―情報発信と市民参加、陸軍登戸研究所の実相をみつめて―明治大学平和教育登戸研究所資料館設置の意義））、第2部（未来に向けて、わが館は、神奈川県博物館協会の未来にむけて―60年小史にかえて）

『日本の文化施設を歩く―官民協働のまちづくり』 松本茂章著 水曜社 2015.4 373p 21cm （文化とまちづくり叢書） 3200円 ⓘ978-4-88065-354-9 Ⓝ379.2

内容 日本各地の文化施設が、これほど多彩で、ユニークな人材に恵まれているとは…。北海道から九州まで、全国の約80事例を取り上げた、文化とまちづくり研究の決定版。

『行ってみよう！ 見てみよう！ 東京23区文化施設探見データブック―博物館・美術館・資料館・史料館・科学館・史跡公園… 2015年版』 探見の会編 探見の会 2015.1 132p 30cm 〈標題紙・表紙のタイトル：行ってみよう！ 見てみよう！ 文化施設探見データブック〉 1000円 Ⓝ379.2

『がんばれ美術館ボランティア』 嶋崎吉信, 清水直子著 京都 淡交社 2001.9 142p 21cm 1600円 ⓘ4-473-01835-0 Ⓝ706.9

内容 美術館とボランティアは、いっしょに何ができるのだろうか。本書は両者のよりよい関係を求めて、現場の問題点や今後の展望を探る一冊。「美術が好き」から「美術館を応援したい」へ。そして「美術館の内部に組織された存在」から「外部にあって美術館を支援する組織」へ。2001「ボランティア国際年」を迎えて、ますます気運の高まるボランティアと美術館のあるべき姿と可能性を考える。

『エコミュージアムへの旅』 大原一興著

鹿島出版会　1999.12　183p　21cm　2500円　Ⓘ4-306-04396-7

[内容] ハコモノとしての博物館概念にとらわれず、地域全体をまるごと博物館と見立て、地域の文化・風土を研究・保全・学習し、次世代の地域社会の担い手を育てていく博物館活動。

『私も美術館でボランティア』　淡交社美術企画部編　京都　淡交社　1999.12　127p　21cm　1600円　Ⓘ4-473-01700-1　Ⓝ706.9

『エコミュージアム―21世紀の地域おこし』　小松光一編著　家の光協会　1999.11　174p　21cm　2500円　Ⓘ4-259-51759-7

[内容] エコミュージアムの方法は、まず、そこに住む住民自らが、自発的に、手もちの地域資源の価値を発見（収集）し、その価値を表現（展示）したり活用して現代にいかそうというものである。本書では、エコミュゼの始まりであるフランスの取り込みと、わが国での事例を紹介した。

『実践 エコミュージアム入門―21世紀のまちおこし』　新井重三編著　牧野出版　1995.3　171p　21cm　3400円　Ⓘ4-89500-036-2

[内容] ほんとうの「まちづくり」はこれだ。人々が暮らす地域そのものが「生活・環境博物館」なのだ、とする「エコミュージアム」構想はいまや世界的潮流である。本書は、この分野における最高権威新井先生による、21世紀「まちづくり」の実践書である。

《フリースクール》

『スポーツと礼儀で子供は変わる―マナーキッズプロジェクト12万人の軌跡 礼儀正しさのDNAは残っている』　田中日出男著　増補版　芸術新聞社　2014.12　175p　19cm　〈初版のタイトル：スポーツと礼儀で子どもは変わる〉　1500円　Ⓘ978-4-87586-420-2　Ⓝ379.3

[内容] 「太平洋のゴミ拾い」から「琵琶湖のゴミ拾い」を目指す！「いじめ」「学級崩壊」「小1プロブレム」克服につながる！スポーツ・文化活動と小笠原流礼法とのコラボレーション！

『子どものための大学―日本初の子ども大学』　子ども大学かわごえ編　勉誠出版　2014.9　201p　19cm　2000円　Ⓘ978-4-585-23027-4　Ⓝ379.3

[内容] 先駆校である「子ども大学かわごえ」の設立までの経緯やノウハウを詳細に記述。「子ども大学」設立に関心のある教育関係者に資する。池上彰（ジャーナリスト）、的川泰宣（JAXA宇宙教育センター長）など、著名講師による講演録を収め、「子ども大学」で行われる講義の様子を知ることができる。埼玉、群馬、鎌倉に広がっている姉妹校のとりくみも紹介。教育施設としてだけでなく、地域の活性化、町の振興、異年齢交流の場ともなっている現状を伝える。

『地方にこもる若者たち―都会と田舎の間に出現した新しい社会』　阿部真大著　朝日新聞出版　2013.6　214p　18cm　（朝日新書 406）〈文献あり〉　760円　Ⓘ978-4-02-273506-5　Ⓝ367.68

[内容] 都会と田舎の間に出現した、魅力的な地方都市。若者が地方での生活に感じる幸せと不安とは―？ 気鋭の社会学者が岡山での社会調査を元に描き出す、リアルな地方社会の現実と新しい日本の姿。

『自分らしく歌うがいい―不登校なんかで壊れるな「家族」』　毛利直之著　学びリンク　2013.5　169p　19cm　〈文献あり〉　1200円　Ⓘ978-4-902776-74-4　Ⓝ371.42

[内容] 学校に行かないことが、果たして親子関係を壊してしまうほどの代償を必要とするのだろうか―不登校生たちと長年向き合ってきた音楽学校の学院長が綴る、悩み苦しむすべての母親に向けたメッセージ。

『僕は僕でよかったんだ―学校に行かなかった32人との再会』　奥地圭子, 矢倉久泰著, 東京シューレ編　東京シューレ出版　2012.2　271p　19cm　〈年表あり〉　1800円　Ⓘ978-4-903192-19-2　Ⓝ371.42

[内容] 不登校OBは、その後をどう生きてきたか。25年の活動から見えてきた、不登校・フリースクールの歴史。

『子どもはいのちという原点から―不登校・これまでとこれから 第20回不登校

を考える全国大会(東京)記録集』 登校拒否・不登校を考える全国ネットワーク,フリースクール全国ネットワーク編 東京シューレ出版 2010.9 171p 21cm〈会期・会場：2009年8月 早稲田大学〉 1300円 ①978-4-903192-15-4 Ⓝ371.42

目次 基調講演 子どもはいのち、という原点から,親シンポジウム 不登校・親として、仲間として,特別講演 社会的ひきこもり論から存在論的ひきこもり論へ,スペシャルシンポジウム 不登校、これまで、これから,子ども・若者リレートーク 不登校を生きて,不登校の子どもの権利宣言

『子どもをいちばん大切にする学校』 奥地圭子著 東京シューレ出版 2010.8 238p 19cm〈年表あり〉 1600円 ①978-4-903192-13-0 Ⓝ376.38

内容 2007年に開校された東京シューレ葛飾中学校。25周年となる「東京シューレ」の実践から、「フリースクール」の公教育化を目指し新しい試みがはじまった。子どもにとっての学校とは何かを問いかける、注目の書。

『どんぐり亭物語──子ども達への感謝と希望の日々』 加藤久雄著 海鳴社 2010.4 236p 19cm （バウンダリー叢書） 1600円 ①978-4-87525-267-2 Ⓝ379.3

内容 問題行動を起こす子はクラスの宝──著者は不登校児をはじめ問題をもつ子の担任をし、その子たちを核にして暖かいクラス作りに成功した。その秘訣とは…。どんぐり亭では、森の力や畑の力を借りながら、不登校児のカウンセリングも行われている。復帰率は8割に達すると言う。人間ってこんなにすばらしいものなんだ、こんなに変われるんだという感動に満ちた記録。

『不登校・ひきこもりサポートマニュアル──子どもの社会的自立を目指す』 門田光司,松浦賢長編著 少年写真新聞社 2009.9 143p 26cm 1800円 ①978-4-87981-319-0

目次 不登校に関するQ&A, 1 不登校のとらえ方, 2 校内協働のあり方, 3 校外協働のあり方, 4 新しい取り組みと考え方, 5 大学の活用、大学生の活用, 資料

『不登校の子どものための居場所とネットワーク──ネットワークを活かした支援とは』 兵庫教育大学NANAっくす企画,兵庫県不登校研究会著 学事出版 2009.3 123p 26cm 1800円 ①978-4-7619-1684-8

目次 第1部 さまざまな居場所・それぞれの育ち・多様な支援(適応指導教室,フリースクール,宿泊・自然体験,その他の支援 ほか),第2部 どう育てる?!草の根のネットワーク(不登校支援の現状とネットワーク,兵庫教育大学における不登校支援ネットワークづくり,さまざまな草の根のネットワーク)

『フリースクールボクらの居場所はここにある!』 フリースクール全国ネットワーク編 東京シューレ出版 2009.2 207p 19cm 1500円 ①978-4-903192-11-6 Ⓝ376.7

内容 全国に広がるフリースクール。そこで育った子どもや若者たちがいます。各地のそれぞれ個性的な活動をしている場所で、どのように過ごし、何を感じて生きているのでしょうか。14人の手記を通して、フリースクールで育つ子どもたちの生の声を伝えます。

『ひきこもりの若者と生きる──自立をめざすビバハウス7年の歩み』 安達俊子,安達尚男著 高文研 2008.1 239p 19cm 1600円 ①978-4-87498-397-3 Ⓝ379.3

内容 全国に数十万と言われるひきこもり。その若者たちと毎日の生活を共にしながら、彼らの再起と自立への道を探り続ける元高校教員夫妻。若者とその家族の苦悩に寄り添い続けた北海道・ビバハウスの7年。

『学校復帰をめざして──家庭・学校・専門機関等との連携 平成18年度文部科学省「不登校への対応におけるNPO等の活用に関する実践研究事業」報告書』 開善塾教育相談研究所編 狭山 開善塾教育相談研究所 2007.8 142p 26cm〈発行所：学事出版〉 2000円 ①978-4-7619-1365-6 Ⓝ371.42

『子どもに聞くいじめ──フリースクールからの発信』 奥地圭子編著 東京シューレ出版 2007.7 188p 19cm 1500円 ①978-4-903192-07-9 Ⓝ371.42

内容 子どもたちの声は、大人のこころに届いていますか。くりかえされるいじめ・いじめ

学術・文化・教育のための活動　　フリースクール

自殺。さまざまな取り組みが行われてもなお、苦しむ子どもたちは減っていません。もっと子どもの声に耳を傾ける。とにかく子どもの声を聞く。そうしたら、きっと、どうしたらいいのかわかってくる。「学校を休んでいいんだよ」。子どもたちの声を受けとめてきたフリースクールからのメッセージ。

『夢を紡ぐ―あるフリースクールの物語』夢街道・国際交流子ども館著　Studio Cello　2007.7　223p　19cm　1500円　①978-4-903082-88-2　Ⓝ376.7
内容　不登校、ひきこもりの子たちを明るく立ち直らせるフリースクールがある。

『不登校の子どものための居場所探し―学校が合わないときのフリースクールガイド　2006-2007年版』　学研編　学習研究社　2006.2　163p　21cm　（もうひとつの進路シリーズ）　1300円　①4-05-302237-1
目次　子どもには家が最大の居場所　社会の真実の姿を見せる努力も…，今はつらくても，いつか輝くときがくる，フリースクールってどんなとこ？，知りたい！フリースクールQ&A，聞きなれない用語解説，子どもの学習と人生のつよ～い味方　サポート校，サポート校で見つけた生きてる実感　新しい自分に変われた日，フリースクールの学費いくらかかるの？，学園HOTニュース，不登校からの成功体験　不登校をこうしてのりきった！〔ほか〕

『子どもは家庭でじゅうぶん育つ―不登校、ホームエデュケーションと出会う』東京シューレ編　東京シューレ出版　2006.1　238p　19cm　1500円　①4-903192-02-4　Ⓝ372.107

『学校に行かなかった私たちのハローワーク』東京シューレ編　東京シューレ出版　2005.7　238p　19cm　1500円　①4-903192-01-6　Ⓝ371.42

『東京シューレ子どもとつくる20年の物語』　奥地圭子著　東京シューレ出版　2005.7　237p　19cm　〈年表あり〉　1500円　①4-903192-00-8　Ⓝ376.7

『脱！ひきこもり―YSC（NPO法人青少年自立援助センター）の本』　工藤定次、YSCスタッフ、永冨奈津恵著　ポット出版　2004.4　242p　19cm　2000円　①4-939015-64-5　Ⓝ367.68
内容　ひきこもりは苦行だ。自分で自分が生きていく金を稼ぐ、それが脱ひきこもりのゴール。だから就労支援に取り組んだ。工藤定次のひきこもり論。

『フリースクール白書―日本のフリースクールの現状と未来への提言』　フリースクール全国ネットワーク　2004.3　287p　30cm　Ⓝ376.7

『フリースクールの授業―NPO法人楠の木学園で学ぶ若者たち』　武藤啓司編著　社会評論社　2004.1　254p　19cm　2000円　①4-7845-0784-1　Ⓝ371.5

『あるフリースクールの10年―それぞれの学び、それぞれの希望』　札幌　札幌自由が丘学園　2003.11　157p　19cm　〈製作協力：北海道新聞社出版局〉　1333円　①4-901644-39-4　Ⓝ376.8

『助走、ひきこもりから。―共同作業所「エルシティオ」のいま』　金城清弘、山本耕平編　京都　クリエイツかもがわ　2003.11　215p　21cm　〈京都　かもがわ出版（発売）〉　2000円　①4-902244-11-X　Ⓝ369.28
内容　わが国ではじめてのひきこもりの人たちの共同作業所―心休まる場所づくりからみえてきた、心もようと、その展望。今や100万人ともいわれる、全国のひきこもりの人たちを勇気づける、多面的な実践報告。

『ホリスティックな気づきと学び―45人のつむぐ物語』　日本ホリスティック教育協会編　大阪　せせらぎ出版　2002.3　250p　21cm　（ホリスティック教育ライブラリー　2）　2000円　①4-88416-107-6
内容　学校・家庭・フリースクール・教育NGO・地域づくり・カウンセリング・医療・福祉・芸術…ひとつひとつの小さな物語からホリスティックがみえてくる。

『巣立ちへの伴走―フリースクール・楠の木学園の実践』　武藤啓司編著　社会評論社　2001.6　191p　19cm　1400円　①4-7845-0760-4　Ⓝ371.5
内容　いま、新しい扉をひらく子どもたち。さ

まざまな個性をもつ子どもたちと向き合い、未知の世界に挑む、フリースクールの現在。

『**21世紀もうひとつの「学校」案内**』　21世紀教育研究所編　主婦の友社　2001.6　287p　19cm〈角川書店（発売）〉1500円　①4-07-229955-3　Ⓝ370.35

『**不登校生・親・教師のためのもうひとつの進路と社会参加総ガイド―全国版 2001-2002**』　日本青少年育成協会編集企画　オクムラ書店　2001.5　224p　21cm　2000円　①4-900320-72-2　Ⓝ370.35
内容　不登校生の公的・民間受入相談機関満載。

『**もうひとつの学校をもとめて―フリースクール「チャム」で出会った不登校の子どもたち**』　伊藤美奈子, 本多利子著　京都　ナカニシヤ出版　2000.10　193p　20cm　2300円　①4-88848-595-X　Ⓝ371.42
内容　不登校児に対するカウンセリングの一環である、チャムの特徴は、個人面接とグループ活動を併用しているところです。本書は、チャムでの記録を一冊の本にまとめたものです。ところどころに「ワンポイント・メッセージ」を散りばめました。

『**フリースクールとはなにか―子どもが創る・子どもと創る**』　東京シューレ編　教育史料出版会　2000.7　268p　19cm　1750円　①4-87652-386-X　Ⓝ376.8
内容　「学校」だけが学びの場じゃない！　学校は子どもたちにとって、楽しく、居やすく、充実感のある場となる必要がある。同時に、フリースクールやホームエデュケーションなどの多様な学びのあり方があることを知ってほしい。また、そこで成長する子どもたちの姿を伝えたい。フリースクール「東京シューレ」の15年の実践を中心に―ここにもう一つの生き生きとした居場所がある。

福祉・介護・医療のための活動

『こども・福祉・癒しの仕事につくには』 さんぽう,星雲社〔発売〕 2014.9 93p 21cm (つくにはブックス NO.5) 287円 ①978-4-434-19727-7
目次 スペシャルインタビュー 社会福祉法人東京児童協会理事・すみだ中和こころ保育園園長 菊地政隆さん,子ども・福祉・癒しの業界をデータで見てみよう,よくわかるお仕事ガイド,福祉の現場を支える人たち—介護福祉士国家資格に注目！,こどもの育ちを見守る人たち—保育士と幼稚園教諭,一体化の動き,心理の仕事を支える人たち—ストレス社会の救世主,癒しの仕事を支える人たち—医療技術は伝統と進化の結晶,注目・話題の最新キーワード,主な資格・検定一覧(保育・福祉・心理・癒し),関連企業の採用情報例〔ほか〕

『少年に手を差し伸べる立ち直り支援—次代を担う少年の育成のために 少年問題シンポジウム』 全国少年警察ボランティア協会編 全国少年警察ボランティア協会 2014.3 125p 21cm (全少協少年研究叢書 25) 〈会期・会場：平成25年11月13日 日本消防会館ニッショーホール〉 Ⓝ327.85
目次 基調講演.ハイリスクな子どもと家庭への支援(生島浩述),パネルディスカッション 次代を担う少年の育成のために少年に手を差し伸べる立ち直り支援.子どもたちの心を開かせるにはまずあいさつから(山浦勝雄述),通算四十年,警察ボランティアとして活動(稲垣喜夫述),あまり知られていない「少年センター」の役割(井口由美子述),「保護観察」は非行少年の立ち直りと再発防止の指導(里見有功述),支援の際に必要なボランティアの手法と姿勢(生島浩述)

『はたらくことは生きること—知的障害者が育ち続ける方法』 小板柾次著 中央法規出版 2014.2 139p 19cm 1600円 ①978-4-8058-3974-4 Ⓝ369.28
内容 人は誰でも,どんな障がいがあろうとも,一生涯を通してその人なりの成長ができる。「働くこと」はそのための手段でもあるのです。

『これからの福祉と教育のゆくえを探る』 三好明夫,森千佐子編集責任,これからの福祉と教育のゆくえを探る委員会編 半田 一粒書房 2013.7 186p 22cm 〈山口洋史先生退官記念〉 ①978-4-86431-201-1 Ⓝ369.04
目次 特別寄稿.共生社会への壁(忍博次著),わたしの福祉文化論(岡本榮一著),介護福祉の実践と教育のゆくえ(釜野鉄平著),有料老人ホームにおける利用者と提供者との対等な関係に関する一考察(釜野鉄平著),介護の視座「寄り添う」と「重ねあう」こと(永石喜代子著),介護人へおくる10章高齢者介護の質を高めるための提言(三好明夫著),多職種連携における介護福祉士の役割(森千佐子著),障がい児福祉と支えていく教育のゆくえ(角森輝美著),特別支援教育と養護教諭(池本貞子著),我が国におけるインクルーシブ保育の研究と課題(小山望著),幼児健診における母親や家族の発達障害の「障害受容」に対する視点の提言(角森輝美著),障がい者福祉の発展と利用者満足のゆくえ(永野典詞著),障害者福祉制度の新たな視座(永野典詞著),日韓の地域精神保健サービス体制の現状に関する比較研究(朴敬姫著),パソコンボランティアに対するスキルアップに関する一考察(細川雅彦著),大学における保健室養護教諭の役割(米光真由美著),21世紀は「豊かな福祉社会」の世紀に(山口洋史著),特別論文.調査研究における「作業仮説」の意義と重要性について(山口洋史著)

『第3の住まい—コレクティブハウジングのすべて』 小谷部育子,住総研コレクティブハウジング研究委員会編著 エクスナレッジ 2012.6 166p 21cm (住総研住まい読本) 1600円 ①978-4-

福祉・介護・医療のための活動

7678-1424-7　Ⓝ527.8
内容 自立共助、多世代居住を楽しむ。

『ナイチンゲール』　坂本コウ漫画，日本赤十字社監修　ポプラ社　2011.8　126p　23cm　（コミック版世界の伝記3）〈文献あり　年表あり〉950円　①978-4-591-12555-7　Ⓝ289.3
内容 「だれかのためになることをしたい」まわりに反対されながらも看護師をこころざしたナイチンゲール。戦場の病院でさまざまな問題をのりこえ、傷ついた人びとのための本当の看護について考えていきます。

『チロリとブルースマンの約束―伝説のセラピードッグとブルースシンガー大木トオルの物語』　上之二郎著　創美社　2011.1　210p　19cm　1400円　①978-4-420-31050-5
内容 殺処分寸前の捨て犬だったチロリが、セラピードッグになって多くの人を救う。数々の奇跡の裏には大木トオルの強い思いがあった…人と犬の絆を描いたノンフィクション。

『園芸福祉入門―世代間の園芸療法（HILT）』　Vincent A.Lalli,Daniel J.Tennessen,Kristi Lockhart著，奥田栄一朗訳　東京教学社　2009.9　75p　30cm〈文献あり〉1500円　①978-4-8082-8068-0　Ⓝ369.26

『高校福祉科の高度化と多様化』　日本福祉教育・ボランティア学習学会機関誌編集委員会編　日本福祉教育・ボランティア学習学会　2008.11　145p　26cm（日本福祉教育・ボランティア学習学会年報　vol.13（2008））Ⓝ375.6
目次 特集高校福祉科の高度化と多様化．高校福祉科教育に関する研究の課題と展望（田村真広著），現場実習における困難と実習からの学び（田中泰恵著），就職時のリアリティ・ショックと現在の困難・苦労（平野和弘著），ライフイベント傾向についてのコーホート分析より見えてくるもの（保正友子著），教科「福祉」担当教員に求められる子どもの学びに即した指導力に関わる課題（永原朗子著），福祉先進国における後期中等教育段階でのケアワーカー養成システム（山本美香著），高等学校福祉科において社会福祉援助技術を継続的に学習するための視点と内容（芦川裕美著），「生きる力を育む」ための教育の実践を目指して（渡辺岳著，研究論文），演劇を用いた福祉教育実践の展開過程と教師の役割（中根真著），福祉教育・ボランティア学習としてのハンセン病問題学習の構築（小林洋司著），地方改良運動にみる福祉教育実践（阪野貢著）．

『いのちのバトンリレー――肝臓移植を乗り越えた少女と白血病の少年の物語』　関朝之作　ハート出版　2007.6　159p　21cm　（ドキュメンタル童話シリーズ）1200円　①978-4-89295-560-0
内容 お母さんからの生体肝移植手術もむなしく、肝硬変を再発させてしまった村木理恵ちゃん。このままでは命に関わると、海外での臓器移植手術を決断します。その募金活動に、一人の少年が立ち上がりました。白血病を骨髄移植で克服した古田淑樹くんです。「自分も多くの人たちのおかげで命が救われた。今度は自分が誰かの役に立ちたい」古田くんの他にも多くの人たちの協力で、理恵ちゃんは無事に海外での移植手術を成功させました。しかし、帰国した理恵ちゃんにもたらされたのは、古田くんの容態の急変だったのです…。ひとつの命が別の命を救い、そしてその命が次の命を救った感動の物語。小学校中学年以上向き。

『あたらしい教科書　12　北欧』　あたらしい教科書編集部編　プチグラパブリッシング　2007.5　139p　19cm　1500円　①978-4-903267-53-1
内容 歴史と自然、人々の叡智が育むグランドデザイン。「生活大国」北欧に学ぶ、豊かな暮らしの本質とは。IT先進国、透明で公正な社会、ノーマライゼーション、エコな暮らしと環境問題、学力世界一のフィンランド、そしてデザイン…すべてがクオリティ・オブ・ライフへとつながる、北欧を読み解くあたらしい教科書。

『ぼくもあなたとおなじ人間です。―エイズと闘った小さな活動家、ンコシ少年の生涯』　ジム・ウーテン著，酒井泰介訳　早川書房　2006.8　250p　19cm　1600円　①4-15-208757-9
内容 4300万の人口を抱える南アフリカ共和国では、国民の10人の1人がHIVに感染し、毎日多くの人々がエイズで死亡し、またウイルスを他人や自分の子に受け渡している。この国でエイズ禍が広まった背景には、暗い人種差別の歴史、そして「エイズなど存在しない」

福祉・介護・医療のための活動

と頑なに主張するターボ・ムベキ大統領の妄執があった。ムベキはある程度の効果が認められている抗エイズ薬を南アで認可するのを拒み続けているのだ。ズールー族の貧しい家に生まれたンコシもまた、生まれながらにしてHIVに感染していた。幼くして余命いくばくもないと診断された息子に少しでもましな生活をさせたいと願う母は、エイズ患者のホスピス施設を運営していたゲイルにンコシを託す。その日から養母ゲイルとンコシの愛と勇気の日々は始まった。ンコシの学校入学をめぐる騒動、施設の苦しい経済状況、そしてエイズ患者差別撲滅のためのPR活動。チャーミングで健気なンコシは世界中の反エイズ運動のシンボルとなったが、病魔は確実に彼の小さな体を蝕んでいた…。ンコシの魅力にとらわれた一流のジャーナリストが、驚くべき南アのエイズ事情や社会背景も解説しつつ、ンコシの短くも勇気に満ちた生涯を共感豊かに描くノンフィクション。2004・2005年度ロバート・F・ケネディ賞受賞作。

『くらしに活かす福祉の視点―ボランティア・学生が知っておきたい基礎知識』 宮本義信編著　京都　ミネルヴァ書房　2006.5　295p　21cm　（Minerva福祉ライブラリー 87）〈文献あり〉2500円　Ⓘ4-623-04546-3　Ⓝ369
内容　福祉を身近なものにするために。すべての人が関わりあう社会福祉を提案。

『平らな国デンマーク―「幸福度」世界一の社会から』 高田ケラー有子著　日本放送出版協会　2005.8　222p　17cm　（生活人新書 153）680円　Ⓘ4-14-088153-4　Ⓝ302.3895
内容　デンマーク人男性と結婚した日本人造形作家が、デンマークで出産・子育てを体験。地形も平らなら意識も平ら（平等）。独特のぬくもりに満ちた社会の諸制度や、伸び伸びとした人びとの生き方に驚かされ、支えられる日々を過ごす。育児ノイローゼのない国。高校入試も大学入試もない国。当たり前に自然や芸術と親しめる環境。質実剛健に人生を楽しむ人びと…。「世界一幸福度が高い」といわれる国から届いた、あたたかな便り。

『生まれる赤ちゃんのさいたい血をとっておこう―いのちを救う贈り物。』 福島安紀著　ライフボート　2005.7　128p　21cm　1000円　Ⓘ4-9902496-1-5　Ⓝ492.26

『アンリ・デュナン』 江間章子著，朝倉摂絵　童話屋　2004.11　305p　15cm　（この人を見よ 5）1500円　Ⓘ4-88747-049-5
内容　命の重さに敵も味方もあるものか。ぐうぜんに遭遇した戦場でデュナンは傷ついた血みどろの兵士に手をさしのべた。敵味方の区別なく、命は助けなくてはいけない、とする赤十字の思想は、この時デュナンの清い魂から生まれた。

『ワクワクWORKが若者を変える！―多摩の「若者」の自立意識の醸成と地域社会参加を目指して　「少子高齢社会を支える多摩地域の若者について考える研究会」調査研究報告書』 府中（東京都）東京市町村自治調査会　2002.3　192p　30cm　Ⓝ367.61365

『みんなの幸せ―ひとりひとりができること：福祉の教育ガイドブック』 横浜市ボランティアセンター編　横浜　横浜市社会福祉協議会　2002.1　92p　30cm　700円　Ⓝ369.07

『心の復活―「新しい時代」の生き方・考え方』 堀田力著　PHP研究所　2001.3　260p　19cm〈NHK出版1997年刊の増訂　文献あり〉1300円　Ⓘ4-569-61443-4　Ⓝ369.14
内容　「ふれあい」が幸福のキーワード。人はどのようにすれば充足感を得られるのか？「心の世紀」の新しい価値観で社会全体が幸せになる仕組みを探る。

『わたしたちを忘れないで―ドイツ平和村より』 東ちづる著　ブックマン社　2000.7　235p　19cm　1300円　Ⓘ4-89308-409-7　Ⓝ369.14
内容　ドイツ平和村で子供たちと過ごした笑いと涙と感動と、骨髄バンクを初めとする8年間のボランティア活動で生まれた「ボランティアは楽しくなければ続かない！」そんな思いが1冊の本になりました。

『私たちのホスピスをつくった―愛知国際病院の場合』 川原啓美編　日本評論社　1998.10　177p　19cm　1500円　Ⓘ4-535-98154-X　Ⓝ498.16
内容　地域社会に根ざしてユニークな働きを

展開してきた愛知国際病院にホスピスができた。全人医療を実践してきた人々の感動の記録。

『できたらいいな手話介護―手話ができる看護婦さん・お医者さん』　田中ひろし著編　同友館　1998.1　56p　21cm　（はじめてのボランティア　7）〈手話指導：貞広邦彦，金田尚子　索引あり〉　1200円　Ⓘ4-496-02608-2

『だれが風を見たでしょう―ボランティアの原点・東大セツルメント物語』　宮田親平著　文芸春秋　1995.6　253p　20cm　〈参考・引用文献：p249〜253〉　1700円　Ⓘ4-16-350290-4　Ⓝ369.7
内容　きっかけは関東大震災だった。被災者救護にかけつけた学生ボランティアたちは、やがてセツルメントをつくり、「貧困との闘い」を始める―。学問を立身出世の手段とすることを恥じ、「理想」に挺身し、傷つき、生きた若者群像。

《バリアフリー・ユニバーサルデザイン》

『ユニバーサルデザインの教科書』　中川聰監修,日経デザイン編　第3版　日経BP社　2015.6　239p　21cm　〈他言語標題：Textbook for Universal Design　索引あり　発売：日経BPマーケティング〉　3000円　Ⓘ978-4-8222-3501-7　Ⓝ501.8
内容　UDをすぐに実践できる「チェックシート」付き。使いやすさの検証や実験の手法を優しく解説。UDで革新を起こすためのノウハウを一挙公開。

『トコトンやさしいユニバーサルデザインの本』　宮入賢一郎,実利用者研究機構著　第2版　日刊工業新聞社　2014.12　149p　21cm　（B&Tブックス―今日からモノ知りシリーズ）〈文献あり　年表あり〉　1400円　Ⓘ978-4-526-07342-7　Ⓝ501.8
内容　「より多くの人々に利用しやすい商品を設計する」という思想をもつUDは、さまざまな障がいのある人にも使いやすくする必要があり、見た目とは違って実際の設計は一筋縄ではいきません。本書では、その正しい理解と豊富な事例を紹介します。バリアフリーとの違い、「障がい」への誤解と理解、導入のプロセスと開発手法、UDコーディネート7原則、各機関・各企業の取組み事例。知りたいことがよくわかる。

『ユニバーサルデザインの視点を活かした指導と学級づくり』　柘植雅義編著　金子書房　2014.9　97p　21cm　（ハンディシリーズ発達障害支援・特別支援教育ナビ　柘植雅義監修）〈執筆：柘植雅義ほか〉　1300円　Ⓘ978-4-7608-9541-0　Ⓝ378
目次　第1章　誰もが学びやすい授業のデザインとは？―「ユニバーサルデザイン」という考え方と手法，第2章　国内外の「ユニバーサルデザイン教育」の実践，第3章　協同学習で取り組むユニバーサルデザインな学び，第4章　教科教育における「授業のユニバーサルデザイン」，第5章　ユニバーサルデザインの実践を支える学級経営，第6章　学校全体で取り組むユニバーサルデザインとは，第7章　実践紹介＆解説　通常学級で取り組むユニバーサルデザイン，第8章　ユニバーサルデザイン教育を非日常から日常へ―形骸化を防ぐ取り組みを

『ここからはじめる点字・点訳のきほん』　道村静江著　ナツメ社　2014.8　223p　26cm　〈付属資料：点字見本シート〉　2200円　Ⓘ978-4-8163-5680-3
内容　実際に触れることができる「点字見本シート」付き。点字・点訳の基本のルールをわかりやすく解説！　点訳ボランティアに興味がある人にぴったり！

『意識をデザインする仕事―「福祉の常識」を覆すピープルデザインが目指すもの』　須藤シンジ著　阪急コミュニケーションズ　2014.4　237p　19cm　1600円　Ⓘ978-4-484-13242-6　Ⓝ369.18
内容　高齢者も障害者も、みんな、もっと街に出よう！　違いは、個性。ハンディは、可能性。「息子が履ける、カッコいい靴がない！」を原点にファッションの力で福祉を変えてきた著者が次に目指すのは、マイノリティもマジョリティも、すべての人が混じり合う社会。

『アクセシブル・ツーリズムガイドブックin釜山―松本大学・東新大学校共同調査制作』　松本大学・東新大学校アクセシ

福祉・介護・医療のための活動　　　　　バリアフリー・ユニバーサルデザイン

ブル・ツーリズムガイドブックin釜山共同作成調査班編，尻無浜博幸監修，松本大学バリアフリーアクション制作　松本　松本大学出版会　2014.3　48p　21cm　500円　Ⓘ978-4-902915-19-8　Ⓝ292.18

『ユニバーサルデザインとバリアフリーの図鑑』　德田克己監修　ポプラ社　2013.4　199p　29cm　〈文献あり　索引あり〉　6800円　Ⓘ978-4-591-13294-4　Ⓝ369.27
目次　1章　だれでもどこへでも行くことができるように（杖，手動車いす，電動車いす，スポーツ用車いす，自転車・三輪車，自家用車，送迎用自動車，バス，電車，飛行機）　2章　だれでも使えるだれでも便利（文房具，生活用具，住まいのドア・戸，照明器具，お知らせ装置）

『さがしてみよう！　まちのバリアフリー6　バリアフリーなんでも事典』　高橋儀平監修　小峰書店　2011.4　44p　29cm　〈索引あり〉　2800円　Ⓘ978-4-338-26306-1　Ⓝ369
内容　点字，手話，ボランティア，仕事，用語用具など。小学校中学年以上。

『さがしてみよう！　まちのバリアフリー5　店と公共施設のバリアフリー』　高橋儀平監修　小峰書店　2011.4　44p　29cm　〈索引あり〉　2800円　Ⓘ978-4-338-26305-4　Ⓝ369
内容　商店街，図書館，病院，市役所など。小学校中学年以上。

『さがしてみよう！　まちのバリアフリー4　遊びとスポーツのバリアフリー』　高橋儀平監修　小峰書店　2011.4　44p　29cm　〈索引あり〉　2800円　Ⓘ978-4-338-26304-7　Ⓝ369
内容　公園，プール，水族館，映画館など。小学校中学年以上。

『さがしてみよう！　まちのバリアフリー3　交通のバリアフリー』　高橋儀平監修　小峰書店　2011.4　44p　29cm　〈索引あり〉　2800円　Ⓘ978-4-338-26303-0　Ⓝ369
内容　道路，バス，駅の改札，空港など。小学校中学年以上。

『さがしてみよう！　まちのバリアフリー2　学校のバリアフリー』　高橋儀平監修　小峰書店　2011.4　44p　29cm　〈索引あり〉　2800円　Ⓘ978-4-338-26302-3　Ⓝ369
内容　教室，ろうか，トイレ，保健室など。小学校中学年以上。

『さがしてみよう！　まちのバリアフリー1　家のバリアフリー』　高橋儀平監修　小峰書店　2011.4　44p　29cm　〈索引あり〉　2800円　Ⓘ978-4-338-26301-6　Ⓝ369
内容　玄関，トイレ，おふろ，台所と食堂など。小学校中学年以上。

『ユニバーサルデザインのちから─社会人のためのUD入門』　関根千佳著　生産性出版　2010.1　284p　19cm　（Nextシリーズ）〈文献あり〉　1500円　Ⓘ978-4-8201-1935-7　Ⓝ501.8
内容　本当に働きやすい社会，使いやすい製品，過ごしやすい街や家を目指していくために，ユニバーサルデザイン（UD）の考え方がますます重要になっています。第一部では「神崎柚衣さん」というキャラクターを通してUDを分かりやすく解説し，第二部ではダイバーシティやワークなどから，UDがなぜ現代の社会やビジネスに必要かを紹介しています。少子高齢社会とは，課題だけでなく多くのビジネスチャンスの宝庫であり，UDが社会のニーズを誰もが喜ぶカタチで顕在化できるものと気づくヒントが満載です。

『ユニバーサルデザインがわかる事典─人にやさしい社会をつくる　文房具から公共施設・情報まで』　どりむ社編，柏原士郎監修　PHP研究所　2009.5　79p　29cm　〈文献あり　索引あり〉　2800円　Ⓘ978-4-569-68951-7　Ⓝ501.8
内容　世の中には，さまざまな年れいの人，男の人や女の人，障害や病気のある人，妊娠している人，いろいろな国の人がくらしています。「ユニバーサルデザイン」では，このようなすべての人が安心して快適にくらすことができる社会をどのようにつくればよいかを考えます。この本では，みなさんの理解を深めるために，まず，ユニバーサルデザインとは何かを解説し，その後，四つのテーマに分けて説明しています。

『車いすの旅人が行く！─「心のバリアフ

バリアフリー・ユニバーサルデザイン　福祉・介護・医療のための活動

リー」を求めて日本縦断』　木島英登著　講談社　2008.4　269p　19cm　1500円　①978-4-06-214638-8　Ⓝ291.09

[内容] 目に見えないバリアを取り除くヒント！ 高校三年生の時、ラグビー部の練習で脊髄損傷を負い、車いす生活になった元気印の元電通マン。その彼が、手助けしたい周りと手助けされたくない自分を交錯させながら、北海道から沖縄まで訪ね歩き、ニッポンの現状を書き下ろす。

『恋に導かれた観光再生―奇跡のバリアフリー観光誕生の秘密』　中村元著　長崎出版　2006.12　230p　19cm　1400円　①4-86095-176-X　Ⓝ689.2156

[内容] 車イスの青年に恋した少女が、青年に気に入られようと動くたびに奇跡が起きた。人を動かし、町を動かし、行政を動かし、とうとう国まで動き出す。

『まちのユニバーサルデザイン』　東京大学先端科学技術研究センターバリアフリープロジェクト監修, 中和正彦文　あかね書房　2006.4　47p　31cm　（ユニバーサルデザイン　みんなのくらしを便利に　3）　3000円　①4-251-09393-3　Ⓝ501.8

[内容] この巻ではまず、東京大学先端科学技術研究センターバリアフリープロジェクトが企画した「障害のある人とのまち歩き・気づきのワークショップ」を例にあげて、さまざまな立場の人といっしょに考えるまちづくりの方法をみていきます。続いて、電車、バス、路面電車、タクシーなどの交通機関でみんなが利用しやすいようにくふうされていることや、駅、空港をユニバーサルデザインにするためのとりくみの事例を紹介します。後半では、いろいろな公共施設や商業施設におけるユニバーサルデザインを考えます。最後に、働く場や学びの場におけるユニバーサルデザインへのとりくみや、新しい情報技術を利用した移動支援や遠隔診療、電子投票などのくふうを紹介します。

『ユニバーサルデザインってなに？』　東京大学先端科学技術研究センターバリアフリープロジェクト監修, 成松一郎文　あかね書房　2006.4　47p　31cm　（ユニバーサルデザイン　みんなのくらしを便利に　1　東京大学先端科学技術研究センターバリアフリープロジェクト監修）〈文献あり〉3000円　①4-251-09391-7　Ⓝ501.8

[内容] この巻では、朝起きたときから夜寝るときまでの一日、あるいは休日に駅やまちで出会うさまざまな人の不便さと、それを解消するくふうについて、イラストや写真をまじえながら紹介していきます。

『グレーゾーンの子も育つバリアフリーの学級づくり』　伊藤雅亮著　明治図書出版　2006.3　151p　21cm　（21世紀型学級づくり　no.13）　1860円　①4-18-102725-2　Ⓝ378

[目次] 1 なぜバリアフリーの学級づくりなのか（バリアフリーの学級づくりはみんなにやさしい, バリアフリーの学級づくり五原則）, 2 グレーゾーンの子も育てる（書く力を育てる, 読む力を育てる　ほか）, 3 バリアフリーの学級づくりのコツ（強い意志と願い, 融通が利く　ほか）, 4 バリアフリーの学級づくりのチェックポイント（黄金の三日間の点検, シンプルな授業　ほか）

『みんなでつくるバリアフリー』　光野有次著　岩波書店　2005.8　220p　18cm　（岩波ジュニア新書　514）　780円　①4-00-500514-4　Ⓝ369.27

『"ちょボラ"でバリアフリーのまちづくり―ちょっとしたボランティア』　日比野正己監修・指導　学習研究社　2004.4　52p　27cm　（"ちょボラ"で福祉のまちづくり　体験と実践を通してはぐくむ「勇気と優しさ」　2）　2800円　①4-05-202001-4　Ⓝ369.27

[目次] 1 道路や交通機関をバリアフリーに, 2 公園や広場をバリアフリーに, 3 公共の施設をバリアフリーに, 4 福祉のまちづくりを目ざして

『福祉のまちづくりキーワード事典―ユニバーサル社会の環境デザイン』　田中直人編著　京都　学芸出版社　2004.2　191p　26cm　〈文献あり〉3500円　①4-7615-3118-5　Ⓝ518.8

[内容] 近年の少子高齢社会に対応していくためには、行政や専門家は、建築・福祉・医療の各分野の垣根をこえた知識を獲得し、それらを実践してゆくことが必要である。それらの

福祉・介護・医療のための活動　　　　バリアフリー・ユニバーサルデザイン

分野の関連キーワードを整理しなおし、人・空間・しくみなどテーマ別に分類、見開き完結のスタイルでわかりやすく解説。

『「お互いさま！」宣言―暮らしの中のバリアフリー』　石川大輔,石川ミカ監修　太陽出版　2003.10　125p　21cm　1400円　Ⓣ4-88469-337-X　Ⓝ369.27

目次　1 白い杖をもった人を見かけたら（ある全盲女性の生き方―中村実枝さんの場合、歩行介助のボランティア活動を通して）、2 車いすに乗った人を見かけたら（夫婦ふたりの車いす生活―石川大輔さん・ミカさんの場合、「こうだったら、もっとええよね〜」と思うこと）、3 皆、同じ仲間として生きるために（車いすでのエンジョイ・ライフ！―伊藤道和さんの場合）、4 日頃からできるボランティア（体の障害のある人の視点も考えて、地域社会での交流、心の交流ができる活動）

『ゆうことカリンのバリアフリー・コミュニケーション』　芳賀優子,松森果林著　小学館　2003.10　159p　19cm　〈イラスト・まんが：たけしまさよ〉1300円　Ⓣ4-09-387450-6　Ⓝ369.275

内容　視覚障害者と聴覚障害者が書いたコミュニケーションガイドブック。障害のある人とない人のコミュニケーション・ギャップを埋める会話術・交際術の本。

『個性を生かす支援ツール―知的障害のバリアフリーへの挑戦』　藤原義博監修,武蔵博文,小林真編,富山大学教育学部附属養護学校著　明治図書出版　2001.2　220p　21cm　（障害児教育にチャレンジ 23）2460円　Ⓣ4-18-129908-2　Ⓝ378.6

内容　本書では、現在の障害児者の自立観に基づいて、「子どもが分かって動ける」ための環境的配慮や補助的手だてが豊かな発想を基に具体的に紹介されている。示された様々な配慮や指導上のアイディアは、最新の研究成果と実践によって裏付けられた、子どもの生きる力を高め、日常生活や地域生活を豊かにするための具体的な手だてである。

『まちのバリアフリー』　小林宏己監修,渡辺一夫構成・文　ポプラ社　2000.4　47p　29cm　（まちの探検隊 総合的な学習3・4年生 5）2800円　Ⓣ4-591-06310-0

内容　すむ人みんなにやさしいまちって、どんなまち？　まちを歩いて考えてみよう。

『心のバリアフリーをとりのぞこう！―共に生きる社会』　共用品推進機構監修　学習研究社　2000.3　52p　27cm　（「バリアフリー」って、なんだろう？　5）〈索引あり〉3000円　Ⓣ4-05-201189-9

目次　心のバリアをなくすために、教育のバリアをなくすために、職業のバリアをなくすために、からだの不自由な人をサポートする仕事

『建物をバリアフリーに！―ハートビルな町』　共用品推進機構監修　学習研究社　2000.3　52p　27cm　（「バリアフリー」って、なんだろう？　3）〈索引あり〉3000円　Ⓣ4-05-201187-2

目次　バリアフリー住宅ってなんだろう？、建物をバリアフリーにする工夫、公共の建物、カルチャー施設、生活をサポート、ショップ＆レストラン、遊び場、旅行関連、これからの建物を考える、みんなでつくるバリアフリーの街

『道路や交通機関をバリアフリーに！―低床バスが走る』　共用品推進機構監修　学習研究社　2000.3　52p　27cm　（「バリアフリー」って、なんだろう？　2）〈索引あり〉3000円　Ⓣ4-05-201186-4

目次　乗り物のバリアをなくす、あなたの町にあるバリア、どうすればバリアがなくなるの？、駅をバリアフリーに、バリアフリーマップを作ってみよう

『日用品をバリアフリーに！―小さな凸を付けよう』　共用品推進機構監修　学習研究社　2000.3　52p　27cm　（「バリアフリー」って、なんだろう？　4）〈索引あり〉3000円　Ⓣ4-05-201188-0

目次　目の不自由な人に便利な日用品、耳の不自由な人に便利な日用品、目や耳の不自由な人に便利な日用品、からだが不自由な人に便利な日用品

『バリアフリーの社会に！―だれにも優しい街づくり』　共用品推進機構監修　学習研究社　2000.3　52p　27cm　（「バリアフリー」って、なんだろう？　1）〈付属資料：1枚　年表あり　索引あり〉3000円　Ⓣ4-05-201185-6

|目次| 目の不自由な人が困っていること, 耳の不自由な人が困っていること, 車いすを使っている人が困っていること, 妊婦が困っていること, 高齢者が困っていること, 小さな子どもが困っていること, 日本にいる外国人が困っていること, 取り除かなければならない4つのバリア, バリアフリー社会を目指して!!

《人権》

『子どもの権利―次世代につなぐ』 喜多明人著 エイデル研究所 2015.7 364p 21cm 2500円 ①978-4-87168-564-1
|内容| 日本の子どもたちは幸せか。「子どもの権利条約」を推進, 権利行使主体としての子どもの参加と安全, 学ぶ権利を提唱。その中心人物である喜多明人教授が"子どもの権利の意味"を, 今あらためて語る。

『人権と仲間関係―人権力を高める保育実践の整理 2015 こんな子どもに育ったよ!!』 人権と仲間関係研究会編 川西 人権と仲間関係研究会,(大阪)解放出版社〔発売〕 2015.6 106p 26cm 1019円 ①978-4-7592-2270-8
|目次| 1 子どもと共に育つ大人の人権力(当番活動を通じて見てきたもの―活動で変わった子どもの見方, 捉え方), 2 人権力が育つクラス運営―人権保育の内容作り (1)(「いやだ!ってむずかしくて言えないかも…」), 3 あそびで育つ人権力―人権保育の内容作り (2)(ばぁ～あそびで笑いあうって面白いな―やりとりあそびの大切さ,「またやー」と見るか「おもしろそー」とかかわるか―保育者のかかわり大切さ, りつくんのゴリラすご～い―繰り返し真似っこして笑いあうことから), 4 絵本で育つ人権力―人権保育の内容作り (3)(仲良しペアでエルマーの色ぬりじゃんけん!―絵本から活動へ, わざとじゃなかったんや―絵本の読み聞かせから, 劇遊びへ, 「こうしたらみんな, すわれるで～」絵本と出会って気付く自分の気持ち・友達への気持ち), 5 乳児の人権保育(「これ, いっしょ, しよ～」), 6 人権保育入門(子どもの活動と大人の見方・かかわりとの関係「もう1回!」「かずやも!」)

『子どもの相談・救済ガイドブック―子どもの権利研究 第26号(2015.2)』 子どもの権利条約総合研究所編 子どもの権利条約総合研究所,日本評論社〔発売〕 2015.2 123p 26cm 1852円 ①978-4-535-06659-5
|目次| 1 子どもが安心して相談する権利と救済・支援のしくみ(日本における子ども支援の相談・救済制度―子どもオンブズパーソンを中心に, 子どもの安心して相談する権利とインターネット相談 ほか), 2 自治体における子ども支援の相談・救済(子ども条例に基づく子ども支援の相談・救済, いじめ・虐待等からの子どもの救済・支援), 3 学校における子ども支援の相談・救済(子ども参加のいじめ防止の取り組み―スクールバディの活動と意義, 学校における子ども支援職と教職員との協働 ほか), 4 子どもにやさしいまちをめざして―いのち・暮らし・あそび・学び「地方自治と子ども施策」全国自治体シンポジウム2014in青森から(基調講演「子どものいのち・暮らしを真ん中においたあそび・学び―子どもにやさしいまちを求めて」, シンポジウム「子どもにやさしいまちをめざして―いのち・暮らし・あそび・学び」 ほか)

『こんなにすごい!日本国憲法―マンガで再発見 シリーズ4 人間らしい暮らしのために～社会権～』 上田勝美監修 杉浦真理執筆 京都 かもがわ出版 2015.2 31p 27cm 〈索引あり〉 2500円 ①978-4-7803-0724-5 Ⓝ323.14
|目次| 1 人間らしい暮らしを求めて(社会権ってなんだろう?, こうして社会権は生まれた), 2 自由でも貧困では意味がない―生存権(自由でも貧困では意味がない, 大日本帝国憲法と比べてみよう, 生活保護バッシング, みんなはどう考える?), 3 学ぶことは豊かに生きること―教育を受ける権利(学ぶことは豊かに生きること, 大日本帝国憲法と比べてみよう, 高すぎる日本の大学の授業料), 4 会社と対等でいるために―労働基本権(会社と対等でいるために, 大日本帝国憲法と比べてみよう, ばらばらにされる, 日本の労働者)

『人権と仲間関係―人権保育をどう進めるか 2014 人権力が育つ 具体的な道すじを明らかに』 人権と仲間関係研究会編 豊中 人権と仲間関係研究会,(大阪)解放出版社〔発売〕 2014.6 92p 26cm 1019円 ①978-4-7592-2266-1
|目次| 実践報告(子どもと共に育つ大人の人権

福祉・介護・医療のための活動　　　　　　　　　　　　　　　　　人権

力・子どもの力を信じていなかった〜「なんで…」から「この子達に出会えてよかった」，人権力が育つクラス運営（人権保育の内容作り（1））「あっちゃんいないよ！」―遊びや生活を通して，あそびで育つ人権力（人権保育の内容作り（2））子どもを尊敬する大人のまなざしとあそび心―「おまえが悪いんじゃ」から「みんなで遊んでたのしかった」へ，絵本で育つ人権力（人権保育の内容作り（3））絵本のこだわりが子どもをかえる大人をかえる〜子どもの目線に立った絵本実践，乳児の人権保育・「もう1回」の流行り―りりが大人にNOというとき．りりが大人をさそうとき，人権保育入門・子どもの活動と大人の見方・かかわりとの関係「Rが追いかけるから逃げてな」），資料（2013年第17回人権と仲間関係研究集会各グループのまとめ，2013年第17回人権と仲間関係研究集会アンケートまとめ，2014年第18回人権と仲間関係研究集会分科会からのアピール，手品にチャレンジしてみよう）

『無業社会―働くことができない若者たちの未来』　工藤啓，西田亮介著　朝日新聞出版　2014.6　214p　18cm　（朝日新書）　760円　Ⓣ978-4-02-273565-2

内容　15〜39歳で，学校に通わず，仕事もしていない「若年無業者」2333人のデータから見える本当の姿とは．現場を知るNPO代表と気鋭の社会学者によるミクロとマクロ双方の現状認識と衝撃の未来予測，いま打つべき方策を解き明かす！

『在日外国人―法の壁，心の溝』　田中宏著　第3版　岩波書店　2013.5　273p　18cm　（岩波新書　新赤版 1429）　820円　Ⓣ978-4-00-431429-5　Ⓝ329.9

内容　半世紀前にアジアからの留学生に出会い，その後，著者は，在日韓国・朝鮮人や留学生，労働者，難民などを取り囲む「壁」を打ち破るために，長年にわたって尽力してきた．最新のデータとともに，入管法の大幅「改正」のほか，高校の無償化など外国人学校をめぐる問題についても語る．ロングセラーの最新版．

『ニッポン異国紀行―在日外国人のカネ・性愛・死』　石井光太著　NHK出版　2012.1　291p　18cm　（NHK出版新書 368）　860円　Ⓣ978-4-14-088368-6　Ⓝ334.41

内容　海外のスラムや路上を数多く取材してきたノンフィクションの俊英が，遺体の冷凍空輸，韓国系教会によるホームレス支援，夜逃げ補償つきの結婚紹介所など，在日外国人たちの知られざる生態を追う．そこに浮かび上がってきたのは，日本人も知らないこの国のもう一つの姿だった！「異文化交流」のスローガンが取りこぼしてきたリアルな人間模様をすくい上げ，新しい視点から日本文化を描く意欲作．

『世界の人権―アムネスティ・レポート 2011』　『アムネスティ・レポート世界の人権』編集部編　アムネスティ・インターナショナル日本　2011.10　386p　26cm　〈索引あり　現代人文社（発売）〉　3200円　Ⓣ978-4-87798-490-8　Ⓝ316.1

内容　世界157ヵ国における2010年の人権状況を網羅した本報告書には，弾圧，暴力，差別，権力闘争，政治の行き詰まりによって引き裂かれた，人びとの命と暮らしが，綿密な調査のもとに描き出されています．157ヵ国の国別の人権状況に加え，アジア，アフリカ，南北アメリカ，ヨーロッパ，中東／北アフリカの地域における人権状況の概要や，世界各国の国際人権条約の批准状況，国別の平均寿命や5歳未満の死亡率，成人の識字率も記載しています．国際的な視野で生きようとする，すべての方に贈りたい1冊．

『ニッポンに生きる―在日外国人は今』　共同通信社取材班著　現代人文社　2011.2　178p　19cm　〈大学図書（発売）〉　1600円　Ⓣ978-4-87798-478-6　Ⓝ334.41

内容　日本には，200万人以上の外国人が暮らしている．故郷を離れ，異国で生活する理由は，さまざまだ．抱える思いも，直面する問題も，それぞれ違う．今や多民族国家といえるこの国で，多様な外国人と共生していくために，私たちはまず，彼・彼女たちの実際の姿を知る必要がある―．

『ルポ在日外国人』　高賛侑著　集英社　2010.8　217p　18cm　（集英社新書）〈文献あり〉　700円　Ⓣ978-4-08-720555-8　Ⓝ334.41

内容　在日華人，中南米系移民…．「在日外国人」と呼ばれる人々は，いまや在日韓国・朝鮮人だけではない．一九九〇年代以降，急速に

増加した世界各地からの移民によって、日本はにわかに多民族社会化の道を歩んでいる。政府による外国人参政権を巡る議論はそうした状況を鑑みた結果とも言えるが、一方では新たな排外主義も台頭しつつある。本書では、いまや二二二万人に達した在日外国人の現状をルポルタージュしながら、欧米の状況との比較も踏まえつつ、望ましい多文化共生の道筋を探る。

『ルポ 差別と貧困の外国人労働者』 安田浩一著　光文社　2010.6　314p　18cm　（光文社新書）860円　①978-4-334-03568-6

内容　日本経済にとって、外国人労働者は都合の良い存在であり続けた。企業の繁栄を支え、あるいは不況企業の延命に力を貸してきた。しかし日本は、その外国人を社会の一員として明確に認識したことがあっただろうか。第一部では、「奴隷労働」とも揶揄されることも多い、「外国人研修・技能実習制度」を使ってこの国に渡ってきた中国人の過酷な労働状況を概観する。第二部では、かつて移民としてブラジルへ渡った日本人の主に子どもや孫たちが、日本で「デカセギ労働者」として味わう生活と苦労、闘う姿を追う。こうした中国人研修生・実習生と日系ブラジル人を中心に、彼ら・彼女らの心の痛みを描きながら、日本社会をも鋭く映す、渾身のルポルタージュ。

『「生きる」ために反撃するぞ！―労働＆生存で困った時のバイブル』 雨宮処凛著　筑摩書房　2009.3　188p　19cm　1200円　①978-4-480-86392-8　Ⓝ366.621

内容　フリーター・派遣・正社員・ニート等問わず、困った時の「駆け込み寺」情報満載！1人でも入れる労働組合、たすけあいネット、いざという時のセーフティネットなどを徹底ルポ取材！労働法Q&Aから、デモ情報まで。

『生存権―いまを生きるあなたに』 立岩真也, 尾藤廣喜, 岡本厚著　同成社　2009.3　141p　18cm　1400円　①978-4-88621-478-2　Ⓝ323.143

内容　最大・最初の人権＝生きられること。いまや、それさえも危ない！　社会学者、弁護士、ジャーナリストがそれぞれ語る、「弱者に冷酷な」日本社会のいまの空気。「この国では、落ちると途中で止まれない。底まで行ってしまう」。あなたも例外ではない。

『人魚姫と風車の町で―「幸福度世界一」のデンマーク』 早乙女勝元著　草の根出版会　2007.11　134p　23cm　（母と子でみる A48）〈文献あり〉2200円　①978-4-87648-246-7　Ⓝ302.3895

目次　第1章 みんな太陽が大好きな夏（まずはプロローグ，「幸せな国」はデンマーク，イエペは帽子をかぶって，デンマークという国 ほか），第2章 猛吹雪にキャンドルの冬（やはりデンマークがトップ，民主主義のルーツは…，コペンハーゲンは猛吹雪，ナチ占領下の五年間 ほか）

『日本の内なる国際化―日系ニューカマーとわたしたち』 戸井田克己著　古今書院　2005.3　156p　22cm〈文献あり〉3500円　①4-7722-6022-6　Ⓝ334.41

目次　1 問題の所在，2 「内なる国際化」への経緯，3 日系人労働者の居住にみられる地域性，4 日系人として生きる，5 日系人を支える，6 「異国」で学ぶ子どもたち，7 「祖国」で学ぶ子どもたち，結語 日系ニューカマーとわたしたち

『非行少年と弁護士たちの挑戦』 福岡県弁護士会子どもの権利委員会著　日本放送出版協会　2002.11　218p　18cm（生活人新書）680円　①4-14-088049-X　Ⓝ327.8

内容　福岡県弁護士会は、2001年2月より、鑑別所に送られたすべての少年少女の「付添人」となる運動をはじめた。311人の弁護士が、彼らの立ち直りを願ってはせ参じた。850人の少年少女は、自分自身や家族、被害者や裁判官と、どう向き合い、成長したか。少年と弁護士たちの、500日間の模索と共闘のドキュメント。

《高齢者・介護》

『介護問題の社会学』 春日キスヨ著　岩波書店　2011.11　257p　19cm　（岩波人文書セレクション）2400円　①978-4-00-028513-1

内容　なぜ介護は女性が担い、その負担は軽減されないのか。そして要介護者の多数を占める高齢女性は、なぜ二重の困難を抱えるのか。従来の社会福祉論に欠落するジェンダーの視点から、日本が抱える社会問題の本質を

福祉・介護・医療のための活動　　　　貧困

浮彫りにした介護の臨床社会学。

『ルポ 高齢者医療—地域で支えるために』
佐藤幹夫著　岩波書店　2009.2　243,3p
18×11cm　（岩波新書）　780円　①978-4-00-431176-8

[内容] 医療制度改革により大きくゆさぶられる高齢者医療。危機に直面する中で、地域の特性に即しながら、その地に生きる人々の人生の終盤を支える取組みを地道につづける医療者たちがいる。大都市のベッドタウンや地方の中核病院など、創意工夫あふれる八つの実践から、今後いっそう進展する高齢社会の医療と福祉の未来を考える。

《貧困》

『あなたが救える命—世界の貧困を終わらせるために今すぐできること』　ピーター・シンガー著、児玉聡, 石川涼子訳　勁草書房　2014.6　258p　19cm　2500円　①978-4-326-15430-2

[内容] 豊かな国に住む私たちには、貧しい国で極度の貧困にある人々を援助する義務がある。貧困にあえぐ人々を救うために何ができるのか、読者が自ら考えて行動を起こすための具体的な提言を示し、国際的に反響を呼んだ名著の待望の邦訳！

『貧困待ったなし！—とっちらかりの10年間』　自立生活サポートセンター・もやい編　岩波書店　2012.3　171,8p　19cm　〈年表あり〉　1900円　①978-4-00-024515-9　Ⓝ369.14

[内容] 「お金がない」「住まいがない」「頼れる人がいない」…貧困の現実を前に、どう動いたか。常に問題の最前線に立ち続け、保証人提供以外に、生活困窮者の方々への相談支援や、生活保護申請への同行支援、居場所作りなどを行ってきた"もやい"。年越し派遣村以後、相談窓口に生活困窮者の方々が殺到、野戦病院化した"もやい"は運営の危機を迎える。その危機は、どうやって乗り越えられたのか。スタッフたちが語る、等身大のストーリー。

『格差と貧困のないデンマーク—世界一幸福な国の人づくり』　千葉忠夫著　PHP研究所　2011.3　194p　18cm　（PHP新書）　720円　①978-4-569-79242-2

[内容] 世界的な「経済大国」のはずの日本が

いまや、格差社会、貧困率の上昇、高い自殺率、少子高齢化など、若者が将来に不安を感じる問題で溢れている。一体、解決策はどこにあるのか？　実はそのヒントが、「国民の幸福度ランキング」で世界第一位を獲得した北欧の「福祉先進国」デンマークにあった。本書では、「一四歳の自分探し」「高卒は国家試験を受かったエリート」「職業別専門学校で実力を磨く」などの事例を紹介。学歴ではなく、子供たちに実社会で生きる技術と誇りを身につけさせる国民教育を問う。

『ジュニアのための貧困問題入門—人として生きるために』　久保田貢編　平和文化　2010.10　141p　21cm　1500円　①978-4-89488-048-1

[目次] 第1話 だれもがすべり落ちる貧困社会・日本（「自己責任だよ、自己責任」？、「結局、オレが悪いんだよなあ」—非正規雇用の貧困　ほか）、第2話 セーフティネットで安心？（「貧困脱出法」の宿題、雇用保険はマジでつかえるか　ほか）、第3話 生きること、働くことと憲法（オレの進路はどうなるの？、景気が悪くなるのはどうして？　ほか）、第4話 学ぶ権利は守られている？（憲法と教育基本法を見てみると、教育権・学習権の現状—子どもの権利条約　ほか）、第5話 つながりあうって、すごい！（知事や教育長との懇談会、つながろう！—ブログの立ち上げ　ほか）

『フードバンクという挑戦—貧困と飽食のあいだで』　大原悦子著　岩波書店　2008.7　187p　19cm　1900円　①978-4-00-024644-6　Ⓝ611.3

[内容] 「完璧でない」からと捨てられる食べ物。一方で、食べることに困っている人が大勢いる。両者をつなぐ活動の最前線、アメリカと日本から。

『現代の貧困—ワーキングプア/ホームレス/生活保護』　岩田正美著　筑摩書房　2007.5　221p　18cm　（ちくま新書）　700円　①978-4-480-06362-5

[内容] 格差社会の果てにワーキングプアや生活保護世帯が急増中、と言われる。しかし本当にそうか？　バブルの時代にも貧困問題はあった。ただそれを、この国は「ない」ことにしてきたのだ。そもそも、貧困をめぐる多様な議論が存在することも、あまり知られていない。貧困問題をどう捉えるか、その実態はどうなっているのか。ある特定の人たちば

『ムハマド・ユヌス自伝―貧困なき世界をめざす銀行家』 ムハマド・ユヌス, アラン・ジョリ著, 猪熊弘子訳 早川書房 1998.9 358p 19cm 2000円 Ⓘ4-15-208189-9

[内容] 貧しい人々に無担保でわずかな金を融資し、それを元手として小さなビジネスを開始させ、経済的に自立させる―ユヌスが編み出したこの手法は「マイクロクレジット」と呼ばれ、今やアメリカやフランスをはじめ世界約60カ国で実践され、大きな成果をあげている。ユヌスは語る。「貧困は、私たちが生きている間に地上からなくすことができる」と。本書は、その活動に対して世界中から注目と賞賛を集めるノーベル平和賞の有力候補が、自らの半生と信念を語った初の自伝である。

《社会福祉・ソーシャルワーク》

『たすけられ上手 たすけ上手に生きる』 上野谷加代子著 仙台 全国コミュニティライフサポートセンター 2015.7 120p 21×19cm 1500円 Ⓘ978-4-904874-37-0

[目次] 第1章 たすけられ上手に生きる（たすけられ上手に生きる, 食のケアマネジメント, ソーシャルワーカーデー ほか）, 第2章 地域に根ざして生きる（交流の場としての百貨店, 狭い福祉から広い福祉へ, 地域に根ざした生活支援 ほか）, 第3章 バランスを取って生きるべきこととやりたいこと, そしてできること（2015年問題, プロになる楽しさ, 新・国際交流の楽しさ ほか）

『知りたい！ ソーシャルワーカーの仕事』 木下大生, 藤田孝典著 岩波書店 2015.5 67,3p 21cm （岩波ブックレット No.924）〈文献あり〉580円 Ⓘ978-4-00-270924-6 Ⓝ369.17

[内容] 進む人口減少・高齢化社会。深刻化する格差・貧困。ニーズの多様化。そんななか、需要が高まり、注目されている「ソーシャルワーカー」という職業。その仕事の醍醐味と面白さ、さまざまな職場環境、資格、今後の課題など、多様な側面から迫ります。現場と理論をよく知る気鋭の若手二人による、最適

の入門書。

『セーフティネット―コミュニティソーシャルワーカーの現場 2 ホームレスとカレーライス』 豊中市社会福祉協議会原作・文, ポリン, くろねこ漫画 ブリコラージュ,（仙台）全国コミュニティライフサポートセンター 2014.12 93p 21cm 800円 Ⓘ978-4-907946-01-2

[内容] 制度の狭間にある支援のなかなか届かない人々へCSW（コミュニティソーシャルワーカー）が住民とともに社会的包摂をしながら支援を展開する様子を描きます。

『躍進するソーシャルワーク活動―「震災」「虐待」「貧困・ホームレス」「地域包括ケア」をめぐって』 日本社会福祉士会, 日本精神保健福祉士協会, 日本医療社会福祉協会, 日本ソーシャルワーカー協会, 日本社会福祉士養成校協会, 日本精神保健福祉士養成校協会, 日本社会福祉教育学校連盟共編 中央法規出版 2013.10 253p 21cm 2800円 Ⓘ978-4-8058-3909-6 Ⓝ369.16

[内容] 4つの社会的テーマに対して、社会的弱者を支え、同時に社会全体を変えていくソーシャルワーカーの具体的活動を示す。

『現代社会福祉用語の基礎知識』 成清美治, 加納光子編集代表 第10版 学文社 2011.4 396p 19cm 2200円 Ⓘ978-4-7620-2174-9

[目次] 学生から研究者、ボランティアから現場専門者まで。受験・教育・実践に役立つ社会福祉用語の基礎知識を収載。社会福祉士、介護福祉士、保健師、精神保健福祉士、ケアマネジャー、看護師等関連科目等国家試験ならびに資格試験に完全対応の必携書。1746項目を収録。

『ソーシャルワーク理論入門』 デビド・ハウ著, 杉本敏夫監訳 岐阜 みらい 2011.3 278p 21cm〈文献あり 索引あり〉2700円 Ⓘ978-4-86015-218-5 Ⓝ369.16

『ソーシャルワーク実践の基礎理論―社会福祉援助技術論 上』 北島英治, 副田あけみ, 高橋重宏, 渡部律子編 改訂版 有斐閣 2010.12 371p 19cm （社会福祉基礎シリーズ 2）〈他言語標題：

福祉・介護・医療のための活動　　　　　　　　社会福祉・ソーシャルワーク

Basic Theories for Social Work Practice』　シリーズの編者：高橋重宏，岩田正美，北島英治，黒木保博，白澤政和，渡部律子　文献あり　索引あり〉2000円　①978-4-641-05549-0　Ⓝ369.16
内容　社会福祉を学ぶうえで知っておくべき相談援助の理念・理論・技法とは。それらを実践のプロセスのなかで学べるよう，事例やビネットを使い，丁寧に解説し，具体的に学べるよう工夫した入門書の改訂版。新しいカリキュラムにも対応できるよう，新たな内容を盛りこんだ。

『アジアの社会福祉』　萩原康生編著　改訂版　放送大学教育振興会，日本放送出版協会〔発売〕　2010.3　208p　21cm（放送大学教材）2400円　①978-4-595-31200-7
目次　第1部　アジアの社会福祉（グローバリゼーションとアジアの社会福祉問題，アジアの社会福祉をとらえる視点とその規範，人間の安全保障と社会福祉，開発型福祉），第2部　アジアの社会福祉の特徴と問題点（子ども・家庭と社会福祉，ジェンダーと社会福祉，障害と福祉，高齢と社会福祉—老いるアジア，国境を越えるひとの移動と社会福祉，日本に暮らす外国人と福祉，国際機関・NGOの活動と開発協力），第3部　アジア各国の社会問題と社会福祉（シンガポールの社会問題と社会福祉，マレーシアの社会問題と社会福祉，モンゴルの社会問題と社会福祉，ベトナムの社会問題と社会福祉）

『広がれ！まちかど保健室』　喜田貞子著　少年写真新聞社　2009.4　47p　21cm（保健室ブックレット　3）600円　①978-4-87981-292-6
内容　「町の中に保健室を作りたい，子育てに悩む保護者や子どもたちの心の居場所を作りたい」，そんな思いから，退職後，ボランティア・サークル「まちかど保健室」を立ち上げた。著者が，その活動内容，立ち上げの経緯などを紹介。

『ソーシャルワーク入門—相談援助の基盤と専門職』　空閑浩人編著　京都　ミネルヴァ書房　2009.2　233p　26cm〈索引あり〉2600円　①978-4-623-05314-8　Ⓝ369.16
内容　社会福祉士新カリキュラム「相談援助の基盤と専門職」の内容をおさえた新しいテキスト。福祉現場にかかわる多様な専門職の役割を理解し，ソーシャルワークの基礎的な知識を身につけられるよう必要な内容を網羅。ソーシャルワークの全体像をイメージできるように，多数の福祉の現場を取り上げたコラムを設け，援助の展開過程や利用者とのコミュニケーション，地域への視点とアプローチの手法も盛り込んだ。

『ソーシャルワークと権利擁護—福祉を学ぶ人へ』　田中耕太郎編著，横山正博，重岡修，草平武志，藪本知二，伊勢嶋英子，内田光範著　岡山　ふくろう出版　2008.4　119p　26cm〈文献あり〉1429円　①978-4-86186-336-3　Ⓝ369.16
目次　序章（契約型福祉社会と権利擁護—「措置から契約へ」，権利侵害を受けやすい要支援者の類型とその特徴），第1章　地域福祉権利擁護事業（地域福祉権利擁護事業の基本的な仕組み，社会福祉協議会が地域福祉権利擁護事業に取り組む意義，地域福祉権利擁護事業の実施状況，有効な利用に向けての大切な視点と今後の課題），第2章　成年後見制度（制限行為能力者の保護制度，法定後見，公示制度，社会福祉士が成年後見制度に関わる意義，成年後見制度の利用状況と今後の課題），第3章　行政機関における権利擁護（地域包括支援センター，生活保護事務所），第4章　社会福祉サービス提供における権利擁護（情報提供と第三者評価事業，苦情解決制度）

『社会福祉の支援活動—ソーシャルワーク入門』　北川清一，久保美紀編著　京都　ミネルヴァ書房　2008.3　226p　21cm（シリーズ・ベーシック社会福祉　第2巻　北川清一，遠藤興一監修）〈文献あり〉2000円　①978-4-623-05045-1　Ⓝ369.16
目次　支援活動とは何か，支援活動の思想と理論，支援活動の目的と価値，支援活動と倫理綱領，支援活動の基本原則，支援活動の方法とソーシャルワーク，支援活動の担い手，支援活動の展開過程，支援活動の基本技法，支援活動の新たな展開(1)理論モデル，支援活動の新たな展開(2)エンパワメント，支援活動の新たな展開(3)EBP，支援活動の新たな展開(4)クリティカル理論

『はじめて出会う社会福祉』　西尾祐吾著　増補版　相川書房　2008.3　178p　19cm　1400円　①978-4-7501-0347-1

[内容] 社会福祉の初歩的な用語と基礎的な概念を可能なかぎり平易な言葉を用い，具体的な事例をあげて説明．

『はじめての社会福祉―実践から学ぶ社会福祉』 「はじめての社会福祉」編集委員会編 京都 ミネルヴァ書房 2007.11 164p 26cm 2200円 ⓘ978-4-623-04856-4

[目次] 第1章 社会福祉教育の中で基礎福祉演習の占める位置，第2章 社会福祉とニーズ，第3章 コミュニティとその診断，第4章 地域社会のニーズ探索，第5章 ニーズに対するサービスの計画，第6章 成果発表，巻末資料

『現代の社会福祉入門』 宮田和明，柿本誠，木戸利秋，小松理佐子，竹中哲夫ほか編著 岐阜 みらい 2006.5 215p 26cm 2100円 ⓘ4-86015-080-5

[目次] 第1部 社会福祉とは何だろう？（身近な事例を通して考えてみよう，どうして社会福祉は必要なの？），第2部 社会福祉の現場はどうなっているの？（子ども虐待はなぜ起きる？―児童福祉，少子化社会の保育と子育て支援 ほか），第3部 社会福祉のプロとなるために（社会福祉の援助方法―ソーシャルワーク，社会福祉の経営 ほか），第4部 社会福祉の原理を学ぶ（社会保障と社会福祉―社会福祉基礎構造改革，欧米の社会福祉の歴史 ほか）

『家族ソーシャルワーク』 倉石哲也著 京都 ミネルヴァ書房 2004.5 142p 26cm （ワークブック社会福祉援助技術演習 3） 1700円 ⓘ4-623-03855-6 Ⓝ369.16

[内容] 家族を中心としたソーシャルワークの実践活動および技術を理論的かつ体験的に学ぶための社会福祉援助技術演習のテキスト，ワークブック．ソーシャルワークの中では直接的援助技術（ダイレクト・ソーシャルワーク）の個人および家族へのソーシャルワークに属する実践活動への演習入門書．

『21世紀社会福祉はみんなの手で』 一番ヶ瀬康子著 ポプラ社 2001.8 183p 20×16cm （21世紀知的好奇心探求読本 12） 1400円 ⓘ4-591-06899-4

[内容] 社会福祉の道を歩んで50年―．中・高校生たちに贈る，著者からの熱いメッセージ．

《医療・ホスピス》

『メイク・ア・ウィッシュの大野さん』 大野寿子著 KADOKAWA 2014.12 253p 19cm （ダ・ヴィンチ ブックス）〈増刷（初刷2006年）〉 1238円 ⓘ978-4-04-067061-4

[内容] 「メイク・ア・ウィッシュ」とは重い病気と闘う子どもの夢をかなえるボランティア団体．850人以上の子どもたちの夢の実現を応援してきたメイク・ア・ウィッシュの大野さんが語る子どもたちの夢，笑顔，歓び，小さな奇跡の物語．

『こんな夜更けにバナナかよ―筋ジス・鹿野靖明とボランティアたち』 渡辺一史著 文藝春秋 2013.7 558p 16cm （文春文庫 わ18-1）〈北海道新聞社2003年刊の再刊 文献あり〉 760円 ⓘ978-4-16-783870-6 Ⓝ369.27

[内容] ボランティアの現場，そこは「戦場」だった―筋ジストロフィーの鹿野靖明さんと，彼を支える学生や主婦らボランティアの日常を描いた本作には，現代の若者の悩みと介護・福祉をめぐる今日的問題のすべてが凝縮されている．講談社ノンフィクション賞，大宅壮一ノンフィクション賞をダブル受賞した名著．

『夢のむこうへ―6人の難病をもつ子どもたち，輝くいのちの物語』 手島悠介文，葉祥明絵 中央法規出版 2004.7 81p 20cm 1200円 ⓘ4-8058-2490-5 Ⓝ369.14

[内容] 夢をしっかりと心に抱いて，与えられたいのちを生き抜く子どもたち…．難病の子どもの夢をかなえるボランティア活動「メイク・ア・ウィッシュ」から生まれた6つの希望の物語．夢と勇気がたくさんつまった本です．

『「医療・保健衛生」につくした日本人』 畠山哲明監修 くもん出版 2002.4 47p 30cm （めざせ！21世紀の国際人―この人たちから学ぼう！ 国際社会の"現在"と"未来" 5） 2800円 ⓘ4-7743-0621-5

[内容] 本巻では，国際社会で，医療・保健衛生の面で活動し，あるいは活動していた人びとを紹介します．小学校高学年～中学生向き．

福祉・介護・医療のための活動　　　　　　　　　　社会福祉とNPO

《社会福祉とNPO》

『いのち咲かせたい』 山本文子著　春陽堂書店　2014.5　181p　19cm　1200円
①978-4-394-90312-3
内容 いのちの誕生から健やかな老後まで…みんなが笑顔ですごせる施設「NPO法人いのちの応援舎」。

『介護戦隊いろ葉レンジャー参上―若者が始めた愛と闘いの宅老所』 中迎聡子著　雲母書房　2007.1　261p　19cm　1700円　①978-4-87672-220-4　Ⓝ369.263
内容 『私』が支える覚悟がほんとの「小規模」。『一人』のために何でもするのがほんとの「多機能」。まっすぐぶつかる若い世代の介護論。

『知っていますか？ ボランティア・NPOと人権一問一答』 早瀬昇,牧口明著　大阪　解放出版社　2004.12　108p　21cm　〈「知っていますか？ボランティアと人権一問一答」の増訂〉 1000円　①4-7592-8260-2　Ⓝ369.14
目次 多くの市民の関心事に…―「ボランティア」って言葉、よく見聞きするけど？,行政と企業の長所をもつ新しい市民事業体―NPOやNGOって言葉もよく聞くけど？,ボランティア活動はこんなに自由！―ボランティア活動やNPOって暗いんじゃない？,「有償」「無償」はスタイルの違い―「有償ボランティア」もあるのですか？,興味・持ち味でお好みしだい！―どんな活動があるのですか？,障害者や高齢者だからこそできることも―障害のある人や高齢者によるボランティア活動もあるようですね。大切なのは「共感」です！―資金提供もボランティア？,坂本龍馬も西光万吉もボランティア！―政治的な活動もボランティア？,思いのままに援助できる―「お役所の穴埋め役」ではないのですか？,市民自治を進めよう―市民活動と行政の「協働」が進んでいると聞きますが….〔ほか〕

『コミュニティワーク入門』 杉本敏夫,斉藤千鶴編著　改訂　中央法規出版　2003.11　261p　21cm　2500円　①4-8058-2356-9　Ⓝ369.7
内容 本書は基本的には、これからコミュニティワークを学ぼうとする人を視野において作成したテキストである。また、本書は大きく変化している社会福祉の動向を基盤にして、コミュニティワークとは何か、そしてそれがなぜ必要なのか、コミュニティワークを行うにはどのような技術を身につけておくことが必要か、誰がコミュニティワークを行っているのか、実際のコミュニティワークにはどのような活動があるのかなど、基本的な知識を整理して提示している。さらに、演習の形でも本書が利用してもらえるように、各章には演習課題を示した。

◆地域福祉

『ビギナーズ地域福祉』 牧里毎治,杉岡直人,森本佳樹編　有斐閣　2013.8　345p　19cm　（有斐閣アルマ―Basic）〈他言語標題：A Handbook for Community Workers　文献あり　索引あり〉 2200円　①978-4-641-12486-8　Ⓝ369.7
内容 住民が地域の問題をすくいあげ、仲間やボランティアを巻き込みながら、コミュニティワーカーや社会福祉協議会が支え役となって、問題解決の仕組みをつくっていく地域福祉。本書はその対象、人材、実践、財源という4つの部門に分けて構成しました。

『よくわかる地域福祉』 上野谷加代子,松端克文,山縣文治編　第5版　京都　ミネルヴァ書房　2012.10　199p　26cm　（やわらかアカデミズム・〈わかる〉シリーズ）2200円　①978-4-623-06302-4　Ⓝ369.7
目次 1 地域福祉とは, 2 地域福祉の理念と概念, 3 地域福祉計画とその実際, 4 地域福祉の歴史と展開, 5 地域福祉に関わる法・制度, 6 地域福祉に関わるサービスと活動, 7 地域福祉に関わる方法, 8 地域福祉に関わる人材, 9 地域福祉に関わる機関・団体, 10 地域福祉とまちづくり・住民参加, 11 最近の動向

『保健・医療・福祉を学ぶ人のための地域ケア総論』 松浦尊麿編著　京都　久美　2009.10　214p　26cm　2000円　①978-4-86189-132-8　Ⓝ369.7
目次 第1章 ケアの概念と地域ケアの実践理論, 第2章 「健康」の概念とヘルスケア, 第3章 地域ケアの基盤づくり, 第4章 地域ケアと社会資源―健康・安心のための社会資源, 第5章 地域ケアのマネジメント, 第6章 ライフステージと地域ケア, 第7章 早世の防止を

目的とした地域ケア，第8章 生存の質と社会保障，第9章「健康寿命」と地域ケア，第10章 介護保険制度と地域ケア，第11章「安寧な終末」と地域ケア

『コミュニティとソーシャルワーク』 平野隆之，宮城孝，山口稔編 新版 有斐閣 2008.3 302p 19cm （社会福祉基礎シリーズ 9（地域福祉論）高橋重宏，岩田正美，北島英治，黒木保博，白澤政和，渡部律子編）〈文献あり〉1900円 ①978-4-641-05547-6 Ⓝ369.7
内容 21世紀は「地域福祉の時代」ともいわれ，その推進を担うソーシャルワーカーへの関心と期待が高まっている。近年の法改正や「コミュニティ」重視の政策の流れを反映し，最新の制度や取り組みについてわかりやすく解説した「地域福祉論」テキストの新版化。

『わかりやすい地域福祉―社会福祉入門から地域社会の歴史と展望まで』 岡知史著 第5版〔岡知史〕 2007.4 262p 26cm〈楽しいロールプレイ12話つき〉2500円 Ⓝ369

『街のコンシェルジェ―地域の住民が喜び，商店街が潤い，NPOが満足する』 沢田藤司之著，井関利明監修 東峰書房 2007.3 137p 21cm 1800円 ①978-4-88592-074-5 Ⓝ369.7
内容 本書の中には，「街のコンシェルジェ」のアイディア，企画，運営ノウハウと実際の経験例が豊富に盛り込まれています。

『「助けて！」と言えますか？』 さわやか福祉財団「近隣型助け合い推進委員会」編 筒井書房 2002.1 87p 15×22cm 900円 ①4-88720-347-0 Ⓝ369.7
内容 編者たちはNPO団体による助け合い，ふれあいの普及に努めてきたし，それは活動者や利用者の心にいい知れない豊かさを生み出していることは確かなのであるが，そういった団体の組織的活動によらず，自然で形もまったく定まらない助け合いの社会をどう生み出せばよいか。編者たちが見つけた新しい道は，これまでのように助ける側に働きかけ，助ける活動を普及する道のほかに，助けられるときの心理に着目し，助けてと言いにくい壁を取り払い，助けられやすい社会にしていくという方法である。そういう着眼点で見ると，これまで見えなかったことがいろ

いろと見えてくる。本書には，そういう新しい発見が，たくさん書かれている。

◆赤十字

『世界と日本の赤十字―世界最大の人道支援機関の活動』 桝居孝，森正尚著 新版 東信堂 2014.5 354p 21cm〈初版：タイムス 1999年刊 文献あり 索引あり〉2400円 ①978-4-7989-1232-5 Ⓝ369.15
内容 一私人の呼びかけがわずかの間に一大組織へと発展したその展開の速さと，危機に際し世界のどこへでも駆けつける類まれな活動力―相次ぐ悲惨な戦争の狭間に誕生し，その後も戦争や災害から逃れることのできぬ今日の世界で，赤十字はますます不可欠な存在となっている。その歴史や活動のすべてを親しみやすく伝える。

『赤十字への道』 菅原一剛写真・著 euphoria FACTORY，講談社エディトリアル〔発売〕 2014.5 152p 28×21cm 4000円 ①978-4-907514-05-1
目次 赤十字への道光をさがして（菅原一剛），夜明けのソルフェリーノの大地，ソルフェリーノの街並み，モンブランを越えて，レマン湖の沈む夕日，赤十字を知る，アンリー・デュナン物語，赤十字の7原則，赤十字のネットワーク，赤十字の組織と役割

『赤十字の父アンリー・デュナン』 日本赤十字社長野県支部編〔長野〕 日本赤十字社長野県支部 2013.5 23p 22×31cm Ⓝ289.3

『ジュノー記念祭―ヒロシマからのルポとエッセイ』 天瀬裕康著 広島 溪水社 2010.8 189p 19cm 2190円 ①978-4-86327-113-5
目次 第1章 マルセル・ジュノーと赤十字（マルセル医師となる，赤十字の旗のもとに ほか），第2章 ジュノー博士の顕彰へ（忘れなかった人びと，書き連ねた人たち ほか），第3章 ジュノー記念祭は続く（ジュノー没後三十年，第三回，第四回，音楽祭 ほか），第4章 次の十年間（世紀越えと新世紀，二〇〇二，〇三，〇四年 ほか），第5章 回顧と展望（冬のあいだに，いろんなアプローチ ほか）

『「赤十字」とは何か―人道と政治』 小池

政行著　藤原書店　2010.4　247p　20cm〈文献あり　年表あり　索引あり〉2500円　Ⓘ978-4-89434-741-0　Ⓝ369.15
内容　"赤十字"―日本でのイメージは"病院"くらいだろうか。"赤十字"は実は、要請があれば世界中どこにでもかけつけ、どこの国家にも属さない"中立"な立場で戦争や自然災害による飢餓、医療アクセス不能、家族の離散、都市機能の崩壊…などからの救援活動をおこなう"人道"救援団体である。その創始者アンリ・デュナンのように、困難な状況にある人々を敵味方なく救うという意識――"人道"意識を育むことで、日本人の国際感覚を問い直す。

『せきじゅうじって、なんだろう？』　日本赤十字社総務局組織推進部青少年・ボランティア課編　日本赤十字社　2008.3　6枚　26cm　Ⓝ369.15

『アンリー・デュナン―赤十字の父』　スイス赤十字親善使節招聘実行委員会監修，アンリー・デュナン博物館編，エーテル・コッハァ，ハンス・アマン著，九頭見和夫訳　横浜　春風社　2005.10　90p　22cm〈年譜あり〉952円　Ⓘ4-86110-052-6　Ⓝ289.3
内容　「赤十字」を創始し、第1回ノーベル平和賞を受賞した偉人。しかしデュナンは、事業の失敗、破産、周囲の無理解など、数々の困難に直面する。その波乱にみちた生涯を史実に忠実にたどる。

『平和へのカギ―いま赤十字をよく知ること』　田島弘著　童話屋　2004.12　74p　15cm　（小さな学問の書　9）　286円　Ⓘ4-88747-050-9　Ⓝ369.15
内容　人類は、右の手で戦争をして人を殺し、左の手で赤十字を作って人を助ける。それならば、どうだろう、右の手にも赤十字の腕章を巻いて、災害や病魔や差別、貧困を、根こそぎやっつけてしまうというのは！　人類が戦うべきほんとうの敵は、人間ではない。赤十字思想こそが文明。そういう考えからこの小さな冊子は生まれました。

『日本赤十字の素顔―あなたはご存じですか？』　野村拓監修，赤十字共同研究プロジェクト著　あけび書房　2003.7　222p　19cm　1800円　Ⓘ4-87154-045-6　Ⓝ369.15
内容　1800万人の巨大組織の実相。国民のための日赤像も提言する。

『戦争と救済の文明史―赤十字と国際人道法のなりたち』　井上忠男著　PHP研究所　2003.5　268p　18cm　（PHP新書）〈文献あり〉　740円　Ⓘ4-569-62896-6　Ⓝ329.6
内容　人類は戦争を避けられないのか。有史以来、主な戦争は一万四千回、死者は五十億人に達するという。そして今日、国連憲章により禁止されたはずの戦争は、様々な理由で正当化されている。この世界の現実といかに向き合うか――。本書は、十九世紀以降、戦争犠牲者の保護と救済を目的とする赤十字と国際人道法（ジュネーブ条約）の起源と発展を概観する。赤十字と国連の違いとは。捕虜の扱い、細菌兵器の規制など、守るべき戦争法とは何か。反戦運動とは異なる慈悲の精神と、平和維持の可能性を探る。

『国際赤十字―国際紛争や災害の被害者を救う』　ラルフ・パーキンス著　ほるぷ出版　2003.4　35p　27cm　（調べてみよう世界のために働く国際機関）　2800円　Ⓘ4-593-57604-0　Ⓝ369.15
内容　赤十字は、人道的活動にたずさわる独立機関として、世界でもっとも規模が大きく、古い歴史をもつ組織です。赤十字は困っている人や危機に直面している人びとに救いの手をさしのべます。この本では、国際紛争や自然災害などに対する、赤十字の国境を越えた取り組みや、ジュネーブ条約の内容などを紹介します。

『国際赤十字』　マイケル・ポラード著，沢田洋太郎訳　偕成社　1996.1　101p　25cm　（世界を救う国際組織　3）　3000円　Ⓘ4-03-629130-0
目次　地震！，世界じゅうからの助け，国際的組織，赤十字社の始まり，戦争を見つめる人，戦争の後で，国境をこえて，ジュネーブ条約に反対する人たち，七つの原則，赤十字社の終わりか〔ほか〕

《福祉ボランティア》

『さくら猫と生きる―殺処分をなくすためにできること』　今西乃子著，浜田一男写真　ポプラ社　2015.6　157p　19cm

福祉ボランティア　　　　　　　　　　　　福祉・介護・医療のための活動

（ポプラ社ノンフィクション）1200円　①978-4-591-14548-7

[内容] 千葉県に住む秋元理美のもとには、日び猫についての相談がよせられる。「野良猫に庭をあらされた！」「家のベランダで猫が子どもを産んだんだけど…」ふえつづけ、地域の中でやっかいものあつかいされた猫たちの多くは、生きていく術を断たれてしまう運命だ。不幸な命をなくすために、理美は立ちあがった！　感動の猫ボランティア奮闘記！

『きみの声を聞かせて―猫たちのものがたり-まぐ・ミクロ・まる-』　天野つくね著，しらとりのぞみイラスト　小学館　2015.5　186p　18cm　（小学館ジュニア文庫）650円　①978-4-09-230818-3

[内容] ペット、家族として人気の猫。その一方で、無責任な飼い主によって捨てられるなどして野良猫になってしまった猫たちに、不幸の連鎖が起きていることも事実です。この本は、ボランティアで猫の保護活動を行っている著者が3匹の猫の身に本当におきた出来事をつづった実話集。『本当の家族-まぐのこと-』『切れた首輪と、つながった糸-ミクロのこと-』『雪間に咲いた小さな花-まるのこと-』3つの物語に込められているのは"猫を大切にしてほしい"というメッセージです。

『CCクロものがたり』　西岡訓子文・絵　京都　かもがわ出版　2015.4　111p　19cm　1500円　①978-4-7803-0758-0

[内容] 食いしん坊のクーが犬の先生になった！　大震災当時の捨て犬が、神戸市動物管理センターやボランティアの人々の「犬の命を救いたい」という思いから、成犬譲渡しつけ教室のデモ犬に成長していく感動の物語。官民一体で命のリレーに奮闘した人達やそのシンボル犬、クロの姿を通じて分かり易く動物福祉を説いた小中学生と親向け実話。

『捨て犬・未来ものがたり　捨て犬・未来と子犬のマーチ』　今西乃子著，浜田一男写真　岩崎書店　2014.12　134p　18cm　（フォア文庫）650円　①978-4-265-06486-1

[内容] 里親ボランティアの活動をとおして命の尊さを考えるノンフィクション。

『捨て犬・未来、命の約束―和牛牧場をたずねて』　今西乃子著，浜田一男写真　岩崎書店　2014.11　149p　22×16cm　（ノンフィクション・生きるチカラ 19）1300円　①978-4-265-08036-6

[内容] わたしは「未来」。わたしは子犬のときに目や足首を切られて捨てられていた。でも、今は里親である「かあちゃん、とうちゃん」と小学校や中学校に「命の授業」に出かけている。そんな中で、こんな質問を受けるようになった。「犬やネコの命と牛や豚の命はちがうの？」ローストビーフが大好きなわたしは、かあちゃんといっしょに九州にある和牛牧場、田中畜産をたずねることにした。

『しあわせになった捨てねこ』　今西乃子原案，青い鳥文庫編　講談社　2014.8　211p　18cm　（講談社青い鳥文庫）620円　①978-4-06-285440-5

[内容] ペットショップに行けば、かわいい子ねこがいっぱい！　でも、ちょっと待って。もし、ねこを飼いたいなら、家族になってもらえるのを待っているねこたちが、たくさんいます。捨てねこを保護するボランティアさんと、捨てねこを家族にむかえいれた里親家族たち。捨てられて、消えるはずだった命が、しあわせになるまでの、4つの物語です。小学中級から。

『捨て犬・未来ものがたり　しあわせのバトンタッチ―障がいを負った犬・未来、学校へ行く』　今西乃子著，浜田一男写真　岩崎書店　2014.6　142p　18cm　（フォア文庫）650円　①978-4-265-06474-8

[内容] 「未来」は、命をつなげることは幸せをつなげることだと、出前授業で伝えている。その背景には、助けてくれた里親ボランティアの麻里子の存在があった。未来を助けた理由は「自分のことが好きか？」という問いと関係がある…。小学校高学年〜中学生向。

『捨て犬・未来ものがたり　命のバトンタッチ―障がいを負った犬・未来』　今西乃子著，浜田一男写真　岩崎書店　2013.12　166p　18cm　（フォア文庫）650円　①978-4-265-06471-7

[内容] ペットシッターの麻里子は、仕事のかたわら、捨てられた犬猫を救い出すボランティアを行っている。ある日、右目が切られ、後ろ足首のない子犬と出会う。はたして、これだけの大ケガを負った子犬の里親が見つかる

福祉・介護・医療のための活動　　　　　　　　　　　福祉ボランティア

だろうか…。小学校高学年・中学校対象。

『心をケアする仕事がしたい！―ボランティアから公的資格まで、心の仕事まるごとガイド　言視舎版』　斉藤弘子編・著　言視舎　2013.7　155p　21cm　（言視ブックス）〈『新・心をケアする仕事がしたい！』（彩流社　2009年刊）の改題改訂〉　1300円　①978-4-905369-65-3

内容　ネットではわからない心の仕事の全体像を提示。生きがいにつながるボランティア系の仕事、数多い協会・学会認定の資格、公的資格を厳選して案内。

『立ち直り支援として今、何をすべきか―次代を担う少年の育成のために　少年問題シンポジウム』　全国少年警察ボランティア協会編　全国少年警察ボランティア協会　2013.3　141p　21cm　（全少協少年研究叢書　24）　Ⓝ327.85

目次　基調講演．「見つめられる存在」から「見つめる存在」へ（土井隆義述）．パネルディスカッション次代を担う少年の育成のために立ち直り支援として、今、何をすべきか．子どもが変わる、そのキーワードは何か（野口京子述），非行少年一〇三人をガソリンスタンドで雇用（野口義弘述），関係者・機関の連携を強化した支援が大切（紀惠理子述），頼りになるのは人や地域とのつながり（青木修述），学校を地域の大人が集うところにする（滝澤雅彦述），子どもたちを「開いていく」ことが大切（土井隆義述）．

『もっと知りたい！　お年よりのこと　4　やってみよう、ボランティア』　服部万里子監修　岩崎書店　2013.2　47p　29cm〈文献あり　年表あり　索引あり〉　3000円　①978-4-265-08264-3　Ⓝ367.7

目次　お年よりが安全にくらす街へ（老化や加齢は不安をまねく、お年よりのひとりぐらしは危険？，犯罪にまきこまれるお年より，地域でくらしの見守りを），小学生とお年よりのふれあい方（地域社会でのふれあいから、体験学習・世代間交流），居場所づくりは地域づくり（高齢化が進む自治体の対策，1995年はボランティア元年，ボランティアを支援するNPO、NGO，お年よりの「居場所」が地域を活発に），進化するボランティア（新たな取り組み，有償ボランティア，お年よりが介護支援ボランティアに，オーストラリアは

ボランティア先進国，お年よりには「ゆっくりマナー」で）

『笑顔の力―病院ボランティア活動が教えてくれたこと』　浅野マリ子著　幻冬舎ルネッサンス　2012.11　227p　19cm〈文献あり〉　1300円　①978-4-7790-0808-5　Ⓝ498.16

内容　あなたのほほえみが、病気の人の支えになることに気づいていますか？　大学で医療ボランティア論を教える著者が患者さんとのコミュニケーションで役立つヒントを余すところなく紹介。

『命がこぼれおちる前に―収容された犬猫の命をつなぐ人びと』　今西乃子文，浜田一男写真　佼成出版社　2012.4　128p　21cm　（感動ノンフィクションシリーズ）　1500円　①978-4-333-02535-0

内容　「病気だから」「うるさいから」「年をとったから」…。人間の都合で捨てられる、小さな命。しかし、新しい飼い主との出会いが、かれらの命にチャンスをあたえる。「もう一度あの子たちを、キラキラ輝かせたい―」。ボランティアたちと、千葉市動物保護指導センターがめざす、"捨てられる命ゼロ"の画期的な取り組みを追う。

『めざせ！　お笑い福祉士―豊かな人生の生きがい』　笑福亭學光著　大阪　浪速社　2012.3　195p　19cm〈構成写真：合田享史〉　1333円　①978-4-88854-460-3　Ⓝ369.14

内容　笑いと出会い人生が変わる。お笑いボランティアにあなたも挑戦しよう。

『結いの島のフリムン―保護司・三浦一広物語　大馬鹿者』　春日しん著　講談社　2011.9　255p　19cm〈年譜あり〉　1400円　①978-4-06-217216-5　Ⓝ289.1

内容　NPO法人奄美青少年支援センター「ゆずり葉の郷」所長、3万人の少年を更生させたカリスマ保護司の命を懸けた半生記。

『捨て犬・未来と子犬のマーチ―もう、安心していいんだよ』　今西乃子著，浜田一男写真　岩崎書店　2011.4　133p　21cm　（ノンフィクション・生きるチカラ　6）　1300円　①978-4-265-04292-0

内容　わたしは「未来」、子犬のときに、目や足首を切られて、捨てられていた。でも、今

ヤングアダルトの本　ボランティア・国際協力への理解を深める2000冊　　151

は里親である「かあちゃん、とうちゃん」そして、コーギー犬の蘭丸にいちゃんと、元気に暮らしている。そんなわが家に、次々と子犬たちがやって来るようになった。わたしと同じように、みんな捨てられていた犬たちだ。今度はわたしが、捨てられた子犬たちを勇気づける番なんだ。

『盲導犬になれなかったスキッパー』　藤崎順子著　文藝春秋　2010.12　215p　19cm〈付属資料：ぬりえ〉1238円　①978-4-16-373440-8

内容　ボランティアで預かったあおい目の子犬、スキッパー。盲導犬のテストには落ちたけれど…。ミラノの空港で爆発物捜査犬となり、大活躍したラブラドール・リトリーバーの数奇な一生を、パピーウォーカーとして育てた家族が綴る愛情あふれる物語。読み聞かせに最適。小学校高学年からは一人で読めます。

『ルポ出所者の現実』　斎藤充功著　平凡社　2010.11　218p　18cm　(平凡社新書 557)　740円　①978-4-582-85557-9　Ⓝ326.56

内容　刑務所出所者による再犯が社会問題化している。『犯罪白書(平成21年版)』によると、一般刑法犯の再犯者率は40パーセント以上。受刑者同士が刑務所内で出所後の犯行を謀議し、凶悪犯罪に結びついたケースもある。彼らの自立更生と再犯防止の有効手段はないのか。出所者と彼らを受け入れる社会、統計では見えないリアルな姿を描く。

『親の世話ヒトに任せてボランティア―福祉の見方・考え方』　坂巻熙著　あけび書房　2010.4　175p　21cm　1600円　①978-4-87154-091-9　Ⓝ369.14

内容　元新聞記者、大学教授、そして今、私財を投じての障害者施設設立。ユーモラスで、実践的なボランティア論。

『福祉ボランティアの今日的課題』　松田次生著　学事出版　2010.4　127p　21cm　1200円　①978-4-7619-1751-7　Ⓝ369.14

目次　序章　変わりゆくボランティア活動，第1章　ボランティアに関する基礎的理解，第2章　福祉ボランティアの自発性，第3章　福祉ボランティアの無償性，第4章　福祉ボランティアの公共性，第5章　福祉ボランティアの主体性，第6章　福祉ボランティアの補完性と先駆性，第7章　福祉ボランティアの対等性・共助性，第8章　ボランティアと政策，終章　ボランティアの適性

『病院ライブで童謡・唱歌―ボランティアでみつけた新しい旅』　井上堯之著　近代映画社　2010.2　191p　21cm　1400円　①978-4-7648-2288-7　Ⓝ767.8

内容　本人も肺気腫をわずらいながら、北海道南小樽病院で高齢者との交流をとおして見つけた新しい道標。感動の書き下ろし記録！芸能界を引退した田辺昭知とザ・スパイダースの元メンバーで、名ギタリスト及び作曲家である井上堯之さんが本音を語る。

『しあわせのバトンタッチ―障がいを負った犬・未来、学校へ行く』　今西乃子著，浜田一男写真　岩崎書店　2009.12　133p　21cm　(イワサキ・ノンフィクション)　1300円　①978-4-265-04286-9

内容　一度は人間に裏切られた子犬の「未来」は、里親に引き取られ、元気に育っていった。そして、小学校や中学校へ「命の授業」に訪れている。救われた命は、多くの子どもたちに何を伝えているのだろうか。

『自殺予防いのちの電話―理論と実際』　日本いのちの電話連盟編　第2版　ほんの森出版　2009.9　263p　21cm〈文献あり〉2000円　①978-4-938874-65-0　Ⓝ146.8

目次　序章　人はなぜ自殺するのか？，第1章　いのちの電話の基本理念と歴史，第2章　自殺予防を目的とする電話相談―自殺の実態と危機介入理論，第3章　援助活動の多様性とその特性―現状のあり方(電話相談，電話相談からの拡がり，対象の拡がり)，第4章　ボランティアによる援助活動，第5章　いのちの電話相談員の研修(養成研修，継続研修，研修の多様性，相談員のケア，相談員の成長，相談員の倫理)，第6章　いのちの電話相談に現われる諸問題(死に急ぐ人たちの諸問題，電話依存について，ライフサイクルにおける危機と諸問題)，第7章　自殺予防いのちの電話(自殺傾向のある利用者への基本的対応，フリーダイヤル「自殺予防いのちの電話」の実際―その始まり，実施状況，研修，課題，統計資料)，第8章　いのちの電話の将来と課題(「電話による援助」再考，"かからない"いのちの電話の克服に向けて，IT機器活用―インターネット相談ほか，社会の変化といのちの

福祉・介護・医療のための活動　　　　　　　　　　　　　　　　　　　　　　福祉ボランティア

電話の課題―コミュニティとの連携強化を），第9章 組織・運営―社会福祉・社会貢献事業としてのいのちの電話（法人としての「いのちの電話」の成立，いのちの電話における運営の実際）

『こちら「110番動物園」―すてられた命を救うおまわりさん』　今関信子文．関口シュン絵　佼成出版社　2009.6　128p　21cm　（感動ノンフィクションシリーズ）　1500円　①978-4-333-02377-6

内容　元おまわりさんの有城覚さんは，交番に持ちこまれた動物を保護し，世話をしている。虐待され，きずつき，すてられた小さな命たち。その数，現在150匹。有城さんはボランティアで移動動物園を開き，動物とふれあってもらうことで，子どもたちに命の大切さをうったえ続けている。小学校中学年から。

『レッツゴー・サフィー―子どもたちの夢と地域の愛を集めた盲導犬』　井上夕香著　ハート出版　2009.6　158p　21cm　（ドキュメンタル童話・犬シリーズ）　1200円　①978-4-89295-649-2

内容　募金をあつめ子犬を贈った子どもたち，無償の愛情をそそいだパピーウォーカー夫妻，人との信頼関係を教えこんだ訓練士，中途失明したユーザーとの幸せな暮らしに，突然の別れ…。盲導犬をめぐるふしぎな縁の感動実話。小学校中学年以上向き。

『明るい笑顔もとめて―少年警察ボランティア活動事例集　その2』　全国少年警察ボランティア協会編　全国少年警察ボランティア協会　2009.5　182p　21cm　Ⓝ327.85

『字が話す目が聞く―日本語と要約筆記』　上村博一著　新版　新樹社　2009.4　191p　19cm　〈文献あり〉　1200円　①978-4-7875-8586-8　Ⓝ369.276

内容　人間にとって欠かすことができない日々の「コミュニケーション」「情報の伝達」について改めて見なおし，そのコミュニケーションの場で「文字」が"話す"「要約筆記（通訳）」のアウトラインを紹介。また，要約筆記（通訳）や手話通訳を対象にした日本語講座でのテキストやノートをもとに，著者なりの「日本語」の俯瞰図を描き，その中でコミュニケーションにおける「要約」の役割についても考える。

『自殺したらあかん！―東尋坊の"ちょっと待ておじさん"』　茂幸雄著　三省堂　2008.12　226p　19cm　1600円　①978-4-385-36397-4

目次　第1章 150人の命よ，再び―東尋坊での奮闘の日々（日本の自殺は？，東尋坊における自殺の経過 ほか），第2章 地元の警察官から自殺防止のNPO活動へ（初めて知った東尋坊の自殺の現状，或る歓迎会の席上で ほか），第3章 自殺防止の現場を歩いてきて見えてきたもの―自殺する人とは？ 救うための方法とは？（東尋坊で遭遇した自殺企図者の訴え，自殺企図者の性格 ほか），第4章 東尋坊にはドラマがいっぱい！―それぞれの人生模様（その元気は，何処にあったの…？，お前が母さんを殺したんや…！ ほか），第5章 自殺したらあかん！ 全国からの命のメッセージ（あなたへ（水野よう子），16で逝ったメグへ（お姉ちゃん）ほか）

『君の笑顔に会いたくて―保護司ロージーが走る！』　大沼えり子著　ロングセラーズ　2008.8　234p　20cm　1500円　①978-4-8454-2132-9　Ⓝ327.85

内容　だれだって幸せになりたいと思っているのに…「死ねばよかったのに」と言われていた少年。「俺はいらない人間だ」と思っていた少年。一人の部屋で，一人ぼっちで死んでいった少年。家族なのに心を寄り添わせることができない親たち。どうぞ，その愛を惜しまないでください。

『夢をあきらめない―全盲のランナー・高橋勇市物語』　池田まき子著　岩崎書店　2008.7　161p　21cm　（イワサキ・ノンフィクション）　1200円　①978-4-265-04279-1

内容　盲人マラソンの元世界記録保持者（2時間37分43秒）であり，パラリンピック・マラソンの金メダリスト，高橋勇市。視力を失いながらも，懸命に努力を重ねて金メダルを勝ちとった力強さ，さらなる目標に向かって走り続けるその姿。人びとに夢と勇気をあたえるランナーの，感動のノンフィクション。

『犬たちがくれた「ありがとう」―盲導犬ベルナの仲間たち』　郡司ななえ著　角川書店，角川グループパブリッシング〔発売〕　2008.2　357p　15cm　（角川文庫）　590円　①978-4-04-364205-2

ヤングアダルトの本 ボランティア・国際協力への理解を深める2000冊

福祉ボランティア　　　　　　　　　　　　　　福祉・介護・医療のための活動

内容「長い子で五年ほど一緒に生活する日々、短い子ならほんの数カ月ですが、どの子にも最期の別れの時には、こんなふうに声をかけてあげることにしています…『幸せだった？』とね…」盲導犬という大きな責任の仕事を終えて、ペット犬として新たな生活を送る犬たちの様子と、それを見守るボランティア家庭の人々。『ベルナのしっぽ』の著者・郡司ななえが、盲導犬のリタイア後の生活を追った、感動のノンフィクション。

『空飛ぶ車いす―心がつながるおくりもの』　井上夕香文，鴨下潤画　素朴社　2008.2　157p　21cm　（ノンフィクション童話）　1200円　①978-4-903773-06-3
内容　日本では年間約3万台から5万台の車いすが使われなくなり捨てられています。しかし、世界には、車いすが高くて買えない人がたくさんいます。ものづくりが得意な日本の工業高校生たちによって修理された車いすが、多くのボランティアによってさまざまな国に届けられています。車いすを通した心温まる交流を描いた実話。小学校中学年以上向き。

『ヘンリー、人を癒す―心の扉を開けるセラピー犬』　山本央子著　ビイング・ネット・プレス，星雲社〔発売〕　2007.11　277p　19cm　1600円　①978-4-434-11147-1
内容　シェルター（飼い主のいない動物の収容所）に保護されていた野良犬と、ニューヨークで暮らす日本人女性との出会い。厳しいしつけと不服従、公園での批判や孤立。苦しくつらい道を経て、ヘンリーを誰からも愛される犬に育て上げる著者。思いもよらずセラピー犬へと成長したヘンリーとともにはじめたボランティア活動が、さまざまな出会い、人間の心が作り出す可能性、動物の存在がもたらす恩恵のすばらしさを、教えてくれる。

『わたし、獣医になります！―アメリカ動物病院記』　井上夕香著　ポプラ社　2007.11　142p　19cm　（ポプラ社ノンフィクション　1）　1200円　①978-4-591-09986-5
内容　獣医になる修行はたいへんだったけれどがんばってよかった。動物たちを助けたいと願い、アメリカで獣医になった少女。つとめた動物病院には、たくさんの物語がありました。

『福祉ボランティア論』　三本松政之，朝倉美江編　有斐閣　2007.9　271p　19cm　（有斐閣アルマ　basic）〈文献あり〉　1800円　①978-4-641-12332-8　Ⓝ369.14
内容　いまあらためて福祉ボランティアを論じる意味とは何か。さまざまな事例をもとに、人びとのかかわりのなかから生まれてくるボランティアの姿を明らかにする。「つながり」や「公共性」をキーワードとして、現代の多様な福祉ボランティアについて論じた、新しいボランティア論のテキスト。

『ボクをすてないで―こいぬのハッピーから飼い主へのおねがい』　なりゆきわかこ作　ハート出版　2007.7　1冊　21×19cm　1200円　①978-4-89295-562-4
内容　こいぬのハッピーは4人家族の一員となりました。でも、幸せな日々はすぐにおわりました。「わがままな犬」として、すてられることになったのです。

『天使の犬ちろちゃん―みんなに愛され星になった難病の犬』　杏有記作　ハート出版　2007.2　143p　21cm　（ドキュメンタル童話・犬シリーズ）　1200円　①978-4-89295-555-6
内容　ちろは原因不明の病気で、首から上しか動かせない「寝たきり」の犬となった。しかし、その生命力と持ち前の人なつっこさで、みんなに生きる勇気を与え続けた。自らも車いす生活の飼い主や、ボランティアの人々との交流を描く感動の物語！　小学校中学年以上向き。

『命のバトンタッチ―障がいを負った犬・未来』　今西乃子著　岩崎書店　2006.12　143p　21cm　（イワサキ・ノンフィクション　8）　1200円　①4-265-04278-3
内容　右目が切られ、足首のない子犬がとどけられた。はたして、この子の里親は見つかるだろうか…。捨て犬たちを殺処分から救う里親ボランティアの活躍を描く感動のノンフィクション。

『セックスボランティア』　河合香織著　新潮社　2006.11　272p　16cm　（新潮文庫）〈文献あり〉　438円　①4-10-129751-7　Ⓝ369.27
内容　「性」とは生きる根本―。それはたとえ障害者であっても同じことだ。脳性麻痺の男

福祉・介護・医療のための活動　　　　　　　　　　　福祉ボランティア

性を風俗店に連れていく介助者がいる。障害者専門のデリヘルで働く女の子がいる。知的障害者にセックスを教える講師がいる。時に無視され、時に大げさに美化されてきた性の介助について、その最前線で取材を重ねるうちに、見えてきたものとは―。タブーに大胆に切り込んだ、衝撃のルポルタージュ。

『ごみを拾う犬もも子――匹の犬が町を動かした！』　中野英明著　ハート出版　2006.8　142p　21cm　1200円　①4-89295-539-6
内容　雄大な自然を守るため、ごみを拾い続ける住職さんともも子の「二人三脚」。TV「ズームイン！朝」「ポチたま」などマスコミに多数登場したあの犬。ある時は「セラピー犬」として養護施設、少年院、老人ホーム訪問…ごみ拾いだけにとどまらない活躍を描く。第9回「わんマン賞」グランプリ作品。小学校中学年以上向き。

『犬に本を読んであげたことある？』　今西乃子文，浜田一男写真　講談社　2006.6　221p　19cm　1300円　①4-06-213432-2
内容　おちこぼれだった子どもたちが自信にあふれた姿に変わっていく魔法の"R.E.A.D.プログラム"。現在、アメリカ、カナダで1000を超えるボランティアの飼い主と読書介助犬のチームが活躍している。犬に本を読んであげることが、子どもにとってなぜ、これほど大きなことなのか。子どもと、そして、子どもに関わるすべての人に贈る、大きなヒントに満ちた一冊。

『最後のパートナー―盲導犬を引退した犬たち』　西田深雪文，西田章写真　幻冬舎　2006.6　180p　15cm　（幻冬舎文庫）　457円　①4-344-40807-1
内容　「盲導犬をリタイアした犬ならしつけができていて飼いやすいかも」。そんな気楽な理由で始めた引退犬ボランティア。だが出会って数年で死を迎える老犬との暮らしには、介護の苦労や残される者の悲しみなど、すべてを受け入れる覚悟が必要だった…。4頭の引退犬との出会いと別れ、13年の介護の記録。家族の愛情あふれるノンフィクション。

『新しいボランティアへの挑戦―学生による地域貢献活動の可能性　新潟医療福祉大学レクア.コムの実践活動』　丸田秋男監修　新潟　新潟医療福祉大学社会福祉学部子ども家庭研究所　2006.3　106p　21cm　Ⓝ369.14

『園芸福祉ボランティア入門ハンドブック―すべての人が園芸を楽しむために』　園芸療法研究会西日本編　大阪　園芸療法研究会西日本　2006.2　80p　21cm　〈財団法人国際花と緑の博覧会記念協会助成事業〉　952円　①978-4-9904347-0-0　Ⓝ369.14

『ありがとう。ラッキー』　スーザン・マリーノ，デニース・フレイム著，寺尾まち子訳　竹書房　2006.1　206p　19cm　1400円　①4-8124-2503-4
内容　飼い主に捨てられて、ほんとうの「愛」を知った。動物のホスピス"エンジェルズ・ゲート"で残された最後の時間を輝いた動物たち。心がぽっと温まる感動の実話。

『救助犬ベア―9.11ニューヨーク　グラウンド・ゼロの記憶』　スコット・シールズ，ナンシー・M.ウェスト著，吉井知代子訳　金の星社　2005.12　165p　21cm　（ノンフィクション　知られざる世界）　1300円　①4-323-06080-7
内容　アメリカ・ニューヨーク。9.11同時多発テロによる世界貿易センタービルの倒壊現場で、消防士たちはベアを求めてさけんだ。瓦礫の下に生きうめになった人々を捜すには、その時、ベアの鼻だけが頼りだった。9.11ニューヨーク同時多発テロの現場に最初に到着した救助犬・ベアと人との強い絆の物語。

『リタイア―盲導犬の老いを見つめて』　郡司ななえ著　ハート出版　2005.7　255p　19cm　1200円　①4-89295-518-3
内容　犬たちの幸せって、何でしょう。私たち人間の幸せって、何でしょう。ベストセラー『ベルナのしっぽ』の著者が贈る、涙と感動の盲導犬ストーリー。

『明るい笑顔もとめて―少年警察ボランティア活動事例集』　全国少年補導員協会編　全国少年補導員協会　2005.5　174p　21cm　Ⓝ327.85

『3日の命を救われた犬ウルフ―殺処分の運命からアイドルになった白いハスキー』　ハート出版　2005.5　140p

ヤングアダルトの本 ボランティア・国際協力への理解を深める2000冊　155

21cm （ドキュメンタル童話・犬シリーズ）1200円　Ⓘ4-89295-515-9
内容　全国の動物管理センター（保護センター）には毎日，"処分"される運命の「命」が運ばれてきます。きょうもまた，白いハスキーの子犬が…みんなもいっしょに考えてほしい，命のゆくえを…現実をみつめ，涙ながら書き上げた，著者渾身のルポルタージュ。小学校中学年以上向き。

『いのちの電話—絶望の淵で見た希望の光』　ダイアン・アッカーマン著，二階堂行彦訳　清流出版　2004.12　276p　20cm　2000円　Ⓘ4-86029-105-0　Ⓝ146.8
内容　かけがえのない命を救うため，奮闘する電話相談員たちの日々とは…!? 麻薬・ドラッグ常習者，ベトナム戦争の後遺症に悩む人，虐待の被害者，自殺志願者，うつ病・脅迫神経症患者，性的倒錯者等からの切迫した電話。

『自殺する私をどうか止めて』　西原由記子著　角川書店　2003.12　196p　19cm　1300円　Ⓘ4-04-883859-8
内容　一人の青年の死をきっかけに，死にたい気持ちを抑えられない人や遺族からの相談を受けるボランティア団体・自殺防止センターを設立した著者は，二十五年間にわたり相談者たちの苦しい胸のうちに耳を傾けてきた。「自殺者三万人時代」といわれる今，自殺防止と遺族のケアの重要性を訴える。

『手話ボランティア入門—中井貴惠さんと一緒に学ぼう！』　谷千春手話指導，中井貴惠著　旬報社　2003.5　158p　21cm　（朝日カルチャーセンター講座シリーズ 13）〈折り込1枚〉1500円　Ⓘ4-8451-0807-0　Ⓝ378.28
内容　中井貴惠さんと一緒に学ぼう！手話を身につけてはじめよう，ボランティア。

『病気の人といっしょに』　高原綾子，田中ひろし著，こどもくらぶ編　岩崎書店　2003.3　47p　29cm　（福祉ボランティア　体験しよう！発見しよう！　3）3000円　Ⓘ4-265-05163-3　Ⓝ498.16
目次　1 きみ自身の経験から，かんがえよう（きみが病気をしたとき，なにがつらかったですか？　うれしかったことはなんですか？，きみや家族が入院したことはありますか？，

病人は，だれが見てもすぐ病人とわかるものでしょうか？　ほか），2 病気の人の声をきこう。まちも見なおしてみよう（話をききましょう，まちを自分の目でたしかめてみましょう，病気の人のためのくふうを見てみましょう　ほか），3 きみにもできるボランティア活動（はげましの手紙を書いてみましょう，お見舞いのマナーを身につけましょう，こころの病気について理解しましょう　ほか）

『もっと調べよう福祉ボランティア』　田中ひろし著，こどもくらぶ編　岩崎書店　2003.3　47p　29cm　（福祉ボランティア　体験しよう！発見しよう！　5）3000円　Ⓘ4-265-05165-0　Ⓝ369.14
目次　1 福祉ボランティアをかんがえるための役立ち情報（かならず理解しておきたい7つのキーワード，「障害者福祉」をかんがえるための役立ち情報，「高齢者福祉」をかんがえるための役立ち情報　ほか），2 福祉ボランティアについて，もっと調べてみよう（点字について調べましょう，盲導犬について調べましょう，身体障害者補助犬って知っていますか？　ほか），3 福祉ボランティアに役立つリスト（社会福祉協議会はなにするところ？，国際交流協会はなにするところ？，福祉ボランティアカレンダー）

『ひと目でわかる実用手話辞典』　NPO手話技能検定協会監修　新星出版社　2002.9　591p　21cm　2000円　Ⓘ4-405-05087-2
内容　掲載日本手話約3000語。ひと目でわかるイラスト＋手話を語源から解説→一度覚えたら忘れない。手話技能検定試験に対応。常用語にはASL（アメリカ手話）付。

『2本足の犬次朗—セラピー犬にチャレンジ！』　桑原崇寿作　ハート出版　2002.8　159p　21cm　（ドキュメンタル童話・犬シリーズ）1200円　Ⓘ4-89295-272-9
内容　「電車にひかれた犬がいる」という知らせで現場にかけつけると，畑の中を走る線路のわきに，後ろ足から血を流している犬がうずくまっていました。…犬はピクッと少しだけ体を動かし，驚いたようにハッと目を見開いたものの，すぐに力なく口でハァハァと大きな息をしました。…犬には首輪がしてありました。この話は前足だけで一生懸命に生き，勇気を与え続ける感動実話。小学校中学年以

上向き。

『福祉・ボランティアの学習テキスト 第1学年』 向山洋一監修, 甲本卓司編著 明治図書出版 2002.4 107p 22cm (総合的学習の教科書シリーズ 1) 1460円 Ⓘ4-18-512127-X Ⓝ375

目次 第1章 点字の授業, 第2章 手話の授業, 第3章 体の不自由な人を理解する授業, 第4章 お年寄りを理解する授業, 第5章 総合的学習等でのボランティア学習, 第6章 教材・教具の紹介

『福祉・ボランティアの学習テキスト 第2学年』 向山洋一監修, 甲本卓司編著 明治図書出版 2002.4 111p 22cm (総合的学習の教科書シリーズ 2) 1500円 Ⓘ4-18-512221-7 Ⓝ375

目次 第1章 点字の授業, 第2章 手話の授業, 第3章 体の不自由な人を理解する授業, 第4章 お年寄りを理解する授業, 第5章 総合的学習等でのボランティア学習, 第6章 教材・教具の紹介

『福祉・ボランティアの学習テキスト 第3学年』 向山洋一監修, 甲本卓司編著 明治図書出版 2002.4 111p 22cm (総合的学習の教科書シリーズ 3) 1500円 Ⓘ4-18-512325-6 Ⓝ375

目次 第1章 点字の授業, 第2章 手話の授業, 第3章 体の不自由な人を理解する授業, 第4章 お年寄りを理解する授業, 第5章 総合的学習等でのボランティア学習, 第6章 教材・教具の紹介

『福祉・ボランティアの学習テキスト 第4学年』 向山洋一監修, 甲本卓司編著 明治図書出版 2002.4 109p 22cm (総合的学習の教科書シリーズ 4) 1460円 Ⓘ4-18-512429-5 Ⓝ375

目次 第1章 点字の授業, 第2章 手話の授業, 第3章 体の不自由な人を理解する授業, 第4章 お年寄りを理解する授業, 第5章 総合的学習等でのボランティア学習, 第6章 教材・教具の紹介

『福祉・ボランティアの学習テキスト 第5学年』 向山洋一監修, 甲本卓司編著 明治図書出版 2002.4 107p 22cm (総合的学習の教科書シリーズ 5) 1400円 Ⓘ4-18-512518-6 Ⓝ375

目次 第1章 点字の授業, 第2章 手話の授業, 第3章 体の不自由な人を理解する授業, 第4章 お年寄りを理解する授業, 第5章 総合的学習等でのボランティア学習, 第6章 教材・教具の紹介

『福祉・ボランティアの学習テキスト 第6学年』 向山洋一監修, 甲本卓司編著 明治図書出版 2002.4 114p 22cm (総合的学習の教科書シリーズ 6) 1500円 Ⓘ4-18-512612-3 Ⓝ375

目次 第1章 点字の授業, 第2章 手話の授業, 第3章 体の不自由な人を理解する授業, 第4章 お年寄りを理解する授業, 第5章 総合的学習等でのボランティア学習, 第6章 教材・教具の紹介

『福祉・ボランティアの学習テキスト 中学校』 向山洋一監修, 甲本卓司編著 明治図書出版 2002.4 109p 22cm (総合的学習の教科書シリーズ 7) 1400円 Ⓘ4-18-512716-2 Ⓝ375

目次 第1章 点字の授業, 第2章 体の不自由な人を理解する授業, 第3章 手話の授業, 第4章 お年寄りを理解する授業, 第5章 中学校はこう変わる, 第6章 ボランティア教育年間カリキュラム

『福祉・ボランティアの学習テキスト 集会・クラブ活動』 向山洋一監修, 甲本卓司編著 明治図書出版 2002.4 108p 22cm (総合的学習の教科書シリーズ 8) 1460円 Ⓘ4-18-512810-X Ⓝ375

目次 第1章 ボランティア集会(ボランティアクイズ(ワンポイントセミナー)でミニ集会, 障害のある人を招いての集会―子どもの心が癒される集会は, ネットワーク作りから ほか), 第2章 ボランティア・クラブ(思う存分ボランティア, 少人数校でのボランティア・クラブ ほか), 第3章 JVEテキスト(「学習点字ペン」演習テキスト, 手話はコミュニケーションの手段―手話テキスト ほか), 第4章 総合的学習等でのボランティア学習(21世紀を生き抜くボランティア学習, 準備期間のボランティア学習 ほか)

『お年よりと楽しく』 学習研究社 2002.3 47p 27cm (学校ボランティア活動・奉仕活動の本 3) 2700円 Ⓘ4-05-201539-8

目次 実践編(毎日交代で放課後のボランティ

ア，動物を通し老人ホームと交流，ゲームやダンスでふれあい，里孫交流で笑顔いっぱいほか），資料編（お年よりとの楽しい接し方，老人ホームでのボランティア活動のヒント，お年よりとの話題の選び方，暮らしのお手伝いのヒント　ほか）

『犬と仕事しよう』　天野りんこ著　WAVE出版　2001.10　207p　19cm　1200円　Ⓣ4-87290-112-6

内容　ペットシッター、訓練士、犬OKのカフェオーナー、ペット探偵、愛犬雑誌編集者、グッズショップのオーナー、カメラマンほか犬に関する仕事完全紹介。

『ひとりで悩まずに…いのちの電話』　樋口和彦監修，斎藤友紀雄，平田眞貴子責任編集　立川　ほんの森出版　2001.10　206p　19cm〈文献あり〉　1600円　Ⓣ4-938874-26-1　Ⓝ146.8

目次　第1章　いのちの電話の一年―いのちの電話事務局からのレポート，第2章　いのちの電話はどのようにして生まれたのか―いのちの電話のルーツとその発展，第3章　こころの危機を支えるいのちの電話，第4章　どのような相談が訴えられるのか，第5章　電話相談員になるにはどうしたらよいか―電話相談員の募集と研修，第6章　電話相談員の成長と倫理，第7章　二一世紀の社会といのちの電話―いのちの電話の社会的位置付け

『はじめようボランティア活動―福祉・人権』　坂本辰男監修，佐瀬順一著，こどもくらぶ編　ポプラ社　2001.4　55p　29cm　（中学生のための「総合」アイデアbook 3）　3000円　Ⓣ4-591-06746-7

内容　「問題解決」のための情報とテクニックが満載！中学生ならではのテーマを選りすぐり、今すぐ実践に活用できる学習課題を多数提案。先進的な学校のすぐれた実践例やくわしい資料集など、主体的に学習をすすめる上でのヒントが充実したシリーズ。本巻では、差別のない、一人ひとりの人権が尊重され、おたがいに助け合える社会を作るためにはどうすればいいのかを考えます。

『少年事件・附添人日記―更生を支える人々の役割と素顔』　名古屋弁護士会子どもの権利特別委員会編　民事法研究会　2001.3　247p　21cm　2300円　Ⓣ4-89628-086-5　Ⓝ327.8

内容　少年の弁護・更生にかかわる附添人のケースブック！実体験を通して附添人の役割・活動の指針を考える！子供たちとどう向き合い、どこに解決の糸口を見出していくのか、父母・教師らが共に考える書。

『大学ノートテイク入門―聴覚障害学生をサポートする』　吉川あゆみほか著　名古屋　人間社　2001.3　180p　21cm　952円　Ⓣ4-931388-24-8　Ⓝ378.28

内容　我が国の教育機関において、聴覚障害学生を対象とする講義のサポートは確立されていません。公的な制度はなく、それぞれの機関ごとに、ある時はボランティアにゆだねられ、ある時は一定の条件のもと学内制度が設けられているにすぎません。また、サポート方法も各自の工夫にゆだねられてきました。しかし近年、ようやくサポートの必要性について教育機関でも意識改革が進みつつあり、一定のルールを設けると同時に、サポート体制を模索する動きが見られます。本書はそれらのニーズに応える、ノートテイカー及び関係者のための入門書です。

『病院が変わるボランティアが変える―東大病院代表ボランティア・コーディネーターからの報告』　渡邊一雄編著　はる書房　2001.2　302p　21cm　1700円　Ⓣ4-89984-014-4　Ⓝ498.16

内容　『ボランティアは人を変える、社会を変える。』ボランティアの『基本』は、いつでも、どこでも、だれもが、お互いのため、楽しく喜びを分かち合って、行うことです。"東大病院にこにこボランティア"では、そうしたボランティアとしてのマナーを、「にこにこ」ということばに託しています。ボランティアの存在が、どのようにして東大病院を変えていったのか、またボランティア・コーディネーターが果たした役割とは何か―。本書には、ボランティアの可能性と魅力を引き出すための、知恵と体験がいっぱいつまっています。

『ヘレン・ケラー―三重苦をのりこえた奇跡の人』　八木理英画，柳川創造作，東京ヘレン・ケラー協会監修　コミックス，講談社　2000.11　159p　19cm（講談社学習コミック―アトムポケット人物館　2）　660円　Ⓣ4-06-271802-2

内容　目と耳と口の不自由を克服し、障害をもつ人も、もたない人もあたりまえの生活をす

福祉・介護・医療のための活動　　　　　　　　　　　　　　　　福祉ボランティア

ること（ノーマライゼーション）をだれよりも願ったヘレン・ケラー女史。戦争や人種差別にも反対し、世界の人々の心に夢と希望を与えつづけた女史の精神はいまも強く生きています。女史は3度、日本を訪れています。3回目の1955年（昭和30年）には、東京ヘレン・ケラー協会を訪れ、併設のヘレン・ケラー学院の生徒たちの『幸福の青い鳥』の合唱にタクトを振るなど、肌を通して触れ合いました。その強く暖かな精神は、いまも学園の支えとなって息づいています。21世紀を担う子供たちにしっかりともってもらいたいのが、女史の自立の精神です。その手助けとなる本が『アトムポケット人物館ヘレン・ケラー』として刊行されました。愛に満ちたヘレン・ケラー女史の生涯が、明るく、キメ細かく見事にイメージ化されています。小学校3年生～中学生。

『たとえ病むとも』　重兼芳子著　岩波書店　2000.10　194p　15cm　（岩波現代文庫）　800円　①4-00-603023-1
[内容]　自分の命が残り少ないと知った時、人は限られた日々をどう過ごそうとするのか、はたして自分の死をイメージできるのだろうか。芥川賞受賞の主婦作家として旺盛な執筆活動と、ホスピスボランティアを続けていた著者は、がんの告知を受け、この問いに直面する。さらに大手術直後にもたらされたものは夫の訃報であった…。繊細かつ豊かな感性で綴る2年半の闘病記録。絶筆。

『視覚障害被災者とボランティア―ハピーからの伝言』　阪神大震災視覚障害被災者支援対策本部編　オンディマンド版大活字　2000.7　317p　26cm　（大活字文庫 5）〈原本：1996年刊〉3107円　①4-925053-48-5　Ⓝ369.31

『ボランティアのための福祉心理学』　藤野信行著　日本放送出版協会　2000.5　174p　19cm　1300円　①4-14-080511-0　Ⓝ369.16
[内容]　相手の心を尊重するボランティアってなんだろう？　福祉サークルや講習会等で活躍する心理学者が、老人、子ども、障害児・者の心を大切にした真の援助のあり方を、分かりやすく解説。ボランティアをしたい人・している人必読の入門書。

『盲導犬ボランティア物語―林先生と子どもたちの奮闘記』　長谷島妙子著　ポプラ社　2000.5　190p　22cm　（ポプラ元気ノンフィクション 6）980円　①4-591-06461-1
[内容]　募金やアルミ缶をあつめて盲導犬の子犬を中部盲導犬協会に毎年贈りつづける子どもたちの物語。

『健康・福祉・ボランティアを体験』　横山正著　金の星社　2000.3　47p　28cm（総合的な学習のテーマがみつかるアイデア新聞 4）2800円　①4-323-06454-3
[内容]　この本は、総合的な学習の時間に、おもしろいテーマをみつけて、アイデアいっぱいの研究をしてもらうための本です。あなたの大好きなこと、ふだん何となく気になっていること、ちょっとした疑問をテーマにして、研究をすすめるヒントがたくさんつまっています。ひとつのテーマごとに読みやすく、「新聞」の形でまとめました。

『みんなでできる福祉のための体験をしよう―車いす・アイマスク体験・ボランティア』　金子美智雄監修，ヴィップス編　ほるぷ出版　2000.3　39p　31cm（テーマ発見！　総合学習体験ブック）〈索引あり〉2800円　①4-593-57303-3
[内容]　本書では、健康と福祉をテーマに取りあげています。まず、お年寄りやさまざまなハンデキャップをもつ人の不自由さを実体験し、それを通じてハンディキャップをもつことはけっして特別なことではなく、だれにも関わりがあることを理解し、それを克服するための方法について学びます。そして、こうした人びととの交流や、ボランティア活動への取りくみについて考えます。

『新「福祉とボランティア」の授業のすすめ方』　高野利雄著　筒井書房　2000.2　151p　26cm〈「「福祉とボランティア」の授業のすすめ方」（1993年刊）の増訂〉1800円　①4-88720-265-2　Ⓝ375
[内容]　本書の「福祉とボランティア」の授業展開と授業記録は、立教中学校の選修教科（＝選科）での実践を整理し、1993年に刊行した「『福祉とボランティア』の授業のすすめ方」に手を加えたものである。教科では生活科・社会科・公民科・理科・家庭科・道徳など、また、特別活動や「総合的な学習の時間」を対象としている。

『福祉とボランティア』　宮川八岐監修

PHP研究所　1999.9　47p　27cm　（体験活動・クラブ活動・部活動の本　第2巻）〈索引あり〉2500円　Ⓣ4-569-68192-1

内容　本書は、全国の小・中学校の中から、ユニークで活発な活動をしているクラブや部、学校活動などをたくさん紹介しています。全国の数多くの友だちが、自分の活動に意義を見いだし、懸命にとりくんでいる様子を、豊富な写真とともに具体的に描いています。

『ふれあいボランティア—障害をもつ子どもの幸せを願う』　今野和夫，秋田すずめの会編　学苑社　1999.7　301p　19cm　2200円　Ⓣ4-7614-9903-6　Ⓝ378.04

内容　子育てにせよボランティアにせよ、それらは、する側がされる側に一方的に何かを与えるという関係ではなく、常にお互いにパワーや影響を与えあっていくという、双方向的な共同体験に他ならない。本書では、障害をもつ子の子育てやきょうだいとの関係、子どもや家族、学生の交流を織りまぜながら、ボランティアの醍醐味が生き生きと描かれていく。

『手話・点字によるボランティア—情報・資料編』　新谷弘子監修　文研出版　1999.3　55p　27cm　（わたしたちにもできるこれからのボランティア 5）〈付属資料：1枚　索引あり〉3200円　Ⓣ4-580-81229-8

目次　1章 手話を使ったボランティア，2章 点字を使ったボランティア，3章 ボランティア情報

『がんばれわたしのアリエル—もうどう犬をそだてる』　七尾純文，渡辺あきお絵　学習研究社　1997.2　31p　27cm　（ボランティアふれあいのえほん 2）　1648円　Ⓣ4-05-500270-X

『手でお話しうれしいな—手話をみんなで学ぶ』　七尾純文，藤本四郎絵　学習研究社　1997.2　31p　27cm　（ボランティアふれあいのえほん 10）1648円　Ⓣ4-05-500278-5

『ボランティアしあおうよ—車イスのぼくから君へ』　松兼功著，渡辺則子絵　岩崎書店　1997.2　78p　22cm　（おとなになるまえに 8）　1300円　Ⓣ4-265-03828-X

内容　ボランティアって、何ですか？ ボランティアの「心」って？ まわりの人たちや社会全体に役立つことだろう。そんな中でボランティアしている人自身の喜びや、生きがいもうまれてくるものさ。だから、ボランティアって「世のため、人のため、自分のため」なんだ。ボランティアって、決して一方的なものでなく、お互いのやさしさ、知恵と情熱さえあれば、その上、自分のできることを生かせばいいのさ。きっと、胸がワクワクする新しい世界が待っているよ。

『みんなでのぼろう日本一高いところ—車いすといっしょに富士登山』　松美里枝子文，夏目尚吾絵　学習研究社　1997.2　31p　27cm　（ボランティアふれあいのえほん 1）　1648円　Ⓣ4-05-500269-6

『ちょっとそこまでスリランカ—楽天保母の障害児ボランティア日記』　桜井ひろ子著　ひとなる書房　1996.12　222p　19cm　1650円　Ⓣ4-938536-99-4　Ⓝ369.49

目次　私も卒園します，ひとりよがりのスリランカ，エアポート，アーユーボーワン，ホラ見てごらん，施設，マイトゥリー，マイトゥリーの子どもたち，私の一日，アリヤートリップ（象遠足）〔ほか〕

『点字であそぼう—はじめてのボランティア』　田中ひろし企画・著，二宮祐子編　同友館　1996.7　66p　21cm　（はじめてのボランティア）〈付（点字ペン2本）ホルダー入(28cm)〉1200円　Ⓣ4-496-02404-7

目次　1 形をおぼえよう，2 読んでみよう，3 書いてみよう，4 文を書いてみよう，もっと点字のことを知ろう（盲学校のお友だちの学校訪問，点訳ボランティアの仕事，こんな点字マーク知ってた？，おとなの人へ），点字ペンの使い方，点字であそぼう

《保育とNPO》

『わたしたちの社会貢献の学びと実践—学生と地域をつなぐ子育て支援』　塚本美知子，藪中征代編著　萌文書林　2015.5　120p　26cm　2000円　Ⓣ978-4-89347-218-2　Ⓝ369.4

『家族をこえる子育て―棄児・離婚・DV・非行…を救うセーフティネット』 渥美雅子編著 工作舎 2014.2 219p 19cm 1400円 ①978-4-87502-455-2

［内容］本書は、文部科学省の「地（知）の拠点整備事業（Center of Community）」の採択を背景に、地域貢献の学びにふさわしいテキストとして構成している。保育を巡る社会状況が大きく動いている今、「わたしたちにできる社会貢献」とは何か。読者が自ら考え、実践する力を養うための一冊。

『家族をこえる子育て―棄児・離婚・DV・非行…を救うセーフティネット』 渥美雅子編著 工作舎 2014.2 219p 19cm 1400円 ①978-4-87502-455-2

［内容］こうのとりのゆりかご・里子・養子・未成年後見・シェルター・面会交流・被害者加害者の対話…家族問題研究会30年の成果。

『ジョディ、傷つけられた子―里親キャシー・グラスの手記』 キャシー・グラス著, 塩川亜咲子訳 中央公論新社 2013.11 315p 20cm 2200円 ①978-4-12-004532-5 Ⓝ369.43

［内容］彼女はめちゃめちゃに壊された―未曽有の虐待を受けた8歳女児とベテラン里親…苦悩と希望の物語。

『子ども白書―特集 いのちの輝きを守るために いじめ・体罰・自殺につながる暴力性を克服する 2013 「子どもを大切にする国」をめざして』 日本子どもを守る会編 本の泉社 2013.8 239p 26cm 2000円 ①978-4-7807-1116-5

［目次］特集 いのちの輝きを守るために―いじめ・体罰・自殺につながる暴力性を克服する（尾木ママからのメッセージ―いじめのない人間関係と自尊心を育てるために, 自他への暴力としてのいじめ・体罰・自殺 ほか）, ことしの子ども最前線（安倍政権の再登場と教育のゆくえ, 子ども・子育て支援新制度で保育はどうなるのか？ ほか）, 東日本大震災後を生きる子どもたち（被災地の子どもからの発信, 震災後の子どもの生活と課題 ほか）, 子どもをめぐるこの1年（子どものいのちと健康この1年, 子どもと医療この1年 ほか）

『子どもたちとつくる貧困とひとりぼっちのないまち』 山科醍醐こどものひろば編, 幸重忠孝, 村井琢哉著 京都 かもがわ出版 2013.7 109p 19×15cm 1200円 ①978-4-7803-0582-1

［内容］NPOが取り組むはじめての子どもの貧困対策。

『生活を創る子どもたちを支えて―社会的養護を支援するNPO法人「こどもサポートネットあいち」の5年間』 長谷川眞人, 伊藤貴啓, 吉村譲, 吉村美由紀編集代表 福村出版 2013.6 251p 21cm 1800円 ①978-4-571-42050-4 Ⓝ369.43

［内容］こどもサポートネットあいちの5年間の活動のあゆみから、社会的養護の今と展望を考える。

『志高くWORK HARDでがんばらなあかん―玉井義臣―あしなが運動のすべてを語る』 メディアウオッチ100編 同時代社 2012.9 142p 21cm〈年譜あり〉700円 ①978-4-88683-730-1 Ⓝ373.4

［目次］序章 利己的ではなく利他的であることが力になっている, 第1章 アフリカ遺児教育支援100年構想を語る, 第2章 あしなが運動半世紀の真相を語る, 第3章 東日本大震災発生 津波遺児のために集まった80億円, 第4章 私の「玉井義臣論」, 終章 私の夢、私の決意

『東ティモールの現場から―子どもと平和構築』 久木田純著 木楽舎 2012.3 295p 18cm（ソトコト新書 10）〈他言語標題：From the Field of East Timor〉 762円 ①978-4-86324-050-6 Ⓝ369.4

［内容］ある国連職員の東ティモールでの仕事と生活。

『ファミリーグループ・カンファレンス入門―子ども虐待における「家族」が主役の支援』 林浩康, 鈴木浩之編著, 佐藤和宏, 妹尾洋之, 新納拓爾, 根本顕著 明石書店 2011.12 202p 21cm 2500円 ①978-4-7503-3502-5 Ⓝ369.4

［目次］第1部 ファミリーグループ・カンファレンスと親族里親（ファミリーグループ・カンファレンスの基本的理解, 諸外国における親族里親の評価と日本への示唆）, 第2部 日本におけるファミリーグループ・カンファレンスの実践（児童相談所におけるファミリーグループ・カンファレンスの実際, 事例から考えるファミリーグループ・カンファレンス）

『日弁連子どもの貧困レポート―弁護士が歩いて書いた報告書』 日本弁護士連合会第53回人権擁護大会シンポジウム第1

分科会実行委員会編　明石書店　2011.10　286p　21cm　2400円　Ⓘ978-4-7503-3469-1　Ⓝ369.4

[目次]第1章 貧困の中に生きる子どもたち（実態）（総論：貧困の中にいる子どもの増大，親世代の貧困の拡大 ほか），第2章 なぜ子どもの貧困が拡大するのか？（要因）（総論，労働：不安定・低賃金労働の拡大 ほか），第3章 外国における子どもの貧困と対策（国際比較）（イギリス，フィンランド ほか），第4章 子どもの貧困をなくすために（提言）（総論，各論），資料編（日本弁護士連合会第53回人権擁護大会決議，現在の取り組み状況）

『オトタケ先生の3つの授業』　乙武洋匡作，下平けーすけ絵　講談社　2011.7　171p　21cm　1300円　Ⓘ978-4-06-217070-3　Ⓝ913.6

[内容]『五体不満足』の乙武洋匡さんは，2010年3月までの3年間，東京都内の小学校で，先生として教壇に立っていました。この本は，乙武さんが教室で実際に行った，乙武さんならではの授業をもとにした，小学校中〜高学年向けの楽しい読みものです。小学中級から。

『子どもに規範意識を身につけさせよう—次代を担う少年の育成のために　少年問題シンポジウム』　全国少年警察ボランティア協会編　全国少年警察ボランティア協会　2011.3　145p　21cm　（全少協少年研究叢書 22）〈会期・会場：平成22年11月17日　日本消防会館ニッショーホール〉Ⓝ367.68

[目次]基調講演：身につけさせよう規範意識（石堂常世述）

『子どもの社会的養護—出会いと希望のかけはし』　望月彰編著　改訂　建帛社　2010.12　190p　21cm　（シードブック）〈執筆：芦田麗子ほか　索引あり〉1900円　Ⓘ978-4-7679-3272-9　Ⓝ369.43

[目次]子どもの社会的養護，日本における社会的養護のしくみ，社会的養護に携わる専門職，家庭支援の理論と実践，家庭的養護の理念と里親制度，乳幼児の生命と健やかな育ちの保障，児童養護施設の歴史と自立支援，非行のある子どもの自立支援，情緒障がいのある子どもの社会的養護，知的・身体的障がいのある子どもの社会的養護，児童養護施設における子どもの権利擁護，当事者から見た日本の社会的養護

『虐待・非行・発達障害困難を抱える子どもへの理解と対応—土井ファミリーホームの実践の記録』　土井高徳著　福村出版　2010.7　331p　19cm　1800円　Ⓘ978-4-571-42030-6　Ⓝ369.43

[目次]第1部 土井ホームの子どもたち（生活モデルから生活スキルを学ぶ—"他律の段階"生活訓練と安全な場の保障，言語化を促し支えあいを育む—"社会律の段階"仲間との交流によって社会参加スキルを向上，いつでも帰ってきていいんだよ—"自律の段階"拠り所と居場所の継続的な保障），第2部 子どもの人権とその支援を考える（わが国の子どもと家庭の現状と子ども政策，愛着研究と援助者の課題，日本における深刻な発達上の課題を抱える青少年の社会的自立を支援するケアシステム，子ども支援の現場で求められることへのいくつかの提案）

『家事事件における子どもの地位—『子ども代理人』を考える』　日本弁護士連合会家事法制委員会編著　日本加除出版　2010.4　152p　21cm　1500円　Ⓘ978-4-8178-3861-2　Ⓝ327.4

[目次]第1部 論稿（家事事件における子ども代理人—実務の視点から手続上の「子の最善の利益」を考える，子ども代理人制度の実現に向けて，オーストラリアにおける子どもの独立弁護士（ICL）について），第2部 シンポジウム（家事法制シンポジウム「家事事件における子どもの地位—『子ども代理人』を考える」，シンポジウムを終えて）

『「逐条解説」子どもの権利条約』　喜多明人，森田明美，広沢明，荒牧重人編　日本評論社　2009.12　294p　21cm　2400円　Ⓘ978-4-535-56284-4　Ⓝ316.1

[内容]画期的な条約が採択されて20年，それはどう活かされてきたのか，これからどう活かしていくのか。いじめ，不登校，虐待，体罰，自殺や少年事件の深刻化，子どもの伸びやかな自己形成への支援は，いまだ不十分だ。国連の動向もふまえて，最新の状況を条文ごとに解説する。

『Q&A里親養育を知るための基礎知識』　庄司順一編著　第2版　明石書店　2009.10　271p　19cm　〈文献あり〉2000円　Ⓘ978-4-7503-3067-9　Ⓝ369.43

福祉・介護・医療のための活動　　　　　　　　　　　　　　　　　保育とNPO

[目次] 序章 里親制度を理解するために，第1章 里親制度の現状，第2章 委託とその手続き，第3章 関係機関の役割，第4章 関連団体の活動，第5章 里親養育の基本となる考え方，第6章 里親が出会う子どもの心理的あるいは行動上の問題，第7章 里親・委託された子どもへの研修と支援，第8章 里親養育の実際，資料編

『子ども白書――子どもの権利条約採択20周年・批准15周年のいま　2009　子ども破壊か子どものしあわせ平等か』　日本子どもを守る会編　草土文化　2009.8　226p　26cm　2500円　①978-4-7945-1011-2

[目次] 1 特集・子ども破壊か子どものしあわせ平等か――子どもの権利条約採択20周年・批准15周年のいま（子どもの権利条約の20年と日本の子ども―国連採択20周年・日本批准15周年，子ども観転換の時代を生きる，フィンランドから学ぶ，日本型学力競争の限界とその理由 ほか），2 ことしの子ども最前線（経済危機の中の子どもたち，子どもとケータイ―「青少年ネット規制法」成立の背景とその軌跡，いじめ対応施策の新たな展開―法・条例の中のいじめ被害の位置 ほか），3 子どもの発達と権利保障――データと資料で見るこの1年（子どものいのちと健康，子どもと医療，子どもと家庭 ほか）

『青少年の治療・教育的援助と自立支援――虐待・発達障害・非行など深刻な問題を抱える青少年の治療・教育モデルと実践構造』　土井高徳著　福村出版　2009.8　261p　22cm〈文献あり　索引あり〉　4500円　①978-4-571-42022-1　Ⓝ369.43

[目次] 問題の所在と本研究の目的，第1部 深刻な発達上の課題を抱える青少年の社会的自立に向けての課題（深刻な発達上の課題を持つ青少年の問題，深刻な発達上の課題を抱える青少年への治療・援助モデル，日本における深刻な発達上の課題を抱える青少年の社会的自立を支援する治療・教育実践），第2部 土井ホームにおける深刻な発達上の課題を抱える青少年への治療教育的取組み（土井ホームの概要と実践方針，本ホームの入所少年の類型別，入所理由別の処遇効果，実践研究），まとめと今後の課題

『子どもの遊び・自立と公共空間――「安全・安心」のまちづくりを見直すイギリスからのレポート』　ギル・ヴァレンタイン著，久保健太訳，汐見稔幸監修　明石書店　2009.5　248p　19cm〈文献あり　索引あり〉　2400円　①978-4-7503-2975-8　Ⓝ367.633

[内容] 大人にとって子どもや若者は守るべき未熟な存在であり，一方で，街の秩序を乱し脅威を生む管理すべき存在と見なされている。筆者ギル・ヴァレンタインは，子ども地理学の視座から，街路や公園などの公共空間における現代の子ども・若者の立場を，家族と子育ての文化を交えて分析し，地域政治への子どもの参画を提言する。子どもの安全・安心を過剰に確保しようとするあまり，公共空間での保護と排除が同時進行する「リスク社会」日本への，まちづくりと子ども・若者参画の先進国イギリスからの警鐘。

『子どもの声に耳をすませば――電話でつくる〈心の居場所〉』　チャイルドライン支援センター編　岩波書店　2009.5　69p　21cm　（岩波ブックレット　no.755）　480円　①978-4-00-009455-9　Ⓝ367.61

[内容] 子どもの話に耳を傾ける電話「チャイルドライン」。年間10万件以上も寄せられる声からは，窮屈な競争社会に置かれた子どもたちの生きづらさがうかがえる。いま大人，社会は子どもをどう育むべきか。子どもの声をもとに考える。

『70人の子どもの母になって――お寺ではじめた里親生活』　伊東波津美著　京都法藏館　2009.5　110p　19cm　1200円　①978-4-8318-8967-6　Ⓝ369.43

『里親が知っておきたい36の知識――法律から子育ての悩みまで』　2009年度改訂版　神戸　家庭養護促進協会神戸事務所　2009.4　156p　21cm〈神戸エピック（発売）〉　952円　①978-4-89985-124-0　Ⓝ369.43

『子どもの参加を促すガイド』　教育協力NGOネットワーク　2009.3　82p　21cm〈平成20年度文部科学省「国際協力イニシアティブ」教育協力拠点形成事業〉　Ⓝ369.4

『わたしたち里親家族！――あなたに会えてよかった』　坂本洋子編，東京養育家庭の会みどり支部監修　明石書店　2008.

ヤングアダルトの本　ボランティア・国際協力への理解を深める2000冊

12　269p　19cm　1400円　Ⓘ978-4-7503-2900-0　Ⓝ369.43

|目次| 1 それぞれの家族13の里親物語(ゆっくりと「子育て」を楽しみたい，「必要とされている」ことをかみしめて，「里親」という生き方 ほか)，2 里親・里子の応援団として(教育現場でできること，FCG(里親・養親ケアグループ)の取り組み，里親さんの関わりは真剣勝負 ほか)，3 里親制度をもっと知るために(里親とは何か，里親になるには？，里親を理解するためのキーワード)

『品川に100人のおばちゃん見〜っけ！―みんなで子育てまちづくり』　丹羽洋子著　ひとなる書房　2008.10　224p　19cm　〈年表あり〉　1500円　Ⓘ978-4-89464-120-4　Ⓝ369.4

|内容| NPO「おばちゃんち」の風にのり人々が出会い、つながり、暮らしが変わりあったか街が甦る。

『世界のフォスターケア―21の国と地域における里親制度』　マシュー・コルトン，マーガレット・ウイリアムズ編，庄司順一監訳　明石書店　2008.9　508p　20cm　(明石ライブラリー 123)　〈文献あり〉　5500円　Ⓘ978-4-7503-2851-5　Ⓝ369.43

|目次| アルゼンチン，オーストラリア，ボツワナ，カナダ，フィンランド，フランス，ドイツ，香港，ハンガリー，インド，アイルランド，イスラエル，イタリア，日本，オランダ，フィリピン，ポーランド，イギリス，アメリカ合衆国，ベネズエラ，ジンバブエ，展望と結論

『病気になってもいっぱい遊びたい―小児病棟に新しい風を！　遊びのボランティア17年』　坂上和子著　あけび書房　2008.8　233p　19cm　1600円　Ⓘ978-4-87154-077-3　Ⓝ369.92

|目次| 1章 がんと闘った盲目の少女―「かなのちゃん通信」から，2章 遊びのボランティア誕生，3章 広がる遊びのボランティア，4章 涙を抱いて―国立がんセンター夜の小児病棟，5章 海外の病院に学ぶ，6章 NPOにかける夢，終章 グリーフケア―悲しみに寄り添って

『神様からの贈り物―里親土井ホームの子どもたち　希望と回復の物語』　土井高徳著　福村出版　2008.5　229p　19cm　1600円　Ⓘ978-4-571-42016-0　Ⓝ369.43

|内容| 子どもたちの心の闇が見えますか！児童虐待・翼を折られた子どもたち―治療的里親のもとで、生きる力を取り戻していく子どもたちの感動の記録。

『遊びのボランティアハンドブック―病気の子どもに輝いた時間を』　病気の子ども支援ネット遊びのボランティア　2008.2　53p　21cm　Ⓝ369.92

『「いじめ」Q&A―子どもの人権を守ろう』　人権実務研究会編著　改訂　ぎょうせい　2007.6　268p　21cm　3000円　Ⓘ978-4-324-08211-9　Ⓝ327.7

|目次| 第1部「いじめ」Q&A(「いじめ」の意義，「いじめ」の現状，「いじめ」の発生原因 ほか)，第2部 子どもたちの訴え―全国中学生人権作文コンテストから(雑草のものは、一人一人の輝きを大切に、大切なものは ほか)，第3部 裁判例にみる「いじめ」の実態と対応(定時制高校4年生の男子生徒が級友から繰り返し乱暴されたのを苦に自殺した事故につき、教師にその予見可能性がなかったとして学校側の責任が否定された事例，小学校4年生の女子児童が放課後学校内で男子児童の「いじめ」によって負傷した事故につき、学校設置者(市)及び加害児童の親の損害賠償責任を認めた事例，「いじめ」により小児神経症を発症した小学校2年生の児童からの損害賠償請求につき、担任教諭に過失が認められなかった事例 ほか)

『真実告知ハンドブック―里親・養親が子どもに話すために』　家庭養護促進協会神戸事務所著　神戸　エピック　2007.4　119p　21cm　(さとおや・養親ブックレット 2)　762円　Ⓘ978-4-89985-137-0　Ⓝ369.43

|目次| 1章 真実告知―告知の意味を考える，2章 こんなとき、こんな場合―告知のためのQ&A，3章 生命のつながり―学校の授業のなかで，4章 養子について話すこと―「イギリスの告知ガイドブック」より，5章 里親が語る告知―里親は子どもにどう伝えたか，6章 子どもが語る告知―子どもは告知をどう受け止めたか，資料

『ひとりにしないよ！「里子」のしあわせ―学校教育の中で育ちあった子どもた

福祉・介護・医療のための活動　　　　　　　　　　　　　　　　保育とNPO

『ちADHD里子・里親の実践記録』　貨泉やす子著　文芸社　2007.2　191p　19cm〈文献あり〉1200円　①978-4-286-01176-9　Ⓝ369.43

|目次| 序章「おかあさん」と呼んでもいいの?（ADHD里子児童の生い立ちと里子になるまで），第1章 もう，ひとりぼっちのぼくじゃない！（子どもの最善の利益），第2章 家族とくらしているよ！（里親との家庭生活），第3章 どうしてぼくはみんなとトラブってしまうのかな？（ADHD児童の学校生活），第4章 学校にもぼくの応援者がいてくれるよ（スクールカウンセラーとのかかわり），第5章 もう，友だちと仲良くできるよ！（社会性獲得の意義），第6章 このまま「おかあさん」と呼びたいけれど…（全体のまとめと考察），終章 課題

『児童館—理論と実践ENCYCLOPEDIA』　児童健全育成推進財団編　児童健全育成推進財団　2007.1　307p　26cm　2381円　①978-4-903795-00-3

|内容| 『児童館』がわかる。財団法人児童健全育成推進財団設立30周年記念出版。「児童健全育成」「児童館」の歴史を振り返り，今後の方向を示唆する初のエンサイクロペディア。子どもの健全育成に関心のあるすべての人に贈ります。児童福祉および健全育成の理論/全国の児童館の活動事例/わが国の児童福祉施策の変遷/児童館の児童福祉法制定から今日までの歩み/児童館運営・管理のヒント/全国の児童館の活動事例/関係法令・通知/児童福祉・児童館関連年表/児童館関係者のエッセイ等を満載。

『その子を，ください。—特別養子縁組で絆をつむぐ医師，17年の記録』　鮫島浩二著　アスペクト　2006.9　173p　19cm　1400円　①4-7572-1236-4

|内容| 特別養子縁組とは，法的に実子と同じ扱いを受けられる制度のこと。さまざまな理由で養子を出す親が存在する一方，何年も養子を待つ多くの夫婦がいる。そのどちらもだれもが真剣で，せつない。ボランティアとして養子縁組の仲介に携わってきた医師が語る，家族の絆のかたち。

『地域で子育て—地域全体で子育て家庭を支えるために』　渡辺顕一郎編著，中橋恵美子，野町文枝，松田美穂共著　川島書店　2006.7　140p　21cm　1571円　①4-7610-0842-3

|内容| 本書は，次世代を担う子どもたちを大切に育んでいくために，子どもと家庭を地域社会全体で支えていくことに主眼を置いている。保育所，児童福祉施設，NPOを拠点として子育て支援に従事する4人の実践者および研究者によって，子育て・子育ちを地域で支える取り組みの方向性や具体的な方法について，実践例を交えながら論じている。地域の子育て支援に携わる可能性のある専門職（保育士，保健師，教員，児童指導員，児童厚生員など）はもとより，NPO活動家やボランティアとして子育てに携わる実践者，さらにはそれらの仕事を志す学生のための基本の書。

『こころの手をつなごうえー—子どもが考える子どもの人権』　赤川次郎監修，アムネスティ・インターナショナル日本編　コモンズ　2006.3　173p　21cm　1800円　①4-86187-021-6　Ⓝ316.1

|内容| アムネスティ・インターナショナル日本「子どもの人権」作文コンクール入選作品とおとなからのメッセージ。

『生きててもいい…？—ひまわりの咲く家』　野口美香著　幻冬舎　2006.2　271p　20cm　1400円　①4-344-01110-4　Ⓝ369.43

|内容| 血の繋がらない親と子が，本当の「家族」になれるのか？ 実の父の暴力によって，家族は崩壊。生後4カ月で天涯孤独に。苛烈な人生を生き抜いてきた元里子が綴る，感動の真実。

『「家族」をつくる—養育里親という生き方』　村田和木著　中央公論新社　2005.12　254p　18cm　（中公新書ラクレ）800円　①4-12-150199-3　Ⓝ369.43

|内容| 児童虐待の急激な増加で，生みの親と暮せない子どもを預かり育てる「里親制度」が見直され始めた。血のつながらない里親子が心を通わせていく様子から，親とは，家族とは何かを考える。

『里親入門—制度・支援の正しい理解と発展のために』　湯沢雍彦編著　京都　ミネルヴァ書房　2005.6　169p　21cm〈文献あり〉2000円　①4-623-04421-1　Ⓝ369.43

ヤングアダルトの本 ボランティア・国際協力への理解を深める2000冊　　165

[内容] 豊富な事例や最新の調査結果で里親制度の実情をおさえ、わかりやすく解説したガイドブック。里親が出会う基本的な疑問や悩みのすべてにこたえ、子どもたちの健やかな養育のために、里親自身・周囲の人たち・支援に携わる機関や国にできることを提案します。これから里親になりたい人、他の里親家庭の様子を知りたい人、関連児童福祉機関で働く人に役立つ一冊です。

『ほんとうにかぞく―このいえに養子にきてよかった』 のぐちふみこ作・絵 明石書店 2005.6 1冊 19×27cm 1800円 ①4-7503-2133-8
[内容] 血がつながっていてもばらばらになる家族もあれば、血はつながっていなくても、長い月日をかけてゆっくりとそしてしっかりと「ほんとうのかぞく」になっていく人びともいる。虐待など困難な状況を生きる子どもたちの社会的養護としての里親や養子縁組問題を考える絵本。

『子供民生委員と市民福祉教育』 阪野貢著 角川学芸出版 2005.5 117p 21cm (中部学院大学シリーズ)〈角川書店(発売)〉 1143円 ①4-04-651595-3 Ⓝ369.17
[内容] 子供と大人の生活と社会において「自立」「共生」「自治」が問われるなかで、「市民福祉教育」の重要性が増している。本書は、かつて徳島県で実践されていた子供民生委員制度にその源を探りながら、市民福祉教育の理念と構造について考察。福祉教育の実践と研究に新機軸を提起する。

『保育園民営化を考える』 汐見稔幸,近藤幹生,普光院亜紀著 岩波書店 2005.5 71p 21cm (岩波ブックレット no.651) 480円 ①4-00-009351-7 Ⓝ369.42
[目次] 第1章 いま民営化をめぐって問われていること, 第2章 元私立保育園長からみた公立保育園の民営化, 第3章 親の立場からみた民営化, 第4章 子どもたちのために何ができるのか

『性の電話―チャイルドラインにおける性の電話を考える』 チャイルドライン支援センター 2005 92p 21cm Ⓝ369.4

『子どもにやさしいまちづくり―自治体子ども施策の現在とこれから』 喜多明人ほか編著 日本評論社 2004.11 255p 21cm 2700円 ①4-535-58415-X Ⓝ369.4
[内容] 国連・子どもの権利条約批准から早10年、深刻化する子どもの人権問題に立ち遅れる国の施策一。自治体現場の取組みはどこまで進んだか。23の事例報告と全国自治体調査による現認報告書。

『ストリートチルドレンを見つめる―子どもの権利と児童労働』 石原尚子著,こどもくらぶ編 ほるぷ出版 2004.10 39p 28cm (できるぞ! NGO活動) 2400円 ①4-593-57901-5 Ⓝ367.6
[内容] ストリートチルドレンってなに? 児童労働はどうしてあるの? 日本の子どもたちの実際の活動をとおして、過酷な状況にある世界の子どもたちを見つめ、支援する方法を考える。

『丘の上の家』 坂本洋子著 幻冬舎 2004.9 208p 20cm 1500円 ①4-344-00687-9 Ⓝ369.43
[内容] 血はつながらない。けれど確かに結ばれている。"親子"の絆が大きな反響を呼んだ『ぶどうの木』から2年。坂本家の7人の子もたちは、こんなに明るく元気に育っていた。19年前"長男"を「施設上がりの子」と差別した人たちのいる場所へ。「リベンジ」を胸に引っ越した「丘の上の家」。そこでは、かつての無理解に変わって、温かいまなざしにあふれたうれしい出会いが待っていた! 親が、信じ、愛し、あきらめないことですべての子どもが自分の花を咲かせていく。里親と里子、感動の軌跡。

『家族を創る―アジアの子たちの里親として』 花崎みさを著 草の根出版会 2004.7 135p 23cm (母と子でみるA39) 2200円 ①4-87648-199-7 Ⓝ369.43
[内容] 本書では里親としてのアジアの子どもたちとの日々を再現している。今、家族の問題が多面的な角度から問われている。家庭の基盤や子育ての機能が弱体化し、崩壊していく家庭も多いなかで、新しく「家族を創る」ことの意義は大きいと思う。この本が「家族」を考える縁となり、新しい家族を創る契機となってくれれば幸いである。

『子どもと福祉文化』　日本福祉文化学会監修，一番ヶ瀬康子，小沼肇編　明石書店　2004.7　253p　19cm　（実践・福祉文化シリーズ　第2巻）2000円　①4-7503-1933-3
[内容] 一九八九（平成元）年に創設した日本福祉文化学会は、社会福祉の現場とともに、福祉文化のボランタリーな市民活動を高めることを務めてきた。本シリーズでは、その実践事例を紹介し、学会員の所見を編集したものである。

『もう、死なせない！―子どもの生きる権利』　桃井和馬著　フレーベル館　2004.7　72p　20×21cm　1500円　①4-577-02866-2
[内容] 『子どもの権利条約』を、知っていますか。子どもたちの保護と権利を守るためにつくられました。しかし、世界には今も悲惨な生活をおくっている子どもたちがたくさんいます。世界の子どもたちの現状をみて、私たちのすんでいる日本は？ ともう一度考えなおしてみてください。本書は「見て」「読んで」「子どもと大人が話し合う」「考える」きっかけになる本です。

『あたたかい「家」がほしい―家庭・家族の権利』　ジーン・ハリソン著，今西大訳，Save the Children監修　鈴木出版　2004.5　31p　28cm　（子どもの権利条約で考える世界の子どもたち 25人の物語）2200円　①4-7902-3136-4　Ⓝ316.1
[目次] 子どもは権利をもって生まれてくる，貧しい子どもにも，あたたかい「家」への権利がある，家があって、ママがいる―イルカちゃんの物語（ブラジル），命をおびやかされる子どもにも，あたたかい「家」への権利がある，戦争で家をうばわれた日々―サランダちゃんの物語（コソボ），親といっしょにくらせない子どもにも，あたたかい「家」への権利がある，お父さんをエイズでなくして―サラちゃんの物語（ウガンダ），ストリートでくらす子どもにも，あたたかい「家」への権利がある，早くここから出て行きたい―ベンジャミンくんの物語（コンゴ民主共和国），働く子どもにも，あたたかい「家」への権利がある，もし、魔法のつえがあったら―アナちゃんの物語（グアテマラ）

『安心してくらしたい―守られる権利』　ジーン・ハリソン著，今西大訳，Save the Children監修　鈴木出版　2004.5　31p　28cm　（子どもの権利条約で考える世界の子どもたち 25人の物語）2200円　①4-7902-3137-2　Ⓝ316.1
[目次] 子どもは権利をもって生まれてくる，貧しくても，安全にくらす権利がある，「いまなら、またなかよくなれる」―クリスティアンくんの物語（コロンビア），働いていても，安全にくらす権利がある，「生きていくには、働くしかないんだ」―アマドゥくんの物語（ブルキナファソ），戦争にまきこまれても，安全にくらす権利がある，兵士になった少年―ジュエイールくんの物語（コンゴ民主共和国），女の子も，安心してくらす権利がある，女の子がこわがらなくてすむ村に―ブミサルちゃんの物語（ネパール），暴力に囲まれていても，安全にくらす権利がある，ギャングからぬけ出して―ローザちゃんの物語（ホンジュラス）

『意見を聞いてほしい―参加する権利』　ニコラ・エドワーズ著，今西大訳，Save the Children監修　鈴木出版　2004.5　31p　28cm　（子どもの権利条約で考える世界の子どもたち 25人の物語）2200円　①4-7902-3138-0　Ⓝ316.1
[目次] 子どもは権利をもって生まれてくる，子どもには、参加する権利がある，子どもだからこそ、できることがある―アリくんの物語（ブルキナファソ），子どもには、自分の将来を決める権利がある，清掃プロジェクトに参加して―ジケくん、ジレスくん、ディエウくんの物語（コンゴ民主共和国），子どもには、意見を表明する権利がある，子どもから世界がかわる―マリア・アレハンドラちゃんの物語（コロンビア），子どもには、意見を聞いてもらう権利がある，おとなといっしょに考える―ディルマーヤちゃんの物語（ネパール），子どもには、自分たち子どもの権利について知る権利がある，子どもの権利はわたしの権利―ベロニカさんの物語（ブラジル）

『元気でいたい―健康への権利』　ケイティー・ダックワース著，今西大訳，Save the Children監修　鈴木出版　2004.5　31p　28cm　（子どもの権利条約で考える世界の子どもたち 25人の物語）2200円　①4-7902-3135-6　Ⓝ316.1

[目次] 子どもは権利をもって生まれてくる，子どもはみんな健康に生活する権利がある，いつの日か，大統領になったら―ハミスくんの物語（ザンジバル），子どもはみなきちんと食べる権利がある，ふるさとに帰る日を願って―ファティーマちゃんの物語（アフガニスタン），子どもはみんな清潔な水を飲む権利がある，村の水がきれいになって―アバネシちゃんの物語（エチオピア），子どもには健康でいるための知識を学ぶ権利がある，お母さんをしあわせにしたい―アナ・カタリーナちゃんの物語（グアテマラ），子どもはみんなエイズから守られる権利がある，母さんの「思い出の本」を胸に―ジリアンちゃんとベルナールくんの物語（ウガンダ）

『子どもの悩み・おとなの悩み―チャイルドラインOsakaファミリー子育てなんでもダイヤル子ども家庭相談室 思春期の悩み相談分析事業報告書』 大阪 子ども情報研究センター 2004.3 42p 30cm 〈緊急地域雇用創出特別基金事業〉 Ⓝ369.4

『またひとり「うちの子」がふえて―里親の私が愛した子どもたち』 キャシー・ハリソン著，古賀祥子訳 早川書房 2004.3 278p 20cm 1700円 Ⓘ4-15-208551-7 Ⓝ369.43
[内容] 関わった大人からことごとく性的虐待を受けてきたサラ，麻薬とアルコールが断てない母親を持つカレン，逆上した親に焼かれて大やけどを負った赤ん坊シャミカ…痛ましい過去と悲しい現実を背負う子どもたちが，つぎつぎとキャシーの家のドアを叩く。虐待され，癒すことのできない心の傷を持つ子どもたちの姿に絶望するキャシー。無力感に苛まれ里親制度の限界に苛立ちながらも，愛される喜びを少しでも子どもたちに分かってもらおうと奮闘する。そんなキャシーの前向きな姿勢に，子どもたちも次第に心を開きはじめるが…13年間で約100人もの里子を預かったベテラン里親の著者が，もっとも印象深い子どもたちとの愛と涙の体験を綴った感動の手記。

『学びたい―教育への権利』 ケイティー・ダックワース著，Save the Children監修，今西大訳 鈴木出版 2004.3 29p 28cm 〈子どもの権利条約で考える世界の子どもたち 25人の物語〉 2200円 Ⓘ4-7902-3134-8 Ⓝ316.1
[目次] 子どもは権利をもって生まれてくる，貧しくても，学ぶ権利がある，学校に行けるだけでいい―ヌンちゃんの物語（ベトナム），働いていても，学ぶ権利がある，あしたはきっといい日になる―ナンシーちゃんの物語（カシミール），障害があっても，学ぶ権利がある，友だちに囲まれて―ナラヤンくんの物語（ネパール），家や家庭がなくても，学ぶ権利がある，ストリートでくらして―ジミーくんの物語（コンゴ民主共和国），緊急事態に見まわれても，学ぶ権利がある，ぼくの学校が消えた―フラムールくんとベティムくんの物語（コソボ）

『遊ぶことだってたいせつな権利』 林量俶，世取山洋介監修，こどもくらぶ編・著 ほるぷ出版 2004.2 39p 29×22cm 〈きみの味方だ！子どもの権利条約 5〉 2400円 Ⓘ4-593-57705-5
[目次] テーマ1 遊び，ゆとりのたいせつさ，テーマ2 ドラッグ，NO！，テーマ3 心もからだも健康に，テーマ4 障害をもつ子どもの権利

『子どもだって社会をかえられる』 林量俶，世取山洋介監修，こどもくらぶ編著，DCI日本支部協力 ほるぷ出版 2004.1 39p 29×22cm 〈きみの味方だ！子どもの権利条約 4〉 2400円 Ⓘ4-593-57704-7
[目次] テーマ1 表現しよう，発信しよう，テーマ2 マスメディアとのつきあいかた，テーマ3 子どもも社会の一員，テーマ4 非行・犯罪から立ちなおるために，テーマ5 だれにでも居場所のある社会を

『子どもにとって家庭ってなに？』 林量俶，世取山洋介監修，こどもくらぶ編・著 ほるぷ出版 2003.11 39p 29×22cm 〈きみの味方だ！子どもの権利条約 2〉 2400円 Ⓘ4-593-57702-0
[内容] 「子どもの権利条約」は，子どもとその家庭をまもるためのさまざまな権利を定めています。それらがめざしているのは，条約の前文のことばをかりれば，すべての子どもが「幸福，愛情および理解のある雰囲気のなかで成長する」ことです。でも，幸福とはどういうことをいうのでしょう？ 世界のなかでみれば，日本の家庭はずいぶんめぐまれてい

福祉・介護・医療のための活動　　　　　　　　　　　　　保育とNPO

す。でも、満ちたりているように見える家庭にも、外からは見えないなやみがあることもあります。逆に、あまりお金がなかったり、両親のどちらかがいなかったりしても、幸福な家庭もあります。家族のひとりひとりが、「ここがわたしの安心できる場所だ」と思えることが、いちばんたいせつなのです。そのためには、それぞれの家庭で、自分たちにとって「安心できる場所」とはどういうところなのかを、みんなで考えることが第一歩です。「子どもの権利条約」を知ることは、そのいい機会になるでしょう。

『フォスターケア―里親制度と里親養育』 庄司順一著　明石書店　2003.10　399p　20cm　（明石ライブラリー　55）　3800円　①4-7503-1793-4　Ⓝ369.43
[内容] 本書は、フォスターケア、すなわち里親養育の現状と課題について論じたものである。「里親養育」を主に取り上げるつもりではあったが、里親養育は、里親制度と密接な関連があり、また、最近、里親制度が大きく変わったので、はじめに予定したよりも里親制度について触れるところが多くなった。本書では、主な読者として、里親、里親になることを希望する人、児童相談所や児童福祉所管課の関係者、児童福祉領域の研究者と学生を想定しているが、施設関係者、保健師、小児科医、小児精神科医、心理士などの方々にも読んでもらいたい。

『ぶどうの木―10人の"わが子"とすごした、里親18年の記録』 坂本洋子著　幻冬舎　2003.10　285p　16cm　（幻冬舎文庫）　533円　①4-344-40443-2　Ⓝ369.43
[内容] 子どもに恵まれず、18年前、里親として初めて"長男"を迎えた著者は、予想もしなかった社会の無理解と差別にぶつかる。やむなく長男を施設に戻さざるをえなくなった時、親子の絆を支えた「ぶどうの木」の聖句。しかし長男は17歳のこの夏、バイク事故で不慮の死を遂げる…。親子とは、人のつながりとは何かを問う、感動のノンフィクション。

『おやこの広場びーのびーの―子育て支援NPO』 びーのびーの編　京都　ミネルヴァ書房　2003.7　249p　21cm　1800円　①4-623-03824-6　Ⓝ369.4
[内容] 親たちが立ち上げた「つどいの広場」から始まる『まちづくり・NPO活動・次世代育成支援』の可能性。駅前商店街の中に、私たちの「ひろば」がある。それは、「親子の居場所」がほしいという思いで私たちが立ち上げた、「0123歳児と親のためのもうひとつの家」である。NPO法人として活動して3年。全国どの町にも「びーのびーの」のような親子のひろばができることを願って、活動をまとめた本。

『子ども白書　2003　新たな公共性と子どもの自己決定』 日本子どもを守る会編　草土文化　2003.7　268p　26cm　2500円　①4-7945-0876-X
[内容] 特集の論文をはじめ、それぞれの項目の報告に「キーワード」をつけ、課題や問題をひと目でつかめるようにしました。キーワードは、なるべく重ならないように配慮するとともに、時代・世相を反映するような用語を付しています。また、「子どもの発達と権利保障・データと資料で見るこの1年」は、「子どもと地球環境」の領域を「子どもと環境」「子どもと世界」の二つに分け、従来の9領域から10領域へと発展させました。

『子どもの声を聴く―めっせーじふろむチャイルドラインOsaka』 山下裕子, 井上寿美, 住友剛編著　明石書店　2003.5　120p　19cm　（はらっぱ叢書　1　子ども情報研究センター編）〈シリーズ責任表示：子ども情報研究センター編〉　1000円　①4-7503-1732-2　Ⓝ369.4
[目次] 1 チャイルドラインってどんなことしているの？, 2 チャイルドラインとは？, 3 悩みに出会う・自分に気づく, 4 受け手が体験する「ゆらぎ」, 5 子どもたちからみたチャイルドラインOSAKA, 6 電話というメディア空間で子どもと出会う, 7 受け手のためのQ&A

『本気で叱って抱きしめて―60人の子どもを育てた里親夫婦』 奥本千絵著　日本放送出版協会　2003.4　235p　20cm　（NHKスペシャルセレクション）　1500円　①4-14-080781-4　Ⓝ369.43
[内容] 28年間の里親生活を喜怒哀楽とともに綴る感動のドキュメント！第37回吉川英治文化賞受賞。第10回坂田記念ジャーナリズム賞受賞。

『あしなが運動と玉井義臣―歴史社会学的考察』 副田義也著　岩波書店　2003.3

保育とNPO　　　　　　　　　　　　　　　　　福祉・介護・医療のための活動

437p　19cm　3000円　Ⓘ4-00-022013-6
内容 災害遺児、病気遺児、自死遺児などを対象とした教育奨学運動である「あしなが育英会」。今や国際的にも認知されるに至った、このわが国有数のボランティア活動を無から立ち上げ、ここまで大きな組織に育て上げた玉井義臣と周辺の人物像を、その前史である「交通遺児育英会」の栄枯盛衰とともに描き出す。かれらの活動の意義を社会運動史・社会運動論的に位置付け社会学の新しい局面を切り開いた優れた学問的考察であるが、それ以前に本書は、理念に燃えて活動する心ある社会運動家たちへの励ましに満ちた社会批判の書である。二つの育英会運動に研究者として関与してきた著者による、まさに「あしなが運動四〇年史」ともいうべき労作。

『子どもたちにアムネスティを―在留特別許可取得一斉行動の記録』　A.P.F.S.編　現代人文社　2002.12　111p　21cm　〈大学図書（発売）年表あり〉　1000円　Ⓘ4-87798-109-8　Ⓝ329.94

『ドーンさんのいえ』　家庭養護促進協会監修、竹内永里亜絵　神戸　エピック　2002.10　1冊　24×19cm　〈本文：日英両文〉1500円　Ⓘ4-89985-112-X
内容 里親をしているドーンさんの家はアメリカのシアトルにあります。ドーンさんの家にはだいたいいつも5人以上の子どもがいます。ドーンさんの家に何年間かいる子どももいれば、ほんの数時間、数日しかいない子どももいます。この30年の間にドーンさんの家にやってきた子どもたちは3千人以上になります。ドーンさんは看護師の資格を持っています。ドーンさんは、病気やしょうがいのある子どもも、自分の家で幸せにくらしてほしいと思っています。この絵本は、そんなドーンさんの家にやってきたひとりの子どものお話です。

『僕がほしいのはパパとママと釣りざおだった』　リチャード・F.ミニター著、雨海弘美訳　PHP研究所　2002.10　384p　20cm　2000円　Ⓘ4-569-61794-8　Ⓝ378.8
内容 心に傷を負う少年をひきとった一家の最初の一年…。世界中の子どもをもつ人々に贈る現代の美しい必読書。家族の意味を問う愛と勇気の物語。

『高校生が考える「少年法」』　アムネスティ・インターナショナル日本編　明石書店　2002.8　223p　19cm　1800円　Ⓘ4-7503-1614-8　Ⓝ327.8
目次 第1章「少年を裁く」とは？―高校生が現役裁判官に問いかける少年法、第2章 被害者から見た少年法―被害者遺族からの聴き取り、第3章 調査官の目にうつる加害少年―だれにでもある「非行」の可能性、第4章 少年犯罪をどう報道するか―テレビ東京報道局長との座談会、第5章 更生保護と少年法―更生保護施設「敬和園」を訪ねる、第6章 国会議員にきく、少年法改正―江田五月参議院議員との対談、第7章 高校生のレポートより、第8章 厳罰化は解決にならない―これまでの活動を通して高校生が考えたこと、授業で学ぶ「少年法」―一年間の授業展開

『川崎発子どもの権利条例』　子どもの権利条約総合研究所編　エイデル研究所　2002.5　239p　21cm　〈年表あり〉　2286円　Ⓘ4-87168-334-6　Ⓝ369.4

『花には太陽を子どもには平和を―子どもを守る運動の50年』　日本子どもを守る会編、中村博、中野光、堀尾輝久監修　新評論　2002.5　340p　21cm　3200円　Ⓘ4-7948-0561-6　Ⓝ369.4
内容 日本子どもを守る会が結成されたのは、一九五二年五月一七日のこと。この本はそれから半世紀にわたる日本の子どもを守る運動の歩みを日本子どもを守る会の活動を中心にしてまとめたものである。

『里親を知っていますか？』　汐見稔幸編　岩波書店　2001.9　63p　21cm　（岩波ブックレット no.544）　440円　Ⓘ4-00-009244-8　Ⓝ369.43
内容 本書は、日本で里親制度がどう発展してきたのか、どうして今増えないのか、実際に里親を体験した人はそれによって何を得たと考えているのか、さらに里親の問題は児童福祉の狭い問題なのか、今後どうした対応が私たちに要請されているのか等を考えるための本である。

『信じあって親子・語りあって家族―里親・子ども・ケースワーカーの記録』　家庭養護促進協会著　神戸　エピック　2001.5　233p　19cm　1500円　Ⓘ4-89985-101-4　Ⓝ369.43

福祉・介護・医療のための活動　　　　　　　　　　　　　　　　保育とNPO

|内容| 本書では、里親開拓の現場のケースワーカーたちがどんなことを考えているのか、里親さんや子どもたちが日々どんな暮らしをしているのか、そんな姿の一端をお伝えします。

『子どもオンブズパーソン―子どものSOSを受けとめて』　喜多明人,吉田恒雄,荒牧重人,黒岩哲彦編　日本評論社　2001.3　324p　19cm　1900円　①4-535-51271-X

|内容| ストップ！ いじめ、虐待、引きこもり。子どもたちの真剣な悩み。おとなは、気づかなかったではすまされません。いま、子どもたちの苦しみを正面から受けとめる輪が広がっています。市民・NGO団体で、人権擁護機関で、自治体で…。

『親子になろう！』　家庭養護促進協会編　京都　晃洋書房　2000.9　292p　19cm　（あたらしいふれあい　第3編）　1500円　①4-7710-1190-7　Ⓝ369.43

|内容| この本に出てくる親子は、里親子、養親子の場合は、新しいふれあいの中から、新しい親子関係をつくり上げていく。継続的で真剣な関係が要求される。当事者が書いた文章や、家庭養護促進協会のスタッフが書いた文章の中には、生の喜怒哀楽がにじみ出ている。すべてが悪戦苦闘のドラマで、それを乗り越えた時には、その喜びが一語一語の中に輝いている。新しい親子関係づくりの道筋や成功と失敗は、一般の親子関係を考える際にも、示唆に富んだものになっている。

『子ども白書　2000年版　子どもの権利実現と市民的共同』　日本子どもを守る会編　草土文化　2000.7　347p　21cm　2400円　①4-7945-0801-8

|内容| 今回の特集では、子どもを守る会など市民団体、NGO・NPOの社会的な役割を軸に据えた地域再生の新しい展望として"市民的共同"というテーマこそがふさわしい、という結論に達しました。この市民的共同という考え方は、一つには、関係づくりの障害となっている学校とか教師、親といった看板をはずし、お互いが地域でささえあって生活する"市民"としての立場からの共同をめざすものです。また、それは同時に、子どもの権利実現における「公」のあり方を捉えなおしていくことにもつながります。『子ども白書』編集委員会は、「公」の役割を最大限追究するとともに、公と民、NGO・NPOとの共同

も視野に入れて子どもの権利実現にむけての取り組みを検討していきたいと考えて、本年の白書を編集しました。

『他人が子どもを育てるとき―里親と暮らした50人の今』　武井優著　京都　かもがわ出版　2000.7　206p　20cm　1800円　①4-87699-527-3　Ⓝ369.43

|内容| 子どもを「愛する・信じる」とはどういうこと？ 親と子の絆とは何？ 誰もが願う"子どもの心の健康"を、里親＝他人と暮らした体験をもつ50人が社会に向けて回答する。今、里親制度はひっそり機能している。この制度が進展していくとき、日本の地域力は高まり、社会は変わる。そして福祉文化も大きく前進する。

『子ども期の回復―子どもの"ことば"をうばわない関係を求めて　国連・子どもの権利委員会最終所見の実現を…』　子どもの権利を守る国連NGO・DCI日本支部編　花伝社　1999.12　331p　21cm　〈共栄書房（発売）〉　2095円　①4-7634-0336-2　Ⓝ369.4

|内容| 子どもの最善の利益とはなにか、子どもたち、市民・NGOの声は国連に届いたか。自分の存在をありのまま受け入れてもらえる居場所を喪失した日本の子どもたち。「豊かな国」日本で、なぜ、学級崩壊、いじめ、登校拒否などのさまざまな現象が生じているか。先進国日本における子ども問題を解くカギは？『"豊かな国"日本社会における子ども期の喪失』に続く第二弾！ 子ども関係者必携の書。

『ねえ、おかあさんさがして―すてきな「野の花の家」の子どもたち』　花崎みさを著　草の根出版会　1998.8　135p　23×16cm　（母と子でみる　A5）　2200円　①4-87648-134-2

|内容| 社会福祉法人一粒会の創設者が語る現代家族、親子事情。国際結婚による言葉や習慣の違いからの離婚が増加している。そして責任のない子どもたちが犠牲をしいられている。

『"豊かな国"日本社会における子ども期の喪失―国連子どもの権利委員会への市民・NGO報告書』　子どもの権利条件市民・NGO報告書をつくる会編　花伝社　1997.10　421p　21cm　〈共栄書房（発売）〉　2500円　①4-7634-0315-X

ヤングアダルトの本 ボランティア・国際協力への理解を深める2000冊

Ⓝ369.4

内容 子どもの権利は生かせるか。政府報告書に対する草の根からの実態報告と提言。「自己喪失」―危機にたつ日本の子どもたち。市民・NGOがまとめた子どもたちの本当の姿。情報の宝庫、資料の集大成。この報告書なくして子ども問題は語れない。

『児童館あります―仲間たちからのメッセージ』 児童館あります編集委員会編著 都政新報社 1996.2 104p 21cm 874円 ①4-88614-004-1

内容 本書は、がんばれ東京の児童館実行委員会が編集するものとして二冊目のものです。今回は、大会での基調報告とそれぞれの分科会での報告・討議内容をまとめ、それに、分科会で話し合ったことを全国の仲間から問題提起というかたちで投稿してもらいました。今後の展望として、大学講師、ジャーナリスト、自治体関係者からのコメントをいただいています。また、編集に携わったメンバーによる座談会も設け、大会までの取り組みや成果について率直に語ってもらいました。大会参加者すべての意見を網羅しているわけではありませんが、大会でのおおよその内容が把握できます。

『ユッコとヒロシのはばたけ子どもの権利』 第二東京弁護士会子どもの権利に関する委員会編 一橋出版 1995.12 207p 21cm 950円 ①4-89196-820-6

内容 「子どもの権利条約」を漫画でわかりやすく解説する書。

《障がい者NPO》

『子どもたちの未来を考えてみた―教育・福祉・スポーツに望むこと』 乙武洋匡著 PHP研究所 2014.12 251p 19cm 1400円 ①978-4-569-82120-7

内容 なぜ、「デブ・ハゲネタ」はOKで、「障害ネタ」はNGなのか？ なぜ、「独創的なアイデア」を生む子どもが育ちにくいのか？ どうして私は、「パラリンピックをなくしたい」のか？ "個性"を認めて、つながろう！

『障害者の芸術表現―共生的なまちづくりにむけて』 川井田祥子著 水曜社 2013.2 154p 21cm （文化とまちづくり叢書）〈文献あり 索引あり〉2500円 ①978-4-88065-305-1 Ⓝ369.27

目次 第1章 芸術と福祉well-beingを架橋する、第2章 芸術表現と福祉、第3章 アール・ブリュットとしての評価と作品収蔵―滋賀県社会福祉事業団の実践から、第4章 共感による人間関係の再構築―たんぽぽの家の実践から、第5章 経済的自立の可能性―アトリエインカーブの実践から、第6章 持続的に支えるシステムの必要性―大阪府「アートを活かした障がい者の就労支援事業」から、第7章 選択肢拡大とQOL向上を保障する社会へ

『共同作業所のむこうに―障害のある人の仕事とくらし』 きょうされん編 創風社 2012.9 247p 21cm 1800円 ①978-4-88352-191-3 Ⓝ369.27

目次 プロローグ（東日本大震災と障害のある人，あこがれの地域生活）、第1章 給料にこだわって（"労働者の証"、やさしいパン、ここにあり！―地域と生きるひかり工房の実践 ほか）、第2章 生きがいのある仕事（障害の重い人のくらし―障害の重い人ほど快適で安心できる環境を、給料で変わる意識…「わたしの仕事」 ほか）、第3章 自分らしいくらし、第4章 未来を拓く（地域でのくらしを支える共同作業所での実践、ぶれない、こびない、あきらめない ほか）

『イラスト版からだに障害のある人へのサポート―子どもとマスターする40のボランティア』 横藤雅人編、北海道生活科・総合的な学習教育連盟ネット研究会著 合同出版 2010.3 110p 26cm 〈文献あり〉1600円 ①978-4-7726-0459-8 Ⓝ369.27

内容 からだに障害のある人とのコミュニケーションをまなぶ。望ましいサポートの基本が身につく。ノーマライゼーションのありかたを考えるための実践書。

『障害者福祉論―障害者自立支援の制度と方法』 大島侑監修，村井龍治編著 京都 ミネルヴァ書房 2010.3 238p 21cm （シリーズ・はじめて学ぶ社会福祉 5）2500円 ①978-4-623-05625-5

内容 近年の大幅な制度改正の中で、障害者の自立について改めてその意味が問われている。本書はそのような現状を踏まえ、障害者が地域社会の一員として当たり前に暮らすためには、今、社会に何が求められているのか

福祉・介護・医療のための活動　　　　　　　　　　　　　　　　障がい者NPO

を、読者と一緒に考えることを基本方針としている。新カリキュラムに対応し、かつ、障害者福祉を初めて学ぶ人が障害者問題を構造的に理解できるように構成された1冊。

『広げよう放課後・休日活動―障害児が参加する放課後子どもプラン 「放課後子ども教室」と「放課後子どもクラブ」の連携』　東京学芸大学特別支援教育研究会編，渡邉健治監修　ジアース教育新社　2009.12　79p　21cm　1000円　①978-4-86371-125-9

[内容] 障害児の放課後・休日活動を広げる全国の放課後子どもプラン実施例を取り上げ、児童デイサービスとの連携も含め、実施上の工夫や望ましい在り方を示した。

『〈ユニバーサル〉を創る！―ソーシャル・インクルージョンへ』　井上滋樹著　岩波書店　2006.10　174p　19cm　〈文献あり〉　1700円　①4-00-002356-X　Ⓝ369.27

[内容] だれもが訪れ楽しむことができる観光地、だれにも読みやすい文字、だれでもが勝負できるスポーツ、障害があっても、さまざまな機会を得ることを可能にする先端技術、教育の機会を障害の有無を越えて可能にすることを目標にするNPO、心身の障害者と高齢の人たちによる、新しいまちづくり―。その人らしく輝ける社会を、試行錯誤のなかから創りあげている人たちを描くヒューマンドキュメント。

『車いすのカーくん、海にもぐる―障害者ダイビングの世界』　丘修三著　佼成出版社　2006.6　128p　21cm　（感動ノンフィクションシリーズ）　1500円　①4-333-02217-7

[内容] ある日、お父さんがカーくんにいった。「ダイビングをやってみないか？」椎名勝巳さんという人が、障害のある人にもダイビングを教えているという。海の中では、車いすがいらないって、ほんとうだろうか―。小学校中学年から。

『うちの母ちゃん、手が無っちゃが！』　山内文代著　ジーオー企画出版　2005.7　214p　19cm　1200円　①4-921165-22-X

[内容] 18の春、事故で右腕をそっくり失い、自殺まではかる。「でも生きててよかった」。今は、人生講話講師として、子どもたちに、明るく、その体験を語る。

『ゆっくりゆっくり笑顔になりたい―知的発達障害のある人にスポーツの場を提供するスペシャルオリンピックスという活動』　太宰由紀子編・著　スキージャーナル　2003.12　256p　21cm　1300円　①4-7899-2086-0　Ⓝ369.28

[内容] しゃべらなかった人がしゃべり出す。がんばる勇気が何かを動かす。時間はゆっくりかかるけれど―スポーツを通じて知的発達障害のある人の自立、そして共に生きる社会を目指すボランティア活動、スペシャルオリンピックスを紹介。

『生命の樹のある家―進化するNPO深化するNPO』　播磨靖夫編　奈良　たんぽぽの家　2003.9　331p　19cm　2000円　①4-9900577-4-0　Ⓝ369.28

[目次] 序章 共同幻想のゆくえ，第1章 人が人として生きられる場所，第2章 ネットワーク型の市民活動，第3章 創造的ブリコラージュの手法，第4章 危機における組織の力量，第5章 新しい価値の提案―国境を越えるわたぼうしムーブメント，第6章 文化戦略―エイブル・アート・ムーブメント，第7章 「知」による組織のマネジメント，第8章 協働するNPO，第9章 NPOと企業のコラボレーション，第10章 人が育つ組織，第11章 生き死にのある共同体，終章 市民社会に無数の「ホーム」を，知と人と美のムーブメント 25年の軌跡

『障害をもつ人といっしょに』　田中ひろし著，こどもくらぶ編　岩崎書店　2003.3　47p　29cm　（福祉ボランティア 体験しよう！ 発見しよう！　1）　3000円　①4-265-05161-8　Ⓝ369.27

[目次] 1 きみ自身の経験から、かんがえよう（小さいころに、こんな経験をしたことはありませんか？，ビンのふたやカンを、自分であけることができますか？，いくつくらいまで、ボタンをかけてもらっていましたか？　ほか），2 障害をもつ人の気持ちをきいて、もういちどまちを見なおそう（話をききましょう，自分の目でたしかめましょう，障害のある人のための、くふうを見てみましょう　ほか），3 きみにもできるボランティア活動（バリアフリー度をチェックしましょう，まちで目が見えない人とであったら，まちで耳がきこえない人とであったら　ほか）

『あゆみの箱――芸能人が始めたボランティア』 野田洋典著 名古屋 KTC中央出版 2002.9 221p 20cm 1500円 ⓘ4-87758-239-8 Ⓝ369.27
[内容]「ボランティア」も「チャリティ」も、その言葉さえ使われなかった時代に、国の福祉政策を促進させるほどに影響を与えた活動を始めたのは、芸能人たちだった。そして今も、この募金箱は全国に二万箱が配置されていて、多くの募金者の支援によって、障害者への援助の橋渡しを続けている。三十七年間、事務局でこの活動を支えてきた著者が、「あゆみの箱と私」を語る。

『障害のある人と仲よく』 学習研究社 2002.3 47p 27cm (学校ボランティア活動・奉仕活動の本 2) 2700円 ⓘ4-05-201538-X
[目次] 実践編(全校児童で手話コーラス,目の不自由な人に『タッチマップ』プレゼント,車いすマラソン大会,盲学校のお友だちと交流 ほか),資料編(これが車いすのしくみ,車いすの人との散歩のしかた,目の不自由な人との散歩,目の不自由な人とのすごし方 ほか)

『障害ってどんなこと 6 食べられないってどんなこと』 ジュディス・コンドン著, 一番ヶ瀬康子監訳, 河東田博, 古関ダール瑞穂訳 ゆまに書房 2001.4 33p 27×22cm (ゆまにバリアフリーブック) 2500円 ⓘ4-8433-0222-8
[内容] この本には、糖尿病の人、食べものアレルギーの人、また、ほかにも、食べることに問題をかかえる人たちが出てきます。まず、食べものの種類と、楽しい食事について考えてみましょう。次に、この本に出てくる人たちが、自分たちの経験を語ることで、何をつたえようとしているのかを、考えてみましょう。

『障害ってどんなこと 5 体を動かせないってどんなこと』 ジュディス・コンドン著, 一番ヶ瀬康子監訳, 住居広士, 清水ミシェル・アイズマン, 森恵子訳 ゆまに書房 2001.4 33p 27×22cm (ゆまにバリアフリーブック) 2500円 ⓘ4-8433-0221-X
[内容] この本には、さまざまな体の障害をもった人たちが出てきます。体を動かすとき、いろいろな動かしかたがあることからまず考えてみましょう。そして、この本のなかの人たちが話してくれる、経験について考えてみましょう。

『障害ってどんなこと 4 呼吸しにくいってどんなこと』 ジュディス・コンドン著, 一番ヶ瀬康子監訳, 河東田博, 松井芳子訳 ゆまに書房 2001.4 33p 27×22cm (ゆまにバリアフリーブック) 2500円 ⓘ4-8433-0220-1
[内容] この本を読んで、ぜんそくなどの病気のために、呼吸に問題があってこまっている人たちのことを知りましょう。まず、自分で、どのように息をしているのか、「息ができなくなったら」どうなるのか、を考えてみましょう。そして、この本に出てくる人たちが、どんな経験をしてきたのかを知りましょう。

『障害ってどんなこと 3 見えないってどんなこと』 ジュディス・コンドン著, 一番ヶ瀬康子監訳, 住居広士, 清水ミシェル・アイズマン, 森恵子訳 ゆまに書房 2001.4 33p 27×22cm (ゆまにバリアフリーブック) 2500円 ⓘ4-8433-0219-8
[内容] この本には、いろいろなちがった視覚の障害をもつ人たちが出てきます。まずはじめに、あなたはどのくらい視覚をつかっているのか考えてみましょう。それから、この本のなかの視覚障害をもつ人が、彼らの経験にもとづいて話してくれることを、聞いてみましょう。

『障害ってどんなこと 2 学びにくいってどんなこと』 ジュディス・コンドン著, 一番ヶ瀬康子監訳, 河東田博, 杉田穏子訳 ゆまに書房 2001.4 33p 27×22cm (ゆまにバリアフリーブック) 2500円 ⓘ4-8433-0218-X
[内容] この本には、自閉症、脳性マヒ、ダウン症候群などの、さまざまな事情で学習に遅れがみられる人たちが出てきます。まず、人がその生涯を通じて、学んでつかう必要のある知識と技能には、どんなものがあるか考えてみましょう。それから、この本に出てくる人たちが話してくれる、経験に耳をかたむけてみましょう。

『障害ってどんなこと 1 聞こえないってどんなこと』 ジュディス・コンドン著, 一番ヶ瀬康子監訳, 住居広士, 清水ミシェル・アイズマン, 森恵子訳 ゆま

福祉・介護・医療のための活動　　　　　　　　　　　　　　セルフヘルプ

に書房　2001.4　33p　27×22cm　（ゆまにバリアフリーブック）2500円　①4-8433-0217-1

|内容|　この本には、耳の不自由な人たちが出てきます。うまく聞こえない人たちもいるし、まったく聞こえない人たちもいます。まず、音について考えて、それから、もし音が聞こえなかったらどうなるのか考えてみましょう。それから、この本に出てくる人たちが話してくれる、経験に耳をかたむけてみましょう。

『やった！ およげたよ！ がんばったよ！ ―体のふじゆうな人に水えいを教える』 早野美智代文　西山史真子絵　学習研究社　1997.2　31p　27cm　（ボランティアふれあいのえほん 13）1648円　①4-05-500281-5

『友だちになろうよ―障害のある人とともに』　嶋田泰子文　ポプラ社　1996.4　46p　27cm　（ボランティアわたしたちにできること 2）〈監修：池田明彦〉2500円　①4-591-05067-X

|目次|　友だちは宝物，障害ってなんだろう，キャンプで友だちができた，トイライブラリーにおいでよ，おもちゃをプレゼント，手話で話そう，手話でうたおう，点字の本ができた，りっぱな盲導犬になってね，車いすの人への介助，目の不自由な人への介助，ともに生きていくために

《セルフヘルプ》

『その後の不自由―「嵐」のあとを生きる人たち』　上岡陽江，大嶋栄子著　医学書院　2010.9　261,4p　21cm　（シリーズケアをひらく）2000円　①978-4-260-01187-7　ⓃＮ369.14

|内容|　トラウマティックな事件があった―専門家による援助が終わった―その後、彼女たちはどうやって生き延びてきたか。「普通の生活」の有り難さをめぐる当事者研究の最前線。

『ゆるやかにつながりあって』　明石不登校から考える会編　明石　ぽっと舎　2007.3　189p　19cm　〈財団法人木口ひょうご地域振興財団平成18年度上半期助成金事業　年表あり〉952円　①978-4-903312-03-3　Ⓝ371.42

『知っていますか？ セルフヘルプ・グループ一問一答』　伊藤伸二，中田智恵海編著　大阪　解放出版社　2001.11　107p　21cm　〈文献あり〉1000円　①4-7592-8238-6　Ⓝ369.14

|内容|　一人で抱え込まないで。困難や悩みをもち続けているのはあなた一人ではありません。セルフヘルプ・グループとは、同じような困難や悩みをもっている人同士が自主的に集い、相互に助け合うグループです。そこで体験・気持ち・情報などをわかちあい、新しい生き方が生まれています。

まちづくり・災害・環境のための活動

『コミュニティマネージャーの仕事―ソーシャルメディア活用の司令塔』 中山領著 翔泳社 2014.6 197p 21cm 1800円 Ⓘ978-4-7981-3582-3
　内容 熱く盛り上がるコミュニティの作り方、教えます！個人プレーからチームプレーへ 現場で使える実践ハンドブック。

『地域の「おいしい」をつくるフードディレクションという仕事』 奥村文絵著 京都 青幻舎 2014.1 204p 19cm 1800円 Ⓘ978-4-86152-430-1 Ⓝ588.09
　内容 次世代を見据え、新しい食のビジョンをかたちづくる―。「地域の食のブランディング」開拓者、奥村文絵のプロジェクトのすべて。

『地域公共人材をつくる―まちづくりを担う人たち』 今川晃,梅原豊編 京都 法律文化社 2013.12 192p 21cm〈他言語標題：The Challenges of Local Public Human Resources Development　文献あり〉 2400円 Ⓘ978-4-589-03564-6 Ⓝ318.6
　目次 第1部 地域公共人材育成のすすめ：大学・行政・地域の協働（いま求められる地域公共人材，地域公共人材の意味とその育成：京都府での挑戦，地域公共人材育成における大学の挑戦），第2部 多様な地域公共人材たち：各地域の活動展開（活動から学ぶ地域公共人材育成：各地域の挑戦，地域公共人材としての子どもたち：滋賀県米原市，地域公共人材として成長する子どもと学生たち：熊本県氷川町宮原，もやい直しと地域公共人材：熊本県水俣市　ほか）

『サードプレイス―コミュニティの核になる「とびきり居心地よい場所」』 レイ・オルデンバーグ著,忠平美幸訳 みすず書房 2013.10 480,35p 20cm〈解説：マイク・モラスキー　文献あり　索引あり〉 4200円 Ⓘ978-4-622-07780-0 Ⓝ361.78
　内容 居酒屋、カフェ、本屋、図書館…情報・意見交換の場、地域活動の拠点として機能する"サードプレイス"の概念を社会学の知見から多角的に論じた書、待望の邦訳。

『「社会を変える」のはじめかた―僕らがほしい未来を手にする6つの方法』 横尾俊成著 産学社 2013.10 237p 19cm 1400円 Ⓘ978-4-7825-7106-4
　内容 きっかけは、目の前にあった！博報堂の元広告マン、注目の"ソーシャル議員"が初公開する本当に社会が変わるノウハウ。

『地域を元気にする実践！コミュニティデザイン』 林まゆみ編 彰国社 2013.10 261p 21cm 2500円 Ⓘ978-4-395-02109-3 Ⓝ361.98
　内容 まちの100年先をデザインする。地震や気候変動による災害、貿易問題による農業への影響。少子高齢化の進行、地方都市の衰退、中山間地域の疲弊…。この国の難題をチャンスに変える11人のフィールドノート。

『コミュニティを再考する』 伊豫谷登士翁,齋藤純一,吉原直樹著 平凡社 2013.6 203p 18cm （平凡社新書689）〈文献あり〉 760円 Ⓘ978-4-582-85689-7 Ⓝ361.7
　内容 「コミュニティ」という言葉が急速に使われはじめている。しかし、私たちがコミュニティに期待する「つながり」や「絆」、「相互扶助」は、様々な社会的・政治的文脈にさらされ、手放しで喜べるものではなくなっている…。コミュニティの現在を問うことで、ポスト成長社会の課題を浮き彫りにする。政治哲学、経済学、社会学の分野からコミュニティ研究の新たな地平を切り開く！

『若者・バカ者・よそ者の力で地域活性化！―若者たちが街を継承していくためのかけ橋となるシェア住居設立に向けた挑戦』 名古屋 名古屋都市セン

まちづくり・災害・環境のための活動

ター 2013.3 10,85,14p 30cm （研究報告書―市民研究報告書 平成24年度） Ⓝ601.155

『山崎亮とゆくコミュニティデザインの現場』 渡辺直子著 繊研新聞社 2013.2 166p 26cm〈他言語標題：Exploring with Ryo Yamazaki Spectacle of the Community Design　文献あり〉1800円　Ⓘ978-4-88124-275-9　Ⓝ361.98

日次　1 コミュニティデザインの基礎知識―山崎亮と「つくらない」デザインの軌跡（コミュニティデザインってなんだ？，コミュニティデザイナーの誕生 ほか），2 現場を歩けば―コミュニティデザインを体験する（兵庫県・家島 変化対応のためのコミュニティデザイン―衰退する基幹産業に代わる「元気の素」をつくる，島根県・海士町 離島のコミュニティデザイン―立ち上がる国境の島を、新たな「人の制度」で支える ほか），3 コミュニティデザイン的エンパワメント理論―「自分たちで元気になる」ためのデザインの手法（「他人ごと」を「自分ごと」に近づける。小さく生んで、やさしく育てる。ほか），4 コミュニティデザイン的仕事の流儀―コミュニティデザイナーのルール（「まあ、こんなもんだろう」を止める。伝えたいことや使い方が不明確なものを作らない。ほか）

『「豊かな地域」はどこがちがうのか―地域間競争の時代』 根本祐二著 筑摩書房 2013.1 270p 18cm （ちくま新書 992） 840円　Ⓘ978-4-480-06691-6　Ⓝ318.6

内容　人口減少と経済衰退がすすむ今、減り続ける「パイの奪いあい」が大きな問題になっている。駅前や商店街に人が来ない地域、若者がいなくなり限界集落と化した地域、市町村合併で弱まる地域―。しかし、その一方で確実に成長しつづける地域もある。そうした「豊かな地域」は、いったい何がちがうのか？そこではどういうことが実践されているのか？本書は人口分析の手法から、北海道から沖縄県まで11の地域を検証し、シティ・マネジメントのあるべき姿を提唱する。日本全国の地域に、生きるための術を伝える一冊。

『地域をプロデュースする仕事』 玉沖仁美著 英治出版 2012.10 237p 19cm 1700円　Ⓘ978-4-86276-133-0　Ⓝ601.1

日次　1 地域振興の課題と地域プロデューサーの役割，2 大失敗を超えて生まれたヒット商品―島根県海士町「さざえカレー」プロジェクト，3 全国23の半島行脚で知った地域の底力―旧国土庁「半島地域交流条件整備モデル事業」，4 柔軟な方向転換で成果を生む―沖縄県座間味村「インカのめざめ」&「エコツーリズム」プロジェクト，5 ヨソ者だからできること―沖縄県国頭村「国頭ツーリズム協会」プロジェクト，6 任せて育てる人づくり―沖縄県「沖縄県キャリアセンター」プロジェクト，7 座学と実践で磨く産品開発―三重県「三重ブランドアカデミー」と高知県「目指せ！ 弥太郎商人塾」，8 地域をプロデュースする「姿勢」と「スキル」，おわりに 幼稚園とリクルートで学んだこと

『ものづくりの現場から―まちの希望がここにある』 加藤正文，網本武雄編 京都 かもがわ出版 2012.7 62p 21cm （かもがわブックレット） 600円　Ⓘ978-4-7803-0546-3

日次　ものづくりの"場"の底力，シンポジウム ものづくりの明日は？―地域経済の可能性を探る（地域で生きるものづくり，地域が生きるひとづくり，ものづくりとまちづくり―希望はここに）

『クリエイティブ・コミュニティ・デザイン―関わり、つくり、巻き込もう』 紫牟田伸子，編集部編 フィルムアート社 2012.5 219p 19cm （Next Creator Book） 1700円　Ⓘ978-4-8459-1290-2　Ⓝ361.98

内容　これからの世界をつくるすべてのクリエイターへ。働き、住み、暮らし、イノベーションを仕掛ける。

『コミュニティデザインの仕事―アドベンチャーブックで体験しよう』 studio-L著 ブックエンド 2012.5 263p 19cm〈文献あり　JRC（発売）〉1800円　Ⓘ978-4-903295-92-3　Ⓝ361.98

『まちの幸福論―コミュニティデザインから考える』 山崎亮,NHK「東北発☆未来塾」制作班著 NHK出版 2012.5 206p 19cm〈文献あり〉1300円　Ⓘ978-4-14-081544-1　Ⓝ361.98

内容　余り始めた住居や建物。外注化してきた暮らしの活動。室内に取り込まれてきた人

まちづくり・災害・環境のための活動

『若年層の地域活動への参加促進と地域コミュニティの活性化の考察 3 高校のインタビュー調査から見えてきたもの？ 新たな地域コミュニティの創造に向けて』 とよなか都市創造研究所編 豊中 とよなか都市創造研究所 2012.3 59p 30cm （とよなか都市創造研究所研究報告書） 500円 Ⓝ379.3

『学生まちづくらーの奇跡—国立発!!一橋大生のコミュニティ・ビジネス』 菱沼勇介,田中えり子編,KF書籍化プロジェクト著,林大樹,横田雅弘監修 学文社 2012.1 266p 19cm 1800円 Ⓘ978-4-7620-2244-9 Ⓝ601.1365
内容 本書が取り上げるNPO法人くにたち富士見台人間環境キーステーション（通称KF）は、大学生が参加する「学生まちづくり」の先進的な事例として知られています。商店主、行政、市民そして一橋大生がタッグを組み、高齢化の進む団地を後背とする商店街でコミュニティ・ビジネスを展開し、元気を作り続けています。東北大、群馬大、名古屋学院大のケースを併せて収録、「学生まちづくり」の熱さとノウハウが詰まった一冊です。

『住み開き—家から始めるコミュニティ』 アサダワタル著 筑摩書房 2012.1 196p 19cm〈他言語標題：sumibiraki〉1500円 Ⓘ978-4-480-87849-6 Ⓝ361.7
内容 自宅一部を博物館やギャラリー、劇場に。廃工場や元店舗を改装しシェア生活。家を開いて人と繋がる。

『地域を変えるデザイン—コミュニティが元気になる30のアイデア』 issue＋design project著,筧裕介監修 英治出版 2011.11 285p 21cm〈文献あり〉2000円 Ⓘ978-4-86276-128-6 Ⓝ601.1
内容 人口減少、育児、エネルギー、格差…。世の中の課題を美しく解決して幸せなムーブメントを起こす、みんなのための「デザイン」実例集。

『自分たちの力でできる「まちおこし」—18の地域で起きた小さな奇跡』 木村俊昭著 実務教育出版 2011.9 180p 19cm 1400円 Ⓘ978-4-7889-1042-3 Ⓝ601.1
内容 「まちに活気を取り戻したいけど、予算もない、特産品もない、国の援助も期待できない…」と悩める地域の住民をはじめ、自治体関係者、商工会議所、官公庁職員の方々への福音の書。全国各地でイノベーションを起こしてきた、"まちおこしのプロフェッショナル"木村俊昭が紹介する、北海道網走から沖縄県伊江島まで18の地域が再生した取り組み事例から学ぶ「まちおこし」の極意。自分たちの手で"稼げるまち"へと生まれ変わらせて、誇りを取り戻そう。

『コミュニティ・プロジェクト—人と地域を再生・活性化する！ ひと×まち・むらのメディア化・ブランド化戦略』 炭焼三太郎編著 日本地域社会研究所 2011.4 306p 21cm （コミュニティ・ブックス） 2800円 Ⓘ978-4-89022-939-0 Ⓝ601.1365
内容 むかし、炭で江戸を沸かせた三太郎という男がいた。平成の三太郎はいま、里山でわくわくするような面白いモノ・楽しいコトづくりにいそしむ。そこから紡ぎ出された商品・サービス・ビジネスモデルを一挙採録。超工業化村づくりの戦略書。

『エンデの遺言—根源からお金を問うこと』 河邑厚徳,グループ現代著 講談社 2011.3 332p 15cm （講談社プラスアルファ文庫） 838円 Ⓘ978-4-06-281419-5
内容 『モモ』『はてしない物語』などで知られるファンタジー作家ミヒャエル・エンデが日本人への遺言として残した一本のテープ。これをもとに制作されたドキュメンタリー番組（1999年放送/NHK）から生まれたベストセラー書籍がついに文庫化。忘れられた思想家シルビオ・ゲゼルによる「老化するお金」「時とともに減価するお金」など、現代のお金の常識を破る考え方や、欧米に広がる地域通貨の試みの数々をレポートする。

『若年層の地域活動への参加促進と地域コミュニティ活性化の考察 2 地域活動実践者へのインタビューとアンケート調査をもとに』 とよなか都市創造研究所編 豊中 とよなか都市創造研究所 2011.3 79p 30cm （とよなか都市創

まちづくり・災害・環境のための活動

造研究所研究報告書） 500円 Ⓝ379.3

『ハコモノは変えられる！―子どものための公共施設改革』 吉成信夫著 学文社 2011.1 200p 21cm 1900円 Ⓘ978-4-7620-2123-7

[内容] 民間からの館長就任，悪川苦闘の日々…行政との葛藤・協力を経てオープンにこぎつけ，大成功をおさめた「岩手県立児童館いわて子どもの森」。どうやったら子どもと同じ目線にたてるんだろう…？ 試行錯誤を繰り返しながら魅力あふれる児童館を運営してきたその軌跡・秘訣とは。

『社会を変えよう、現場から』 阿部守一著 小布施町 文屋，サンクチュアリ出版〔発売〕 2010.6 219p 19cm 952円 Ⓘ978-4-86113-646-7

[内容] 高校中退と編入学、難病との闘いと克服、長野県副知事としての型破り＆掟破りの活躍，霞ヶ関からの脱藩（総務省退職），横浜市副市長から内閣府事業仕分けの現場へ…地方自治を知り尽くした49歳の男。地方の現場から日本を動かす志と提言を一冊に集成！

『しんしんと、ディープ・エコロジー―アンニャと森の物語』 アンニャ・ライト，辻信一著 大月書店 2010.5 175p 19cm （ゆっくりノートブック 7）〈並列シリーズ名：YUKKURI NOTE BOOK〉 1200円 Ⓘ978-4-272-32037-0 Ⓝ519

[内容] ディープ・エコロジーとは生きものとしての人間の再発見。そして、それにふさわしい生き方をするための優雅な闘い。

『コミュニティ教育論』 岡崎友典，玉井康之著 放送大学教育振興会 2010.3 254p 21cm （放送大学大学院教材）〈人間発達科学プログラム 索引あり〉〔日本放送出版協会〕（発売）〉 2600円 Ⓘ978-4-595-13936-9 Ⓝ371.3

[目次] 教育環境としての「地域コミュニティ」―コミュニティとは何か，生涯学習と地域コミュニティの形成，学校と地域社会(1)近代学校の成立とコミュニティ，学校と地域社会(2)コミュニティ・スクールの源流，地域の子どもの遊び・生活と教育コミュニティ，総合的な学習とまちづくり，地域福祉とコミュニティ教育，PTAと地域住民組織―学校とコ

ミュニティをつなぐ役割，コミュニティと学校の説明責任，学校と地域を結ぶ地域コーディネーターの役割，開かれた学校と生涯学習施設，中山間地の学校と地域コミュニティ，コミュニティ形成と地域文化，移住・定住とコミュニティ―同窓会・同郷会の役割，コミュニティの教育的再編―まとめと課題

『コミュニティメディアの未来―新しい声を伝える経路』 松浦さと子，川島隆編著 京都 晃洋書房 2010.3 304p 21cm 〈文献あり 索引あり〉 2900円 Ⓘ978-4-7710-2150-1 Ⓝ361.453

[内容] コミュニティの経験をコミュニティに伝える小さなメディアは，多様な場所で人々の生存とアイデンティティ承認の拠点となり，「市民が情報の発信者となる」という理念を現実のものにしている。現場の声を中心に，コミュニティメディアの世界の過去・現在・未来を描き出す。

『若年層の地域活動への参加促進と地域コミュニティ活性化の考察―先駆的な事例研究と高校生ボランティアに関わる基礎調査』 とよなか都市創造研究所編 豊中 とよなか都市創造研究所 2010.3 68p 30cm （とよなか都市創造研究所研究報告書） 500円 Ⓝ379.3

『「廃校」に地域力がはじけるとき―「協働」が開花する地域NPO立子ども交流センター』 竹内敏，上平泰博編著 萌文社 2009.10 206p 21cm 2000円 Ⓘ978-4-89491-180-2 Ⓝ369.4

[目次] 第1章 地域と職員の総合力「ポレポレECOまつり」―あえて「子どもまつり」とはいわない，第2章 タフでなければ勤まらない―「協働」モデルの地域からの始動，第3章 「地域立児童館」のオープンです―「今までの施設とちょいと違うぞ！」，第4章 異世代のときめきが放射する児童館・学童保育―「廃校」から響く親と子のシンフォニー，第5章 「食育」にこだわる―食べることは生きること、世界を知ること，第6章 そこに行けば人がいる、地域に会える―心をつなぐ地域ネットワーク形成，第7章 「三つ葉のクローバー」で読み解く地域立児童館

『ライネフェルデの奇跡―まちと団地はいかによみがえったか』 ヴォルフガング・キール文，澤田誠二，河村和久訳

ヤングアダルトの本 ボランティア・国際協力への理解を深める2000冊 179

水曜社　2009.9　163p　25×21cm　（文化とまちづくり叢書）　3700円　①978-4-88065-227-6

[内容] 老朽化団地の問題に悩む人々には、ライネフェルデの視察を薦める。減築や撤去ばかりが有効だったわけではない。ライネフェルデは"成長なき時代のまちづくり"のポジティブ・メッセージである。住宅地の拡張、人口の増加、商工業の成長がなくても都市は立派に発展するのだ。"縮退はチャンス"なのだが、それは慰めではない。この機会を捉え、毅然とした行動によって運命的な"まちの縮退"をポジティブなものに転換できる。本書は、この"団地再生・まちづくりの一大実験"について、その実験の位置づけを明らかにし、成功の要件を詳細に記録し、成果の一般化について検討している。

『行け行け！わがまち調査隊―市民のための地域調査入門』　岡田知弘, 品田茂著　自治体研究社　2009.7　158p　21cm　1700円　①978-4-88037-537-3

[目次] 第1部 地域づくりと地域調査活動―いまなぜ地域調査か（人間の暮らしの場としての地域の崩壊, 地域づくりの必然性―客観的・主体的条件の広がり, 地域づくりのための地域調査活動 ほか）, 第2部 地域調査をやってみよう（調査テーマを決める, テーマについての情報を集める, 関係者への協力依頼と予備調査 ほか）, 第3部 資料（N市の農業に関する市民アンケート調査票, 唐津市商業者実態アンケート調査票, 畑野町農業・漁業の担い手実態調査票 ほか）

『社会をつくる自由―反コミュニティのデモクラシー』　竹井隆人著　筑摩書房　2009.3　206p　18cm　（ちくま新書 773）〈並列シリーズ名：Chikuma shinsho〉　700円　①978-4-480-06475-2　Ⓝ309.1

[内容] 社会と自由とは相対立し, 憂慮される社会の連帯の喪失に自由の進展が手を貸してきたと見られている。この連帯を取り戻そうとするあまり, 無責任な「コミュニティ」なる「仲良し」が蔓延し, それによって自由は制約を強いられているが, 自由には社会を自らが責任を持って担う面もあるのではないか。この「社会をつくる自由」は, 同調圧力に屈しない「反コミュニティのデモクラシー」を契機として現れる。これを出発点に, 本書は自らと異なる他者とも社会をつくる方途を鮮やかに描き出そうとする。

『街のコミュニケーションデザイン―マーケティング遊歩道』　荒川信夫著　税務経理協会　2008.12　190p　20cm　1800円　①978-4-419-05215-7　Ⓝ675

[内容]「マーケティングって何？」という人には親しみやすく,「マーケティングなら任せろ」という人には新しい。流通、メーカー、空間デザインなど各業界のトップ企業において一貫してマーケティングに携わってきた著者による, 新時代のマーケティング・エッセイ。

『地元学をはじめよう』　吉本哲郎著　岩波書店　2008.11　213p　18cm　（岩波ジュニア新書）　780円　①978-4-00-500609-0

[内容] いきいきした地域をつくるために何が必要なのだろう？地域のもつ人と自然の力, 文化や産業の力に気づき, 引き出していくことだ。それを実行するための手法・地元学は, いま全国各地で取り組まれ, 若い人たちも活発に動いている。調べ方から活かし方まで, 自ら行動して地域のことを深く知るのに役立つ1冊。

『ローカルプレミアムを見つけよう！―玉井憲夫のまちづくり塾』　玉井憲夫著　技術書院　2008.6　271,48p　21cm　1800円　①978-4-7654-3278-8　Ⓝ601.1

[内容] ローカルプレミアム, それは「土地のよさ」です。でもすぐには見えてきません。歴史、自然、水辺、産業、アートそして人。体験して感じて学んであなたも掴んでください。地方の力で地球がまわる。まちが人が元気になる, 美しくなる。それがローカルプレミアム。

『「サザエさん」的コミュニティの法則』　鳥越皓之著　日本放送出版協会　2008.2　188p　18cm　（生活人新書 246）〈文献あり〉　660円　①978-4-14-088246-7　Ⓝ361.7

[内容] なぜ今, ちょっとした親切や信頼感, 異世代交流の重要性が見直されているのか？気楽な核家族を選びながらもジジ・ババのいる三世代同居に憧れるのはなぜ？人を育て, 幸せにする地域社会の法則は, サザエさん一家の暮らす町にヒントがあった。社会学、民俗学、文化人類学の実証的研究から, 私たちの

まちづくり・災害・環境のための活動

日々の生活の根底に流れる人びとの「関係性」を読み解く。

『実測！ ニッポンの地域力』 藻谷浩介著 日本経済新聞出版社 2007.9 263p 21cm 1800円 ⓘ978-4-532-35262-2 Ⓝ601.1

[内容] 地域間格差なんてない！ 最強の地域エコノミストが「デタラメ」を切る。日本の子供の数は減っていない。小売販売額が増えているのは沖縄県だけ。工業の活性化は地域振興に結びつかない─。平成合併前の3200市町村の99％を訪れた経験にもとづいて明らかにする、負けない地域の作り方。

『「地域遺産」みんなと奮戦記─プライド・オブ・ジャパンを求めて』 米山淳一著 京都 学芸出版社 2007.5 223p 19cm 1800円 ⓘ978-4-7615-1227-9

[内容] 茅葺き民家、蒸気機関車、宿場町、鳴き砂の浜辺、日本人の記憶から失われようとしている数々の生活文化遺産に光を当て、甦らせた物語。

『コミュニティ教育学への招待』 高田一宏編著 大阪 部落解放・人権研究所 2007.3 219p 21cm〈文献あり 大阪解放出版社（発売）〉 2500円 ⓘ978-4-7592-2034-6 Ⓝ371.31

[目次] なぜ今「コミュニティ教育学」なのか，導入編（「地域と教育」研究の現状と課題，開かれた学校づくりと人権意識の変容，大阪型教育コミュニティづくりの到達点と課題─こやかネットの活動のその行政支援に焦点をあてて），実践編（社会教育活動と教育コミュニティづくり─豊中市泉丘公民分館「泉丘ボランティアサークル」の取り組みから，学校・家庭・地域の協働に向けた地域組織の変遷─東大阪市立縄手南中学校区の実践から，地域への外部参入者としての校長─茨木市立郡山小学校区の実践から ほか），理論・政策編（子どもの主体形成─コミュニティ構築を担う児童・生徒，コミュニティ教育学の学習論，英国の拡張学校─コミュニティサービスと学校教育の統合政策）

『開いて守る─安全・安心のコミュニティづくりのために』 吉原直樹著 岩波書店 2007.1 63p 21cm（岩波ブックレット no.692）〈年表あり 文献あり〉 480円 ⓘ978-4-00-009392-7 Ⓝ317.78

[目次] 1「開かれた世界」と「閉じるコミュニティ」，2 安全・安心なまちづくりとセキュリティの空間，3 先駆的事例の光と影，4「開いて守る」安全・安心なまちづくりの条件と課題，5 協治型セキュリティの提唱

『元気なまちのスゴイしかけ─地域経済を活性化する全国24の実例に学ぶ』 佐々木陽一編 PHP研究所 2006.11 300p 21cm 1600円 ⓘ4-569-65781-8 Ⓝ601.1

[内容]「疲弊した地域経済を元気づけたい」。そんな想いから二〇〇三年二月、PHP総合研究所は「地域経済活性化研究プロジェクト」をスタートさせた。同年九月には活性化のモデルを『地域経済活性化プラン』として提示したが、これに続いて「元気なまちの実例を紹介し、各地の参考にしてもらおう」と、国内二四地域の自治体や企業などをたずねて調査を行なってきた。その結果をまとめたのが本書である。本書の第一の特色は、地域経済活性化のために自治体や企業、そして住民が何を行なったのか、そこにはどんなしかけがあったのか、を取材した地域ごとに明らかにした点である。第二の特色は、実例に共通するエッセンスを抜き出し、地域経済活性化の「極意」として示した点である。

『未来の入会─コミュニティ・コモン 市民がつくる地域力拠点街を元気にする事例10＋3』 NPOメディア・ネットワーク編，神直子他著 NPOメディア・ネットワーク 2006.4 155p 21cm（NPO books no.3） 1600円 ⓘ4-9901589-2-X Ⓝ361.7

[目次] 第1部 なぜ地域拠点づくりを始めたか─個人・地域団体・労働組合の事例（個人の取り組み・保育園を起業した事情とその後─未来っ子ハウス・山本栄美子さん，地域団体の取り組み・阪神淡路大震災の前と後─西須磨だんらん・日埜昭子さん，労働組合の取り組み・なぜ社会福祉施設をつくったか─全電通近畿社会福祉事業団），第2部（コミュニティカフェ＆レストラン，フリースペース，学べる場 地域学校・スクール），第3部 Q&A（未来の入会を創りたい人のためのQ&A）

『どこにもないまちをつくる─オンリーワン』 斎藤次男著 ぎょうせい 2006.1 222p 21cm〈いつでも、どこでも、誰

まちづくり・地域づくり　　　　　　　　まちづくり・災害・環境のための活動

でもできる市民参加型地域再生（活性化）プログラム付〉　2286円　①4-324-07802-5　Ⓝ318.6

[目次]　平成大合併の陥穽と第三の道―城下町の特性と一本の花 "新潟県岩船地域"，日本海北上二〇〇〇キロ―日本海流共同体を読む "日本海沿岸諸都市"，風土からのまちづくり―稲作の大地、畑作の大地 "津軽と南部"，「朱い渦巻」のルーツ―装飾古墳から探る日本人の源流 "福島県双葉町"，江戸の深層と東京の表層との葛藤―大都市再生のミッション（至上目標）をつかみとる "東京都"，世界遺産・白川郷の光と影―合掌づくりに込められた必死の知恵 "岐阜県白川郷"，直線型から循環型へ―琵琶湖淀川水系と古代朝鮮文化 "大阪府枚方市・茨木市"，鬼だらけの国を行く―山間地域連帯風土軸 "岡山県新見市、大阪府茨木市"，水と神々と文化の回廊―水は鉄よりも固く絹よりも軟らかい "島根県松江市"，まちづくり菜の花街道―四国は一つ、空海ネットワーク "四国の諸都市"，いつでも、どこでも、誰でもできる市民参加による地域再生（活性化）プログラム

『ツイン・オークス・コミュニティー建設記』　キャスリーン・キンケイド著，金原義明訳　明鏡舎　2003.2　270p　20cm　（Meikyosha life style books）〈星雲社（発売）〉　1900円　①4-434-02812-X　Ⓝ361.7

[内容]　現代アメリカ史における代表的成功例であり、世界でもっとも有名なコミューンでもある「ツイン・オークス・コミュニティー」の創設当初の苦闘を描くドキュメント。著者は現在も同地に在住する創立者の一人。アメリカの現代史、特にコミューン運動について語る上できわめて重要かつ貴重な文献であるというだけでなく、自らの手で理想郷を築こうと日々奮闘するその純粋な理想主義者たちの姿は、読む者の胸を打たずにはおかない。

『ボクらの街のボクらのお金―自分たちのお金をつくろう！』　あべよしひろ著，柴崎るり子絵　武蔵野　さんが出版　2002.2　96p　19cm　838円　①4-88096-038-1　Ⓝ337

[内容]　NHK「エンデの遺言」で大反響！ 不況を乗り切る「地域通貨」の奇跡。

『学歴社会のローカル・トラック―地方からの大学進学』　吉川徹著　京都　世界思想社　2001.9　244p　19cm　（Sekaishiso seminar）〈文献あり〉　2000円　①4-7907-0895-0　Ⓝ361.8

[内容]　高校卒業後、都会に出る者、故郷に残る者。そして6年、かれらはどう変わったか。ショート・ライフヒストリーと統計データを駆使して、メゾレベルで追う俊英たちの青春。大衆教育社会の青年群像。

『クジラが元気をくれるまち―千葉県銚子市発〈まちおこし〉のヒント』　信田臣一編著　札幌　寿郎社　2001.8　230p　20cm　1600円　①4-9900757-4-9　Ⓝ601.135

[内容]　黒潮にのってやってくるクジラ・イルカ、日本一早い初日の出に歴史を誇る犬吠埼灯台、そして野球王国の復活をめざす人々…。関東の突っ端・人口8万人の港町で、今、何が起こっているのか？「まち」が、「ひと」が元気になるヒント満載。

『猫ちゃんを救え！―人にも猫にも優しい街づくりを提案』　松浦美弥子著　人類文化社，桜桃書房〔発売〕　2001.6　230p　19cm　1400円　①4-7567-1201-0

[内容]　「地域猫」とは何？ その活動現場をレポートし、猫と人との関わりをわかりやすく紹介！ ノラ猫をめぐる住民間の争いを一挙解決！「エサやり」派vs.「やるな！」派の闘争は、おしまいだニャー！「小さな命を救いたい」、そんな純粋な子どもたちの願いをかなえます！ 全国で殺処分される多くの尊い命が救えます！ 猫を通して人との出会いが楽しくなり、人同士の触れあいの少ない地域にうるおいと、あたたかさと、活気がよみがえります。

『ドキュメント このまちに住みたい―路地裏の母ちゃんたちのたたかい』　高野裕恵著　大阪　シイーム出版　1995.5　172p　21cm　1500円

[内容]　大阪市生野区―。息づまる対決のすえ、ついに地上げ屋を追い返した母ちゃんたちのたたかいを、日記風につづったドキュメント。

《まちづくり・地域づくり》

『ふるさとをつくる―アマチュア文化最前

線』 小島多恵子著 筑摩書房 2014.9 243,9p 19cm〈文献あり〉1900円 ⓘ978-4-480-81841-6 Ⓝ361.7
内容 「サントリー地域文化賞」に見るこれからの地方のあり方.

『コミュニティリーダーを育てる』 龍谷大学社会学部コミュニティマネジメント学科編 京都 晃洋書房 2014.3 265p 21cm 2000円 ⓘ978-4-7710-2542-4 Ⓝ361.98
目次 コミュニティマネジメント学科の理念－五つのキーコンセプト,1 態度の変容(私たちのまちおこし論,いのちへのまなざしと語りかけ－心と身体と宗教 ほか),2 知識を増やす(健康とは,健康には－健康とライフスタイル,地域スポーツ論－スポーツ・コミュニティ・ライフデザイン ほか),3 ソーシャルスキルからアカデミックスキルへ(語りから未来を紡ぐ－方法論と実践,地域調査の二つのアプローチ ほか),4 創造へ(研究ことはじめ－参画ゼミナール,学び方を学ぶ－参画ゼミナール ほか),一〇周年以後に向けて

『「くにたち大学町」の誕生―後藤新平・佐野善作・堤康次郎との関わりから』 長内敏之著 立川 けやき出版 2013.1 179p 21cm 1500円 ⓘ978-4-87751-482-2
内容 あの三角屋根の国立駅舎が象徴する学園町は,如何にしてつくられたのか.今に残る草創期の史料を紐解き,歴史の謎を追いかけた記録.

『まちづくりスケッチ散歩』 寺崎喜三著 高崎 あさを社 2012.9 342p 22cm 1800円 ⓘ978-4-87024-543-3 Ⓝ914.6
内容 『地域活性化をどうする』に解答.まちづくりの達人の指南書.

『若者と地域をつくる―地域づくりインターンに学ぶ学生と農山村の協働』 宮口侗廸,木下勇,佐久間康富,筒井一伸編著 原書房 2010.8 237p 21cm〈執筆:海老原雄紀ほか 文献あり〉1905円 ⓘ978-4-562-09169-0 Ⓝ601.1
目次 はじめに 「協働の段階」を迎えた都市農山村交流,第1章 地域づくりインターンこそ交流の原点,第2章 地域づくりインターンで田舎が盛りあがる(農山村にとっての都市のワカモノ,農山村の生活を体験する,地域づくりをサポートする),第3章 インターンで学生はどう成長したか(ヨソモノ・ワカモノにとってのインターンシップ,学生が立ち上げた「地域づくりインターンの会」,インターン後のワカモノたちの地域づくり),第4章 「協働の段階」の都市農山村交流の進め方(農山村側の活かし方,ヨソモノ・ワカモノを送り出すにあたって,「お互いを活かしあう関係」の構築に向けて),資料編

『「まち育て」を育む―対話と協働のデザイン』 延藤安弘著 オンデマンド版 東京大学出版会 2010.7 276,6p 21cm 3200円 ⓘ978-4-13-009050-6
目次 1 タンケン,ハッケン,ホットケン!―子ども・環境・まち育ての「方法」(「環境世界子ども劇場」の提唱―創造的まち育てへ向けて,「環境遊び行動」による「共振型」まち育て,子どもの感性を高める環境デザイン),2 「まちづくり」から「まち育て」へ―実践の「作法」の変化(住環境へのしなやかな感受性―ホタルにちなむ住まい・まちづくり,市民参加の「まち育て」の価値尺度「わくわく&リーズナブル」の実現),3 高齢者の安心居場所のデザイン―老いの価値を生かす「まち育て」(「縁起の場所」としての「駒どりの家」,「老いの価値」を地域に還元するまち育て―神戸市真野地区に学ぶ,高齢社会における住まい方の創造―コレクティブ・ハウジングの可能性をさぐる),4 コミュニティ・ハウジングの創造―家としての「まち」,町としての「いえ」(コミュニティ・ハウジングへ向けて―地域からの内発的住まいづくり,家としての「まち」,町としての「いえ」―ロンドンのコベント・ガーデンとオダム・プロジェクト),5 対話と協働をデザインする―専門家・行政の「方向」感覚(創発の生活空間計画,「魔法の杖」としてのワークショップ―主体が戯れつつ自律と連帯により住環境をデザインする ほか)

『日本まちづくり事典』 井上繁著 丸善 2010.6 651p 22cm〈文献あり 索引あり〉15000円 ⓘ978-4-621-08194-5 Ⓝ318.6

『よくわかるまちづくり読本―知っておきたい基礎知識88』 香坂文夫著 技報堂出版 2010.1 208p 21cm〈文献あり 索引あり〉2800円 ⓘ978-4-7655-1762-

まちづくり・地域づくり　　　　まちづくり・災害・環境のための活動

1　Ⓝ518.8

目次 国と地方，都市計画，都市問題，市街地整備，交通計画，都市防災，都市対策，協働のまちづくり，環境問題，都市景観，都市環境，都市法規

『大学生をムラに呼ぼう─地域づくり実践事例集』　安渓遊地, 安渓貴子編著　神戸みずのわ出版　2009.4　133p　21cm　1200円　Ⓘ978-4-944173-66-2　Ⓝ601.1

内容 地域とともに歩む小さな大学とその教職員・学生たち，そして地域住民の交流のレポート集。「あってよかった」から「なくてはならぬ」への道。

『元気な学生まちづくり─平成18年度板橋区と大東文化大学との共同研究中間報告書』　大東文化大学・板橋区地域デザインフォーラム著　板橋区総務部人事課人材育成係　2007.3　112p　21cm　（地域デザインフォーラム・ブックレット　no.17）〈文献あり〉Ⓝ601.1361

『子どもと地域のまちづくり』　明治大学商学部監修, 水野勝之編著　創成社　2007.2　182p　19cm　（明治大学商学部現代GPシリーズ　1）2000円　Ⓘ978-4-7944-2253-8　Ⓝ373.1

内容 本書は，好きです浦安─こんな街にしたい会，明治大学商学部が主催した，「市区長・教育長リレー講座『子供と地域の街づくり』─街づくりにおける広域連携の枠組み作り」という講座です。教育改革は各地の独自カラーで行われる時代になりました。独自の実践を行っている全国の第一人者を講師に招き，「教育と地域」の連携，「地域と地域」の連携を通して今後の教育と街づくりのあり方を講師と受講者みんなで考えました。

『私からはじまるまち育て─〈つながり〉のデザイン10の極意』　延藤安弘とまちづくり大楽編　名古屋　風媒社　2006.6　221p　21cm　2200円　Ⓘ4-8331-1069-5　Ⓝ318.6

内容 縁が輪をなす個を生かしながら多様な人々がお互いを高めあう関係づくりとは？これからの人の生き方・育て方，そしてまちや社会を変えていくためのヒントが満載！楽しいまちづくりの技法。

◆まちづくり（農業・環境）

『田んぼアートのキセキ』　葛西幸男著　主婦と生活社　2015.7　167p　19cm　1200円　Ⓘ978-4-391-14720-9

内容 2014年来場者数約30万人！天皇皇后両陛下もご観覧。地方創生のヒントがここに。

『地産地消大学─オルタナティブ地域学の試み　続』　湯崎真梨子著　鹿児島　南方新社　2015.3　153p　19cm　1500円　Ⓘ978-4-86124-316-5　Ⓝ361.98

内容 人口減少によって崩壊寸前の地方。都市あるいは大企業に頼らず地域独自の技術，資源を地域の人々が保持し，活用することで，持続的な地域と豊かな自治が形成される。内発的発展論の具体的な実践例が次々に姿を現していく。

『大学・大学生と農山村再生』　中塚雅也, 内平隆之著, 小田切徳美監修　筑波書房　2014.3　62p　21cm　（JC総研ブックレット　No.4）750円　Ⓘ978-4-8119-0435-1　Ⓝ611.151

目次 1 いまなぜ大学・大学生と農山村なのか，2 農山村を支える大学の地域連携活動，3 総合的な地域連携の実践：神戸大学と篠山市の連携，4 県下に広げる大学とのマッチング：福島県の取組，5 まとめ：大学・大学生と農山村の相互発展，私の読み方　農山村再生における大学の役割（小田切徳美）

『農山漁村宿泊体験で子どもが変わる地域が変わる』　鈴村源太郎編著　農林統計協会　2013.11　217p　19cm　2000円　Ⓘ978-4-541-03950-7

内容 都市型生活に追われる現代の子どもたちと過疎化に悩みつつも大自然と温かな人情にあふれる農山漁村地域。普段の生活では交わることのない両者の出会いが生み出す思いもよらない感動とドラマを新進気鋭の研究チームが鋭く分析！

『社会参画の授業づくり─持続可能な社会にむけて』　泉貴久, 梅村松秀, 福島義和, 池下誠編　古今書院　2012.8　6,134p　26cm　3200円　Ⓘ978-4-7722-5262-1　Ⓝ375.33

内容 学校と地域と世界をむすぶ授業アイデア集。

まちづくり・災害・環境のための活動　　　　　　まちづくり・地域づくり

『グリーンウェイブガイドブック─子どもたちが「自然の恵み」とともにある暮らしを楽しみ感謝できる大人に育っていくことを願って：国連生物多様性の10年』　木俣知大, 高田絵美編著　「生物多様性と子どもの森」キャンペーン実行委員会　2012.3　104p　30cm　Ⓝ519.81

『理科系地理学徒の発想─地図と地域と環境の学習』　正木智幸著　学事出版　2011.5　399p　21cm　〈文献あり〉　3800円　①978-4-7619-1826-2　Ⓝ375.33
日次　理科系地理学徒の遍歴, 第1部 空間と時間 (宇宙と環境, 空間認識力育成の方法, ステレオ投影に挑戦 ほか), 第2部 自然と人間 (世界の気候, 自然環境の諸要素の結びつき, 日本の自然環境 ほか), 第3部 環境学 (環境学事始め, 環境影響評価, 自然保護 ほか)

『響き合う！ 集落（むら）と若者─緑のふるさと協力隊 農山村再生・若者白書2011』　『農山村再生・若者白書2011』編集委員会編　農山漁村文化協会　2011.3　196p　26cm　〈タイトル：響き合う！ 集落と若者〉　1900円　①978-4-540-10309-4　Ⓝ611.75
内容　地域おこし協力隊、集落支援員（総務省）や田舎で働き隊！（農水省）、大学の地域貢献のさきがけとなった、17年、520人の実績。

『スローな未来へ─「小さな町づくり」が暮らしを変える』　島村菜津著　小学館　2009.12　239p　19cm　1600円　①978-4-09-379808-2　Ⓝ601.1
内容　日本10地域とイタリア現地取材渾身レポート。"ないものねだり" から "あるもの探し" へ。自分たちの町は自分たちで創る。自分たちの暮らしは自分たちで守る。─ここには、日本の地方都市の未来に関わるヒントが込められている。

『地域の力─食・農・まちづくり』　大江正章著　岩波書店　2008.2　199,3p　18cm　（岩波新書）〈文献あり〉　700円　①978-4-00-431115-7　Ⓝ601.1
内容　格差と疲弊が広がるなかで、市民と自治体行政がともに知恵を出し合い、魅力を発信している地域がある。好循環はいかにして創り出されたのか。地域資源の活用、有機農業、林業、商店街の活性化、学校給食・食育、都市農業、公共交通…暮らしと仕事を見直し、本当の豊かさをめざす人びとの声に、未来を切り拓くヒントを探る。

『水うちわをめぐる旅─長良川でつながる地域デザイン』　水野馨生里著　新評論　2007.5　226p　19cm　1900円　①978-4-7948-0739-7
内容　水のように透明で、水に浸して扇ぐ美しいうちわ。復活の試みは、自分が岐阜に生まれた意味を探す旅へ。産業の空洞化や中心市街地の過疎高齢化、若者の流出に直面する典型的な地方都市・岐阜市。大都市からUターンした若者たちは、水うちわの復活プロジェクトをきっかけに、それまで実感の持てなかった『自分のまち』を再発見していく。やがてその活動は、長良川によって地域が繋がるという、流域再生のビジョンへと広がっていく。水うちわを育んだ長良川流域を舞台に繰り広げられる、現在進行形の物語。

『この国の未来へ─持続可能で「豊か」な社会』　佐和隆光著　筑摩書房　2007.2　205p　18cm　（ちくま新書）　680円　①978-4-480-06345-8　Ⓝ302.1
内容　この国はこれからどうなるのか。ソフトウェア産業が経済の中枢を占めるポスト工業化社会では所得格差が拡大し、リスクと不確実性が増大し、自由競争の結果が「一人勝ち」に終わる。地球温暖化や資源の枯渇といった問題も深刻化する。こうした中で「持続可能な発展」を成し遂げ、本物の「豊か」な社会を実現させるには何が必要か。そのための処方箋を、教育、福祉、グローバル化、地球環境問題など多面的な視点から提示する。「調和ある社会」への道を指し示す、希望の書である。

『わたしたちはこうして里山を再生した─小泉山から未来の子どもたちへ』　小泉山体験の森創造委員会編, 関塚正嗣監修　長野　信濃毎日新聞社　2006.11　180, 15p　21cm　1400円　①4-7840-7038-9
日次　座談会 なぜ、わたしたちは里山の再生をはじめたのか, 茅野市長インタビュー パートナーシップのまちづくり, わたしたちの想い 未来の子どもたちへ─子どもたちとつくった体験の森, 寄稿 わたしと小泉山（小泉山の思い出, 茅野市立豊平小学校児童文集『しらかば』より抜粋, 小泉山へ寄せる私たちの願い─茅野市立玉川小学校六年三部『小泉山植

『地域を調べ地域に学ぶ―持続可能な地域社会をめざして』 和田明子、浅野俊雄、内海達哉、大野新、笹川耕太郎、福田行高編 古今書院 2006.9 341p 22cm 〈文献あり〉 3800円 ⓘ4-7722-5109-X ⓝ332.9
[目次] 1 工業、2 農業、3 都市、4 まちづくり、5 外国地域、6 自然と環境、7 総合学習

『花が世界を変える―花と緑の人づくりまちづくり』 福田具可著 前橋 上毛新聞社 2006.9 179p 21cm 1905円 ⓘ4-88058-961-6 ⓝ518.85
[内容] これは花と緑のある生活を核にした「ヒトの心を育て、安心して住める社会を作る」地域行動計画である。長年積み上げてきた地道な活動と国家事業である全国都市緑化フェアとジョイント、花に彩られる郷土と生きる力にあふれる人々、新世紀型の大胆かつ地に着いた国土改造プランだ。

『エコゴコロ―環境を仕事にした女性たち』 環境ビジネスウィメン著 共同通信社 2006.6 189p 21cm 1800円 ⓘ4-7641-0573-X
[内容] 「環境問題には、生活者としての女性の視点が必要！」という小池百合子大臣の呼びかけでさまざまな業種の環境ビジネスで活躍する女性たち『環境ビジネスウィメン』が集まった。本書は第1期メンバーによる『環境ビジネスウィメン―11人成功の原点とその輝く生き方』に続く第2弾！ 2005年10月新たに選ばれた第2期メンバー9人の女性の、さらに自由な発想で生き生きと活動している姿を紹介します。

『みどりのコミュニティデザイン』 中瀬勲, 林まゆみ編 京都 学芸出版社 2002.11 222p 21cm 2400円 ⓘ4-7615-2303-4
[内容] 環境優先社会と市民活動の2つの大きなうねりのちょうど重なり合うところにあるのが、「みどりのまちづくり」である。みどりが、人々の連携を深めたり、まちづくりの原動力となることを、私達は阪神・淡路大震災からの復興まちづくりの活動の中で身をもって体験してきた。本書では、ガーデニングや園芸から公共緑化や地域づくりまで、みどりを用いて様々な形でコミュニティと関わる活動を「みどりのコミュニティデザイン」として紹介したい。

『すみよい環境づくり』 学習研究社 2002.3 47p 27cm （学校ボランティア活動・奉仕活動の本 1） 2700円 ⓘ4-05-201537-1
[目次] 実践編（この浜にもどっておいで, 村のシンボル、タンチョウにえさを, 足尾のはげ山に緑をとりもどせ, 毎日続く学校前の野鳥観察 ほか）, 資料編（美しい自然をめざそう, 減っていく森林, 増え続けるごみ）

『子どもとつくる遊び場とまち―遊び心がキーワード』 加賀谷真由美著 萌文社 2001.7 246p 21cm 2000円 ⓘ4-89491-030-6
[内容] 子育て、そして遊び場のあるまちづくりへの市民としての取り組みを生き生きとレポート。市民がつくる遊び場づくりの関連資料収録。

◆まちづくり（教育・福祉）

『隣人の時代―有縁社会のつくり方』 一条真也著 三五館 2011.4 235p 20cm 〈文献あり〉 1500円 ⓘ978-4-88320-529-5 ⓝ361.7
[内容] 本書には、「隣人祭り」をはじめ、隣人との人間関係を良くするヒントがたくさん詰まっています。「となりびと」と仲良く暮らし、幸せに生きるための本、それが本書です。これから始まるのは「無縁社会」でも「孤族の時代」でもありません。これから始まるのは「有縁社会」であり、「隣人の時代」なのです。

『他人と暮らす若者たち』 久保田裕之著 集英社 2009.11 203p 18cm （集英社新書 0518B） 700円 ⓘ978-4-08-720518-3 ⓝ365.3
[内容] 若年貧困層やプレカリアートに関する様々な議論が交わされる中、一人暮らしでもなく、恋人・家族との同居でもない、第三の居住のかたちが、若者たちの間で試され始めている。本書は、ロストジェネレーション世代の社会学者である著者が、ルームシェア、またはシェアハウジングと呼ばれる「他人との同居」を数年間にわたり調査した記録であ

り、居住問題に焦点を当てたユニークな論考である。安い家賃で快適な住まいを獲得できるシェアハウジングが、日本ではなぜ欧米ほど広まらないのか？ 家族と他人との境界線とは。

『大学発地域再生―カキネを越えたサステイナビリティの実践』 上野武著　アサヒビール　2009.7　175p　22cm（Asahi eco books 24）〈並列シリーズ名：アサヒ・エコブックス　文献あり　清水弘文堂書房（発売）〉1429円　①978-4-87950-590-3　Ⓝ377.1
[目次] 第1章 大学は地域のシンクタンクになりうるか？，第2章 大学キャンパスは都市の縮図，第3章 大学町のエリアマネジメント，第4章 大学地域連携―日本の状況，第5章 環境健康まちづくり―千葉大学の実践事例，第6章 キャンパスと地域から世界へ―3つの提言

『隣人祭り―「つながり」を取り戻す大切な一歩』 アタナーズ・ペリフィアン，南谷桂子共著　木楽舎　2008.6　173p　18cm（ソトコト新書 9）〈他言語標題：Neighbours' day〉700円　①978-4-86324-002-5　Ⓝ361.7
[内容] いまから18年前、パリの青年3人が、あるパーティーをはじめました。きっかけは、同じマンションに住むひとり暮らしの孤独なお年寄りの死。「住民同士の触れ合いがあれば、こんな悲劇は起こらなかったはず…」地域の隣人たちがそれぞれに集い、食事をしながら語り合う。それが、「隣人祭り」。年に一度、同日同時刻に世界中で一斉に開催される世界29カ国・計750万人参加の一大イベントが、ついに、日本初上陸です。2008年5月には、日本でも新宿御苑で第1回が開催されました。争いのない社会に、「隣人祭り」が必要です。暗い事件も環境問題もテロも戦争も、解決の糸口は隣人とのコミュニケーションに。

『こどもとまちづくり―面白さの冒険』 こどもとまちづくり研究会編著　風土社　1996.8　116p　26cm（まちづくり読本 2）1000円　①4-938894-02-5　Ⓝ361.98
[内容] 本書は、「こどもとまちづくり」をテーマに、生活者としての子供の視点をまちづくりに反映させる手法、また、まちや人との関わりを通じてこどもの心や創造力を育成する手法を、全国の事例を紹介しながらとりまとめたものです。

◆まちづくり（文化・観光・景観・アート）

『"つなぐ" "つながる"が生む地域の新しい魅力―高校生レストランのまち多気町に学ぶ』 日本交通公社観光文化事業部　2012.3　112p　30cm（観光実践講座講義録 平成23年度）3000円　①978-4-902927-46-7　Ⓝ689.4
[目次] 講義1 地域主体の観光の時代―"つなぐ" "つながる"が生む新しい魅力，講義2 視点を変えればまちには宝がいっぱい―出会いが生んだ「高校生レストラン」，クロストーク スパークを生む新しいつながりが魅力を創る，講義3 "ゆさぶり"講演みんなの汗と知恵が生み出すまちの魅力，講義4 農村らしい魅力はトータルで伝え、残す，みんなで深掘り長談義，「食事体験」レポート まごの店，"想い"が人を引きつける！，今回の講座をふりかえって，観光基礎講座 企業経営と観光地経営は同じ!?―境港市観光協会の取り組みに学ぶ

『観光学キーワード』 山下晋司編　有斐閣　2011.6　258p　19cm（有斐閣双書KEYWORD SERIES）1800円　①978-4-641-05891-0
[内容] 観光学を学ぶ上で基本的で重要な概念、最新の動向やテーマについて理解するために、厳選された100のキーワードを、読み切りスタイルでわかりやすく解説した。本格的な教科書への橋渡しや、観光学をはじめて学ぶ人の知識整理に役立つハンドブック。

『アニメ・マンガで地域振興―まちのファンを生むコンテンツツーリズム開発法』 山村高淑著　東京法令出版　2011.4　241p　21cm〈文献あり〉2286円　①978-4-8090-4061-0　Ⓝ689.4
[内容] 不況でも、内向き志向でも、若者が押し寄せる町がある。経済効果は10億〜20億!?（鷲宮商工会事務局長談）。現場の声、ノウハウが満載。

『子どもたちの観光力―教育旅行が地域を変える』 小椋唯一著，福島県観光連盟監修　札幌　エムジー・コーポレーション　2007.11　333p　19cm　1900円

①978-4-900253-40-7
内容 既存の観光地を見本にしてはならない。百年後のわが町、わが地域がどのような姿になっているかを考えて、計画を立てるべきだ―。教育旅行誘致の観光カリスマ・小椋唯一氏が、約40年にわたる自らの体験で得たノウハウを、実戦で役立つように分かりやすく教えてくれる、地域を元気にする方法。

◆まちづくり(都市部)

『くまモン力―人を惹きつける愛と魅力の秘密』 亀山早苗著 イースト・プレス 2014.1 213p 19cm 1000円 ①978-4-7816-1122-8 Ⓝ601.194
内容 なぜくまモンは突出しているのか。くまモンを追いかけていると、彼の「不思議な魅力」「人を惹きつけて離さない存在感」が見えてくる。本書はくまモン発の愛の循環を描いている。

『くまモンの秘密―地方公務員集団が起こしたサプライズ』 熊本県庁チームくまモン著 幻冬舎 2013.3 253p 18cm (幻冬舎新書 く-6-1)〈「もしくま」(私家版)の加筆、再構成〉 820円 ①978-4-344-98298-7 Ⓝ601.194
内容 平成二十二年「くまもとサプライズ」キャラクターとして登場したくまモン。商品売上げは一年で二九三億円、熊本のブランド価値向上への貢献は計り知れない。ゆるキャラ・くまモンを「売るキャラ」に育て上げたのは、PRもキャラクタービジネスも経験ゼロの、しがない地方公務員集団・チームくまモン。くまモン失踪事件などの物語戦略、利用料フリーで経済を活性化させる楽市楽座戦略等々、公務員の常識を打ち破る自由な活動を展開し、自治体史上例のない成功を遂げた奇跡のプロジェクトの全貌。

『マンションをふるさとにしたユーコート物語―これからの集合住宅育て』 乾亨, 延藤安弘編著 京都 昭和堂 2012.1 306p 図版32p 21cm 2900円 ①978-4-8122-1156-4 Ⓝ365.35
内容 表紙の子どもの絵にみるように、ユーコートの子どもたちは、花や緑、土や水などの環境と共生する集合住宅で育った。入居後四半世紀たって、第二世代の里がえりがおこり、老若多世代が混ざりあう、持続するサスティナブル・コミュニティづくりへ。「コミュニティ」とは「みんななかよし」という意味ではなく、たゆまずおこる問題を「どうやったら解きほぐせるか」「何のために何を求めて進むんや」というホンネトークができる、人と人のつながりのこと。震災復興に向けてのふるさと再生有縁コミュニティ住宅の例として、各地のマンション居住・集住のすこやかさに向けて、ここには共に住む希望のメッセージが充満している。

『大阪・北芝まんだら物語―であいがつながる人権のまちづくり』 北芝まんだらくらぶ編著 明石書店 2011.6 216p 26cm 1800円 ①978-4-7503-3417-2 Ⓝ604.163
内容 北芝は大阪の北部、箕面市に存在する集落ですが地図にはありません。しかし愛情と誇りをこめて私たちは「きたしば」と名乗っています。この本は、北芝の人びとが曼荼羅のようにつながりあって活動してきた記録です。

『野田+福島―路地裏から「ほたるまち」まで』 都市大阪創生研究会編著 大阪市 創元社 2009.1 119p 26cm 933円 ①978-4-422-25053-3
内容 ラビリンスの路地を歩いていると長屋を改装した隠れ家のようなレストランがある。福島区内に12軒ある個性的な銭湯、秀吉も愛でた野田の藤、中央卸売市場見学&グルメ、『泥の河』の文学散歩、日だまりに眠るネコ、大阪の新しい顔「ほたるまち」…。ワンダーランド「野田+福島」の「歩く、見る、食べる」を満喫する1冊。

『一人ひとりのまちづくり―神戸市長田区・再生の物語』 中和正彦著 大日本図書 2008.5 180p 20cm (ドキュメント・ユニバーサルデザイン) 1600円 ①978-4-477-01930-7 Ⓝ518.8
目次 第1章 1995・1・17以前, 第2章 まちが生まれ変わるまで―タクシー会社社長がつなぐ「人」と「まち」, 第3章 商店街にできること―惣菜店の店主が架ける地域連携の橋, 第4章 なにかできひんかな―障害の有無や種類にかかわらない交流の場をつくる, 第5章 人間こそがメディア―さまざまな言葉で語り合うコミュニティ放送局, 第6章 被災地から発信する「みんなの幸せづくり」―長田区ユニバーサルデザイン研究会の誕生, おわりにつながりと助け合いが社会を変えていく

まちづくり・災害・環境のための活動　　　　　　まちづくり・地域づくり

『葉っぱで2億円稼ぐおばあちゃんたち——田舎で生まれた「元気ビジネス」成功法則25』　ビーパル地域活性化総合研究所編　小学館　2008.1　239p　19cm　1200円　Ⓘ978-4-09-366536-0　Ⓝ601.1
|内容| BE-PAL連載「ゲンキな田舎！」の単行本。きれいに育てた葉っぱを料亭などに卸して年商2億円稼いでいるおばあちゃんなど25の成功例を紹介。

『NPO「ぽんぽこ」——多摩ニュータウン発市民ベンチャー』　富永一夫著　日本放送出版協会　2000.4　209p　19cm　〈年表あり〉　1300円　Ⓘ4-14-080506-4　Ⓝ335.8
|内容| 本書は「地域発NPO活動の実践書」である。「クオリティ・オブ・ライフ」の時代の主役が、行政でも企業でもなく、地域発NPOだということを教えてくれる。本書はまた、「新しい経営の実践書」でもある。フラットでフレキシブルな組織、アウトソーシングとIT活用など、ごく自然に実践して見せてくれる。著者の人間愛に貫かれた、清々しい書として推薦したい。

◆まちづくり（地方）

『神山プロジェクト——未来の働き方を実験する』　篠原匡著　日経BP社　2014.3　223p　19cm　〈日経BPマーケティング（発売）〉　1500円　Ⓘ978-4-8222-7443-6　Ⓝ601.181
|内容| 徳島県神山町。山深いこの町に、若きクリエイターや起業家が集う。なぜ徳島の片田舎に若者たちが吸い寄せられるのか。新しい働き方、クリエイティブを生む場づくり、地域再生の方法論、不確実を楽しむ生き方——。現代の日本人が抱える課題の答えがここにある。

『高校生から見た地域の魅力と課題——庄内どうでしょう　東北公益文科大学公益総合研究センター庄内プロジェクト公開シンポジウム報告書』　〔酒田〕　東北公益文科大学公益総合研究センター　2013.3　65p　30cm　〈会期・会場：平成24年12月8日　東北公益文科大学酒田キャンパス公益ホール　平成24年度庄内開発協議会公益のふるさとづくり活動補助事業〉　Ⓝ361.7

『僕たちは島で、未来を見ることにした』　巡の環著　木楽舎　2012.12　295p　19cm　1800円　Ⓘ978-4-86324-056-8　Ⓝ602.173
|内容| 「社会が変わるとき、自分たちはどこに居たいだろうか」僕たちが選んだ場所は、ニューヨークでも、東京でもなく、島根県の離島、隠岐諸島にある海士町だった。そして僕たちはその島で「学校」をつくるべく、起業した——。離島で起業した著者による、島と地域と未来の入門書。

『ローマ法王に米を食べさせた男——過疎の村を救ったスーパー公務員は何をしたか？』　高野誠鮮著　講談社　2012.4　254p　19cm　1400円　Ⓘ978-4-06-217591-3　Ⓝ318.643
|内容| CIAの戦略に基づいてメディアを駆使し、ローマ法王にアラン・デュカス、木村秋則にエルメスの書道家、そしてNASAの宇宙飛行士や総理大臣も味方につけて限界集落から脱却させた市役所職員。

『奇跡のむらの物語——1000人の子どもが限界集落を救う！』　辻英之編著　農山漁村文化協会　2011.11　268p　19cm　1700円　Ⓘ978-4-540-11106-8　Ⓝ371.31
|内容| わずか25年で、この村にいったい何が起こったのだろうか。ヨソモノ・若者がむらに根を張り、山村教育で巻き起こした奇跡の旋風。まちの子どもを対象とした「暮らしの学校だいだらぼっち」、「子ども山賊キャンプ」からむらの子どもが主役になる「あんじゃね自然学校」へ。具体的な実践手法や経営術とともに、NPOグリーンウッドが歩んだ25年の葛藤と地域再生の道を綴る。

『高校生レストランの奇跡』　岸川政之著　津　伊勢新聞社　2011.7　252p　19cm　1400円　Ⓘ978-4-903816-21-0　Ⓝ318.656
|内容| 連続ドラマのモデルになった高校生レストラン「まごの店」。営業日は、常に満席・即完売の大盛況！　しかし、設立までの道のりは困難の連続だった。前例のない町おこしの事業に全力でぶつかっていく。噂の役場職員の奮闘記。

『書を持って農村へ行こう——早稲田発・農山村体験実習のすすめ』　堀口健治,加藤基樹編　早稲田大学出版部　2011.3

まちづくり・地域づくり　　　　　まちづくり・災害・環境のための活動

254p　19cm　1800円　⓪978-4-657-11001-5　Ⓝ377.15
内容　見た・聴いた・触れた——学生たちは何を考え行動したか？　早稲田大学とユニークな農山村との交流の記録。

『地方発みんなでつくる子育て支援—上越市マミーズ・ネットの挑戦』　金山美和子,中條美奈子,荻原佐知子著　子どもの未来社　2010.4　159p　21cm　1500円　⓪978-4-86412-007-4　Ⓝ369.42
内容　子育て支援ネットワークのあり方、運営方法、支援者と利用者の関係づくり、地域とのつながり方、問題解決の方法などをわかりやすくアドバイス。男女共同参画の視点に立ち、親たちが子どもといっしょに出かけられ、ゆっくり自分の時間が持てる場所をめざした広場づくりなど、地域が活きいきし、元気になる事例を具体的に紹介。「子育て支援」に関わるすべての人たち、行政担当者必読の書。

『小布施まちづくりの奇跡』　川向正人著　新潮社　2010.3　223p　18cm　（新潮新書 354）　720円　⓪978-4-10-610354-4　Ⓝ518.8
内容　毎年一二〇万人の観光客が訪れる長野県小布施町。この小さなまちの何に、人々は惹きつけられるのか—。そのヒントは、「修景」というまちづくりの手法にあった。伝統的な町並みに固執しすぎない。とはいえ、まちの歴史をまったく無視した再開発でもない。いまあるもの、そこに暮らす人々の思いを大切にしながら、少しずつ景観を修復して、まちをつくってゆく。奇跡ともいわれる小布施流まちづくりを内側から描き出す。

『ルポ日本の縮図に住んでみる』　日本経済新聞社編　日本経済新聞出版社　2009.12　245p　19cm　1600円　⓪978-4-532-16728-8　Ⓝ302.1
内容　日経夕刊「こころのページ」から、"アラ還記者"が1カ月住んで、話して、じっくり考えた、私たちの今日、そして明日…。

『田舎力—ヒト・夢・カネが集まる5つの法則』　金丸弘美著　日本放送出版協会　2009.8　204p　18cm　（生活人新書 297）　700円　⓪978-4-14-088297-9　Ⓝ601.1
内容　「ないないづくし」にあえぐ地方の中から、都会もうらやむ活力と雇用を創出する田舎が出てきた。地域おこしの成否は、いったいどこで決まるのか。全国800の農山漁村をまわってきた著者が、「発見力」「ものづくり力」「ブランドデザイン力」「食文化力」「環境力」の5つの力に焦点を当てて検証する。ふるさとに生きがいと誇りを取り戻す1冊。

『奇跡のご当地ヒーロー「超神ネイガー」を作った男—「無名の男」はいかにして「地域ブランド」を生み出したのか』　海老名保著　WAVE出版　2009.5　187p　19cm　1500円　⓪978-4-87290-411-6　Ⓝ775.5
内容　海を、山を、秋田を守る正義の地産地消ヒーロー、超神ネイガー。「泣ぐ子はいねぇがぁ〜？」から生まれたなまはげのヒーローは、デビューから3年で、テレビ、CM、ゲーム、CD、関連グッズなどあらゆる地元産業に進出。その経済効果は数億円！　県民に熱狂的に愛されるヒーローはなぜ生まれたのか。プロレスラー、アクション俳優、スポーツジム経営に挫折した男が逆転勝利をつかむきっかけは—？　地域ビジネス成功のヒント満載。

『セーラが町にやってきた』　清野由美著　日本経済新聞出版社　2009.3　246p　15cm　（日経ビジネス人文庫 484）〈プレジデント社2002年刊の加筆、修正〉　667円　⓪978-4-532-19484-0　Ⓝ601.152
内容　1994年、春。長野県の小さな町・小布施に、金髪の若い女性がやってきた。彼女の名は、セーラ・マリ・カミングス。アメリカ生まれの日本好き、後に「女カルロス・ゴーン」とも呼ばれるその女性は、廃業寸前の老舗造り酒屋の再建に始まり、さまざまなアイデアで「小布施町ルネッサンス」を起こす。町に会社に、八面六臂の活躍をする台風娘を密着取材した話題の書。

『近江楽座のススメ—学生力で地域が変わる/4年間の軌跡』　滋賀県立大学近江楽座学生委員会編著　ラトルズ　2008.12　196p　21cm　1800円　⓪978-4-89977-229-3　Ⓝ377.21
内容　スチューデントファーム「近江楽座」まち・むら・くらしふれあい工舎は、2004年より滋賀県立大学で行われている、学生が主体となって地域活性化に貢献する活動を行うプロジェクトを学内で公募、選定するとともに、

まちづくり・災害・環境のための活動　　　　　　　　　　　　　　　環境

選ばれたプロジェクトには、3つのサポートシステムで活動を援助するという取り組み。地域よし、大学よし、学生よし、現代の三方よしが、実践されている。

『未来を耕す―いなかインターンシップの挑戦』　高知　南の風社（製作）　2008.5　97p　21cm　〈他言語標題：Cultivation for the future　年表あり〉　1000円　Ⓣ978-4-86202-020-8　Ⓝ601.184

『夕張への手紙―ナタリアの「転んでもただで起きない！」日本改造プラン』　ナタリア・ロシナ著　日経BP社　2007.12　206p　19cm　〈日経BP出版センター（発売）〉　1200円　Ⓣ978-4-8222-4620-4　Ⓝ602.115

内容　倒産地域にちゃんとお金を落とそう。毎月最低1冊ビジネス書を読もう。経営理念を作ろう。「貧乏」から這い上がったロシア生まれの女性経営者が、勉強不足で変化を嫌う日本人全員に贈る熱い言葉。

『ふるさと遺産―地域固有の自然・歴史・文化資源を見直す　ジャパン・コンテンツ』　塚原正彦編著　日本地域社会研究所　2007.11　161p　21cm　（コミュニティ・ブックス）　2000円　Ⓣ978-4-89022-876-8　Ⓝ601.1

内容　未来がみえる9つのジャパン・コンテンツを紹介。幸せのかたちを探す未来への旅。

『そうだ、葉っぱを売ろう！―過疎の町、どん底からの再生』　横石知二著　ソフトバンククリエイティブ　2007.9　215p　20cm　1500円　Ⓣ978-4-7973-4065-5　Ⓝ602.181

内容　男は朝っぱらから大酒をあおり、女は陰で他人をそしり日々を過ごすどん底の田舎町。この町でよそ者扱いされた青年が、町民の大反発を買ったことから始まった感動の再生ストーリー。今では70代、80代のおばあちゃんたちが、売上高2億6000万円のビジネスを支え、人口の2倍もの視察者が訪れる注目の町に変貌した。著者が二十数年かけて成し遂げた命がけの蘇生術の全貌が明らかになる。

『妖怪になりそこなった男―水木しげるロード物語』　黒目友則著　YMブックス　2007.7　267p　20cm　〈年表あり　やのまん（発売）〉　1429円　Ⓣ978-4-903548-04-3　Ⓝ601.172

内容　水木しげる氏に「境港市の"天才企画者"即ち"水木しげるロード"を企画した"怪人"」と評され、国土交通省の「観光カリスマ百選」にも選ばれた著者が自らの言葉でつづる波乱万丈のストーリー。さびれた港町が「妖怪の町」に変わるその一部始終。

『由布院の小さな奇跡』　木谷文弘著　新潮社　2004.11　223p　18cm　（新潮新書）　700円　Ⓣ4-10-610094-0

内容　由布院は盆地である。かつては山に囲まれた普通の田舎だった。名所旧跡もない。温泉の湧出量は全国第二位という豊富さだが、客は少なかった。現在、旅館も増え、みやげ物屋が立ち並び、国内温泉地のなかでトップクラスの人気を集めるようになった。年間の観光客は三百八十万人、宿泊客は九十五万人を数える。この奇跡的な成功の陰にはどのような努力があったのか。「由布院ブランド」を築き上げたまちづくりの物語。

『花をたずねて吉野山―その歴史とエコロジー』　鳥越皓之著　集英社　2003.2　205p　18cm　（集英社新書）　700円　Ⓣ4-08-720182-1

内容　今日、桜の名所として有名な吉野山だが、本来自然な山が、なぜ一面桜に覆われているのか？　その理由を、吉野山が持つ意味から検証する。役小角が桜の木に刻んだと伝えられる蔵王権現。それを本尊とする金峯山寺蔵王堂は吉野山岳信仰の修験道の聖地である。他方、吉野山は、国政上の敗者が逃げ込んだ山でもあり、また天皇行幸の場、仏教修行の場としても重要な意味をもっていた。…いつ頃から、だれが、なんのために植えて、桜の山になったのか？　お花見はいつ頃から始まったのか？　『日本書紀』以来、桜とともに歩んできた日本の歴史、日本の文化の深層を探る。それらの分析を通じて、あわせて、日本の自然環境保護運動・環境NPOの原点を求める。

《環境》

『ワンガリ・マータイさんとケニアの木々』　ドナ・ジョー・ナポリ作，カディール・ネルソン絵，千葉茂樹訳　鈴木出版　2011.3　1冊　31×24cm　1900円　Ⓣ978-4-7902-5223-8

環境　　　　　　　　　　　　　　　　　まちづくり・災害・環境のための活動

内容 幼いころに聞いたアフリカの知恵を生かして、ワンガリ・マータイさんは、根気よく木を一本一本植えつづけてきました。ワンガリさんたちが植えた木は、やがて平和のグリーンベルトとなり、ケニアだけでなく世界じゅうに広がっていったのです。実現可能で、持続可能な環境との取り組みかたを提唱し、先頭に立ってそれをあきらめることなく実行しつづけたワンガリさんは、2004年、ノーベル平和賞を受賞しました。「MAMA MITI 木の母」と呼ばれるケニアの女性、ワンガリ・マータイさんの知恵と情熱を伝える物語です。

『アフリカに緑の革命を！―ニッポンNPO戦記』　大高未貴著　徳間書店　2008.4　247p　20cm　1500円　①978-4-19-862515-3　Ⓝ612.4

内容 アフリカが緑の沃野に変わるとき、地球も生まれ変わる。ノーベル平和賞を受賞したボーローグ博士の"緑の革命"をアフリカの大地に根づかせようと、SG2000の支援のもといまもグリーンファイターたちは闘い続ける。

◆環境NPO

『そうだ、トマトを植えてみよう！―地域を変える食と農』　大塚洋一郎著　ぎょうせい　2014.6　194p　19cm　1900円　①978-4-324-09850-9

内容 経済産業省大臣官房審議官として農商工等連携促進法の制定・運用に携わった後役所を早期退職して、55才で農業支援のNPOを設立。安定した生活を捨てて「地方と都会」「食と農」を結ぶ現場の仕事に生きがいを見いだすまでの心の葛藤、家族の反対と理解、同じ志を持つ人たちとの出会いなど、悲喜こもごものドラマ。六次産業化、都市農村交流、都会のマルシェ販売、特産品開発、被災地の援農ボランティア活動など、地方を元気にするヒントが満載！

『守られなかった奇跡の山―高尾山から公共事業を問う』　高尾山の自然をまもる市民の会編　岩波書店　2013.12　71p　21cm　（岩波ブックレット　No.888）　640円　①978-4-00-270888-1　Ⓝ519.81365

内容 その計画は1984年に発表された。高速道路を通すため、国定公園である高尾山にトンネルを掘る。寝耳に水の出来事で、ただちに反対運動が湧き起こった。しかし、ついにトンネルは掘られ、2012年3月にはインターチェンジが開通。けれども、28年にわたる粘り強く熱い反対運動と裁判から得られたものは少なくない。自然保護と脱公共事業の先駆的な活動として注目を集める市民運動の当事者たちが、自らの思い、教訓、未来への展望を伝える。

『だれもがクジラを愛してる。―Big Miracle』　トム・ローズ著, 阿部清美訳　竹書房　2012.7　463p　15cm　（竹書房文庫）　695円　①978-4-8124-9015-0

内容 日本がバブル経済に沸いていた1988年10月、世界ではある事件が話題となっていた。アラスカ州バロー沖の北極海で3頭のコククジラが氷の中に閉じ込められているニュースが放送され、自然環境保護活動家や石油採掘会社、地元住民、州兵部隊までもがクジラ救出に参加した。そして世界から救出現場に報道陣が押し寄せ、事件はアメリカ政府＝ホワイトハウスと当時冷戦の最中であったソ連までを動かすこととなり、世界を巻き込んでこのクジラ救出が注目されたのだった。実際にあった"大きな奇跡"を追った、傑作ノンフィクション。

『サンゴいっぱいの海に戻そう―美ら海振興会がめざす未来』　松井さとし, 吉崎誠二著　芙蓉書房出版　2011.11　155p　19cm　1800円　①978-4-8295-0543-4

内容 沖縄の海からサンゴが消えようとしている！きれいな海を取り戻すために起ち上がったNPO法人の奮闘記。サンゴの植え付け事業・水中清掃事業・水中清掃事業・陸上清掃事業・安全学習事業。沖縄のダイビングショップを中心に結成した美ら海振興会の事業が環境保全活動の新しいモデルとして注目されている。

『富士山学への招待―NPOが富士山と地域を救う』　渡辺豊博著　第2版　横浜春風社　2010.8　189p　21cm　1500円　①978-4-86110-229-5　Ⓝ519.8154

内容 日本の環境問題の縮図ともいわれる富士山。し尿対策にはバイオトイレ設置、ゴミ放置問題には清掃活動の実施など、NPOパワーによるユニークな富士山再生活動の全貌を紹介。

『緑のふるさと協力隊―どこにもない学校 農山村再生・若者白書2010』 『農山村再生・若者白書2010』編集委員会編 農山漁村文化協会 2010.3 210p 26cm 1900円 ①978-4-540-10138-0 Ⓝ611.75
内容 行ってみませんか？ 受け入れてみませんか？ 16年で465人が巣立つた1年間の農山村体験。

『ぼくらは農業で幸せに生きる』 田中進著 ザ・ブック,河出書房新社〔発売〕 2010.1 215p 19cm 1400円 ①978-4-309-90863-2
内容 農業の「新しいカタチ」を創る。

『自然のなかで働きたい―動物・植物・気象・環境』 しごと応援団編著 理論社 2008.3 189p 19cm （女の子のための仕事ガイド 7） 1000円 ①978-4-652-04957-0
内容 トリマーからタレント動物の管理までを担当（ペットショップ）、念願の店長になって好きな店づくりがうれしい（花屋）、楽しくゆかいなお笑い天気予報（気象予報士）、エコバッグで新しいライフスタイルを提案する（企業のエコ部門）などなど、生き物や自然にかかわる仕事を紹介。

『バオバブの木の下で―マダガスカルの自然と人と15年 ボランティアサザンクロスジャパン協会の歩み』 淡輪俊監修,ボランティアサザンクロスジャパン協会,進化生物学研究所,東京農業大学「食と農」の博物館企画編集 東京農業大学出版会 2007.3 132p 22×22cm 〈年譜あり〉 4000円 ①978-4-88694-109-1 Ⓝ519.8491
目次 活動拠点選びと近藤先生の理念,バオバブの国マダガスカル,マダガスカルの自然は今―森の現状とボランティアサザンクロスジャパン協会のとりくみ,サザンクロスの森の植物たちとその仲間,バオバブの森に住む活動地の人々とそのくらし,バオバブの森を守り育てる―ボランティアサザンクロスジャパン協会の活動,スタッフダイアリー,東京農大A・A研マダガスカルを行く,サザンクロスの歩み―近藤典生の環境共生思想展開の道のり,未来に向けて,資料

『環境ボランティア―知る・考える・行動する』 岩井雪乃編 WAVOC 2006.3 70p 26cm 〈文献あり 年表あり〉 1000円 Ⓝ519

『ダイコン一本からの革命―環境NGOが歩んだ30年』 藤田和芳著 工作舎 2005.11 267p 20cm 〈文献あり〉 1800円 ①4-87502-389-8 Ⓝ611.61
内容 有機野菜を30年前から売り続けてきた「大地を守る会」の設立から30年の活動記録。

『モッタイナイで地球は緑になる』 ワンガリ・マータイ著,福岡伸一訳 木楽舎 2005.6 279p 19cm 〈原書第2版〉 1429円 ①4-907818-56-4
内容 木を植えることが、平和につながるとはどういうことなのか？ 環境に対する取り組みで初めてノーベル平和賞を受賞したケニア人女性、ワンガリ・マータイ。アフリカに「グリーンベルト運動」を広め、持続可能な開発や、平和な社会づくりに貢献してきた彼女が、いかに貧しい農村女性を励まし、政治腐敗と闘ってきたのか。アフリカ人女性として初のノーベル賞受賞者、マータイ氏自身が書き下ろした初の邦訳本。附章として、来日の際、「もったいない」という日本語に感激し、「モッタイナイを国際語として広めましょう」と国連会議の場をはじめ、世界各地で呼びかけているマータイ氏の講演も特別収録。

『沙漠にポプラを植える―環境問題』 石原尚子著,こどもくらぶ編 ほるぷ出版 2004.11 39p 29cm （できるぞ！NGO活動） 2400円 ①4-593-57902-3 Ⓝ519
内容 沙漠化ってなに？ 森林破壊や海の汚染はどうしておこるの？ 日本の子どもたちの実際の活動をとおして、いま地球でおこっている環境問題をとらえ、それに対してなにができるかを考える。

『自然をケアする仕事がしたい！―現場の本音を聞いて資格と仕事を選ぶ本』 住博著 彩流社 2003.7 139,2p 21cm （オフサイド・ブックス） 1500円 ①4-88202-628-7
内容 新しい生き方の選択！ 森林インストラクター、樹木医、NPOの仕事、環境教育の指導者、「緑の雇用」…資格のとり方・学び方から就職方法まで「自然」とかかわりながら働くためのガイドブック。

『**NGO海外フィールド教本—国際支援活動のためのフィールドトレーニング＆ライフセービングマニュアル**』 鄭仁和著　並木書房　2002.12　179p　21cm　2000円　Ⓘ4-89063-157-7　Ⓝ329.36

内容 海外でのNGO（非政府組織）活動を志す者は、目指す地域の自然環境や文化環境の厳しさに負けないだけの体力・精神力を有していなければならない。そのためには身体を鍛え、生活技術を習得し、変化する状況を的確に見抜く観察力を養う必要がある。本書は海外でのNGO活動中に発生すると予想される、戦争を含む人造災害と自然災害に対処する方法をできるだけ詳しく説明したものである。

『**自然保護レンジャーになるには**』　自然保護レンジャー研究会編　ぺりかん社　2002.1　150p　19cm　（なるにはbooks 73）〈付自然保護ボランティア〉　1170円　Ⓘ4-8315-0986-8　Ⓝ519.81

内容 国立公園やサンクチュアリ、身近な自然の中で、自然を守るために活動している人がいる。これが自然保護レンジャー。本書では、環境省レンジャーをはじめ、（財）日本野鳥の会レンジャー、（財）日本自然保護協会（NACS・J）の自然観察指導員などが登場。また、あわせて自然保護ボランティアについても紹介する。

『**環境ボランティアナビ—地球を楽しむ**』　学習研究社　2000.5　198p　21cm　（学研eco-books　地球市民として暮らす 1）　1600円　Ⓘ4-05-401170-5　Ⓝ519

内容 どうせ働くなら「ありがとう」といわれる仕事を。自然の中で汗を流し、知らなかった人たちと知り合い、もう一人の自分を発見する。新しい出会いと味わったことのない感動を！すぐに役立つ環境NGOリスト付。

《地縁組織》

『**世のため人のため自分のための地域活動**』　みんなで本を出そう会編　日本地域社会研究所　2014.6　247p　19cm　（コミュニティ・ブックス）　1800円　Ⓘ978-4-89022-147-9

目次 地域活動の実践を本にして残すには，生涯スポーツの実践，盆踊りのエンタテイメント分析，私のセカンドライフ活動の軌跡と奇跡，かみたかだ地域ことぶき会の取り組みとその後の活動，地域に居場所と出番をつくるために，南足柄市観光ボランティアガイド講座に参加して，学習支援のボランティア団体がNPO法人になるまで，「大人の社会科見学」の意義とその神髄，なかの「大豆」プロジェクトの実柄活動，退職後の私のライフワーク，「反主流派の人生」からの脱却を目指して，学びの人生修業—生涯学習施設巡りを中心に

『**日本のスカウト遺産百選**』　矢島嚴著　横浜　環境共育グループビスタワールド　2010.12　222p　26cm〈発行所：糺書房　年表あり〉1500円　Ⓘ978-4-902644-10-4　Ⓝ379.32

『**こうして育つ**』　全国子ども会連合会　2008.2　39p　30cm〈文部科学省委託事業「青少年の自立支援と地域の大人の役割」〉　Ⓝ379.3

『**緑の少年団活動の手引き—組織化と活動の進め方**』　全国緑の少年団連盟,国土緑化推進機構編　全国緑の少年団連盟　2007.5　137p　30cm〈共同刊行：国土緑化推進機構〉　Ⓝ379.32

『**青年の世紀**』　多仁照広著　同成社　2003.2　219p　19cm　（同成社近現代史叢書）　2500円　Ⓘ4-88621-264-6

内容 明治中期、青年団が若者仲間に代わって登場し、時代の波のなかで様々な役割を演じる。本書は、「青年」が20世紀を通じてどのように概念を拡張させ変化し、そして失われようとするかを、淡々と描き出す。

『**やればわかる地域活動の魅力—「山形方式」で広がる高校生ボランティアとは？**』　堀米幹夫著　本の時遊社　2000.9　213p　19cm〈星雲社（発売）〉1600円　Ⓘ4-434-00561-8　Ⓝ379.3

内容 身近な地域社会で、今すぐできることから始めよう！学校を離れ、地域で活躍する高校生。教えるのでなく、大人と子供の相互作用から育まれる社会性。「地域の再構築」を提唱する著者が、23年間の活動をわかりやすく解説した教育関係者、青少年必読の書！堀田力氏との対談も収録。

まちづくり・災害・環境のための活動　　　　　　　　　　　　　　　　　　　　　　地域通貨

◆自治会・町内会

『あなたの「町内会」総点検―地域のトラブル対処法』　佐藤文明著　3訂増補版　緑風出版　2010.12　227p　21cm　（プロブレムQ&A）　1900円　Ⓘ978-4-8461-1016-1　Ⓝ318.8

内容　ゴミ当番・回覧板・募金・子供会・国勢調査など…事実上の強制加入で、役所や警察、消防など行政の下請けのようになっている町内会・自治会、消防団・防災団・防犯協会、婦人会・青年団の在り方などに、日頃から疑問を持っている人は多い。そうしたあなたの疑問に答える、唯一の町内会・自治会問題の入門書。あなたの地域の疑問を総点検し、どうすれば住民本意のものに改革できるかを考える。94年初版以来、大好評ロングセラーの三訂増補版。

『PTA・自治会広報誌ラクラク作成ハンドブック―ゼロから2カ月で発行できるノウハウ満載　今日から役立つ入門書！』　増田ゆきみ著　東大阪　遊タイム出版　2009.12　127p　26cm　1800円　Ⓘ978-4-86010-277-7　Ⓝ674.7

内容　誰でも楽しく広報誌を発行できるノウハウを全公開。編集会議から、取材、撮影、文章、入稿、校正、発行まで徹底解説。すぐに使える実例やテンプレートもいっぱい。

《地域通貨》

『アトム通貨で描くコミュニティ・デザイン―人とまちが紡ぐ未来』　アトム通貨実行委員会編　新評論　2015.4　258p　19cm　〈年表あり〉　1800円　Ⓘ978-4-7948-1005-2　Ⓝ337.21361

内容　手塚治虫の願いを理念にしたアトム通貨。その成功のカギとは?!国内九つの地域を活性化に導いた魅力のすべてを紹介。

『地域通貨入門―持続可能な社会を目指して』　廣田裕之著　改訂新版　アルテ　2011.4　188p　19cm　〈星雲社（発売）〉　1800円　Ⓘ978-4-434-15496-6　Ⓝ337

内容　現在の経済制度の弊害を剔出しそれを補完する新たな通貨システムを構想する。世界各地で勃興しつつある地域通貨の最新事例を紹介する待望の改訂新版。

『地域だけのお金』　中村達也著，ウノカマキリ絵　岩崎書店　2006.3　37p　26cm　（お金とくらしを考える本 4）　2300円　Ⓘ4-265-05534-6

内容　お金は100円玉や1000円札のように、目で見ることができます。でも、人と人をつなぐお金の役割や、お金と社会の関係は目では見えません。だから頭で考えて、正しく理解することが大切なのです。このシリーズは、お金の便利さやこわさをきちんと理解して、上手に正しく使えるようになることを目的につくられました。上手に正しく使わなくてはいけないのは、私たちだけでなく、会社や銀行や国も同じです。「お金はよい召使いであるが、悪い主人でもある」。こんなことわざがあります。お金を「悪い主人」にしないためには、どうしたらいいのか、このシリーズを通じてみなさんといっしょに考えてみましょう。

『やってみよう！地域通貨』　ぷぎん地域経済研究所編著　学陽書房　2003.3　155p　21cm　〈文献あり〉　2000円　Ⓘ4-313-81407-8　Ⓝ337

内容　日本各地の多様な地域通貨を紹介。導入の手順から運営方法までを具体的に解説。

『エンデの警鐘―地域通貨の希望と銀行の未来』　坂本龍一，河邑厚徳編著　日本放送出版協会　2002.4　318p　20cm　1600円　Ⓘ4-14-080667-2　Ⓝ337

内容　エコロジーの破局か、エコノミーの破滅か―未来世代の希望につながる「第三の道」はあるか？ ファンタジー作家M・エンデに導かれ、音楽家・坂本龍一とともに、「未来を奪う経済学」を撃ち、地域通貨の実践と銀行の胎動を紹介する。

『パン屋のお金とカジノのお金はどう違う？―ミヒャエル・エンデの夢見た経済・社会』　子安美知子監修，広田裕之著　オーエス出版　2001.7　238p　20×14cm　1500円　Ⓘ4-7573-0087-5

内容　なぜお金持ちは寝ているだけでお金が増えるのか？ なぜたくさん働いてもお金は消えていくのか？ なぜ借金がこんなにかさむのか？ エンデのファンタジー世界からお金の本質が見える。

ヤングアダルトの本 ボランティア・国際協力への理解を深める2000冊　　195

《災害復興と市民活動》

『命を救われた捨て犬夢之丞―災害救助泥まみれの一歩』 今西乃子著, 浜田一男写真 金の星社 2015.4 157p 22cm （ノンフィクション知られざる世界）1300円 ①978-4-323-06089-7 Ⓝ369.3
内容 泥にまみれて広島で救助活動を行った1匹の災害救助犬。夢之丞という名のその犬は殺処分寸前で救われた犬だった―殺処分直前に動物愛護センターから引き出された1匹の子犬。おくびょうで人をよせつけず、散歩すら苦手。食べ物への欲もなかったこの子犬は、やがて新米ハンドラーと共に訓練をなし災害救助犬として新たな一歩をふみだした。

『アーカイブ・ボランティア―国内の被災地で、そして海外の難民資料を』 大西愛編 吹田 大阪大学出版会 2014.6 183p 19cm （阪大リーブル）1700円 ①978-4-87259-430-0
内容 シニアがはじめた活動に若者も参加し、海外オフィスを体験。迫害を逃れた難民の資料をフォルダに入れてアーカイブは残る。

『子どもの悲しみとトラウマ―津波被害後に行われたグループによる支援活動』 BRIS, モニカ・ホルム編, 谷沢英夫訳, 平田修三解説 新評論 2014.6 212p 19cm 2200円 ①978-4-7948-0972-8
内容 悲しみ、悩み、不安などで覆われている心の窓が、ミーティングを重ねるたびに開かれてゆく！スウェーデンのNGO団体「BRIS」が行った支援活動の過程。

『災害ボランティア―新しい社会へのグループ・ダイナミックス』 渥美公秀著 弘文堂 2014.3 285p 19cm 1800円 ①978-4-335-55162-8 Ⓝ369.3
内容 一九九五年の阪神・淡路大震災から始まった災害ボランティア活動は、二〇〇四年の新潟県中越地震などを経て日本社会に定着した。そして、二〇一一年の東日本大震災に遭遇した。そこで何が起きたのか？ 実践と学問の見事な達成によって、新しい社会の構想を提起する。

『思い出をレスキューせよ！―"記憶をつなぐ"被災地の紙本・書籍保存修復士』 堀米薫著 くもん出版 2014.2 111p 21cm 1400円 ①978-4-7743-2234-6
内容 写真、本、手紙や書き物、賞状…、長い時間を生きのびてきた紙には、人々の記憶まで残されている。東日本大震災の被災地や、全国のボランティア団体などで進められた、被災した写真を救う「写真洗浄」。

『復興は人づくりから―全国大学ボランティア教員15名による特別講義』 いわて高等教育コンソーシアム編 盛岡 いわて高等教育コンソーシアム事務局 2013.10 249p 21cm 〈文献あり〉 ①978-4-906403-71-4 Ⓝ375

『災害ソーシャルワーク入門―被災地の実践知から学ぶ』 上野谷加代子監修, 日本社会福祉士養成校協会編集 中央法規出版 2013.6 215p 21cm 〈文献あり 索引あり〉2400円 ①978-4-8058-3856-3 Ⓝ369.3
目次 第1章 災害ソーシャルワークの理論（災害とは何か，災害ソーシャルワークの基本的な考え方 ほか），第2章 災害ソーシャルワークの方法（災害ソーシャルワークの展開，ソーシャルワーカーの災害への初期対応（発災直後） ほか），第3章 東日本大震災での実際の試み（関係団体間の連携，日本社会福祉士会の取組み ほか），第4章 学生ボランティアの役割と期待（東北福祉大学の取組み，岩手県立大学の取組み ほか），第5章 How to Social Work 実践は現場で起きている！―事例から学ぶ「してはいけない」・「非常に役立つ」ポイント10選

『Booklet災害教育―利他と貢献が社会を変える 2012』 RQ災害教育研究部会編 RQ災害教育センター 2013.6 64p 30cm 500円 Ⓝ369.3

『子どもが元気に育つ復興まちづくりガイドライン―子どもの参画による、子どもにやさしいまちの再生をめざして』 「子ども元気まちづくりガイドライン作成」検討委員会＋専門家会議編 こども環境学会 2012.3 119p 26cm 〈独立行政法人福祉医療機構社会福祉振興助成事業「子ども元気まちづくりガイドライン作成事業」〉 Ⓝ371.4

『幸せな小国オランダの智慧―災害にも負けないイノベーション社会』 紺野登著

PHP研究所　2012.1　253p　18cm　（PHP新書）　740円　①978-4-569-80318-0

[内容]　スウェーデン、フィンランドなど北欧諸国を抑えて「子どもの幸福度」1位に輝くオランダ。400年の交流がありながら、日本人はこの小国をあまり意識してこなかった。ところが震災を経て混迷を深めるいま、1000年に及ぶ洪水との死闘を乗り越え、欧州屈指の低失業率で経済的にも安定を続けるオランダが一躍注目されている。自由闊達な対話を認め、問題解決に向け協力し合う関係性豊かな社会。日本人にもっとも欠けている「不確実性に強い知的弾力性」はどこからくるのか？"オランダ的思考"の強さの秘密。

『高校生、災害と向き合う―舞子高等学校環境防災科の10年』　諏訪清二著　岩波書店　2011.11　210p　18cm　（岩波ジュニア新書）　820円　①978-4-00-500700-4

[内容]　全国で唯一「環境防災科」をもつ舞子高等学校の生徒たちが被災地で活動を続けている。瓦礫の運び出し、床下にもぐっての泥かき、写真のクリーニング、仮設住宅での茶話会…。被災者と心を通わせ、災害と向き合う若者たちの姿を通して、これからの防災教育やボランティアのあり方を考える。

『災害ボランティアの心構え』　村井雅清著　ソフトバンククリエイティブ　2011.6　206p　18cm　（ソフトバンク新書 163）　730円　①978-4-7973-6563-4　⑩369.3

[内容]　2011年3月11日に発生した東日本大震災は被災が広範囲にわたっており、復興・復旧に向けてボランティアにかかる期待も大きい。被災地ではさまざまなニーズがあり、それに応えられるのは、多様性を持ったボランティアしかないのだ。ボランティアはどのように被災者と向き合っていけばよいのか―世界各地で災害からの復興に携わってきたベテラン・ボランティアが、ボランティア活動の本質を説き明かす。

『災害ボランティア論入門』　菅磨志保,山下祐介,渥美公秀編　弘文堂　2008.12　263p　22cm　（シリーズ災害と社会 5）　〈文献あり〉　2600円　①978-4-335-50105-0　⑩369.3

[内容]　ボランティア論の画期をなす実践的な論考、ついに登場！　本書の第1部「理論編」は、そもそも「ボランティアとは何か」を問い直し、その「何か」を答えようという試みである。つづく「実践編」は、「ボランティアとは何か」という問いに対応する実践の内容・成果、さらに「そこから見えつつあるもの」について論じている。最後の「思想編」は、ボランティアを「思想」という側面から捉えることを試みている。1995年から始まる災害ボランティアは、考え、実践し、新しいものを生み出してきた。そして21世紀を迎え、新たな段階に入ろうとしている。ボランティアは「思想」となりうるのかが問われている。

『減災政策論入門―巨大災害リスクのガバナンスと市場経済』　永松伸吾著　弘文堂　2008.11　255p　22cm　（シリーズ災害と社会 4）　〈文献あり〉　2600円　①978-4-335-50104-3　⑩369.3

[内容]　我が国ではこれから半世紀ほどの間に、東海・東南海・南海地震などの超広域地震津波災害や、首都直下地震などの大規模都市災害の発生が懸念されており、1万人を超える人的被害や100兆円近い経済的被害など、いずれも我が国にとって未曾有の大災害になることが予想されている。さらに地球温暖化によるグローバルな気候変動が、将来的に大規模な風水害の発生可能性を高めていることも指摘されている。このように、今後発生が予測される超巨大災害に対して、我々の社会はどう向き合い、どのような公共政策を構想してゆけば良いのだろうか。これが本書の問題意識である。

『あなただからできる自然災害ボランティアABC』　日本ネイチャーゲーム協会編　ネイチャーゲーム研究所　2006.2　138,9p　19cm　（Nature game books―リーダー必携シリーズ 1）　〈年表あり　星雲社（発売）〉　1500円　①4-434-07503-9　⑩369.3

[目次]　第1章　被災地でのボランティア活動（子どもたちのあそび相手，被災者のお話し相手・支援，水害の復興作業，被災地に行かなくとも），第2章　自然災害ボランティア活動に備える知識と技術（どうして自然災害がおこるのか，災害発生後の被災地の状況　ほか），第3章　被災者の心理状況と心理ケア（被災者の心理状況，被災者への心理ケア，子どもへの心

理ケア，あなた自身への心理ケア），第4章 ボランティア活動ドキュメント（組織力を生かした独自の支援活動，ボランティアコーディネート，地域ネットワークによる継続的な支援，スマトラ沖地震でのボランティア活動）

『あなたにもできる災害ボランティア—津波被害の現場から』 スベンドリニ・カクチ著，大倉弥生訳 岩波書店 2005.12 182p 18cm （岩波ジュニア新書 525) 840円 ①4-00-500525-X Ⓝ369.31

[内容] 被災者のために何かをしたい！ でも自分に何ができるのだろう？ そんな思いをもつ人は多いのではないでしょうか？ 本書は，津波で被災したスリランカやタイで行われている実例を紹介しながら，特別な技能がなくても，大きな組織に属していなくてもできるボランティア活動を紹介します。

『心の救援—災害救援新時代　海外編』 山下亨編著　近代消防社　2005.10 313p 19cm 1800円 ①4-421-00725-0 Ⓝ369.3

[内容] 日本人は「助け合い」に飢えているのではないか—。「顔の見える援助」、「心の援助」の大切さを実感した災害救援新時代への潮流。

『はるかのひまわり』 加藤いつか著 ふきのとう書房，星雲社〔発売〕 2004.12 143p 19cm 1200円 ①4-434-05329-9

[内容] 15歳少女が背負ってきた震災10年。妹・はるかの死，家庭崩壊，不登校・ひきこもり・自傷行為—被災した一女性の苦難と自立への感動ドキュメント。今，阪神淡路大震災を語り継ぐ。

『紛争や災害の難民を助けるために』 杉下恒夫監修・指導　学習研究社　2004.3 48p 29cm （きみもやってみよう国際協力 地球市民としてできること 第3巻）〈協力：国際協力機構ほか〉 3000円 ①4-05-201871-0 Ⓝ369.38

[目次] クイズ 難民は，なぜ増えるのかな？，第1章 紛争や災害の難民の問題はいま…，第2章 主に紛争・災害の難民の救済問題で活躍するNGOや地方自治体，第3章 ぼくらは国際協力をこうして始めた，第4章 国際協力を始めるために役立つ情報源

『女性と復興支援—アフガニスタンの現場から』 緒方貞子，ユニフェム日本著　岩波書店　2004.2 54p 21cm （岩波ブックレット no.614) 480円 ①4-00-009314-2 Ⓝ367.2271

[目次] 私の仕事—難民と歩んだ一〇年（緒方貞子），開発と女性—ジェンダー平等，開発，平和のために（ノエリーン・ヘイザー，ラヘラ・ハシム・シディキ，木山啓子，横田洋三，田中由美子，有馬真喜子）

『ケン・ジョセフの世界どこでも日本緊急援助隊』 ケン・ジョセフ著　徳間書店　2003.3 350p 19cm 1700円 ①4-19-861660-4 Ⓝ369.3

[内容] 生きる目的を見失った日本人へ—。世界の被災地から届いた心の救援物資。ボランティア奮戦記。

『海は死なない—日本海重油流出事故黒い油とたたかった人々』 ゆうきえみ著 ポプラ社　1997.10 166p 21cm （ポプラ社いきいきノンフィクション 21) 1200円 ①4-591-05482-9

[内容] 一九九七年一月，福井県の沖で，ナホトカ号というタンカーが，まっぷたつにわれ，日本海に重油がながれだしました。海辺にうちあげられた黒い油のかたまりに，海辺の町・三国の人たちはつよいショックをうけました。そこはむかしから，ノリやウニなどがたくさんとれるところだったからです。海女，漁師，旅館の人びと，サーファー，それに全国からかけつけたボランティアの人たちが，真冬の海に入り，重油をとりのぞく仕事にとりくみました。つぎからつぎにおしよせてくる黒い油に，くやしくて涙をながすこともけれど，どんなときも，たがいにはげましあい，多くの人たちが力を出しあって，ついに三国の海は，もとの美しい，青い海にもどったのです。小学校高学年以上むき。

『イルカをおそった黒い波—重油流出事故とボランティア』 今関信子作，徳永拓美絵 汐文社 1997.8 109p 22cm 1300円 ①4-8113-7118-6

◆地震・震災

『ありがとうを伝える旅—世界11カ国で震災を語る』 菅原弓佳著　ウェッジ

まちづくり・災害・環境のための活動　　　災害復興と市民活動

2015.3　186p　19cm　1200円　①978-4-86310-142-5　Ⓝ290.9
内容 私がいま、できることを、世界に、日本に、そして被災地に還元したい。何のツテもコネもない中で、ひとりで世界18カ国を歩き、ハーバードやMITなど12の大学で感謝の気持ちを伝えた、女子大生の物語。

『ハイパーレスキュー災害現場へ走れ！』　深光富士男文　佼成出版社　2013.6　151p　21cm　（このプロジェクトを追え！ シリーズ）　1500円　①978-4-333-02605-0
内容 災害救助のスペシャリスト部隊として全国に知られる「東京消防庁」のハイパーレスキュー。東日本大震災、福島第一原発の事故の現場で、彼らはどう困難に立ち向かっていったのか?!シリーズ第四弾。小学校高学年から。

『人を助けるすんごい仕組み──ボランティア経験のない僕が、日本最大級の支援組織をどうつくったのか』　西條剛央著　ダイヤモンド社　2012.2　317p　19cm　〈文献あり〉　1429円　①978-4-478-01797-5　Ⓝ369.31
内容 ボランティア経験なしの早稲田大学大学院（MBA）専任講師が、日本最大級の支援組織「ふんばろう東日本支援プロジェクト」をどうやってつくったのか？　代表の著者がはじめて明かす、人を助ける仕組みと支援の舞台裏。

『大災害の経済学』　林敏彦著　PHP研究所　2011.9　283p　18cm　（PHP新書 750）　〈並列シリーズ名：PHP SHINSHO〉　800円　①978-4-569-79874-5　Ⓝ332.107
内容 巨大災害有事における復旧復興の道筋とその際の政策対応はどうあるべきか？　アメリカにおける9.11同時多発テロ、ハリケーン・カトリーナの連邦政府対応や、著者自身も設立に関わった阪神・淡路大震災における震災復興基金などの事例をもとに、いかに復興をファイナンスできるのかを検証し提言する。大災害のような緊急事態では、平時の常識を超えた異例な対応が必要。被災地住民の自力復興を中心とする民間努力を基本としつつも、地方自治体のみならず政府のコミットメントが不可欠であると説く。

『すべての犬に里親を！──阪神・淡路大震災1556頭の物語』　今西乃子著　講談社　2008.5　205p　20cm　1300円　①978-4-06-214700-2　Ⓝ645.6
内容 1995年1月17日。6000名以上の死者を出した阪神・淡路大震災。人間のように名前を残されることもなく死んでいった多くの犬たちがいた。これは、大混乱のなか、手探りで1556頭もの犬を保護し、その最後の一頭まで、命を守るために奮闘した人たちの物語。

『新潟震災ボランティア日記──被災地の「自立」論？』　澤佳成著　新風舎　2006.12　173p　15cm　（新風舎文庫）　650円　①4-289-50318-7　Ⓝ369.31
内容 ボランティア大国日本。アジアを中心とした地域で活動する日本人は決して少なくない。その様子をマスコミは盛んに報道するが、はたしてその実態はどうなっているのだろう。大学で環境思想の研究をしている著者が、参加したボランティア活動を紹介。マスメディアで報道される華々しさとはうらはらに、地味な活動。直面する納得のできない現実。ボランティアに参加する人の苦悩が伝わってくる。ボランティアって、何？　ボランティアに参加したい、と思う人、必見の一冊。

『地震・災害ボランティア活動入門──一人でもできる』　角田四郎著　ふきのとう書房　2006.4　109p　21cm〈星雲社（発売）〉　1200円　①4-434-07704-X　Ⓝ369.31
目次 1 被災者支援ボランティア活動の概要（巨大地震の実像，防災計画との温度差 ほか），2 活動の前の準備が大切（ボランティア登録と保険の問題，初めて現地に向かう前に ほか），3 義援物資と活動資金（義援物資の行方，義援物資の選択 ほか），4 いざ、ボランティア活動へ（人の行かない場所をさがせ，手かずではなく，心かずとなれ ほか），5 ボランティアの得るもの（「同情心を持て」「野次馬たれ」，被災者とボランティアの関係 ほか）

『新潟県中越地震における『迷彩服の隊長』奮闘記』　須藤眞啓著　日本法制学会　2005.7　197p　21cm　1500円　①4-931147-28-3　Ⓝ369.31
内容 本書は震災直後から著者が31日間連続して活動した現場を赤裸々に語りつつ、その

『哀しみをみつめて―新潟中越地震災害ボランティア活動ドキュメント』 福生ボランティア連絡協議会編著 ふきのとう書房 2005.4 135p 21cm 1500円 Ⓘ4-434-06139-9 Ⓝ369.31

目次 1部 笑顔の中に（哀しみをみつめて，半人前でよかったら），2部 中越地震ボランティア日誌（活動メモ・長期活動者の四五日，共に心を結び合い―福生ボランティア連絡協議会の活動），3部 伝えたい言葉（ボランティア防災会議・FUSSA参加者，福生市社会福祉協議会職員参加者，一般市民参加者）

『関東大震災―消防・医療・ボランティアから検証する』 鈴木淳著 筑摩書房 2004.12 232p 18cm （ちくま新書） 〈文献あり〉 720円 Ⓘ4-480-06207-6 Ⓝ369.31

内容 阪神淡路大震災，そして新潟中越地震は，私たちに災害への備え，災害後の救助について教訓をのこしたが，実は八〇年前の関東大震災にも，多くの学ぶべき教訓がある。関東大震災では一〇万人を超える人命が失われたが，その多くは焼死者であった。消防は誰が担ったのか。医療関係者の手は十分にとどいたのか。四万人以上が亡くなった，両国の被服廠跡の悲劇はなぜおこったのか。そして，すでにこのとき「ボランティア活動」が，青年団や在郷軍人会によって行われていた。本書は，首相から一般市民まで，大震災に立ち向かった人々の一週間あまりの活動に焦点をあて，忘れられた大災害の全体像に迫る。

『阪神・淡路大震災10年―新しい市民社会のために』 柳田邦男編 岩波書店 2004.12 227p 18cm （岩波新書） 700円 Ⓘ4-00-430923-9 Ⓝ369.31

内容 壊滅的な打撃を受けた阪神・淡路大震災から一〇年。被災地は表向き見違えるように蘇ったが，復興一〇年の現実はどうか？ 復興住宅，人びとの暮らし，経済・産業の復興，孤独死の問題など被災地の変化と到達点を市民の立場から検証し，震災の混乱の中から登場してきた「自律市民」の多様な活動を紹介する。

『Kobe発災害救援―支えあいは国境を越えて』 CODE海外災害援助市民センター編著 神戸 神戸新聞総合出版センター 2004.2 191p 19cm 1300円 Ⓘ4-343-00266-7 Ⓝ369.3

内容 阪神・淡路大震災を経験したKOBEから世界へ。「困ったときはお互いさま」の精神で，今や国境を越えて支えあいを運びつづける，神戸内外の19の災害救援団体のボランティア活動を広く紹介。

『震災ボランティアの社会学―〈ボランティア＝NPO〉社会の可能性』 山下祐介，菅磨志保著 京都 ミネルヴァ書房 2002.11 324p 22cm （Minerva社会学叢書 13）〈文献あり〉 4000円 Ⓘ4-623-03549-2 Ⓝ369.31

内容 本書は，ボランティア＝NPO社会の可能性について，その原点としての，そしてまたその社会的実験室としての，1995年阪神・淡路大震災時のボランティア活動を詳細に吟味することを通じて考察するものである。震災の経験を十分にふまえることで，より現実性のある「ボランティア＝NPO社会」論を構築することができ，またそれを試みなければならない。震災時のボランティア活動とは一体何だったのか，震災後数年過ぎた今だからこそ，その後のボランティア＝NPOをめぐる動きとあわせて，あらためて検討し直す必要がある。

『情報があるぞう!!考えたぞう!!―阪神・淡路大震災から学ぶ：いのちとくらしを守る情報とは』 Kobeの検証「情報編」編集委員会編 神戸 震災がつなぐ全国ネットワーク 2002.3 119p 21cm （Kobeの検証シリーズ 4）〈筒井書房（発売）〉 600円 Ⓝ369.3

『思いやりを力に変えるために―阪神・淡路大震災で集まった「ボランティア一年生」のための講座』 ユニベール財団編著，山内美郷監修 ブロンズ新社 2000.8 269p 20cm 1600円 Ⓘ4-89309-206-5 Ⓝ369.14

内容 ユニベール財団が開催した，9人の医療福祉の専門家によるボランティア講座。阪神・淡路大震災を機にボランティア活動をはじめた「ボランティア一年生」たち。どうすれば，相手に喜んでもらえるような活動ができるのだろう？ そんな悩みに専門家が答えるボランティア実践講座。5年間，蓄積された「知」

まちづくり・災害・環境のための活動　　　災害復興と市民活動

がここに公開される。21世紀におけるボランティア、高齢者福祉の新しい教科書。

『お金がいるぞう!!考えたぞう!!―阪神・淡路大震災から学ぶ：災害とお金とボランティア活動』　Kobeの検証『金編』編集委員会編　神戸　震災がつなぐ全国ネットワーク　2000.1　60p　21cm　(Kobeの検証シリーズ　3)〈筒井書房（発売）〉600円　Ⓘ4-88720-258-X　Ⓝ369.3

内容　阪神・淡路大震災の救援活動から学んだ多くの教訓を生かし、今後の災害に対してできる限りの救援活動を緩やかなネットワークを活かしながら行うことを目的として発足した「震災がつなぐ全国ネットワーク」では、平常時の活動の一つとして、阪神・淡路以降の救援活動の検証を行い、「ひと」「モノ」「金」「情報」の4つのテーマを軸に、小冊子の刊行を続けています。今回はその「金」編です。

『阪神淡路大震災に学ぶ―学生のための防災・ボランティアハンドブック』　防災・ボランティアハンドブック作成委員会著　第3版　社町（兵庫県）　防災・ボランティアハンドブック作成委員会　1999.3　23p　30cm　Ⓘ4-9900588-3-6　Ⓝ369.31

『ボランティアが来たぞう!!考えたぞう!!―阪神・淡路大震災から学ぶ　災害ボランティアとコーディネーターのノウハウ』　とちぎボランティア情報ネットワーク，曹洞宗国際ボランティア会，ハートネットふくしま編　神戸　震災がつなぐ全国ネットワーク　1999.1　64p　21cm　(Kobeの検証シリーズ　2)〈筒井書房（発売）〉600円　Ⓘ4-88720-221-0　Ⓝ369.3

目次　第1部「マッキーの物語」―個人ボランティア編（「行くべきか、行けるのか」，「思いと現実のズレ」，「善意のかたち」ほか），第2部　ミッチーの物語―ボランティア受入れ団体・コーディネーター編（「突如！災害！出動！」，「ボランティアセンターの立ち上げ」，「際限ない被災者からの要望」ほか），第3部　特別寄稿エッセイ―「明日の災害ボランティアへ」（フットワークと自己責任，期待されている人，大丈夫ですか？，私の三つ引タンスから　ほか）

『物資が来たぞう!!考えたぞう!!―阪神・淡路大震災から学ぶ救援物資の送り方、受け方、配り方』　震災から学ぶボランティアネットの会「KOBE」の検証運営委員会編　神戸　震災がつなぐ全国ネットワーク　1998.1　64p　21cm　(Kobeの検証シリーズ　1)〈筒井書房（発売）〉500円　Ⓝ369.3

『学生のための防災・ボランティアハンドブック―阪神淡路大震災に学ぶ』　防災・ボランティアハンドブック作成委員会著　社町（兵庫県）　防災・ボランティアハンドブック作成委員会　1997.3　23p　30cm　Ⓘ4-9900588-1-X　Ⓝ369.31

『ありがとながんばろな―阪神・淡路大震災でのたすけあい』　今関信子文，中村景児絵　学習研究社　1997.2　31p　27cm　(ボランティアふれあいのえほん　15)　1648円　Ⓘ4-05-500283-1

『カンボジアから大震災神戸へ―抱きしめて若者』　小山内美江子編著　労働旬報社　1996.10　269p　19cm　1600円　Ⓘ4-8451-0454-7　Ⓝ916

内容　いま大学生輝いてTOボランティア。若者たちの勇気と行動・創造性が、回復する被災地に笑顔を生み出す。160万人が参加した人間回復・自分発見の一大ヒューマンドキュメント。

『1995年1月17日―ボーイスカウトの阪神、淡路大震災』　小倉倪編　〔神戸〕日本ボーイスカウト兵庫連盟　1996.8　410p　30cm　Ⓝ369.31

『大震災への挑戦―ボランティア活動のために　災害時支援ボランティアテキスト』　東京消防庁防災部防災課編　東京消防庁防災部防災課　1996.8　158p　30cm　Ⓝ369.31

『震災ボランティア―「阪神・淡路大震災被災地の人々を応援する市民の会」全記録』　〔大阪〕　阪神・淡路大震災被災地の人々を応援する市民の会　1996.5　207p　30cm　1000円　Ⓝ369.31

目次　第1章「市民の会」成立の背景，第2章　ドキュメント「市民の会」，第3章　コーディネート機関としての「市民の会」，第4章　ネットワークこそ機動的救援システム，第5章　総

まちづくり・災害・環境のための活動

括座談会「市民の会」が残した課題，第6章震災ボランティア「無名人名語録」，付録—1「市民の会」マニュアル一覧，付録—2「市民の会」スタッフ・協力者名簿，付録—3 英語版・「応援する市民の会」報告

『大震災!!イヌ、ネコを救え—車イスで救援活動』 奈佐誠司著 ポプラ社 1996.5 198p 21cm (ポプラ社いきいきノンフィクション 14) 1200円 ①4-591-04990-6

[内容] 燃え上がる神戸で迷う犬を見て、ぼくは思った。オリに入れられクサリでつながれたペットたちは逃げられない。だれかが助けなきゃ。どうにかしなきゃ。しなければ一生こうかいするだろう。仲間によびかけ無我夢中でイヌをネコを助けた。テントに保護した。里親さんをさがして生きていける場所をつくった。命はひとつひとつ輝いている。人間だって動物だってみんな同じ、ひとつの命じゃないか。大震災に神戸で、動物を救うボランティアをした『あいのカエル』の感動の記録。

『やさしい心をとどけよう—災害にあった人に』 嶋田泰子文 ポプラ社 1996.4 47p 27cm (ボランティアわたしたちにできること 3)〈監修：池田明彦〉2500円 ①4-591-05068-8

[目次] 阪神・淡路を大地震がおそった，中学生・高校生、被災地へ、被災者やからって、これでいいのんか、こどもたちにもできることを見つけよう、いつまでも、わすれない

『わたしたちの医療ボランティア—阪神大震災が残したもの』 戸松成編著 ジャパンタイムズ 1996.3 197p 19cm 1500円 ①4-7890-0820-7 Ⓝ369.31

[内容] 助けたい…。助けられない…。24人の医療ボランティア体験者が綴ったボランティアの意味と限界。

『黒い虹—阪神大震災遺児たちの一年』 あしなが育英会編 廣済堂出版 1996.1 318p 19cm 1300円 ①4-331-50517-0

[内容] 一瞬にして肉親を失った遺児たちの悲痛な心の叫びを綴った作文集と犠牲家族204世帯が瓦礫の中の体験を語った貴重な証言集。

『チコちゃん一家の地震ボランティア』 佐々木智子作、大浜朋子絵 京都 かもがわ出版 1996.1 110p 22cm 1500円 ①4-87699-217-7

『愛ちゃんのボランティア神戸日記—マンガ』 たけしまさよ著 アース出版局 1995.9 63p 21cm 500円 ①4-87270-053-8 Ⓝ916

『「殺すな」と「共生」—大震災とともに考える』 小田実著 岩波書店 1995.4 201p 18cm (岩波ジュニア新書) 650円 ①4-00-500252-8

[内容] 九五年一月の阪神大震災は、今まで築いてきた「経済大国」日本の現実をも一気に露呈させてしまった。この反省にたって、「殺し、殺され」ることなく本当に「共に生きる」市民社会をこれからどう作っていくべきか。大空襲の体験を思索の出発点とし、今また大震災を体験した著者が、戦後50年に力強く訴える。

『ボランティア元年—阪神大震災12人の手記』 朝日ソノラマ編 朝日ソノラマ 1995.4 242p 19cm 1300円 ①4-257-03425-4 Ⓝ369.31

[内容] 「ボランティア元年」を活写した12人の手記。悲惨な光景を繰り広げた阪神大震災にあって、ボランティアたちの活動は多くの人の胸を強く打った。克明な体験から生まれた活動の分析は、これからのボランティア活動へのひとつの指針となるに違いない。

『ボランティアとよばれた198人—誰が神戸に行ったのか』 ながた支援ネットワーク編 中央法規出版 〔1995〕444p 21cm 2000円 ①4-8058-1442-X Ⓝ369.31

[内容] 阪神大震災は、世界で初めての「高齢社会型災害」だった。「避難所肺炎」と衰弱死が、生きのこった老人たちをおそう。必要なのは介護だ。地元の福祉施設長と診療所長がうごきはじめ、やがて全国から学生・主婦・福祉・医療の専門職がやってきた。かれらはボランティアとよばれた。「思わず走り出した人びと」の記録。

◆地震・震災（東日本大震災）

『Warm Heartからはじめよう—中高生がつないだ復興支援の輪』 立命館中学校・高等学校震災復興支援プロジェクト

編　京都　かもがわ出版　2015.7　96p　21cm　1000円　①978-4-7803-0776-4

|目次| 第1章 あの日からWARM HEART（2011年3月11日14時46分，2011年3月11日〜2012年3月，2012年4月〜2013年，2013年4月〜2014年，2014年3月〜2015年），第2章 RIVIOの取り組み（阪神淡路大震災から生まれたRIVIO，RIVIOの挑戦，20歳になったRIVIO），第3章 石巻で出会った人たちの言葉（阿部純さんが語るあの日のこと，そして…，阿部かつ江さんが語るあの日のこと，そして…，緊急消防援助隊として支援を行った根本真澄さん，ボランティアの堀渉平さん，ボランティアの岡田和志さん，"詩　まゆかべ"千葉毬雄君），第4章 未来を信じ未来に生きる―Active Learnersの巣立ち

『震災被災者と足湯ボランティア―「つぶやき」から自立へと向かうケアの試み』　似田貝香門，村井雅清編著　生活書院　2015.7　267p　21cm　2500円　①978-4-86500-041-2

|内容| 2000人の足湯ボランティアが聴き取った1,6000の「つぶやき」。「つぶやき」を聴き，それを被災者の「声」として受けとめ，そこからの支援のつながりとひろがりを模索するケア活動としての足湯ボランティア。被災者の苦しみの傍に立って，毀損した心と主体の尊厳を回復する支援のありかたを構想しようとする，足湯ボランティア，災害支援団体，ケア職能者，社会学研究者による協働の記録。

『AMDA被災地とともに！―南海トラフ地震・津波は必ず来る　東日本大震災被災地復興支援と教訓　世界平和パートナーシップ構想の実現へ』　菅波茂編著　小学館スクウェア　2015.6　539p　19cm　1630円　①978-4-7979-8747-8

|内容| AMDA（Association of Medical Doctors of Asia）の人道支援活動は途切れない。「救える命があればどこへでも」民族，宗教，文化の壁を乗り越えて活動は続く。ハイチ・阪神淡路・東日本など，被災現場で展開されたAMDAの力と方法とは。

『蠢動する子ども・若者―3.11被災地からのメッセージ』　増山均，森本扶，齋藤史夫編著　本の泉社　2015.3　215p 図版16p　21cm　1600円　①978-4-7807-1211-7　Ⓝ369.31

|内容| 東日本大震災から4年。根底から問い直される「子ども観」，「教育観」「文化観」

『できることをしよう。―ぼくらが震災後に考えたこと』　糸井重里，ほぼ日刊イトイ新聞著　新潮社　2015.3　525p　15cm　（新潮文庫）　750円　①978-4-10-118319-0

|内容| 現場ドライバーと経営陣が一体となって救援物資配送と寄付事業の効率化に奔走したクロネコヤマト，重機免許の取得を呼びかけるなど斬新なアイデアで地域を励ました大学教師，困難な状況下で白球を追った真夏の球児たち…。東日本大震災で被災した「ふつうの誰かさん」の声と行動を，糸井重里と「ほぼ日刊イトイ新聞」スタッフが見聞きし書きとめた，「あの日」を忘れないための記録。

『復興とは―3・11その時そして　遠野収録版』　朝日新聞盛岡総局編　矢巾町　ツーワンライフ　2015.3　419p　21cm　1500円　①978-4-907161-44-6

|内容| 震災当初，がれきを撤去するボランティアが活躍し，次にお年寄りや子供たちと話し，遊ぶボランティアが力を発揮した。絶望的な中から前向きに動き出す被災者たち。そんな状況の中で，後方支援都市・遠野の果たした役割は大きかった。…生きるも地獄，死ぬも地獄。この4年の実態。

『3.11復興の取り組みから学ぶ未来を生き抜くチカラ　3　防災を知る・日本の未来を考える』　赤坂憲雄監修　日本図書センター　2015.2　47p　30cm　3600円　①978-4-284-20299-2

|内容|「同じ悲劇を繰り返したくない。」そんな思いで，ある人は自分の経験を記録し伝えはじめました。人間の代わりに危険な場所で働くロボットを開発した人もいます。理想の未来を実現するために，いま自分たちにできることを考えます。

『3.11復興の取り組みから学ぶ未来を生き抜くチカラ　2　地域を愛する・自然と共に生きる』　赤坂憲雄監修　日本図書センター　2015.2　48p　30cm　3600円　①978-4-284-20298-5

|内容| 製紙産業や農業，漁業，豊かな自然など，東北には魅力や財産がたくさんあります。震災によって大きなダメージを受けてその価値を見つめなおした人びとが，地球の将来の

『3.11復興の取り組みから学ぶ未来を生き抜くチカラ　1　困難を乗り越える・人とつながる』　赤坂憲雄監修　日本図書センター　2015.2　47p　30cm　3600円　①978-4-284-20297-8

内容　みずからも被災しながら、命をかけて被災者を救った医師や自衛隊、日本の各地から駆けつけ、力を合わせたボランティア…。未曾有の大災害を乗り越えるため、人びとはなにを考え、どう行動したのでしょうか。

『被災弱者』　岡田広行著　岩波書店　2015.2　209p　18cm　（岩波新書　新赤版　1530）〈文献あり〉800円　①978-4-00-431530-8　Ⓝ369.31

内容　東日本大震災の集中復興期間終了を目前に、復興から取り残される人びとがいる。くらしの再生に必要なものは、巨大プロジェクトの加速ではない。「いつまで被災者なのか」と弱者を切り捨てるなら、社会はその負債を将来にわたって抱え込むだろう。被災は、誰にとっても人ごとではない。災害多発国日本のあやうさを現場から問う。

『東日本大震災日本ユニセフ協会緊急・復興支援活動—4年レポート　レジリエントな社会を、子どもたちと。』　日本ユニセフ協会　〔2015〕　17p　30cm

『被災犬「じゃがいも」の挑戦—めざせ！災害救助犬』　山口常夫文　岩崎書店　2014.12　143p　22cm　1300円　①978-4-265-08306-0　Ⓝ369.3

内容　災害救助犬として、福島の希望の星としてがんばれ、じゃがいも！　災害救助犬をめざす、被災犬「じゃがいも」の物語。

『わたしが想う明日の大槌—「わたしの大槌物語」を生きて』　東京大学教育学部社会教育学研究室大槌町訪問チーム著，牧野篤，松山鮎子編　東京大学大学院教育学研究科・教育学部社会教育学・生涯学習論研究室　2014.9　117p　19cm　Ⓝ369.31

『わたしの大槌物語—東大生が紡ぐおばあちゃんの人生』　東京大学教育学部社会教育学研究室大槌町訪問チーム著，牧野篤，松山鮎子編　東京大学大学院教育学研究科・教育学部社会教育学・生涯学習論研究室　2014.7　336p　19cm　Ⓝ369.31

『震災ボランティアは何ができるのか—3.11「希望の絆」の記録』　ジョナサン・E.ウィルソン著，岩間香純，みなみななみ訳　いのちのことば社　2014.6　156p　21cm　1600円　①978-4-264-03238-0

内容　東日本大震災で被災地から求められたものは？　支援の真の意味とは？　多くのボランティアを現地へ送った経験から見えてきたことを語るとともに、やがておとずれるであろう次期災害への備え、教会の関わり方などを考える。

『東日本大震災後の支援の多様性—電話相談ができること』　東北大学大学院教育学研究科教育ネットワークセンター震災子ども支援室"S-チル"著　仙台　東北大学大学院教育学研究科震災子ども支援室　2014.5　49p　30cm　（震災子ども支援室"S-チル"シンポジウム報告書　第5回（平成26年2月））　Ⓝ369.4

『忘れてはならないこと—東日本大震災ボランティア活動報告書　Vol.2』　亜細亜大学経営学部ホスピタリティ・マネジメント学科著　虹有社　2014.4　271p　19cm　1000円　①978-4-7709-0062-3

内容　「東北の被災地にボランティアに行きたいです」震災から2年半。学生自身が企画し、仲間を集い、現地の人々や大学の協力を得ながら行われた活動で、学生はなにを感じ、今後なにをすべきだと思ったのか。学生自身が書いた活動報告書を中心に、「忘れてはならないこと」を考える。

『あすへ向けての軌跡—震災から3年を経て　踏み出そう！　子どもたちの笑顔のために　東日本大震災』　宮城教育大学教育復興支援センター編　仙台　宮城教育大学教育復興支援センター　2014.3　59p　30cm　Ⓝ372.123

『架け橋—私たちにできること』　宮城教育大学教育支援ボランティア学生編　仙台　宮城教育大学教育復興支援センター　2014.3　118p　26cm　Ⓝ372.123

『被災大学は何をしてきたか—福島大、岩

まちづくり・災害・環境のための活動　　　　災害復興と市民活動

『手大、東北大の光と影』　中井浩一著　中央公論新社　2014.3　542p　18cm　（中公新書ラクレ 487）〈文献あり〉　1300円　①978-4-12-150487-6　Ⓝ369.3
内容 「地方国立大不要論」を払拭すべく、法人化後の大学はここぞの危機に社会貢献ができるよう地域の中核をめざしてきた。震災前からの中長期の改革を視野に入れながら、個々の取り組みを大学ウオッチャーが徹底取材。活躍した人・組織の成功の理由は？　巨額の復興予算に潜む問題とは？　法人化の流れの中で復興支援を検証。

『福島の子ども保養―協同の力で被災した親子に笑顔を』　西村一郎著　合同出版　2014.3　214p　19cm　1400円　①978-4-7726-1200-5　Ⓝ369.3
内容 全国各地でたくさんのボランティアが「福島の子ども保養プロジェクト」（コヨット）を支えています。人と人の助け合いの中でこそ、将来を担う子どもたちは健やかに育ちます。その輪をさらに拡げるためにも、この本をぜひお読みください。

『福島大学の支援知をもとにしたテキスト災害復興支援学』　福島大学うつくしまふくしま未来支援センター編　八朔社　2014.3　251p　21cm　2000円　①978-4-86014-068-7　Ⓝ369.31

『まちに飛び出したドクターたち―南相馬の「いのち」をつなぐ』　國森康弘写真・文　農山漁村文化協会　2014.2　32p　27×22cm　（いのちつぐ「みとりびと」8）　1800円　①978-4-540-12254-5
内容 「いろいろ大変だが、何よりつらいのは孫が戻って来ないこと」と、被災地、南相馬に生きる人たちはいいます。家族のつながり、地域のつながりがとぎれてしまいました。病院のベッド、看護師さん、ヘルパーさんの数も足りません。人々はこれからどうやって、「いのちのバトン」を渡していけばよいのか―。そこで、地域の砦、市立総合病院のドクター「ねもっち」たちは、まちに飛び出すことにしました。地域全体を大きな病院に見立て、それぞれ、お家がベッド、ナースコールは携帯電話やご近所さん、というふうに。ITも活躍します。いろんなアイデアを持ちより、地域の人をまき込んで、いのちを大切につなぐ「まちづくり」を始めています。

『東日本大震災日本ユニセフ協会緊急・復興支援活動―3年レポート レジリエントな社会を、子どもたちと。』　日本ユニセフ協会　〔2014〕　17p　30cm

『ふくしまのかんきょう―平成26年度版環境教育副読本』　〔福島〕　福島県生活環境部生活環境総務課　〔2014〕　17p　30cm　Ⓝ375

『東日本大震災―救護活動から復興支援までの全記録』　日本赤十字社企画広報室　2013.11　332p 図版 15p　30cm　Ⓝ498.0212

『「復興」と学校―被災地のエスノグラフィー』　清水睦美,堀健志,松田洋介編　岩波書店　2013.10　252p　19cm　2200円　①978-4-00-024688-0　Ⓝ376.3122
内容 岩手県陸前高田市の三つの中学校を舞台に、震災後の学校再開前後から現在までを、生徒とのかかわりをめぐる教師たちの試行錯誤、学校統廃合問題、地域との関係など、多様な視点から描きだす。「被災地外」の学校の日常をも問い直す、継続的フィールドワークの貴重な成果。

『つながる力―東日本大震災としょうがいのある人の暮らし 社会福祉法人つどいの家の記録』　つどいの家著　横浜フェミックス　2013.9　191p　21cm　2000円　①978-4-903579-55-9
目次 第1章 震災直後，第2章 活動の再開と施設再建に向けて，第3章 本人と家族の声，第4章 職務と家族との狭間で，第5章 支援の輪，第6章 これからの課題・体験を踏まえて考えたこと，第7章 震災ボランティアについて考えたこと

『東日本大震災とNPO・ボランティア―市民の力はいかにして立ち現れたか』　桜井政成編著　京都 ミネルヴァ書房　2013.9　222p　21cm〈索引あり〉　2800円　①978-4-623-06605-6　Ⓝ369.31
内容 2011年3月11日に発生した東日本大震災の救援、復興に際しては、NPO・NGO、ボランティアの活躍が再注目された。本書では、東日本大震災の救援、復興におけるNPO・ボランティアを取り巻く状況について様々な角度から紹介し、それについての包括的な考察を加える。それらは何を達成し、何を課題と

したのか。NPO・ボランティア活動の真価を問う一冊である。

『震災復興が問いかける子どもたちのしあわせ—地域の再生と学校ソーシャルワーク』 鈴木庸裕編著 京都 ミネルヴァ書房 2013.7 197p 19cm 〈索引あり〉 2400円 ①978-4-623-06693-3 Ⓝ375.2

内容 教育と福祉をつなぐソーシャルワークの取り組みから得られた実践や論理とは。3.11がもたらし、残した今日的課題を探る。

『僕たちが見つけた道標—福島の高校生とボランティア大学生の物語』 兵藤智佳著 晶文社 2013.7 206p 19cm 1400円 ①978-4-7949-6906-4 Ⓝ369.3

内容 福島第一原発にほど近い双葉高校。大震災により日常生活が失われ、勉強への不安を抱える高校生に、早稲田大学生がボランティアで学習支援に乗り出した。勉強合宿を通じて心をひらかせる彼ら。福島の状況に心を痛め、将来は故郷の役に立ちたいと願う高校生の姿に、大学生もまた、自分の現在と将来を問い直す。3.11後、私たちはどう生きるべきか—自分たちの道標を見つけようと精一杯にもがく、等身大の高校生と大学生の物語。

『ボランティア奮闘記—若い力が未来を変える』 日本財団広報グループ編 木楽舎 2013.5 159p 21cm 900円 ①978-4-86324-062-9 Ⓝ369.31

内容 東日本大震災からの復興を支え続ける若者たち。彼らが見たものは？ そして…。

『復興を取り戻す—発信する東北の女たち』 萩原久美子, 皆川満寿美, 大沢真理編 岩波書店 2013.4 147p 20cm 〈文献あり〉 1800円 ①978-4-00-024682-8 Ⓝ369.31

内容 過去半世紀、経済大国化につれて、環境破壊、過疎化、地域格差の拡大や少子高齢化などにより、日本社会の土台は徐々に蝕まれていった。そして二〇一一年三月一一日に起こった東日本大震災は、その脆くなった社会の姿を浮き彫りにした。いま必要なのは、経済成長重視の復興ではなく、一人ひとりの生業が成り立つ社会をつくること。被災地東北の女たちが提言する。

『東日本大震災における学生ボランティア活動の実践事例研究—いわてGinga-Netの福祉的支援活動を通して 報告書』 東日本大震災における学生ボランティア活動の実践事例研究調査委員会編 札幌 Facilitator Fellows 2013.3 149p 30cm 〈平成24年度セーフティネット支援対策等事業費補助金社会福祉推進事業共同刊行：いわてGinga-Net〉 Ⓝ369.31

『防災ボランティアドリームチーム集結—活動記録写真 vol.1-3』 防災ボランティアドリームチーム集結撮影 〔出版地不明〕 ボランティア集結を応援する会(制作) 2013.3 3冊 30cm 〈他言語標題：Disaster prevention volunteer dream team〉 Ⓝ369.31

目次 vol 1 2011.3.11-6.30, vol 2 2011.7.1-9.30, vol 3 2011.10.1-2012.3.18

『ぼくらのスマイルエンジン—東日本大震災学生ボランティアバスの記録』 スマイルエンジン山形著, 福興会議編 山形 山形大学出版会 2013.3 127p 21cm 〈年譜あり〉 476円 ①978-4-903966-15-1 Ⓝ369.31

目次 第1章 土曜の朝は被災地へ(蓋をあける, 取り残された家 ほか), 第2章 湊地区で(渦巻いている, 意見の衝突 ほか), 第3章 いつまで、どこまで走り続けるのか(全壊の家に住む人,「ここやる意味あるの？」ほか), 第4章 ボランティアは日常(子どもがいる風景, 畑の土を掘り起こす ほか)

『石巻ボランティアハウスの橋本ごはん』 橋本信子, INJM著 セブン＆アイ出版 2013.2 175p 20cm 〈他言語標題：Hashimoto's Tohoku Recipes 英語併記〉 1600円 ①978-4-86008-619-0 Ⓝ596

内容 2011年3月11日に起きた東日本大震災。その被災者でありながら、石巻を訪れるボランティアのためにごはんを作り続けている橋本信子さん。インタビュー、ボランティアたちの証言。そのおいしさを味わえるスペシャルレシピを大公開。5000人のボランティアを支えた石巻レシピ＆ストーリー。

『東日本大震災日本ユニセフ協会緊急・復興支援活動—2年レポート 子どもにやさしい復興をめざして』 日本ユニセフ

協会　〔2013〕　17p　30cm

『3.11以後を生きるヒント―普段着の市民による「支縁の思考」』　三好亜矢子, 生江明編　新評論　2012.11　308p　20cm　2500円　Ⓘ978-4-7948-0910-0　Ⓝ369.31
[目次]　序 3.11以前を乗り越えるために―支援・五つの原則, 1 小さな一歩から, 2 人助けに理由はいらない, 3 寄り添う, 4 境界を越えて, 5 米沢に学ぶ, 結 非日常が日常の姿を露わに照らし出す―断章・東日本大震災が私たちに教えるもの

『私は、あなたを忘れない―〈聞き書き〉学生たちが記録した東日本大震災』　小田豊二, 真殿達監修, 麗澤大学聞き書きサークル編　〔柏〕　麗澤大学出版会　2012.11　252p　19cm〈柏　廣池学園事業部（発売）〉　1200円　Ⓘ978-4-89205-614-7　Ⓝ369.31
[内容]　麗澤大学（千葉県柏市）に学ぶ若者たちは、東日本大震災を経験して、ひとつの決意をした。被災者から話を聞き、学生たちのボランティア活動をまとめ、自分の思いを述べ、そして「忘れない」ために記録に残すことを。

『捨て犬・未来命のメッセージ―東日本大震災・犬たちが避難した学校』　今西乃子著, 浜田一男写真　岩崎書店　2012.10　178p　22×15cm（ノンフィクション・生きるチカラ 10）　1300円　Ⓘ978-4-265-04296-8
[内容]　東日本大震災からおよそ一年後、「捨い犬・未来」は避難所となった中学校での「命の授業」にまねかれました。未来をよんだのは宮城県東松島市立矢本第一中学校の千葉校長（当時）でした。矢本一中は震災時に、ペット同行可能な避難所となっていました。千葉校長は、なぜ未来をまねいたのでしょうか。そして未来は、子どもたちにどんなメッセージを伝えたのでしょうか。

『福島と生きる―国際NGOと市民運動の新たな挑戦』　藤岡美恵子, 中野憲志編　新評論　2012.10　274p　20cm〈文献あり〉　2500円　Ⓘ978-4-7948-0913-1　Ⓝ369.3
[目次]　1 福島の声（ふくしまを生きる, 福島に生きる, 大災害を生きていくために, Interview 原発のない、住民主体の復興と農の再生をめざして）, 2 福島とともに（福島支援と脱原発の取り組み, 自分の生き方の問題, 南相馬での災害FM支援を通して―活動におけるコミュニティへの展開と葛藤,「雪が降って、ミツバチが死んだ」―原子力災害の中で、大学という場から思うこと, シャプラニールの震災支援活動―外部支援者としての経験から考える国際協力NGOの役割　ほか）

『あの日私たちは東北へ向かった―国際協力NGOと3・11』　多賀秀敏編著, 国際協力NGOセンター著　早稲田大学出版部　2012.9　93p　21cm（早稲田大学ブックレット―「震災後」に考える 24）　940円　Ⓘ978-4-657-12317-6　Ⓝ369.31
[内容]　途上国を中心に海外で活動してきた国際協力NGO、東日本大震災発生の際には多くの団体が直ちに被災者支援を決定した。現場での苦労の連続にもへこたれなかった彼ら。海外での経験はいかに活かされたのか、いまここに明らかになる。

『おもかげ復元師』　笹原留似子著　ポプラ社　2012.8　236p　19cm　1200円　Ⓘ978-4-591-13037-7　Ⓝ673.93
[内容]　なきがらに笑顔を戻し、遺族の深い悲しみを、生きていく力に変える。東日本大震災後、300人以上をボランティアで復元した女性納棺師が綴る、生と死のドラマ。

『おもかげ復元師の震災絵日記』　笹原留似子著　ポプラ社　2012.8　1冊　19×19cm　1200円　Ⓘ978-4-591-13036-0
[内容]　東日本大震災後、津波被害の激しかった沿岸地域で300人以上のご遺体をボランティアで復元した女性納棺師が描いた絵と言葉。

『大学生、ボランティアの襷をつなぐ―もうひとつの駅伝物語』　神奈川大学東日本大震災被災地支援室編　御茶の水書房　2012.8　230p　21cm　1800円　Ⓘ978-4-275-00991-3　Ⓝ369.31
[内容]　「3.11」以後、学生は何を思い、大学はどう動いたか―週2便のバス運行, 参加者1400人。大学をあげて行われ、今も継続中の被災地支援プロジェクト、1年の記録。

『地球の裏側からの東日本大震災復興支援―友情に応えるフランスの旅』　仮屋茂著　松戸　東京創作出版　2012.8　206p　19cm　2000円　Ⓘ978-4-903927-

17-6　Ⓝ319.1035
|目次| 1 東日本大震災（三月十一日十四時四十六分，海外からの応援に感謝をこめて），2 フランス，友情の旅（フランス滞在十七日間，友情をこめて，国際交流のあゆみ），3 世界とつながる鹿嶋に（鹿嶋柔道スポーツ少年団の誕生，日本に生涯スポーツを根付かせたい）

『つないで支える。災害への新たな取り組み』　つなプロ報告書編集委員会編　日本財団　2012.8　276p　20cm〈亜紀書房（発売）〉1500円　①978-4-7505-1215-0　Ⓝ369.31
|内容| 従来型の支援は通用しない。「広範な被災地」に「複雑な被災状況」。東日本大震災の現場から，「本当に必要なこと」をすくいあげる二一世紀型災害対応モデルとは。

『復興支援ボランティア、もう終わりですか？―大震災の中で見た被災地の矛盾と再起』　中原健一郎著　社会批評社　2012.5　222p　19cm　1500円　①978-4-916117-97-7　Ⓝ369.31
|内容| ボランティアの目線で見た復興支援の真実の姿。被災地に渦巻く行政の矛盾，報道差別がもたらす悲劇とは？ 炊き出し，ヘドロ撤去，産業支援にまで奮闘するボランティアたち…その7人のボランティアの活動も紹介。

『石巻・にゃんこ島の奇跡―田代島で始まった"猫たちの復興プロジェクト"』　石丸かずみ著　アスペクト　2012.4　125p　19cm　1200円　①978-4-7572-2050-8　Ⓝ369.31
|内容| 石巻市・田代島は、人口約60人の小さな島である。人より猫が多く、にゃんこ島とも呼ばれるこの島が、復興支援ファンド「にゃんこ・ザ・プロジェクト」を立ち上げた。すると、わずか3か月で1億5000万円に―。この、小さな奇跡のような復興のかたちにとまどいながらも、プロジェクトを支える人々、立役者の猫たちの日々を追った。

『記憶と記録―311まるごとアーカイブス』　長坂俊成著　岩波書店　2012.4　176p　19cm　（叢書 震災と社会）1800円　①978-4-00-028524-7
|内容| 人類は今回の東日本大震災にような不確実な「低頻度大規模災害リスク」と、この先どうつきあっていけばいいのだろうか。被災地の行政機能が喪失し、通信手段が遮断されているなかで、まず求められたのは、被災地外の支援者が被災地を支援するために役立つ情報を提供すること、被災地から被災地外に情報発信する手段を提供することだった。また被災自治体の瓦礫処理や罹災証明発行、ボランティアセンター運営、要援護者の生活支援のためのシステムを整備した。次に被災地の過去・現在・未来を映像で記録し後世に伝承するための災害デジタルアーカイブの使命が待っていた。「311まるごとアーカイブス」は、災害記録をまるごとアーカイブすることを目的として発足した。発起人である著者がつづった、行政・企業・ボランティア・被災者との協働による情報支援・アーカイブ活動の実践の記録。

『検証・新ボランティア元年―被災地のリアルとボランティアの功罪』　笠虎崇著　共栄書房　2012.3　234p　19cm　1500円　①978-4-7634-1047-4　Ⓝ369.31
|内容| 3・11以降、被災地であらわになった日本の縮図。被災者の心の叫びを聴け！ 気鋭のジャーナリストが迫った東北被災地・被災者の1年。大手メディアによって増幅された復興美談・絆美談に一石を投じるリアルルポ。

『災害ボランティアを考える―東日本大震災ノート』　神戸学院大学学際教育機構防災・社会貢献ユニット編　京都　晃洋書房　2012.3　101p　26cm　1800円　①978-4-7710-2337-6　Ⓝ369.31
|目次| 第1部 ボランティア論（新しい公共とボランティア論，被災者の心とともに，災害ボランティアの心得と心のケア，震災報道とボランティア，ボランティア活動時間の定量化に関する試み），第2部 取組事例紹介（被災地外のボランティア「あなたの思い出まもり隊」，ボランティアにおける広域ネットワークの活用，ボランティア研修プログラムの事例，学生ボランティア考）

『東日本大震災学生ボランティアの記録』　西尾雄志編集・執筆　日本財団学生ボランティアセンター　2012.3　42p　30cm　Ⓝ369.31

『東日本大震災と国際協力NGO―国内での新たな可能性と課題、そして提言』　国際協力NGOセンター編　国際協力NGOセンター　2012.3　136p　26cm

まちづくり・災害・環境のための活動　　　災害復興と市民活動

Ⓝ369.31
『東日本大震災と大学教育の使命』　東北大学高等教育開発推進センター編　仙台　東北大学出版会　2012.3　232p　21cm　（高等教育ライブラリ 3）　1700円　Ⓘ978-4-86163-187-0
内容　大学は、災害時にどんな役割を果たせるのか？　そして今後、どのような人材を育てるべきか？　岩手・宮城・山形の国公私立大学11校において展開する多様な復興支援活動を通し、これからの大学教育のあり方、地域社会における人材育成のあり方を多角的に展望する。

『東日本大震災に伴う災害ボランティア活動報告書—がんばろう！　日本島根から東北の復興支援へ　2011』〔浜田〕　島根県立大学　2012.3　112p　30cm　Ⓝ369.31

『被災地と共に歩む—3.11生活復興支援プロジェクト』　東海大学チャレンジセンター編　東海教育研究所　2012.3　94p　26cm　〈付属資料：DVD-Video1枚　12cm：大船渡こどもテレビ局〜わたしたちの夏休み〜　秦野　東海大学出版会（発売）〉　1400円　Ⓘ978-4-486-03743-9　Ⓝ369.31
内容　2011年3月11日に発生した東日本大震災。その復興を支援しようと、東海大学チャレンジセンターに「3.11生活復興支援プロジェクト」が発足した。「自分たちが今、できることを—」という思いを胸に被災地の人々とふれあい、その絆を深めた学生たち。彼らの活動を振り返り大学が果たす役割、そして「持続可能な復興支援」とは何かを考える。

『若者たちの震災復興—緑のふるさと協力隊：農山村再生・若者白書2012』　『農山村再生・若者白書2012』編集委員会編　農山漁村文化協会　2012.3　200p　26cm　1900円　Ⓘ978-4-540-11289-8　Ⓝ611.75
目次　第1部　特集　震災復興と若者たち（コミュニティの再生に向けて、「緑のふるさと協力隊」の震災復旧支援、若者たちによる震災復旧支援）、第2部　若者たちと「緑のふるさと協力隊」（変動する社会のなかで若者たちは、都市と農山村を結ぶ支援組織、国や自治体の進める地域支援、「緑のふるさと協力隊」の活動、協力隊経験者（OB・OG）たちの活動）、第3部　どこにもない学校（「緑のふるさと協力隊」の2011年）

『私たちから伝えたいこと—東日本大震災被災地復興支援ボランティア：TKKボランティア活動記録集』〔出版地不明〕　TKK 3大学連携プロジェクト「学生ボランティア活動記録集」編集委員会　2012.3　79p　30cm　〈文部科学省平成21年度「大学教育充実のための戦略的大学連携支援プログラム」,TKK 3大学連携プロジェクト防災・減災・ボランティアを中心とした社会貢献教育の展開〉　Ⓝ369.31

『わたしにできること。—個人の「なにかしたい！」から始まった12の絆の物語』　筑波君枝著　メディアファクトリー　2012.3　271p　19cm　1000円　Ⓘ978-4-8401-4509-1　Ⓝ369.31
内容　女子大生、OL、ギャルママ、旅館の女将、写真家、企業でも団体でもない、一人ひとりが立ち上げた"お金ではない"3・11支援ストーリー。

『学生のパワーを被災地へ！—「早稲田型ボランティア」の舞台裏』　岩井雪乃編著　早稲田大学出版部　2012.2　99p　21cm　（〈早稲田大学ブックレット「震災後」に考える〉シリーズ 010）　940円　Ⓘ978-4-657-12301-5　Ⓝ369.31
内容　一刻も早く、そして一人でも多くの支援を実現するため短期間に多くの学生を安全に被災地へ送り込む。この難題に取り組んだ早大ボランティアセンター、通称WAVOCおよび早稲田大学の教職員たちによる試行錯誤と創意工夫の軌跡。

『ボランティアナースが綴る東日本大震災—ドキュメント』　全国訪問ボランティアナースの会キャンナス編　三省堂　2012.2　230p　19cm　1500円　Ⓘ978-4-385-36581-7　Ⓝ369.31
内容　トイレ掃除も、花植えもしました。東北の人たちとまた会いたいです。被災地行きを志願した延べ5,000人のナースらや医療・介護者からの数千本におよぶ現地報告を抽出して編んだ東北支援の最前線奮闘記。

『市民の力で東北復興—大震災・原発事

『故、新しい時代への災害ボランティア論：ボランティア山形東日本大震災支援活動の記録』 綾部誠, 井上肇, 新関寧, 丸山弘志著 ほんの木 2012.1 230p 19cm 1400円 ⓘ978-4-7752-0078-0 Ⓝ369.31
内容 福島から原発事故による避難者を迎え入れ、立ち上がった山形県米沢市民と、全国から支援に結集した心ある仲間たち。宮城、岩手、福島各県の津波被災地にも物資とボランティアを送り続け、その運営体制と実践力は高く評価された。ここには新しい「市民の力」がある。市民が官・企業と協同する力をつけ、組織運営の最前線に立つ、ボランティア山形東日本大震災支援活動の記録。

『東日本大震災日本ユニセフ協会緊急・復興支援活動―1年レポート 子どもにやさしい復興をめざして』 日本ユニセフ協会 〔2012〕 29p 30cm

『3.11大震災大学には何ができるのか』 渡邊直樹責任編集, 多田孝文監修 平凡社 2011.12 253p 19cm 1500円 ⓘ978-4-582-83550-2 Ⓝ369.31
内容 学生たちは被災地で何を見つめ、そこで何を学んだのか。大正大学の支援活動8カ月間の記録。

『0泊3日の支援からの出発―早稲田大学ボランティアセンター・学生による復興支援活動』 加藤基樹編著 早稲田大学出版部 2011.12 94p 21cm （〈早稲田大学ブックレット「震災後」に考える〉シリーズ 007） 940円 ⓘ978-4-657-11309-2 Ⓝ369.31
内容 被災地の厳しい状況が連日伝えられるなか、何かをしなければというひたむきな思いに突き動かされた若者たちがいた。ボランティア先でのさまざまな体験、その後の心の変化をつづった記録集。

『負けんな、ヤルキキャンプ』 光安純著 角川書店 2011.12 223p 20cm 〈角川グループパブリッシング（発売）〉 1500円 ⓘ978-4-04-110063-9 Ⓝ369.31
内容 金なし、家なし、大工なし。だけど、やる気だけで家、建てました。ならず者ボランティア軍団＆最強親父が大暴走!?被災地・陸前高田で話題沸騰ブログの書籍化。

『私（わたし）たちはいつまでも忘れない―岩手・宮城・福島震災被災地巡礼の旅の記録：2011年7月16日～8月3日』 木戸満知子著 本の泉社 2011.11 207p 19cm 〈タイトル：私たちはいつまでも忘れない〉 1238円 ⓘ978-4-7807-0738-0 Ⓝ369.31
内容 旅の発案者で「ひめしゃら塾」を主宰する舞踊家は66歳、東日本大震災後、軽の四駆を買い、全行程のハンドルを握った元商社マンは51歳、そして若いころ病弱に苦しんだ日々、さまざまな療法を体験した、この本の著者は61歳。旅の目的は「鎮魂と祈り」。被災者に寄り添い、やさしさに満ちた3人の被災地を巡る旅の記録。

『石巻赤十字病院の100日間―東日本大震災医師・看護師・病院職員たちの苦闘の記録』 石巻赤十字病院, 由井りょう子著 小学館 2011.10 223p 19cm 1500円 ⓘ978-4-09-388207-1 Ⓝ498.02123
内容 簡易ベッドで埋め尽くされたロビー、底をつく水・食料・医薬品、不眠不休の極限状態の中、命のとりでとなった病院スタッフたち。そのとき、地域病院は最前線の野戦病院と化した。災害医療ドキュメント。

『奇跡の災害ボランティア「石巻モデル」』 中原一歩著 朝日新聞出版 2011.10 206p 18cm （朝日新書 322）〈並列シリーズ名：Asahi Shinsho 文献あり〉 720円 ⓘ978-4-02-273422-8 Ⓝ369.31
内容 災害ボランティア活動は、きれい事だけでは済まない。自治体にとって、ときには志願者が負担になることもある。そんな現実のなかで奇跡的な成功例と評された地域―。それが宮城県・石巻市だ。「石巻モデル」を支えた人たちの「決断」と「行動」を明らかにする！ 行政、NGO、NPO関係者必読の書。

『震災復興ボランティア入門講座―今日を創る、明日を変える、ボランティアのちから 報告書』 西出優子監修, 小林主茂編 〔仙台〕 東北大学経済学部非営利組織論ゼミナール 2011.10 37p 30cm 〈執筆：小林主茂ほか〉 Ⓝ369.3
目次 I.ボランティア入門講座の概要, II.震災復興ボランティアの現状分析―問題点, III.震災復興ボランティアの現状分析―解決策,

まちづくり・災害・環境のための活動　　　　　　　　　　　災害復興と市民活動

Ⅳ.講座実施内容要約，Ⅴ.プロジェクト・インパクト評価，Ⅵ.プロジェクト運営評価

『災害ボランティア・ブック―週末は東北へ』　平凡社編　平凡社　2011.9　87p　19cm　950円　①978-4-582-83539-7　Ⓝ369.31

内容　「あなたにもやれることがある！」災害ボランティア活動のための基本情報と，東日本大震災ボランティアの活動の記録。

『「知恵と夢」の支援作品集―子どもが元気に育つまちづくり東日本大震災復興プラン国際提案競技』　千葉　こども環境学会　2011.9　275p　30cm　〈他言語標題：Support in "wisdom and dreams"〉　非売品　Ⓝ518.8

『ヒトのチカラ。―東日本大震災被災地、災害ボランティアセンターで起こったいくつものドラマ。：ボランティアって何するの？』　小田原きよし著　マーブルトロン　2011.9　191p　20cm　（Marble books）〈共同刊行：フォッツ・パブリケーション　三交社（発売）〉　1300円　①978-4-87919-641-5　Ⓝ369.31

内容　松島を望む風光明媚な浜の町、宮城県宮城郡七ヶ浜町。15mの波に襲われた震災から150日。ボランティアとニーズをマッチングする、災害ボランティアセンターを取り巻く感動的な物語と、知っておきたい情報までが詰まったノンフィクション。ボランティアをしたい！でも、どうやって？あなたに何ができるのか？何を知っていればいいのか？ボランティアに行きたい人、行きたいけど行けない人、必読。被災者の心を励ます声かけのタブー…等、現地で本当に役に立つボランティアであるための不可欠の知識も。

『ゴン太ごめんね、もう大丈夫だよ！―福島第一原発半径20キロ圏内　犬猫救出記』　山路徹, 救出チーム編　光文社　2011.7　109p　19cm　1143円　①978-4-334-97655-2

内容　飼い主を捜して、無人化した街をさまよう犬…室内でおびえながら縮こまっている猫…本書は福島第一原発半径20キロ圏内に取り残されたペットたちに思いを馳せたボランティアたちの勇気ある活動の記録である。

『ふたたび、ここから―東日本大震災・石巻の人たちの50日間』　池上正樹著　ポプラ社　2011.6　245p　19cm　1500円　①978-4-591-12491-8

内容　石巻市街から牡鹿半島の漁村まで。変わり果てた被災地を巡り、人々から託された「命の言葉」をつづるノンフィクション。

『東日本大震災と学生ボランティアの役割―大学間連携による取り組みとその課題　シンポジウムの記録資料　大学間連携災害ボランティアネットワーク主催シンポジウム』　〔仙台〕　〔東北学院大学災害ボランティアステーション〕　〔2011〕　178p　30cm　〈会期・会場：2011年12月16日―17日　東北学院大学土樋キャンパス8号館5階押川記念ホール〉　Ⓝ369.31

『東日本大震災日本ユニセフ協会緊急・復興支援活動―6ヵ月レポート　子どもにやさしい復興をめざして』　日本ユニセフ協会　〔2011〕　17p　30cm

『被災地の子どもと大学生―活動して思ったことを語り合おう！　震災復興支援ボランティア報告会　パンフレット』　〔仙台〕　宮城教育大学　〔2011〕　102p　30cm　〈会期・会場：11月12日　宮城教育大学2号館220教室〉　Ⓝ372.123

世界の人々と助け合おう

『ニュースに出てくる国際条約じてん　3　人権』　池上彰監修，こどもくらぶ編　彩流社　2015.3　39p　30cm　2500円　①978-4-7791-5010-4

[目次]　1946 ILO憲章，1948 ジェノサイド防止条約，1948 世界人権宣言，1949 ジュネーブ条約，1950 UNHCR規程，1951 難民条約，1965 人種差別撤廃条約，1966 国際人権規約，1966 難民議定書，1973 アパルトヘイト条約，女子差別撤廃条約，ハーグ条約，家族の責任条約，拷問等禁止条約，子どもの権利条約，障害者権利条約

『ニュースに出てくる国際条約じてん　1　国際組織と領土』　池上彰監修，こどもくらぶ編・著　彩流社　2015.3　39p　30cm　2500円　①978-4-7791-5008-1

[目次]　1944 国際民間航空条約，1945 国際連合憲章，1945 国際司法裁判所規程，1945 FAO憲章，1946 WHO憲章，1959 南極条約，1960 経済協力開発機構条約，1966 宇宙条約，1969 ウィーン条約法条約，1979 月協定，1982 国連海洋法条約，1992 マーストリヒト条約，1998 国際刑事裁判所に関するローマ規程，2000 アフリカ連合設立規約，2007 ASEAN憲章

『ニュースに出てくる国際条約じてん　5　経済と文化』　池上彰監修，こどもくらぶ編　彩流社　2015.2　39p　31×22cm　2500円　①978-4-7791-5012-8

[目次]　1886 ベルヌ条約，1925 オリンピック憲章，1944 ブレトン・ウッズ協定，1945 ユネスコ憲章，1947 関税及び貿易に関する一般協定，1956 IAEA憲章，1970 文化財不法輸出入等禁止条約，1970 特許協力条約，1994 WTO設立協定，1994 原子力安全条約，2000 ミレニアム開発目標，2001 サイバー犯罪に関する条約，2005 環太平洋パートナーシップ(TPP)協定，2005 文化多様性条約

『ニュースに出てくる国際条約じてん　4　環境』　池上彰監修，こどもくらぶ編　彩流社　2014.12　39p　30cm　2500円　①978-4-7791-5011-1

[目次]　1971—ラムサール条約，1972—世界遺産条約，1973—ワシントン条約，1979—長距離越境大気汚染条約，1985—ウィーン条約，1989—バーゼル条約，1990—OPRC条約，1992—気候変動枠組条約，もっと調べよう！国境をこえる環境問題，1992—生物多様性条約，1992—環境と開発に関するリオ宣言，1997—放射性廃棄物等安全条約，1997—京都議定書，2000—カルタヘナ議定書，2002—持続可能な開発に関するヨハネスブルグ宣言，2003—たばこ規制枠組条約，2013—水銀条約

『えんぴつの約束——流コンサルタントだったぼくが、世界に200の学校を建てたわけ』　アダム・ブラウン著，関美和訳　飛鳥新社　2014.11　299p　19cm　1500円　①978-4-86410-375-6　⑩335.8

[内容]　歩め、「喜んで語れる人生」を。1本のえんぴつから始まった天職をさがす青年の旅。全米で感動の渦を巻き起こしたベストセラー・ノンフィクション、待望の日本語版！

『国際協力ガイド　2016』　国際開発ジャーナル社，丸善出版〔発売〕　2014.10　213p　26cm　1200円　①978-4-87539-088-6

[目次]　1 知識を付ける(キャリアカウンセラーに聞く！大学院活用術，大学・大学院)，2 キャリアをつなぐ(情報を知る—国際協力キャリアフェア，スキルを磨く—津田塾大学オープンスクール，語学力を磨く—TOEIC SWテスト　ほか)，3 国際協力を仕事にする(国際機関・国際金融機関—Pick up！国連児童基金(UNICEF)，中央省庁—Pick up！財務省関税局，地方自治体—Pick up！北海道旭川市　ほか)

『ユヌス教授のソーシャル・ビジネス—グラミン銀行創設者・ノーベル平和賞受賞

者 まんが版』 すぎたとおる原作, 早川大介作画 滋慶出版／土屋書店 2014.10 127p 21cm 980円 ⓘ978-4-8069-1390-0 Ⓝ335.8

内容 貧困に苦しむ人々を、自立へと導く"ソーシャル・ビジネス"。その誕生と発展を追った、軌跡のストーリー。「世界を変えたい！」現代の若者へ贈るメッセージ。

『国際協力用語集』 第4版 国際開発ジャーナル社 2014.9 353p 19cm 〈索引あり 発売：丸善出版〉 3700円 ⓘ978-4-87539-087-9 Ⓝ329.39

内容 日本の国際協力における各分野の第一人者が編集・執筆。分野、形態、政策、援助潮流、組織・機関など、国際協力に関するあらゆる用語を網羅・解説。国際協力にかかわるすべての人必携の書。10年ぶりの大幅改訂。1,590語を収録。時代を読み解くキーワードがこの一冊に！

『シビックエコノミー——世界に学ぶ小さな経済のつくり方』 00著, 石原薫訳 フィルムアート社 2014.8 195p 26cm 〈他言語標題：CIVIC ECONOMY〉 2600円 ⓘ978-4-8459-1429-6 Ⓝ335.8

内容 本書が提案する8つの「市民起業家」行動ガイド。(1)主導者＝市民起業家を見つける。(2)協議を超えた市民参加＝市民に共創を呼びかける。(3)共同出資＝資金調達の多様化。(4)すでにある資産を再活用する＝隠れた機会の発掘。(5)場所の体験＝物理的・社会的な条件を設定する。(6)ゴールを決めないアプローチ＝自然発生を促す枠組み。(7)ネットワークの力で変化を起こす＝規模の挑戦。(8)価値のありかを認識する＝変化の指標。

『途上国を考える』 髙木保興, 河合明宣著 放送大学教育振興会 2014.3 261p 21cm （放送大学教材）〈文献あり 索引あり 〔NHK出版〕(発売)〉 2600円 ⓘ978-4-595-31494-0 Ⓝ333.8

目次 イギリスの産業革命を考える, 途上国「国家」を考える, 国際政治経済環境を考える（戦後から債務問題まで、構造調整から通貨危機まで）, 第一次産業の開発を考える, 第二次産業の開発を考える, 第三次産業の開発を考える, 工業化にともなう問題を考える, 国際社会のサポートを考える, 貧困削減を改めて考える, BOPビジネスを考える, 政府開発援助を考える, 企業の社会的責任, 非政府組織、そして、社会的企業を考える, 途上国政府の役割像を考える, 途上国の明日を考える

『緒方貞子 戦争が終わらないこの世界で』 小山靖史著 NHK出版 2014.2 238p 19cm 1500円 ⓘ978-4-14-081626-4

内容 国連難民高等弁務官として、世界中で多くの難民を救い、国際社会で評価された緒方貞子。その半生を追ったNHKスペシャルの待望の出版化！ 歴史を変えた、リーダーシップの真実とは——。

『グローバル協力論入門——地球政治経済論からの接近』 上村雄彦編 京都 法律文化社 2014.1 210p 21cm 2600円 ⓘ978-4-589-03565-3 Ⓝ329.39

目次 第1部 理論編（グローバル協力論とは何か？, 国際社会はいかに形成されてきたのか？——大航海時代から現代までの国際秩序の系譜, 地球社会はいかに統治されているのか？——グローバル・ガヴァナンスを理解する）, 第2部 テーマ編（国際平和とは何か？——国際平和と人間の安全保障の狭間で, 地球環境問題は解決できるか——地球温暖化交渉を中心に, 世界の貧困問題をいかに解決できるのか？——国際協力の限界、できること）, 第3部 地域研究編（アジアの経済は「発展」しているのか？——地理学・地域研究からのアプローチ, アフリカ人の「選択の自由」を尊重する援助とは？——元子ども兵の社会復帰支援から潜在能力アプローチの可能性を探る, なぜ軍隊なしに平和が維持できるのか？——積極的非武装中立平和外交を進めるコスタリカの挑戦）, 第4部 公共政策編（フェアトレードで世界は変えられるか？——フェアトレードタウン運動への展開, 地球規模問題を一気に解決する処方箋?!——グローバル・タックスの可能性）, 第5部 アクター編（国際機関および大学は地球問題の解決のために何をしているのか？——情報通信技術と社会開発の融合を事例として, 地球環境ガヴァナンスにおける政府の役割はいかなるものか？——気候変動問題の場合, 企業を変える企業?!——進化するCSRとその課題, NGOは世界を救えるか？——国際保険NGOの経験から, 共振する社会運動は、世界社会フォーラムに何をもたらすのか？——オルタ・グローバリゼーション運動とアラブ民衆革命を中心に）

世界の人々と助け合おう

『共に生きるということ』 緒方貞子著
PHP研究所 2013.12 125p 19cm
（be humane）1200円 ⓘ978-4-569-78214-0
内容 国連難民高等弁務官、国際協力機構理事長として人道支援・復興支援の現場で前例のない数々の難局を乗り越えてきた日々、貫いた信念とは？ 平和を築く「共存」の哲学、国際社会での日本の役割などを語る。

『マイウェイ国際協力―中東・アフリカ・アジア30年の軌跡』 成瀬猛著 〔柏〕
麗澤大学出版会 2013.11 243p 20cm
〈柏 廣池学園事業部（発売）〉1600円
ⓘ978-4-89205-622-2 Ⓝ333.8
内容 バングラデシュ、シリア、ケニア、パレスチナ等激動の地での国際協力30年の経験を、日本の若者に語りかける。

『妹は3歳、村にお医者さんがいてくれたなら。―わたしたちが900万人の人びとに医療を届けるわけ』 国境なき医師団日本編著 合同出版 2013.8 159p
21cm 1400円 ⓘ978-4-7726-1113-8
Ⓝ329.36
内容 紛争、自然災害、貧困、女性の低い地位…。さまざまな理由で必要な医療を受けられない人びとがいます。国境なき医師団日本のスタッフが体験した、世界の人道危機の状況と医療援助の現実。みんなが医療を受けられるようにするためになにができるか、ともに考えるための書。

『Are you happy？―世界の子どもに笑顔をプレゼント』 神崎孝行,バッタライ・ヒムラル著 牧歌舎,星雲社〔発売〕
2013.7 90p 19cm 900円 ⓘ978-4-434-18081-1
目次 疲れたら、少し休んでみませんか？, はるかの冒険，「ネパールの子どもたちを援助する会」とは、どんな会？，ネパールに「日本村」を開く，ネパールと日本の相互理解・交流をさらに深めるために

『国際協力のレッスン―地球市民の国際協力論入門』 牧田東一編著 学陽書房
2013.4 276p 21cm〈他言語標題：Lessons in International Cooperation 索引あり〉2300円 ⓘ978-4-313-34022-0 Ⓝ329.39

目次 平和と人権・開発の21世紀―地球市民による国際協力, 1 平和のための国際協力（グローバル・ガバナンス, 国際連合と国際協力, 難民, 平和構築）, 2 国際開発のための国際協力（人間開発, 人権と人権基盤型アプローチ, ジェンダー平等, 子どもと開発, NGOと市民社会―2つの災害支援への取り組みを中心に, 開発と文化）, 3 市民生活と国際協力（フェアトレード, 持続可能な生活様式について, 企業の社会的責任と責任ある消費者, 開発教育）

『100円からできる国際協力　6　災害から守る』 くさばよしみ著 汐文社
2013.4 31p 21×22cm 2000円
ⓘ978-4-8113-8931-8 Ⓝ329.39
目次 500円で、震災後のハイチの子どもに教科書を2冊配ることができます。―ハイチの子どもたちの2人に1人は小学校に通えずにいます。3000円で、コレラの治療キットを1人分用意できます。―震災から3年がすぎても、約36万人が避難所で暮らしています。100円で、被災者1人分の水や食料を配ることができます。―タイでは、九州と沖縄を合わせた広さと同じ面積が洪水にみまわれ、800人をこえる人が亡くなりました。3000円で、栄養不良で苦しむ子どもに補助食104袋を用意できます。―サヘル地域では、100万人の子どもたちがひどい栄養不良に苦しんでいます。1000円で、弱った子どもを病気から守るビタミンAの薬を1000人分用意できます。―ソマリアの子どもの5人に1人が栄養不良に苦しんでいます。5000円で、シリアの子どもに冬用の衣類一式が用意できます。―まわりの国に逃げて不自由なくらしを強いられているシリア人は、およそ40万人。その半数は子どもです。東日本大震災では、163の国や地域と43の国際機関が、支援の手をさしのべてくれました。

『コンストラクティヴィズムの国際関係論』 大矢根聡編 有斐閣 2013.3
304p 21cm（有斐閣ブックス）2600円 ⓘ978-4-641-18410-7
内容 理念・規範から国際関係のダイナミズムを読み解く。コンストラクティヴィズムを体系的に説明しこの理論的枠組みを用いて国際問題を分析する方法を具体的な手順に沿って解説する。

『100円からできる国際協力　5　差別か

世界の人々と助け合おう

ら守る』　くさばよしみ著　汐文社　2013.3　31p　21×22cm　2000円　①978-4-8113-8930-1　Ⓝ329.39

目次　1000円で、HIVウイルスに感染した人に、正しい知識を伝えることができます。―世界では、毎日およそ700人の子どもがHIVウイルスに感染しています。10000円で、車いす1台を作るための部品を買うことができます。―障害のある人は、世界中で約6億5000万人いると推定されています。1000円で、障害者1人が職業訓練を受けるのに必要な道具を、1か月分用意できます。―世界の子どもと若者の約1割（約2億人）に、障害があり、そのうちの約8割が開発途上国に住んでいると言われています。500円で、子ども1人の学用品1年分を用意できます。―世界の子どもの10人に1人が小学校に通えません。3000円で、どれいのようなあつかいを受けている女性・子どもに会い、保護の手助けができます。―世界で1200万人以上が、どれいのようにあつかわれ、その半分近くが18歳未満の子どもたちです。2000円で、1人の女性が安全に出産することができます。―1日およそ800人の女性が、妊娠や出産が原因で亡くなっています。8800円で、女の子がさいほう技術を身につけるためのミシン1台を支援できます。―世界で読み書きができない人の3分の2が、女性です。

『誰もが人間らしくいきるために―人道的価値観をはぐくむ国際人道法学習プログラム』　日本赤十字社総務局組織推進部青少年・ボランティア課　2013.2　103p　30cm　〈表紙のタイトル：誰もが人間らしく生きるために〉　Ⓝ319.8

『100円からできる国際協力　4　子どもたちを守る』　くさばよしみ著　汐文社　2013.2　31p　21×22cm　2000円　①978-4-8113-8929-5　Ⓝ329.39

目次　100円で、5人の子どもをポリオから守ることができます。100円で、げりで命を失うのを防ぐ粉を14袋届けることができます。9000円で、子どもの健康を見守るヘルスワーカーを育成する研修ができます。100円で、人身売買された子どもが2日間職業訓練を受けられ、将来に備えることができます。5000円で、ガーナの子どもたちに、学用品一式を提供できます。6600円で、インドのお母さんが羊1匹を飼って商売を始めることができ、子どもが働く必要がなくなります。300円で、路上生活を送っている子どもが5日間学校に通えます。

『永い旅立ちへの日々』　岡留恒健著　現代企画室　2012.11　261p　19cm　2000円　①978-4-7738-1216-9

内容　命に善いものは美しい。デビスカップテニス代表選手、国際線パイロット、ユニセフ普及活動、52歳でのエベレスト登山…大空への夢、他者との心の連帯を追い求めてきた著者が、終の棲家に定めて妻と移り住んだ里山で育くんだ、最後の旅立ちに向けた「循環」の思想。

『トットちゃんと地球っ子たち―黒柳徹子ユニセフ親善大使28年の全記録』　田沼武能著　新日本出版社　2012.7　191p　25cm　3500円　①978-4-406-05584-0　Ⓝ369.4

内容　黒柳徹子ユニセフ親善大使28年30カ国の全記録。

『はじめての国際協力―変わる世界とどう向きあうか』　内海成治編　京都　昭和堂　2012.6　324,8p　21cm　〈文献あり　索引あり〉　2800円　①978-4-8122-1174-8　Ⓝ333.8

目次　第1部　国際協力の現在と課題（変わる社会と国際協力の課題，日本の国際協力を考える―JICAの教育協力の現状と課題），第2部　新しい国際協力の形（国際協力としてのCSR―東ティモールでの千のトイレプロジェクト，復興支援としてのフェアトレード―東ティモールのコーヒー農家，国際緊急教育支援におけるミニマムスタンダード），第3部　紛争後の復興支援（国内避難民の帰還支援―北部ウガンダでのJICAプロジェクト，戦争で傷ついた子どもへの支援―北部ウガンダでのNGOの活動から，紛争後の教育支援のために―東ティモール小学校の現状），第4部　伝統的社会と開発（伝統的社会の変化と学校―ケニア・ラム島の子どもたち，教育ニーズの拡大と幼児教育―ケニア・マサイの子どもたち，子どもの通学を支援する―マサイの生活世界と学校選択，地域に根ざした医療支援―ソロモンのマラリア対策）

『「国際協力」をやってみませんか？―仕事として、ボランティアで、普段の生活でも』　山本敏晴著　小学館　2012.4

ヤングアダルトの本　ボランティア・国際協力への理解を深める2000冊

255p　19cm〈他言語標題：Interested in international cooperation work？〉1500円　①978-4-09-388229-3　Ⓝ333.8
[目次]　はじめに　世界を変える「強さ」を手に入れること，第1章　いつ，国際協力をやるのか？，第2章　だれが，国際協力をやるのか？，第3章　国連・政府・民間NGOの表と裏，第4章　どこで，国際協力をやるのか？，第5章　何を，国際協力としてやるのか？，第6章　どのように，国際協力をやるのか？，第7章　なぜ，国際協力をやるのか？，第8章　あなたにできることは何か？，おわりに　心に刻む，2つの言葉

『小さいころに置いてきたもの』　黒柳徹子著　新潮社　2012.3　336p　15cm（新潮文庫）　550円　①978-4-10-133409-7
[内容]　イチローの試合を見るため，ヤンキー・スタジアムでのナイター初観戦。ヨン様の姿を見ようとトライしたパチンコ。ハワイでのナンパ…トットちゃんの周りには，面白エピソードが溢れている。一方，多くの人を見送った。渥美清，久世光彦，森茉莉，赤塚不二夫らとの想い出。『窓ぎわのトットちゃん』に書けなかった秘密，ユニセフの活動で出会った子どもたちへの願いを綴るエッセイ。

『世界で活躍する日本人―国際協力のお仕事　6　国際社会で働くために』　大橋正明監修　学研教育出版　2012.2　47p　29cm〈索引あり　学研マーケティング（発売）〉2800円　①978-4-05-500835-8　Ⓝ333.8
[目次]　今日から始める国際協力　身のまわりの問題を考えてみよう，身近なことから始めてみよう，フェアトレード製品を調べてみよう，イベントに行こう！，常設展に行ってみよう＆プログラムに参加してみよう，本や映画などで世界の状況を知ろう，ボランティアを始めよう，国際協力の職場―あなたは，どのタイプ？　仕事の適性診断，国際協力を行う主な機関，国際協力の仕事への道のり，国際協力理解度チェック―国際協力クイズに挑戦!!，国際協力についてまとめよう―学んだこと，調べたことをまとめよう

『世界で活躍する日本人―国際協力のお仕事　5　民間企業で働く』　大橋正明監修　学研教育出版　2012.2　47p　29cm〈索引あり　学研マーケティング（発売）〉2800円　①978-4-05-500834-1　Ⓝ333.8
[目次]　世界ではどんな問題が起きているの？　豊かな地域と貧しい地域の差が広がっている，世界の経済格差について考えよう，経済格差を解決するための取り組みを見てみよう，民間企業はどんな国際協力をしているの？，国際協力がわかるキーワード，ピープル・ツリー，インタビュー1　ピープル・ツリー雑貨商品開発マネージャー・鈴木史，株式会社HASUNA，インタビュー2　株式会社HASUNA代表取締役・白木夏子，日本ポリグル株式会社，インタビュー3　日本ポリグル株式会社　代表取締役会長・小田兼利，山梨日立建機株式会社，インタビュー4　山梨日立建機株式会社　代表取締役・雨宮清，王子ネピア株式会社，インタビュー5　王子ネピア株式会社　マーケティング本部・齋藤敬志，まだまだある！　民間企業

『世界で活躍する日本人―国際協力のお仕事　4　NGOで働く　医療・農業支援』　大橋正明監修　学研教育出版　2012.2　47p　29cm〈索引あり　文献あり　学研マーケティング（発売）〉2800円　①978-4-05-500833-4　Ⓝ333.8
[目次]　世界ではどんな問題が起きているの？　医療が受けられず苦しんでいる人がいる，世界の保健・医療問題について考えよう，保健・医療問題を解決するための取り組みを見てみよう，NGOってどんな国際協力をしているの？，国際協力がわかるキーワード，国境なき医師団，インタビュー1　国境なき医師団日本医師・理事・久留宮隆，ジャパンハート，インタビュー2　ジャパンハート代表・吉岡秀人，A SEED JAPAN，インタビュー3　A SEED JAPAN事務局長・岸田ほたる，日本国際ボランティアセンター，インタビュー4　日本国際ボランティアセンター　カンボジア事業担当・山崎勝，TABLE FOR TWO International，インタビュー5　TABLE FOR TWO International代表・小暮真久，まだまだある！　NGO団体

『世界で活躍する日本人―国際協力のお仕事　3　NGOで働く　子ども・教育支援』　大橋正明監修　学研教育出版　2012.2　47p　29cm〈索引あり　文献あり　学研マーケティング（発売）〉2800円　①978-4-05-500832-7　Ⓝ333.8

世界の人々と助け合おう

[目次] 世界ではどんな問題が起きているの？，苦しんでいる子どもがたくさんいる，世界の子どもの問題について考えよう，子どもの問題を解決するための取り組みを見てみよう，NGOってどんな国際協力をしているの？，国際協力がわかるキーワード，シャンティ国際ボランティア会，インタビュー1 シャンティ国際ボランティア会事務局次長・市川斉，かものはしプロジェクト，インタビュー2 かものはしプロジェクト共同代表・村田早耶香，プラン・ジャパン，インタビュー3 プラン・ジャパン・プログラム部・山形文，難民を助ける会，インタビュー4 難民を助ける会（AAR JAPAN）プログラム・コーディネーター・五十嵐豪，ジェン（JEN），インタビュー5 ジェン（JEN）事務局長・木山啓子，まだまだある！ NGO団体

『世界で活躍する日本人─国際協力のお仕事 2 政府組織で働く─JICA・JETROなど』 大橋正明監修　学研教育出版　2012.2　47p　29cm〈索引あり　文献あり　学研マーケティング（発売）〉 2800円　Ⓘ978-4-05-500831-0　Ⓝ333.8

[目次] 世界ではどんな問題が起きているの？，じゅうぶんな教育を受けられない人がいる，世界の教育問題について考えよう，教育問題を解決するための取り組みを見てみよう，日本政府が行う国際協力を見てみよう，ODAについてくわしく見てみよう，これからの日本の役割について考えよう，国際協力がわかるキーワード，JICA（国際協力機構），インタビュー1 JICA（国際協力機構）青年海外協力隊事務局・永野りさ，インタビュー2 JICA（国際協力機構）国際緊急援助隊業務調整員・大友，インタビュー3 国際交流基金バンコク日本文化センター・瀧田あゆみ，外務省，インタビュー4 外務省 国際連合日本政府代表部・杉尾透，JETRO（日本貿易振興機構），インタビュー5 JETRO（日本貿易振興機構）途上国貿易開発部・野吾なほみ，まだまだある！ 政府組織

『世界で活躍する日本人─国際協力のお仕事 1 国際機関で働く─ユニセフ・ユネスコなど』 大橋正明監修　学研教育出版　2012.2　47p　29cm〈索引あり　文献あり　学研マーケティング（発売）〉 2800円　Ⓘ978-4-05-500830-3　Ⓝ333.8

[目次] 世界ではどんな問題が起きているの？，今日もどこかで紛争が起きている，世界の紛争問題について考えよう，紛争問題を解決するための取り組みを見てみよう，国際連合ってどんな組織？，国際連合はどんなふうに活動しているの？，国際協力がわかるキーワード，ユニセフ（国際連合児童基金），インタビュー1 ユニセフ（国際連合児童基金）東京事務所代表・平林国彦，インタビュー2 ユニセフ（国際連合児童基金）ウクライナ事務所代表・杢尾雪絵，ユネスコ（国際連合教育科学文化機関），インタビュー3 ユネスコ（国際連合教育科学文化機関）前事務局長・松浦晃一郎，国連難民高等弁務官事務所（UNHCR），インタビュー4 国連難民高等弁務官事務所（UNHCR）緊急援助部・高嶋由美子，国際赤十字・赤新月運動，インタビュー5 名古屋第二赤十字病院 看護師・山之内千絵，まだまだある！ 国際機関

『日本の国際協力がわかる事典─どんな活動をしているの？：災害救助から環境保護まで』 造事務所編集・構成，牧田東一監修　PHP研究所　2012.2　63p　29cm〈索引あり〉2800円　Ⓘ978-4-569-78196-9　Ⓝ333.8

[目次] 1 世界と日本国際協力のしくみ（日本の生活と世界，すぐれた日本製品，助けあいのしくみ，国の国際協力，国連の国際協力，NGOの国際協力），2 世界に広がる国際協力の現場（紛争の現場，自然災害の現場，開発支援の現場，教育や医療の現場，環境を守る現場，文化遺産を守る現場）

『国家救援医─私は破綻国家の医師になった』 國井修著　角川書店　2012.1　265p　19cm〈角川グループパブリッシング（発売）〉1400円　Ⓘ978-4-04-110076-9　Ⓝ498.02

[内容] 仕事場─ソマリア，前任地─ミャンマー。アフガニスタン，ルワンダ，スリランカ，イラク，そして3・11の日本。著者は，悲鳴をあげる国を診つづけた。一時の災害支援でも，数年に及ぶ赴任でも，常にあるミッションは「その国の最も弱い人びとが自分の足で立てるようにする」こと。20年以上にわたって国を救ってきた日本人医師の物語。

『日本の国際協力』 こどもくらぶ編さん　ほるぷ出版　2011.11　39p　29cm（世界にはばたく日本力）〈索引あり〉2800円　Ⓘ978-4-593-58640-0　Ⓝ333.8

世界の人々と助け合おう

|内容| 世界では、開発途上国とよばれ、外国からの援助を必要とする国がたくさんあります。日本は、さまざまな分野で国際協力をおこなっていますが、ここでは「開発・食料」「保健・医療」「平和・人道」の3つの分野について見ていきましょう。そして、日本の国際協力のすごさ、その背景となるもの、国際協力によって世界で活躍する日本人について知りましょう。

『巻き込む力―すべての人の尊厳が守られる世界に向けて』 土井香苗著 小学館 2011.1 191p 19cm 1200円 ①978-4-09-388165-4
|内容| 桜蔭中・高から東大法学部に進学。三年時に司法試験に合格後、司法ボランティアとしてアフリカ・エリトリアに渡る。世界の人権を守るための生き方を選んだ弁護士・土井香苗の志の実践と挑戦の源になる力とは。

『海のプロフェッショナル―海洋学への招待状』 窪川かおる編、女性海洋研究者チーム著 秦野 東海大学出版会 2010.11 173p 21×14cm 1200円 ①978-4-486-01881-0
|内容| 21名の女性研究者が語る海の魅力。海を学び、海で働く。楽しく生き生きと海に挑戦してほしいとの思いを込めた一冊。

『国際協力ってなんだろう―現場に生きる開発経済学』 高橋和志,山形辰史編著 岩波書店 2010.11 188p 18cm （岩波ジュニア新書 668）〈並列シリーズ名：IWANAMI JUNIOR PAPERBACKS〉 780円 ①978-4-00-500668-7 Ⓝ333.8
|内容| 貧困削減や開発援助、感染症対策、平和構築、紛争予防、環境保全、ジェンダーなど、国際協力に関わる24のテーマを取り上げて解説。現場の研究者の目に映った開発途上国の厳しい現状や課題を伝えるとともに開発経済学の視点から、ダイナミックに変化している開発途上国の姿や国際開発の取り組みを紹介する。

『高校生のためのアフリカ理解入門―お互いに学びあい、助け合うために』 秋田市立秋田商業高等学校ビジネス実践・ユネスコスクール班編 アルテ、星雲社 〔発売〕 2010.10 188p 19cm 1600円 ①978-4-434-15008-1
|内容| アフリカに渡った秋田の高校生たちは何を見、何を感じたのか？「アフリカの真珠」と呼ばれた緑豊かな国ウガンダへの高等学校主催のスタディツアーについて報告するとともに、青年海外協力隊としてアフリカで働いた先輩たちの講話とアフリカ支援に関わってきたJICA関係者の寄稿を紹介する。

『世界を救う7人の日本人―国際貢献の教科書』 池上彰編・著 日経BP社 2010.10 240p 19cm〈日経BPマーケティング（発売）〉 1400円 ①978-4-8222-0183-8 Ⓝ333.8
|目次| 第1章「水の問題」を救う（東京大学生産技術研究所教授・沖大幹）、第2章「復興支援の問題」を救う（JICAスーダン事務所長・宍戸健一）、第3章「命の問題」を救う（国立国際医療研究センター国際医療協力部勤務・藤田則子）、第4章「食料の問題」を救う（ウガンダ在住JICA専門家・坪井達史）、第5章「教育の問題」を救う（JICA客員専門員（教育）・原雅裕）、第6章「経済の問題」を救う（JICA客員専門員・宮司正毅）、第7章「国際協力の問題」を救う（JICA理事長・緒方貞子）

『ハイチ復興への祈り―80歳の国際支援』 須藤昭子著 岩波書店 2010.10 63p 21cm （岩波ブックレット no.794） 500円 ①978-4-00-270794-5 Ⓝ498.02593
|内容| 2010年1月、大地震に襲われた世界最貧国のひとつハイチ。現地で30年以上にわたって医療・植林などの支援に尽くし、今あらためて地震復興のため現地へと向かう著者が語った、「隣人」としての国際支援。

『国際貢献のウソ』 伊勢崎賢治著 筑摩書房 2010.8 207p 18cm （ちくまプリマー新書 143）〈並列シリーズ名：chikuma primer shinsho 年表あり〉 800円 ①978-4-480-68847-7 Ⓝ333.8
|内容| 国際NGO、国連、日本政府を30年渡り歩いて痛感した、「国際貢献」の美名のもとのウソやデタラメとは。武装解除のプロが、国際情勢のリアルを縦横無尽に語り、日本だからこそできる国際協力のカタチを考える。

『新しい国際協力論』 山田満編著、中野洋一,吉川健治,滝澤三郎,桑名恵,椎木哲太郎著 明石書店 2010.5 266p 19cm 2500円 ①978-4-7503-3188-1

世界の人々と助け合おう

Ⓝ329.39
目次 序章 なぜ国際協力は必要なのか，第1章 グローバリゼーションと貧困問題，第2章 社会開発，第3章 国際関係と国際平和協力，第4章 国連が取り組む人権，環境，難民問題，第5章 緊急人道支援から開発支援へ，第6章 日本の市民活動とグローバル化時代のCSR

『100円からできる国際協力 3 大地を守る』 100円からできる国際協力編集委員会編 汐文社 2010.4 31p 21×22cm 2000円 ①978-4-8113-8587-7 Ⓝ329.39
目次 300円で，10本の苗木を植えることができます。100円で，環境保護と栄養改善に役立つアボガドの種を100粒配れます。2500円で，農業研修1家族分が可能です。4000円で，エイズ治療に役立つ野菜づくりの研修が1人1回できます。100円で，魚の稚魚を10ぴき買うことができます。600円で，改良カマドを1つ設置できます。500円で，熱帯雨林にマホガニーの苗木2本を植えることができます。

『100円からできる国際協力 1 平和を守る』 100円からできる国際協力編集委員会編 汐文社 2010.4 31p 21×22cm 2000円 ①978-4-8113-8585-3 Ⓝ329.39
目次 1000円で，子ども1人に1か月分の栄養補助食を配れます。1200円で，故郷で安全に暮らせず避難生活をするイラクの1家族に食糧を配れます。15000円で，1つの家族が住めるテントをたてられます。500円で，難民に毛布を1枚配れます。1000円で，紛争により親を亡くした子ども1人を犯罪や暴力から守ります。500円で，紛争で心に傷を負った女性や子ども1人が心のケアを受けられます。子どもたちが絵を描くことで，日本・北朝鮮・韓国の交流につながります。

『100円からできる国際協力 2 命とくらしを守る』 100円からできる国際協力編集委員会編 汐文社 2010.3 31p 21×22cm 2000円 ①978-4-8113-8586-0 Ⓝ329.39
目次 300円で，10人の子どもに給食を食べさせられます。100円で，母子の命を救う栄養補助剤を20錠買うことができます。140円で，1人の子どもに1年間教科書を買うことができます。360円で，子どもたちが健康に育つた

めのニワトリ1羽を配れます。300円で，安全な水のためのフィルターが1基設置できます。100円で，子どもの健康を守る教材を2冊買えます。3150円で，子どもたちの命を救う出張診断が1回できます。

『実践ガイド国際協力論』 友松篤信，桂井宏一郎編著 古今書院 2010.1 150p 21cm 〈索引あり〉 2500円 ①978-4-7722-4137-3 Ⓝ329.39
目次 第1部 国際協力の仕組み（国際協力とは何か，政府開発援助による国際協力，NGOによる国際協力，途上国開発のプロセス，技術協力の方法，技術移転の方法と実験，参加型開発，文化協力），第2部 地球規模の課題（食料安全保障，保健医療分野，教育分野，境境問題，ジェンダーと開発）

『国際協力の現場から見たアジアと日本—経済技術交流の50年』 久保田誠一著 スリーエーネットワーク 2009.10 366p 19cm 1300円 ①978-4-88319-510-7 Ⓝ333.82
目次 第1章 「小さな窓」から入って来た日本—インド，第2章 米国統治下からの研修生—沖縄，第3章 従軍牧師になったアルミ研修生—韓国，第4章 民を以て官を促す—中国，第5章 「怨讐」を超え友好国へ—モンゴル，第6章 若者が架けた「友好の橋」—メキシコ，第7章 IJPCは生きていた！—イラン，第8章 輝く技術移転の「金字塔」—タイ，第9章 「共存共栄」を探る試金石—インドネシア

『死にゆく子どもを救え—途上国医療現場の日記』 吉岡秀人著 冨山房インターナショナル 2009.7 241p 19cm 1300円 ①978-4-902385-74-8 Ⓝ498.02238
内容 ミャンマーで15年，小児外科医の凄絶な魂の記録！ 子どもの死亡率の高い国で，救った命は数知れない。救えなかった命もある。限られた器具，施設，人員，そして現地医師との軋轢の中で，奮闘する小児外科医の姿を浮き彫りにする。第1回堺市平和貢献賞奨励賞を受賞。

『地域をつなぐ国際協力』 西川芳昭著 創成社 2009.7 197p 18cm （創成社新書 36） 〈文献あり〉 800円 ①978-4-7944-5036-4 Ⓝ601.1
内容 身近でできる国際協力，町の魅力を再

発見。地域を活性化させる、国際協力の取り組みを紹介。

『エンザロ村のかまど』 さくまゆみこ文, 沢田としき絵 福音館書店 2009.6 39p 26cm 〈たくさんのふしぎ傑作集〉〈他言語標題：The cooking-stoves of Enzaro Village〉 1300円 ①978-4-8340-2449-4 Ⓝ333.8454
内容 アフリカ・ケニア北西に位置するエンザロ村ではかまどとぞうりが大はやり。日本人の生活の知恵であるこのふたつが、遠くはなれたアフリカの村でなぜ流行しているのでしょう？

『一隅を照らす行灯たちの物語――実践的青少年教育のノウハウ』 佐々淳行著 冨山房インターナショナル 2009.5 330p 20cm 〈年表あり〉 1700円 ①978-4-902385-71-7 Ⓝ333.8
内容 心に灯火をともす28の物語。

『飛べない鳥たちへ――無償無給の国際医療ボランティア「ジャパンハート」の挑戦』 吉岡秀人著 名古屋 風媒社 2009.5 208p 20cm 1500円 ①978-4-8331-3155-1 Ⓝ498.02238
内容 ミャンマーの子どもを救え！途上国医療に人生をかけた青年小児外科医と若きスタッフたち。その苦悩と奇蹟の記録。

『国をつくるという仕事』 西水美恵子著 英治出版 2009.4 313p 20cm 1800円 ①978-4-86276-054-8 Ⓝ333.8
内容 前世界銀行副総裁が語るリーダーシップの真実。貧困のない世界を夢見て…23年間の闘いから見えてきたもの。

『国際協力――その新しい潮流』 下村恭民, 辻一人, 稲田十一, 深川由起子著 新版 有斐閣 2009.4 310p 19cm 〈有斐閣選書 207〉〈他言語標題：International cooperation in a new era 索引あり〉 2100円 ①978-4-641-28114-1 Ⓝ333.8
内容 9.11以後の国際協力とは。途上国の経済発展、貧困削減の努力に対する国際社会の支援の全体像を描き出して定評あるテキストを、最近の潮流をふまえ全面改訂。

『ここに学校をつくろう！――たったひとりの決意が子どもたちに希望をもたらした』 グレッグ・モーテンソン, デヴィッド・オリバー・レリン原作, サラ・トムソン文, 堤江実訳 PHP研究所 2009.4 245p 19cm 1400円 ①978-4-569-68946-3
内容 たったひとりでも、人が決意をすれば、どんなに素晴らしいことができるかということに、心をゆさぶられます。それは、グレッグ・モーテンソンが、世界で2番目に高いK2という山の上で道に迷ったことから始まりました。死ぬかもしれないというところで助け出され、その国（パキスタン）の人々について知ることになったのです。命の恩人との約束を、文化も信仰も習慣もこえて果たした感動のノンフィクション。

『国際公務員になるには』 横山和子著 ぺりかん社 2009.2 160p 19cm 〈なるにはBOOKS 83〉 1200円 ①978-4-8315-1226-0
内容 第一線で活躍する方々を取材。生きた仕事の現場を紹介。その職業の世界を解説。歴史やその全体像、将来性までを紹介。なりかたについてを詳説。適性や心構え、必要な資格や進路などを紹介。

『国際協力専門員――技術と人々を結ぶファシリテータたちの軌跡』 林俊行編 新評論 2008.11 348p 19cm 2800円 ①978-4-7948-0787-8 Ⓝ333.8
内容 国際協力専門員。あまり聞き慣れない名称かもしれない。国際協力機構（JICA）が世界各地で展開している国際協力の技術部門の具体的な活動を専門職とする者たちの呼称である。その数、約九〇名。それぞれが専門の分野を持ち、JICAという組織の中で国際協力の職人集団を形成している。本書に参加した一二名の専門分野は、参加型開発、農業・農村開発、開発行政、地方電化、ジェンダーと開発、環境行政、上水道開発、情報通信技術、感染症対策、人的資源開発、森林開発、そして防災・水資源開発と多彩である。そこで本書では、途上国が抱えるこれらさまざまな課題を、各章ごとに一つひとつ浮かび上がらせながら等身大の途上国の姿を描いてみることにした。これによってそれぞれの分野ならではの課題やアプローチのあり方を浮き彫りにし、「国際協力の仕事」をする上で必要とされる根本的な姿勢・考え方・視点というものの総体を示すことができればと考えたか

『五〇〇億ドルでできること』　ビョルン・ロンボルグ編著，小林紀子訳　バジリコ　2008.11　224,11p　20cm　1600円　Ⓘ978-4-86238-117-0　Ⓝ333.8
内容　世界を救うための経済学的「正解」とは何か。地球温暖化、感染症の蔓延、内戦、教育格差、飢餓、独裁政治、人口と移住、水問題…。どれだけ金をつぎこんでもむくわれない問題とわずかなコストで劇的成果をあげられる問題がある。気鋭の経済学者たちが提言する世界的危機への優先順位ランキング。

『人間として生きてほしいから―私が見た「世界の現場」』　笹川陽平著　海竜社　2008.11　279p　19cm　1500円　Ⓘ978-4-7593-1046-7　Ⓝ333.8
内容　ニュースにも出てこない地域、日本人がたぶん意識しない国々へ。この27年間で109カ国に300回以上訪問。民間人だからこそ、できることがある。ひとりの日本人として言っておきたいことがある。問題も解答も現場にある。

『高校生のための国際協力入門―世界を感じて、足元を見つめなおす』　秋田市立秋田商業高等学校ビジネス実践・国際協力課編　アルテ　2008.10　188p　19cm〈他言語標題：A guide to international cooperation for high school students　星雲社 (発売)〉　1600円　Ⓘ978-4-434-12433-4　Ⓝ333.8
内容　貧困や飢餓、温暖化といった地模規模の課題を解決するために何ができるのか？　秋田県の高校生がJICA (独立行政法人国際協力機構) 東北支部と連携して行った国際協力活動を紹介し、さらに第一線で活躍する先輩たちの貴重な提言を収める。

『学生たちは国境を越える―国連学生ボランティアプログラム/国連情報技術サービス (UNITeS) の挑戦』　大江瑞絵, 高畑由起夫編　西宮　関西学院大学出版会　2008.6　125,7p　21cm　(K.G.りぶれっと no.22)　800円　Ⓘ978-4-86283-030-2　Ⓝ329.39
目次　はじめに　国連ボランティア計画 (UNV) と関西学院大学のパートナーシップの現状と展望，第1章 関西学院大学UNITeSボランティア・プログラムについて，第2章 UNITeSボランティア・プログラムにおける関西学院大学の支援体制について，第3章 学生たちは国境を越える―国連情報技術サービス (UNITeS) の挑戦，第4章 派遣学生が発揮した情報通信技術 (ICT) スキルについて，第5章 OB/OGからのメッセージ，最後に　UNDPが期待する今後のUNITeSおよび学生ボランティアについて

『1人ひとりにできること・1人のためにできること』　国際協力機構編　ダイヤモンド社　2008.6　227p　19cm　1200円　Ⓘ978-4-478-00609-2　Ⓝ333.8
内容　1杯の水が飲めない人がいます。1冊の教科書もない学校があります。1本の苗木から始まる森があります。1歳の誕生日を迎えられない子どもがいます。1個の地雷で未来を奪われた人がいます。私たちにできることって、なんだろう？　いろんな参加、いろんな出会い。国際協力を日本の文化に。

『命を助けたい』　くさばよしみ編著　汐文社　2008.4　193p　22cm　(地球を救う仕事 14歳になったら考える 3)　1500円　Ⓘ978-4-8113-8414-6　Ⓝ333.8
目次　エイズの苦しみから救う仕事 (渡辺直子/日本国際ボランティアセンター)，地雷の被害を減らす仕事 (吉田克弥/難民を助ける会)，飢えた人に食糧を届ける仕事 (古田到/国連世界食糧計画)，原発事故に苦しむ人を助ける仕事 (橋本すみれ/医師)，災害救助の仕事 (阿部聡/消防官)

『現地と世界をつなぐ私たちの仕事―次世代への国際協力レポート』　加納弘勝編　小平　津田塾大学オープン・リサーチ・センター　2008.3　211p　21cm〈文献あり〉　1600円　Ⓘ978-4-9904-3080-1　Ⓝ329.39

『国際協力の知―世界でボランティアを志す人のために』　前林清和著　京都　昭和堂　2008.3　208,4p　21cm〈文献あり〉　2400円　Ⓘ978-4-8122-0825-0　Ⓝ333.8
目次　1 はてしなく続く紛争，2 貧困の悪循環，3 危うい地球環境と人間，4 国際問題の背景，5 国際協力の思想，6 国際協力の組織，7 国際協力活動

『この子を救えるのは、わたしかもしれな

世界の人々と助け合おう

い』ワールド・ビジョン・ジャパン編　小学館　2008.3　95p　20cm　1100円　①978-4-09-387774-9　Ⓝ369.4
[内容]　今、世界のどこかで貧困、紛争、エイズに苦しむ子どもたちがいる。人気絵本作家たちが願いを込めて描いた6つの真実。

『私の体験したこと―中学校教育と国際貢献』　斎藤述史著　札幌　柏艪舎　2008.1　223p　19cm　（柏艪舎エルクシリーズ）Ⓝ371.42

『ドリームじいちゃん―世界平和の夢を追いつづけて』　千葉呆弘著　くもん出版　2007.12　183p　19cm　1300円　①978-4-7743-1347-4
[内容]　"夢はかならず実現できる！"―千葉呆弘、ユネスコ勤務30年。国際舞台を飛びまわった著者が、若者たちにおくるメッセージ。

『日本はなぜ地球の裏側まで援助するのか』　草野厚著　朝日新聞社　2007.11　268p　18cm　（朝日新書）740円　①978-4-02-273183-8　Ⓝ333.8
[内容]　ODA（政府開発援助）は借款等を合わせば1兆円レベル。なぜ、こんな巨額の援助が必要なのか。どうして自衛隊は海外に出て活動しなければならないのか。あなたの疑問に答える「国際援助」入門。

『国際協力師になるために』　山本敏晴著　白水社　2007.6　254p　19cm　1700円　①978-4-560-03163-6　Ⓝ329.39
[内容]　国際協力のプロになりたい人に、基礎知識から現場の方法論まで、本格的ノウハウを伝授。

『国際協力の現場から―開発にたずさわる若き専門家たち』　山本一巳,山形辰史編　岩波書店　2007.5　206,4p　18cm　（岩波ジュニア新書　564）780円　①978-4-00-500564-2　Ⓝ333.8
[内容]　貧困削減、難民支援、紛争解決、開発援助、環境保全…。世界各地で起きている問題に最前線で取り組む若きフィールド専門家たちによる現場報告。開発途上国が抱えるさまざまな困難や国際的な支援の方法を現場の視点から具体的に語ります。現在の国際開発の課題を理解するうえで最適の国際協力入門。

『途上国の開発』　高木保興,河合明宣著　放送大学教育振興会　2007.4　230p　21cm　（放送大学教材　2007）〈文献あり〉2200円　①978-4-595-30745-4　Ⓝ333.8

『海の向こうで武士道―知られざるカンボジアの現実と必要なこと』　茂呂隆著　文芸社　2007.2　267p　19cm　1400円　①978-4-286-02384-7　Ⓝ302.235
[内容]　アジアで最も貧しいといわれ、ボランティア活動も盛んなカンボジア。しかし、それは本当に現地の人の為になっているのか―。侍魂を持った武道家が現地に単身で乗り込み、体験した事実と奮闘を描くノンフィクション。

『世界から貧しさをなくす30の方法』　田中優,樫田秀樹,マエキタミヤコ編　合同出版　2006.12　143p　21cm　〈文献あり〉1300円　①4-7726-0377-8　Ⓝ333.8
[目次]　第1章　身近で遠い「ほっとけない貧しさ」（チョコレートとスエットショップと人身売買、「地球にやさしい植物性」の実態　ほか）、第2章　ホントはどうなの？貧困問題（水を奪うな、資源をめぐる代理戦争　ほか）、第3章　奪われる側から考えてみよう（これはホントに借金なのか、お金を貸しているから強いことがいえると思っていませんか　ほか）、第4章　ぼくらの身近な行動が世界を変える（アルミ缶の向こうに世界が見える、「人に出会う旅」をおススメします　ほか）、第5章　生活から解決していく世界の貧しさ（フェアトレードから、フェアが当たり前の社会に、彼らの資源を奪わずに暮らす、シンプルライフを　ほか）

『語学を生かして、世界で働く―国際関係・旅行・語学・ビジネス』　しごと応援団編著　理論社　2006.11　187p　19cm　（女の子のための仕事ガイド―3）1000円　①4-652-04953-6
[内容]　世界への夢をかなえるために一生懸命！ 将来を考え始めたあなたに20人の先輩からのメッセージ。

『国際協力の農業普及―途上国の農業・農村開発普及入門』　鈴木俊著　東京農業大学出版会　2006.10　237p　21cm　〈文献あり〉1800円　①4-88694-192-3　Ⓝ611.15
[目次]　序章　世界の人口と食料問題、第1章　農業開発協力普及論のすすめ、第2章　農業開発

協力の発生と展開，第3章 農業・農村開発とは，第4章 農業・農村開発と農業技術普及，第5章 途上国における農業普及の実態と課題，第6章 むすび

『丸腰のボランティア―すべて現場から学んだ』 ペシャワール会日本人ワーカー著，中村哲編 福岡 石風社 2006.9 399p 19cm 〈年表あり〉 1800円 ⓘ4-88344-139-3 Ⓝ498.02271

『ほっとけない世界のまずしさ』 ほっとけない世界のまずしさ編 ほっとけない世界のまずしさ，扶桑社〔発売〕 2006.8 47p 16×16cm 838円 ⓘ4-594-05189-8
目次 貧困を生み出すしくみ，貧困の現状，5歳未満児死亡率(出生1000人あたり)，平均寿命，貧困国の識字率(15歳以上の成人)，世界の飢餓人口，飲んでもいい水を飲んでいる人の割合，HIV/エイズ(0歳～49歳の推定感染者数)，貧困をなくそう。そう世界が決心したMDGs(ミレニアム開発目標)，提案，貧困をなくそう。世界と日本のアドボカシーのあゆみ：「ほっとけない世界のまずしさ」は，「ほっとけない世界のまずしさ」賛同団体リスト，この本が生まれたわけ

『カラー版 子どもたちの命―チェルノブイリからイラクへ』 鎌田實，佐藤真紀著 岩波書店 2006.6 69p 21cm （岩波ブックレット） 667円 ⓘ4-00-009377-0
目次 はじめに（子どもには責任はない，医療支援とは ほか），1 医師の社会へのかかわり方（JIM-NETの発足，ぼくがかかわる意味 ほか），2 国際貢献とは（なぜ支援に行くのか，国際貢献って何だろう ほか），3 医療支援が必要な子どもたち（難民キャンプの子どもたちに出会って，ドイツ国際平和村のマスード ほか），4 命を考える（小さな優しさの連鎖，子どもたちが絵を描くという意味 ほか）

『世界と恋するおしごと―国際協力のトビラ』 山本敏晴編著 小学館 2006.6 317p 19cm 1600円 ⓘ4-09-387640-1 Ⓝ329.39
内容 世界の中で，世界のために働く日本人の物語。国連ユニセフなど国際公務員から，JICA職員，青年海外協力隊，国連ボランティア，NGOなど…。また，一般企業や主婦(主夫)にもできる国際協力。

『国際公務員をめざす若者へ―先輩からのメッセージ』 勝野正恒，二村克彦編 国際書院 2005.11 287p 19cm 2600円 ⓘ4-87791-151-0
内容 国連本部事務局を始めとする国際機関の正規職員・経験者からの率直なメッセージから国際公務員を目指す方々は多くの示唆を得られる。共通一般試験例題，行政職，人権職を始めとした論文試験例題は大いに参考になる。

『国際協力・国際交流ハンドブック―基礎から実践へ』 浅野英一著 実教出版 2005.10 209p 21cm 〈文献あり〉 1905円 ⓘ4-407-30829-X Ⓝ319
目次 第1章 異文化への適応条件，第2章 国際交流，第3章 国際協力，第4章 国際協力ボランティア，第5章 開発援助の評価，第6章 開発教育・国際理解教育

『アチェの声―戦争・日常・津波』 佐伯奈津子著 コモンズ 2005.5 191p 19cm 1800円 ⓘ4-86187-005-4
内容 津波に襲われたアチェで，なにが!?インドネシアからの独立を求める人びとの思い。

『国際保健看護』 ビバリー・ヘンリー著，上田礼子監訳 看護の科学社 2005.5 113p 21cm 1300円 ⓘ4-87804-007-6
内容 国際保健看護は，世界の国や地域に関する「物語」集といえよう。その物語は，教育的でありながらも読みやすいものでなければならない。このコンパクトな入門書は長い討論ではなく，分析的なものでもなく，むしろ，全世界で見られる健康の違いや，看護の状況の初歩的な説明を知っていただくための書となっている。

『転機の海外援助』 緒方貞子編 日本放送出版協会 2005.4 157p 19cm 1000円 ⓘ4-14-081025-4 Ⓝ333.8
内容 国谷裕子キャスターによるJICA理事長への特別インタビューと国際協力50周年記念シンポジウム「転機の海外援助」を掲載。

『子どもの参加―国際社会と日本の歩み』 アジア・太平洋人権情報センター編 大阪 アジア・太平洋人権情報センター 2005.3 124p 21cm 〈大阪 解放出版社（発売）〉 1500円 ⓘ4-7592-6093-5

Ⓝ369.4

目次 子どもの権利としての「子ども参加」，子ども参加の新たな局面―国際動向と日本における課題，子ども参加をめざすNGOの現在―「子ども通信社VOICE」をてがかりに，子どもと共に創った「子どもの権利条例」―子どもの権利と参加，子どもの参加型街づくり―「ハートランドはちまん議会ジュニア」，子どもの権利と参加―近江八幡市子どもの権利条例制定に向けた取り組みから，資料編

『国際関係の仕事なり方完全ガイド』 改訂新版 学習研究社 2004.12 183p 21cm （好きな仕事実現シリーズ）1400円 Ⓘ4-05-402606-0

内容 外交官，国連職員，NGO/NPO職員，フライトアテンダント，日本語教師など，世界を舞台に活躍したいアナタへ贈る国際人への「パスポート」。

『手術の前に死んでくれたら―ボスニア戦争病院36カ月の記録』 シェリ・フィンク著，中谷和男訳 アスペクト 2004.12 375p 19cm 1900円 Ⓘ4-7572-1088-4

内容 気がついたら戦争の中にいた地元の内科医イリヤズ。理想に燃える「国境なき医師団」のエリック。麻酔も，医療器具も，外科手術の経験もない。それでも，傷ついた人々は，僕たちに命を託した―。戦場を生き抜いた医師たちの壮絶なノン・フィクション。

『小さな命からの伝言』 アグネス・チャン著 新日本出版社 2004.12 157p 19cm 1300円 Ⓘ4-406-03137-5

内容 聞いて下さい！世界でいちばん声の小さな子どもたちのさけび声を。どんなに状況が厳しくても，そこに子どもがいる限り希望はある，未来はある。

『マイケル・ムーアへ―戦場から届いた107通の手紙』 マイケル・ムーア著，黒原敏行，戸根由紀恵，遠藤靖子訳 ポプラ社 2004.11 271p 20cm 1300円 Ⓘ4-591-08363-2 Ⓝ319.8

内容 2003年の有名なアカデミー賞受賞スピーチから，記録的大ヒットとなったドキュメンタリー映画『華氏911』まで，マイケル・ムーアはブッシュ政権とイラク戦争を遠慮会釈なく批判してきた。だが，この本では，批判者のなかの真の英雄たちにスポットライトを当てる。それはイラクで実際に戦ってきた男女だ。彼らはここで，自分たちの任務と最高司令官である大統領についてどう感じているかを，世界の人々に知ってもらおうとしている。ムーアはまた，過去の戦争に出征した退役軍人や，戦地にいる兵士たちの母親や父親，妻や夫，兄弟や姉妹からの手紙も紹介する。

『国際教育協力を志す人のために―平和・共生の構築へ』 千葉杲弘監修，寺尾明人，永田佳之編 学文社 2004.10 288p 22cm 2500円 Ⓘ4-7620-1359-5 Ⓝ372

目次 第1部 国際教育協力へのいざない（国際教育協力の概略史，データにみる世界の基礎教育の現状と課題，国際教育協力の領域，NGOにおける識字教育協力の事例―世界寺子屋運動の成人識字教育振興への協力，なぜ人は人を助けるのか―国境を越えて援助・協力するということ），第2部 国際教育協力の実際―フィールドから（カンボジアにおけるノンフォーマル教育活動の試み―ユネスコによる住民・行政組織を活用した識字教育活動の展開，世界銀行と教育協力，バングラデシュ成人基礎識字教育協力顛末，教育分野における援助調整システム―アフガニスタンの事例より），第3部 ユネスコと国際教育協力（ユネスコと知的国際協力の展開―教育の分野を中心として，平和と国際理解教育，非識字の諸問題，Education for All (EFA)の誕生とその背景），資料

『国民参加型国際協力ハンドブック』 浅野英一著，朝日カルチャーセンター編集・制作 大阪 アットワークス 2004.9 198p 21cm 〈文献あり〉 2000円 Ⓘ4-939042-08-1 Ⓝ329.39

『現代国際ボランティア教育論』 遠藤克弥編 勉誠出版 2004.8 183p 19cm 〈他言語標題：An introduction to theory of international volunteer education 文献あり〉 1700円 Ⓘ4-585-05097-3 Ⓝ369.14

内容 いま，なぜボランティア教育なのか。すべての人びとが，互いに思いやり寛容の心を育んでゆくために―。ボランティア教育のありかたを考える基本テキスト。

『有森裕子と読む人口問題ガイドブック―知っておきたい世界のこと，からだのこ

『世界の人々と助け合おう
と』　有森裕子,国連人口基金東京事務所編著　国際開発ジャーナル社　2004.7　161p　21cm〈丸善出版事業部（発売）〉1200円　①4-87539-070-X　Ⓝ334.3

内容　有森裕子さん（国連人口基金親善大使）と池上清子さん（国連人口基金東京事務所所長）が、自らの体験や思いをまじえながら、「人口問題」について率直に語り合う。人口問題をまるごと理解できる、入門書の決定版。

『小さいときから考えてきたこと』　黒柳徹子著　新潮社　2004.7　318p　15cm（新潮文庫）476円　①4-10-133406-4

内容　授業中にちっともじっとしていられなくて、どうやらLD（学習障害）だった（？）子供時代。ロボット犬グレーちゃんとの愉快なテレビ出演、沢村貞子や渥美清等々かけがえのない人々との出会い、そしてユニセフの親善大使としてコソボやアフガニスタンの子供たちに出会ったときのこと。どんなときも「ほんとうの幸せ」を考えてきたトットちゃんの言葉が心にあたたかく響くエッセイ。

『天職──発展途上国と向き合って暮らす』　齊藤英介編著　不空社　2004.7　252p　21cm〈泉書房（発売）〉1400円　①4-900138-79-7　Ⓝ333.8

内容　物があふれている日本、それでも満たされない精神。ここにはカネ、地位、名誉にこだわらず貧しい国の人びとと共に生きようとするふつうの日本人たちの人間としての「純粋な」生き方がある。

『「未来」をください──世界の難民の子らに、希望の光を』　本間浩監修　小学館　2004.5　175p　19cm　1200円　①4-09-290204-2

目次　旧ユーゴスラビア　クロアチア──JEN,旧ユーゴスラビア　ボスニア・ヘルツェゴビナ──JEN,旧ユーゴスラビア　コソボ州──JEN,アフガニスタン──〈セーブ・ザ・チルドレン・ジャパン〉、クルド人自治区──ピースウィンズ・ジャパン、ルワンダ──アルデール、リベリア──ピースウィンズ・ジャパン、ザンビア──難民を助ける会、UNHCR、ミャンマー──ブリッジエーシアジャパン、日本に住んでいる難民──難民支援協会

『飢えた人たちに食料が届くように』　杉下恒夫監修・指導　学習研究社　2004.3　48p　29cm　（きみもやってみよう国際協力　地球市民としてできること　第2巻）〈協力：国際協力機構ほか〉3000円　①4-05-201870-2　Ⓝ611.38

目次　クイズ　世界の食料は、足りているのかな？,第1章　飢えに苦しむ人と食料問題は…,第2章　主に食料と人口問題で活躍するNGOや地方自治体,第3章　ぼくらは国際協力をこうして始めた,第4章　国際協力を始めるために役立つ情報源

『世界を知り人の輪を広げるために』　杉下恒夫監修・指導　学習研究社　2004.3　48p　29cm　（きみもやってみよう国際協力　地球市民としてできること　第6巻）3000円　①4-05-201874-5　Ⓝ333.8

目次　クイズ　日本は人材育成や技術支援で、何をしているのかな？,第1章　技術移転や人づくりはいま…,第2章　主に技術移転や人づくり問題で活躍するNGOや地方自治体,第3章　ぼくらは国際協力をこうして始めた,第4章　国際協力を始めるために役立つ情報源

『地球の豊かな環境を保つために』　杉下恒夫監修・指導　学習研究社　2004.3　48p　29cm　（きみもやってみよう国際協力　地球市民としてできること　第1巻）〈協力：国際協力機構ほか〉3000円　①4-05-201869-9　Ⓝ519.2

目次　クイズ　地球の環境はどこまで悪くなっているのかな？,第1章　いま、地球の環境は…,第2章　主に地球環境問題で活躍するNGOや地方自治体,第3章　ぼくらは国際協力をこうして始めた,第4章　国際協力を始めるために役立つ情報源

『愛を運ぶ天使たち──国際エンゼル協会21年の歩み』　鴨野守著　アートヴィレッジ　2004.2　239p　19cm　1500円　①4-901053-24-8　Ⓝ333.8

内容　ボランティア「奉仕」──日本からバングラデシュ、シエラレオネ、フィリピンへ。昨日は講演会、今日はバザー、明日は施設訪問。足腰の痛さを笑顔で隠し、昨日の涙、今日の汗は明日の世界を担う若者の為に流してきた美しき「地上の天使たち」。その奮闘21年の歩みを公開。

『国際協力と平和を考える50話』　森英樹著　岩波書店　2004.2　220p　18cm（岩波ジュニア新書）780円　①4-00-

500460-1　Ⓝ319.1

内容 自衛隊のイラク派遣問題、北朝鮮の核開発、日本を標的としたテロの警告など、遠い地の紛争への関わりだけでなく、日本をとりまく平和への不安要素も増しています。いま日本の国際協力はどうあるべきか。また日本と世界の平和と安全をどのように保障すればいいのか。21世紀のさまざまな課題を身近な50の話題で解説します。

『国際交流の諸相』　鈴木利久編著　広島　渓水社　2004.2　229p　19cm　（新潟大学マネジメントスクール研究叢書 1）　1900円　Ⓘ4-87440-789-7　Ⓝ319.1

内容 新潟は北東アジア交流圏の拠点都市として、中国大陸、朝鮮半島、ロシア極東などの地域との経済文化交流を進めている。本書では、韓国・中国・ロシアでの企業活動、ロシアとの市民交流、国際的なボランティア活動、国際援助など、広範な交流の様子をまとめられた。それぞれの国に赴任した商社OBやNGOリーダーら、第一線で活躍する人々による現場からの報告から、交流とは何か、その将来はどうあるべきかが見えてくるだろう。

『カマやんの野塾―漫画ホームレス問題入門』　ありむら潜著　京都　かもがわ出版　2003.12　169p　21cm　1500円　Ⓘ4-87699-782-9

内容 長引く経済不振の中で、現在、全国で3万人いるといわれる野宿生活者たち。彼らはどんな人々で、どんな生活をし、どんな対策を望んでいるのか。そこには哀しみやせつなさもあれば、笑いだってある。この社会を再建していくうえでヒントになることだってある。天涯孤独の浪花の自由人「カマやん」のお笑いをとおして、ホームレス問題を考える漫画本。野宿者問題を理解するためのキーワード付き。

『ひとりから始まる。　1　思いをカタチに変える先達の知恵』　三橋規宏編　海象社　2003.12　191p　21cm　1400円　Ⓘ4-907717-03-2

目次 三橋規宏―ひとりから始める。「誰か」ではなく、「自分自身」から閉塞した社会に、新しい風を呼び込もう、新田恭子―リサイクルで国際協力、村瀬誠―雨水を活かす 世界の水危機の処方箋、大谷ゆみこ―未来食 環境汚染時代をおいしく生き抜く、吉本哲郎―ものづくり、地域づくり、生活づくり 地元に学ぶ地元学から、石川英輔―循環構造だった江戸社会、松本泰子―グリーンピースにいたからこそ、できたこと、森田哲也―草の根の飢餓対策 中米ニカラグアの現状、藤井絢子―「菜の花プロジェクト」を通した資源循環型のまちづくり、野口栄一郎―生命あふれる奇跡の森 タイガを守る、渋沢寿一―エコノミーとエコロジーの共存

『オーバー・ザ・エッジ』　グレッグ・チャイルド著，白幡憲之訳　竹書房　2003.11　413p　15cm　（竹書房文庫）　619円　Ⓘ4-8124-1330-3

内容 1999年キルギスで、国際協力事業団から派遣された日本人4人が、イスラム過激派ウズベキスタン・イスラム運動（IMU）によって誘拐される事件がおきた。そして翌2000年、同じくキルギスでIMUにより4人のアメリカ人クライマーが誘拐された。ゲリラたちに引き回され、険しい山の中を迷走し、キルギス軍との戦闘にまきこまれる4人。生と死の間の極限の状況で、彼らはある行動を選択した…。中央アジアの混迷した現状を伝える衝撃のノンフィクション・ドキュメント。

『草の根の国際交流と国際協力』　毛受敏浩編著　明石書店　2003.7　298p　21cm　（国際交流・協力活動入門講座 1　毛受敏浩，榎田勝利，有田典代監修）〈シリーズ責任表示：毛受敏浩，榎田勝利，有田典代監修〉　2300円　Ⓘ4-7503-1748-9　Ⓝ319.1

目次 1章 国際交流・国際協力活動とは，2章 国際交流・国際協力活動の領域（海外との交流，多文化共生，異文化理解），3章 国際文化交流と草の根交流，4章 国際交流・国際協力活動の新課題（事業評価，IT戦略）

『国際フリーター、世界を翔る―21世紀の坂本龍馬をめざせ』　中野有著　太陽企画出版　2003.7　222p　20cm　1500円　Ⓘ4-88466-389-6　Ⓝ333.8

目次 序章 二一世紀の壮大な絵を描こう，第1章 国際フリーターが世界を変える，第2章 世界をこの目で見たかった，第3章 チャンスは決して逃がさない，第4章 時代を動かす構想を練る，第5章 これがシンクタンクの素顔だ，第6章 龍馬、兆民の思想を受け継いで，終章 感動が夢を実現させる原動力だ

『国際協力の現場から』　神戸学院大学人

世界の人々と助け合おう

文学部『国際協力の現場から』編集委員会編　京都　晃洋書房　2003.5　189p　21cm　2100円　⑪4-7710-1453-1　Ⓝ333.8

内容　理解と行動が求められる国際協力。その苦労、喜びを、JICAスタッフが現場の視点からいきいきと語りかける！　国際人になるため、そして現場を知るために必読の一冊。

『持続的発展と国際協力』　河合明宣、浜口恒夫著　放送大学教育振興会　2003.3　293p　21cm　（放送大学教材　2003）3100円　⑪4-595-23639-5　Ⓝ601.25

『共に生きられる日本へ―外国人施策とその課題』　宮島喬著　有斐閣　2003.3　276,11p　19cm　（有斐閣選書）　1900円　⑪4-641-28081-9

内容　今や180万の定住外国人が働き、日本社会の一翼を担っている。その一方、福祉・医療や第二世代の教育などを含め、彼/彼女らをとりまく問題は、生活全体に広がってきている。グローバル化、少子・高齢化が進むなかで、共生社会を築く条件と課題は何か。社会学の視点から問いかける。

『NHK未来への教室―地雷廃絶めざし、義足で駆ける　2　クリス・ムーン』　NHK「未来への教室」プロジェクト編　汐文社　2003.2　47p　21×22cm　1800円　⑪4-8113-7634-X

目次　第1部　義足で走り続ける力（地雷が人々に与える影響を考えよう、もっとも大切な価値観とは何か）、第2部　君は地雷廃絶のために何ができるのか（地雷の除去を体験しよう、地雷をなくすために何ができるのか）、伝記クリス・ムーン（さまざまな奉仕活動に参加、陸軍に入る、地雷で右手、右足を失う）

『子どもたちと話す　人道援助ってなに？』　ジャッキー・マムー著、山本淑子訳　現代企画室　2003.1　110p　19cm　1000円　⑪4-7738-0207-3

目次　人道援助活動ってなに？、人道援助活動は昔からあった？、"フレンチ・ドクターズ"ってなに？、人道援助組織はどんなことをするの？、人道援助活動の目的は？、人道援助の基本原則は？、国内での人道援助活動は？

『アンコール・ワットの神さまへ―「国境なき子どもたち」の記録』　石原尚子著　岩崎書店　2002.11　180p　21cm　（イワサキ・ライブラリー　12）1300円　⑪4-265-02742-3

内容　「国境なき医師団」と「国境なき子どもたち」がカンボジアに派遣した「子どもレポーター」。かれらが、ストリートチルドレン（路上生活をする子どもたち）、トラフィックトチルドレン（人身売買された子どもたち）と出会い、取材し、友情をはぐくんだ感動の記録。

『「世界」を知れば、「自分」が見える―誰にでもできる国際協力』　高校生の国際理解取材班編著　数研出版　2002.10　175p　19cm　（チャートbooks）　1150円　⑪4-410-13844-8　Ⓝ333.8

内容　海外旅行じゃ味わえない、地球サイズの感涙体験。国際協力・異文化理解のための入門書。「総合的な学習の時間」にも役立つ。

『「哀しみの国」にすべてを捧げて―看護婦カルラの闘い』　カルラ・シェフター著，中田協，鈴木雅子訳　主婦と生活社　2002.9　293p　19cm　1600円　⑪4-391-12677-X　Ⓝ498.02271

内容　9.11テロから1年。移動診療、病院建設、そして運営。戦禍の中、命を懸けたドイツ人看護婦の「アフガンわが愛」の12年。

『世界がステージ！―国を越えて仕事するということ』　岩波書店編集部編　岩波書店　2002.9　210p　18cm　（岩波ジュニア新書）　740円　⑪4-00-500411-3

内容　音楽、映画、スポーツ、国際職員、教師など、さまざまな分野で、日本と日本語の壁を越えて活躍している先輩たちが、仕事の魅力と、仕事を通して感じた「日本」について語りあう。個人レベルからできる国際コミュニケーションを考える本。

『グローバリゼーションとは何か―液状化する世界を読み解く』　伊豫谷登士翁著　平凡社　2002.8　204p　18cm　（平凡社新書）720円　⑪4-582-85150-9　Ⓝ333.6

内容　一九七〇年代以降、近代世界は新しい世界秩序への解体と統合の時代に入った。国民国家に編成されてきた資本と労働と商品は、国境を越え、ジェンダーや家族の枠組みを壊し、文化と政治・経済の領域性や時空間の制約すら越境し、新たな貧富の格差の分断線を

引き始めている。あらゆる領域を越え、社会の再編を迫るグローバル資本。その新たな世界経済の編成原理とは何か。

『世界の開発教育―教師のためのグローバル・カリキュラム』 オードリー・オスラー編，中里亜夫監訳，中野和光，吉野あかね，川上具実訳　明石書店　2002.8　498p　19cm　2800円　①4-7503-1604-0　Ⓝ375

内容　序論 開発教育の挑戦，第1部 開発教育をとりまく状況の変遷（開発教育と人権教育，開発のための教育―価値多元社会における市民性の再定義，学校教育への開発教育の導入―イギリスにおけるNGOの役割），第2部 グローバル・カリキュラムをデザインする（地理学と開発教育，開発教育と外国語教育，世界の観察―メディア教育の方法 ほか），第3部 開発教育の事例研究（環境と開発―スウェーデンの学校のクロス・カリキュラム・プロジェクト，イギリスの中等学校での開発教育―クロス・カリキュラム的アプローチ，デンマークのギムナジウムにおける平和教育 ほか）

『「地球市民」が変える―〈国民国家〉社会から〈地球共生〉社会へ』　帝塚山学院大学国際理解研究所編著　京都　アカデミア出版会　2002.2　346p　19cm　（国際理解公開シンポジウム公開講座 1）　2700円　Ⓝ333.8

内容　勇気を出し、希望に燃え、智慧を絞り、共感、共苦、共楽を合い言葉に、共有、共生、共存を標語に、参加と参画を志向し、責任をもって行動し、使命を果たし、国や地域を超えて、連帯し合い、連携し合い、人間の協調の輪、人類の協力の環を地球の各地へ拡充する先駆者たち。移住する、活動する「地球市民」として、胸を打つ、感動極まる貴重な体験を、心に響く、感銘深い豊富な経験を、「地球一体感」の姿勢と「地球一体化」の視角で語り掛ける「地球共生社会」の語り部たち。

『トットちゃんとトットちゃんたち』　黒柳徹子作，田沼武能写真　講談社　2001.6　328p　18cm　（講談社青い鳥文庫）　720円　①4-06-148560-1

内容　黒柳徹子さんがユニセフの親善大使として訪れた、飢餓や戦火、災害、貧困に苦しむ国々。そこで出会った忘れえぬ子どもたち…。私たちがあたりまえと思うことが、けっして

あたりまえでない世界の現実。ここに書かれていることは、とてもつらく、せつないけれど、あなたに知っておいてもらいたいことです。小学上級から。

『ジュゴンの海は渡さない―いのちをつなぐ美ら海を子どもたちに』　ジュゴン保護基金会　ふきのとう書房　2001.5　48p　21cm　〈星雲社（発売）〉　600円　①4-434-01105-7　Ⓝ489.67

内容　これだけは知っておきたい―ジュゴンの生態とあらたな基地問題。

『地球市民をめざして』　栗木千恵子著　中央公論新社　2001.3　268p　20cm　〈文献あり〉　1900円　①4-12-003123-3　Ⓝ333.8

内容　シュバイツァーに憧れた山内、大学受験に失敗した吉岡、トップスイマーに飽き足らなかった不破、美味しいオレンジに釣られた桐田、ただただ外国に行きたかった野田…。動機は何であれ、世界は君たちを本当に必要としていた。「日の丸ボランティア」を老熟青の奮戦記。青年海外協力隊員は、世界で、今何をしているのか。

『国境をこえた子どもたち―国際養子縁組の家族』　今西乃子著，浜田一男写真，風川恭子絵　あかね書房　2000.11　127p　21cm　（あかねノンフィクション 12）　1300円　①4-251-03912-2

内容　人の心に国境はいらない…！　なぜ、子どもたちは養子となって、生まれた国をはなれていったのだろう。

『裏道国際派』　米坂浩昭著　新潮社　2000.10　250p　16cm　（新潮OH！文庫）　505円　①4-10-290047-0　Ⓝ333.8

内容　欧米の金融やファッションの仕事をするのが国際派なら、開発援助の現場で働く我々は「裏道国際派」だ！　その知られざる仕事と生活、夢や苦悩を、当事者が披露。開発途上国の片隅でこんなに輝いている人たち。

『途上国へ学校を贈ろう―山の学校の取り組み』　田中信孝著　潮出版社　2000.10　157p　19cm　1238円　①4-267-01558-9

内容　熊本県人吉市の中学校のPTAが廃品回収などでお金を集めネパールへ学校を贈る運動を推進した体験記。第19回潮賞ノンフィクション部門奨励賞受賞作。

世界の人々と助け合おう

『アンデスの子供達へ―支援活動十年間を振り返って』　山崎和幸著　文芸社　2000.9　290p　19cm　1200円　①4-8355-0552-2　Ⓝ333.868
[内容]　国際貢献活動とは特別なことではなく、最初の一歩さえ踏み出せれば誰にでもできるということを教えてくれた。10年間にわたる南米でのボランティア活動を語った一冊。

『国際関係の仕事―なり方完全ガイド2001』　学研編　学習研究社　2000.6　207p　21cm　（好きな仕事実現シリーズ）　1400円　①4-05-401227-2
[内容]　何らかの形で、海外とかかわりをもって仕事をしている人たちが増えている。特に「IT（情報技術）」の進歩により、海外との取り引きや交流が、以前に比べはるかに身近なものとなっており、近い将来ほとんどの仕事が、「国際的」と呼んでおかしくない状況になることだろう。本書では、その中でも「資格」を取ってなれるものを中心に、現時点での代表的な「国際的」な仕事を取上げた。

『地球人として生きる―市民による海外協力』　岩崎駿介編著　岩波書店　2000.5　193p　18cm　（岩波ジュニア新書）〈第18刷〉　700円　①4-00-500166-1
[内容]　ひとりの市民として、第三世界とかかわる日本人の若者は多い。本書では、日本国際ボランティアセンターをはじめとするNGO（非政府組織）が国際協力のなかで果たしている役割を紹介し、現場報告をおりまぜながら、何がほんとうの「協力」なのか、私たちのすべきことは何か、考えていく。

『アリンゴと日本のママ―アフリカでよみがえった日本のぞうり』　国際協力推進協会（APIC）編, 小山規漫画　国際協力推進協会　2000.3　128p　21cm　（APIC国際協力マンガシリーズ　1）　900円　①4-87801-254-4
[内容]　アフリカ、ケニアの小さな村エンザロ。この村では、日本の支援（ODA）で保健・衛生の改善のためのプロジェクト（事業）が行われることになった。そのためJICAから専門家として、村に一人の日本人女性がやってきた。彼女は、村の人たちを集めて、健康な体作りのための栄養の大切さを一生懸命説明するが、村の人たちはなかなかわかってくれない。そんな彼女と村の人たちのかけ橋になったのが、アリンゴ少年とその家族。彼女のために、アリンゴは村の人たちを紹介する。そんなある日、彼女は長い間、ケニアで活動している日本人の友人を訪ねて悩みを相談する。彼は「アフリカの人たちを手伝ってあげるという気持ちではなく、仲間になること」とアドバイスする。この一言で、彼女は目覚め、アリンゴの協力も得て、村の人たちの一員として接するようになる。やがて彼女は、村の人たちの保健・衛生上の問題点の原因を見つけ出す。そして、その解決策として彼女が考えたのが、日本に昔から伝わるかまどやぞうりだった。彼女は、日本の伝統の知恵をアフリカでよみがえらせたのだ。そんな彼女を村の人たちは「日本のママ」と呼ぶようになる。「日本のママ」の仕事を見てきたアリンゴもまた、ケニアの人たちの生活の向上のために働くことを決心する。

『できることからはじめよう―ハナコと太郎のボランティア青春記』　小山内美江子著　講談社　1999.10　270p　20cm　1600円　①4-06-209061-9　Ⓝ333.8
[内容]　抱きしめたいほどステキな仲間たち。「3年B組・金八先生」の脚本家が、学生たちと海外ボランティアにふみ出してから10年間の汗と涙と感動の物語。

『国際貢献Q&A―世界で活躍する日本人　Japan's contribution to the world』　外務省大臣官房海外広報課監修・編　講談社インターナショナル　1999.2　284p　19cm〈英文併記〉　1200円　①4-7700-2192-5　Ⓝ333.8
[内容]　カンボジアでアンコールワットの遺跡の修復に汗を流している日本の青年がいる。バングラデシュの子供たちの健康のために、厳しい気候のなかで頑張っている日本の女性がいる…世界中の日本人のこんな活躍を支えて、日本は、世界の平和の維持のため、経済の発展のため、地球環境の保護のためなどにさまざまな努力をしています。その活動の全容をここに紹介します。そしてあなたも、この活動に参加することができます。この本はそんなあなたのための絶好のガイドブックです。

『グリン・ロバーツに会おう―リサイクル・開発・ボランティアの世界　若者よ！　地球を救え‼』　JYVA（日本青年奉仕協会）出版部　1997.7　65p　21cm　（JYVAブックレット　no.11）　800円

人権　　　　　　　　　　　　　　　　世界の人々と助け合おう

Ⓝ333.8

『世界の人と手をつなごう―国際協力を考える』　坂倉みなみ文　ポプラ社　1996.4　46p　27cm　（ボランティアわたしたちにできること 7）〈監修：鈴木宏美〉　2500円　Ⓘ4-591-05072-6

[目次]　日本の子も、外国の子も、みんな友だちだ、いま、世界は…、できることは何だろう、世界の飢餓を知り、知らせる、牛乳パックでネパールの植林を応援、がんばれ！アフリカの友だち、全校生でアフリカの友だちと交流、夢と希望をくばりに、ちがいをみとめあって、友だちになろう、ゴックくんとクラスメイト、みぢかでできる海外のこどもへの協力、開発途上国にたよるわたしたちのくらし、世界に心をひらく

『現場から考える国際援助―国際公務員の開発レポート』　斎藤文彦著　日本評論社　1995.11　254p　20cm　1957円　Ⓘ4-535-55041-7　Ⓝ333.8

[内容]　「現場」を無視した援助論などありえない。国連の援助機関で、途上国の開発プログラムに直接かかわってきた著者が豊富なエピソードを紹介しつつ、国際援助の本質に迫る。援助問題を考えるすべての人に、必読の一冊。

《人権》

『わたしは13歳、学校に行けずに花嫁になる。―未来をうばわれる2億人の女の子たち』　プラン・ジャパン，久保田恭代，寺田聡子，奈良崎文乃著　合同出版　2014.10　142p　21cm　1400円　Ⓘ978-4-7726-1214-2

[内容]　6歳で家事使用人として売られる女の子。7歳からタバコ巻きのしごとをする女の子。夢を叶えたくても「女の子だから」という理由で自由と未来をうばわれます。

『人権は国境を越えて』　伊藤和子著　岩波書店　2013.10　202p　18cm　（岩波ジュニア新書）　820円　Ⓘ978-4-00-500756-1

[内容]　「世界で最も深刻な人権侵害に苦しんでいる人々のために」。そんな夢を抱いた女性弁護士は、思い切って仲間と国際人権NGOを立ち上げる。現地で被害の実態を調査し、関係国政府に働きかけ、また被害者を励ます。東南アジア、イラク、3・11被災地、福島…と飛び回り、人権侵害をなくすためにねばり強く取り組んできた著者の報告。

『エレノア・ルーズベルト―人権のために国連で活躍した大統領夫人』　よしまさこ漫画，和田奈津子シナリオ，相良憲昭監修・解説　新装版　集英社　2013.5　149p　21cm　（学習漫画世界の伝記NEXT）　900円　Ⓘ978-4-08-240061-3

[内容]　全世界の人間の権利を守るようよびかける世界人権宣言。それを国際連合で採択することに力をつくした女性がエレノア・ルーズベルトです。幼いころ、自分をみにくいと思っていたエレノアですが、多くの出会いによって、強い信念を持つ女性に成長していきます。夫であるフランクリンがアメリカの第32代大統領となると、ファーストレディとして、アメリカじゅうを回り、不況や人種差別などさまざまな問題に立ち向かいました。夫の死後、悲しみをのりこえ、アメリカの国連代表のひとりとなって、世界のためにつくしたのです。常に弱い人の味方でありつづけたエレノアは、現在でも多くの人びとから尊敬を集めています。

『差別と人権―差別される子どもたち』　アムネスティ・インターナショナル日本編著　絵本塾出版　2013.2　127p　26cm　（続・世界の子どもたちは今）〈文献あり　索引あり〉　2800円　Ⓘ978-4-86484-013-2　Ⓝ316.1

[目次]　第1話　夢をなくしたヤクブ（スロバキア）―少数民族差別（ヤクブの国スロバキア，ロマという人びと，ロマの本当の姿　ほか），第2話　逃げてきたルイン（ビルマ（ミャンマー））―難民問題（ルインの国ビルマ（ミャンマー），世界にはたくさんの難民がいる，人と人の間に引かれる国境　ほか），第3話　ノーリアの結婚（アフガニスタン）―女性差別（ノーリアの国アフガニスタン，親が決めた相手との早すぎる結婚，ひどい暴力も夫婦の間では軽くあつかわれる　ほか）

『「慰安婦」問題が問うてきたこと』　大森典子，川田文子著　岩波書店　2010.2　63p　21cm　（岩波ブックレット）　500円　Ⓘ978-4-00-009478-8

[内容]　1990年代から大きな課題でありつづけてきた日本軍「慰安婦」問題。この20年間、

日本軍の性暴力の被害者は何を訴え、日本社会はそれにどう応答しようとしてきたのか。慰安所制度の実態をあきらかにしてきた歴史学の成果や法廷で述べられてきた被害者の声をふりかえりつつ、国際社会からの提起と日本政府の対応を検討し、いまの課題を探る。

『ひとはみな、自由―世界人権宣言』 中川ひろたか訳　主婦の友社　2008.11　1冊（ページ付なし）　29cm　2500円　Ⓘ978-4-07-261545-4　Ⓝ316.1

内容　地球上のすべてのひとのために。世界30カ国で同時刊行！ 世界のトップアーティストたちによるキッズ版世界人権宣言。世界のみんなが楽しくなかよく幸せに暮らしていくためには、どうしたらいいんだろう？─いま、もういちど、考えなければいけないこと。

『人道支援―ボランティアの心得』　野々山忠致著　集英社　2007.1　221p　18cm　（集英社新書）〈文献あり〉　680円　Ⓘ978-4-08-720376-9　Ⓝ333.8

内容　NGO、NPO、人道支援といった言葉には俗耳になじみやすい「正しいことをしている」という響きがある。しかし、実態はひとりよがりの善意の押し付けといったものもある。ヨーロッパで生まれた人道支援という考え方の歴史を踏まえ、実際的な理念と原則を知ることが、せっかくの善意をとどけるためには重要になってくる。国家と国家という枠にとらわれず、そうした活動にこれから個人がどうかかわっていくのか。長年、国際赤十字・赤新月社連盟委員をつとめた著者ならではの経験と指針が、本書にはたくさんつまっている。

『人権は「普遍」なのか―世界人権宣言の50年とこれから』　小林善彦、樋口陽一編　岩波書店　1999.5　56p　21cm　（岩波ブックレット　no.480）　440円　Ⓘ4-00-009180-8　Ⓝ316.1

『地球はひとつ―アートによる世界人権宣言』　アムネスティ・インターナショナル日本支部編　金の星社　1998.11　1冊（ページ付なし）　32cm〈他言語標題：One earth, our earth　英文併記〉　3000円　Ⓘ4-323-07006-3　Ⓝ316.1

内容　「世界人権宣言」が、国際連合の総会で生まれたのは1948年のこと。それから、ちょうど50年めにあたる1998年、アムネスティ・インターナショナル日本支部は、記念のポスター展を開きました。22人のイラストレーターがボランティアで参加し、「自由」「平和」「人権」「共生」「地球」などをテーマにしてえがいたポスターを展示しました。この絵本では、その全作品を「世界人権宣言」のやさしい日本語訳、そして英語の原文とともにご紹介します。

《貧困》

『ミレニアム開発目標世界から貧しさをなくす8つの方法』　動く→動かす編　合同出版　2012.10　103p　21cm　（合同ブックレット　02）　619円　Ⓘ978-4-7726-1091-9　Ⓝ333.8

目次　序章　どうしてできたの？ ミレニアム開発目標（MDGs）．第1章　とてつもない貧困と飢えをなくそう．第2章　みんなが小学校に通えるようにしよう．第3章　ジェンダー平等と女性のエンパワーメントを進めよう．第4章　子どもの死亡率を下げよう．第5章　妊娠・出産に関する健康を改善しよう．第6章　エイズ、結核、マラリアなどの感染症が広まるのを防ごう．第7章　未来の世代に受け渡せる環境を守っていこう．第8章　世界の一員として、貧困削減のためにみんなで責任を果たそう

『貧しさをなくしたい』　くさばよしみ編著　汐文社　2008.3　189p　22cm　（地球を救う仕事　14歳になったら考える　2）　1500円　Ⓘ978-4-8113-8413-9　Ⓝ333.8

目次　学校に行けない子どもをなくす仕事（青木佐代子/ユニセフコンゴ民主共和国東部事務所）．貧しい村を豊かにする仕事（西田基行/JICA専門家）．きれいな水を届ける仕事（石井信行/日本テクノ株式会社テクニカル・グループマネージャー）．貧しい人の自立を助ける仕事（金丸智昭/ピースウィンズ・ジャパン東ティモール事務所）．命を守る仕事（石川尚子/医師）

『世界の子どもたちに今おきていること』　葉祥明絵　きこ書房　2006.12　1冊　19cm　952円　Ⓘ4-87771-197-X

内容　世界には、学校に一度も行ったこがない子どもが、1億4千万人以上、つらくきびしい仕事をしている子どもが2億1千8百万人以

上。これは数字ではなく、世界の子どもたちからの届かない声。胸締めつけられる数字やデータを通じて、今日の世界の子どもたちの状況を正しく知り、彼らの苦しみや悲しみや苦痛や恐怖や孤独や絶望を心で感じ取り、「自分に何ができるのか」を考えるきっかけにするための本。ユニセフ60周年記念企画出版。

『グラミン銀行を知っていますか―貧困女性の開発と自立支援』 坪井ひろみ著　東洋経済新報社　2006.2　174p　20cm　〈文献あり〉　1800円　ⓉＴ4-492-44325-8　Ⓝ338.67
内容　本書は、マイクロクレジットとかかわることで、生活の質を高めようと、懸命に生き、挑戦する女性たちの姿を、具体的に伝えようというものです。とくに、グラミン銀行の女性を中心としています。

『貧困に立ち向かう仕事―世界銀行で働く日本女性』 西水美恵子著　明石書店　2003.10　213p　20cm　1800円　Ⓣ4-7503-1803-5　Ⓝ338.98
内容　アメリカに留学…経済学者から世界銀行に転身、南アジア担当副総裁となった日本女性が途上国の貧困解消と女性の地位向上のために世界を駆けめぐる。

『「国際平和」につくした日本人』 畠山哲明監修　くもん出版　2002.4　45p　30cm　（めざせ！21世紀の国際人―この人たちから学ぼう！国際社会の"現在"と"未来"　1）　2800円　Ⓣ4-7743-0617-7
内容　本巻では、各地の紛争や貧困、飢え、病気、不衛生な環境、難民、人種差別や海外支援の問題など、いま世界がかかえていて、すぐに解決しなければならないむずかしい海外の問題に、それぞれの人生をかけてとりくんだ7人の人びとと1団体を紹介します。小学校高学年～中学生向け。

『なぜ貧困はなくならないのか―開発経済学入門』 ムケシュ・エスワラン, アショク・コトワル著，永谷敬三訳　日本評論社　2000.7　191p　20cm　1900円　Ⓣ4-535-55196-0　Ⓝ331
内容　アジア諸国で貧困が消失しつつあるなか、インドではいまだに多くの人々が貧困にあえいでいる。インドが陥った開発の落とし穴とは何か。途上国の貧困層がそこから脱する道筋とはどのようなものか。経済発展の本質を説き明かす。

《平和》

『職業は武装解除』 瀬谷ルミ子著　朝日新聞出版　2015.5　230p　15cm　（朝日文庫）　580円　Ⓣ978-4-02-261828-3
内容　「壊れた社会」を立て直す、それが私の仕事―。17歳のときに見た写真が、平凡な少女の運命を変えた。「武装解除」のプロとして、24歳で国連ボランティアに抜擢、30代で各界の注目を集めるに至るまで、いくつもの組織を渡り歩いてきた著者が、その半生を綴る。

『ビデオ・メッセージでむすぶアジアと日本―わたしがやってきた戦争のつたえ方』 神直子著　梨の木舎　2015.5　185p　21cm　（教科書に書かれなかった戦争 PART62）　1700円　Ⓣ978-4-8166-1502-3
内容　わたしたち（20代を含む）はビデオ・メッセージをもって、フィリピンと日本を行き来しています。ワークショップや高校・大学への出張授業もやっています。過去の戦争を知り、未来のかたちを考えるきっかけをつくる。

『いまこそ知りたい平和への権利 48のQ&A―戦争のない世界・人間の安全保障を実現するために』 平和への権利国際キャンペーン・日本実行委員会編著　合同出版　2014.10　118p　21cm　1400円　Ⓣ978-4-7726-1210-4
内容　平和は人権―平和の実現を政府や国連まかせにせず、市民が自ら要求できるようにする。戦争をなくし、本当に平和な世界をつくるための最新理論をわかりやすく学べます。

『はばたく高校生平和大使―それぞれの想いをのせて今』 「はばたく高校生平和大使」刊行委員会監修　長崎　長崎新聞社　2014.8　202p　21cm　1500円　Ⓣ978-4-904561-79-9　Ⓝ319.8
内容　ビリョクだけど、ムリョクじゃない！広島、神奈川、東京、鹿児島、福岡、熊本、岩手、福島、大分、佐賀、静岡、北海道、奈良―オランダ、韓国、フィリピン、ブラジル、ニュージーランド、アメリカ―核兵器廃絶訴え、全国へ、世界へ広がる輪。

世界の人々と助け合おう　　　　　　　　　　　　　　　　　　　　　　平和

『地雷原の子どもたちと共に―カンボジア地雷撤去キャンペーン活動の軌跡』　大谷賢二著　福岡　海鳥社　2011.5　228p　19cm　1500円　①978-4-87415-800-5
[内容] 14年目のカンボジア地雷撤去支援。地雷・不発弾を取り除き、学校を創る。ラジオ放送で地雷について伝え、被害者への支援と自立を呼びかける。日本の子どもたちをはじめとした支援者の思いを、なによりもカンボジアの子どもたちへ―悪魔の兵器・地雷との戦いの今。

『開発と平和―脆弱国家支援論』　稲田十一編　有斐閣　2009.9　296p　22cm　（有斐閣ブックス 105）〈他言語標題：Aid for development and peace　文献あり　索引あり〉2600円　①978-4-641-18380-3　⑩333.8
[内容] ソマリア、東ティモール、アフガニスタンなどガバナンスが弱く不安定な「脆弱国家」。なぜこれらの国で紛争が起こり、人々の生活が向上しないのか。その全体像と国際社会の支援のあり方を描く。その関与の仕方はいかなるものか。そもそも国の脆弱性とは何か。どのような支援が効果的なのか。「脆弱国家」の多面的な課題について、紛争・開発・平和構築に具体的に関わっている第一線の研究者・専門家によって書かれた、学際的・包括的な初のテキスト。コラムや基本用語についての解説も充実している。

『平和学を学ぶ人のために』　君島東彦編　京都　世界思想社　2009.7　408p　19cm〈索引あり〉2300円　①978-4-7907-1420-0　⑩319.8
[内容] 平和学の深さ、鋭さ、温かさ。いじめ、子ども兵から核兵器、軍需産業まで、私たちが世界の暴力を克服するために。

『おとなはなぜ戦争するの　2　イラク編』佐藤真紀,本木洋子著　新日本出版社　2009.5　47p　26cm　1800円　①978-4-406-05241-2
[内容] 1991年の湾岸戦争以来、イラクではがんや白血病の子どもたちがふえつづけ、劣化ウラン弾の影響が疑われています。イラクへの医療支援に取り組むNGOスタッフと児童文学作家が、子どもたちの声を日本のあなたに届けます。

『平和構築論―開発援助の新戦略』　大門毅著　勁草書房　2007.4　196p　21cm（勁草テキスト・セレクション）〈他言語標題：Peace building　文献あり〉2200円　①978-4-326-30168-3　⑩319.8
[内容] 地域紛争で苦しむ開発途上国に、どんな対応が必要なのか。本書は、事前の知識なしに読める平和構築論の入門書。理論、政策、事例研究、政策提言を体系的にわかりやすく示す。各章の要点と文献ガイドつき。

『地雷をとりのぞく―平和と人権』　石原尚子著,こどもくらぶ編　ほるぷ出版　2004.12　39p　29cm　（できるぞ！NGO活動）2400円　①4-593-57903-1　⑩319.8
[目次] 1 実際の活動に学ぼう（柴田知佐―地雷をひとつでも多くへらしたい，ルワンダレスキュー隊―ルワンダ支援と地雷廃絶への願い），2 もっと知ろう（地雷って、なに？，地雷はどれくらいあるの？，地雷はどうやってとりのぞくの？　ほか），3 こんなことやってみよう（まず知ること，多くの人に知らせること，こんな参加の方法があるよ）

『戦争を起こさないための20の法則』　鎌田慧監修，ピースボート編　ポプラ社　2003.8　206p　19cm　1300円　①4-591-07796-9
[内容] 平和を願って、これだけは、いま、私が語っておきたい。

『戦争をしなくてすむ世界をつくる30の方法』　平和をつくる17人著，田中優,小林一朗,川崎哲編　合同出版　2003.8　142p　21cm　1300円　①4-7726-0314-X
[内容] さまざまな立場の人が、さまざまな現場で考え出し・実践している戦争をしなくてすむ世界をつくるための「30の方法」。

『戦争と平和そして子どもたちは…―イラク緊急レポート　日本ユニセフ協会連続ティーチインの記録』　アグネス・チャンほか著　オリコン・エンタテインメント　2003.8　223p　19cm　1400円　①4-87131-054-X　⑩369.4

『平和を創る発想術―紛争から和解へ』　ヨハン・ガルトゥング述，京都YWCAほーぽのぽの会訳　岩波書店　2003.8　55p　21cm　（岩波ブックレット　no. 603）480円　①4-00-009303-7　⑩319.8

ヤングアダルトの本　ボランティア・国際協力への理解を深める2000冊　　233

国連機関・国際機関　　　　　　　　　　　　　　　　世界の人々と助け合おう

[目次] 紛争を平和的に転換する，「和解」のために何が必要か，異なる文化を理解する，平和の経済へ，「9・11事件」を考える―平和報道への期待を込めて，イラクとアメリカの対話について

『「平和構築」とは何か―紛争地域の再生のために』 山田満著 平凡社 2003.4 219p 18cm （平凡社新書）〈文献あり〉 740円 ①4-582-85178-9 Ⓝ319.8

[内容] いまだ根強い民族間の憎悪と，冷戦後の複雑なパワーバランスの中で，紛争地域の人びとは，生存すら脅かされている。NGO活動に従事してきた政治学者が，紛争後社会の国際協力のあり方を提唱する。「祈る平和」から「創り上げる平和」へ。紛争地域で私たちは何ができるのか。

『紛争社会と民主主義―国際選挙監視の政治学』 依田博著 有斐閣 2000.4 238p 19cm （有斐閣選書） 1700円 ①4-641-28037-1 Ⓝ314.8

[内容] 政治とは何か，民主主義とは何か。カンボジアやボスニア=ヘルツェゴビナなど数々の国際選挙監視に携わった政治学者が，世界に旅立つ日本人に贈るメッセージ。

『大地に地雷はにあわない―対人地雷禁止をうったえるクリス・ムーンと子どもたち』 今関信子作，宮崎耕平絵 PHP研究所 1998.11 130p 22cm （PHP愛と希望のノンフィクション）〈文献あり〉 1300円 ①4-569-68138-7

[内容] 長野オリンピックで最終聖火ランナーをつとめた「義足のランナー」クリス・ムーンさん。クリスさんは地雷で右手と右足を失いましたが，その苦難をのりこえ，地雷の被害に苦しむ世界の人たちのため，対人地雷の禁止をうったえて走ります。そして，クリスさんの願いは，いま，日本の子どもたちにも広がっています。小学上級以上。

『平和な国の医者だけど―アフガン戦傷者病院診療日誌』 提箸延幸著 講談社出版サービスセンター 1996.4 173p 21cm 1200円 ①4-87601-363-2

[内容] 絶望の向こう側にも希望はある。本当の癒しの時を求めて，真の国際ボランティアとは何かを考える。いまだ内戦の続くアフガニスタン。もはや日本では報道されなくなった，子供たちや非戦闘員が対人地雷で手足を

失い，今日も命を落としているという事実。救援医療のため戦傷者病院に派遣された日本人外科医が文章と写真で綴る，3カ月間の出来事とそこに生きる人たちとの出会い。医師の目が見つめたリアルなアフガン・ダイアリー。1994年1月中旬から3カ月間勤務したアフガン戦傷者病院での診療と生活の記録。

《国連機関・国際機関》

『国際社会で働く―国連の現場から見える世界』 嘉治美佐子著 NTT出版 2014.9 234p 19cm〈文献あり〉 1800円 ①978-4-7571-4332-6 Ⓝ329.3

[目次] 第1章 世界と日本の未来はどうつながっているか，第2章 国際社会の構成員は誰か，第3章 人類の殺しあいはなぜなくならないのか，第4章 普遍的価値を守るためにどんな仕組みがあるか，第5章 善意や政策をどのように現場に運ぶのか，第6章 「人間の安全保障」の真価は何か

『グローバル・コモンズと国連』 日本国際連合学会編 国際書院 2014.6 314p 21cm （国連研究 第15号） 3200円 ①978-4-87791-260-4 Ⓝ319.9

[内容] 公共圏，金融，環境，安全保障の分野における「グローバル・コモンズ」をその概念とともにさまざまな角度から分析し，その維持・発展のために国連をはじめとした国際機関や国家等の果たす役割および課題の方向を追究する。

『ユニセフの現場から』 和氣邦夫著 白水社 2012.4 231p 19cm 2200円 ①978-4-560-08196-9 Ⓝ369.4

[内容] これからの国際協力に必要なリーダーシップの理念と方法論を，元・国連事務次長補が，世界各国での体験から実践的に説き明かす。

『ユニセフではたらこう』 和氣邦夫著 白水社 2008.6 229p 19cm 1900円 ①978-4-560-03179-7 Ⓝ369.4

[内容] 子どもたちの笑顔のために国際人道援助の現場から。

『国際機関ってどんなところ』 原康著 新版 岩波書店 2007.6 231p 18cm （岩波ジュニア新書） 780円 ①978-4-

00-500570-3

[内容] 世界各地で紛争が頻発し、国際金融システムが不安定さを増し、地球環境問題が大きくなった。そんな21世紀は、地球規模での統治力が要求される時代だ。100を超える国際機関はどんな課題に取り組んでいるのだろうか。その取り組みから、現代の世界がかかえる課題がくっきりと見えてくる。21世紀対応の新版。

『ユニセフ・カンボジア事務所で働く—国連若手職員の3年間』 藤原幸恵著 明石書店 2006.11 237p 19cm 2000円 ①4-7503-2439-6 Ⓝ369.4

[目次] 第1章 ユニセフに至るまで, 第2章 ユニセフ・カンボジア事務所へ, 第3章 農村開発課の仕事, 第4章 識字教室・保育所プロジェクトの問題, 第5章 ポル・ポト最期の地に識字教室と保育所を, 第6章 人身売買とストリートチルドレンの問題, 第7章 内戦を生き抜いた仕事仲間たち, 第8章 次への一歩

『子どもたちの笑顔のためにユニセフと歩んだ50年—日本ユニセフ協会半世紀』 日本ユニセフ協会史刊行会編著 出版文化社 2005.6 242p 21cm〈年表あり〉 1619円 ①4-88338-317-2 Ⓝ369.4

[目次] プロローグ スマトラ沖地震・津波発生—ユニセフと日本ユニセフ協会はどう対応したのか, 第1章 日本ユニセフ協会設立前史—ユニセフ創設とユニセフミルクの役割, 第2章 日本ユニセフ協会草創期—国連における信用確保と母子衛生への取り組み, 第3章 日本ユニセフ協会基盤形成期—若手の台頭から国際児童年(1979年)へ, 第4章 国際児童年を機にいっそう広がるユニセフ運動—各種イベントがスタート、支援の輪も拡大, 第5章 組織改革と大躍進の時代—東郷専務理事時代

『ユニセフ最前線—戦争を止めた人間愛』 井上和雄著 リベルタ出版 2004.11 222p 19cm 1500円 ①4-947637-93-5 Ⓝ369.4

[内容] ユニセフというと募金活動しか思い浮かばない向きも多いだろう。伝染病予防、井戸掘り、トイレづくり、教育支援、そしてなんと、子どもたちのために戦争まで止めてしまったことも何回かある。元ユニセフ職員の著者が語るその第一線現場の痛快な物語。

『ユニセフ—世界の子どもたちのために』 キャサリン・プライアー著 ほるぷ出版 2003.3 34p 27cm〈調べてみよう世界のために働く国際機関〉2800円 ①4-593-57602-4 Ⓝ369.4

[内容] ユニセフ(国連児童基金)は、世界中の子どもたちの生活を向上させるための団体です。ユニセフは世界平和を守る活動をする国際連合の一機関です。この本では、世界中の子どもたちがよりよい暮らしをし、いきいきと生きることができるようにするために、ユニセフがどのような活動をしているかを紹介します。

『ユニセフと世界のともだち』 改定版 日本ユニセフ協会 2002.8 44p 19×26cm

『子どものためのパートナーシップ—日本とユニセフの協力の50年』 ユニセフ駐日事務所 1999.12 44p 30cm〈共同刊行:日本ユニセフ協会〉Ⓝ369.4

《開発協力・開発経済・国際開発》

『国際開発』 雨森孝悦, 穂坂光彦, 斎藤千宏, 綾部誠著, 日本福祉大学通信教育部編 第2版 美浜町(愛知県) 日本福祉大学 2015.4 330p 26cm〈文部科学省認可通信教育 文献あり〉Ⓝ333.8

『テキストブック開発経済学』 ジェトロ・アジア経済研究所, 黒岩郁雄, 高橋和志, 山形辰史編 第3版 有斐閣 2015.2 294p 22cm (有斐閣ブックス 396)〈他言語標題:Development Economics 文献あり 索引あり〉2300円 ①978-4-641-18422-0 Ⓝ333.8

[内容] 貧困、格差、環境、保健など開発途上国が抱える問題を取り上げ、基礎的な理論から実際の政策や取組みまで、実態に明るい執筆陣が幅広い知識を提供。「開発のミクロ経済学」など新しい研究動向を踏まえつつ、経済成長、産業構造変化、貿易・投資、金融などマクロ経済についてもくわしく論じる。

『世界の現場で僕たちが学んだ「仕事の基本」』 長嶺義宣, 外山聖子編, 国際機関で働く若手実務家17人著 阪急コミュニケーションズ 2014.6 254p 19cm 1500円 ①978-4-484-14217-3 Ⓝ329.3

国際協力（アジア・中東）　　　　　　　　　　世界の人々と助け合おう

内容 価値観の違う同僚とどう付き合うか？ グローバルな職場で評価される人とは？ 自分を生かすキャリアをつくるには？ 理不尽な状況とどう向き合うか？ 多言語を習得するべき？ リスクがチャンスになる時…ほか、国連機関、外資系企業、国際NGO…世界基準で仕事をするために知っておきたい50のこと。

『熱帯に生きる―在タイ20年、農村開発に命を捧ぐ』　谷口巳三郎著　八代　北部タイ農村振興支援会　2004.8　277p　19cm　（国際ボランティア活動記 2）〈熊本　熊本日日新聞情報文化センター（製作・発売）　共同刊行：タイとの交流の会（谷口プロジェクト）〉1238円　①4-87755-185-9　Ⓝ611.15237
内容 県職を退職後、単身でタイに渡り、自らの意思と資金で農場を建設し、地についた国際協力をすすめる著者の活動はより輝いて見える。その活動を綴った本書は、タイでの日々の暮らしの中から湧きでた実践日記である。文章の隅々から著者のタイの人々へ寄せるやさしさと慈愛を読み取ることができる。

《国際協力（アジア・中東）》

『南国港町おばちゃん信金―「支援」って何？ "おまけ組"共生コミュニティの創り方』　原康子著　新評論　2014.9　204p　19cm　1800円　①978-4-7948-0978-0　Ⓝ333.825
内容 経済第一主義が作り出す、ほんの一握りの「勝ち組」と大多数の「負け組」―超格差社会。しかしここに、勝ち組でも、負け組でもない、"おまけ組"とも呼ぶべきもう一つの道を選んだおばちゃんたちがいる。南国のある港町。彼女らの小さな取り組みが私たちに教えてくれるものとは。国際協力NGOの一員として活動を共にした著者が、自らの「思い出すのも恥ずかしい」数々の失敗話を俎上にのせて、共生、支え合い、支援のありうべき姿を、ユーモア溢れる筆致で鋭く描き出す。

『天、共に在り―アフガニスタン三十年の闘い』　中村哲著　NHK出版　2013.10　252p　20cm　〈年表あり〉1600円　①978-4-14-081615-8　Ⓝ517.6
内容 なぜ、日本人の医師が1600本の井戸を掘り、25キロに及ぶ用水路を拓けたのか？ 内戦・空爆・旱魃に見舞われた異国の大地に起きた奇跡。

『アフガニスタンに平和の礎を―人々の生活再建に奔走する日本人たち』　JICA研究所アフガニスタン・プロジェクト・チーム著　丸善プラネット　2013.6　274p　19cm　〈文献あり　年表あり　丸善出版（発売）〉1600円　①978-4-86345-167-4　Ⓝ319.8
内容 2001年末にアフガニスタンでタリバン政権が崩壊して以来、日本はその復興を積極的に支援してきた。この本では、人々が生き残るための「緊急人道支援」から、新しい国の基礎づくり、発展のための支援、未来を支える人材の養成まで、パートナーとして奔走した日本人の活躍を紹介している。実際にアフガニスタンで活動した当事者たちだからこそ書ける、ありのままの現場での困難や、それを乗り越えた喜びがストレートに伝わるドキュメントである。

『一つの国際協力物語―タイのモンクット王工科大学』　荒木光弥著　国際開発ジャーナル社　2012.4　240p　19cm　〈文献あり　年譜あり　丸善出版（発売）〉1800円　①978-4-87539-079-4　Ⓝ333.8237
内容 時代をつなぐ渾身の追跡ヒューマン・ドキュメント。そこには人間の織りなす一つの国際協力物語が凝縮されている。40年に及ぶ国際協力の金字塔を打ち立てたタイのモンクット王工科大学づくりの真実を、現地取材と幅広い調査・考察、そして筆者のジャーナリスト魂で書き上げている。

『ガオ村ぐるぐる。―ベトナム学校支援プロジェクト物語』　なかがわみどり，ムラマツエリコ作・絵　角川書店　2011.4　158p　18cm　（角川つばさ文庫 Dけ1-1）〈並列シリーズ名：Kadokawa Tsubasa Bunko　角川グループパブリッシング（発売）〉680円　①978-4-04-631158-0　Ⓝ333.8231
内容 世界をぐるぐる旅して、驚いたこと、感動したこと、怒ったこと（けっこう多い）を伝えてきたユニット、k.m.p.のふたりが訪れたのは、ベトナム少数民族の住むガオ村。絵が上手でシャイな子どもたち、作物の育たない赤い土、塩がおかずの夕ごはん。電気も水道

世界の人々と助け合おう　　　　　　　　　　　　　　　　　　　国際協力（アジア・中東）

もトイレもない校舎、学校で教わることが村の習慣になってくれたら、ガオ村も変わっていくのだといいます。学校支援プロジェクトをルポした今ある世界の物語。小学中級から。

『カンボジア子どもたちとつくる未来―写真で見る国際協力の30年』　幼い難民を考える会編，小林正典写真　毎日新聞社　2010.1　127p　26cm　〈年表あり〉　1905円　Ⓘ978-4-620-31970-4　Ⓝ369.38

目次　カンボジア　子どもたちとつくる未来，CYRのカンボジア支援活動30年（カンボジア難民キャンプに集まった世界の若者，キャンプでの保育援助のあり方，カオイダンキャンプの閉鎖とタイ・カンボジアでの活動，カンボジアでの活動18年　その広がりと自立へ向けて，みんな大好き！給食の時間　ほか），カンボジアの悲劇がのこしたもの（カオイダン難民キャンプ，バッタンバン地雷被害者ヤット君，プノンペン宮殿通り，カンボジアの悲劇―歴史と今）

『バングラデシュを知るための60章』　大橋正明，村山真弓編著　第2版　明石書店　2009.11　334p　19cm　（エリア・スタディーズ　32）　2000円　Ⓘ978-4-7503-3094-5

目次　はじめに　本書が目指すもの，1　人・国・水，2　生活に息づく文化，3　開発・経済・産業，4　地方・農村・農業，5　バングラデシュと世界の関係，6　社会開発の諸課題，7　NGOと小規模金融，8　公的援助の諸相，おわりに　本書で取り上げることができなかった幾つかの事柄

『アフガニスタンの未来をささえる―国際機関職員の仕事』　石原陽一郎，茅和伊，長岡正哲，石川かおり著　岩波書店　2009.4　222p　18cm　（岩波ジュニア新書　620）〈並列シリーズ名：Iwanami junior paperbacks〉　780円　Ⓘ978-4-00-500620-5　Ⓝ329.39

内容　世界銀行、国際移住機関、国連人口基金、ユネスコ。アフガニスタンの国際機関職員として働く4人の日本人が、それぞれの職場から見たアフガニスタンの国と人、援助の実状と将来について熱くレポート。危険と隣り合わせの仕事を選ぶまでの道のりと、これからの国際機関職員をめざす人たちへのメッセージを語ります。

『医者、用水路を拓く―アフガンの大地から世界の虚構に挑む』　中村哲著　福岡石風社　2007.11　375p　20cm　1800円　Ⓘ978-4-88344-155-6　Ⓝ517.6

内容　白衣を脱ぎメスを重機のレバーに代え大地の医者となる。「百の診療所より一本の用水路を！」パキスタン・アフガニスタンで一九八四年から診療を続ける医者が、戦乱と大旱魃の中、一五〇〇本の井戸を掘り、一三キロの用水路を拓く。「国際社会」という虚構に惑わされず、真に世界の実相を読み解くために記された渾身の報告。

『国境を越えた村おこし―日本と東南アジアをつなぐ』　加藤剛編著　NTT出版　2007.9　29,202p　19cm　〈文献あり〉　1900円　Ⓘ978-4-7571-4162-9　Ⓝ333.823

内容　東ティモール、インドネシア、ベトナム、タイ、ラオス、フィリピンと日本の田舎同士をつなぎ、「お互いを知るための」国際交流から一歩進んで「よりよく生きるための」草の根協働と、豊かな関係構築をめざす。国境を越えた21世紀の課題。

『ヒマラヤにかける橋』　根深誠著　みすず書房　2007.4　277p　20cm　2500円　Ⓘ978-4-622-07284-3　Ⓝ292.58709

内容　ネパール西北部、チベットとの国境にほど近い標高4300mのツァルカ村。近傍の街から最短でも5日のキャラバンを要する、「桃源郷」と呼ばれた半農半牧の村だ。著者はここに、政府やNGOの組織に頼らず、3年がかりで鉄橋を架設し、村人たちの悲願をかなえた。マオイストによる武装蜂起で政情の混乱するネパールを何度も往復し、はかどらない現地調査、目途の立たない資材輸送、膨れあがる予算に頭をかかえ、官僚機構の泥沼に足を掬われ、体調を崩しながらも、旧知のネパール人やシェルパ族の友人、日本大使など、数人の理解と協力に支えられて、かろうじて計画を遂行していく。ヒマラヤ奥地の人と自然、内戦状態のネパール、カースト制の遺るヒンドゥー社会や、海外援助のあり方にも目を開かれる、壮大なるドキュメント。

『アフガニスタンで考える―国際貢献と憲法九条　カラー版』　中村哲著　岩波書店　2006.4　51p　21cm　（岩波ブックレット　no.673）〈年表あり〉　560円　Ⓘ4-

国際協力（アジア・中東）　　　　　　　　　世界の人々と助け合おう

00-009373-8　Ⓝ302.271
|目次| アフガニスタンとは，ペシャワール会の活動，大干ばつと国際支援，現在のアフガン，これからのアフガン

『こうして僕らはアフガニスタンに学校をつくった。―流学日記セカンドステージ』 岩本悠，ゲンキ地球NET著　河出書房新社　2005.9　186p　19cm　1200円　Ⓘ4-309-24354-1
|内容| 青春はセックスだ。世界とのセックスなんだ。国際貢献に目覚めた学生たち，挑戦の記録。

『ヒマラヤに学校を建てよう！―建築家のボランティア奮闘記』 AAF著　彰国社　2005.4　191p　19cm〈年表あり〉1905円　Ⓘ4-395-00772-4　Ⓝ333.82587
|内容| 竹中工務店設計部有志を中心とした建築家たちがネパールのヒマラヤ山岳地帯で，小学・中学・高校の校舎建設に望む。村始まって以来のプロジェクトに沸く，村びとたちの期待とさまざまな要求。教師の確保にまでも奔走するメンバー。初めての地，初めてのボランティア活動に戸惑う素人ボランティアたちの奮闘記。

『アフガニスタンの診療所から』 中村哲著　筑摩書房　2005.2　221p　15cm（ちくま文庫）580円　Ⓘ4-480-42053-3　Ⓝ498.02271
|内容| 幾度も戦乱の地となり，貧困，内乱，難民，人口・環境問題，宗教対立等に悩むアフガニスタンとパキスタンで，ハンセン病治療に全力を尽くす中村医師。氏と支援団体による現地に根ざした実践から，真の国際協力のあり方が見えてくる。

『誓い―チェチェンの戦火を生きたひとりの医師の物語』 ハッサン・バイエフ著，天野隆司訳　アスペクト　2004.6　509p　19cm　2800円　Ⓘ4-7572-1038-8
|内容| 本書は，チェチェンに生まれ育ち，戦火の中で自らの命を危険にさらして，すべての傷ついた人々を治療し続けた医師の自伝である。世界で最も過酷な戦乱の中にあるチェチェンで，人間の尊厳のために命を賭けた著者の勇気（その功績に，米人権擁護団体H.R.W.は，「ヒューマンライツ・ウォッチ賞」を授与）は，読む者の魂を揺さぶらずにはおかない。

『考えよう！　グローバル化と共存共生―たくやのマレーシア旅行』 池上彰監修，稲葉茂勝著　光村教育図書　2003.12　31p　28×22cm　（「こころ」をつなぐ国際交流 3）1800円　Ⓘ4-89572-722-X
|目次| 1 マレーシアについて調べよう，2 グローバリゼーションについて考えよう，3 国際協力について考えよう，4 ODAとNGOについて調べよう

『医者よ，信念はいらないまず命を救え！―アフガニスタンで「井戸を掘る」医者中村哲』 中村哲著　羊土社　2003.10　171p　19cm　1800円　Ⓘ4-89706-839-8　Ⓝ498.02271
|内容| いまだ戦火のくすぶるアフガニスタンで，医療活動を続ける日本人医師，中村哲。人々の生命を救うため，大干ばつの中で井戸を掘り，その数はなんと1000に達した。いま，日本人がなすべき真の国際協力がここにある！ 2003年8月，アジアのノーベル賞と呼ばれる「マグサイサイ賞・平和国際理解部門」を受賞した著者からの，熱きメッセージ。

『ベトナムで生きてみた―愛犬ムサシが語る元気の国　右手五指の生還記』 堀添勝身著　万葉舎　2003.10　247p　19cm　1480円　Ⓘ4-86050-010-5
|内容| 熱き心で日越交流！「アジア＆夢」の種子がいっぱい！ JICAの「アジア8ケ国，日本センター設立計画」で国際協力の第1弾は「ドイモイ政策」をすすめるベトナム！ 大ケガの危機を乗り越え初代所長の責務を果した著者が渾身の想いとユーモアで綴った珠玉の手記。

『ぼくらの村にアンズが実った―中国・植林プロジェクトの10年』 高見邦雄著　日本経済新聞社　2003.5　280p　19cm　1600円　Ⓘ4-532-16441-9
|内容| 中国西北部に広がる黄土高原は，年間降水量たった400ミリ前後。毎年のように旱魃に襲われ，中国でもっとも貧しい地域の一つだ。深刻な水不足に悩むこの地で，少しでも沙漠化を食い止めようと，木を植えつづける日本人がいる。その一人が高見邦雄―NGO「緑の地球ネットワーク」の事務局長である。資金ゼロからNGOを立ち上げたものの，反日感情の強い村人から「日本鬼子！」とののしられ，ようやく根付いた苗木はノウサギの食

害やアブラムシの大発生によって全滅してしまう。ことなかれ主義の共産党幹部とは大ゲンカ。失敗、また失敗の連続。だが、やがて中国でも日本でも、少しずつ仲間がふえてきた。そしていま、このプロジェクトは「大地に木を植えるだけでなく、人の心に木を植えている」と日中両国で多くの人の心を動かしはじめている。日本人による国際協力の成功例として注目を集める中国・植林プロジェクトの中心人物が、現地の村人や日本人ボランティアとともに黄色い大地に森をよみがえらせるまでの苦難の日々を感動の筆致でつづったヒューマン・ドキュメント。

『ぼくの夢は学校へ行くこと―バングラデシュ〜紅茶畑の軒下教室から』 今西乃子文，浜田一男写真 俊成出版社 2002.12 127p 22cm （感動ノンフィクションシリーズ） 1500円 ⓘ4-333-01993-1 Ⓝ333.82576

内容 学校へ行きたくても、貧困やさまざまな理由から、学校へ行くことをゆるされない子どもたち。心の底から「学びたい！」とさけぶかれらの力になりたくて、わたしの心は動き出した…。

『ほんとうのアフガニスタン』 中村哲著 光文社 2002.3 209p 19cm 1200円 ⓘ4-334-97333-7 Ⓝ498.02271

内容 内戦、伝染病、貧困、飢餓、あらゆるいのちの闘いをつづけてきた日本人医師。史上最悪の大干ばつ発生に、医師団は1年で1千本の井戸を掘り、いままた空爆後のアフガン難民に、いち早く食糧援助を開始している。私たち日本人はいま、何ができるのか、どうすれば役に立てるのか、知りたいことがここにある。

『アジアの子どもと日本』 子どもの人権双書編集委員会企画，荒牧重人編 明石書店 2001.6 195p 19cm （子どもの人権双書 8） 1800円 ⓘ4-7503-1426-9

目次 1 アジアの子どもと日本―序にかえて，2 日本社会とアジアの子ども，3 アジアの子ども買春・子ども労働と日本，4 アジアの子どもとユニセフ，5 アジアの子どもから学ぶ"子ども参画"，6 誌上座談会・アジアの子どもとNGO

『君もなれる国際選挙監視員―ベテラン記者のカンボジア選挙報告』 丸山勝著 読売新聞社 1998.11 63p 21cm （読売ぶっくれっと no.11） 362円 ⓘ4-643-98144-X Ⓝ333.8

内容 1998年7月にカンボジアで実施された総選挙の監視員を実際に体験したことをルポ風につづりながら、どんな人がどんなことをし、どんな国際理解を得ているかを紹介してみることにする。

『トルコの春、マヤの子どもたち―国際教育協力の現場から』 内海成治著 北泉社 1997.4 353p 20cm 1400円 ⓘ4-938424-74-6 Ⓝ333.8

内容 近年、拡大を続ける日本の国際教育協力―その第一線に立つ著者が、等身大の視線で見たプロジェクトの現状と展望。国際協力問題に関心をもつ人々必読の書。

『「南」からの国際協力―バングラデシュグラミン銀行の挑戦』 渡辺竜也著 岩波書店 1997.3 63p 21cm （岩波ブックレット no.424） 400円 ⓘ4-00-003364-6 Ⓝ611.5

《国際協力（アフリカ）》

『アフリカの風に吹かれて―途上国支援の泣き笑いの日々』 藤沢伸子著 原書房 2012.7 282p 20cm 1800円 ⓘ978-4-562-04853-3 Ⓝ333.84

内容 仕事の現場は、人も自然も未知との遭遇！ アフリカで働く日本女性の泣き笑い奮闘記。

『国際協力と学校―アフリカにおけるまなびの現場』 山田肖子著 創成社 2009.11 230p 18cm （創成社新書 40） 〈文献あり〉 800円 ⓘ978-4-7944-5040-1 Ⓝ372

内容 すべての子どもに、まなぶ機会を与えたい！ 途上国の学校教育から援助のあり方を考える。

『海将補のアフリカ奮闘記―アフリカに海運を教えた国際協力六年間の記録』 松浦光利著 光人社 2008.12 331p 16cm （光人社NF文庫）〈「アフリカ大船長奮闘記」（成山堂書店昭和60年刊）の改訂〉 790円 ⓘ978-4-7698-2589-0

国際協力NGO　　　　　　　　　　　　　　　　世界の人々と助け合おう

Ⓝ333.845

内容　砕氷艦ふじ艦長として南極にも赴いた海上自衛隊の熱血アドミラルが大活躍！　人もうらやむ第二の人生を打ち捨てて、アフリカの小国サンジバルに海運指導に努めた元海将補の汗と涙と笑いの六年間。頑固でプライド高く、あるいは大雑把なアフリカ人を相手に、人造り、国造りの最前線を描いた異色のノンフィクション。国際貢献をめざす若い世代に贈る一冊。

『スペシャル・ガール—リベリアの少女と日本の看護師の物語』　沢田俊子文　汐文社　2007.12　106p　21cm　1300円　Ⓘ978-4-8113-8416-0

内容　内戦続きだったリベリア共和国で暴行を受けて、歩けなくなったマーサちゃん。「日本で治療を受けさせたい」と手を差しのべたのは、国境なき医師団・看護師としてリベリアを訪れた美木朋子さんでした。「マーサと同じように苦しんでいる子どもたちは何万人もいる。わたしには、この国の状況は何も変えられないかもしれない。でも、せめて出会った人にだけでも、自分ができる精一杯のことをしたい」。

『パルテーラとともに地域保健—ニカラグアの村落で33人の記録』　若井晋監修　ぱる出版　2005.6　310p　19cm　1800円　Ⓘ4-8272-0167-5

内容　パルテーラ（産婆さん）は肝っ玉母さん。10年間の内戦から復興進む中米ニカラグア、ODAで地域ぐるみ健康守る4年間の記録。

『シエラレオネ—5歳まで生きられない子どもたち』　山本敏晴著・写真　アートン　2003.7　70p　26cm　1500円　Ⓘ4-901006-53-3　Ⓝ498.024424

『ケニアに愛をこめて—日本人ママ大奮戦赤道往来2000回』　梅原愛雄著　国際協力出版会　2001.5　262p　20cm　（国際協力選書）　2000円　Ⓘ4-906352-28-6　Ⓝ302.454

内容　国際協力最前線の感動を綴る、ヒューマンキュメンタリー。

『タンザナイト—僕の職場はタンザニア』　野田直人著　風土社　1999.7　230p　21cm　1600円　Ⓘ4-938894-23-8

内容　大学卒業後、20年近くにわたって中米のホンジュラスを皮切りに、ネパール、ケニアそしてタンザニアで木を植えつづけてきた著者。プロのフォレスター（森林官）である著者のタンザニアでの仕事や日常生活には、日本では考えられないような障害がたくさんあります。そのようなとき的確な状況判断を行いつつも、決してユーモアを絶やさない著者の生き方は、国際協力活動を仕事をしたいと考えている人たちにとって大いに参考になるはずです。

『はみだし教師のアフリカ体験—ザンビア・日本・ODA』　池澤佳菜子著　花伝社　1998.8　223p　19cm　〈共栄書房（発売）〉　1500円　Ⓘ4-7634-0325-7　Ⓝ302.482

内容　青年海外協力隊員として見た、ザンビアの人々、風景、息吹、そして外から見た「日本人社会」と日本の教育と子どもたち…。はみだし教師のザンビアびっくり体験。

『ザイールの虹・メコンの夢—国際協力の先駆者たち』　田村喜子著　鹿島出版会　1996.12　224p　20cm　〈参考資料：p223〜224〉　1854円　Ⓘ4-306-09347-6　Ⓝ333.8448

内容　ODAの夜明けともいう時期に実行された、二つの海外建設プロジェクトのドキュメンタリー！　途上国の人々に誇りと自信を与え、将来への希望を抱かせた、開発プロジェクトの上に咲いた大輪の花…ラオスのナムグム・ダム。日本の経済援助と当時の最新技術で建設された、両国の友好の虹のかけ橋…ザイールのマタディ橋。

《国際協力NGO》

『行くぞ！　ロシナンテス—日本発国際医療NGOの挑戦』　川原尚行著　山川出版社　2015.5　271p　20cm　1800円　Ⓘ978-4-634-15078-2　Ⓝ498.02429

目次　序章　一日の始まり、1章　スーダンの実相とロシナンテス、2章　北九州からアフリカへ、3章　スーダンでの活動、4章　東北での活動、5章　スーダンと日本を結ぶ活動、6章　ロシナンテスの進む道

『国境なき医師団ってなんだろう？—命を支える人道援助』　2013年11月改訂　国境なき医師団日本　〔2013〕　23p

26cm　Ⓝ329.36

『お仕事熱血ストーリー 感動する仕事！泣ける仕事！ 第2期 5 小さな一歩が世界を変える』　日本児童文芸家協会編　学研教育出版，学研マーケティング〔発売〕　2012.2　64p　23×19cm　2000円　Ⓘ978-4-05-500868-6

目次　アフリカ支援輸入ビジネス小澤里恵（文・石川千穂子）（小澤里恵さんはこんな人，輸入ビジネスを始めるには？），難民支援ネイルサロン岩瀬香奈子（文・麻生かづこ）（岩瀬香奈子さんはこんな人，ネイルアーティストになるには？），国際援助団体現地スタッフ田中甲斐（文・高橋うらら）（田中甲斐さんはこんな人，国際援助団体現地スタッフになるには？），眼科医師服部匡志（文・楠木しげお）（服部匡志さんはこんな人，眼科医師になるには？）

『NGO世界一周！』　阿部亮著　扶桑社　2011.12　247p　18cm　（扶桑社新書　107）　720円　Ⓘ978-4-594-06521-8　Ⓝ289.1

内容　19歳で陸路を世界一周した高卒の法律家の物語。毎年1校，世界に学校を建てる新たな旅が始まった。

『図書館は、国境をこえる─国際協力NGO30年の軌跡』　シャンティ国際ボランティア会編　教育史料出版会　2011.3　363p　19cm　〈年表あり〉　2300円　Ⓘ978-4-87652-513-3　Ⓝ016.28

内容　図書館ができた！ ぼくは今，とっても幸せだ─子どもの笑顔に支えられ，続けられてきた感動の記録。

『NGOの源流をたずねて─難民救援から政策提言まで』　金敬黙編著　めこん　2011.1　167p　19cm　（JVCブックレット 003）　880円　Ⓘ978-4-8396-0244-4　Ⓝ333.8

目次　第1章 時代が生んだNGO（そもそもNGOとは何か，NGOとして，国として，日本の国際協力NGOの台頭），第2章 組織を立ち上げた人びとの原理と行動─星野昌子さんに聞く（国際協力の時代がやってきた，最初は誰だってド素人，星野さんの話を聞いて），第3章 イデオロギーを乗り越えた現場主義─熊岡路矢さんに聞く（NGOによる人道支援と開発，現場から学ぶこと，熊岡さんの話を聞いて），第4章 NGO脱政治のポリティクスを乗り越えて─谷山博史さんに聞く（戦争と平和に向き合うNGO，新しい価値とスタイルの組織へ，谷山さんの話を聞いて）

『誰かのためなら人はがんばれる─国際自立支援の現場でみつけた生き方』　木山啓子著　かんき出版　2010.12　221p　19cm　1400円　Ⓘ978-4-7612-6725-4　Ⓝ333.8

内容　幸せは自分のなかにあった。仕事，人間関係，将来のこと…ほんの少し，見方，ものさしを変えてみると，今よりずっと生きやすくなる。

『少しの愛をほんの少しの夢をネパールの子どもたちへ』　神崎孝行著　幻冬舎ルネッサンス　2010.6　199p　20cm　1780円　Ⓘ978-4-7790-0549-7　Ⓝ368.2

内容　ヒマラヤ山脈に囲まれた美しい国ネパール。しかしこの国には，人身売買やストリートチルドレンなど，貧困の犠牲となっている子どもたちがいます。差し伸べるあなたの手が，子どもたちのいのちを守り，子どもたちの未来をつくります。子どもたちへ，あなたの「愛」をそして「夢」を届けませんか。

『いっしょにやろうよ最新国際ボランティアNGOガイド』　NGO情報局編　三省堂　2010.5　126p　21cm　1700円　Ⓘ978-4-385-35524-5　Ⓝ333.8

内容　最新ボランティア情報全ガイド。約100の主な国際NGOの活動を紹介。学校・地域・仕事の場でできるボランティアのアイディアと実践例も豊富。

『新たな家庭・SOS子どもの村─国際NGO・SOSキンダードルフに基づく里親コミュニティ』　金子龍太郎，中島賢介著・訳　明石書店　2010.4　325p　19cm　〈文献あり〉　2200円　Ⓘ978-4-7503-3179-9　Ⓝ369.43

内容　約60年前，オーストリアの一青年がはじめた活動は，現在，世界132の国・地域に500近い「SOS子どもの村」を運営する国際児童支援組織（NGO）となった。心身ともに傷つき，様々な理由から実親と一緒に暮らすことができない子どもたちを育む「子どもの村」の取り組みから，私たちは何を学べるのだろうか。

国際協力NGO

『国境なき医師が行く』 久留宮隆著 岩波書店 2009.9 177p 18cm （岩波ジュニア新書） 740円 ①978-4-00-500635-9
[内容]「医者としての原点に立ち返りたい！」。勤務先の病院を辞して「国境なき医師団」のミッションに参加した外科医師が自らの体験を語る。赴任したアフリカ・リベリアで見たものは、紛争や貧困の中で充分な医療を受けられずに命を落としていく患者たちの姿だった。劣悪な環境の下で困難に立ち向かった壮絶な医療活動の記録。

『イラクで私は泣いて笑う―NGOとして、ひとりの人間として』 酒井啓子編著 めこん 2009.6 171p 19cm （JVCブックレット 001）〈年表あり〉 920円 ①978-4-8396-0224-6 Ⓝ302.273
[目次] 第1章 戦争が残した爪あと（戦争がもたらしたもの，白血病の子どもたちと生きる―佐藤真紀さんに聞く），第2章 戦争を起こしたものと立て直すもの（イラクは復興しているのか，国の支援，民の支援―原文次郎さんに聞く），第3章 対立の記憶を超えて（宗派・民族は対立しているのか，生身でイラクと日本をつなげていく―玉本栄子さんに聞く）

『すべてのいのちの輝きのために―国際保健NGO・シェアの25年』 シェア＝国際保健協力市民の会著 めこん 2008.10 323p 21cm〈年表あり〉 2500円 ①978-4-8396-0216-1 Ⓝ329.36
[内容] シェア＝国際保健協力市民の会は、1983年に医師、看護師、医学生が中心となって、草の根の国際医療救援団体を目指して設立された。本書はシェアの25年間の活動の軌跡をまとめたものである。

『こうして僕は世界を変えるために一歩を踏み出した―その小さな「積み重ね」があなたの未来を動かす』 鬼丸昌也著 こう書房 2008.5 221p 19cm〈文献あり〉 1400円 ①978-4-7696-0973-5 Ⓝ333.8
[内容] 学生時代、たった一人からNGOを作った青年。地雷・小型武器・子ども兵・平和教育…そのメッセージは確実に日本中に広がっている。情熱の社会起業家ストーリー。

『地方発国際NGOの挑戦―グローカルな市民社会に向けて』 新潟国際ボランティアセンター編，多賀秀敏，福田忠弘編著 明石書店 2008.4 351p 19cm〈年表あり〉 3000円 ①978-4-7503-2778-5 Ⓝ333.8
[目次] 第1部 地方発国際NGOの誕生と組織化（地方発国際NGOの誕生，売上げが二〇〇万円を超える「バザーマニュアル」，有給専従職員のいない事務局），第2部 地域から世界へ、そして世界から地域へ（さまざまな形をとる海外支援活動，乳幼児死亡率を下げるために―ラオスでの活動，戦乱の地、旧ユーゴスラビアへの支援，教育支援―ベトナムでの活動報告，生きねばならぬ―子ども、女性、命を守るバングラデシュ事業，東アフリカ（マダガスカル・ケニア）に臨む），第3部 地域のなかに新しいネットワークを作る、そして地域と地域をつなぐ（新しいネットワークの構築，企業との協働プロジェクト―「社員ボランティア支援」を利用した事業の事例報告，労働組合との連携，大学との連携，マスコミの協力）

『とびらをひらく！ 子どもたち―ライフスキル教育プロジェクト・マニュアル 発展途上国における読書推進活動』 教育協力NGOネットワーク 2008.3 97p 30cm〈平成19年度文部科学省「国際協力イニシアティブ」教育協力拠点形成事業 執筆：三宅隆史ほか 編集：森透〉 Ⓝ019.2

『地球日記―沖縄発JICAボランティア』 JICA沖縄編 那覇 沖縄タイムス社 2007.9 156p 21cm 1524円 ①978-4-87127-180-6 Ⓝ302
[内容] ボランティア体験で、触れた・感じた各国の素顔。

『ペルーの子どもたちに算数ドリルを！―平凡な主婦がNGOを立ちあげた』 梶田雅子著 協同出版 2007.8 174p 21cm〈年表あり〉 1715円 ①978-4-319-00659-5 Ⓝ372.68
[目次] 1 平凡な日々から、五〇歳の大学生に，2 NGO「大阪ラテンアメリカの会」（CALO）旗揚げへ，3 翻訳算数ドリルをつくろう，4 初めてのペルー訪問から，5 教師用セミナー開催顛末，6 絵本プロジェクト，7 ペルー訪問「ペルー活動」の実際，8 国内向け「算数ドリル」の配布，9 その他の活動，10 会報

『Amigos』の発行，11 CALOの財政事情

『国際NGOが世界を変える―地球市民社会の黎明』 功刀達朗，毛利勝彦編著　東信堂　2006.7　240p　21cm　〈文献あり〉　2000円　Ⓘ4-88713-702-8　Ⓝ333.8

[内容] 現代世界の主要アクター中最も新しく、かつ国家等他のアクターを超える弾力性をもって、平和・人権・貧困・環境等、今日の最先端課題と取り組むNGOは、その自発性と非営利性と相まって、現在の国家・企業型社会に代わる未来の地球市民社会展開への重要な予兆であることは疑いない。このNGOに関し研究者と活動家が一丸となり、理論、類型、他のアクターとの関係、実態等の全てにわたり包括的に論究した、地球の未来を考える万人必読のテキスト。

『オーラ, アミーゴス―そして、ありがとう　黒木センセの南米ペルーひとりNPO幻想国ペルー交流記』 黒木暢著　ルネッサンスブックス　2006.4　220p　19cm　（ルネッサンスbooks）〈幻冬舎ルネッサンス（発売）〉　1200円　Ⓘ4-7790-0043-2　Ⓝ296.809

[内容] これまで黒木センセが交流、支援してきた南米ペルーの学校は40校。旅先での出会いや別れ、子どもたちとの絵画を通じた心の交流の日々…。幻想国ペルー交流記。

『国際組織』 渡部茂己, 阿部浩己監修　ポプラ社　2006.3　207p　29×22cm　（ポプラディア情報館）　6800円　Ⓘ4-591-09044-2

[内容] 新聞やテレビでよく見る「国際連合」や「NGO」をわかりやすく解説！ユニセフ、ユネスコといった教科書に出てくる国際連合の機関からEUやASEANまで、国際組織を網羅しています。世界で活躍するNGOを、人権・開発援助・環境・平和などの分野ごとに紹介しています。「成り立ちと目的」で国際組織ができた歴史が、「おもな活動」でそのはたらきがわかります。充実した索引で、知りたいことがすぐに探せます。

『私にできることは、なんだろう。』 地球市民村編　アスコム　2006.3　279p　21cm　1000円　Ⓘ4-7762-0316-2

[内容] 虐待によって、3日に1人子どもの命が失われています。13分に1種、生き物が絶滅しています。地雷は1個300円。除去は1個10万円。21世紀初の国際博覧会「愛・地球博」で万博の主催事業に、初めて市民団体が参加した「地球市民村」。30ユニット、約100団体のNPO/NGOが参加型のプログラムを通し、問いかけました。持続可能な社会のために、私にできることは、なんだろう。この本は、地球の事実をより多くの人に知ってもらいたくて、生まれました。環境、平和、国際協力。地球の今と、これからの問題を、330掲載しました。

『国境なきアーティスト』 エクトル・シエラ著　子どもの未来社　2005.11　201p　18cm　（寺子屋新書）　840円　Ⓘ4-901330-56-X

[内容] 世界で起こっている紛争について、そしてその紛争の被害者へのNGO「国境なきアーティストたち」の活動についてまとめた一冊。

『病気や飢えとたたかう』 梅津ちお, 菊池好江文　大月書店　2005.10　37p　21×22cm　（国境なき医師団　写真絵本　4　国境なき医師団日本監修, 早乙女勝元, 山本耕二編）〈シリーズ責任表示：国境なき医師団日本監修　シリーズ責任表示：早乙女勝元, 山本耕二編〉　1800円　Ⓘ4-272-40554-3　Ⓝ498.6

[目次] 必須医薬品キャンペーン, HIV/エイズ, 結核, 顧みられない病気, 予防接種活動, コレラ（モザンビーク）, 届かない食料（ニジェール）, 内戦と飢えで苦しむ国（アンゴラ）, たび重なる飢え（エチオピア）, 「国境なき医師団」といっしょになにができるだろう？

『イラクの戦場で学んだこと』 岸谷美穂著　岩波書店　2005.9　191p　18cm　（岩波ジュニア新書）　740円　Ⓘ4-00-500518-7

[内容] イラク北部クルド人自治区で、たった一人の日本人現場責任者として3年間にわたって人道支援活動にたずさわった若きNGOスタッフの記録。紛争地で厳しい現実に直面し、怒り、悩み、戸惑いながら難民救援や医療援助活動に奔走する日々…。彼女が現場で感じたことは何だったのか。

『会社に尽くしますか？社会に尽くしますか？―ワーク・アット・国際協力のススメ』 難民を助ける会編著　凡人社　2005.7　314p　21cm　1600円　Ⓘ4-

国際協力NGO　　　　　　　　　　　世界の人々と助け合おう

89358-595-9　Ⓝ333.8
内容　ボランティアからプロフェッショナルまで。NGOに関わった27人から等身大のメッセージ。関心が高まる国際協力の実際が見える。

『**NGOと人道支援活動**』　ギョーム・ダンドロー著, 西海真樹, 中井愛子訳　白水社　2005.6　154,2p　18cm　（文庫クセジュ 887）〈文献あり〉951円　Ⓘ4-560-50887-9　Ⓝ329.39
内容　国境なき医師団や赤十字に代表される非政府組織―NGOは、紛争地域、災害被災地における頼みの綱である。本書は、国家や国連による介入をも視座におさめながら、人道的行為の歴史をたどってゆく。カンボジア、ソマリア、ルワンダなどでの実情をもとに有効な支援とは何かを探る、示唆に富む解説書。

『**国境なき医師団とは**』　梅津ちお文　大月書店　2005.6　37p　21×22cm　（国境なき医師団 写真絵本 1　国境なき医師団日本監修, 早乙女勝元, 山本耕二編）〈シリーズ責任表示：国境なき医師団日本監修　シリーズ責任表示：早乙女勝元, 山本耕二編〉1800円　Ⓘ4-272-40551-9　Ⓝ329.36
目次　命のうでわ, 水, 手当てする医師たち, 予防接種, 心のケア, 「国境なき医師団」とは, 「国境なき医師団」の誕生, 「国境なき医師団」のしくみ, ロジスティックセンターとエピセンター, 「国境なき医師団日本」〔ほか〕

『**エイズにたちむかう―貧困と健康**』　石原尚子著, こどもくらぶ編　ほるぷ出版　2005.3　39p　29cm　（できるぞ！NGO活動）2400円　Ⓘ4-593-57905-8　Ⓝ493.878
内容　エイズという病気に苦しみ、貧しさのために困難な生活環境でくらさなくてはならない子どもたち。日本の子どもたちの活動をとおして、こうして子どもたちを支援する方法を考える。

『**学校をつくる―教育問題**』　石原尚子著, こどもくらぶ編　ほるぷ出版　2005.2　39p　29cm　（できるぞ！NGO活動）2400円　Ⓘ4-593-57904-X　Ⓝ372
内容　PART1で、NGO活動をしている子どもたちを紹介しますが、それは、その子たちが活動をはじめようとした気持ち、活動してきた精神を知ってもらい、みなさんにも身近なところでNGO活動をおこなってほしいからです。PART2では、子どもにもできるNGO活動を考えるために、基礎知識を紹介します。PART3には、みなさんができることをさがすために、役に立つ情報をのせました。

『**地球市民社会の最前線―NGO・NPOへの招待**』　目加田説子著　岩波書店　2004.11　158p　19cm　（新世界事情）1800円　Ⓘ4-00-027032-X　Ⓝ333.8
内容　戦争犯罪の追及や地雷廃絶に向けたさまざまな活動、あるいは国際刑事裁判所の設立や環境問題の多国間条約への関与など、いまや国際社会におけるNGOネットワークの役割がますます大きくなっている。彼らは、「地球市民社会」の最前線で活躍する人たちといえる。世界各地のNGOの活動を追い、政府・国際機関では解決できない問題にも立ち向かっていく、その驚くべき活動実態をレポート。市民の力が国際政治を動かしていく様子を描き出す。

『**ボランティアは誰でもできる―NGO現場ノート**』　栗本英世著　ばるん舎　2004.5　60p　21cm　667円　Ⓘ4-89340-017-7　Ⓝ369.14
内容　著者がいまボランティアというものをどうとらえているか、具体的な実例をあげながら、経験談をやさしく読めるように書いたものです。

『**平和・人権・NGO―すべての人が安心して生きるために**』　三好亜矢子ほか編　新評論　2004.3　432p　22cm〈文献あり〉3500円　Ⓘ4-7948-0604-3　Ⓝ329.36
内容　官製「平和構築」論では平和はつくれない！声なき声に耳を澄まそうそれがすべての出発点。NGOおよび関連機関有志20名が実感する非暴力・平和の本当の意味。

『**ひとりから始まる。 2　思いをカタチに変える先達の知恵**』　三橋規宏編　海象社　2004.1　207p　21cm　1400円　Ⓘ4-907717-04-0
内容　自分を生き直す・世界を織り直す。

『**女性差別撤廃条約とNGO―「日本レポート審議」を活かすネットワーク**』

赤松良子,山下泰子監修,日本女性差別撤廃条約NGOネットワーク編　明石書店　2003.12　226p　21cm〈文献あり〉2000円　①4-7503-1823-X　Ⓝ367.21

[目次] 1 知ろう女性差別撤廃条面の保障する権利(女性差別撤廃条約のあゆみ,女性差別撤廃条約の保障する権利,女性差別撤廃委員会と報告制度),2 活かそう女性差別撤廃委員会第4次・第5次日本レポート審議(第4次・第5次日本レポート審議にむけたNGOの取り組み,第4次・第5次日本レポート審議と「最終コメント」),3 さらなる飛躍へ,今後の課題と展望(日本レポート審議─NGOの参画と今後の課題,NGOから見た主な課題,さらに日本レポート審議を活かすために),資料編

『国際協力NGOのための「子ども参加実践ガイドライン」 2003』　「南」の子ども支援NGOネットワーク作成　国際協力NGOセンター　2003.10　34p　21cm　300円　Ⓝ333.8

『「国境なき医師団」が行く』　貫戸朋子著　ウェイツ　2003.6　134p　21cm (That's Japan 8)　750円　①4-901391-34-8　Ⓝ329.36

[内容] 「国境なき医師団」は、民間医療援助団体として80の国や地域にスタッフを派遣している。貧困な政治や資源の争奪が、飢餓や虐殺、民族浄化、難民を生み続ける現場で、生命がけで人道援助活動を続けている。「国境なき医師団」は、使命感と「拒否の論理」で強く結ばれている。時にラディカルに政治の変革を迫るのは、その解決抜きに飢えと病気に苦しむ人々の救済がないことを知っているからだ。著者は、「国境なき医師団」の一員としてスリランカやボスニア・ヘルツェゴビナで診療に従事し、医師の倫理や人道援助の意味を問い続けてきた。西洋とアジアの深い溝も味わった。しかし、個々人の使命に支えられた活動が、世の中を、政治を変える原動力になるという確かな手応えも得た。貫戸は本書で、これからの新しい世界を担うNPO・NGOの活動に、多くの示唆を提示している。

『ストリートチルドレン─メキシコシティの路上に生きる』　工藤律子著　岩波書店　2003.5　210,2p　18cm　(岩波ジュニア新書)　780円　①4-00-500435-0

[内容] ドラッグ、犯罪、HIV感染…。子どもたちはなぜみずから親元を離れ、危険に満ちた路上暮らしを選ぶのか。12年の取材をとおして彼らと心を通わせ、その笑顔の源泉と人生の過酷さを知った著者が現状に訴える。現地NGOで働く人々の姿や世界に広がる支援の輪をも紹介。

『地球が舞台─国際NGO最前線からの活動報告』　津守滋編著　勁草書房　2002.10　278p　21cm　2800円　①4-326-60153-1　Ⓝ333.8

[内容] 本書は、筆者が1996年4月より2年足らず、外務省より出向して在籍した大阪大学大学院国際公共政策研究科(OSIPP: Osaka School of International Public Policy)から、陸続として育っている国際NGO活動等に従事する元院生に、それぞれの経験を披瀝する場を与え、国際貢献のための彼らの活躍ぶりについて読者に知っていただくことを目的とした本である。

『国境を越えるユートピア─国民国家のエルゴロジー』　加藤哲郎著　平凡社　2002.9　329p　15cm　(平凡社ライブラリー)　1300円　①4-582-76444-4

[内容] リヒャルト・ゾルゲやアイノ・クーシネン、国崎定洞や須527政尾が越えようとした「国家」とは、何であったか。国民国家の意味を、どのように考えるか。国民国家を歴史的・理論的に認識するには、どのような方法が必要か─。21世紀に生きるための問いを、根源的に考察する。

『国際協力の地平─21世紀に生きる若者へのメッセージ』　NGO活動教育研究センター編　京都　昭和堂　2002.5　301,9p　21cm　2500円　①4-8122-0215-9　Ⓝ333.8

[内容] 日本の国際協力の現状とあるべき姿。

『いっしょにやろうよ国際ボランティア─NGOガイドブック』　NGO情報局編　新版　三省堂　2001.11　182p　21cm〈文献あり〉1700円　①4-385-35526-6　Ⓝ333.8

[内容] 国際ボランティアに関心があるあなたに、国内でできる活動を紹介。一足先にボランティアを始めた人の話、インタビューによる国際協力NGOの活動模様…そこからは、スタッフとして、ボランティアとして国際協力に関わる人々の生の声が聞こえてくる。これ

『私は国連ボランティア―息子厚仁の遺志を継いで』　中田武仁著　中央公論新社　2001.11　221p　20cm　1800円　ⓘ4-12-003206-X　Ⓝ319.9
内容　中田厚仁氏がカンボジアの地で凶弾に倒れて8年。会社をやめ、国連ボランティア名誉大使として世界を駆け巡る父がいま、改めて説くボランティアの意義。

『あなたも国際貢献の主役になれる―いまNGOにできること』　小川秀樹著　日本経済新聞社　2001.10　254p　20cm　〈文献あり〉　1700円　ⓘ4-532-16394-3　Ⓝ333.8
内容　民族紛争・災害救助から技術移転や教育、政策提言まで、政治や宗教とかかわりなく国連・国・企業と柔軟に連携し、軽々と国境を越えて活動する人たちがいる。自らの経験を基に綴るNGOの真実。

『「こころざし」は国境を越えて―NGOが日本を変える』　原田勝広著　日本経済新聞社　2001.5　286p　19cm　1400円　ⓘ4-532-16385-4　Ⓝ333.8
内容　人々の熱意が国を、企業を動かした―本書はプラットフォームの設立への動きを縦糸に、NGOを巡る時代のうねりを横糸に、日本に脈々とつながる「志の系譜」を描いた最新のNGOリポートである。

『学び・未来・NGO―NGOに携わるとは何か』　若井晋ほか編　新評論　2001.4　344p　22cm　3200円　ⓘ4-7948-0515-2　Ⓝ329.36
内容　私たちは次のことを繰り返し自らに問いかけていかなければならない。すなわち、NGOは「何のために」、「誰のために」存在しているのかということである。NGOのあり方をリアルに厳しく検証。

『やってみよ！　国際ボランティア』　長谷川まり子著　双葉社　2001.2　223p　21cm　1500円　ⓘ4-575-29175-7　Ⓝ333.8
内容　怒涛のボランティア体験談、NGO19団体の活動ご紹介、すぐに使えるスタディ・ツアー一覧…ホンネのボランティアばなし！楽しくやろう！海外協力はじめてマニュアル。

『I want to live飢餓なき世界へ―夢の実現に生きる等身大のボランティアたち　素顔対談7+1』　栗原弘美編著　現代書林　2000.1　206p　19cm　1300円　ⓘ4-7745-0232-4　Ⓝ611.38
内容　無給無報酬の理事からボランティアで働く中・高生まで、楽しさ一番！何でもあり！ボランティアの「ボ」から始めよう。

『国境なき医師団：貫戸朋子』　NHK「課外授業ようこそ先輩」制作グループ,KTC中央出版編　名古屋　KTC中央出版　2000.1　205p　20cm　（課外授業ようこそ先輩　別冊）　1400円　ⓘ4-87758-160-X
内容　番組は、1999年度国際エミー賞（子ども・青少年部門）を受賞。「国境なき医師団」は、1999年秋、ノーベル平和賞受賞。その国境なき医師団の日本人第一号の派遣医師であった貫戸さんが、この番組でいろいろ悩みながら、母校の子どもたちといっしょに何を考えたかを、テレビ本放送と取材ビデオ74本をもとに、本書のための新たな資料取材も加えて、記録する。

『JEN旧ユーゴと歩んだ2000日―日本緊急救援NGOグループ活動報告』　西村一郎著　佼成出版社　2000.1　245p　19cm　1400円　ⓘ4-333-01894-3　Ⓝ302.393
内容　紛争の中で喘ぐ高齢者、子ども、そして女性たち…。彼らの深く抉られた心身の傷を癒すため、日夜、現地で援助を続ける日本人スタッフのドキュメント。

『はじめてのアムネスティ』　アムネスティ・インターナショナル日本支部編　明石書店　1999.4　135p　21cm　〈年表あり〉　1400円　ⓘ4-7503-1148-0　Ⓝ316.1
目次　アムネスティの基礎知識―女性記者と男性教師の往復書簡，ネコと暮らしてアムネスティ，アムネスティの人権教育って，なに，人の持ち前の普ねき言い立て―「世界人権宣言翻訳コンテスト」入賞作，ようこそ、東京事務所へ，「ギャー」は活動の証，五臓六腑札幌28グループ通信号外，アムネスティ会員の胸の内―会員アンケートからみえてくるもの，アムネスティ日本支部年表

『いのち・開発・NGO―子どもの健康が地球社会を変える』　デイヴィッド・

ワーナー，デイヴィッド・サンダース著，池住義憲，若井晋監訳　新評論　1998.11　460p　22cm　3800円　Ⓘ4-7948-0422-9　Ⓝ498.1

内容　社会開発、国際協力、保健医療学徒のバイブル！　地球規模で考え地域で行動しよう！　先進的国際保健NGOが、健康の社会・政治的決定要因を究明。

『市民参加で世界を変える』　朝日新聞「地球プロジェクト21」編著　朝日新聞社　1998.8　325p　19cm　〈新世紀へ私たちは地球プロジェクト21〉　1700円　Ⓘ4-02-257274-4　Ⓝ369.14

目次　1 NGOの現場から，2 市民社会の根，3 日本の市民組織，4 なぜ市民組織が必要なのか，5 提言―市民参加で世界を変えよう

『はばたけ！　NGO・NPO―世界の笑顔に会いたくて』　ひろしま国際センター編著　広島　中国新聞社　1998.3　322p　19cm　1762円　Ⓘ4-88517-263-2　Ⓝ333.8

目次　序章 市民の平和学，第1章 今なぜ国際ボランティア―その現状と意義―，第2章 国際ボランティアの実践―各地での経験・教訓―，第3章 国際ボランティアをめざす人へ―人道援助の基礎知識―，第4章 地方自治体と国際貢献―各地の経験と構想―，第5章 国連および国際協力団体―各種機関の役割と諸制度―，第6章 21世紀へ新たな取り組み―国際貢献・ボランティアの発展を願って―

『ざ・ボランティア―NGOの社会学』　五月女光弘著　国際開発ジャーナル社　1995.10　201p　18cm　（IDJ library）　950円　Ⓘ4-87539-032-7　Ⓝ333.8

内容　人はなぜ、ボランティアを、NGOを志すのか。NGO支援の第一人者が、その背景と動機、方法論を解き起こす。

『誰でもできる「国際貢献」―地球市民の権利宣言』　青年法律家協会京都支部憲法問題プロジェクト編　京都　青年法律家協会京都支部　1995.6　118p　21cm　〈発売：かもがわ出版〉　1000円　Ⓘ4-87699-181-2　Ⓝ333.8

目次　1 あなたもできる「国際貢献」（ODAを私たちの手に，ベトナム・カンボジアの仏教復興，チベットの子どもたちを守る，アマゾンとミナマタ，チェルノブイリの"いのち"，日本で始める海外協力，アジアの環境問題と弁護士　ほか），2 新しい「国際貢献」の考え方（地球市民としての権利宣言）

◆国際協力NGO（アジア）

『カンボジアの赤いブランコ』　古舘謙二文，JHP・学校をつくる会写真協力　樹立社　2007.5　123p　19cm　（樹立社ライブラリー・ヒューマンドキュメント）　1200円　Ⓘ978-4-901769-23-5

内容　「内戦で荒れた国に学校を建てよう」と呼びかけていた脚本家、小山内美江子さんの誘いに応じて出かけた若者たち。気負い、いらいら、不甲斐なさ。ブランコづくりは若者たちの"課外授業"だった。

『進化する国際協力NPO―アジア・市民・エンパワーメント』　シャプラニール編　明石書店　2006.3　379p　19cm　〈年表あり〉　2600円　Ⓘ4-7503-2307-1　Ⓝ333.825

内容　本書では、シャプラニールの活動の八〇年代から現在にかけて、紙面を割いて執筆しました。この時期はシャプラニールにとって、活動の規模と内容が大きく変わった二〇年間です。まず、活動対象国がバングラデシュ一カ国からネパールを加え、二カ国となりました。また、緊急救援活動については、広く南アジア全域を対象とするようになっています。活動地域についても農村部に加えて深刻になる都市部での問題にも取り組みはじめています。

『メコンの流れ―国際ボランティア泣き笑い』　松尾威哉著　中央公論事業出版（製作発売）　2005.5　182p　19cm　1200円　Ⓘ4-89514-247-7　Ⓝ289.1

内容　岩手県に生を享け、陸軍幼年学校で過ごした少年期。小さな軍人は終戦後を虚無感をまとって生きる。定年退職後、シルバーボランティアの一員として、ボリビア、キューバ、ベトナムなどで日本語教育に携わった。それはまた、自分自身を見つめる旅路だった…。

『アジアの子どもたちとNGO活動』　国際協力NGOセンター，アジア貧困半減協働ネットワーク編　国際協力NGOセンター　2005.3　47p　21cm　（アジアの貧困と私たちシリーズ）〈共同刊行：ア

ジア貧困半減協働ネットワーク〉300円　Ⓝ333.8

『アジアの実践者に学ぶ～国際協力NGOのための子ども参加ファシリテーター養成ワークショップ」報告書』　国際協力NGOセンター編　国際協力NGOセンター　2005.3　100p　30cm〈会期・会場：2005年1月15日―16日　国立オリンピック記念青少年総合センター〉500円　Ⓝ333.8

『フィリピンにふれる、アジアに学ぶ』　下羽友衛, 東京国際大学国際関係学部下羽ゼミ編著　日本図書センター　2005.1　266p　21cm　(地球市民になるための学び方「持続可能な開発のための教育」に向けて　2)　2300円　ⓘ4-8205-9831-7　Ⓝ333.8248

内容　貧困・開発・環境・平和問題への取り組みを通してアクティブな市民＝地球市民へのプロセスを紹介。知識と行動、私たちと世界をつなぐ「21世紀の教育」。

『リュックをしょったナース　海を渡る！』　当山紀子著　新風舎　2004.8　191p　15cm　(新風舎文庫)　700円　ⓘ4-7974-9321-6

内容　海外の恵まれない子どもたちのために自分は何ができるだろう―。そんな疑問から始まった二十五歳ナースの体当たり東南アジア旅行記。難民キャンプ、売春宿、孤児院、HIV感染者のためのホスピス、NGO等を訪れては、「どうして？」という疑問を投げかけめぐる。道中、赤痢に感染してのたうち回って入院し、大きな疑問の中で戸惑い、悲しみに打ちのめされながらも、幾多の出会いに助けられ、困難を乗り越えていく。旅の終わりに彼女が見つけたこととは？　人生に迷う、若い読者必見。

『イサーンの百姓たち―NGO東北タイ活動記』　松尾康範著　めこん　2004.1　213p　19cm〈文献あり〉1600円　ⓘ4-8396-0168-2　Ⓝ611.92237

内容　タイと日本、人々の思いがつながる。

『NGO主義でいこう―インド・フィリピン・インドネシアで開発を考える』　小野行雄著　藤原書店　2002.6　262p　19cm　2200円　ⓘ4-89434-291-X

Ⓝ329.36

内容　NGO活動の中でつきあたる「誰のための開発援助か」という難問。あくまで一人ひとりのNGO実践者という立場に立ち、具体的な体験のなかで深く柔らかく考える、ありそうでなかった「NGO実践入門」。

◆国際協力NGO（アフリカ）

『世界で一番いのちの短い国―シエラレオネの国境なき医師団』　山本敏晴著　小学館　2012.7　317p　16cm　(小学館文庫　や21-1)〈白水社 2002年刊の加筆改稿〉619円　ⓘ978-4-09-408740-6　Ⓝ498.024424

内容　平均寿命三十四歳（二〇〇二年）、日本のわずか半分以下。世界で最も医療事情が悪い国、西アフリカのシエラレオネ共和国。十年以上も内戦が続き、病院の建物は壊れ、医師や看護師も国外に逃げ出してしまっている。この医療システムが崩壊した、世界で一番いのちの短い国に派遣された医師が寝食を忘れ、力を尽くして、目の前のいのちを救っていく。そして、その国の未来のため、自分が帰国したあとの医療レベルが維持されることを願い、さまざまな困難を乗り越え、現地スタッフへの教育にも取り組む。「本当に意味のある国際協力」を求め続ける医師の涙と笑い（？）の奮闘の記録。

『ようこそタンザニア―NGOのアフリカ・ワークキャンプ奮闘記』　佐藤良彦著　新風舎　2004.5　237p　19cm　1200円　ⓘ4-7974-4825-3　Ⓝ302.456

内容　夢のタンザニア再訪！　タンザニア人は笑顔に満ちた「スマイリング・ピープル」だった。第19回新風舎出版賞ノンフィクション部門奨励賞受賞作品。

《青年海外協力隊》

『ブータンの学校に美術室をつくる』　榎本智恵子著　WAVE出版　2013.8　163p　21cm　(いのちのドラマ　2)　1400円　ⓘ978-4-87290-961-6

内容　青年海外協力隊として、ブータンの子どもたちと過ごした、涙と感動の2年間。ブータンのろう学校で美術を教えながら体験した子どもたちとの毎日や、ブータンの障がい者

『ブータンの笑顔―新米教師が、ブータンの子どもたちと過ごした3年間』 関健作写真・文　径書房　2013.7　156p　19cm〈他言語標題：Smile of Bhutan〉1600円　①978-4-7705-0216-2　Ⓝ372.2588

内容　子どもに体育を教える体育教師として3年を過ごしたぼくは、ブータンで暮らしているあいだずっと、ブータン人の笑顔と幸せについて考え続けた。はっきりとした答えが得られたわけではない。しかし、彼らと接し、多くの笑顔にふれているうちに、いつのまにか、世の中を見る自分の目が変わっていることに気づいた。ぼくの価値観を変えてくれたブータンの人々との出会いを、この本で紹介したい。この本が、生き方を探す、すべての人の役に立つことを祈りつつ（プロローグより）。

『青年海外協力隊員になるには』　横山和子著　ぺりかん社　2013.4　158p　19cm　（なるにはBOOKS 51）〈文献あり〉1200円　①978-4-8315-1356-4

目次　1章　ドキュメント　自分の技術を世界で活かす！(営業経験を活かしてアフリカの農家の商才と意欲を引き出す―嶝政孝さん・ウガンダ共和国村落開発普及員、美しい島を守るためゴミ処分場を再生！強い使命感で環境改善に取り組む―宮城匡志さん・ミクロネシア連邦環境教育、お母さんたちに健康指導と栄養管理。小さな子どもたちの命を守る！―齊藤節子さん・グアテマラ共和国看護師)、2章　青年海外協力隊員の世界(国際協力事業とは―開発途上国での協力活動にかかわる組織や機関の特徴、青年海外協力隊員の仕事―開発途上国を支援するため、様々な職種の人びとが求められる、折り紙を取り入れて"教える"喜びを実感　日本の子どもたちに世界の現状を伝えたい―野村明香さん・ベネズエラ・ボリバル共和国PCインストラクター　ほか)、3章　国際ボランティアと国際協力団体(国際ボランティアと国際協力団体の活動　国際NGOや国際機関などの方法は様々！、女性や子どもの幸せな自立を後押し　世界のネットワークを活かして開発途上国を支援―尾立素子さん・ケア・インターナショナルジャパン、寄稿　カンボジアの暮らしを支える　相手を尊重し、共通の意識をもって農村開発―坂本貴則さん・日本国際ボランティアセンター　ほか)

『国際ボランティア論―世界の人びとと出会い、学ぶ』　内海成治,中村安秀編著　京都　ナカニシヤ出版　2011.4　186p　21cm〈索引あり〉2400円　①978-4-7795-0447-1　Ⓝ329.39

目次　第1部　国際ボランティアの研究(ボランティア論から見た国際ボランティア、国際ボランティアと学び)、第2部　青年海外協力隊の研究(青年海外協力隊をめぐって、青年海外協力隊員の社会貢献活動、一滴の絵の具―青年海外協力隊員報告書からの学び、市民参加と青年海外協力隊)、第3部　世界の国際ボランティア(アメリカ、カナダ、フランス、スウェーデン、イギリス、韓国)

『青年海外協力隊がつくる日本―選考試験、現地活動、帰国後の進路』　清水正編著　創成社　2011.1　244p　18cm　(創成社新書　43)　800円　①978-4-7944-5043-2　Ⓝ333.8

内容　途上国での2年間が、その後の人生を変えた。「熱い心」「愛する心」「遊び心」青年海外協力隊の魅力がわかる。

『タンザニアからの花花通信―青年海外協力隊アフリカレポート』　花房範子著　大阪　風詠社　2010.12　207p　19cm〈文献あり　星雲社(発売)〉1500円　①978-4-434-15278-8　Ⓝ302.456

内容　現職教員として青年海外協力隊に参加。タンザニアの文化、生活、人々の気質、HIV対策、学校教育…見たこと感じたことをみずみずしく描く。

『当たって、砕けるな―青年海外協力隊の流儀』　吉岡逸夫著　高陵社書店　2010.8　294p　19cm　1700円　①978-4-7711-0981-0　Ⓝ333.8

内容　彼らはこうして人生を飛躍させた！青年海外協力隊員13人の物語。

『ジャグラー算数教師のネパール奮闘記―青年海外協力隊員になってよかった！』　村田誠吾著　彩流社　2008.10　236p　19cm　1800円　①978-4-7791-1367-3　Ⓝ372.2587

内容　ジャグラーで算数教師!?の青年海外協

力隊員が見た真実のネパール。小学校教諭としてネパールに派遣され、公立小学校の算数教科書の改定に携わるなど、ネパールの算数教育改善に尽力。大道芸人としてもネパール各地でジャグリングを披露。現地の新聞、テレビでも報道される。王制から共和制へと、激動のネパールで活動した2年間を綴った貴重な体験記。

『小児科医、海を渡る―僕が世界の最貧国で見たこと』 黒岩宙司著 いそっぷ社 2008.7 255p 19cm 1600円 ①978-4-900963-42-9

[内容] アフリカ・マラウイのクイーンエリザベス中央病院。僕はそこの小児病棟で「passed away（亡くなる）」という言葉を数え切れないくらい耳にし、カルテの中に見た。そして「Rest in peace（安らかに眠りたまえ）」という言葉でカルテは結ばれるのだった―。著者はアフリカの最貧国で2年間子どもを診察し、アジアの最貧国で「ポリオ根絶」という世界的プロジェクトに携わった。先進国や国連がかかげる「国際援助」「貧困削減」というスローガンは美しい。だが、本当に貧しい人々にその善意は届いているのだろうか。最前線の現場にいた医師ならではの、貴重なレポート。

『自分に何ができるのか？ 答えは現場にあるんだ―青年海外協力隊アフリカの大地を走る』 山田耕平著 東邦出版 2007.12 205p 21cm 1429円 ①978-4-8094-0661-4 Ⓝ302.481

[内容] マラウイの温かい人々、心温まる料理、雄大な自然、広い空、満天の星空、貧困、飢餓、エイズ、生と死…。エイズ予防啓発ソングを制作し、現地音楽番組でヒットチャート1位。レコード大賞にもノミネートされ海外メディアも絶賛のマラウイで最も有名な日本人が、青年海外協力隊の2年3ヶ月を綴る。

『ビジュアルガイド青年海外協力隊―アフリカ』 山岸三郎, 松原志真編著, 白瀬しょう子イラスト 汐文社 2005.1 47p 27cm 1800円 ①4-8113-7919-5 Ⓝ333.8

[目次] 西アフリカで活動する隊員たち（ブルキナファソ, コートジボワール, ガーナ, セネガル, ニジェール）, 東アフリカで活動する隊員たち（エチオピア, ケニア, ウガンダ, タンザニア, マラウイ）, 中央南アフリカで活動する隊員たち（ザンビア, ジンバブエ, ボツワナ）

『ビジュアルガイド青年海外協力隊―オセアニア・中南米・ヨーロッパ・中近東』 山岸三郎, 松原志真編著, 白瀬しょう子イラスト 汐文社 2005.1 47p 27cm 1800円 ①4-8113-7920-9 Ⓝ333.8

[目次] 隊員は、帰国後もその知識と経験が活かされます, 帰国隊員の良き相談相手, オセアニアで活動する隊員たち, トンガ, フィジー, パプアニューギニア, バヌアツ, マーシャル諸島, ソロモン諸島, ミクロネシア〔ほか〕

『ビジュアルガイド青年海外協力隊―アジア』 山岸三郎, 松原志真編著, 白瀬しょう子イラスト 汐文社 2004.12 47p 27cm 1800円 ①4-8113-7918-7 Ⓝ333.8

[目次] ともに働き、ともに生活し、平和な国際社会をつくろう, アジアで活動する隊員たち, 東アジアで活動する隊員たち, 東南アジアで活動する隊員たち, 西南アジアで活動する隊員たち, 中央アジアで活動する隊員たち, 真の国際協力とは, 隊員になるにはどんな心構えが必要か, 国際協力について、みんなで学ぼう, 世界地図でみる隊員の活動

『やってみよう国際協力青年海外協力隊ベストガイド―応募にそなえて』 国際協力機構（JICA）青年海外協力隊事務局監修, 協力隊を育てる会, ブイ・エス・オー編 明石書店 2003.10 252p 21cm〈文献あり〉 1800円 ①4-7503-1805-1 Ⓝ333.8

[内容] 本書は、海外ボランティア活動を目指して、青年海外協力隊員を志望し応募しようとする皆さんを、主な読者の対象としています。協力隊とは何か、応募の心構えから、選考の趣旨・内容、特に健康診断、1次選考の筆記・2次選考の面接にどう備えるか、合格後の訓練・派遣、現地活動や帰国後のことなどについて記述しています。したがって、単なる受験参考書にとどまらず、国際ボランティアを志す方々へのガイドブック、あるいは国際協力、国際交流を考える際の情報提供にもなり得るものです。

『協力隊員物語―トンガ・国道ポプア線の彼方に』 長田健次郎著 現代書館 2002.4 245p 19cm 2000円 ①4-7684-6820-9

『海をこえるボランティア先生―青年海外協力隊から見た世界』　協力隊を育てる会編　協力隊を育てる会　2002.2　112p　21cm　〈はる書房（製作・発売）〉　700円　Ⓘ4-89984-026-8

[内容] 青年海外協力隊員としてトンガ王国に赴任した青年が出会った驚きの現実とは。国際協力の最前線で力の限りを尽くした日々を、飾らずに真摯に綴る。

[内容] 本書は特色あるマーシャル、パラグアイ、カンボジアの三つの国を選び、その国々の環境問題、教育に対する意識のちがい、地雷と貧困の影で生きる子どもたちの姿などについて書かれたものである。

『人民服を着た青年海外協力隊員―率先垂範、中国トップマラソンランナーまで育て上げた杉本コーチの実記録』　小松征司著　文芸社　2001.3　267p　20cm　1400円　Ⓘ4-8355-0705-3　Ⓝ782.3

[目次] 内モンゴルからの電話、呼和浩特へ、体育工作第二大隊長、全中国夏季マラソン大会、答礼宴での和解、天安門事件の影響、スポンサー降りる、マラソン大会の感想、日本鬼子、北京国際マラソン、エントリー、たった一人の日本代表、北京国際マラソン大会、10月31日付の便り

『アスタマニヤーナ・また明日ね―青年海外協力隊員ホンジュラス通信』　島袋保子、島袋あゆみ共著　南風原町（沖縄県）那覇出版社　1998.6　199p　19×26cm　〈他言語標題：Hasta mañana〉 1500円　Ⓘ4-89095-104-0　Ⓝ302.573

[内容] 本書は、中南米の小さな国・ホンジュラスで活動したある青年海外協力隊員の楽しいイラスト入りの通信文である。

《フェアトレード》

『子どもたちにしあわせを運ぶチョコレート。―世界から児童労働をなくす方法』　白木朋子著　合同出版　2015.2　143p　21cm　1400円　Ⓘ978-4-7726-1112-1

[内容] 収穫されたカカオ豆は、やがておいしいチョコレートになっていきます。でも、カカオ畑では、たくさんの子どもたちが過酷な労働を強いられています。2009年、ACEがカカオの一大産地ガーナで始めた児童労働をなくす「スマイル・ガーナプロジェクト」は森永製菓の「1チョコ for 1スマイル」キャンペーンと協働して、児童労働のない「しあわせを運ぶチョコレート」が発売されるまでになりました。チョコレートと児童労働―わたしたちを結びつけるすてきな物語！

『学生のためのピース・ノート』　堀芳枝, 上村英明, 高橋清貴編　御茶の水書房　2013.4　249p　26cm　2800円　Ⓘ978-4-275-01025-4

[目次] 第1部 モノから考える平和（エビと平和、フィリピンから貧困を考える―移住労働・フェアトレード　ほか）、第2部 日本とアジアの歴史から（日本の戦争とアジア―戦後補償から考える、戦後補償から考える日韓関係　ほか）、第3部 国際協力の仕組みを学ぶ（日本の政府開発援助の歩みと課題、人権と平和実現のための国際法・国際機関の役割　ほか）、第4部 私たちの日常生活の平和（大学生とカルト―自己決定権の侵害と「神秘体験」のワナ、日常生活のなかにある暴力 変わりゆく社会と平和のための技法　ほか）、第5部 移民国家の社会変革の可能性を考える（フランス社会における移民と差別、現代アメリカの医療問題とオバマ改革―国民の「安心」から「平和」を考える　ほか）

『ちいさな夢たち―フェアトレード マリちゃんレポート』　北出睦子著　富山　桂書房　2011.7　219p　19cm　1000円　Ⓘ978-4-905345-08-4　Ⓝ678.2

『フェアトレードを学ぶ人のために』　佐藤寛編　京都　世界思想社　2011.6　288p　19cm　〈文献あり　索引あり〉　2400円　Ⓘ978-4-7907-1528-3　Ⓝ678.2

[内容] 立場の弱い生産者を支援するフェアトレード。その歴史や実際の仕組み、賛否双方の立場からの研究の流れなど基礎知識を説明し、途上国の生産現場での実態を紹介する。基本文献も網羅し、1冊で全体像がつかめるフェアトレード研究への入門書。

『紛争、貧困、環境破壊をなくすために世界の子どもたちが語る20のヒント―子どもが主役で未来をつくる』　小野寺愛, 高橋真樹編著, ピースボート編　合同出版　2011.3　167p　21×13cm　1400円　Ⓘ978-4-7726-1009-4

[目次] 第1章 紛争に生きる子どもたち（イラク―戦争と子どもたち，カンボジア―地雷原の村の子どもたち ほか），第2章 貧困とたたかう子どもたち―（ケニア―学校に行きたいムトゥウパ村の子どもたち，バングラデシュ―フェアトレードがつむぐ子どもたちの未来 ほか），第3章 自然環境と子どもたち（ベラルーシ―コウノトリよ，はばたけ！ チェルノブイリの子どもたち，ツバル―海面上昇によって脅かされる豊かな暮らし），第4章 差別に挑む子どもたち（フィリピン―お父さんに会いたい ジャパニーズ・フィリピーノ・チルドレン，コソボ―みんな同じ人間 共存をめざすコソボの子どもたち ほか），第5章 未来をつくる子どもたち（アメリカ―銃社会と若者たち，ペルー―子どもたちに笑いを！ 砂漠の街の子どもアーティスト ほか）

『フェアトレード学―私たちが創る新経済秩序』 渡辺龍也著 新評論 2010.5 338p 21cm〈文献あり〉 3200円 ①978-4-7948-0833-2 Ⓝ678.2
[内容] フェアトレードが必要とされる背景や，その発展の軌跡を追うとともに，フェアトレードの理念や試みが私たちの経済・社会・政治の世界にどれほど広がり，浸透してきたのかを検証する。また，フェアトレードに対する「右から」，「左から」の批判にも耳を傾け，その課題を明らかにする。フェアトレードの軌跡，現状，課題・争点等を網羅的・体系的に把握し，巨視的な観点からフェアトレードの意味づけを試みる。

『これでわかるフェアトレードハンドブック―世界を幸せにするしくみ』 FLO, IFAT, NEWS！, EFTA編，フェアトレード・リソースセンター訳，北澤肯監訳 合同出版 2008.6 263p 21cm〈文献あり〉 1600円 ①978-4-7726-0421-5 Ⓝ678.2
[目次] 第1章 フェアトレードってなんだ？，第2章 国際貿易における矛盾とフェアトレードの取り組み，第3章 フェアトレード製品の背後にいる生産者たち，第4章 急募！ 良心的な消費者，第5章 企業のやり方を変えよう―「底辺への競争」を止めるには，第6章 綿と綿織物―ねじれた貿易のヨリを戻すために，第7章 コーヒー生産者へフェアな利益の分配を，第8章 手工芸品―創造性に価値を，第9章 米は命

『世界に広がるフェアトレード―このチョコレートが安心な理由』 清水正著 創成社 2008.6 164p 18cm （創成社新書）〈年表あり 文献あり〉 800円 ①978-4-7944-5026-5 Ⓝ678.2
[内容] あなたの食べているチョコレートは安心ですか？ 2008年洞爺湖サミットで日本の存在意義が問われる。

『おしゃれなエコが世界を救う―女社長のフェアトレード奮闘記』 サフィア・ミニー著 日経BP社 2008.5 229p 19cm〈日経BP出版センター（発売）〉 1500円 ①978-4-8222-4670-9 Ⓝ678.2
[内容] バブル全盛期に来日。言葉もわからない東京での生活。浮かれる日本人に違和感をおぼえたイギリス人女性が，環境問題，貧困問題，人権問題と闘うために「フェアトレード」ビジネスを東京で創業。インド，バングラデシュ，ネパール，ペルー，ケニアなど15ヶ国の生産者と提携し，世界から注目を集めるファッション・ブランドに成長させる。おしゃれな社会起業家の半生とビジネスのノンフィクション。

『日本のフェアトレード―世界を変える希望の貿易』 長坂寿久編著 明石書店 2008.5 314p 19cm〈文献あり〉 2300円 ①978-4-7503-2793-8 Ⓝ678.2
[目次] 第1部 総論 フェアトレード入門（フェアトレードとは何か，フェアトレード基準について―フェアトレードの国際的連携と課題 ほか），第2部 日本のフェアトレード団体（フェアトレード・ラベル・ジャパン（FLJ）―認証制度の導入でスーパー・百貨店で販売可能に，シャプラニール＝市民による海外協力の会―いちばん身近な海外協力 ほか），第3部 日本のフェアトレードショップ（花巻 おいものせなか―足元の暮らしから世界へ，金沢 コミュニティトレードal（アル）―皆でお互いを支え合う暮らし ほか），第4部 日本のフェアトレード情報ネットワーク（チョコレボ実行委員会―チョコを選べば，世界が変わる，フェアトレード・リソースセンター（FTRC）―フェアトレードの情報提供サイト ほか）

『フェアトレード@life―お買い物でイイことしよう』 藤原千尋著 春秋社 2007.3 219,13p 17cm （春秋暮らしのライブラリー）〈文献あり〉 1700円

①978-4-393-33266-5　Ⓝ678.2

[内容] 心に「ぜいたく」。世界へ、ラブ＆ピース。今日から使える、ためになる、充実ショップリストつき。

『コーヒーとフェアトレード』　村田武著　筑波書房　2005.2　63p　21cm　（筑波書房ブックレット─暮らしのなかの食と農 28）〈文献あり〉750円　①4-8119-0275-0　Ⓝ617.3

[目次] 1 はじめに，2 グローバリゼーションの直撃を受ける世界の農民（新たな穀物輸入大国の出現，穀物生産から熱帯輸出農産物へ ほか），3 ベトナムがなぜコーヒー大生産国に（コーヒー豆は外貨獲得源，ダクラク高原のロブスタ・コーヒー産地 ほか），4 ブラジルでなぜ有機コーヒー運動か（ブラジル有機コーヒーの首都・マシャード，JAS有機認証第1号の有機コーヒー農園 ほか），5 輸入大国日本とフェアトレード（「食料の海外依存度60％」の日本ならばこそ，農産物流通制度との関連─卸売市場 ほか）

『フェア・トレードとは何か』　デイヴィッド・ランサム著，市橋秀夫訳　青土社　2004.11　211,8p　20cm　1900円　①4-7917-6151-0　Ⓝ678.2

[内容] 「北」の消費者と「南」の生産者が，多国籍企業の牛耳るルートを通さずに，直接公正な条件で取引するフェア・トレード。「不平等」と「環境破壊」という現代世界最大の問題を解決する夢を担うこの運動の全体像を，現地からのリポートをまじえ，具体的かつわかりやすく紹介する。

『地球が危ない！』　地球危機管理委員会編　幻冬舎　2002.11　221p　19cm　1400円　①4-344-00249-0

[内容] 最新の環境問題と地球を救う77の方法をかんたん徹底解説。「京都議定書」って何？「WTO（世界貿易機関）」とは？ など，いまさら聞けない基本用語もすべてわかる決定版。

《マイクロファイナンス》

『世界は貧困を食いものにしている』　ヒュー・シンクレア著，大田直子訳　朝日新聞出版　2013.3　365p　20cm　2200円　①978-4-02-331181-7　Ⓝ338.7

[内容] 暴利を貪るマイクロファイナンス、衝撃の実態!!世界6カ国のマイクロファイナンス組織で働いてきたエコノミストが「無法地帯」化する業界の不当行為を告発する迫真のノンフィクション。

『これからのマイクロファイナンス』　上原優子著　TAC出版事業部　2012.1　148p　21cm　〈文献あり〉2600円　①978-4-8132-4241-3　Ⓝ338.7

[目次] 第1章 マイクロファイナンスとは─バングラデシュを事例として（はじめに─マイクロファイナンスの概要，バングラデシュの概要 ほか），第2章 先進国のマイクロファイナンス（はじめに─先進国と貧困，米国国内のマイクロファイナンス），第3章 わが国のNPOバンクの挑戦（非営利・公益の融資とNPOバンク，NPOバンクの担い手たち），第4章 わが国の新たな動向（はじめに─新たなマイクロファイナンスの取り組みに向けて，イデアカード株式会社 ほか）

『世界40億人を優良顧客にする！─ほんとうの金融を求めて創った仕組み』　枋迫篤昌著　日経BP社　2012.1　223p　19cm　〈構成：芦塚智子　日経BPマーケティング（発売）〉1500円　①978-4-8222-4885-7　Ⓝ338.95

[内容] 26歳で出会った南米の貧しい少年との約束を胸に、エリート銀行マンが信念と情熱を失わず、すべてを投げ打って48歳でMBA取得、50歳から米国で画期的な移民送金ビジネスを起業するまでを綴ったプロフェッショナルな仕事道。

『最底辺のポートフォリオ─1日2ドルで暮らすということ』　ジョナサン・モーダック，スチュアート・ラザフォード，ダリル・コリンズ，オーランダ・ラトフェン著，大川修二訳，野上裕生監修　みすず書房　2011.12　315,29p　20cm　〈索引あり　文献あり〉3800円　①978-4-622-07630-8　Ⓝ368.2

[内容] 貧しさのなかで懸命に暮らす人々の日々のやりくりとは？ 経済学の最新成果が丹念に明かす、マイクロファイナンスなどの実態と、貧困削減への新たな処方箋。

『日本のマイクロファイナンス─人々の暮らしを支えてきた庶民金融の過去と未来』　津田倫男，ミンディ・ヤマモト著　毎日コミュニケーションズ　2011.9

207p 18cm （マイコミ新書）〈文献あり〉 830円 ①978-4-8399-4026-3 Ⓝ338.7

内容 不況、リストラ、倒産、失業…。必要な人にカネを貸さない金融機関。生活再生への道が閉ざされた、われらがニッポン。本来あるべきファイナンスの形を模索していく。金融機関に見放された人々を救う資金調達の仕組みとは!?

『マイクロファイナンス─貧困と闘う「驚異の金融」』 菅正広著 中央公論新社 2009.9 205p 18cm （中公新書 2021）〈文献あり 索引あり〉 740円 ①978-4-12-102021-5 Ⓝ338.67

内容 貧困は遠い国の出来事ではない。統計によれば、日本でも五日に一人の割合で餓死者が発生している。貧困に苦しむ人々を救うために、バングラデシュで始まったマイクロファイナンスはアメリカ、フランスなど先進国でも、その力を発揮している。担保のない人々に融資をしながら、貸倒れ率一～二％という実績を残す「驚異の金融」─これは日本の貧困問題にも有効か。この国の貧困の現状をデータに基づき明らかにし、導入の可能性に迫る。

『よくわかるマイクロファイナンス─新たな貧困削減モデルへの挑戦』 三井久明, 鳥海直子編著 DTP出版 2009.1 10, 212p 21cm〈文献あり〉 1480円 ①978-4-86211-143-2 Ⓝ333.8

『マイクロファイナンスのすすめ─貧困・格差を変えるビジネスモデル』 菅正広著 東洋経済新報社 2008.10 366p 20cm〈他言語標題：An introduction to microfinance 文献あり〉 2400円 ①978-4-492-44353-8 Ⓝ333.8

内容 マイクロファイナンスは開発途上国の貧困への援助だけでなく、国内の貧困に対しても有効な手段である。財政の制約や市場経済の先鋭化が懸念される中で、公でも民でもない「第三の道」であるマイクロファイナンスは、サステナブルな社会を作るカギになる。

『入門マイクロファイナンス─世界を貧困から救う、新しいビジネスモデル』 フェルダー直子著, 森友環莉訳 ダイヤモンド社 2005.12 174p 20cm〈文献あり〉 1800円 ①4-478-26081-8 Ⓝ333.8

内容 「社会福祉」と「収益」を両立する、マイクロファイナンス（＝無担保超少額融資）の最先端を解説。世界有数のマイクロファイナンス金融機関（MFI）を詳細に現地レポート。

『マイクロファイナンス読本─途上国の貧困緩和と小規模金融』 岡本真理子, 粟野晴子, 吉田秀美編著 オンデマンド版 明石書店 2004.5 248p 21cm 2800円 ①4-7503-9009-7

目次 第1部 開発援助とマイクロファイナンス（マイクロファイナンスとは何か？, 開発援助の歴史とマイクロファイナンス, マイクロファイナンスをめぐる議論, マイクロファイナンス実施のための制度作り）, 第2部 事例研究（グラミン銀行と貧困緩和, グラミン銀行をめぐる一考察─農村インフォーマル金融との関連を中心に, マイクロファイナンスとNGO活動─シャプラニールの経験から, ボリヴィアのソリダリオ銀行（バンコ・ソル）─零細企業グループへ無担保で融資する商業銀行, マラウィ農村基金, 女性専門金融機関の意義と課題─インドSEWA協同組合銀行の事例から, マイクロクレジット：持続性と自主性─ネパールにおける農村女性向け生産融資プログラムと女性綿花生産者組合の経験から, 米州開発銀行のマイクロファイナンスの活動と戦略）

《難民とNPO》

『地雷に奪われた夢車椅子がくれた希望─NGOが国際支援の現場で出会った13の物語』 難民を助ける会著 扶桑社 2009.4 143p 19cm 1200円 ①978-4-594-05909-5 Ⓝ369.38

内容 義足の理容師、車椅子のポイントゲッター、12歳のHIV感染、故郷の土を踏む日を夢見て、15人で分けたひとつのハンバーガー─他、国際支援の現場で出会った13の物語。

『見えた笑った─難民にメガネを 金井昭雄物語』 綱島洋一著 札幌 柏艪舎, 星雲社〔発売〕 2007.10 211p 19cm 1500円 ①978-4-434-10992-8

内容 タイ、ネパール、アルメニア、アゼルバイジャン…世界各地の難民キャンプで四半

『紛争と難民 緒方貞子の回想』 緒方貞子著 集英社 2006.3 459p 21cm 3000円 Ⓘ4-08-781329-0
内容 危機の現場に10年。イラク、バルカン、アフリカ大湖地域、アフガンで起きた大惨事に対処する、人道援助の最前線。国連難民高等弁務官の歴史的証言。

『難民となった人びと』 菊池好江文 大月書店 2005.9 37p 21×22cm （国境なき医師団 写真絵本 3 国境なき医師団日本監修，早乙女勝元，山本耕二編）〈シリーズ責任表示：国境なき医師団日本監修 シリーズ責任表示：早乙女勝元,山本耕二編〉 1800円 Ⓘ4-272-40553-5 Ⓝ369.38
内容 戦争や内戦は多くの難民を生みだす！危険な戦場からのがれた人びとがあつまる難民キャンプとは。

『ほんのすこしの勇気から―難民のオレアちゃんがおしえてくれたこと』 日本国連HCR協会ボランティア・絵本プロジェクトチーム著，日本国連HCR協会監修 求龍堂 2005.7 95p 20cm 1000円 Ⓘ4-7630-0514-6 Ⓝ369.38

『カラー版 難民キャンプの子どもたち』 田沼武能著 岩波書店 2005.4 196p 18cm （岩波新書） 1000円 Ⓘ4-00-430946-8
内容 世界中で二〇〇〇万人以上といわれる難民。その約半数は子どもたちである。四〇年近く世界の子どもを撮り続けてきた写真家が、中東・ベトナム・アフガン・アフリカなど各地の難民の子どもたちに出会い、戦災や飢え、親兄弟との別離、レイプや誘拐、重労働の強制などの苦難のなかで、常に前を見つめて懸命に生きる姿を活写する。

『緒方貞子―難民支援の現場から』 東野真著 集英社 2003.6 219p 18cm （集英社新書）〈肖像あり 文献あり〉 660円 Ⓘ4-08-720199-6 Ⓝ369.38
内容 冷戦後の一〇年間、国連人道機関の一つであるUNHCRのトップとして世界の難民支援を指揮し、国際的に高い評価を得ている緒方貞子・前国連難民高等弁務官。頻発する危機や武力紛争の中で、彼女はどのように考え、決断し、行動したのか。同時多発テロ事件のあと世界はどこに向かおうとしているのか。「人間の安全保障」という考え方にはどんな可能性があるのか。―長時間のインタビューに関係者の証言をまじえて、その人と思想を生き生きと描き出す。自らの生い立ちを日米関係史に重ね、人道主義を力強く提唱した、アメリカでの講演『日本、アメリカと私―世界の課題と責任』を巻末に収録。

『私の仕事―国連難民高等弁務官の十年と平和の構築』 緒方貞子著 草思社 2002.12 285p 20cm 1600円 Ⓘ4-7942-1170-8 Ⓝ369.38
内容 本書は、著者の六十三歳で国連難民高等弁務官（UNHCR）としてジュネーブに赴任してから十年にわたる難民援助の活動を記録したエッセイ、日記、インタビュー、スピーチを選び、まとめたものである。史上空前の二千二百万人の難民を救済するために、どのような国際協力が行われたのか、そこにはどんな問題が起きたのか、次々と噴出する難問に現場で指揮をとる著者はどう判断し対応したのか。著者の仕事を通じて、本書は国際社会の現実を生き生きと伝えている。

『難民とNGO―世界の対応・日本の対応』 上智大学社会正義研究所企画編集 サンパウロ 2002.8 351,36p 19cm 2200円 Ⓘ4-8056-6409-6 Ⓝ369.38
目次 1 第一日目（世界の難民―私たちの挑戦 二〇年の実践活動，旧ユーゴスラビア紛争の歴史的背景および紛争解決に向けたわが国の貢献，ワークショップ 紛争地帯に展開するNGO―日本のNGO海外実践から（東ティモールにおけるPARCの活動―民衆教育へのアプローチ，紛争後平和再建とインターバンドの活動，紛争地帯でプロジェクトを実施するうえで気をつけていること ほか）），2 第二日目（連帯性を育てる「死への準備教育」―ボランティアの使命感と生きがい，国連の職員を目指す若者たちのために，ワークショップ 大学・研究所のボランティア・インターンシップ活動の取り組み（明治学院大学ボランティアセンターの活動の取り組み，社会正義促進のための大学教育，モラロジー専攻塾・麗沢大学の実例，グローバリゼーションの時代におけるリベラルアーツ教育の一部としての「国際インターンシップ」および「サービ

国際交流　　　　　　　　　　　　　　　　　世界の人々と助け合おう

ス・ラーニング」ほか))

『ボスニアに平和を―国連の難民支援体験記』　西村洋子著　サイマル出版会　1996.7　228p　19cm〈著者の肖像あり〉1700円　Ⓣ4-377-41087-3　Ⓝ369.38
[内容]ユネスコ(国連教育科学文化機関)は「民族紛争と難民流出が、今日の最大問題」として、緒方貞子さん率いるUNHCR(国連難民高等弁務官事務所)に、ユネスコ平和賞を贈った。UNHCRは、二千八百万に達する難民支援のため二五三カ所の現地事務所、五千五百の職員をもつ。本書は、UNHCR広報官として、民族紛争が生んだボスニア難民支援に携わった著者の実感リポートである。

『難民つくらぬ世界へ』　緒方貞子著　岩波書店　1996.2　62p　21cm　(岩波ブックレット　no.393)　400円　Ⓣ4-00-003332-8　Ⓝ369.38

《国際交流》

『夢をチカラに想いをカタチに―国際体験からはじまる21人のキャリアストーリー』　愛知淑徳大学学生プロジェクトチーム編著　PILAR PRESS　2015.4　264p　19cm　1500円　Ⓣ978-4-86194-123-8　Ⓝ319.1
[内容]動けば、変わる。自分の殻を破り、夢をつかんでいった、愛知淑徳大学の学生21人の物語。

『トットちゃんと地球っ子たち30周年―黒柳徹子ユニセフ親善大使訪問記録　2013南スーダン　2014フィリピン』　田沼武能著　新日本出版社　2014.11　15p　24cm　500円　Ⓣ978-4-406-05876-6
[目次]2013南スーダン、2014フィリピン

『またがりビトのすすめ―「外国人」をやっていると見えること』　姜誠著　岩波書店　2014.11　198p　19cm　(シリーズ　ここで生きる)　1900円　Ⓣ978-4-00-028727-2
[内容]いまなぜ、領土？国？人種？国籍？国家？それは本当にイデオロギーの問題？マイノリティとされてきた在日コリアン。でも、日本人にもマイリティ化されつつある人がい

る。なんだか押しやられている、あなた。私。どれかのアイデンティティにすがるのではない、真の個人として生きる戦略こそ「またがりビト」。四歩先の思想がここに！

『日中韓子ども童話交流2013報告書』　日中韓子ども童話交流事業実行委員会, 中国関心下一代工作委員会, ソウル特別市教育庁, ユネスコ・アジア太平洋国際理解教育院編　日中韓子ども童話交流事業実行委員会　2014.1　107p　30cm〈会期：2013年8月17日―23日　タイトルは奥付による　共同刊行：中国関心下一代工作委員会ほか　中国語・ハングル併記〉Ⓣ978-4-902752-18-2　Ⓝ019.5

『日本・中国・韓国子ども童話交流参加者感想文　2013』　日中韓子ども童話交流事業実行委員会, 中国関心下一代工作委員会, ソウル特別市教育庁, ユネスコ・アジア太平洋国際理解教育院編　日中韓子ども童話交流事業実行委員会　2014.1　203p　30cm〈会期：2013年8月17日―23日　奥付のタイトル：日中韓子ども童話交流2013感想文　共同刊行：中国関心下一代工作委員会ほか　中国語・ハングル併記〉Ⓣ978-4-902752-29-8　Ⓝ019.5

『漫画家たちの「8・15」―中国で日本人の戦争体験を語る』　石川好著　潮出版社　2013.7　254p　19cm　1700円　Ⓣ978-4-267-01951-7　Ⓝ319.1022
[内容]"対立"から"友好"へ―ちばてつや、森田拳次、赤塚不二夫、水木しげる、北見けんいち、古谷三敏、やなせたかし、小島功、サトウサンペイ、松本零士、上田トシコ、バロン吉元など、100人のそうそうたる漫画家たちが描いた戦争体験。歴史認識の磁場・南京で、240万人の中国人に大反響を起こした、「日本戦争漫画展」の軌跡。

『国際文化学への第一歩』　静岡文化芸術大学文化政策学部国際文化学科編　川越すずさわ書店　2013.3　440p　21cm　2000円　Ⓣ978-4-7954-0231-7　Ⓝ361.5
[目次]第1部「インターカルチュラリティ」―学知の焦点(「フランス語」と「文学」から考えること―植民地、小説、そして女性, 文化と文化のはざま―翻訳は裏切り、みえない本質をつく, 西洋文化とアフリカ文化の接触から―

ゴスペル・ミュージック ほか），第2部 ディシプリンの交錯―学知の広がり（鬼たちの行き交う風景を読み解く―環境文学という考え方，英語圏におけるジャック，ルーアンから世界史の窓を開く ほか），第3部 国際文化学の地域性，地域の国際性―学知の実践（多文化共生のフロンティア浜松で日本の近未来を考える，定住外国人として日本で暮らすこと―浜松市におけるブラジル人の意識の変化，近年の日本語教育の特徴とそれに対応する教育実践 ほか）

『外国人市民がもたらす異文化間リテラシー―NPOと学校，子どもたちの育ちゆく現場から』 落合知子著 現代人文社 2012.10 244p 21cm〈他言語標題：Intercultural Literacy Brought by Citizens who Have Originated in Foreign Countries〉 大学図書（発売） 2500円 ①978-4-87798-527-1 Ⓝ361.45
内容 外国にルーツをもつ子どもたちが，同化圧力による葛藤を超え，独自の声を社会に発信し，人々をつなぐ力を獲得するプロセスを，入念なフィールドワークから解き明かす労作。

『グローバル人材を育てる―いま，なぜ若者は海外へ行かなくなったのか』 筑波大学附属学校教育局編 東洋館出版社 2012.2 169p 19cm （筑波大学附属フォーラム 2巻） 1500円 ①978-4-491-02755-5 Ⓝ375
目次 第1章 いま，なぜ若者は海外へ行かなくなったのか，第2章 日本を支える国際人を育てる（海外を肌で感じ日本の未来を切り拓く国際人へ，青年海外協力隊としてインドネシアでの二年間，国際人を育てる三つのキーワード―知的好奇心・自己教育力・問題解決力），第3章 世界に目を向けた教育を目指す―附属学校の取り組み（十二年一貫校の国際教育―附属小学校・附属中学校・附属高等学校，SSH校としての国際教育―附属駒場中・高等学校，総合学科だからできる国際教育―附属坂戸高等学校，韓国盲学校との連携―附属視覚特別支援学校，美術教育におけるICT教材の開発・活用―附属聴覚特別支援学校，韓国の学校との教員交流―附属大塚特別支援学校，インターネットを通じた遠隔地授業と直接交流による共同学習―附属桐が丘特別支援学校，自閉症を大賞とした学校の国際教育―附属久里浜特別支援学校，附属学校の国際教育）

『英語以前に身に付けたいこと―グローバル時代を生きる知恵とスキル』 坂東眞理子著 日本文芸社 2011.2 223p 18cm （日文新書 063） 743円 ①978-4-537-25820-2 Ⓝ361.45
内容 グローバル時代を生き抜くために，私たち一人ひとりができること。英語で話す前に身に付けておきたい知識や教養，心構えなど，実践的なアドバイスを満載。

『われら地球家族―一度は経験したい国際体験・入門編 windows to other cultures』 坪井ひろみ編著 遊行社 2009.10 117p 21cm （遊行社ブックレット no.2） 900円 ①978-4-902443-10-3 Ⓝ319.1

『ズクだせ村びとはばたけ子どもたち―小さな村の国際交流奮闘記』 吉澤義夫著 長野 第一企画 2007.12 172p 19cm 〈年表あり〉 1429円 ①978-4-902676-05-1 Ⓝ318.252

『こんなに素敵なピースボート！』 ピースボート編 ユビキタ・スタジオ 2007.11 259p 19cm 〈KTC中央出版（発売）〉 1600円 ①978-4-87758-513-6 Ⓝ319.8
内容 『船』で地球を救えるか!?ユニークな挑戦を続ける日本NGO界の奇跡・ピースボートの全貌がこれでわかる！ どえりゃ～やつらの，信じられないほどの地球孝行。

『国際交流・国際協力の実践者たち』 有田典代編著 明石書店 2006.8 272p 21cm （国際交流・協力活動入門講座 3 毛受敏浩，榎田勝利，有田典代監修）〈文献あり〉 2500円 ①4-7503-2363-2 Ⓝ319.1
目次 1章 先人からのメッセージ（生きがいとしての国際協力，常に学び続ける姿勢を崩さない），2章 国際交流・国際協力の人材育成（グローバル化の時代を勝ち抜く人材をめざして，国際交流の人材育成，国際協力の人材育成），3章 国際交流・国際協力を仕事として（国際機関で働くということ，国際交流団体で働くということ，NGO/NPOで働くということ，助成財団で働くということ），4章

国際交流

国際交流・国際協力で求められる人材（国際社会と日本のシビル・ソサエティ）

『ココ・マッカリーナの机』 中島京子著 集英社 2006.4 238p 16cm 〈集英社文庫〉〈「だいじなことはみんなアメリカの小学校に教わった。」（主婦の友社1999年刊）の増訂〉 457円 Ⓘ4-08-746033-9 Ⓝ302.53
内容 「要するに私は、人生を変えたかったのだ」。日本文化を紹介する教師交換プログラムの教育実習生としてアメリカに渡ったミス・キョウコ。赴任先には、3歳から14歳まで150人のコドモたちが待っていた。折り紙で手裏剣を作り、俳句やヒロシマを紹介しながら彼らと過ごした一年間が、彼女の運命を開いていく―。『FUTON』『イトウの恋』の注目作家がユーモアたっぷりに綴る、「作家以前」の日々。

『世界で私を好きになる』 オイスカ編 ぴあ 2004.3 107p 17cm 1000円 Ⓘ4-8356-0918-2 Ⓝ319.1
内容 新しい自分を探すために―スタディーツアーという方法。スタディーツアーで自分を探した5人の女性たち。

『考えよう！ 体験だけで終わっていいの？―ぼくから始まる国際交流』 池上彰監修, 稲葉茂勝著 光村教育図書 2004.1 31p 28×22cm （「こころ」をつなぐ国際交流 5） 1800円 Ⓘ4-89572-724-6
目次 1「○○をとおした国際理解」について考えよう, 2 どんな国際交流があるか調べてみよう, 3 国際交流では、こんなことに気をつけよう, 4 国際交流のマナーを考えよう, 5 国際交流のこころとはなにか？

『考えよう！ どっちが先なの？ 理解と交流―香港からきたメイリーちゃん』 池上彰監修, 稲葉茂勝著 光村教育図書 2004.1 31p 28×22cm （「こころ」をつなぐ国際交流 4） 1800円 Ⓘ4-89572-723-8
目次 1 日本と中国の「ちがい」と「同じ」を調べよう, 2 国際理解の必要性について考えよう, 3 国際交流のテーマをさがそう, 4 きみにもできる国際交流をさがそう, 5 国際交流ボランティアをしよう

『考えよう！ 文化のちがいと知る努力―「ちがい」と「同じ」はあたりまえ』 池上彰監修, 稲葉茂勝著 光村教育図書 2003.12 31p 28×22cm （「こころ」をつなぐ国際交流 2） 1800円 Ⓘ4-89572-721-1
目次 1 イスラム教のタブーを知ろう, 2 いろいろな宗教のタブーを知ろう, 3 外国の文化について考えよう, 4 日本の文化について考えよう

『考えよう！ ぼくの町の国際化―となりは何をする人ぞ？』 池上彰監修, 稲葉茂勝著 光村教育図書 2003.11 31p 28×22cm （「こころ」をつなぐ国際交流 1） 1800円 Ⓘ4-89572-720-3
目次 1 外国人にインタビューしよう, 2 外国人のための町の工夫を調べよう, 3 ピクトグラムをさがそう, 4 地域の外国人との交流のしかたを考えよう, 5 ディベートをしよう

『グローバル教育の新地平―「グローバル社会」から「グローバル市民社会」へ』 魚住忠久著 名古屋 黎明書房 2003.4 186p 21cm 2400円 Ⓘ4-654-01718-6 Ⓝ375
内容 我々は今まさに誕生期の「グローバル社会」に生きている。この誕生期の「グローバル社会」を生きる子どもたちが用意すべき「市民性」を問うとともに、その「市民性」を支えに創造し、発展させるべき「グローバル市民社会」の原理と課題を考察する。そして、グローバル教育が新たな地平を拓く必要性とその課題を探る。

『お茶の間で異文化交流』 伏見章子著 文芸社 2003.3 150p 19cm〈年表あり〉 980円 Ⓘ4-8355-5248-2 Ⓝ319.1
内容 あなたもホームステイ、ホームビジットの受け入れが今日から出来る！ 一市民の旅行体験から生まれた「池田ホームステイ友の会」。二十数年の活動が、素敵な出会いと、交流の広がりを見せた。

『飛び込んでみよう！ JETプログラム―地球時代の異文化コミュニケーション「草の根」国際交流と外国語教育の充実をめざして』 D.チャンドラー, D.クーテニコフ編著, 多田孝志監訳 東洋館出版社 2002.12 335p 19cm 2700円

Ⓘ4-491-01858-8　Ⓝ319.1
　内容　ALT（外国語指導助手）や国際交流員として来日したJETプログラム参加者（外国人青年）が日本で生活していくなかで、驚き、泣き、笑い、怒り、感動した体験と、かれらを迎え入れた日本人同僚の努力と奮闘を綴ります。2000年度のジャパン・フェスティバル大賞受賞。

『広めよう国際交流』　学習研究社　2002.3　47p　27cm　（学校ボランティア活動・奉仕活動の本 5）　2700円　Ⓘ4-05-201541-X
　目次　実践編（クラスメイトは外国人，カンボジアの友だちに井戸を，ネパールに小学校を建てる，アフリカの友だちと米作り ほか），資料編（海外のボランティア事情，国際ボランティア団体一覧，外国人と仲よくしよう）

『世界の子どもたち―NGOの現場から』　フォスター・プラン・オーストラリア著　明石書店　2002.1　99p　21cm　1000円　Ⓘ4-7503-1521-4　Ⓝ375
　内容　国際NGOフォスター・プランの活動現場から生まれた本。

『世界の人々と心をつなごう―国際理解・平和』　坂本辰男監修，滝口正樹著，こどもくらぶ編　ポプラ社　2001.4　55p　29cm　（中学生のための「総合」アイデアbook 1）　3000円　Ⓘ4-591-06744-0
　内容　「問題解決」のための情報とテクニックが満載！中学生ならではのテーマを選りすぐり、今すぐ実践に活用できる学習課題を多数提案。先進的な学校のすぐれた実践例やくわしい資料集など、主体的に学習をすすめる上でのヒントが充実したシリーズ。本巻では、「世界のこどもの平和像」に関する運動の話などを紹介。

『平和の使者・象をください―クロアチアの子どもたちに希望を』　西村一郎著，田島栄次写真　JULA出版局　1999.12　76p　21cm　（JULA booksブックレット 2）　700円　Ⓘ4-88284-121-5　Ⓝ319.103935
　目次　1 戦争のつめあと残るクロアチア，2 折り紙の動物園，3 日本でも昔、こんなことが，4 あの感動を忘れない―広がる「ぞうれっしゃがやってきた」の歌声，5 象を贈るには

『人形たちの懸け橋―日米親善人形たちの二十世紀』　武田英子著　小学館　1998.11　317p　15cm　（小学館文庫）　590円　Ⓘ4-09-402721-1　Ⓝ319.1053
　内容　昭和初期、アメリカでの日本移民排斥運動に心痛めた米人牧師の提唱で、日米親善のために日本へ贈られた一万二千体余りの青い目の人形。それに応えて日本からも約六十体の市松人形がアメリカへ贈られ、各地の博物館などに飾られた。しかし太平洋戦争の勃発で彼女たちは各地で数奇な運命をたどる。人形たちに惹かれた作者が太平洋を越えて異国へと渡ったもの言わぬ小さな親善大使たちのその後を現在まで追跡し、戦争の愚かさと平和の大切さを訴える異色の書き下ろしノンフィクション。

『地球市民社会と若者の国際交流―会議報告書 日米民間国際交流団体会議』　国際文化交流推進協会編　国際文化交流推進協会　1997.3　88,109p　30cm　〈他言語標題：Global citizenship and international student exchange　会期・会場：1996年7月10日―11日 国際交流基金国際会議場 英文併記〉　Ⓝ319.1053

『世界の子どもたち―世界をむすぶぼくの声わたしの声』　バーナバス・キンダスリー、アナベル・キンダスリー編　ほるぷ出版　1995.11　79p　32cm　〈ユニセフ50周年記念国際共同出版〉　2000円　Ⓘ4-593-53345-7
　内容　世界の子どもたちの民族性ゆたかな暮らしぶりを写真で追う。

『イギリスサマセットの白い風―日本文化を紹介しながらの滞在記録』　石井桂子著　インターンシップ・プログラムス出版部　1995.3　103p　19cm　1000円　Ⓝ302.33

事項名索引

【あ】

アジア
　→国際協力（アジア・中東） ························236
　→国際協力NGO（アジア） ·························247
あしなが育英会　→保育とNPO ····················160
アドボカシー　→社会を変える運動 ··············26
アフリカ
　→国際協力（アフリカ） ·····························239
　→国際協力NGO（アフリカ） ·····················248
アムネスティ・インターナショナル
　→国際協力NGO ···240
　→人権 ···230
ESD　→環境教育・開発教育・国際理解教育 ···118
育児　→保育とNPO ···160
いのちの電話　→福祉ボランティア ···············149
異文化コミュニケーション　→多文化・異文化
　コミュニケーション ···8
移民　→多文化・異文化コミュニケーション ······8
医療
　→医療・ホスピス ···146
　→福祉・介護・医療のための活動 ·············133
インクルーシブ教育　→差別・排除 ··············21
エコクラブ　→環境NPO ·································192
エコミュージアム　→美術館・博物館 ···········128
NGO　→NPO・NGOについて知ろう ············14
NGO（海外）　→海外のNPO・NGO ············18
NPO　→NPO・NGOについて知ろう ·············14
NPO（海外）　→海外のNPO・NGO ·············18
オリンピック　→教育・スポーツボランティア ··92

【か】

海外ボランティア　→海外・国際ボランティア ···86
介護
　→高齢者・介護 ···142
　→福祉・介護・医療のための活動 ·············133
外国人　→多文化・異文化コミュニケーション ···8
外国人教育　→教育機関 ·································100
開発教育　→環境教育・開発教育・国際理解教
　育 ···118
開発協力　→開発協力・開発経済・国際開発 ···235
開発経済　→開発協力・開発経済・国際開発 ···235
学術　→学術・文化・教育のための活動 ·······98
学生ボランティア　→学生・青少年ボランティ
　ア ···80
核兵器　→平和運動（原爆） ····························38

学校支援ボランティア　→教育機関 ···············100
学校図書館　→図書館・公民館 ·····················118
環境
　→まちづくり・災害・環境のための活動 ····176
　→環境 ···191
環境運動　→環境・公害・住民運動 ···············31
環境NPO　→環境NPO ···································192
環境教育　→環境教育・開発教育・国際理解教
　育 ···118
環境ボランティア　→環境・観光ボランティア ··94
観光ボランティア　→環境・観光ボランティア ··94
技術援助　→世界の人々と助け合おう ···········212
絆　→人と人とのつながり ·······························19
寄付　→寄付 ···61
教育　→学術・文化・教育のための活動 ·······98
教育機関　→教育機関 ·····································100
教育ボランティア　→教育・スポーツボラン
　ティア ···92
共生　→様々な人と共に生きる ·························4
協同　→市民社会とは何だろうか ·····················1
キング, マーティン・ルーサー　→社会を変え
　る運動 ···26
経済援助　→世界の人々と助け合おう ···········212
原子爆弾　→平和運動（原爆） ························38
原子力発電　→環境・公害・住民運動 ···········31
公益　→市民社会とは何だろうか ·····················1
公害運動　→環境・公害・住民運動 ···············31
更生保護　→福祉ボランティア ·······················149
公民館　→図書館・公民館 ·····························118
公民教育　→市民の権利 ···································50
公民権　→市民の権利 ·······································50
高齢者　→高齢者・介護 ·································142
国際開発　→開発協力・開発経済・国際開発 ···235
国際機関　→国連機関・国際機関 ···················234
国際協力（アジア・中東）　→国際協力（アジ
　ア・中東） ···236
国際協力（アフリカ）　→国際協力（アフリカ） ···239
国際協力NGO　→国際協力NGO ···················240
国際協力NGO（アジア）　→国際協力NGO（ア
　ジア） ···247
国際協力NGO（アフリカ）　→国際協力NGO
　（アフリカ） ···248
国際協力機構　→世界の人々と助け合おう ···212
国際貢献　→世界の人々と助け合おう ···········212
国際公務員　→世界の人々と助け合おう ·······212
国際交流　→国際交流 ·····································256
国際条約　→世界の人々と助け合おう ···········212
国際ボランティア　→海外・国際ボランティア ··86
国際理解　→国際交流 ·····································256
国際理解教育　→環境教育・開発教育・国際理
　解教育 ···118
国連機関　→国連機関・国際機関 ···················234

ヤングアダルトの本 ボランティア・国際協力への理解を深める2000冊　　263

国連難民高等弁務官　→難民とNPO ……………254
子育て支援　→保育とNPO ………………………160
国境なき医師団　→国際協力NGO ……………240
子どもの権利条約　→保育とNPO ……………160
コミュニティFM　→地域メディア ……………6
コミュニティスクール　→教育機関 …………100
コミュニティデザイン　→まちづくり・災害・
　環境のための活動 ……………………………176
コミュニティビジネス　→地域のために働く …… 48
コミュニティ放送　→地域メディア …………6
雇用　→NPO・NGOで働く ……………………17

【さ】

災害　→まちづくり・災害・環境のための活
　動 …………………………………………………176
災害復興　→災害復興と市民活動 ……………196
災害ボランティア　→災害復興と市民活動 ……196
在日外国人
　→人権 …………………………………………140
　→多文化・異文化コミュニケーション ……8
里親　→保育とNPO ………………………………160
サービスラーニング　→教育機関 ……………100
差別　→差別・排除 ………………………………21
ジェンダー　→差別・排除 ………………………21
自助　→セルフヘルプ ……………………………175
地震　→地震・震災 ………………………………198
自然体験教育　→環境教育・開発教育・国際理
　解教育 …………………………………………118
持続可能な開発のための教育　→環境教育・開
　発教育・国際理解教育 ………………………118
自治会　→自治会・町内会 ……………………195
失業　→差別・排除 ………………………………21
シティズンシップ　→市民の権利 ………………50
児童館　→保育とNPO ……………………………160
市民運動　→社会を変える運動 …………………26
市民権　→市民の権利 ……………………………50
市民参加　→市民参加・住民参加 ………………59
市民社会　→市民社会とは何だろうか ………1
市民メディア　→地域メディア …………………6
JICA　→世界の人々と助け合おう ……………212
社会運動　→社会を変える運動 …………………26
社会関係資本　→人と人とのつながり ………19
社会起業家　→社会を変える仕事 ………………39
社会教育　→社会教育 ……………………………110
社会貢献　→寄付・ボランティアをしてみよう …… 61
社会的企業　→社会を変える仕事 ………………39
社会的相互作用　→人と人とのつながり ……19
社会的排除　→差別・排除 ………………………21
社会的包摂　→差別・排除 ………………………21

社会的養護　→保育とNPO ……………………160
社会福祉
　→社会福祉・ソーシャルワーク ……………144
　→社会福祉とNPO ……………………………147
住民運動　→環境・公害・住民運動 ……………31
住民参加　→市民参加・住民参加 ………………59
生涯学習　→生涯学習 ……………………………118
障がい者NPO　→障がい者NPO ………………172
商店街　→地域のために働く ……………………48
少年教護　→福祉ボランティア ………………149
少年団　→地縁組織 ………………………………194
地雷　→平和 ………………………………………232
人権
　→人権（福祉・介護・医療のための活動）……140
　→人権（世界の人々と助け合おう）……230
人権運動　→社会を変える運動 …………………26
震災　→地震・震災 ………………………………198
人道支援　→世界の人々と助け合おう ………212
森林ボランティア　→環境・観光ボランティア …… 94
スポーツ振興　→学術・文化・教育のための活
　動 …………………………………………………98
スポーツボランティア　→教育・スポーツボラ
　ンティア …………………………………………92
青少年ボランティア　→学生・青少年ボラン
　ティア ……………………………………………80
生存権　→人権 ……………………………………140
青年海外協力隊　→青年海外協力隊 …………248
青年の家　→社会教育 ……………………………110
赤十字　→赤十字 …………………………………148
世代間交流　→様々な人と共に生きる …………4
セルフヘルプ　→セルフヘルプ ………………175
ソーシャル・アントレプレナー　→社会を変え
　る仕事 ……………………………………………39
ソーシャルインクルージョン　→差別・排除 …… 21
ソーシャル・キャピタル　→人と人とのつなが
　り …………………………………………………19
ソーシャルビジネス　→社会を変える仕事 ……39
ソーシャルワーク　→社会福祉・ソーシャル
　ワーク ……………………………………………144

【た】

大衆運動　→社会を変える運動 …………………26
多文化共生　→多文化・異文化コミュニケー
　ション ……………………………………………8
多文化コミュニケーション　→多文化・異文化
　コミュニケーション …………………………8
男女共同参画　→様々な人と共に生きる ………4
地域開発
　→まちづくり・災害・環境のための活動 ……176

事項名索引

→地域のために働く	48
地域活性化　→まちづくり・災害・環境のための活動	176
地域活動　→まちづくり・災害・環境のための活動	176
地域コミュニティ　→まちづくり・災害・環境のための活動	176
地域づくり　→まちづくり・地域づくり	182
地域通貨　→地域通貨	195
地域福祉　→地域福祉	147
地域ブランド　→地域のために働く	48
地域メディア　→地域メディア	6
地縁組織　→地縁組織	194
地方自治　→まちづくり・災害・環境のための活動	176
チャータースクール　→教育機関	100
中東　→国際協力(アジア・中東)	236
町内会　→自治会・町内会	195
つながり　→人と人とのつながり	19
ティーチフォーアメリカ　→教育機関	100
デモ　→社会を変える運動	26
デュナン、アンリ　→赤十字	148
統合教育　→差別・排除	21
登校拒否　→フリースクール	129
動物愛護　→福祉ボランティア	149
図書館　→図書館・公民館	118
図書館ボランティア　→図書館・美術館ボランティア	92

【な】

ナイチンゲール　→福祉・介護・医療のための活動	133
難民　→難民とNPO	254
新潟県中越地震　→地震・震災	198
ニューカマー　→教育機関	100
人間関係　→人と人とのつながり	19

【は】

排除　→差別・排除	21
博物館　→美術館・博物館	128
パーソナル・ネットワーク　→人と人とのつながり	19
バリアフリー　→バリアフリー・ユニバーサルデザイン	136
阪神・淡路大震災　→地震・震災	198
反戦運動　→平和運動	33
東日本大震災　→地震・震災(東日本大震災)	202

ひきこもり　→フリースクール	129
美術館　→美術館・博物館	128
美術館ボランティア　→図書館・美術館ボランティア	92
貧困	
→貧困(福祉・介護・医療のための活動)	143
→貧困(世界の人々と助け合おう)	231
ファミリーホーム　→保育とNPO	160
フェアトレード　→フェアトレード	251
フォスターケア　→保育とNPO	160
福祉　→福祉・介護・医療のための活動	133
福祉ボランティア　→福祉ボランティア	149
武装解除　→平和	232
不登校　→フリースクール	129
フリースクール　→フリースクール	129
プロボノ　→プロボノ	96
文化　→学術・文化・教育のための活動	98
平和　→平和	232
平和運動　→平和運動	33
平和運動(原爆)　→平和運動(原爆)	38
保育　→保育とNPO	160
募金　→寄付	61
保護司　→福祉ボランティア	149
ホスピス　→医療・ホスピス	146
ホームエデュケーション　→フリースクール	129
ホームレス　→差別・排除	21
ボランティア　→ボランティア	62
ボランティアコーディネーター　→ボランティアコーディネーター	91

【ま】

マイクロファイナンス　→マイクロファイナンス	253
マザー・テレサ　→海外・国際ボランティア	86
まちづくり	
→まちづくり・災害・環境のための活動	176
→まちづくり・地域づくり	182
まちづくり(教育・福祉)　→まちづくり(教育・福祉)	186
まちづくり(地方)　→まちづくり(地方)	189
まちづくり(都市部)　→まちづくり(都市部)	188
まちづくり(農業・環境)　→まちづくり(農業・環境)	184
まちづくり(文化・観光・景観・アート)　→まちづくり(文化・観光・景観・アート)	187
ミュージアム　→美術館・博物館	128
盲導犬ボランティア　→福祉ボランティア	149

【や】

野外教育　→環境教育・開発教育・国際理解教育 ……………………………………………… 118
ユニセフ　→国連機関・国際機関 ……………… 234
ユニバーサルデザイン　→バリアフリー・ユニバーサルデザイン ………………………… 136
養護　→保育とNPO ……………………………… 160
要約筆記　→福祉ボランティア ………………… 149

【ら】

利他　→市民社会とは何だろうか ………………… 1
労働　→NPO・NGOで働く …………………… 17
労働運動　→労働運動 …………………………… 32

編者紹介

NPO研究情報センター

NPO研究情報センターは、2014年10月に設立された一般社団法人日本公共政策研究機構（代表理事：山内直人大阪大学教授）の一部門であり、大阪大学国際公共政策研究科NPO研究情報センターの事業を継承して、NPO、NGO、ボランティアなどに関する研究、教育、データ整備及びネットワーク形成のための事業を行っている。『NPO・NGOデータブック』（山内直人・田中敬文編、2015年）などを刊行している。
公式サイト：http://www.jipps.org/

ヤングアダルトの本
ボランティア・国際協力への理解を深める2000冊

2015年11月25日　第1刷発行

　編　集／NPO研究情報センター
　発行者／大高利夫
　発　行／日外アソシエーツ株式会社
　　　　　〒143-8550 東京都大田区大森北1-23-8 第3下川ビル
　　　　　電話(03)3763-5241(代表)　FAX(03)3764-0845
　　　　　URL　http://www.nichigai.co.jp/
　発売元／株式会社紀伊國屋書店
　　　　　〒163-8636 東京都新宿区新宿3-17-7
　　　　　電話(03)3354-0131(代表)
　　　　　ホールセール部(営業)　電話(03)6910-0519

　　　　　電算漢字処理／日外アソシエーツ株式会社
　　　　　印刷・製本／株式会社平河工業社

不許複製・禁無断転載　　　《中性紙北越淡クリームラフ書籍使用》
〈落丁・乱丁本はお取り替えいたします〉
ISBN978-4-8169-2573-3　　　Printed in Japan,2015

ヤングアダルトの本
書籍になったweb小説・ケータイ小説3000冊

A5・430頁　定価（本体7,400円+税）　2015.9刊

ヤングアダルト世代向けの図書目録。書誌事項と内容情報がわかる。web小説・ケータイ小説の著者1,151人の作品3,563冊を収録。書籍化されるほど評価の高い作品を一覧できる。

ヤングアダルトの本
高校教科書の文学3000冊

A5・420頁　定価（本体8,000円+税）　2015.3刊

ヤングアダルト世代向けの図書目録。書誌事項と内容情報がわかる。高等学校の国語教科書に載った日本文学の名作図書3,411冊を収録。最近30年の本を作家別に一覧できる。

ヤングアダルトの本
部活をきわめる3000冊

A5・340頁　定価（本体8,000円+税）　2013.11刊

ヤングアダルト世代向けの図書目録。書誌事項と内容情報がわかる。「吹奏楽」「演劇」「写真」「陸上競技」「野球」「サッカー」「水泳」等のクラブ活動を行う際に参考となるような入門書・技術書・エッセイ・ノンフィクションなど3,284冊を収録。最近20年間の本を新しい順に一覧できる。

ヤングアダルトの本
職業・仕事への理解を深める4000冊

A5・430頁　定価（本体8,000円+税）　2011.9刊

ヤングアダルト世代向けの図書目録。書誌事項と内容情報がわかる。「モノづくり」「販売」「運輸」など探しやすい分野別構成で、「弁護士」「レスキュー隊」「犬訓練士」など341の職業・資格に関するノンフィクション・なり方ガイド4,237冊を収録。最近20年間の本を新しい順に一覧できる。

データベースカンパニー
日外アソシエーツ　〒143-8550　東京都大田区大森北1-23-8
TEL.(03)3763-5241　FAX.(03)3764-0845　http://www.nichigai.co.jp/